日本思想大系27

近世武家思想

岩波書店刊行

目次

凡例

一、本書には、第一部として近世武士の家訓類を、第二部として赤穂事件に関する記録・論評を収録し、参考資料として武家諸法度など法令に類する文献を収めた（収録の方針については「解説」参照）。

一、底本に本書収録の文献の標題が記されていないものについては、従来の通称がある場合にはそれを用い、ない場合には内容に即して仮題を付した。

一、本書に収めた文献の底本、および主な校合資料は次の通りである。

黒田長政遺言――〔底本〕東京大学附属図書館蔵写本（南葵文庫本）「黒田長政遺言」。〔校合本〕東京大学附属図書館蔵写本「長政公御遺言幷定則」（「別本」と略称）・同文館（明治四十三年）刊「日本教育文庫」家訓篇（以下「教本」と略称）「黒田長政遺言幷定則」・国書刊行会（明治四十四年）刊「史籍雑纂」二所収「松のさかへ」・「黒田家譜」（明治四十四年刊「益軒全集」巻五所収）。

板倉重矩遺書――〔底本〕国立公文書館内閣文庫蔵写本「前橋旧蔵聞書」第九冊所収「板倉重矩重道え之遺書」。〔校合本〕教本・国立公文書館内閣文庫蔵写本「警箴叢彙」（以下「警本」と略称）巻六「同じく重矩が男石見守におくる遺書」。

内藤義泰家訓――〔底本〕国立公文書館内閣文庫蔵写本「内藤家伝」下冊（文化四年神谷貞長書写本を己丑の年（文政十二年か）に転写したもの）。〔校合本〕教本・警本巻六「内藤左京太夫義泰家訓」。

酒井家教令――〔底本〕国立公文書館内閣文庫蔵写本（享保六年写か）。〔校合本〕教本「酒井隼人家法幷家訓」・警本巻四。

島津綱貴教訓――〔底本〕国立公文書館内閣文庫蔵写本「薩州旧伝記」第三冊(旧伝集七)。〔校合本〕国立国会図書館蔵写本「薩州旧伝集」(文政四年写)・創文社(昭和四十四年)刊「藩法集」巻八(鹿児島藩)所収「島津家列朝制度」・教本・警本巻七。

明君家訓――〔底本〕東京大学附属図書館蔵版本(刊年未詳、享保六年本の本文・振仮名を部分的に改訂、前半部内題「楠諸士教」)。〔校合本〕国立国会図書館蔵版本(享保六年刊、初版本(正徳五年刊、未見)に同じものか)・時代社(昭和十七年)刊「武士道全書」巻四所収「楠正成下諸士教」(「武本」と略称)・国立公文書館内閣文庫蔵写本「水戸黄門光国公条令」(文化十三年写、「水戸条令」と略称)。

貞丈家訓――〔底本〕東京大学附属図書館蔵版本(天保八年序刊)。〔校合本〕教本「伊勢貞丈家訓」・警本巻十四「伊勢平蔵貞丈家訓」。

明訓一斑抄――〔底本〕東京大学附属図書館蔵写本(坂田・南葵文庫二冊本、嘉永三年鶴峯戊申書写本の転写本)。〔校合本〕東京大学附属図書館蔵写本(南葵文庫一冊本、「南本」と略称)・国立国会図書館蔵写本(五冊を二冊に合綴、「国会本」と略称)・国立公文書館内閣文庫蔵写本(四冊、明治八年写、「内本」と略称)・野史台刊「維新史料」第二十三・教本・「東照宮御遺訓」(教本所収)。

多門伝八郎覚書――〔底本〕東京大学附属図書館蔵写本(南葵文庫本、嘉永元年写)。〔校合本〕東京大学附属図書館蔵写本(南葵文庫本、天保十五年写、「別本」と略称)・国立公文書館内閣文庫蔵写本「赤穂事件」所収「多門伝八郎筆記」・国書刊行会(明治四十三年)刊「赤穂義人纂書」(以下「纂書」と略称)第一所収「多門伝八郎筆記」。

堀部武庸筆記――〔底本〕東京大学史料編纂所蔵写本(明治二十二年写、二冊本)。〔校合本〕国立国会図書館蔵写本「義士流芳」第一・二冊(文政五年伴信友書写本の転写本か、「流芳」と略称)・纂書(補遺所収、明治四十四年刊)・国立公文書館内閣文庫蔵写本(二冊、「内本」と略称)。

赤穂義人録――〔底本〕「甘雨亭叢書」三集(嘉永元年刊)。〔校合本〕前田育徳会尊経閣叢刊初稿複製本(昭和十年刊、「初稿本」と略称)・纂書(補遺所収「義人録」)。

復讐論――〔底本〕国立国会図書館蔵写本「赤穂義人纂書」（以下「纂書写本」と略称）。〔校合本〕国書刊行会刊「赤穂義人纂書」（第一所収、以下「纂書活字本」と略称）・京都大学附属図書館蔵写本「赤穂義士復讐論集」所収。

四十六士論（佐藤直方四十六人之筆記・重固問目・浅野吉良非喧嘩論・四十六士非義士論・一武人四十六士論）――〔底本〕日本古典学会（昭和十六年）刊「佐藤直方全集」所収「韞蔵録」巻十五（安政頃の藪田重達書写本の複製）。〔校合本〕無窮会蔵写本「韞蔵録」（「無本」と略称）・国立公文書館内閣文庫蔵写本「韞蔵録」（「内本」と略称）・纂書（写本・活字本）。

四十六士論（浅見絅斎）――〔底本〕国立公文書館内閣文庫蔵写本「絅斎先生四十六士論」（寛保三年写）。〔校合本〕纂書（写本・活字本）・「甘雨亭叢書」別集所収「忠士筆記」。

四十七士論――〔底本〕広島大学附属図書館蔵写本「徂徠集拾遺」。〔校合本〕纂書（写本・活字本）。

赤穂四十六士論――〔底本〕「春台先生紫芝園後稿」巻八（初版は宝暦二年刊）。〔校合本〕静嘉堂文庫蔵写本（蘭洲・野公台・観山の論を併載、以下「静本」と略称）・日比谷図書館蔵写本「赤穂義士論評」（天明七年以降書写、以下「日比谷本」と略称）所収・纂書（写本・活字本）・「翁草」巻九十五（明治三十八年刊の復刻本、以下「翁本」と略称）所収。

読四十六士論――〔底本〕東京大学附属図書館蔵写本（坂田・南葵文庫本）「赤穂四十六士論」ほか（春台の論に付載）。〔校合本〕纂書（写本・活字本）・静本。参考漢文〔底本〕国立国会図書館蔵写本「赤穂義人纂書」。〔校合本〕纂書活字本・翁本「四十六士論」。

駁太宰純赤穂四十六士論――〔底本〕静嘉堂文庫蔵写本「赤穂四十六士論」ほか（春台の論に付載）。〔校合本〕日比谷本・纂書（写本・活字本）。

野夫談――〔底本〕東京大学附属図書館蔵写本「五美談」付載。〔校合本〕東京大学附属図書館蔵写本（坂田・南葵文庫本）「赤穂四十六士論」ほかに所収（「南本」と略称）・博文館（明治三十一年）刊「俳諧文庫」第六編所収「也有全集」（「全集本」と略称）・纂書（写本・活字本）。

浅野家忠臣――〔底本〕国立公文書館内閣文庫蔵写本「安斎随筆」第五冊(巻六)。〔校合本〕纂書(写本・活字本)「伊勢貞丈四十六士論評」・明治図書・吉川弘文館(昭和三十年)刊「新訂増補故実叢書」巻八「安斎随筆」第一所収(「故実本」と略称)。

四十六士論(伊奈忠賢)――〔底本〕国立国会図書館蔵写本「赤穂義人纂書」。〔校合本〕纂書活字本・翁本。

赤穂義士報讐論――〔底本〕東京大学史料編纂所蔵写本「辛亥雑綴」(向山誠斎雑綴の辛亥(嘉永四年)の部分の転写本)。〔校合本〕纂書(写本・活字本)「赤穂義士復仇論」。

武家諸法度・諸士法度・徳川成憲百箇条――創文社(昭和三十四年)刊「徳川禁令考」巻三、第十四・十五章。

一、本文整定にあたっては、読解の便をはかり、次のような方針を採った。

1　底本が漢文体の文献については、訓読文を本文とし、原文はその後に収めた。ただし、「内藤義泰家訓」、および「島津綱貴教訓」の前半の漢文体の部分については、原文のままとし、返り点・送り仮名を加えた。「赤穂義人録」の訓読文および原文においては、底本に付された句読点・返り点を一部改めた箇所がある。それには自筆初稿本(複製本、内容は底本よりも少ない)をも参照した。

2　適宜、段落を設け、句読点・濁音符・並列点(・)を施した。また、引用文・会話などについては、必要に応じて「　」を付した。

3　仮名遣いは底本のままとした。訓読文においては本文・振り仮名とも歴史的仮名遣いによった。

4　漢字は新字体・通行の字体を用いた。変体仮名や合字の類も現行の文字に改めた。ただし、漢文の原文では、必要に応じて旧字体を残したものがある。

5　誤字・衍字と思われるものは訂し、必要に応じて原態を注記した。また、原文が漢文である場合の誤字の類は、原文の誤字の右傍に。印を付し、訓読文または頭注において訂した。

6　底本に振り仮名がある場合(「明君家訓」「貞丈家訓」)はそのまま残した。ただし、「島津綱貴教訓」「四十六士論」(直方ほか・絅斎)においては片仮名の部分のみ底本の振り仮名である。また「野夫談」においては底本の振り仮名を〈 〉で囲んだ。底本に振り仮名がない場合には、校注者が適宜、振り仮名を現代仮名遣いで加えた。また、「明訓一斑抄」で、他本によって仮名を漢字に改めた語句については、原態を〔 〕で囲み振り仮名の形で残した。

7　和文中にある漢文体の文には、底本にある訓点以外に、必要に応じて返り点・送り仮名を加えた。

8　他本を参照して補入した字句は〔 〕で囲み、校注者の施した語句は( )で囲んだ。

9　底本の二行割注の類は、〈 〉で括って小活字一行組とした。

10　底本の朽損部分・空白部分・判読不明部分などには□［　］を当てた。

11　底本における闕字・平出の類はこれを無視した。

一、頭注について

1　頭注を施した語句には本文中に*印を付した。

2　頭注に使用した諸本の略号については、底本・校合資料の項参照。

本書の上梓にあたり、貴重な資料の閲覧・複写、および底本としての使用を許可された各図書館・各研究機関、ならびに、刊行図書からの転載を快諾された法制史学会・創文社に対し、深く感謝の意を表する。

「赤穂義人録」「復讐論」「四十七士論」「赤穂四十六士論」「駁太宰純赤穂四十六士論」「四十六士論」(伊奈忠賢)「赤穂義士報讐論」の、訓読文の作成および校注については、西田太一郎氏に執筆を煩わした。また、その他の文献についても、中国典籍との関係、漢文体部分の校注に関して御教示を賜わった。記して謝意を表する。

黒田長政遺言

*黒田長政公遺言并定則

*長政公御父子従二関東一上洛之事

元和九年、*女院御即位、御上洛ニテ、国々諸大名御暇被レ遣、京都エ御登リ被レ成候。長政・*忠政〈忠之初名〉右同前ニ御暇被レ遣候得共、別段*土井大炊頭殿、上使ニ御出被レ成候。長政胸痛故、上下ヲ菅善大夫ニ為レ持、玄関エ御出被レ成候得共、上意之由候間、次之間ニテ御著被レ成御対面ナリ。大炊殿、上意被二相述一、明日*五時分御登城可レ被レ成旨也。扨大炊殿御振舞被レ成早々御帰リナリ。扨跡ヨリ*栗山大膳追ヒ懸サセ、明日五ツ時御城ニテ承リ候様ニ、登城可レ仕候哉ト被二仰遣一候。手前ニテ御聞、御登城可レ被レ成由也。翌朝御登城、長政・忠政御同道、両所共ニ御腰物御拝領、八ツ時御帰リ被レ成候。*照福院ハ*大涼院エ御入被レ成候。長政ハ、上意之趣被二仰上一、表へ御出ニテ、栗山大膳ヲ以、大炊殿エ被二仰遣一候ハ、今度心有上意、可二申上一様無二御座一候。宜様ニ被二仰上一可レ被レ下候。扨罷登リ申候ニ、久々木曾路ヲ見不レ申候間、罷通リ申度候。左候得バ*松浦肥前守殿同道仕度候。上意ニ弥心次第可レ然由。依レ之木曾路御通リニ候。弥胸痛被レ成候。*道三薬ニ候得共、女院様御供故薬付候得ト、*碧松庵ニ被レ遣、道スガラ御薬被二召上一候。木曾*合渡川ニテ、忠政ハ松浦殿御待被レ成、御咄被レ成候。浮世ニ申ヨリ大キ成手柄ト御挨拶被レ成候。*竹中丹波殿へ御寄リ被レ成、色々御馳走下々迄御振廻也。*矢橋文珠院ニ御寄リ被レ成候。*名湖ニ掛リ木屋カケ御振廻、夫ヨリ大津、伏見、京橋ニ被レ成二御座一、*大坂御屋敷ニ*古林見宜被二召出一、様

黒田長政公遺言并定則　これについては、黒田騒動に際して、栗山大膳(後出)の側で作られた偽書の疑いもある(一二頁注「甲斐守」参照)。黒田長政の略歴については→三二頁注

長政公…　二代将軍徳川秀忠は家光に征夷大将軍職を譲るため元和九年(一六二三)五月十二日に江戸を発ち、六月八日京都着、家光は六月二十八日発、七月十三日伏見城に着いた。長政父子は前もって上洛の途に着いた。

女院　東福門院和子(秀忠の女)か。和子は元和六年入内。元和九年に女院即位に当る記事は見当らない。

忠政　長政の長男。一六〇二―五四。

土井大炊頭　土井利勝(一五七三―一六四四)。老中、のち大老。→一〇八頁注

五時分　いまの午前八時頃。

栗山大膳　利章(一五九一―一六五二)。栗山利安の子。利安は黒田家家臣の筆頭格。大膳もまた忠之の侍傅に任ぜられたが、長政の死後忠之にうとんぜられ、その対立は寛永年間の黒田騒動にまで発展する。

照福院・大涼院　長政の母と妻。

松浦肥前守　松浦隆信(一五九一―一六三七)。肥前平戸城主(六万三千二百石)。

道三　曲直瀬(まなせ)道三。ここは初代道三の養子となった曲直瀬玄朔(一五四九―一六三一)か。将軍秀忠の侍医。

碧松庵　未詳。黒田家の侍医か。

合渡川　河渡川。長良川の一部。いまの岐阜市内。渡し場があった。

子御物語也。兎角御気詰リ候間、御下国被レ成、御養生可レ被レ遊候由申上ル。自分ニモ左様思召候由、大膳・主水・蔵人ヲ呼、何レトモイカヾ存候哉ト被レ仰候。大膳申上候ハ、今度御上洛ハ、女院様御即位ニ付テナリ。一先京都エ御登リ被レ成可レ然由申上ル。如何ニモ尤ト被レ仰、二三日大坂御滞留被レ成、京都へ御登リ被レ成候テ、*通仙御薬被レ召候得共、次第〔ニ御病気〕重ク成候。京都御伽衆、*本阿弥、*観世黒雪、*堤石妍寿、*大文字屋両人ナリ。本阿弥申上候ハ、此以前年四十七八歳ノ者、*膈相煩候処、瓜タベ候得バ快気仕候。通仙エ御談合被レ成、被二召上一候得共、御返シ被レ成候。又膈虫釣セ候得バ、二筋二度ニ出候得共能無二御座一候。弥御機嫌重ク大事ニ相成申候。従二公方様一御老中*雅楽頭殿、大炊殿、*讃岐殿御出御見廻、公方様ニモ大事ニ御聞被レ成、随分心儘ニ養生可レ仕旨、上意ニ候。扨々心有儀ニ御座候。可レ然様被二仰上一可レ被レ下候。扨我等最早極メ申候。*存残ス事三ツ御座候。大国拝領仕候得共、終ニ御奉公仕不レ申候事、一ツハ照福院跡ニ置申候。嘸歎可レ申候。一入残念存候。シバシ何事トモ御申ナク、又一ツハ*子供三人鑓下ニテ、*トリカヘシ不レ申事残念ニ存候ト御物語被レ成、夫ヨリ御老中方モ御帰リ被レ成候。

御辞世　仏界ニハ入ガタシ　魔界ニハ入ヤスシ

*万里一条鉄

此ほどは浮世のたびにまよひきて今こそ帰れ安楽の空

一、元和九年癸亥八月四日、長政公御逝去被レ遊候〈閏八月四日ト一本ニアルハ非也〉。長政ノ御馬ニ大鹿毛ト申ハ、同日ニ落申候。サヾ波ト申ハ*相良左兵衛殿へ被レ遣候也。

一、長政御尊骸ハ、菅主水・村尾蔵人御供仕罷下リ候事。

竹中丹波　竹中半兵衛の子、重門(一五七三—一六三一)。美濃岩手城主。「丹波」は「丹後」の誤り。半兵衛が信長の意に反し、如水から人質にさし出されていた松寿丸(後の長政)を隠した話は有名だが、長政はその恩を忘れず、重門と親交を続けた。

矢橋　矢橋の帰帆は近江八景の一。

名湖ニ　別本「夜湖ニ」。

大坂御屋敷　天満の黒田藩の屋敷。

古林見宜　江戸時代初期の医家。如水・長政とも親交があった。

通仙　半井通仙院(名は瑞桂)。はじめ驢庵、寛永元年以後通仙院と号す。従って少なくともこの前文は寛永元年以後に書かれたものであろう。次頁注「甲斐守」参照。

本阿弥　本阿弥光悦(一五五八—一六三七)。

観世黒雪　観世流の能楽師。長政は黒雪について謡曲を習ったという。

堤石妍寿　未詳。あるいは埋忠妙寿(西陣の刀工、一五五八—一六三一)の誤写か。

大文字屋　未詳。徳川実紀元和元年九月九日条にみえる忠兵衛のほか、茶人の栄甫・栄清、黒田藩御用の呉服商五兵衛など京都には多い屋号。

膈　胸と脾(ひぞ)の間。

雅楽頭　酒井忠世。→一〇八頁注

讃岐殿　酒井忠勝。→一二七頁注

存残ス事三ツ　黒田家譜には「残念なる事三つあり。一つには慈母に先立つて死する事…。二には、嫡子忠之今尚弱冠なり。其年長じて国を治

一、甲斐守*・市正*(いちのかみ)ハ、其跡ニ京都エ著被レ成候故、御尊骸ニ御逢不レ被レ成候。御両人、長政木曾路御通リ被レ成候間、是又木曾海道御通リ被レ成、江戸エ御下リ之由也。

一、甲斐守名代ニ磯与之助、市正名代ニ桑原久之允、御国エ下リ御葬礼之御供仕ル也。

一、御棺之先ヲ栗山大膳、跡ヲ忠政、御腰物ハ磯与之助、御脇指ハ桑原久之允、御鷹ハ大村五右衛門、藤兵衛両人ニテ居ル。

一、葬礼火掛リ候時ニ、御鷹二モトナガラ、烟リノ中ニ入死ス。

一、御葬礼場箱崎*(はこざき)浦之由（崇福寺*裏松原御墓所成ルベシ）。

覚*

一、我等致来候異見会*(いけんかい)之儀、毎月一度釈迦之間ニテ、家老并其方エ諫言ヲモ思ヒ切テ申者、勘弁候テ催可レ被レ申候。気ニ不レ入事ニテモ腹ヲ立不レ申、誓約第一ニテ候事。

一、度々申候様ニ、刀脇指、我思入タル一腰宛ニ差替、此外ハ無用ニ候。我等能々試候テ覚申候。惣ジテ武士*ハ毎日死ヲ極メ居不レ申候得バ、事ニヨリ越度(おちど)有レ之候。毎日朝夕刀脇差自分ニ拭ヒ候テ頂戴致、一日*生死無事有事、此二腰之儀ニテ候事ヲ、ウヤマヒ忘レ不レ申候、肝要ニテ候。以上。

七月廿一日　長政判

遺言覚*

我等死期可レ為二不日*一候。生死ハ覚悟ノ前ニ候得バ、今更改テ可二申置一事ナシ。右衛門*

るを見ずして死する事。三には…大国を賜はりし故、今二万の士卒に将たらば、平日よく調練し、戦に臨みて節制厳粛にして、進退左右心のごとく自由ならしめん事必然ならん。我こころみたく思ふなり」とある。

子供三人鑓下ニテ… 三人の男子に合戦での実地指導をする機会がなかったことか。長男忠之でさえ関ケ原合戦の二年後生れで、大坂冬・夏の陣に一応参加してはいるが、まだ十四、五歳のことである。

トリカヘシ 教本「とりかはし」。

万里一条鉄 信仰を堅固に保つこと。

相良左兵衛 相良長毎(ながつね)。肥後人吉城主(二万二千百石)。

甲斐守 黒田長興(一六一〇—六五)。長政の三男。秋月藩主(五万石)。但し甲斐守任官は寛永三年であるので、この点が偽書説の根拠の一つ。次注「市正」についても同じ。

市正 黒田高政(一六一一—三九)。東市正。長政の四男。東蓮寺城主(四万石)。

箱崎浦 いまの福岡市内。

崇福寺 黒田家の菩提寺。臨済宗大徳寺派。後出の春屋国師が中興。

覚 嫡子忠之に宛てたもの。内容的にみて一九頁の「又別ニ右衛門佐様エ之御書付」に入るべきものか。

異見会 如水以来の伝統で、幕末まで続いていた。「長政平生異見会とて毎月一度づゝ…夜ばなしを催し給佐若ケレドモ、各家老共堅固ニ相従ヒ候得バ、国之政又ハ武者事有レ之トモ心掛リナシ。但我等ガ子孫末々ニ於テ、如何様(いかよう)ノ悪人又ハウツケ者出来シ、*如水(じょすい)・我等ガ大功ヲ無ニナスベキモ計リガタシ。後代ノ事ヲ気遣ヒニ思フナリ。依レ之一ツノ遺言アリ。何(いずれ)モ能々聞置、各ガ子孫ニモ伝申ベシ。若(もし)後代我等ガ子孫、何ゾ不慮〔之〕無調法悪事有レ之、黒田家之一大事此節ナリト存(ぞんずる)事アラバ、其節、天下ノ老中ノ内(うち)所縁有ル衆エ、此方家老共参候テ可レ申候。抑*御当家天下御*シキ被レ成候ハヽ、家康公御武徳トハ申ナガラ、*偏(ひとえ)ニ如水・長政ガ忠功ヲ以(もって)、御心易(やすく)天下ノ主トハナラセ玉フモノ也。其子細ハ、去ル石田ガ乱ノ時、如水ハ*九国ヲキリシタガヘ、*某(それがし)ハ関東エ御供申、関ケ原御一戦前、関東ヨリ先立テ美濃国ヘ馳登リ、*加藤、福嶋、浅野、藤堂等ヲ申合、武ヲ張リ申故、其勢ニ恐レテ石田方川ヲ越テ働事ナラズ。尤合渡(こうど)ヲ一番ニ渡シ、敵ヲ切崩シ、関ケ原御一戦ノ日ハ、粉骨ヲ尽シ、石田ガ本陣ヲ追立候。然共此等ハ不〔レ珍〕事ニ候。第一我等智謀ヲ以、*毛利家幷*金吾(きんご)中納言御方(みかた)ト成候。是ニ付其外御方仕候者多成候。此節先立美濃路エ馳登リ候輩、多(おおく)ハ太閤御取立之大名共ナレバ、此時我等心ヲ変ジ、カクトスヽメ候ハヾ、福嶋、加藤、浅野、藤堂ヲ初メ、何レモイサミ悦、即日大坂方ト可レ成事案之内也。右之者共大坂勢ニ加リ、*嶋津・我等先手(さきて)トシテ打出ル者ナラバ、其外ノ東国勢一戦ニ不レ及、敗北ハ眼前ナリ。其上大略大坂方ニ参ルベシ。サレバ家康公モ我々心中ヲ御気遣故、百里ニ余リタル大敵ニ先〔手〕計リヲ被レ遣、其後各無二一心ニ働キ御見届テコソ御出馬候也。然バ右之通大名ヲ進メ、嶋津、福嶋、加藤、浅野、*浮田等ヲ先トシテ、押テ下ラバ、関東方ヨリ誰カ此者ドモニ出向ヒ、快(こころよく)一戦遂ンヤ。家康公弓矢ノ御長者ト申共、御自身先手被レ成ヨリ外ハ有マジ。万一右大名ドモ猶モ関東方

ふ」(黒田家譜)。

武士ハ毎日死ヲ極メ　後世、葉隠や武道初心集に似た言葉があるのは有名だが、長政は刀が生死を分けるとしているのが特徴的である。葉隠等の「死」が観念的であるのに対し、戦国武士にとっては「死」は文字通り現実の問題であった。

一日生死　家譜「一日〳〵の生死」。

遺言覚　小河内蔵允・栗山大膳宛になっている(一六頁参照)。

不日　まもなく。

右衛門佐　忠之のこと。

如水　長政の父、孝高(一五四六—一六〇四)。播州小寺家の家老であったが、信長・秀吉に仕え、黒田家の基礎をきずいた。兵法・政治等について見識高く、長政にとって父であると共に師でもあった。

御当家　徳川家を指す。

シキ　領キ。治めるの意。

偏ニ如水・長政ガ忠功ヲ以…　以下、家康に貸しがあるのだから、少々の「無調法」も見逃してもらって当然だ、という考え方は、他の大名家訓には見られない。戦国武士もしくは中世武士の意識がここに残っているとみることができよう。解説参照。

九国　九州。如水は天正十五年(一五八七)以来、豊前国を知行、下毛郡中津川城に住した。石田三成らの挙兵(慶長五年七月)に際し、大友義統をやぶり、また豊後・筑後等に戦う。

仕者、我等上方勢ニ加リタラバ、毛利家モ金吾中納言其外之者ドモ案堵候テ、無二之大坂方可レ仕候。嶋津、某、浮田ニ諸勢働シ、先手トシテ打出バ、岐阜ノ城攻ハ扨置、誰カ一人モ美濃路ニ足ヲタムベキ。*這々関東へ引取ハ*上ノ仕合成べシ。是等ヲタヤスク追立、諸国ノ大坂方一同ニ蜂起スベシ。サアラバ、家康公、箱根ヨリ西ニ御出馬思モヨラズ。西国ニテ如水ト*加藤肥後守申合セ、清正ハ無二之大坂方ナレバ同心言ニ及ズ。已ニ豊後*立石ニテ、如水、大友ト合戦ノ時、肥後ヨリ大勢、大友加勢トシテ差越候得共、参著以前*義統ヲ生捕候故、肥後ノ者ドモ不レ及レ力、如水エ加勢ノタメ参ルヨシ、使ヲ立候得共、如水合点ニテ追返シ被レ申候事、各存タル事ニ候。サレバ如水大坂方ト申遣サバ、清正悦一味申べシ。其外九州大名、嶋津、*鍋嶋、*立花等ニ至マデ、皆大坂方ナレバ、西国一同シ、如水・清正押シ登ラバ、中国所々ノ軍勢相加リ十万騎ニ可レ及。上方ノ大勢ニ此大軍一ツニ成リ、家康公一人ト戦ン事ハ、*タトへ〔バ〕玉子之中ニ大石ヲ抛ルガ如クナラン。若万一家康公御良将ナレバ、三河・遠江エ早ク御打出、不思儀ニ*我々一戦仕マケタリトモ、同勢ノ大名共志ヲ変ズマジケレバ、中〳〵関ケ原敗北ノ体ニキタナキ負ハスマジ。仕損ジタリトモ、江州辺ニ引取、所々城ヲ堅クシ、嶋津ヲ大坂ニ籠メ、我等モ浮田モ伏見〔ニ〕支へ、家康公ヲ待申ニヲヒテハ、関東勢瀬田ヨリ此方ヘツラ出シ成ルマジク候。嶋津ヲ始歴々大坂エ有レ之、我等伏見ノ城ニ居、扨又西国ヨリ如水・清正大軍ニテ後詰セバ、日本ハ扨置、仮令異国之孔明、*大公、項羽、韓信ガ来リ向フトモ、我等ガ陣ニ対シ、勝利ヲ得ン事思ヒモヨラズ。我朝近代ノ武将、信長、信玄、謙信等ヲ家康公ニ加エタリトモ、漸無事ニテ関東へ引取ガ十分ナラン。然バ家康公ノ浮沈危キ処ニアラズヤ。此等ハ皆有マジキ事ナレ

某ハ関東エ… 会津の上杉景勝が石田方と通じ家康に従わないため、家康が遠征、長政も従軍したが、石田挙兵とともに引返し、八月、岐阜城を包囲して合渡付近で戦う。

加藤… 加藤嘉明・福島正則・浅野幸長・藤堂高虎。

毛利家 毛利輝元の一族、吉川広家・福原広俊を内通させた。

金吾中納言 筑前国主、小早川秀秋(一五八二—一六〇二)。

嶋津 島津義弘(一五三五—一六一九)。関ケ原の戦いでは西軍に参加。

浮田 宇喜多秀家(一五七三—一六五五)。関ケ原の戦いでは西軍に属し敗走した。

這々 辛うじて。

上ノ仕合 上出来。

加藤肥後守 加藤清正(一五六二—一六一一)。熊本城主。関ケ原合戦の時は在国、東軍に属し、九州各地を転戦。

立石 速見郡南立石(現別府市内)。関ケ原合戦の年の九月、この付近の石垣原で合戦、大友義統は立石に籠ったが、如水に敗れ、生捕られた。

義統 大友義統(一五五八—一六〇五)。もと豊後国主、のち除封。

鍋嶋 鍋嶋直茂(一五三八—一六一八)。肥前佐賀城主。はじめ西軍に味方したが、帰国して西軍の立花宗茂を攻めた。

立花 立花宗茂(一五六九—一六四二)。筑後柳川城主。西軍に属し、敗戦後所領没収、元和六年(一六二〇)に旧領回復。

ドモ、万一如レ斯ノ次第成ル事ヲ各ニモ語聞セテ、扨ハ如水・我等ノ忠義大切成ルヨト、合点サセ置度思フ故、カクハ語リ聞スルナリ。武士ニヲヒテ偽ナシ。更ニ広言ニアラズ。其時ヲ見聞候者ハ、ウタガヒナキ事トモ各モ存候通ナリ。爰ヲ以(もつて)家康公ノ天下ヲ知リ玉フハ、我々ヲ始メ武勇誉レノ大名ドモ、五三人御方(みかた)仕タル故トハイフ也。ツマル処ハ如水・某二人ガ力ニアラズヤ。実(げ)ニモ関ケ原御勝利之上、*家康公、某ガ手ヲ御取リ、今度ノ御利運ヒトヘニ長政ガ忠義故ナリト、上意有シモ是也。*豊前六郡ヲ転ジ、*筑前ヲ賜リ候ハ、誠ニ大分ノ御恩トハ言難カルベシ。然レドモ後代我等ガ子孫末々ニ至リ、大ナル誤リ国家之大事ニ及候トモ、此功ヲ思召(おぼしめさ)バ、上ニ対シ逆心サヘ企不レ申候ハヾ、其外ノ儀ハ御免許ヲ蒙リ、筑前一国之安堵ハ相違有間敷ト存ル也。右之趣我等申置タルヨシ、詳ニ可二申述一也。扨又筑前拝領之前、*四国筋ニテ両国モ可レ被レ下哉、又筑前ニテ一国可レ被レ下哉、筑前ハ古来*探題(たんだい)所ニテ格別ノ国ナレバ、我等ヲ被二差置一度思召由、*本多中書(ちゆうしよ)ヲ以被二仰聞一候。我等申上候ハ、両国ハ可レ奉レ望事ニ候得共、如レ斯天下平均ニ被レ成候間、日本国中ニ於テハ、家康公ニ敵シ、背キ申者有ベカラズ。為レ差(さしたる)御奉公申(もうす)時節有間敷(あるまじく)候。*筑前ハ大唐ノ渡リ口ニテ、殊ニ探題所ニテ候得バ、他之国両国ニモ増可レ申ト存候。大唐之御先手ト思召、筑前ヲ被レ下候ハヾ、可レ為二本望一由申上候得バ、尤ニ思召、上意ニ相叶候由ニテ、筑前国拝領、如水ヱ別段ニ領地可レ被レ下候。如水可レ奉レ望由、御内意被二仰下一候得共、如水老体故領地之望無レ之、安楽ニ余命ヲ終申度由、重テ御断リ被レ申拝領ナシ。ケ様(かよう)之御約束共、天下之老中モ、後代ニハ不レ被レ存様ニ可二成行一ト存(ぞんじ)、申置ナリ。扨又ケ様ノ事ヲ無分別ナル者ニ聞(きか)スルハ、必公儀(こうぎ)之御奉公ヲユルカセニ仕(つかまつる)事有物ナリ。各家老共此旨心得候而、必

タトヘバ　底本・教本「タトヘ」。松のさかへによる。

我々　長政が西軍についたと仮定して、黒田勢を含めた西軍。

大公　太公望。

家康公某ガ手ヲ御取リ…　黒田家譜「長政惣大将の御見参に入給ければ、家康公長政の傍へ寄給て、今日の合戦勝利を得し事、偏に貴方かねての計策故なり。…此忠節報じがたし。代々黒田の家に対し疎略有まじきよし仰られ、諸人の見る所にて、長政の手を御取いたゞき給ふ」。

豊前六郡　島津征討後の天正十五年(一五八七)七月、秀吉より黒田孝高に、豊前国京都(みやこ)・築城(ついき)・中津・上毛・下毛・宇佐の六郡を分与。

筑前ヲ賜リ　慶長五年(一六〇〇)十月。

四国筋ニテ…　黒田家譜「家康公、本多中務大輔に仰けるは、甲斐守事中国筋にて二ケ国も下さるべきや、又筑前は九州都府の地にて、殊に異国防禦のため大切の所なれば、甲斐守をおかせられたくおぼしめすや」。

探題所　永仁元年(一二九三)、鎌倉幕府が鎮西探題を設置、九州地方の行政、軍事を統轄し、海防にあたった。

本多中書　本多中務大輔忠勝(一五四八―一六一〇)。家康の信任あつく、井伊直政・榊原康政とともに、関ケ原の戦後処理にあたった。当時上総大多喜城主(十万石)。「中書」は「中務」の唐名。

我等子供ニハ申聞スマジ。各ガ子孫之内、家ヲ継候者計リ、密ニ相伝ヘ可レ申者也。尤此儀ヲ国許(くにもと)之家老共ヘ具ニ可ニ申聞一候也。以上。

長政判

元和九年八月二日

*小河内蔵允(おごうくらのじょう)どの

栗山大膳どの

此一巻ハ案書也。本書ト相違無レ之候。本書モ我等被ニ仰付一相調(ととのえ)、御自身御判被レ為レ押候。封之印ハ内蔵允・我等両判也。御書我等手ニ有レ之事、家老中存之儀ニ候間、万一筑前ヨリ不慮ニ御用之節、筋目ヲ以御尋アラバ、名ヲ隠シ、如ケ様(いかよう)ノ手次成トモ進上可レ申也。

大膳判

*栗山善助どの

右之裏ニ書付有レ之写

覚　前後不同

一、七月廿八日、*春屋和尚(しゅんおく)ヨリ、*狗子(くし)話御参得之御影讃出来候ト、参リ候刻、御床ニ掛サセラレ、御喜悦不レ斜候。一生只無字ニ出テ無ノ字ニ終ル事不レ浅事也ト被レ仰、御礼状御自身被レ遊被レ遣候。*竜光院(りょうこういん)ニモ如レ斯御影被ニ掛置一度之由、被ニ仰遣一候事。

一、御遺体ニ被レ為ニ召シ一御法衣、和尚ヨリ被ニ仰受一相調候事。

一、御遺骸火葬ニシ可レ奉由、被ニ仰付一候事。

筑前ハ大唐ノ渡リロ…　徳川斉昭の明訓一斑抄にも同趣旨の考え方がみられる(一五〇頁・一五四頁以下)。

小河内蔵允　長政の家老の一人、小河之直。信任厚く、財政を司った。

栗山善助　大膳の養子か(西木子紀事に見える)。

春屋和尚　春屋宗園(しゅうおん)(一五二九—一六一一)。臨済宗大徳寺第一一一世の住持。長政の禅学の師でもあった(次注参照)。元和九年にはすでに没しているので、「竜光院ヨリ」の意か。

狗子話御参得之御影讃　黒田家譜に、「長政大徳寺竜光院にて、しば〳〵春屋円鑑国師に禅学を参得し、趙州の狗子の話にをいて省あり。国師甚感喜せらる。其図を描して讃語を加へ、竜光院におかれしを、七月廿八日竜光院より乞取て、報恩寺の床にかけ、歓喜微笑し給て、一生只此無の字に出て、無の一字に終ると、点頭数回したまへり」とある。「狗子話」は中国の禅僧趙州にまつわる問答で、「狗子仏性」という禅門公案の一。

竜光院　長政のたてた大徳寺塔頭。

一、*右衛門佐様へ御遺言ハ、八月朔日二日段々御近附ニテ、*右筆ハ*岡村へ被二仰付一、又ハ内蔵允・大膳ニモ被二仰付一候事。

一、表ニ下書致シ候御遺言ハ別段ニテ、又家老中ヱ被レ下候。*御暇乞御書御文書。

一、我等不日可二相果一候。右衛門佐始子供ニ対シ候テ、我等同前ニ忠義ヲ存候事不レ及レ申候。其方共ガ子孫コソ代々如レ斯ニテ、筑前之*仕置(しおき)*可レ仕候得バ、当座之功ヲ思フベカラズ。長久ニ領国ノ成就有ル分別肝要ニ候。

一、其方共親祖父以来、其々之武功、内外之事、サマ〴〵骨折セ候得共、夫程之志モ不レ仕、小身ニテ置候事心外ニ候。此後ハ末長ク相続候ハヾ、安堵候テ右衛門佐ニ奉公可レ仕候。諸侍中夫々ノ志、取分テ可レ申様無レ之、皆共ニヨリ〳〵ニ此事可二申伝一候。為二暇乞一申置也。

元和九年八月二日　　長政判

一、如水様以来御弓矢事ニテ御書共、巻物ニ被レ成被レ遺候事。

一、*大名衆ヨリノ誓紙、御*掛硯(かけすずり)ニ入有レ之事。

一、御遺物帳別ニ在レ之事。

一、右衛門佐様ヱ*戸田御書被二遺置一候。御稽古被レ成候ハヾ、先書物御覧不レ被レ成、御シロウトニテ、御修行被レ成候後ニ、書物御覧被レ成候ハヾ能候由、兵法衆ニ被二仰聞一候事。

一、八月朔日、御木刀取ヨセラレ、兵法衆中二三人計ニテ、暫(しばらく)御密談被レ成候。其後右衛門佐様へ御遺言ニ被レ仰候御兵法事、別段扣(ひかえ)。

右衛門佐　前出、忠政（忠之）。遺言は後出。
右筆　文書を書く役。
岡村　岡村二郎左衛門。
御暇乞御書御文書　黒田家譜にも見える。

仕置　統治・為政。
可仕候得バ　底本「可仕候得共」。

大名衆ヨリノ誓紙　毛利輝元・吉川広家が黒田長政宛にさし出した誓紙（起請文）が残っているが、そのようなものを指すのか。
掛硯　掛子の付いた硯箱で、硯や墨を入れ、下には書付などを入れる。
戸田　剣術の戸田流を指すのであろう。

一、兵法ハ平法也。*右衛門佐ト内ノ者初、兵法ハ心得別段之事也。一人之敵ニ打カチ、三人五人ヲ打取候事ニ眼ヲカケ候ハ、内ノ者之兵法ニテ候。夫サヘ志シ大成ルモノハ、五人十人ニ目ヲ不レ入候。マシテ大将之上、小分ノ器量ハ用ニ不レ立事ニ候。サレバトテ我智分ヲ考*、物ホシガリニ他之国ヲ望候ヨウナルハ、ウツケ者ニテ候。我等幼年ヨリ志有レ之候得共、鑓一筋太刀ノ兵法ニテ、漸〳〵筑前一国ヲ平(たいら)ゲ候。浅マシキ事ニ候。居ナガラ天下ヲ平ゲ候コソ、大成ル平法ニテ候。如水ハ平法者ニテ御入候故、合戦度々ニ向ハレ候城ニテモ、手間不レ入落、降参抔シテ、士卒ヲ多ク不レ被レ殺候。我等ノ不レ及事也。又如レ斯世モ治ニテハ一入(ひとしお)遠慮可レ有レ之事。今迄無レ拠武者事ニテ殺候人不レ少候得バ、此後ハ大方内之者、民百姓マデ不便(ふびん)ヲ加ヘ候テ、用捨可レ有由、如水被レ仰候様、内之者役儀勤アシク、其時ニ望候テハ、如ケ様(いかよう)ニモ科(とが)ニ申付候事ニ候得共、*能(よく)合点イタシ候得バ、其役儀ヲ可レ勤者トヲモヒ、言付タル主人ノ目利違ニテ候得バ、其者ノ科ヨリハ、主人ハヅカシキ事ニ候ヲ、我ハアヤマリナキ顔シテ居申候*主人ハ不レ及ニ是非一事ニ候。民百姓マデ正シク候得バ、サバカリ重罪ハ不ニ出来一筈ニテ候由、如水呉〳〵(くれぐれ)被レ仰候事、尤至極ニ候。只堪忍第一ニ候。皆平法ト心得タルガ能候事。

一、刀脇指ハ、是ニテ我死道具ト心得タルガ能候。是ニテ我命ヲ可レ生ト思ヘバヲクレヲトリ、或ハ平生ノ身ノ慎ニモ無キ様ニ成候。是又平法ニテ候事。

一、*草摺(くさずり)*スネアテハヅレ、スハダニテハ元ヨリ下クブシノアタリニ少シ宛、相手ノ太刀ノ当ル程成ルガ能候。無疵ニ可レ勝分別ハヨカラズ。戸田ニ忍ノ関ト言事アリ。必ズ

右衛門佐…　黒田家譜には「左(右)衛門佐平法と内の者の兵法は心持別なり。一人の敵に切かち…」とある。底本は「一人之敵ニ…」以下を改行、別項とし「一、人之敵ニ…」とするが、いま家譜により訂した。

考　「不レ考」(黒田家譜)であろう。

能合点イタシ候得バ　よく考えてみれば。

居申候　底本「居申ニ」。

草摺　鎧の胴の下に垂れた被護物。

スネアテ　臑当。膝から踝(くるぶし)までを覆う武具。

不便スレバ　憫れみをかければ、の意。

サイハイ　采配。指図・指揮。

上下親マズ　底本「親ミ」。教本による。

案内知リノ敵ヲ…　毛利元就の言に「当家をよかれと存候者は、他国之事は不レ能レ申、当国にも一人もある

其所ニテ堪忍セズ、手ヲ出シ候カラ負ニ成候。堪忍候場マデハ第一ノ心ニテ、是ヲ関ト教ヘ置候。国ノ政道モ同ジ心ニテ、又平法ニテ候事。

元和九年八月朔日　　御判計(ばかり)

又別ニ右衛門佐様エ之御書付

一、弟共始家来民百姓マデ、我手足之様ニ*不便(ふびん)スレバ、皆ナビキシタガヒテサイハイニモ付候。*上下親マズ、余所(よそ)ノ様ニナシ候得バ、*案内知リノ敵ヲ養ヒ置同前ニテ候。内之者ヲ側近ク物モ言ヒヨキヨウニ候得バ、*当事異見ヲモ申能候。武者事ノ時、下々(したじた)迄近クツカヒ候(そうらわ)デハ、如何(いか)成(なる)*大名ニテ不レ成候。*俄ニナラヌ物ニテ候。

一、釈迦之間異見会、今迄之通、弥一月ニ一度催可レ被レ成候。

一、如水ハ程近キ事ニ候。其先ノ先祖ヲモ不レ忘シテ、*国之仕置(しおき)正シク身ヲ慎ミ候得バ、従二公儀一御トガメ可レ有様モナシ。関ケ原ノ御奉公振リヲ仕置候得バトテ、身ノ覚悟悪敷(あしく)、仕置不レ宜シテハ、御用捨ニテ国被二下置一候トテモ、国主トハ言難キ事。

一、武士之軍功之多少ニヨリテ、夫ニ応ジテ大身小身、時之仕合ニテ候。如水・我等ノ武功ニ*誇申ニテハ無候得共、二代ノ功ニテ拝領之筑前一国ニテ候得バ、子孫ニ至テ何ゾ軍功ノ大功成ル事モ仕候ハヾ、其者ノ功ヲ相続申事ニ候。如レ斯無事ノ天下ニ成候テハ、軍功之時節ニ逢候事、*著時(ちゃくじ)ニ有間敷候。今之分ニテ相続候テハ、*如水・我等之領国ヲ預リ候ト心得、武功有ル家来共ヲモソコナヒ不レ申、民百姓迄安堵ニ持(たも)チ可レ申事肝要ナリ。我ガモノト*心得候ハヾ、功モナキ子孫共、必定天罰ヲ蒙リ可レ申事、可

まじく候」(元就書状)というのがある。このような配下の者に対する緊張感は戦国武将に特有のもので、後代の大名にはほとんど見られない。もちろん「上下親マ」ないことを戒める家訓は多いが、配下の者が寝返りをうちかねないという認識を前提するものではない。結局、戦国武将の場合は「武者事」を現実の問題として把えているのであり、「治に居て乱を忘れず」(明訓一斑抄の一三三頁以下参照)式の観念的な教訓とは質的にちがう。

当事　黒田家譜には「常の事」とあり、底本「当(當)」は「常」の誤りか。

大名ニテ　「大名ニテモ」とあるべきところか。

俄ニナラヌ　底本「俄ニナル」。別本により訂。

国之仕置正シク…国主トハ言難キ事　この文章は幕府―大名の関係が西欧の封建関係と同じものでないことを示している。解説参照。

誇申ニテハ　底本「誇申迄ハ」。

著時　即時。すぐ。

如水・我等之領国ヲ預リ候ト心得　財産を先祖からの預り物とする考え方は、日本の「家」に一般的である。なお近世大名の家訓にはこれと並んで、領地を「公儀」よりの預り物とするものが少なくない。くわしくは解説参照。

心得候ハヾ　底本「心得ニテ」。

レ為ニ目前一候事。

一、四書五経*孝経、素読能覚(よくおぼえ)候ハゞ、*道雲折々呼ビ道理ヲ聞、国之仕置素直(すなお)ニ、非道無レ之様ニ学問ヲ用ヒ候事、第一ニテ候。多物(おおく)ヲ読(よみ)物知リダテニテ、*コバシ名聞ニ成候テハ、人之事ヲ譏(そし)リ申為(ため)之様ニ心得候ヘバ、学問モ邪魔ニ成候。何事モ用ヒ様ニテ、好(よ)キトアシキトニ成候事。

右ハ栗山大膳相調候御遺言ノ裏ニ、書付有レ之候ヲ写之者也。

掟*書之事

一、国ヲ持(たも)ツ主将ハ、格別之思慮無(なく)シテハ叶ヒ難シ。凡人ト同ジ様ニ心得ベカラズ。先我身ノ行儀作法正シクシテ、政道ニ*私曲ナク、万民ヲ撫育スベシ。又我ガ好ム事ヲ慎ミ撰ブベシ。主君ノ好ム事ヲ諸士モ好ミ、百姓町人マデモ翫ブモノ也。仮初(かりそめ)ノ軽キ遊興タリトモ、目ニ立ヌ様ニシテ、四民ノ手本ト成ル事、片時モ忘ルベカラズ。凡国主ハ常ニ*仁愛ニシテ讒ヲ信ゼズ、善ヲ行フヲ以(もって)務トスベシ。政事ハ青天白日ノ如ク明白ニシテ、深ク思案ヲメグラシ、一事モアヤマツベカラズ。文武ハ車ノ両輪ノ如クナレバ、カタ〳〵欠(かけ)テモタチガタシ。勿論治世ニハ文ヲ用ヒ、乱世ニハ武ヲ以治ルトイヘドモ、治世ニ武ヲ忘レズ、乱世ニ文ヲ捨ザルガ、尤肝要成ルベシ。世治リ、国主タル人、武ヲ忘ル丶時ハ、第一軍法捨(すた)リ、家中ノ諸士モヲノヅカラ柔弱ニナリ、武道之嗜(たしなみ)ナク、武芸ニモ怠リ、武道具等モ不足シ、持伝ヘタル武具モ錆クサリテ、俄ノ用ニ不レ立、カク武道ヲロソカナレバ、平生ノ軍法定ラズシテ、不慮ニ兵乱出来ル時ニハ、周章(あわ)テ騒ギ、評定調(ととの)ハズシ

五経 黒田家譜では「七書」。

道雲 林道春(羅山。一五八三―一六五七)の誤りであろう。黒田家譜に、「長政江戸に在て、暇の日しば〳〵林道春を招きて、論語孟子を講ぜしめ、聖の道を聞給ふ。子息及家老以下にも聞かしめらる。又家老の子供にも道春を師とし、学問すべきよし命ぜらる」とある。

コバシ名聞 知ったかぶりをして生意気がる人、の意か。「こばす」は気どる、てらうの意。

掟書之事 以下の条々のうち二三頁九行目までは、黒田家譜では如水の語ったこととして見える。

私曲 自分勝手な不正。

仁愛ニシテ 底本「仁愛ニュシテ」。

テ、軍法立難シ。武将ノ家ニ生レテハ、暫時モ武ヲ忘ルベカラズ。又乱世ニ文ヲ捨レバ、制法定ラズシテ、政事ニ私曲多クシテ、家人ヲ始国民ヲ愛スルニ実無キ故、人ノ恨ミ多キ者也。*軍陣ノ時モ血気ノ勇ノミニシテ、道正シカラザル故、士卒*ヲモヒ付ズシテ、忠義ノ働キマレナリ。タトヘ一旦ハ軍ニ勝利ヲ得ルトモ、後ニハ必ズ敗軍ト成ル者也。*凡国主ノ文道ヲ好ムトイフハ、必ズ*書ヲ多ク読ミ、詩ヲ作リ、故事ヲ覚ルニアラズ。真(まこと)ノ道ヲ知リ、諸事ニ付(つき)テ吟味工夫ヲ委(く)ハシク、万ノ筋目ヲ違ヘズ、アヤマチ無(なき)様ニシテ、善悪ヲ糺シ、賞罰ヲ明ニシ、アハレミ深キヲ肝要トス。又ハ武道ヲ好ムト云ハ、専(もっぱら)武芸ヲモテハヤシ、*イカツ成ルヲ言ニアラズ。軍ノ道ヲ能知リ、常ニ乱ヲシヅムル智略ヲメグラシテ、無二油断一士卒ヲ調練シテ、功有ル者ニ恩賞ヲ与ヘ、罪有ルモノニ*刑罪ヲ加ヘ、剛臆ヲ正シフシテ、治世ニ合戦ヲ忘レザルヲ云(いう)。武芸ヲ専ニシテ、一人ノ働ヲ勤ルハ、*匹夫ノ勇ナリ。国主ト武将ノ武道ニアラズ。当家ノ軍法ハ他術ナシ。只君臣法令ヲ正シフシテ、士卒ノ一致スルヲ肝要トス。平生無事ノ時、臣下ヲ憐ミ、*功有(ある)者ニ賞禄ヲ不レ吝(おしまず)与ヘ、其志シヲ能(よく)諸人ニ通ジ置候時ハ、其恩徳ニ思ヒ付テ上下心ヲ合(あわせ)、一筋ニ武勇ヲハゲム故、兵ノ強キ事金石ノ如シ。勝利ヲ得ル事疑ヒ有ベカラズ。又主将為(た)ル人ハ、*威ト云者ナクテハ、万民ノ押ヘト成ガタシ。悪敷心得テハ、ワザト威ヲコシラヘ付ントスレバ、カヘツテ大成ル害ニ成ル者也。諸人ニヲヂラル、様ニ、身ヲ持成スヲ威ト心得、家老ニ逢テモ威高ブリ、事モ無(なき)ニ詞ヲアラ、ゲ、人ノ諫ヲ聞入レズ、我等アヤマチモ*カサ押ニ言マギリ、恣(ほしいまま)ニ我意ヲ立ル時ハ、家老モ諫ヲ言ハズ、自(おのずか)ラ身ヲ引ク様ニ成行ベシ。家老サヘ如レ斯ナレバ、諸士末々ニ至ル迄、只ヲヂ恐レタルマデニテ、忠義之思ヒヲ成ス

軍陣ノ時モ　底本「軍陣ノ時時モ」。
ヲモヒ付　心をよせる。慕いなつく。
凡国主ノ文道ヲ…　島津綱貴の考え方(六五頁)と対比すると面白い。
書ヲ多ク読ミ…　底本「書ヲ多ク読ハ詩ヲ作ル」。

イカツ成ル　傲慢、放逸なこと。

刑罪　つみ、しおき。黒田家譜「刑罰」。
匹夫ノ勇　血気にはやる小勇。孟子、梁恵王上「此れ匹夫の勇にして、一人に敵するものなり」。
功有者ニ賞禄ヲ…　日本の武士の主従関係が双務的であるか否かという和辻―家永論争と関連して解説参照。
威ト云者ナクテハ…　「威」を大名の一要件とする家訓は他にあまりない。戦国武将の特徴であろうか。

カサ押　嵩にかかって無理押しすること。

相口　合口。気が合い、話や意見の一致する者。

家老中…キビシク諫言スベシ　黒田長政に限らず、近世大名は少なくとも家訓をみる限り一般に、大名が家老を筆頭とする家臣団を統御するというのでなく、むしろ大名が家老と共に「諸士」を統御すると考えているようである。換言すれば家老は家臣団の中に含められるよりは、大名の側に引き寄せて位置づけられている。この長政の家訓が嫡子右衛門佐と並んで家老達をも名宛人としているのもそれを示している。なお解説参照。

諸士一統ノ入札ヲ以テ…　人選に「入札」を用いよという家訓は珍しい。藩体制が未だ不安定であることを示すものであろうか。

可成カギリハ…粉骨ヲ尽シタルモノ

者無ク、我ガ身ガマヘノミニテ、奉公ヲ実ニ勤ル事ナク、カク高慢ニテ人ヲ蔑ニスル時ハ、臣下ヲ始メ万民ウトミ果テ、必ズ国ヲ失フ基ト成ル者ナレバ、能々心得ベキナリ。誠ノ威ト言ハ、先其身ノ行儀正シク、理非賞罰明カナレバ、アナガチ人ニ高ブリ、ヲビヤカス事無レドモ、臣下万民敬ヒ恐レテ、上ヲアナドリ軽ムル者無シテ、自ラ威光備ル者ナリ。

一、凡君臣傍輩万民ノ上迄モ、*相口不相口ト云事アリ。主君ノ臣下ヲ仕フ事、此意味有ル事ヲ知リテ、常々思慮ヲ怠ラズ、能ク慎ミテ油断スベカラズ。家人多シトイヘドモ、其中ニ主人ノ気ニ応ズル相口ナルモノ、善人ナレバ国ノ重宝トナリ、悪人ナレバ妨トナル者ナレバ、是軽々敷事ニアラズ。*家老中兼テ其旨ヲ相心得、主人ノ佞臣ニ心ヲ奪ワレザルヨウニ、キビシク諫言スベシ。又家老抔ハ相口不相口ニヨリテ、仕置ノ上ニアヤマチ出来ル事有ベシ。相口ノ者ニハ贔屓ノ心付テ、悪ヲバ善ト思ヒ、或ハ賄賂ニヒカレ、或ハ追従軽薄ニ迷ヒテ、悪敷ト知リナガラ、自ラシタシム事モアリ、不相口成者ハ、善人ヲモ悪人ト思ヒ、道理ヲモ無理ノヤウニ聞アヤマルモノナレバ、相口不相口ニヨリテ、政事ニ私曲出来ルベシ。家老中能々心得ベキナリ。又可レ為二家老一者ノ威高ブリテ、諸士ニ無礼ヲナシ、末々ノ軽キ者ニハ、詞ヲ掛ケザル様ニスル時ハ、下ニ遠ク成ル故ニ、諸士隔心シテ、上部ノ軽薄ナ〔ル〕礼儀計リ勤ル故、諸士ノ善悪得手不得手知ラズシテ、其身ニ不得手成ル役ヲ申付ルニ依テ、必ズ仕損ジアリ、旨儀ニヨリテハ、其者身上ヲ亡スニ至ルベシ。家老職ノ者ハ常ニ温和ニシテ、小身ナルモノヲナツケ、其者ノ気質ヲ能見届テ、相応之役ヲ申付、仕損ジタル時ハ、重キ罪科ニ申付ル事、始ノ詮議詳ナラザル故ナリ。役儀ヲ申付ル時ハ、*諸士一統ノ入札(いれふだ)ヲ以テ、其人柄ヲ極メ、其上ニモ私曲等有レ之モノ出来セバ、其者一人重キ罪科申付ベシ。*可レ成カギリハ采禄ヲ召放(めしはなす)ベカラズ。*播州・豊州ヨリ召仕候諸士ハ、何レモ身命ヲ抛(なげうち)、粉骨ヲ尽シタルモノ共也。今我大国ノ主ト成ル事、是全ク我等父子ノ計略ノミニ非ズ。臣下ノ力ヲ合セシ助ケニヨリテナリ。大功有ル諸士ニ、不得手ノ役儀ヲ申付、仕損ジタリトテ重キ罪科ニ申付ル事、主君タル人ノ不徳、家老中ノ大キナルアヤマリナリ。

一、*子供ニ付候者ハ、其人柄ヲ再三詮議シテ念ヲ入ベシ。其者善人ナレバ其子善人トナリ、悪人ナレバ悪人トナルモノナレバ、其人ヲ能々撰ビ用ユル事、ユルカセニスベカラズ。近習ノ士モ委敷(くわしく)詮議ヲ遂(とげ)、人ヲ撰ビテ申付ル事肝要ナリ。

一、他所ノ浪人名高キ者ナリトモ、大禄ヲ惜(おしま)ズ招キ寄(よす)ル事取捨スベシ。又主将タル人ハ、臣下ヲ始メ万人ノ目利ヲ第一トス。サレドモ我一人ノ目利ヲ以、小身*無礼ノ者共ヨリ、ムザト大身ニ申付ル事、大ナルヒガ事ナリ。堅ク慎ミ能思案スベシ。*軍功有ル者ニハ、大身小身ニヨラズ、賞禄ヲ惜ズ与フベシ。*凡治世ノ褒美ハ、金銀ニシクハナシ。其旨能々工風スベシ。

一、国主タル人ハ、慈愛ヲ旨トシテ、人ヲ憐ミ恵ムコト肝要ナリ。罪人アリトモムザト罪スベカラズ。国中ニ罪人有ルハ、政事正シカラズシテ、*才判ヲ行ヒ届ザル故也ト知ルベシ。常(つねに)能吟味ヲ遂ゲ、*アラカジメ罪人ノナキ様ニ、国政ヲ執行スベシ。賞罰ニ委(くわし)ク、吟味ヲ経テ人ヲ*罪スル事ハ、仁道ニヨリテ申付ベキ事肝要ナリ。

一、鷹狩鹿狩漁等、其外乱舞遊芸遊宴ニ必ズ長ズベカラズ。程能嗜(たしなみ)テ、アフレザルヤウ

共也　前出の、如水・長政の手柄を楯に、子孫の「無調法」を幕府から大目にみてもらおう、という考え方と符合している。「采禄」は采地(知行所)と俸禄(扶持)。「召放」は領地などを取り上げること。

播州・豊州ヨリ…　黒田家は如水の祖父の重隆の頃から播磨に住した。如水は天正十五年(一五八七)の島津征討の後、秀吉から豊前国六郡を宛行われ、関ケ原戦後、長政が筑前国に移されるまで、ここを領した。

子供ニ付候者　いわゆる傅役のこと。

無礼　黒田家臣の家格の一つ。直礼(藩主に謁して賀正の礼を行う士分)・半礼(藩主の通行の際賀正の礼を行う卒)の下位にあって、藩主に謁見の礼を許されない卒分を指す。

軍功有ル者ニハ…賞禄ヲ惜ズ与フベシ　「賞禄」が土地や身分と区別され(「大身ニ申付ル事、大ナルヒガ事ナリ」)、一時的な利益供与、とくに金銀であることに注意。

治世ノ褒美ハ金銀ニシクハナシ　近世初頭の武士にとっての金銀の必要性、褒美としての有効性は当時の社会の経済構造と無関係でなく、単なる拝金趣味や個人的欲望の問題ではない。朝尾直弘「豊臣政権論」(岩波講座『日本歴史』近世1)参照。

才判　裁判。(国を)治めること。

アラカジメ　底本「アラハシメ」。

罪スル事　底本「罪スル斗」。

ニ心ヲ用ユベシ。殊ニ農人ノ痛ミト可レ成事ハ、能思案シテ堅ク慎ムベシ。

一、*大国ノ主将ハ、君臣ノ礼義ノミ取繕ヒテ、定リタル出仕ノ対面計ニテハ、タガヒノ善悪心底分明ナラザルモノナリ。去ニヨツテ、出仕ノ外、一ケ月ニ両三度ヅヽ、家老中幷小身ノ士タリトモ小分別モ有ル者ヲ召寄セ、咄ヲ催スベシ。其節咄候事ハ、主人モ聞捨、家老中モ同前ニシテ、伏蔵ナク其時節之事ヲ物語スベシ。互ニ心底ヲ残スベカラズ。若遺恨ト成ル事申出ス者アリトモ、此会之問答ニ於テハ、君臣共ニ少モ怒リ腹立ベカラズ。或ハ主人ノ了簡違之事、仕損ジアリテ*勘気ヲ申付タル者ノ*侘言等、其外何事ニヨラズ、主人エ申達シ難キ事ヲ残サズ語ルベシ。如レ斯スル事怠ラザレバ、諸士ハ勿論、万民ノ上迄モ委敷*聞フレテ、毎事其善悪明白ニハカリテ、政道益ニ成ル事多カルベシ。

一、倹約ヲ専トシテ、無益ノ費ナキヤウニ心ヲ用ユベシ。治世ニハ、万ノ事皆*花美ニ成リモテユクモノナレバ、倹約ヲ旨トセザレバ、年々ツモリテ夥敷費トナリ、後ニハ行ヅマリテ国家ヲ敗ルニ至ルベシ。又ヲシミ過テ吝嗇ナレバ、諸人ニウトマレ、万ノ事埒行カズ、善ヲ行フ事モ、功ヲ立ル事モ成リガタシ。是又国家ヲ亡スノ萌也。財宝ヲミダリニ用ザルハ、軍陣天災其外不慮ノ吉凶ニ備へ、又ハ諸人ニ益有ル事ニ用ンガタメナレバ、平生我身ノ物好ヲ止メテ、少之費モナク、万之事皆過不及モ無キヤウニ、委シク思案スベキ事肝要ナリ。

一、家中ノ諸士大身小身トモニ、武具ノ外衣類諸〔道〕具共ニ、分限相応ヨリ*内場ニ軽クシテ、*勝手丈夫ニ取続キ、奉公懈怠ナク相勤ル分別肝要也。但*軍陣之出立ハ、分限ヨリ少ハ勝レタリトモ然ルベシ。兎角平生ミダリニ財宝ヲ費スベカラズ。若不足ニシテ困窮ニ

大国ノ主将ハ…　「職分」論に関連して解説参照。

勘気　とがめ。

侘言　恨み言。ここは「詫言」(謝罪のことば)の意。

聞フレテ　よく聞いて、の意。

花美　華美。派手、贅沢。

内場　内輪。控え目。

勝手丈夫ニ　生計を堅実に。

軍陣之出立ハ…　武具は分限以上、その他は分相応乃至それより内輪に、という考え方を述べた家訓は多い。

及ビ、平日ノ奉公ヲモ務得ズ、事ニ臨ンデハ其手筈ニアハズ、傍輩ニヲクルヽモノアラバ、詮議ヲ遂テ*曲事(くせごと)申付べシ。諸士中能(よく)此旨ヲ能相心得、倹約ヲ専ニシテ、貧窮ニ至ラヌ覚悟肝要ナリ。

一、家中ノ諸士、無レ拠身上不相応ノ物入アツテ、困窮ニ及ブ時ハ、家老中其子細ヲ聞届テ、*城付用心銀之内ヨリ、身上相応ニ年賦ニ*借渡(かし)シ申べシ。諸士無力ニ及テハ、不慮ノ事アル時ハ、用ニ立ザルモノナレバ、兼テ無力ニ及バヌ様ニ心ヲ付べシ。但天災幷父母兄弟子供ノ病気等ノ外、或ハ家居之普請ヲ好ミ、或ハ婚姻ニカザリガ間敷(まし)事ヲ取ハカラヒ、或ハ常ニ客ヲ好ミ、遊興酒宴ニフケリ、其外サマ〴〵ノ物好ニヨリテ、財宝ヲ費シ、自然ト貧窮ニ及ビタル者ハ、吟味曲事申付べシ。

*長政公控書財宝定則

一、米六拾四万六千弐百五俵壱斗四升三合　*春免(はるめん)御所務米高
一、大豆八万七千六拾九俵四升八合　春免御所務大豆高
一、米三千弐百四拾三俵九升弐合　御国中*開田御所務高
一、米壱万九千弐俵九升壱合　*種籾利米十五郡ヨリ上納
〆米六拾六万八千四百五拾俵*弐斗弐升六合
内
一、米三拾壱万六千弐百五俵一斗四升三合　知行所務高之分
一、同壱万五千七拾俵余　*独礼御扶持方米

曲事　ここは処罰の意。

城付用心銀　元和年間に長政が創めたとされる軍用兼救済準備金。蔵入より種々の出費を引いた残りを、非常の時に備えて藩に貯えておくもの。二代藩主忠之(忠政)の時廃止され、享保十七年(一七三二)、用心除け銀の制が設けられたが、これは全藩より強制徴収した義倉類似の備荒貯蓄で、性格が異なる。

借渡シ　「貸渡し」に同じ。

長政公控書財宝定則　家訓の中で財政に関する具体的な数字をあげて、治政の方針を述べたものは他に類をみない。

春免　過去数年間の平均値をとって定めた年貢賦課率。春定、春免極ともいう。これに対して秋免は、いわゆる検見法を意味する。

開田　墾田に同じ。

種籾利米　播種用の籾までなくなった農民に対して種籾を貸与し、その利息として徴収した米。

弐斗　正しくは「三斗」。

独礼　家臣の家格の一。礼日に単独で藩主に謁見できる者。半礼、無礼(一三三頁)の上に位するものだが、直礼との上下関係については未詳。

一、同三万五千四百俵余　　御切米*幷俵取御蔵渡所務米
一、同三万九千八百三拾俵　　無礼以下御扶持方米
一、同五万三千四百六拾弐俵余　　右同御切米
一、同千弐百三拾俵余　　諸職人幷町人扶持方米
一、同千四百弐拾俵余　　江戸抱之者幷門番給共
〆*米四拾五万九千三拾六俵余
　　御家中諸士所務幷御扶持方其外米払之分引
　残テ*弐拾万八千八百拾六俵弐斗弐升六合　御蔵入(おくらいり)
　右代*銀十ケ年並直段*壱俵ニ付拾七匁宛
一、銀*三千五百四拾九貫七百拾三匁余
一、大豆八万七千六拾九俵四升八合　　右ニ有レ之御所務大豆也
　　内
一、同五万千九百六拾壱俵　　知行所務大豆引
　残テ大豆三万五千百八俵四升八合　　御蔵入
一、銀三百五拾壱貫八拾壱匁余、右大豆代*
　　納銀
一、同百五拾三貫四百三拾四匁　　両*市中諸上納運上*(うんじょう)共
一、同九拾弐貫弐百三匁　　十五郡ヨリ諸運上銀
一、同百弐貫九匁三分　　右同三品*銀上納

御切米　扶持米の一年分を数回に分けて授受すること、もしくはその米。
〆米四拾五万九千三拾六俵余　右掲の七項目を合計すると四十六万二千六百十七俵余になる。その差は三千五百八十一俵で、これに相当する数字の項目は右の中にない。
残テ…　六十六万八千四百五十俵二斗二升六合から前項の四十五万九千三十六俵を引くと二十万九千四百十四俵、前注に示す正解四十六万二千六百十七俵を引いても二十万五千八百三十三俵の筈である。
代銀　代金。この時代、福岡藩では銀が中心貨幣として通用。
直段　値段。
銀三千五百…　「御蔵入」高に十七匁を掛けると、三千五百四十九貫八百七十二匁になる。正しい蔵入高二十万五千八百三十三俵(前注参照)を基礎としても三千四百九十九貫百六十一匁である。
大豆代　一俵につき〇・〇一匁にあたる。
両市中　福岡と博多とをあわせてこう称んでいた。
運上　商工業・漁業・運送などを営む者に課した税。
三品銀　郡受銀(藩の用品納付に代る税、戸別賦課)、高受銀(同、石高に賦課)、乗馬飼料(藩士の馬の飼養料)をいう。

一、同拾五貫五匁五分　　　浦々ヨリ諸運上魚代共
一、同五貫八拾三匁　　　十五郡ヨリ納牛馬皮代
一、同弐貫五拾弐匁　　　*塩浜運上銀
一、同弐拾貫五百匁　　　両市中ヨリ*水夫銀
〆*三百九拾四貫七百八拾七匁弐分
　内
*三口合、銀四千弐百五拾貫五百八拾壱匁余
一、同三百四拾三貫弐百五匁ハ
　江戸御仕送銀、*御前様諸御入用御*召料代、女中三十五人諸渡分共、十ヶ年並ニ〆
　一ヶ年分
一、同五拾貫目ハ右同臨時御用分右同断
一、同五拾弐貫八百目ハ
　右同定格御勤方御進物幷臨時御勤共
一、同銀五拾五貫目ハ
　*勘解由様御仕分銀
一、同四拾五貫目ハ
　*万吉様御仕分銀
一、同五百三拾貫目ハ
　御参勤方諸士*苦身銀共、御参勤無レ之年ハ此分御用心除ケ分入

塩浜　塩田。長政の頃、領内には早良郡姪浜、糟屋郡三笘など十三の産塩地があった。
水夫銀　福岡県史資料は「両市中」から納入する水夫銀を「漁人舟夫公船の役をするの用」と説明している(第一輯四一六頁)。
三百九拾四貫…　正しくは三百九十貫二百八十六匁余である。「三百」は底本「三万」。
三口合…　本文記載の三口(米・大豆・納銀)の数字(実は以上示したように、米の「御蔵入」と「納銀」については正しくないが)を合計すると四千二百九十五貫五百八十一匁余となる筈である。なお正解は四千二百四十貫五百二十八匁余。
御前様　藩主。
召料　御用品。
勘解由　長政の三男、長興。のち甲斐守。→一二頁
万吉様　長政の四男、高政。のち東市正。→一二頁
苦身銀　参勤交代に随伴する者に対する出張手当のようなものか。

一、同四拾三貫八百目ハ
照福院様御仕送分、女中十五人諸渡御台所御召料幷臨時御用共、十年拼*(なら)シ

一、同三拾五貫目ハ
照福院様御台様*御姫様方*ェ被ㇾ進御自由銀

一、同弐拾貫目ハ　京都呉服代

一、同八貫ハ　宇治御茶代

一、同五拾貫ハ
定飛脚路銀江戸近国共十年拼シ

一、同三拾貫ハ
江戸大坂町人ェ被ㇾ下御扶持方幷屋敷付小松銀*共

一、同九拾貫目ハ　大坂登リ米運賃銀

一、同八貫五百目ハ　右同大豆運賃銀

一、同八貫三百目ハ
御国御台所入用定入切御膳米代幷炭薪其外一式之分、十ケ年拼シ

一、同五貫五百目ハ
当番之諸士幷無礼以下日々認料*諸入用共

一、同銀五拾貫目ハ　江戸作事方*、但シ余之分ハ江戸御用心銀之内ニ入

一、同八拾貫目ハ　御船方諸作事料、但シ余之分ハ右同断

一、同拾五貫目ハ　*桐油笘毛箱代右同断

拼シ　平均して、の意。

御台様　御台所様。ここは長政の妻、大涼院(徳川家康の養女、保科正直の女)。

御姫様方　長女菊、井上淡路守庸名の妻となる。次女徳、榊原忠次の妻となる。三女亀、池田輝興の妻となる。

小松銀　未詳。

認料　したため料と訓んで、弁当代を意味するか。

作事方　普請関係の費用、作事料に同じか。

桐油笘毛箱　「桐油」はアブラギリの種子からとった油で合羽・油紙などに用いる。また桐油紙のことも言う。「笘」は「箱」のつもりか。

一、同拾貫目ハ　　御国産御進物方入用之分

一、同百五拾貫目ハ

　　諸士京大坂隣国諸苦身銀、御扶持方代共ニ、十ヶ年拼シ高、余之分ハ御用心ニ入

一、同七拾五貫目ハ

　　御参勤之節召仕候水夫銀粮米*代

一、同五貫目ハ　　御本丸幷番所油代

一、同五貫目ハ　　御鷹方諸用飼方共、十ヶ年拼シ高

一、同百*五拾匁ハ　　御小鳥所入切

一、同五貫百五拾目ハ

　　奥小役筋入用分、御腰物髪方紙類其外御内用入切

一、同三拾五貫目ハ

　　御武具幷鉄炮修復新規共御仕足分入切

一、同五貫目ハ　　*会所(かいしょ)入用高

一、同七拾五貫目ハ　　御馬方百五十疋飼料、大豆代飼葉(かいば)薪代共

一、同五貫目ハ　　諸士自分役所紙墨筆代

一、同拾貫目ハ　　鉄炮*玉薬(たまぐすり)年々御仕足入切高

一、同拾貫目ハ　　*代官実植方諸用入切高

一、同六貫目ハ　　*側筒足軽ニ被レ下候玉薬代、弓道具稽古料共

一、同百壱貫五百五拾目ハ

粮米　「粮」は「糧」。食料。

百五拾匁　底本「百五拾貫」。教本による。

会所　江戸時代には一般に、事務所・政務所、また藩札・専売品などの取引所を意味するが、ここで何を指すかは未詳。

玉薬　弾薬。

代官実植方　植林を司る代官。黒田藩では特に山林の保護、植林を重視し、後には実植奉行五人を置いたほどである。

側筒足軽　親衛の鉄砲隊のことか。

御国*免下御救分〈免下無レ之年ハ御用心銀ニ入〉

一、同拾貫目ハ　奥御側女中諸渡賄料共

一、銀七拾五貫目ハ　御家中乗馬飼料、余リ之分ハ御用心銀ニ入

一、同拾五貫目ハ　窮民御救料

〆*弐千四百四拾五貫九百五匁引

残テ*千八百三拾壱貫六百七拾六匁余

右ハ年々御用心除ケ分

右ハ*慶長十七子年ヨリ、*元和七酉年迄十ケ年、積高口々吟味仕候処、相違無ニ御座一候。以上。

元和八年戌三月　*村上角左衛門

*喜多村安右衛門

覚

一、銀壱万七千貫目

一、金子壱万両

一、銭拾万貫文

右ハ御蔵納御用心銀

一、金子三千両

一、銀千貫目

右ハ*勘解由(かげゆ)様分、甲斐守様御事

免下　不作などで、春に決定した免(徴租率)を下げること。

弐千四百四拾五貫…　正しくは二千百十七貫九百五十五匁。

千八百三拾壱貫…　本文記載の蔵入銀合計(二七頁)から、前行の支出合計を差引くと千八百四貫六百七十六匁である。前注の正しい支出合計を引けば二千百三十二貫六百二十六匁である。なお蔵入銀合計の正解から支出銀合計の正解(もちろん一つ一つの項目の数字に誤記がないものと仮定した場合であるが)を差引くと二千百二十二貫五百七十三匁であり、本文記載の残高より実に二百九十貫余多い。従って何らかの誤記・誤写があるのであろう。

慶長十七子年　一六一二年。

元和七酉年　一六二一年。

村上角左衛門　黒田家臣伝、下に見える村山角左衛門と同一人物であろう。栗山大膳記には村山角右衛門なる人物が見える。

喜多村安右衛門　家老の一人か。

勘解由　底本「勘ケ由」。

一、金三千両
一、銀千貫目
　右ハ万吉様分、市正(いちのかみ)様御事
一、金子五百両
一、銀弐千五百貫目
　右ハ御姫様方御仕立料
右之通相違無二御座一候。以上。
　同年同月
　　村上角左衛門
　　喜多村安右衛門

右之分ハ余リ可レ申ト、本書ニ御自筆ニテ御書入有リ。

右之積堅ク相守、城付用心除ケ之分、年々間断無ク相除ケ可レ申事肝要也。数年之後ハ広大之銀高ニナリ、凡百年ヲ越テハ、今天下ニ配分之銀数過半ハ当家ニ集ルベシ。又世ノ治リテ静ナル事モ、久ク続ク者ニアラズ。大概百年百五十年シテハ、二百年程経テハ変動スル事モ有ベシ。是古ヨリタメシアル事ナレバ、アラカジメ其謀ヲ定(さだむ)事、覚悟スベキ事専一ナリ。世ノ中物サワガシキ時ニ、財宝多カラズシテ、武事ヲ起シ大功ヲ立ル事成ガタシ。領国ヲ丈夫ニ保ツ事成難シ。子孫之輩、我等ガ志ヲ続デ、掟ノ通堅ク相守、倹約ヲ勤テ、弥我身ヲ慎ミ、仁徳ヲ万民ニ施シ、政道ヲ正シク家風ヲイサギヨクセバ、天下ノ人皆当家ノ仁徳ヲ聞伝ヘテ、ナビキ従フ者多カルベシ。殊ニ*文武ノ道ヲワキマヘ、身ヲ立テ名ヲ上ント思フ程ノ士ハ、主君ヲ撰ビ仕ル者ナレバ、招カズシテ馳集ルベキ事勿論ナリ。然ル時

文武ノ道ヲワキマヘ…主君ヲ撰ビ仕ル者　戦国時代の比較的自由な主従関係を念頭においたもの。後代になると家訓にこれに類する文章はみられなくなる。「文武ノ道」は底本「文武ハ道」。

ハ自(おのずか)ラ諸家ニ勝レテ、栄耀ヲ極メ権威ヲフルワン事顕然タリ。サレドモ俄ニ富栄ヘン事ヲ工(たく)ミ、国民ヲシエタゲ*諸士ニ貪リテハ、必(かならず)国家ヲ亡ス基ト成ベシ。アナガチ金銀珠玉ヲ宝トセズ、諸士国民ヲ宝〔ト〕シテ、仁徳ヲ以テ撫育スベシ。必ズシモ妄ニ金銀ヲ集ムベカラズ。又年功ヲ積テ自然ト富貴ヲ得ル時ハ、更ニ災ノ起ルベキヤウナシ。君臣共ニ此旨ヲ能相守リ、越度ナキヤウニ万事ヲ執計(とりはから)ヒ、我ガ掟ニ背クベカラズ。又子孫*ニ至リ、不義放逸ヲ専トシテ、諫ヲ聞入ズ、自由ヲ働キ掟ヲ守ラズ、ミダリニ財宝ヲ費スモノアラバ、家老中申合セ、其者ヲ退ケ、子孫ノ内ヨリ人柄ヲ撰ビテ主君トシ、国家ヲ相続セシムベシ。此趣ハ家老中能〔相〕心得、銘々子孫ヘモ申伝ヘ置ベキ事肝要ナリ。

右件々条々、堅永ク相守可レ申事肝要也。

長政* 御書判(かきはん)

元和八年戌九月

右衛門佐殿

井上*周防殿

小河内蔵允殿

黒田*美作殿

桐山*丹波殿

栗山大膳殿

シエタゲ　虐ゲ。しいたげる。

子孫ニ至リ…人柄ヲ撰ビテ主君トシ　前出(一九頁)の「如水・我等之領国ヲ預リ候ト心得」という教訓と対応するものであることはいうまでもない。日本の「家」の性格、さらに江戸時代における能力主義の問題と関連する。解説参照。

長政　黒田長政。官兵衛(如水)の子。信長に人質として預けられ、その後秀吉子飼いの臣として父とともに活躍したが、父の死後は家康に付き、養女(保科氏の女)栄姫を後妻とした。筑前福岡城主(五十二万三千百石)。永禄十一年(一五六八)—元和九年(一六二三)。

井上周防　一五五四—一六三三。之房。黒田家の重臣。

黒田美作　一五七一—一六五六。本姓は加藤、名は一成。如水の頃より仕え、栗山大膳の姉婿。

桐山丹波　底本「相山丹波」。黒田家譜に見える。

板倉重矩遺書

〔*板倉重矩*重道え之遺書〕

*我病付、死近覚候間、其方へいさめべき事有、書付候。是を見勤ば、忠たり孝たり、其身まつたからん。

一、忠孝の事は、古人くはしくいひ置、今更いはんにいとまなし。人の主たる身の、学文なくば、政道なりがたし。四書五経*七書類、文字は不二見知一とも、よませて聞、其理を具にすべし。但よみ人をゑらぶべし。今時の学者は、口利口のためにして、わが身持とはせず、下々は身すぎのためにして、人がら悪者多。能心得べし。

一、其方生付*賢実なる故、物毎*へんくつなる事有べし。能人をしたしみ異見を請、下々迄懇に言葉をかけ、我に物いひよき様にして、身の上をいはせ聞、其人の才智を知べし。家老幷気に入遣者のゑこ贔屓して、おのれが縁類などとりなし、其人にあはざる役などさせ、欲にふけり*音物にめでなどする家老は、逆心同前と知べし。然時は手前にもゑこなる心あらば、身をほろぼす敵と思ひ知べし。世間の主人、此事を弁ず、家に久敷者の子、又筋目ある者の子とて、其身に応ぜぬ奉公させ取立、同奉公さすれども、贔屓の心を以使、下にも是を知、不足奉公人多。祗其人見知て遣事肝要なり。情を*普代相伝と思ふべしと、良将多言置也。人を不二見知一ば我恥をあらはし、世間に嘲けられ、家人も*おもひ付ず、ひいき〳〵になり、へつらい奉公人多し。

一、主人たる者は、賞罰正しき所に有。然に多は其悪をあらため、是を罰す計にて、善人

板倉重矩 元和三年(一六一七)—延宝元年(一六七三)。板倉重昌の長男。下野烏山城主(五万石)。老中、のち京都所司代。内膳正。なお、底本には標題がなく、目録の中に「一、板倉…」として、この標題がある。

重道 寛永十八年(一六四一)—宝永二年(一七〇五)。重矩の嗣子。のち重種。老中。石見守、のち内膳正。

我病付… 重矩の死は延宝元年五月二十九日。

七書 中国の兵書七種の総称。孫子・呉子・司馬法・尉繚子(うつりょうし)・三略・六韜(りくとう)・李衛公問対。

賢実 教本・警本「質実」。

へんくつ 偏屈。すなおでないこと。

音物 贈り物。

普代 譜代。

おもひ付ず 心を寄せない。

を尋出し、賞をあたふる事希也。第一に善人を可レ賞事、如レ法なるべし。上に善人を愛すれば、下自善に可レ帰と也。世間は取立たる者の罰をば軽して、同事なれ共、外様は或は心に不レ相者の罰を重する事、愚成故也。然に遣立たる者、法度を背かば、一入可レ悪事なり。此等之心入能々吟味して可二心得一。

一、軍法常に心掛、先我心を知て、壱所にこりかたまらぬやうにして、*法は正敷可レ勤。尤身の上を人にいはせて聞、我心を穿鑿せよ。能しるゝ物なるまゝ悪を直すべし。惣て善事は人も*言聞せ能思る、我も聞よき物なり。我と我善悪を穿鑿すべし。家人の沙汰は善事を聞賞すべし。是を兵法之第一也。軍法は軍之法を定、鉄炮功者成者は鉄炮を預、弓功者には弓を預、鑓功者には鑓を預、是皆軍法也。大将は兵法を専用、人を能見知、士卒は剣術鑓弓馬を以本とすべし。惣て主人の好事を、家中に勤物なれば、弓を射させ見、鑓小太刀を為レ遣見、心に入て勤者に褒美をすれば、おのづから勤者也。たゞはづかしめ道理を以勤る者は希也。物の*師と成者を馳走仕、賞禄を出さば、心有もなきもはげむ物也。人の心にたがはんとおもふ者はなき物なれ共、不穿鑿にまかせなす事なれば、主人の心入を以、一家一国*直しかるべし。当代之学者軍法者風俗悪、上下人が悪なる人多し。不審すべし。

一、「*人は恥を知を宝とす」と見えたり。尤也。家人さげすみおもはく専用と恥べし。他の聞えを悦、外を能せんとする人多。己を正しくして能納ば、一天下に其沙汰有。何と外を直とも、*一家に悪時は其沙汰有、終に家を失。返す〴〵も家人をしたしくして、*遠侍に至迄よび出、夜咄抔させ、古今の人の噂、家中の風俗相尋、能をば其まゝまねべ

法は　教本・誓本「法度」。

言聞せ能思る　教本「言聞也、能思は」。誓本「言聞也、能思か」。

師　教本・誓本「惲」。

直し　教本・誓本「正し」。

人は恥を知を宝とす　孟子、尽心上「人は以て恥ずることなかるべからず。恥ずることなきをこれ恥ずれば、恥なし」と同種の格言か。

一家に悪時は其沙汰有　(世間の評判を良くしようと思っても)家中の者に評判が悪ければ、その結果が出るものだ、の意。

遠侍　建物の本屋より遠い中門わきなどに設けた警備・取次の詰所。その当番の武士。

し。わるがしこき人は人まねとて*、新敷わがいひ出しこしらへたがるなり。学文をして古人のまねをせよ。一代まねとぐれば則賢人也。今時は座頭*・猿楽*をあつめて、とほうなき沙汰、我身になきほまれをよろこぶ人多し。人に様〳〵の生付有。それ〳〵に見積遣べし。大切成は人なり。まして一芸も有者をば、少之事はゆるし、もとむべし。天下静謐なるまゝ、武士道嗜なく、我儘ばかり多、いやしき心指(こころざし)出来、下々共に機嫌取の奉公人多く集む。先年の法*にも、「文を左、武右にして」と被二仰出一。其はげみはなく、身(しん)代(だい)ならず、拝借のねがひ、我身らくがらする心入計(ばかり)、朝夕思ふ人多(おおし)。口惜(くちおし)からずや。大(だい)分(ぶん)の所領*をけがし、人の歎きをもしらず、浅ましき事どもなり。何ほどの書を読ても、慎まざれば益なし。「日々にあらたに*又日にあらたなり」と云へり。三略*にも、「英雄*の心を取て、衆とよしみを同(おなじゅう)す」といふにて、一切兵器の沙汰は分明なり。

右に書ごとく、此者久々予が志をいひ伝候まゝ、諸事口上に可二申述一者也。

右者従二板倉内膳正殿*一、石見守殿*え之遺書

とて　教本・警本「して」。

座頭　盲人の坊主で、琵琶・三味線などを歌いなどして酒宴に興をそえる家業の者。

猿楽　能(猿楽能)をいうが、ここは民間の手猿楽、それに類する物まね、滑稽の芸をする者か。

先年の法　慶長二十年(一六一五)の武家諸法度(四五四頁)を指す。その第一条に「文を左にし、武を右にするは古の法なり」とある。

所領をけがし　「所領」は将軍からの預り物であるとする考え方の反映。

日々にあらたに…　大学章句、伝第二章「湯の盤の銘に曰く、苟(まこと)に日に新にせば、日日に新に、又日に新なり、と」。

三略　中国の兵書。上略・中略・下略の三巻より成る。黄石公(秦末の隠士で、張良の師)の撰というが、後代の偽書。

英雄の心を取て…　三略、上略の冒頭に「夫れ主将の法は、務めて英雄の心を攬り、有功を賞禄し、志を衆に通ず。故に衆と好を同じうすれば成らざるなく、衆と悪を同じうすれば傾かざるなし」とみえる。

板倉内膳正　板倉重矩。

石見守　板倉重道。

内藤義泰家訓

*左京大夫義泰代*延宝五丁巳年夏被レ定

家訓

奉レ対二大君一期下自二先祖一聊無中不忠上。悕汝*義英、常思二此意一、銘レ心刻レ骨、仮令及二世変一、懐二別心一而莫レ辱二家名一、弥可レ抽二忠誠一条条。

一、居城者、其国其境、目為二要害一所二預被一レ下也。*全非二私屋室一。然レバ猥不レ成二別墅山荘ノ営一、第一城郭無二破壊一、常々堅固可二相守一事。

一、*身ハ父母之遺体、*孝ハ百行之本也。故逆レ親輩ハ於二人倫一遠矣。宜三以レ順レ親為二専一。

一、*兄弟連気同胞、宜二敬レ兄愛一レ弟事。

一、家来加二慈愛一可三召二仕之一。*経曰、罪疑則軽。死罪之疑者、必止二斬罪一令二追放一、自レ夫軽科者ハ令二閉門一、或ハ詞責。総大小臣僕、真実忠節之思入在レ之様相待可レ然事。

一、*清平之御代、*蔭襲奉公者、参勤期、及朔望、或ハ佳節朝礼年、右非二大病大故一、則莫二懈怠一、不レ可レ及二延引一事。

一、*入レ漆器黒、入レ丹器赤。人善悪在二交友一。不レ可下馴二近耽二遊楽一勧二酒色一之人上。可三相二接正直篤実ノ人一。家臣之親疎又可レ為二同前一事。

一、古賢訓レ子、怙以二勤謹二字一為二専要一。*夙興夜寐、可レ励二弓馬*学文一。且新研二家政一、或儲レ客或成レ賓、当計二考従者之心一、極為二長座一、可レ到二*人定鐘一。但祝賀*燕会之時、可レ為二人並一。接レ人之法可二慇懃一、不レ被レ慢二温和放埒一事。

左京大夫義泰　内藤頼長。はじめ義概(よしむね)。元和五年(一六一九)—貞享二年(一六八五)。磐城平城主(七万石)。寛文十年(一六七〇)襲封、貞享元年(一六八四)左京大夫となる。歌人・俳人としても知られる。号、花沾・風虎など。

延宝五丁巳年　一六七七年。

義英　義泰の二男。明暦元年(一六五五)—享保十八年(一七三三)。兄の早世により嫡子となる。下野守。後、延宝六年(一六七八)幽閉され、天和二年(一六八二)退隠、嫡を辞し、天和三年(一六八三)弟義孝が嫡子となった。のち義英の子政樹が封を嗣ぐと、藩政を後見した。俳人露沾として知られる。

全非私屋室　領地は将軍からの預り物という考え方にもとづいている。

身ハ父母之遺体　礼記、祭義「曾子曰く、身なるものは、父母の遺体なり。父母の遺体を行ふ、敢へて敬せざらんや」。

孝ハ百行之本也　白虎通「孝は道の美、百行の本なり」、後漢書、江革伝「夫れ孝は百行の本、衆善の始なり」など。「百行」は諸の善行。

兄弟連気同胞　顔氏家訓、兄弟に、「兄弟は、分形連気の人なり」とある。

経曰…　書経、大禹謨「罪の疑はしきは惟れ軽くし、功の疑はしきは惟れ重くす」。この意の文は、平家物語、巻二「刑の疑はしきをば軽んぜよ」、曾我物語、巻四「罪のうたがひをばかろくし…」など、各処に見える。

一、*牝鶏之晨、家禍也。外事不レ可レ告二婦人一。莫下因二内縁一而賞中罰諸士上。家老面々、又可三心二得此旨一事。

一、*昔良臣詞曰、木従レ縄則正、后従レ諫則順。従二忠諫一、敢莫下引二不レ好者之例一、取二無道者之喩一、拒中塞諫争之路上。進二*逆レ耳之人一ハ、真謀二主君之身一。雖レ非二気合一、強而可二親近一。順レ旨諂諛儕、専志二己*栄利一。雖レ為二気合一、強而可二疎遠一。是自レ古治法第一事。

一、恩賞刑罰、兼士之進退用捨、政之大体也。家老用人之外、絶而不レ可二聞知一。若有下非二其職一而妄言者上、必可レ為二追放一。亦以二一人之愛憎一、不レ可レ枉レ法事。

一、郡政之義、作二別紙ケ条一、家老用人申渡之間、其方不レ可レ漫。変乱若於レ有レ可二改替一、右之役人寄合可二僉議一。不レ残二心底一、雖二甚論諍一、皆是主人之為也。莫三毛頭挾二意趣一、不レ可レ立二一人了簡一事。

一、家老用人之面々、可レ尽二心政法一。下之評議相済之後、様子委細告二主人一、可レ承二其下知一。主之意善ナラバ則従レ之。千問万返可レ告レ正。不レ可下惶二主之怒一助中非道上事。

一、以二文武之道一、能教二家子一、撰二挙其才一、依二他人之口入一、不レ可三召二置無用輩一事。

一、船遊者、非二貴人公子之誘引乎、一門尊宿之列坐乎一、為レ身叨二海川之逍遙一、堅無用之事。

一、領内漸致二貯米一、可レ救二水旱災一。其他可レ儲二軍用之蔵金一。是又治レ国忠レ上之先務也。可レ禁二無益之費一事。

一、愚昧賤役之小人、利口多言之佞人、必為二政事害一、必為二好人障一、古今危二国家一者也。宜レ遠レ之。凡居二士之上一者、非レ知レ人、万事壊崩也。大抵*孝弟者、本立、故必忠レ上。

清平　平和。
蔭襲　父祖の功績のおかげで、君主より許されてその官職領地を相続すること。
入漆器黒…　孔子家語、六本「丹の蔵する所の者は赤く、漆の蔵する所の者は黒し。是を以て君子は必ず其の与(とも)に処る所の者を慎む」。「朱にまじわれば赤くなる」に同意。
夙興夜寐　朝早く起き、夜おそく寝る。詩経その他にしばしば見える。
学文　学問。
人定鐘　「人定(にんじょう)」は午後十時頃。人の寝しずまる時刻に撞く鐘。
燕会　宴会。
牝鶏之晨…　書経、牧誓「古人言へる有り、曰く、牝雞は晨すること無し。牝雞の晨するは惟れ家の索(つ)くるなりと」。ことわざ「めんどり歌えば家亡ぶ」。
昔良臣詞曰…　傅説(ふえつ)(殷の武丁の宰相)のことば。書経、説命上に見える(ただし、「順」は「聖」とある)。材木は墨縄に従ってこそ真直になり、君主は諫めに従ってこそ「聖」となる、の意。
進逆耳之人　耳に逆う忠言を述べる人を推薦する。→六四頁「忠言逆耳」
栄利　栄達(出世)と利益。
孝弟…　論語、学而「その人と為りや、孝弟にして上を犯すことを好む者は鮮(すくな)し。…君子は本を務む。本立ちて道生ず。孝弟なる者はそれ仁を為すの本か」。孝経、士章「…故に孝を以て君に事ふれば則ち忠」。

世禄七万余石　祖父の政長のとき、元和八年(一六二二)より、磐城郡等に七万石を領した。のち延享四年(一七四七)内藤政樹の代に日向延岡(七万石)に移封。

帰老　隠居。

水畋之荒　水辺での狩猟(かも猟など)に遊びほうけることか。

江戸桜田之宅地　寛政重修諸家譜巻八〇六に天正十九年(一五九一)「桜田にをいて東照宮御杖をもつて邸地を画して家長にたまはる」とある。虎の門の辺りにあった。

家長　義泰の曾祖父。(清長)—家長—政長—忠興—頼長(義泰)。天文十五年(一五四六)?—慶長五年(一六〇〇)。上総佐貫城主(二万石)。家康に仕えて歴戦、関ケ原の前哨戦に伏見城で戦死。

倣朱陳古　中国にいわゆる朱・陳両家の古い交わりに見ならい。幕府とわが家との関係にたとえるか。

不改父之政与父之臣　論語、里仁「三年、父の道を改むる無きは、孝と謂ふべし」。同、微子「…大臣をして以(もち)ひられざるを怨ましめず。故旧、大故なければ、則ち棄てざるなり」。

須ニ賞美召仕一。在レ家不レ順者、雖下阿ニ権勢一而一旦似上レ善、終必不忠、可ニ懲戒一事。

一、*世禄七万余石、嫡々可ニ相守一。莫レ減ニ一所一粒一。某*帰老之節、新田其外有レ余之田畠、不レ残可レ譲ニ其方一。豈有ニ相違一。汝譲ニ嫡子一之時、又宜レ如レ斯。若有ニ庶子一、別得ニ官仕一幸也。否乃可レ致ニ下臣一。万一無ニ実子一、可レ養ニ同姓之子一。不レ可三雖レ近然立ニ他姓一事。

一、国家以ニ民人一為ニ至宝一云。当下常撰ニ進善良一而安上レ民也。并某家持伝財宝別冊目録附与之条、非レ為ニ人民一、勿ニ叨失一レ之。子々孫々家脈相続之証可ニ伝受一。総人之珍器重宝、莫三乞ニ求之一。但薬法草木之類者各別之事。

一、婚姻之媒、口論之扱、停ニ止之一。若有ニ不レ得レ已之儀一、制外之事。

一、酒雖ニ浹洽合歓物一、然大酒放逸、古今亡レ家滅レ身根柢也。是以長酒堅禁制之事。

一、傀儡猿楽一切乱舞之者ハ、酒宴遊興之梯也。且和漢共為ニ賤役一之、不レ与ニ士相列坐一。則不レ可ニ睦近狎語一事。

一、妓女頑童之戯遊、*水畋之荒、士之有レ志者、猶深戒レ之。矧大将乎。堅禁止事。

一、縦雖レ為ニ立身一、不義無礼僭上之働、其方ハ勿論也、子孫迄訓伝可ニ禁断一事。

一、*江戸桜田之宅地者、往昔従ニ東照宮一先主*家長御直所レ令ニ拝領一也。至レ某住居既四代也。*倣ニ朱陳古一、関東御繁昌間者、不レ宜レ移ニ他所一事。

右二十三条、敬可ニ相守一。始終惟一、誓ニ言神祇一、明鑑莫ニ背違一。自レ昔以レ*不レ改ニ父之政与ニ父之臣一為ニ孝子一、是則孝行忠節道也。就レ中嗜ニ文武一肝要也。莫レ慢レ聖黷レ武。尊ニ経書一。則其教皆家訓也。勿レ為ニ雑学一。忠義勇乃其働皆忠順也。勿レ為ニ暴虐ヲ一。家老用人近習之者モ、又右之旨相心得、正シクシ已ヲ守リ道ヲ、有レバ三子孫戻ルニ此訓ニ、可シ委テテ身ヲ諫争ス一。若シ於テハ不ルニ然ラ者、貪リ禄ヲ媚ビテ時ニ而陥ルル主ヲ不義也。雖モ幸ニ免ルト、然モ可キ為ル対シテ某ニ不忠之罪人ト者也。

延宝五丁巳年五月

酒井家教令

酒井家教令*

覚*

〔一〕、傍輩中口論之者有レ之、可レ及二遺恨一儀見聞仕候ば、寄合致二相談一、互におくれ*に成間敷儀に候ば、令*二和睦一遺恨不レ残様に可三取二扱之一。兎角和睦に難レ成儀に候はゞ、其様子家老共へ可二申聞一。若家老共身之上に候はゞ我等に可二申聞一事。

一、表座敷の内にて喧嘩有レ之ば、其座に居合候者、其外隣番之者番所に壱人残、外の者立合埒明可レ申候。外番所之者は番所を明不レ申、不審成者通し不レ申候様に可二覚悟一候。諸番所喧嘩の心得此通たるべき事。

附、坊主*共は、番所々々へ喧嘩有レ之由、早々告、惣て番所前、抜刀又は手負にて、血の付候体の者、一切不審なる者通候はゞ、留置可レ遂二吟味一事。

一、同乱気酒狂之者有レ之、抜刀にて狂ひまはり候ば、様子により切殺し候共不レ苦候。勿論其子弟仇存間敷候。若仇存候はゞ、不忠不義、武門不僉議之士と可レ存事。

一、長屋内にて喧嘩有レ之ば、両向隣二三軒の内有合候者出合、裁判*可レ仕候。尤早々家老共目付*方へ可二告知一。若取籠候ば、右之者は取囲居、家老・用人*可レ応二指図一。卒爾之働仕間敷候。四軒目五軒目之者は、自分長屋前を堅め、往来を改め可レ申候事。

附、四軒目五軒めより早々両門へ申遣、表門は堅めさせ、裏門は為レ打*可レ申候。勿論番所々々へも可二告知一事。

酒井家教令　教本・弊本の標題は「酒井隼人家法幷家訓」。酒井隼人については→六一頁注

覚　以下がもっぱら江戸在勤者に対するものであることは、内容から明らかである。厳密な意味での家訓ではないが、江戸における大名及びその家臣の生活が国許とちがい、いわば国際関係に近い緊張したものであったことを反映する珍しい家法である。

一…　以下数頁にわたって、予想されるいくつかのケースについて喧嘩発生時の処置をきわめて具体的に規定している。親族・家来・友人達が介入して喧嘩が拡大することを防止するために、煩瑣とも思われる規定を置いていることに注目したい。

おくれ　底本不明、「憶れ」で、「臆れ」「後れ」の宛字か。いま教本・弊本による。

令和睦遺恨不残様に…　近世以降の日本人の紛争処理方法を典型的に示す。喧嘩両成敗法との関係について解説参照。なお五五頁に「不レ可レ及二喧嘩之沙汰一」とある。

坊主　表座敷などにいて、世話・給仕などの雑役をする僧体の者。

裁判　捌く・取り扱う、という程の意。

目付　監察官。

用人　家老の次に位し、経理・庶務などを担当する職。有能な家臣が

任ぜられることが多い。
為打 閉めさせ。
広間 武家屋敷にある、表向の客間。
他出候由 主人が外出している旨。
腰懸 城中や大名邸内で供廻りの者の控える所。
之 教本・謄本「其」。
知触 教本「触知」。謄本は底本に同じ。
敷台 式台。玄関先の板敷。また控えの間をもいう。

一、長屋にて乱気酒狂の者有レ之、抜刀にて猛ひまはり候はゞ、人を不レ殺内は、捕留打伏(とりとめうちふせ)候様に可二相心得一。若不レ得レ已無二是非一切殺候共、子弟仇存間敷候事。

一、喧嘩有レ之時、門を堅め居、客有レ之候ば、門より*広間へ告知らすべし。扨(さて)大門を不レ開して、くゞりより客を入、番人罷出、*他出候由可レ申候。様子不審候て被二相尋一候ば、家来喧嘩仕候、最早捕取留候得共、留主(るす)之内、右大門開不レ申由可レ申候。若又留主にても、入不レ申候はで不レ叶客は、供之者*腰懸へ集め、居散被レ申間敷由断(ことわり)、壱人も喧嘩の場へ遣申間敷候。但喧嘩の様子により、常の通りに仕り、不審無レ之様に*之心得も番人見計次第の事。

一、客衆、座敷にて喧嘩有レ之候はゞ、次に居合(いあわせ)候者壱人、家老・用人共へ早々走行可二申聞一。且坊主共へも申付、番所々々へ声高に無レ之様に可二触知一。広間之者共は、壱人門へ罷越、潜に番人に申付、門為レ打可レ申。裏門へも申遣、門可レ打。尤座敷に喧嘩有レ之候はゞ、供のもの聞不レ申様に可レ仕候。不審いたし相尋候はゞ、家中之者喧嘩仕候と可レ申候。長屋々々へは台所より役人罷越、静にふれ知らすべし。鎮(しずまり)候はゞ、其旨可二*知触一事。

近習次に居候者は勿論、諸士共に次に詰懸、其時之様子見計次第、且家老・用人可レ受二指図一事。

諸番所之者は、其所に二人づゝ相詰、残る者は場所へ走付、様子次第可レ有二覚悟一事。

広間番は刀を指(さし)、*敷台敷居際に双居(ならびい)、可レ堅。供之者広間へ揚(あがり)候はゞ、御主人様方に別事無レ之由、御揚り候はゞ、還て御主人様方御為宜(よろしかるまじく)間敷候旨申、壱人も揚申間敷事。

落着無レ之内、客衆誰によらず、一人も出し申間敷候。何様に御断候共、番人及ニ迷惑一候由申、堅(かたく)出申間敷候。若(もし)家老・用人附出断申候はゞ、出し可レ申候。被レ致ニ喧嘩一候人の名并様子、供之者一切申聞間敷事。

家老・用人の内、一人広間へ罷出、供之者共騒動仕候はゞ、座敷不レ鎮候とも、最早鎮候、御主人方に別条無レ之候と為ニ申聞一、騒動無レ之様に可レ仕事。

*本組足軽は棒を持、広間前へ罷出、一組は腰懸より*塀下玄関迄の間、一組は長屋之方の口、内玄関前相堅め、長屋の方へ供者一人も通し申間敷事。

留主居組足軽は、路地の前、*町屋の方、塀際、山下井之際迄可ニ相堅一事。

*小者中間(こものちゅうげん)又*若党小者は、人之長屋前へ罷出堅め、往来改可レ申候。尤欠廻(かけまわ)り声高に申候事、堅可レ令ニ停止一候。夜中は*挑灯立可レ申事。

*徒士(かち)は不レ残罷出、内玄関・*中口・座敷内を堅め、頭(かしら)之可レ応ニ下知一。尤不ニ見知一者不審成者、壱人も出し申間敷事。

*徒目付(かちめつけ)役人共は、屋敷中相廻り、人配、騒動高声不レ仕、御作法正敷静(しずまり)居、且火用心可レ仕由可ニ申付一事。

*吟味役人之者は台所料理之間を堅め、且*下屋敷え人遣(つかわし)、諸士かけ付候様に可ニ申遣一事。

馬役人は馬を揃、且馬屋前に堅め可レ申事。

落着無レ之前、客并使者使有レ之候はゞ、門を不レ開して、門番より広間へ可ニ申達一候。取次門外に罷出、他出申候由可レ申候。不審にて被ニ相尋一候はゞ、家来喧嘩仕候間、暫門

本組足軽　未詳。足軽は下級武士で、門衛などの雑役に当り、何人かずつ組に分れていた。本組は留守居組(江戸常勤組)に対して、藩主と共に移動する本隊の意か。

塀　底本「堀」か。教本・警本による。

町屋　町人の居住地。

小者中間・若党小者　足軽のさらに下にいる従者・武家奉公人。ふつうには、中間(仲間)は足軽と小者の中間に位し、若党は足軽より上位の郎従で、出替奉公人として雇用されたといわれる。若党と中間とが同義に用いられることもあった。

挑灯　提灯。

徒士　下級武士の一。歩卒で、組に組織され、平時は、主君の護衛に当った。主君外出の際は先駆・沿道警備をし、日常は玄関・中の口に詰めていた。

中口　中の口。通用の出入口。

徒目付役人　目付の下役。

吟味役人　検察・調査に当たる役人をいうが、ここは勘定方吟味役人、あるいは勝手方吟味役人のことで、会計検査、または金穀の出入の監督などを担当した役人のことであろう。

下屋敷　控えの屋敷。蔵屋敷の意にも用いられる。元禄八年(一六九五)には(神田)明神下の上屋敷のほか、下谷御徒町に中屋敷、駒込・本所に下屋敷があった。

為レ打(うたせ)候由可レ申候。門番にも此心得常々可ニ申聞一候。*自然通可レ申由被レ申候ば、供少々被ニ召連一候様に断申、供二三人にてくゞりより入、勝手へ通(とおし)、勝手広敷に置可レ申候。使者使之儀は勿論、外にて受取、返事も外にて申、内へ入申間敷候事。

主客と喧嘩の時は、他出と申間敷候。*難レ去隙入候由可レ申候事。

一、客之供者致ニ喧嘩一候はゞ、門を為レ打(うたせ)、広間番人、在宿之*中小性(ちゆうごしよう)・*歩行(かち)、聞付次第罷出、双方え分け、支留候様に可レ仕候。手負死人候はゞ、相手取留不ニ取放一様に可レ仕候。但し広間に番人両人残居、敷台を堅め可レ申候。尤所々に堅め様、前之通可ニ相心得一候。門外ならば、右之者共罷出、取次之者裁判可レ令事。

門番は門を堅め可レ申事。

本組の足軽は棒を揃、先両方へ廻りかため、可レ受ニ指図一事。

門外往還人喧嘩有レ之ば、早速足軽共は、表門裏門より罷出、両方を堅め*者頭(ものがしら)・取次・*留守居罷出、可レ令ニ裁判一事。

一、門外にて、仇討幷主人之申付打者仕候はゞ、右之通、足軽両方を堅めさせ、者頭・取次・留主居罷出承届、勝負仕らせ、勝負仕候以後、死骸は其場所に、足軽・中間張番(はりばん)致させ、下々ならば莚(むしろ)、侍ならばふとん等かけ可レ置。相手は其上に*御目付衆へ相届、可レ応ニ指図一事。

仇討之者助太刀願候共、頼(たのま)れ間敷事。

討者之儀、主人之名をなのり、加勢乞申候はゞ、召捕可ニ相渡一。尤頼候者取放間敷事。

一、屋敷内より、あやしき体にて、門外へかけ出候者有レ之ば、広間よりは取次相残(のこり)、残る

自然　万一。

難去　よんどころない。

中小性　中小姓。小姓組と徒士組との中間に位する武士。

歩行　徒士に同じ。あるいは徒小姓の略か。徒小姓は主君の親衛隊。

者頭　物頭。足軽頭にほぼ同じで、弓組・鉄砲組などの各組を指揮する者。

留守居　江戸藩邸にいて、幕府・他藩との連絡・交際に当った者。

御目付　ここは幕府の目付。旗本・御家人を監察する役人。若年寄の支配に属し、非違の監察のほか、消防・検使など職掌は広汎で、強力な権限をもっていた。

者追懸可レ申候。門番も壱人相残、のこるもの可二追懸一。兼々残留等相定、心得置可レ申事。

一、奔込者有レ之ば、早速内玄関へ廻し、様子承届、家老・用人へ可二申聞一。付来候者有レ之届候ば、左様之者は不レ参候由、番人可レ令二挨拶一。若急に跡へ付来、門へ入候を慥に見届候共、門番にては其者見留不レ申候由可レ申。達て申候はゞ、屋敷中穿鑿可レ仕由、広間より返答致、暫有レ之、何方へ抜出候哉、又御見違に候哉、屋敷内には不二罷有一由、可レ申候。勿論何程間近に付来候共、追来候者押留、門内へ入申間敷候。且門留仕、門外へ一切無二指図一入出し申間敷候。尤家老・用人・留主居相談〔之〕上可レ令二指図一事。

一、若浪人抔申訴訟人来候はゞ、他出仕候、家老共に他出仕候、重て被レ出*候得と申、帰し可レ申候。若是非不レ帰して、待可レ申由申候はゞ、如レ此之儀有レ之候ば、先帰し可レ申旨、兼々番所へ申付置候、留置候ては番人及二迷惑一候、重て被レ参候節は、必取次可レ申由可レ申候。我等実に他出候はゞ、門に人を付置、右之者罷在内ならば、早々〔委〕細を可レ申。裏門より入可レ申候。且町之案内存候者両人申付置、跡を付させ、行先に至ば、右之者之宿様子見届、隣にても承届可レ帰候。自然跡より付候を迷惑などゝ申候はゞ、先程取次申候者、重て御出候時分旦那へ可二申聞一候に、御宿不レ存候ては、*不念に罷成難二申聞一候、依レ之御宿見置申候由可レ申候。達て制し候はゞ、重て御出有レ之間敷御了簡にて候哉、左候はゞ宿見置に不レ及由申、可二罷帰一候。其上にて重て参候はゞ、門番へ申付置、入申間敷候。如何様之人に候哉、御宿を見せ不レ被レ申候間難二申為レ聞候、依レ之門を入不レ申候由可レ申候。其上に理不尽申仕形候はゞ、取囲置、御目付中可二相届一

候得と　底本「候得ば」。

不念　不注意。落度。

事。

一、家頼(けらい)幷又者(*またもの)之内、走者*有レ之、途中にて見付候時、卒爾之働仕間敷候。先に付届、主人又は宿へ預け置罷帰、可レ捕候共、不レ縛候て召連候様に可レ仕候。供仕罷通候はゞ、其仁宿所へ付行、宿所にて子細を申達、預置可ニ罷帰一事。

一、供に罷出候者、供先見候跡に、其筋を不レ違、ちり〳〵に無候様に行儀能可レ勤。人込之時、或他人列之内へ交り入、行当候共、手荒〔之〕儀仕間敷候。自然我等に近付心懸体見及候か、不審成体候はゞ、其時之様子次第可レ有ニ覚悟一事。

附、長髪、見苦敷衣類を着候如く立*、だてなる衣服、頭巾ゑり巻、かたをぬぎ、たばこを呑、湯茶を乞請、買物仕り、声高に物語物申、下馬にて散々に居、他之人へ慮外がましき儀、外之供に交居、傍輩口論、屋敷之内長屋前へ参(まいる)儀等之儀堅令ニ停止一事。

一、供先にて狼藉者有レ之歟、又は如何様之子細之者有レ之、或捕へ為レ討候時は、徒頭(かちがしら)、中小性弐人、徒士弐人、押足軽*一人可ニ罷越一。猶其時人指(ひとさし)を以申渡事も可レ有レ之候。若二三人も討候者有レ之時は、人を増可レ申候。扨討留候はゞ、其場に留り居、中小性壱人、徒士一人かへし、委細可ニ申聞一候。追付者頭(ものがしら)・留主居可ニ差遣一候。若下々(もししたじた)・又者(またもの)等行違に、喧嘩口論仕出候はゞ、徒頭、中小性一人、徒〔士〕二人、押者一人残、裁判可レ仕。若相手多く相見へ候はゞ、中小性二人、徒士三人残り候事も様子次第〔之〕事。

附、供之内病人有レ之時は、中小性一人、押足軽一人、病人中真(*なかま)之者壱人残、看病いたし、様子早速屋敷へ可ニ申越一事。

牽馬(ひきうま)煩(わずらい)候節は、中小性一人、徒士一人、押者一人留り、可レ令ニ裁判一。様子早速屋敷え

又者 陪臣。
走者 出奔人。

如く立 教本・警本「もの、或は」。

押足軽 主君の下馬の際、馬の口をとる足軽。ここでは、取り押えることを任務とする者か。

中真 「仲間」の宛字であろう。

直訴之者… 直訴の扱いを予め定める例は少ない。

供先にて… 出先での喧嘩に関する本項の趣旨は、自分の所で起った喧嘩に関してこれまで委細を尽した規定を以て拡大防止を計っている者が書いたものとは思われないほどのものである。他人の所については無責任で自分勝手といえばそれまでだが、縁者への義理がこの問題に大きく影響していることに注意されたい。お互いにこうだからこそ、自分の所では警戒を厳重にする必要があったわけである。

慥に不成様に可取扱 両当事者の黒白・正邪をはっきりさせないように仲裁せよ、の意か。「慥」は底本「憶」とも読めるが、教本・警本に従う。「憶」ならば、「面目を失う」ほどの意。次の「慥」も同じ。

若此方存候方… 縁者・知人の側が正しいことがはっきりするようならば、の意か。前注参照。

火消衆 旗本・御家人の中から定火消役が選ばれ(元禄八年には十五人)、その各組の下に与力六騎・同心三十人・火消人夫らが配属された。その他臨時に大名にも命ぜられることもあった。

用番 当番。

阿部豊後守 名は正武。慶安二年(一六四九)—宝永元年(一七〇四)。武蔵忍城主(十万石)。当時老中職にあった。

可二申越一之事。

一、他出於二途中一直*訴之者有レ之候はゞ、屋敷へ参て、我等取次可二申聞一と申、押除(おしのけ)可レ申候。已後(いご)屋敷へ〔参り〕申候はゞ、請取可レ申事。

一、他所へ参、他之座敷にて喧嘩有レ之ば、徒頭・中小性之者以上敷台へ詰懸、安否承届候様可レ仕候。徒士は下々致二差図一、場所を見合、一所に集居、無二騒動一静居可レ申候。別条無レ之様子承届候ば、早々徒士両人申付、屋敷え可レ致二注進一。猶以様子次第覚悟之事。

一、供*先にて、我等親類中、又は別懇之衆之供之者共、他人之供之者共と喧嘩仕出し、双方手負死人無レ之内に候はゞ、御供之儀に候得ば、御主人之御為不レ宜儀に候間、堪忍可レ被レ致候、是非堪忍難レ成被二存詰一候はゞ、帰り候て被レ遂二意趣一尤之由申、供計(ばかり)打寄双方へ分け支留可レ申候。尤慥*に不レ成様に可二取扱一。若*此方存候方慥に可レ成様子に候ば、支留間敷候。且早手負死人出来候て、此方存之方十分勝に見及候はゞ、脇詰は仕居、加勢不レ仕、様子見届可レ申候。自然負成候体に候はゞ、助合候事も可レ為二見合一事。

一、火事有レ之歟、惣て如何様之儀有レ之共、変事有レ之体、門番所にて見及候はゞ、早々広間へ可二告知一事。

一、火事有レ之ば、夜廻り昼廻り番者より、番所〳〵へ可二告知一。台所役人方より家老・用人・目付方へ申遣、且屋敷中へ可二相触一。屋敷中失火候ば拍子木を三ツづゝ続可レ打。何返も可二打返一。広間・台所・役所〳〵え、二軒目三軒目之長屋より可二告知一事。

一、自火之時は、見付次第何方によらず、其筋隣々え為レ知(しらせ)、早速棟上り内へ入可二消留一。

尤其内役人も出合可レ申候。家中男之分は不レ残罷出、是非消留候了簡可レ有レ之。火消衆*被レ参候ば相渡、自分〳〵の仕廻可レ仕候。火消衆被レ参候程に候ば、留主居は見合、御用*番又は阿部豊後守*殿へ先可ニ相届一事。

附、下屋敷失火之儀は、其通たるべし。御隠居附之者は、何事にも不レ構、御座敷・路地等之口をあけ、先路地へ御退候了簡可レ在レ之事。

一、近所火事之節*は、兼て広間当番之馬廻*(うままわり)壱人円居*、槍を為レ持、早々かけつくべし。尤梯・水籠*等之消道具、足軽・中間之儀、兼て徒目付共申付、置候*。馬廻之者共よりも、手組申合置、早速人出候様に可ニ申付一。尤革羽織*不レ着候共にても*早速欠付(かけつけ)、手に合候事可レ為レ働。扨御目付*・御使番*(つかいばん)衆被レ参候ば、何人えも可ニ相断一。消候節火消衆被レ参候はゞ相渡可レ帰事。

一、火事之節は、表門・裏門へ広間番之馬廻り壱人宛罷出、可ニ相改一事。

一、御預け者*有レ之由、奉書*至来候ば、者頭・留主居〈麻上下着し〉、馬廻り壱人〈羽織袴〉、歩行六人、足軽弐拾人、乗物〈錠おろし并あみ共に〉早速拵可レ応ニ指図一候。尤町奉行屋敷へ罷越、其後受取様、途中行列御門番所断等、者頭・留主居可ニ示合一。猶以兼々申渡候事。

附、刀箱并衣服入候挟箱*(はさみばこ)持参候事。

一、増火消*被ニ仰付一候ば、奉書御請と一所に、出馬仕申候て、随分早く拵、列に付、騒乱すべからず。行列消様働*之儀、法令別に書付申渡候事。

一、客来有レ之被レ帰候節、被ニ出懸一、供不レ参候はゞ、広間に詰候馬廻・中小性供仕可ニ相送一。其内跡よりも替り之者可レ遣事。

大火の際は現場で指揮した。

近所火事之節 たとえば徳川実紀、元禄十一年十月八日の条に「もし失火せば、火消をまたず、本人は更なり、近隣よりもすみやかに人夫を出し撲滅すべし。消防のともがらまからば、近隣の輩はひき払ひ、をれ〳〵が邸宅の火を防ぐべし」とある。

馬廻 馬廻組。主君の馬側に近侍する武士の意。家臣団の中心となる。

円居 あるいは「纏(まとい)」の宛字か。教本・警本「円座居」。

水籠 寺坂信行筆記(赤穂義人纂書所収)にみえる「水溜の大張籠」のごときものか。

置候 教本・警本「遣候」で、後の「馬廻…」に掛ける。

革羽織 なめし皮製の羽織。火事装束に用いる。

共にても 教本・警本「とも」。

御目付 ここも幕府の目付。徳川実紀、元禄十一年九月十九日の条には「…火あらば、すみやかに当番其地にまかり、定火消一人に目付一人づつそひて消防のさましるし、後に直月の少老へ呈すべし」とある。

御使番 これも幕府の役人。諸国を巡回して遠国役人などの監察を行ない、火事の際の視察(のちには指揮も)も行なった。

御預け者 大名預けとなった罪人。

奉書 将軍の命令を奉じて老中が発する文書。

右平常人々覚悟之上、不レ及二申聞一候得共、猶更為二意得一書付渡し候。勿論其場其模様により、一定せざる事のみに候得ば、常々致二吟味一置、存寄之事、此内害可レ有レ之事、了簡違之事於レ在レ之は可二申聞一。尤依二時宜一可レ有二思慮覚悟一也。

家訓幷家法

一、従二公儀一度々被二仰出一候御法度御大法、逐一致二得心一堅可二慎守一。其内*大禁五有(あり)、結二徒党一、構二逆意一、崇二邪法一、不孝弟にて蔑二其親一、好二博奕一而剝(はぎ)二執(とる)人之財一、此等は為二族滅之罪一之間、専可二相心得一事。

一、当家代々之法式、平日致二見分一、聊(いささかも)不レ可レ有二相違一事。

一、*為レ士之職、励レ義守レ礼。故農工商之上たり。是(この)二を離(はなれ)ば、譬(たとえ)貴戚勇士之子孫、功業容貌士之体たり共、不レ可レ語二士之道一也。義者励二忠良一、礼者正二名実一、不レ可二遺失一矣。専務二職分一苟(いやしくも)無二怠慢一、事に可二成就一事。

一、*人々当職之専務たれば、励二武道一弁二文理一候様に、平日不レ可二油断一。無益之業に不レ可レ有レ費二*分陰(ふんいん)一、且麁暴偏屈、*異に形に無レ之様に可レ有二覚悟一事。

附、軍学之儀、世上*立義多有レ之ば、当家於二品々一鍛練之ものも可レ有レ之候。雖レ然区々にては、法令弐様不二決定一害事候条、善悪共に我等用来り候流儀家法と心得、令二修行一、無二違乱一事可レ為二忠節一。其場に臨て、不鍛練にして法に背き得レ罪は、平日之不心懸、言語同断之恥辱、不レ及二是非一候。技芸之儀は*利方(りかた)次第に可レ令二修行一。併考二大小本末一可レ有二前後緩急一事。

挟箱　外出の時、具足・衣服等を入れて運ぶ箱。従者が棒を通してかつぐ。

増火消　「定火消」に対する語。増援消防隊の意味で、臨時に命ぜられるが、火元の消火にはあたらず、風下にいて、類焼・飛火を防ぐために控えている場合が多い。

行列消様働之儀…　「火事之節勤方御書付」などと題する幕府法令が多数残っている。

大禁五　重い禁制五種類。下の「有」は教本・簪本「色」。

為士之職…　解説参照。

人々当職之専務たれば　教本・簪本「人之当職人専務たれば」。その場合は「人の職に当るは人の専務たれば」と読むのであろう。

分陰　ごく僅かな時間。

異に形に無之様　「異形に無レ之様」か。教本・簪本「異に形無レ之様」。

立義　「流儀」の宛字か。

利方　利益のある方面。便利な考え方。

文学は人々日用之修行、理を講じ身に行(おこない)、聊不レ可レ馳二利口一候。聖賢之格言、君子之善行に随はざれば、一己の陥二私智一、不レ可レ叶二天理一候。文芸之儀は心次第之事。

*文武之務有二余力一、則乱舞音曲の遊も、雖レ不レ可二忌憚一、文武に疎に遊芸に長じたるは、武士の恥たるの間、可レ有二心得一事。

一、常々*敬二鬼神一崇二祖考一は古人の教、*不レ可レ有二形情二敬一。凡崇敬の心あれば、邪志止んで武道可二興起一事。

一、*名実は礼節之大本、名実不レ正は風俗之乱たり。上下共に名実を失べからず。次第高下之品は、年頭之席、職役之分を考へ、言語儀節贈答の文章に至る迄、不レ可レ有二軽忽之振舞一、万事可レ尽二慇懃一候。或失二不遜一或は過二謙下一は可レ為二不忠一。若子細出来候時は、其事は雖レ為二理分一、右之過失有レ之ば可レ処二越度一事。

一、武士は兵器の用多ければ、別て常に倹約を守べし。衣服飲食居宅迄、其分之儀節法様調迄にして、好二花美一耽二好味一淫二奇麗一之族は、小人の業にして、丈夫の心にあらず。雖レ然分限不相応に吝にして見苦敷も、驕に過たると等しかるべし。其間を可二心得一事。

附、傍輩出会は一汁二菜、酒三献とり肴共に肴三種、他客之節は、一汁三菜、婚礼之祝儀は二汁五菜たるべし。若子細候て其外へ過ば、目付迄可二相断一事。

一、士は身を正し、上を敬ひ下を愛し、朋友に善を勧め悪を諫め、是に党し非に排し、仮初の出会にも、忠義道徳武芸武勇の物語は可レ為二本意一。色に耽り利を貪り、挙二他之非一評二政務一等之雑説は、善士の賤む所、誠〔に〕可レ為二恥辱一。可二相慎一事。

一、上下艱難憂苦を等(ひとしく)し、節を守(まもり)力を尽し、危険之場は別て可二勉励一事、儀之当然、勇士

文武之務有余力… 明訓一斑抄に比べれば、「乱舞音曲」に対する態度はゆるやかである。

敬鬼神… 論語、雍也「子曰、…敬二鬼神一而遠レ之」。

不可有形情二敬 外形と心との敬の区別があってはならない。

名実は礼節之大本… 儒教的「名分論」と近世日本人の考え方との微妙な差異について、解説参照。

之為二平懐一。*不レ干二其理一、節に臨み場を遁れ、上を謗り専（もっぱら）己が利方勝手〔に〕趣く事、士之不レ及二評判一候。急度（きっと）士名を盗（ぬすむ）の科を以可二申付一事。

附、傍輩といふとも、患艱万苦を救ひ、助合相勤事、武士之本意、可レ為二忠節一事。

一、*諸士は、卑賤を慈み理を弁（わきまえ）、節を可二知分一職に候。下賤は其理を不レ弁、愚昧の事往々可レ有レ之候。然を奴僕雑人町人百姓に対し、理不尽之儀申懸、猥に賤め、猥に侮り、権威に奢事、*比興（ひきょう）之至也。可二相慎一事。

一、*我等申出候儀、役人申渡候事、不レ依二何事一勤守之儀可レ為二忠節一。若其身不相応之事、難二意得一儀有レ之ば、退て可二申達一。雖レ然急切之儀に*先相勤、以後可二相断一。了簡違にて申付候儀は早速相改、不レ可レ引二後例一事。

一、我等行跡并政務之儀等、何事にても可レ諫事於レ有レ之は、諸士雑人によらず、書付封印仕、目付方へ可二指出一。第一之可レ為二忠節一事。

一、家老共初、諸役人不忠逆意之心底、依怙贔屓之仕形、下を剝、上に益し、聚斂不仁之類、挟二私欲一立二我執一、礼節に背き風俗を乱し、乱行之族有レ之歟、惣て何事にても、我等為に不レ成儀於レ有レ之は、密に書付封印いたし、目付迄可二指出一。是以専要之可レ為二忠義一事。

附、重き役人之儀、申出候事遠慮有レ之ば、名を隠し目付方へ投入べし。不レ及二筆者之吟味一、可レ為二隠忠一事。

一、凡願訴訟之儀は、同役相番仲間以可二申出一。同役仲間無レ之者は、目付を以可二申出一。無レ筋方より申立、或内縁或他家中出入之仁を以申立間敷候。且可二申達一役人を指置、

不干其理　その理を求めず。「干」は求める。

諸士は…　この項の論理は兄弟喧嘩の兄を叱る論理に似ていて面白い。

比興　非理。「非拠」の転。

我等申出候儀…　本項の文章はやや論理の流れが悪い。前段だけをみると「御無理御尤も」を押しつけているようだが、これは一応の心得であって、「若其身…」以下に本項の本旨があるのであろう。「退て」は地位を「退」くことでなく、「一旦は退いて」という意味であろう。そうでないと次項の趣旨と矛盾する。なお、「雖レ然…」は行政国家的発想の萌芽とみることもできる。

に　教本「は」。

直訴之儀令二禁止一。但役人に雖二申達一、無二子細一遅引、役人構二私心一之儀有レ之、無二是非一直訴之儀は可レ為二格別一候。遂二吟味一道理至極之上は、如何様にも可レ令二落着一候。若我儘之直訴は、甚以罪科之至也。聊不レ可二看免*一事。

一、大小役人、親疎好悪に付依怙をなし、名聞私欲により贔屓をなし、選挙*吟味之食*、憎愛を以毀誉し、憤怒を以讒し、佞之振舞、頗(すこぶる)政務を妨、主人を誤らしめ、甚以不忠不義之至極たり。譬(たとえ)後来雖レ令二露顕一可レ為二重刑一事。

一、頭役之者は、組下を憐み、常々一力一心にして、進退労苦、我身のごとく存、可レ令二下知一。若(もし)自己之誉をおもひ組を捨、或挟二私心一、依怙贔屓有レ之者、可レ処二不忠之科一事。

一、組頭、対二組下一非義有レ之、堪忍難レ成子細有レ之者、書付を以目付方え可二申達一候。急度遂二僉議一可レ達二後念一。若(もし)組之者非分に落候ば、罪科之上可レ加二一等一事。

一、組下支配下之者、組頭支配方へ対し申渡等、惣て公事之上に付、過外不届有レ之、当座難二指置一儀出来、打捨*候共、僉議之上露顕候儀は不レ可レ及二喧嘩之沙汰*一、親類縁者不レ可二意趣存一候。畢竟我等手打同事之事。

附、乱心酒狂之者は、可二押留一事、常例といへども、若難二押留一無レ拠討取候共、無レ紛乱心酒狂候はゞ、不レ可レ及二喧嘩沙汰一、親類縁故不レ可二意趣存一事。

対二諸士一、歩(かち)・中間(ちゅうげん)又若党・小者無礼至極有レ之、当座難レ遁之儀少(すこしも)有レ之ば、可レ為二打捨一。頭主人も異儀遺恨存間敷候。対二諸士一不礼は、対二我等一不礼之条、無二遺恨一道理候。然共諸士、猥(みだりに)打捨、畢竟時之短慮を以、血気に任せ候儀は、可レ為二不覚一。惣て歩(かち)・中間(ちゅうげん)・又者(またもの)成敗之時は、目付・組頭え其意趣相違、其場へ参会之者を以、其頭主

看免　教本・警本「宥免」。

選挙　適任者の選定。現代の選挙にあたるのは入札(いれふだ)。

食　「飾」の誤写であろう。

打捨　底本「お捨」。切り捨ての意。放置する意ではない。

不可及喧嘩之沙汰　喧嘩両成敗法(解説参照)の存在を前提にして、この場合にはそれが適用されない、という意味。後出五八頁「任二御大法一可レ為二死刑一」参照。

人え可ニ相断一事。

一、勤之次第、番之組合、其時之書出し、記置通(とおり)、聊不レ可レ有ニ相違一。*番代(ばんがわり)之儀は、*辰刻可ニ*相手代一。煩(わずらい)*指合(さしあい)有レ之、人数不足之節は、繰上可ニ相勤一。若及ニ難儀一事在レ之ば、支配方へ可ニ申出一事。

附、*判帳不レ可ニ怠慢一。若於レ怠レ判は可レ及ニ*無□一事。

於ニ番所一威儀乱〔すべ〕からず。且高声高咄不レ仕、作法能相勤、番所をあけ、猥に長屋へ参間敷事。

一、親子兄弟姉妹祖父母孫妻煩之節、又は伯叔父母甥姪舅姑聟大切相煩候節は、誓状を以相断、引籠(ひきこもり)可ニ看病一。其外遠き親類傍輩といへども、外に看病無レ之難ニ見放一候はゞ、其委細相達、可レ応ニ指図一事。

一、上下扶持高受候もの病気重り、無ニ心元一相見候ば、*介抱之主と成者、支配方へ可ニ申出一候。尤医者共よりも可ニ申達一事。

附、人により医者願・薬種願之儀、無ニ遠慮一可ニ申出一事。

一、其身病気にて難レ勤節は、支配方頭方へ誓状可ニ指出一事。

附、諸士之分、長煩又は*支体不具之病を受、奉公難レ勤候共、暇願申間敷候。

*無レ拠用事有レ之、番替仕候節は、*大目付迄可ニ相断一事。

一、自分他出之儀、一ケ月に五度たるべし。尤支配方頭へ可ニ相断一。帰宅之刻限可レ為ニ*酉刻一。子細にて遅り、或病気にて延引之儀は、帰り候て其趣可ニ相断一。*戌刻以後に可レ成品相知候ば、先達て其品可ニ申達一。若無レ拠儀有レ之ば、五度之外にも其旨相達可レ応ニ差図一

番代　当番の交代。
辰刻　今の午前八時ころ。
可相手代　教本・誓本「可ニ相代一手代」。
指合　支障。
判帳　番帳(勤務表)のことか。
無□　底本・諸本不明。

介抱　後見として世話すること。保護。

支体　肢体。
無拠…　底本には「一、無拠…」とあって、一項として独立しているが、教本・誓本により「一」を削る。
大目付　これは幕府のでなく、藩の大目付。
酉刻　今の午後六時ころ。
戌刻　今の午後八時ころ。

卯刻 今の午前六時ころ。

四時分 午前・午後とも十時ころをいう。

事。

附、下屋敷之者、支配方上屋敷に罷在候ば、下屋敷に居申候者、頭之内へ相断可二罷出一候。譬(たとえ)急用たりといへ共、上下屋敷共に、同役同仲間之者、非番たりとも申合、半分宛在宿仕候様に可二相心得一事。

一、公用にて罷出、私用に不レ可レ為二道寄一。併(しかしながら)不急之事は、前方(まえかた)相断可レ任二差図一事。

一、門出入之儀は、中小性以上は、*卯刻より戌刻迄は無レ断可レ有レ之。卯刻以前戌刻以後は、目付方より断次第可三相二通之一。役人歩行以下は、札にて可レ通レ之。戌刻より卯刻迄は、可レ為二同前一。他客之儀は、卯刻より酉刻迄は、其身之断にて可レ通レ之。酉刻以後は、亭主より迎送可レ出レ之。戌刻以後は、目付方より断次第可二相通一事。

附、家老・用人・留主居出入之儀は、目付之不レ及レ断事。

下屋敷に居候ものも、可レ為二其心得一事。

目付出入之儀は勿論、昼夜無二相違一可二相通一事。

一、男女共に、他所之もの夜泊之儀、父母親子兄弟姉妹伯叔父母甥姪従弟舅姑小舅聟之父母兄弟迄に限るべし。父母妻子のためにも同事たり。其品書付大目付に相届帰、*四(よつ)時分又々可二申断一。其外親族縁者朋友知音たり共、親敷(したしき)子細有レ之、慥成ものは其子細相断、可レ応二指図一事。滞留廿日迄不二介抱一、廿日過ば介抱人たるの間、書付〔を〕以申達、我等え可二申聞一事。

附、介抱人之儀、当家中居候内は、当家之法式可二相守一由可二申含一事。

一、又もの・他所の使、惣て歩・中間子細有レ之、夜宿いたさせ候ば、大目付へ可二相断一。

男女共に請状(うけじょう)無レ之もの、堅召置べからず。尤召置候節、宗門之儀急度可二相断一事。
附、人請に立べからず。家来召置候ば、前方(まえかた)人請に立候哉致二僉議一、若(もし)人請に立候はゞ、不レ可二召置一候。諸士之内、無レ拠子細にて、借屋請等に不レ立候で不レ叶儀候ば、支配方大目付へ相断可レ応二差図一事。

一、逆罪之もの、窃盗之もの、惣て重科之もの、公儀御科〔を〕蒙り御追放之もの、凡何事にても江戸構(えどかまい)之もの、障り有レ之もの一切夜宿介抱すべからず。

一、直参之者、為二私用一他宿之儀令二禁止一。若無レ拠子細有レ之候はゞ、支配方頭え相断、指図之上目付へ相達可二夜宿一事。

一、喧嘩争闘は、武士の辱を受て、不レ得レ已相果し、身を潔(いさぎよ)くするの儀ありといへ共、義を以する者まれに、非義之死は多し。其所以は常人が不レ宜、或偏二意地一、或は過二憤怒一、人の恥を請、戯言不礼に過、人を嘲り、卒爾之喧嘩有レ之故也。常に分を考(かんがえ)、礼を厚(あつく)し、士道に無レ害事は令二堪忍一ば、争闘は有レ之間敷也。*身を任せ命を委る臣として、忘二公事一は、私事不忠不覚悟、不レ及二是非一候。依レ之任二御大法一可レ為二死刑一。併喧嘩之品、常々行儀作法遂二穿鑿一、*其時之品により、格外之申付も可レ有レ之候。荷担*介太刀(すけだち)之族、甚以*為二重刑之□不忠之一。随分取扱取支様に覚悟之儀可レ為二神妙一事。

一、密夫之儀、大法之通、其品分明に、密夫密婦殺害之上は、親子兄弟親類仇討遺恨不レ可レ存事。
附、其身双方之親子兄弟、不レ及二遠慮一奉公可二相務一事。

一、凡刃傷之死人、不二相改一以前、取直し申間敷候事。

身を任せ命を委る… いわゆる喧嘩両成敗法。解説参照。

其時之品により… 例外的取扱いの可能性を暗示している。戦国時代の喧嘩両成敗法は例外を認めない。この差異のもつ意味については、解説参照。

介太刀 助太刀。

為重刑之… 底本・諸本、「之」の下、一字空白。訓み不明。あるいは「為二重刑一之(間)、不忠之随分」、または「為二重刑之(至)、不忠之随分二」と訓むか。

一、惣て昼夜共に、長屋之内騒敷、可三相二聞不審一候ば、両隣向隣之もの罷越可二承届一。傍輩往来之節承付候ば、隣之者致二同道一罷越可二承届一。聞捨見捨に仕候者可レ為二不覚一事。

一、科人有レ之、仕置等申付節は、役人之外、猥に其場へ不レ可二馳着一。但家老・用人差図有レ之ば、可レ為二格別一事。

一、士より軽卒に至迄、出入僉議有レ之相尋候節は、不レ可レ帯二腰刀脇刺一。尤無二指図一して、組頭主人其場へ不レ可二罷出一。僉議之上、其場にて搦捕事有レ之候共、組頭主人不レ可三違乱有二遺恨一事。

一、自分家来成敗之儀、支配組頭目付へ相断、其意趣至極之上可レ任二其意一候。若時刻のがし難事候はゞ、致二手討一候儀も可レ有レ之候。其以後具に右之者斬様之品え、斬候下人之様、主人召仕様之品、遂二吟味一、品により申付様も可レ有レ之事。

一、雖二直参一、軽き者は対二諸士一可レ尽二礼儀一。若不礼至極之時は、其頭へ可二申届一。頭も無二難渋一承、急度可二申付一候。若不埒之儀有レ之ば可二申出一。遂二穿鑿一可二申付一候間、頭々常々不礼不レ仕様堅可二申付一事。

一、親類*寄親組頭え処二罪科一候歟、或立退候節、其組下子親類於二自分一雖レ無二子細一、令二荷担一或立退来ば、暇願之儀堅令二停止一。若違乱之輩は可レ為二逆心之罪科一。急度何方迄も可レ遂二穿鑿一。親子兄弟は雖レ為二心次第一、主人に逆く罪科露顕、不忠有レ之者に、己が失二忠義一令二荷担一事は、本朝之武士之賤む所也。*忠義清操之士、親子兄弟に離れ、忠心相立候事、古今の善士勉る所に候。此旨を存不レ可レ失二清操一。此理を不レ弁、猥之評判誹謗之族は、武門不案内之士、可レ為二不忠一事。

寄親 寄子に対して擬制的な親子関係に立つ者。寄親の保護(職のあっせんなど)に対して寄子は(臨時の)奉仕を行なった。

忠義清操之士… 明君家訓の著者が儒教の影響を強く受けて、忠と孝との板挟みになっている(七七頁注「自今以後…」参照)のに対し、酒井隼人は単純明快に割り切っている。この態度が、幕藩体制にみられる支配原理やそれに基づく諸々の政策と適合的であることについて、解説参照。

一、罪科有レ之暇遣候歟、追放申付候ものへ入魂(じっこん)のもの、或寄子(よりこ)親類たり共、通用仕候ば可レ為ニ不義之任俠一、堅令ニ禁止一事。

一、諸士立退候節、弓鉄炮為レ持(もたせ)候族は、可レ為ニ逆心之罪科一。但不レ対ニ我等一儀にて、其身用心之儀、明白露顕之上は、可レ為ニ格別一事。

一、討者取籠(とりこめ)もの有レ之申付節、手負全痊(ぜんせん)後、勤がたく候か、当座相果候共、戦場討死の例にまかせ、其働次第遺跡相続加恩対待、無ニ相違一可レ加ニ愛憐一事。

附、歩・中間たり共遂ニ僉議一、其働品により士に取立候か、其子取立候儀も有レ之、尤子孫迄不レ可ニ見放一事。

一、凡為ニ主人一抛ニ身命一候勤働有レ之、為ニ忠義一相果候共、其子孫取立べし。若*子孫無レ之ものは、或養子、或甥従弟にても名跡可レ令ニ相続一。若左様之者無レ之候はゞ、父母妻子姉妹等無ニ難儀一様可ニ慈愛一事。

一、武具之儀、高四百石甲冑馬具馬鎗五本鉄炮三挺玉薬、三百石甲冑馬具鎗二本鉄炮三挺玉薬、二百石甲冑馬具鑓弐本鉄炮弐挺玉薬、百石甲冑馬具鎗鉄炮壱挺玉薬、五拾石甲冑鎗、其以下鎗身廻り武具所持候様に可レ懸レ心事。

一、縁辺養子約諸之儀、不都合に無レ之筋目等相正し、内証承り合後、*給人(きゅうにん)以上は我等へ可ニ申聞一。其以下は、支配方より家老共へ可ニ申聞一。再縁之儀は頭支配方へ申達、家老共へ為ニ申聞ニ可レ任ニ差図一事。

附、金銀を付候て相結候か、淫心故取組候歟、武士之業に不ニ似合一儀は、不レ可ニ許容一。養子之儀同名親敷(したしき)者を可レ願。若左様之者無レ之候はゞ、他人にても可ニ申出一。惣

子孫無之ものは… 日本の「家」及びそれを前提にした主従関係の特殊性について、解説参照。

給人 知行地を与えられた平侍。上士に屈する。

て貪之儀有レ之〔ば〕、以後雖ニ露顕一可レ為ニ越度一事。

一、嫁娶は万姓之源、人之大礼也。猥不レ可ニ取結一。礼義正敷(ただしく)其身可レ応ニ分限一。過不及之取組、賤敷取組之儀は、本を破り候へば、末々難レ為ニ成就一、嫁娶之非ニ本意一。婚礼諸祝儀も、此元を考可ニ贈答一事。

一、馬廻り以上之惣領は、十歳に成候はゞ、礼可レ願。若他所へ可レ遣覚悟候はゞ、其旨可ニ相断一。馬廻り以下は、支配方組頭へ為レ逢(あわせ)可レ置。養子之儀は猶以可レ為ニ右之例一。雖ニ幼少一支配方頭に為レ逢置、品により家老共へも為レ逢可レ置。*末期(まつご)に至て不届之遺言、無レ筋儀申立候共不レ可ニ許容一事。

附、養子いたし礼いたさせ候以後、実子出来候といふ共、可レ為ニ養子惣領一事。

一、諸士下々に至迄、甚*不勝手にて、死葬之礼式難レ調候はゞ、支配方頭へ可ニ申達一。入用受レ之、葬儀可ニ相調一事。

一、跡式之儀、先代忠功之子孫、或終身忠義之心懸不レ浅もの、当時忠功有レ之者の子孫は、遺跡相続召仕様可レ加ニ愛憐一。惣て親之勤子之勤、心懸により遺跡申付候之品可レ有レ之事。

右*四拾八ケ条、遂レ許令ニ得心一、無ニ違失一可レ有ニ覚悟一者也。

*元禄十二卯年閏九月日

是此一冊者、*佐枝政之進著而*酒井隼人殿御家法也。

*宝永五戊子春三月書写之畢。*爪子軒源忠智(花押)

末期に至て… 幕府法では慶安四年(一六五一)以降、末期養子が認められている。本文が末期養子願いそのものを「不届」としている趣旨なのか否か不明。

不勝手 生計の困難なこと。

四拾八ケ条 五二頁以下の「家訓并家法」の条数で、前半の「覚」(二十五条)とは別。

元禄十二卯年 一六九九年。

佐枝政之進 承応三年(一六五四)―寛保二年(一七四二)。兵学者。名は尹重。尾張藩士重包の子。長沼澹斎に学ぶ。大和新庄藩に仕え、元禄三年(一六九〇)頃、酒井忠胤に招かれて重用されたが、諫言をいれられず去り、藤堂藩に仕えた。のち、専ら兵学を門生に授け、門人千余人と称せられる。『握奇集解或問』ほかの著書がある。

酒井隼人 酒井忠胤(ただたね)。初名忠純。延宝七年(一六七九)―正徳二年(一七一二)。安房勝山城主(一万二千石)。忠国の長子。若狭小浜の酒井家の支流。

宝永五 一七〇八年。

爪子軒源忠智 未詳。佐枝政之進の門人に森川新右衛門忠智(享保七年没)という人物がいるが、同人であるかどうか不明。

享保五年庚子春正月廿六日書写之畢*

尚知*（花押）

享保五年　一七二〇年。

尚知　未詳。

島津綱貴教訓

教訓条々*

一、為二一国之守護一為二一郡之主一、行二国政一撫二育士民一事、不レ知二文武之道一難レ成。文武者車之両輪、鳥之両翼、不レ可レ欠事。

一、志者諸道之根本也。大本不レ立則万事不レ遂。故先志可二堅固一事。

一、*翫レ物則喪レ志、是聖人之格言也。況於下専二遊興一而好二勝負事一、佚楽而耽中酒色上乎。此等之事、曾不レ可レ為之事。

一、忠孝愛敬者人性之自然、順レ之則栄、逆レ之則亡。慎以可レ順二其性一事。

一、雖二一日一空不レ可レ過。*少壮而不レ学、老大而雖レ悔不レ可レ有二其益一事。

一、能聞レ諫則必為二良将一。*三略有レ之、*将能請レ諫採レ言云云、実能可レ思レ之事。

一、以レ臣知二其君一、*以レ官察二其人一。故不レ知二臣下之善悪一、則之曰二暗将一。然者先能弁二近臣之邪正一、而正直之者賞レ之、*邪曲之者教レ之而帰二正道一、是君師之道也。如レ是則何陥二佞奸之謀一哉。能々心掛肝要事。

右此条々、数者少而詞雖レ短、其義則広遠也。平生是を身辺に置、読レ之可レ味レ之。悪敷心得、事新敷様引受ば、却而*忠言逆レ耳、良薬苦レ口。能々得心候て可レ有二信用一。其方今年十六歳、去年元服而益成長。我等為には二男也。*修理大夫為には*差次之弟、家中一門之中におひては、諸士之崇敬第一也。然ば修理大夫治世之節には、おのづから政道補佐之任、其方を差置、誰か可レ有レ之哉。体により*守護代をも可レ被二相勤一事

教訓条々　著者島津綱貴については→六六頁注

翫物則喪志　書経、旅獒の語。

少壮而不学…　古詩、長歌行による。

三略　前出(三六頁)。

将能請諫採言　三略、上略の語。

以官　藩法集「以レ友」。

邪曲之者…　悪人を遠ざけよ、あるいは、主君が正しければ臣下も自然にそれに倣うものだ、という家訓は多いが、積極的にその矯正を勧めるものは珍しい。「君師」の語もあまり見かけない。

忠言逆耳…　孔子家語、六本の語。

修理大夫　綱貴の嫡男吉貴(よしたか)。元禄二年より宝永元年まで修理大夫。

差次　次の位置の意。

守護代　守護の代官。中世以来、守護の家柄であるため、こういう表現をしたのであろう。

節彼南山　詩経、小雅、節南山の語。「節」は山の高い状態を表わし、位高い為政者にたとえる。

周公旦　後出(七一頁)。

日新斎　島津忠良。明応元年(一四九二)—永禄十一年(一五六八)。貴久の実父。

陸奥守貴久　永正十一年(一五一四)—元亀二年(一五七一)。支族忠良の子で、宗家勝久の嗣として第十五代を継ぐ。薩摩・大隅を統一した。

左文右武　武家諸法度(四五四頁)にも見える。武家諸法度に従って「文武」両道を勧める家訓は数多いが、

この家訓ほど積極的に「文」を勧めるものは他にない。殊に「大勝利」を「勤学」に帰する考え方は特徴的である。これも綱貴自身述べている通り、「東鑑」以来の旧家の誇りと密接な関係があろう。

年生　年延(よはひ)。年頃・年配の意。

先祖　藩法集「元祖」。

豊後守忠久　治承三年(一一七九)—安貞元年(一二二七)。

東鑑に…　忠久の名は、吾妻鏡の正治二年二月二十六日条、建仁三年九月四日条などにみえる。

昭晰　底本「昭晣」。

文治二年…　文治二年(一一八六)島津庄の総地頭職に、文治三年薩摩など三国の守護職に補せられた(家譜)。

康平　諸本「泰衡」。藤原泰衡。家譜には、忠久が先鋒畠山重忠の将として参加したことがみえる。

積善之余慶　易経、文言の語。

義久　天文二年(一五三三)—慶長十六年(一六一一)。貴久の長子。九州全域をほぼ統一したが、秀吉に敗れ、臣属。

近衛関白前久公　天文五年(一五三六)—慶長十七年(一六一二)。歌道・書道・有職故実など各方面に通じていた。島津義久に古今伝授を伝えた。

青蓮院尊朝親王　天文二十一年(一五五二)—慶長二年(一五九七)。伏見宮邦輔親王の子。青蓮院流の書にすぐれていた。

兵庫頭義弘　天文四年(一五三五)—元和

なれば、国人之所二瞻仰一、節彼南山に可レ均、整レ之才力を以は不レ及事也。其例を言に、遠き周世にては、周公旦、聖徳を以成王を補佐して、天下を治、近く我家にては、日新斎、賢徳を以、陸奥守貴久を翼け、嶋津正統中興之主となしませり。是等は聖徳賢才之所レ為也。去ば並々之心掛にては、却て諸人之笑を招き、先祖を恥かしむるの基也。武門におゐては不レ珍事といへども、朝夕〔読二〕四書五経一而通二其儀一、弓馬武芸之儀は勿論、能軍法を学習、手跡拆陋からず、書嗜、賦レ詩、歌二和歌一、弾レ琴は風流之事、皆以是左文右武之栄業〔に〕して、かける時は車之一輪を折、鳥之一翼をおれるにひとし。光陰如レ矢、時不レ待レ人。可レ勤レ学は今之年生也。相構て徒に日を送ること有べからず。夫〔我〕家嶋津之先祖豊後守忠久は、右大将頼朝公之長庶子にして、文武之達人也。其文徳及武功、東鑑に載て昭晰たり。文治二年之春八歳にして、嶋津之御庄、薩隅日三州に封を受、同五年奥州之康平退治之節、先陣之大将に命ぜられ、無二事故一逆賊を討亡而領国に帰り、以二仁義一民を撫給ひしかば、其積善之余慶、五百年来至二于我等一、二十代相続て三州を領し、且又代々之先祖、志を武将之家と言に決而、文武に不レ暗故也。近代におひては修理大夫義久、近衛関白前久公を師範として、古今和歌集之奥儀を伝、青蓮院尊朝親王に附て、入木之道を学び、九州を討随て、太守と仰れ給は、文武之徳を兼備して、能旗下之諸士を指揮し給ひし故ならずや。義久之舎弟兵庫頭義弘、始は守護代として政道を補佐し、幾度か大敵を討亡し給ひし。就中朝鮮国大捷、異国までも無二其隠一、是又文武之徳にして、賢志之所レ致なり。中納言家久、始は又八郎忠恒と申せし時、秀吉公之命に依て、朝鮮国え渡り、義弘に力を戮せ、在陣之中、或逢㆓風景㆒詠㆓和歌㆒、或帷幕之下に燈を挑(かか)げ、*照高院如霊親王之御手跡を習ひ学給ひしとかや。軍中にても、文を忘給はぬ御志、偏(ひとえに)是元祖忠久、頼朝公之長庶子、日本第一武将之後胤、島津之家声を穢(けがす)間敷志故、朝鮮国*泗川(しせん)之新寨(しんさい)におひて、明兵弐拾万騎来りし時に、義弘と一挙に切崩し、討取給敵数三万八千七百余、異国本朝無双之大勝利を得給ふ事も、偏に文武之道に身を投て、勤学し給し証拠也。其方事、此(ここに)記置条数之旨を専に相守、文武之道を学び、令名後代に可㆑残志を能々決定而、愛㆑親敬㆑兄之義を不㆑忘ば、則是忠孝之道中武将之器成べし。敢而不㆑可㆑有㆓油断㆒。仍教訓之状如㆑件。

元禄十五年午六月廿五日　*綱貴(つなたか)

*嶋津又八郎殿

五年(一六一九)。天正十三年(一五八五)兄義久に守護職を譲られる。

朝鮮国大捷…　後注参照。

中納言家久　天正六年(一五七八)―寛永十五年(一六三八)。義弘の三男。義弘の跡をつぎ、薩摩・大隅を安堵され、領内を堅め、琉球を征服した。

照高院如霊親王　「如霊」は藩法集「如雪」。照高院門跡准三后道澄(如雪)のことか。近衛前久の弟。天文十三年(一五四四)―慶長十三年(一六〇八)。

泗川之新寨…　慶長三年(一五九八)十月一日に朝鮮慶尚南道泗川城で行なわれた戦闘。島津義弘・家久父子が明・朝鮮連合軍を破って大勝、その後の日本軍の撤兵を容易にした。

綱貴　薩摩藩第二十一代藩主。慶安三年(一六五〇)―宝永元年(一七〇四)。貞享四年(一六八七)、亡父綱久に代って、祖父光久の跡を継いだ。長男吉貴の代になって、幕府にならった藩制改革を行なうようになったが、綱貴の代までは比較的閉鎖的、孤立的で、旧制を維持していたといわれる。

嶋津又八郎　教本・警本の標題に「松平島津綱貴二男又八郎への教訓」とあるが、系図上の二男は幼名菊次(太)郎のままで早世している。ここの二男は元禄十五年現在の二番目の男子を指すか。とすれば三男久儔(ひさとし)で、後に一門島津久弼の養子となり、周防と称した人物。

明君家訓

楠諸士教　底本前半部の内題。後半は「明君家訓」とある。享保六年版は前後とも「明君家訓」。武本(武士道全書、第四巻所収の「明君家訓」)では、内題の前に室鳩巣の序文(元禄五年正月十三日付)があり、内題も「仮設楠正成下諸士教二十箇条、室鳩巣著」となっている。室鳩巣については二七三頁注参照。

差引　配慮や処置。

其　武本・水戸条令「其内」。

一旦の儀　一時のこと。

楠諸士教*

一、今度愚意の趣、一々左に書顕し、各に申聞候故は、自今以後某も、各とたがひに善に進み悪を改、をの〳〵は古の忠臣義士にも恥ず、某も明君賢主の跡をもしたひ、後代迄も君臣ともに能ためしにもひかれ候様にと、真実に存入候。各も某が此心底をよく〳〵推察いたされ、常々被レ加ニ異見一、諸事差引*たのみ申外無レ他候。勿論をの〳〵も其心得肝要候。しかれば古の聖賢の君さへ群臣の諫を求たまふ。況某ごときのもの、先祖の積善により、君位にのぼり、各の上に居といへども、生質不肖にして、君たる道にたがひ、各の心にそむかん事を朝夕おそれ入候。某身の行、領国の政、諸事大小によらず、少もよろしからぬ儀、又はをの〳〵存寄たる儀、遠慮なく其儘可レ被ニ申聞一候。*其国政の儀は、仮初にも臣民に係候へば、小事も大切に成候間、をの〳〵指図を承筈に候。各も遠慮有べき儀にあらず候。但某身の上の儀、右のとをり申渡候ても、某気にあたり可レ申かと、はからひ被レ申儀可レ有レ之と無ニ心許一候。又は生質不肖に候間、加様に申候ても、わが身の悪事をつよく被レ諫候はゞ、不快の顔色見へ申儀も可レ有レ之候間、かさねて懲被レ申様にいたしなし可レ申哉、其段は随分嗜可レ申候。万一其気味見へ候共、*一旦の儀にて、始終の心底は、弓箭を以て唯今申通に候。惣じて某心底内外の儀に付、をのれが悪事を人にかくし申儀無レ之候間、見及聞及被レ申所、何事によらず、機嫌をはからはず諫言をたのみ申候。たとひ、其事不レ慥候とも、虚実は構なく候。

作事　普請。

人たる所の道　すぐ後の所で、「人と生たるもの」が行なうべきものと言い換えている。

其分　それだけのこと。

たとへば、遊興をこのみ候か、少にても自由の振舞候か、女色に耽候か、奥方に驕ありてか、おのれが威勢をつのり候か、才智にほこり候か、諫言を不レ用候か、賞罰不レ正候か、賢臣を遠、佞臣を近候か、文道に疎候か、武備をわすれ候か、家臣百姓にいたるまで憐愍これなく候か、無用の器物を翫候て金銀を費候か、＊作事をこのみ候て人力をやぶり候か、加様の儀自分に存寄分に候。此外にもおもひよられ候事有レ之候はゞ、対顔の節直になり共、又は書付にて成共可レ被二指越一候。秘申度事に候はゞ封じ候て尤に候。取次の者少も延引候はゞ可レ為二不届一候。勿論一覧にも不レ及其儘可レ達レ之候。

一、凡家中の士、不レ択二貴賤一学問をいたすべく候。学問とは別にかはり申儀はこれなく候。＊人たる所の道にて候へば、朝夕第一に可二心得一の処、脇の儀の様に心得、学問不レ仕候ても、＊其分と存罷有体に候。不吟味なる儀不レ過レ之候。さりながら当代、学問仕由申輩に、結句不学問の人よりおとり申もの有レ之候。其故は、此人元来をのれが才智にほこり、名利の心深して、不学なりと人の申を無念に存、書籍をとりあつかひ、少々文字を知、古事ども端々覚候て、人をあなどりをのれに傲るたすけといたし候。才智有レ之上に文芸も有レ之候へば、能士の様に見へ候得共、実は仁義の心なくして、偏に盗人の振舞に候。さればこそ抜群不学の人にはおとり申候。其外は、あるひは詩文をつくり、或は書籍を翫て、徒に日を渉る輩有レ之候。これは一向慰に仕るまでにて、何の益も無レ之事候。今をの〳〵へ申渡は、右のとをりの儀共にては無レ之候。学問は右申通、人たる所の道にて、人と生たるもの、これを不レ知不レ行候ては、偏に禽獣の有様にて候。しかれば朝夕衣食よりも急用なる儀と可二心得一候。扨、其修行の法は、心身の

聖人にもいたる道　朱子学者室鳩巣の特徴があらわれている。
小学　作法・修身などについて説いた書。朱子の指示の下に、門人劉子澄が編述。一一八七年成る。
四書　大学・中庸・論語・孟子。
近思録　宋の儒学者の章句を分類・編集した書。朱子・呂祖謙編。
五経　易経・詩経・書経・春秋・礼記。
六十より　武本など「六七十より」。
一部にても　武本など「大学一部にても」。

僉議　詮議。取り調べること。

工夫とて、こゝろの邪正、身に行ところの善悪、此等の吟味をいたし、心をたゞしうして身を治て、古の賢人君子にも及び、又は其人の心懸次第に、*聖人にもいたる道にて候。

先学問はかくのごとくのわけにて、此外に学問といふもの無レ之候と心得申事、肝要に候。

しかれば、書をよみ候も、古の聖賢の御言葉を種として、心身の工夫をせんためなれば、一字一句も今日の上にひきうけて、悉修行の為にいたし候こそ、真の学問と申べく候。

*小学、*四書、*近思録のたぐひを熟読いたし、余力あらば、*五経などにも及、其義理を尋、右の外書籍あまり不レ入事に候。殊に四十以上の人は、精力もすくなく候へば、小学、四書、近思録ばかりにて能候。乍レ然其段は気根次第に候。*六十より八九十の人はおほかた老衰いたすものに候へば、大学、論語までにても、又は*一部にても自分に熟読いたし、其外は人の物語にて聞候ても同事にて候。学問はかならずしも文字の上に有事にては無レ之候。一日なりとも命の内に、此道をさとり候て相果候はゞ、生たる甲斐有レ之候。百年存命候とも、無学にて人たる道も不レ存候はゞ、何の益なき事にて候。されば志ある士は、勤学油断仕るまじき儀にて候。

一、各父母には孝順をつくし、兄弟には友愛を専とし、親族は遠類たりといふとも、筋目をちがへず念比に申通、傍輩にはたがひに信を本として心底に偽を不レ挾、家来には憐愍を可レ被レ加候。是等は肝要の儀に候間、常々こゝろがけ尤候。右申通学問いたされ候へば、聖賢の書は皆是等の*僉議にて候。某が口舌をつゐやし候に不レ及事にて候。

一、家中の士、常々不レ懈節義を嗜可レ申候。一言一行も、士の道に於て不僉議成事有べからず候。節義の嗜と申は、口に偽をいはず、身に私をかまへず、心すなをにして外にかざりなく、作法不レ乱、礼義正しく、上に不レ諂、下を不レ慢、をのれが約諾をたがへず、人の患難を見捨ず、かひ〴〵しくたのもしく、仮初にも下ざまの賤き物がたり、悪口など言葉の端にも不レ出、さて、恥を知て、首を刎らるとも、おのれがすまじき事はせず、死べき場をば一足も不レ引、常に義理をおもんじて、其心鉄石のごとく成ものから、又温和慈愛にして、物のあはれをしり、人に情有を、節義の士とは申候。平生心がけなく、うか〳〵と日を送り候はゞ、誠以古人のいはゆる、*酔生夢死に候はずや。

一、士は右申通、節義をたしなみ、人がら貞信にさへ候得ば、*世話うとく、立居振舞不調法にして、物言あしく候ても、士の瑕にて無レ之候。少もくるしからざる儀に候。当代の士多は貞信に無レ之、憖に指当さかしく、世話賢く、立居振舞見ぐるしからず候故、をのれが才智にあくまで自慢いたし、貞信なるものをば、かへつて初心なりと見下し、其有様軽薄なる輩有レ之。其内剰老功にて様子しづかにとりつくろひ、能人がらに化たるも有レ之。又*不功にてうは気に見ゆるも有レ之。其品色々かはり候へども、皆同類の人にて候。加様の人才智有のみならず、血気にてこそ候へ、*似合に勇力も有ゆへに、或は己が役儀、あるひは傍輩の事につき、少々苦労なる儀をも、をのれが名利の頼有レ之内は、身にひきうけて精を出すものにて候。其故たのもしき人がらの様にも見え候へ共、元来佞人にて、一筋に義理を守るこゝろなく候故、大事にのぞみては、かならず時の模様を見合、真実の志なきものに候。一命を捨候て、*専度の用に立申儀などは存もよらず候。某が家臣にもかくのごときの人有レ之候や、大に政教の妨に候。*周公の才、*孟賁が勇候とも、少も珍重に存ぜず候。又は世に結構人と称申内に、生質柔弱にして才智も

酔生夢死　スイセイムシ。何の為すところもなく、徒らに一生を終ること。

世話うとく　俗世間のことに通じていないで。享保六年版「世話のごとく」。

不功　未熟。

似合に　適当に。

専度　先途。大事な場面。

周公　周の名政治家。文王の子。武王の弟。名は旦。武王の子成王を助けて礼楽制度を定めた。

孟賁　モウホン。戦国時代の勇士。孟子、公孫丑上などにみえる。

なく、礼法も不レ存、言行につき正しき事をば嫌候て、酒宴遊興に日を送る輩有レ之候。是はさながらあしき人がらと顕れ候へば、前の佞人よりは憎からず候へども、某が政教を破り申所は同事に候。此両様の人の行に似候はぬ様に可レ被ニ相嗜一候。

一、家中の士、別て礼譲謙退を本とすべく候。むかし*文王は鰥寡をもあなどらずとて、いやしき賤の男賤の女をも侮給はず候。其比天下を三分が二有給ひて、聖人にておはしませども如レ斯に候。まして夫より以下のもの、いかやうのいやしき者をもあなどる心有べからず候。殊に士はいづれもかはる事は無レ之候。時の仕合にて貴賤のわかちあれば、其差別もとより有べき事に候へども、しかればとてをのれが貴に奢候て、ことをかるしめ人を侮申体は、あさはかに見ぐるしき儀に候。たとへば、参会の節、人を上座へすゝめ、をのれは下座へへりくだり可レ申候。何程位列ちがひ候共、*式代もなく上座へあがり申事可レ有ニ用捨一候。一往も二往も辞退に及候て、其上は菟も角もに候。路次を通り候節も、此方は人をよけ、人は此方をよけ候こそ、本意にて候。をのれが供まはり多きにまかせ、勢さかんにふるまひ候て、小身なるものに無礼仕事有べからず候。左様の節は大身成ものより諸事引さげ候てこそ、おとなしくも見へ尤とも聞え候。此段は別而、家老、頭分のもの、其外家中の歴々心得有べき儀に候。

一、当代、士の風俗、*質直朴素の気味すくなく、外見をかざり身をゆたかに持なし候。我同列又は下輩のものに対し候ては、一入高位にとりつくろひ、偏にかざりたる木人形のごとく見へ候由及レ承候。加様にむつかしくとりなし候は、よほど苦労なる儀にて候。それも士の作法にかなひたる事に候はゞ尤に候。士は分際より身を引さげ候て、諸

文王　周の武王・周公の父。殷に仕えて西伯となった。孟子、梁恵王下に「老いて妻なきを鰥と曰ひ、老いて夫なきを寡と曰ひ、老いて子なきを独と曰ひ、幼にして父なきを孤と曰ふ。此の四者は天下の窮民にして告ぐるなき者なり。文王の政を発し仁を施すや、必ず斯の四者を先にせり」。

式代　式体、色代。あいさつ。

質直朴素　質実、正直で、かざりけのないこと。朴素はボクソとも。素朴に同じ。

事の仕方無造作に、形をつくろひ身をかざる心なく候こそ本意にて候。伝聞、*周公は、いやしき士にても、来といへば必対面し給ふ。髪あらひ給ふとき来れば、髪を半あらひて手にて握りて出たまひ、食し給ふとき来れば、口に有食を吐て出給ふとなり。時の天子成王の叔父にて、天下の摂政にておはしませども、勢をわすれて形にかゝはらず、かくのごとく無造作なる振舞なりしぞかし。いはんや少の所帯をもつて高位の体をいたすは、偏に井の中の蛙にて候。むかしより和漢ともに、世間をひろく見、人情をよく存候ものに、いつかかやうにむつかしくとりなしたる振舞候や。某が家臣たるものは、諸事無造作に、つくろひなきやうにいたさるべく候。

一、*昔、孔子の門人子游、魯の武城の宰となりし時、孔子、「よき人をば得ぬか」とたづね給ひければ、「澹台滅明といふもの候。路次を行に、必本道よりして近道をゆかず。公用にあらざれば、終に某が家に不レ来候」とて、これをもつて能人と定しなり。古人の風儀大形かくのごとくに候。是式の儀に候へども、此両事にて滅明が心ざま正しく大様にして、身の便をもとめず、才学をもつぱらとせず、をのれを枉て人にへつらはぬ所あらはれ候。今時かやうのもの候はゞ、鈍なるふるまひの様に可レ申候。又人の頭として、其下の者わがかたへ公用の外、つけとゞけ無レ之候はゞ、不快に可レ思処に、さすがの孔門の学者とて、これを以て称美するにて、子游が*おほやけなる心の程もしられ候。如レ斯にてこそ下の賢否も有様にしれ申筈候。加様の儀はいづれもとり〴〵に無レ限やさしき事共に候。某論語をよみ候て、此所にいたりては大方感涙をおさへ候。某が家臣たる者は、家老、頭分は子游を鏡にいたし、諸士は滅明を手本にいたすべく候。させる事な

周公は… 史記、魯周公世家に「我、一沐に三たび髪を握り、一飯に三たび哺を吐き、起ちて以て士を待つも、なほ天下の賢人を失はんことを恐る」。

昔孔子の門人子游… 論語、雍也に見える。

おほやけなる 公明でかたよらない。

きに、家老、頭分たる者の方へ音問無用に候。*有べきかゝりの礼法をつくして居べく候。家老、頭分たるものも、一円下の追従をよろこばざる心得*簡要候。なにとぞ筋目有レ之したしきものには自分の心ざしは尤候。某にかはりて人をえらび候節は、親疎のかまひなく、そのものゝ平生の行ひを考て善悪をさだむるは、家老、頭分たるものゝ役にて候。もとより依怙贔屓は、士の可レ仕儀にて無レ之候へども、万一左様の仕形有レ之候はゞ、急度可レ遂ニ僉議一候。よく〳〵心得可レ有候。

一、当代、士の*寄会を聞及候に、おほくは賓主ともに礼義たゞしからず、わけもなき事共口にまかせ、声高にわらひのゝしり、又は人の噂好色のはなし、或酔狂をし、或小歌三味線座上にとりはやすやからも有レ之由、是等は一として士の作法にて無レ之候。偏に下臈の寄会にて候。士のまじはりは、礼法正しく、一言申出し候も、跡先をふまへ、おほくは古書の穿鑿、義理の物語などを好み、仮初にも*そゝけたる体をいたさゞるこそ本意にて候。しかればとて別而心安き友とは、たがひにくつろぎ打解て語儀は各別にて候。其内にも無行儀なると、作法よきとは、差別有べき事に候。家中の士ども寄会候節は右の心得有べく候。

一、家中の士武備をわするまじく候。武備とは、分限相応の人馬、其外武用の道具所持いたし、射騎剣鎗の伎術も無案内に無レ之程に可レ有ニ稽古一候。但其道の師を致す者の外、*あまり精出し相究候儀は無用に候。不断手馴候様にいたすべく候。軍法は常に僉議有べき事候。但軍中の法令は内々定置候通にて候。平生被レ致ニ存知一、戦場に臨て失念無レ之様に可レ被ニ相心得一候。

有べきかゝり　型のごとき。型にはまった。通り一遍の。ありべかかり。

簡要　肝要。

寄会　寄合。七八頁一二行など「寄合」(享保六年版「寄会」)。ここは後印の際の訂正もれであろう。以下同。

そゝけたる　乱れた。騒がしい。

あまり精出し…　次条に「大形は武備に心がけ候へば、血気におかされ候…」と述べている。

一旦の血気にては…　葉隠の考え方とは対蹠的である。

一、武備をわすれ申さゞるは平生の嗜にて候。常体にやすらかにいたしまかり有候て、しかも其心得可レ有事に候。しかるに我こそ武備を不レ忘とて、少の儀にも其思はくをいたし、為レ差事もなきにはやり候て、異形に見え申もの有レ之。これらは血気におかされ一向にをちつかざる体に候。還て未練の士と可レ申候。武士の嗜は心に有事に候。仕形に有事にては無レ之候。されば、よき士はすがた物言還てやはらかに、少の出入には心をかけず、大方は堪忍をもつぱらと致候ゆへ、心をくれたる様に見へ候得ども、死べき場に臨ては、血気にはやり申者に少もこえられず候。*一旦の血気にては下臈さへ死るならひに候へば、まして士の死ぬるは不レ珍事に候。最後までもとりしづめて、常々の心のごとく聊もせきたる気色無レ之、一きは潔く見ゆるこそ、士の最後の、下臈とちがひたる所にて候。大形は武備に心がけ候へば、血気におかされ候間、其用心可レ被レ致候。

明君家訓

一、*父母、兄弟、妻子等、死去いたし候節、葬送の礼法、古の聖人定置たまへりといへども、いま急に執行がたく候。追て宜く相計可二申出一候。

一、父母、兄弟、親族等、死去の節、喪服の月数、*聖人の御代には、父母には三年、其外兄弟親族にもそれ〴〵に成法有レ之候。某が家臣たるものは、一統に聖人の法のごとく、喪服相勤申様にいたし度候へども、これまた急に執行がたく候。時節を相待可二申出一候。其内志有レ之、三年の喪、其外の喪も、古法のごとく相勤度とねがひ申者有レ之候はゞ珍重可レ存候。其外は父母に五十日、兄弟親族にも、俗令に定置候通可二相勤一候。若不行儀なる体承候はゞ、品により急度可二申付一候。古は喪といへば、かならず声をあげてなきかなしび、引こもり居申内は酒をのまず、女色にちかづかず、なげきの心までにして物ごとをんびんにいたし候。就レ中父母の喪は、一代の大事これに過ぬかなしびに候。其故は、父母は骨肉をわけししたしみ有レ之、わがみのいできし本にて候へば、常々わが身よりも大切成儀に候。その上襁褓の内より、膝下に撫育せられて、成長の後も二六時中わするゝ隙なく、あはれなるまでに念比なる心ざしは、泰山よりもたかく、滄海よりもふかく候。それにはなれ候はゞ、*十方を失ひ諸事打捨、たゞ一筋のかなしびに、心腸も傷裂するほどに覚、いく年月過候ても名残をしさは止候べきや。しかるに当代の風俗、そのみぎりは哀傷の顔色有レ之候へども、程過候へばもはや父母の事は打わ

父母兄弟妻子… 次項と共に、中国とちがって、孝に対する忠優先主義の一つのあらわれ。とくに「急に執行がたく候。時節を相待可二申出一候」とあるのは公用のための便を優先させている点で興味深い。次頁注「自今以後…」参照。なお、水戸条令や武本などには、この項の末に、火葬を禁じる旨の文章（武本「先其内寺僧頼候とも、火葬停止に候間、其旨急度相守り、誰によらず死去仕候はゞ、一統に土葬に取置可レ申候。若相背き候者有レ之候はゞ、急度可二申付一候」）が入っている。兼山秘策に「明君家訓比日楠諸士教と改名、私序をも加、…新に仕直し申候、…火葬の一段も此度加へ申候、すきと原本の通に罷成申候」とあることと符合するので、鳩巣の原本にはあり、初版を版行する時、削除されたのであろう。

聖人の御代には… 儀礼、喪服篇などにみえる。

十方 途方。方向。

すれ候て、己が気まゝをふるまひ、わづかの五十日をさへ*けりやうにいたし、ふかく歎候ものを見ては、結句鈍なることの様に申、加様の儀に気のよはきは武士の法にあらず、女わらんべこそなどゝそしり候。放逸無慙の有様に候。無二是非一風俗なげきても有レ余候。今友だちなどの内に、介抱を得、心ざしふかきもの有レ之候へば、それも父母の恩愛には日を同じうしてもかたられぬ事にて候へども、慇懃の礼をのべ、心にも難レ忘存まじく候や。まして父母にはいかやうに報恩をいたし候てもつきぬ事にて候へども、父母の情余ふかくして、其僉議に不レ及候ゆへ、其儀はなく候共、名残を惜み泣かなしみ候は、子たる者の心、恩をおもひ情をかんじて何とも忍びえぬ故には、死したる人に益の有となきとのせんさくに及可レ申事にては無レ之候。又武士は戦場に臨ては、親をもうたせ子をもうたするならひに候へば、左様に心よはきは武士の法にあらずとの申分こそ、一段尤なるかこつけにて候へ共、*是程の事にさへあはれをしらずしては、君の恩人のなさけ思ふべしとも不レ存候。何程気づよにして、武士の法にかなひたると、おのれこそ可レ存候へども、一向にたのもしからぬ士に候。又兄弟は幼少より一所にそだち、一日も不二相離一、左右の手のごとく成物にて、親に次候ては誰か兄弟程したしき物候はんや。其外の親族も何れも筋目候へばこそ平生申通候処に、相果候て一向になげく気色もなく、残念にも存ざらん人は、平生真実ならぬ心の程も知られ候。尤はづかしき事にて候。

一、*自今以後、父母、妻子、兄弟、其外親族のうち、国法を背き罪科有レ之候をよく〱承知仕候とも、したしきものとして申出候はゞ、士の法とは存まじく候。且又一門のみに非ず、平生別てはなし申友だちの内にても申出候儀、是又同心に不レ存候。但さやう

けりやう　仮令。大概・かりそめ、の意。

是程の事にさへ…　これと一見類似する考え方は、「孝を以て君に事ふれば則ち忠なり」(孝経、士章)とか、「君子の親に事ふるや孝、故に忠、君に移すべし」(孝経、広揚名章)というように儒教の教説にも見られるが、後者においては孝が人倫体系の中核にすえられているのに対し、ここでは孝は忠誠心の認識手段にすぎない。すぐ後に、「…一向にたのもしからぬ士に候」とあるのを参照。

自今以後…　忠と孝との関係は「忠孝は偏闕しがた」(次頁六行目)いというような一般論ではかたづかない。本項の叙述は、「国法」秩序の維持と「子は父の為に隠す」(論語、子路)儒教道徳との間をゆれ動く。前項までの叙述とのバランス上「某に背かれ候ても、をの〱の義理さへたがへられず候へば、於レ某珍重存候」と結んではいるが、「叛逆」のような重罪を除外し、結局は「其事の品により時の首尾により、子たるものゝ了簡有べき儀に候。一筋に申がたく候」という判断停止が本音である。この項が細川家訓(武士道家訓集所収)では落ちていることも含めて解説参照。

に国法を背不忠のものを、しゐて隠置、才覚を以て、罪をのがれ候様にいたし候はゞ、様子承りとゞけ罪に可ニ申付一候。若又叛逆の巧いたし候か、何とぞ国のさはぎにもなり、某が大事にも成程の儀は、国にもかまはず、それがしにもおもひかへ、見のがしをかるゝ儀は不レ可レ然候。其段は某が申付候にをよばず、各可レ有ニ了簡一候。それ程の儀にても、子として父を申出候はゞ同心に不レ存候。君父は義理のをもき事いづれもおとらぬものにて、忠孝は偏闕しがたき事に候。其事の品により時の首尾により、子たるものゝ了簡有べき儀に候。一筋に申がたく候。たとひ父子兄弟たりといふとも、罪人をば申出候やうに相定候てこそ、某がためにはよろしく候へども、士の風儀は左様の仕形はあしく候。惣じて某が心底、をの／＼のたてらるゝ義理をもまげ候ても、某一人に忠節いたされ候へとは努々不レ存候。某に背かれ候ても、をの／＼の義理さへたがへられず候へば、於レ某珍重存候。

一、家中の士、つね／＼寄合の料理、内々定置候とをり、一汁一菜、それも成程麁相にこへたる儀は無レ之候。塩梅とり合のよきあしきは、さのみ挨拶にも及まじき事に候。士の寄合あそび候は、たがひにしたしみをもとめ、おもはくをのべ、異見をも聞て、かたりなぐさむ為ばかりに候。馳走とは亭主の礼儀とゝのひ候て、ねんごろにもてなすをこそ申べく候。当代、馳走とて、料理のとりあひ、座上の物ずきなどに心をつくし、隙を費し候て、何の為に候や難ニ心得一候。北条時頼、ある宵の間に、*平宣時をよばるゝ事有しに、「やがて」と申ながら、直垂のなくて、とかくせし程に、又使来て、「もし直垂などのさふらはぬにや。夜なればことやう成共、とく／＼」とありしかば、なへたる直

平宣時　大仏宣時。陸奥守。北条氏の一族。暦仁元年(一二三八)—元亨三年(一三二三)。

さう〴〵し　ものさびしい。

しそく　紙燭。松の棒で作った照明具。

吉田兼好がつれ〴〵に…　徒然草、第二一五段に見える。

垂うち〳〵のまゝにてまかりたりしに、銚子に土器とり添てもて出て、「此酒をひとり給んが*さう〴〵しければ申つるなり。さかなこそなけれ。人はしづまりぬらん。さりぬべき物や有と、いづくまでも求たまへ」と有しかば、*しそくさしてくま〳〵をもとめし程に、台所の棚に、土器に味噌の少つきたるを見出て、「これぞ求得てさふらふ」と申しかば、「事たりなん」とて、心よく数献に及で、興に入られ侍りきと、*吉田兼好がつれ〴〵に書のせ候。時頼は其比天下の執権職にて、かやうに無造作にして、身に栄耀なきふるまひ、是に過たる事や候べき。無比類殊勝の儀に候。時頼程の人にかやうのためし、異国にも不承及事に候。土器につきたる味噌をなめて酒をのむやうの事は、今の世には下臈さへ不仕事にて候へば、まして少の所帯をも持候もの、おもひもよらず候。少有酒をともにのまんとて、はやくも思ひつけてよばれしをば、宣時もさぞうれしく思ふべく候。惣じて人に物を贈り候にも、ふるまひ候にも、不図おもひ付候て、手がるくいたし候こそ、誠の志はあらはれ候。こと〴〵しくとりつくろひたるは、軽薄に見へて面白からず候。友だちのまじはりは、たゞ礼法正しくして、しかもをのづからしたしみあるこそ、いくたびもあかぬものにて候。宣時が、夜ともいはず、直垂とり求しを、時頼もおそきにてはや推はかりて、其儘まかられよといひをこせられしにて、其比の風俗かりそめにも作法の正しき事をしりぬ。又時頼の、てうしに土器、自身もて出られしこそ、これに過たる馳走や有べき。扨、なへてこそあれ急度直垂着て、土器の味噌をなめし宣時が有様、たぐひなくやさしく覚候。人のしづまりぬるを、おこさゞりしも下をいたはりし有様に候。士のまじはりは、今とてもかやうに有たきものにて候。

一、家中の士、綺羅を好べからず。馬、武具、太刀かたなも用に立を専と可レ仕候。拵仕立も成程麁相に可レ仕候。まして常体の衣裳いかやうにても不レ苦候。とかく麁相に越たる儀は無レ之候。但貴賤により衣裳の式は、別紙に定置候。

一、家の作事不レ可レ好。畢竟風雨をさへおほひ候へば、これまた麁相に越たる事は無レ之候。但分限により、家の大小は各別にて候。

一、衣食住の外、武士は馬具、武具は用意なくて不レ叶物にて候。其外は、常に用申器物は各別、それも用に立までにて、結構なる物一円不レ入事に候。まして無益の物、用意不レ仕候ても其分に候。たとへば、*掛物、茶碗、*茶入等の類、多く集め持候て何の用に立申儀に候や。世にまじはる習に候へば、少は不レ苦儀に候へども、それも一向に不レ構候はんは、結句心にくき方に可レ存候。

一、家中の士、勝手つゞき申やうに、諸事分限相応にいたし、所納の分量をつもり候て、金銀のつかひやうを加減いたし尤にて候。若又親族等に貧窮成もの候か、又は他人にても存知の者の内に迷惑いたすもの候て、難二見捨一候ゆへ、さやうの儀にて自分の勝手あしく成候は、結句奇特に存候。左様のところ不届にて、勝手よく候ても、士の本意にて無レ之候。右のをもむきにて勝手不レ調候はゞ、様子うけたまはりとゞけ、いく度も続候様にいたすべく候。其外不慮の不仕合にて勝手損申は、これまた各別にて候。其時に当て相談いたすべく候。此心得は頭分の者よく／＼承知仕、自然右両様にて勝手めいわくいたし候もの有レ之候はゞ、早速申きかすべく候。延引仕候はゞ可レ為二不届一候。

一、古より、四民とて、*天下の人を士農工商の四色にわかちをき、それ／＼に主どる所の

掛物　掛軸。

茶入　茶を入れる器。抹茶用には、陶器・漆器などを用いた。またそれをつつむ茶入袋は金襴・緞子などの名物切で作った。

天下の人を…　書経、周官に「司空、邦土を掌り、四民を居(お)き、地利を時なふ」とあり、その孔伝に「…民に士農工商の四民を居く」とある。国語、斉語の注にも「四民、士農工商を謂ふ」とある。

職をつけ申事にて候。しかるに、農は耕作をつとめて米穀を出し、工はあるひは*梓匠となりて室屋をかまへ、あるひは陶冶となりて器物をつくり、商は売買をいとなみて有無を通じ、此三民にて天下の用をたし申候。扨、義理と申ものゝ一つをば、士の職と定申事にて候。此義理と申物、色もなく臭もなきものに候ゆへ、彼三民の所作とは事かはり候て、急度つかさどる人を定申さず候ても、其分の様に候へ共、此義理の筋目、天下にほろび候ては、人に廉恥の心なく成、互に相欺、たがひに相掠、をのづから畏憚る所もなく、終には子も父を父とせず、臣も君を君とせず、大乱にも及申事にて候。それゆへ士と申ものをたてゝ義理をまもらせ、彼三民の上に置申候。平生手をあそばしめてをりながら、百姓町人を思ふさまにをしさげ候へども、かれらもおそれうやまひ申事は、士は職とする所のたかきゆへにて候。しかるところに、当代、士として飽まで利欲にふけり、深く金銀をむさぼり、町人等に対し権柄をもて物をしかすむるともがら有レ之候。或は馬を好み、或道具を数寄候体にもてなし、時の利を心がけ候ものは、さながら*とり売*伯楽の仕かたにて、これはとかふの僉議に及ばず候。又其程にこそなく候へども、大様をのれが勝手をもつぱらにして、人にそこなひ有事をしらず、諸事につきて*身がちにふるまふもの多く候。かやうの人つねに利害をのみ*簡弁いたし候ゆへ、義理の方にはかならずうときものにて候。利にても害にても、そこに心をおかずして、一筋にこゝろざすまゝにをこなひ申にてこそ義理は立申候。されば義理にさときものは利欲にうとく、利欲にさときものは義理にうとし。*義理にさときを以て士とし、利欲にさときをもて町人とす。士として利欲にさときは、一向うけられぬ事にて候。さこそ義理にう

梓匠　梓人・匠人。大工・木工。

とり売　取売。骨董品の売買主と古道具屋との間を周旋する人。また古道具屋のことをもいう。

伯楽　馬を売買・周旋する人。博労・馬喰。

身がち　身勝。身勝手。

簡弁　勘弁。事を考え定めること。

義理に…　論語、里仁「君子は義に喩り、小人は利に喩る」。

とかるべきとをしはかり候。もとより利欲の事をいろはせずして、いさぎよく振舞せんためにこそ、君よりもつねの禄を給はるにてはなく候や。さらば又名字を捨て弓箭を折て、秤錘を腰にもせず、其儘士のさまにて有ながら、町人の所行は心得がたく候。むかし公儀休と申もの、魯につかへしとき、其家の菜園にあるあふひをくひて、むまく覚ければ、即時にうへしあふひをぬきてすて候。又家にて織し布のよきを見て、はた織し女を追出し、其機を燔申候。さて申候やうは、「士たるもの、家に衣食をつくりなば、その身それを業とする人の、いかゞしてその利を得て、すぎはひとせんや」といへり。その身魯国の執権をも仕けるが、惣じて禄を食むものは下民と利を争ことをかたくいましめけるとなり。今某が家臣の面々、日来それ〴〵に相応の禄をあたへ置候て、国中の百姓町人等、かりそめにも慮外いたさゞるやうに申付候。しかるうへは、利欲のこゝろざしを捨て、廉恥の行をはげまし、百姓町人に対して、いさゝかはづかしきふるまひなく、公儀休がむかしをしたはるべく候。猶更くはしく穿鑿いたし候はゞ、惣じて利欲と申ときは、金銀にかぎらず、所詮をのれが手よりをもとむるは皆利欲にて候。たとへば同様の事をとり行ひ候ても、私の手よりを以すると、おほやけの義理を見て行とは、一念の上にては毫釐のたがひにて候へども、畢竟君子小人、王覇、治乱のさかひもこれよりわかれ候へば、末は千里の謬にも成申候。去によつて義利の弁とて、先賢もくはしく議論をあらはし、これを簡要の事に沙汰しおかれ候。をの〳〵其書をよみて其義をさとり、ゆだんなく工夫いたさるべく候。事ながく候間、今爰に令二省略一候。

いろはせず　「いろふ」は、もてあそぶ、扱うの意。
秤錘　享保六年版の振仮名は「ひやうすい」。ここは棹秤のこと。
公儀休　戦国時代、魯の宰相。この話は史記、循吏列伝にみえる。
あふひ　葵。ここは野菜の名。

国中の百姓町人等…　荻生徂徠の武士土着論とは対立する。

毫釐のたがひ　史記、太史公自序「これを毫釐に失せば、差(たが)ふに千里を以てす」。その他、似た表現は多い。
王覇　王者(道徳による統治者)と覇者(武力による統治者)。また王道と覇道。

正徳乙未孟春穀旦*
柳枝軒茨城方道繡梓*

京師六角通御幸町西江入町
書林茨城多左衛門板行

皇都*
書林

藤井文政堂
寺町通五条上ル町
山城屋佐兵衛

正徳乙未　正徳五年(一七一五)。
穀旦　吉日に同じ。
繡梓　文書を板木に美しく彫刻すること。転じて書物を出版すること。

皇都書林…　後印本の刊記。山城屋佐兵衛(藤井文政堂)は文政年間の開業なので、その頃の版行か。

貞丈家訓

徳は本なり。芸は末なり。世のことわざにも、*万能一心とて、いかほど芸能すぐれたりとも、心の徳おさまらざれば、世わたりはなりがたし。*おほやけの御掟にも、文武忠孝をはげまし、礼義を正しくすべき事と告させ給ふ。文武は、文芸武げいの事にはあらで、文徳武とくのことなるべく、忠は君に仕へ、孝は親につかふるのみにあらず。*孝は百行の本とて、*人たるものゝ行ひ一つかけても、孝の道はかくることなれば、広きとも広き道也。さるを読書して口にはとなふれども、身に行なふ事かたく、人をばとがむれども、みを正すことはなしがたきを、*安斎先生の子孫に遺言せさせ給ふ家訓は、辞いやしといへども、其こゝろいと尊ければ、師家に乞つゝ*書林儀助に*桜木にちりばめさせて、世に伝ふるものなり。

*天保八年二月なかば　　八十翁*源弘賢識

万能一心　多くの事に巧みであっても、真心がなければ無用のものとなるという意。伊勢貞親家訓に「能芸才智あらばもとよりの事。たゞ人の家をつがん者は、万能よりも一心也」とある。

おほやけの御掟　天和三年(一六八三)改訂以後の武家諸法度の第一条に、「文武忠孝を励し、可レ正ニ礼義一事」(四五八頁)とある。

孝は百行の本　白虎通などにみえる(三八頁注参照)。「孝は徳の本なり」という孝経、開宗明義章の所説を想起させるが、次の「人たるものゝ…」と論理的に結びつかないことについて次注参照。

人たるものゝ行ひ…　中国ではたとえば孝経が天子、諸侯、卿大夫、士、庶人という身分に応じて、それぞれの孝を説いているのに対し、ここでは抽象的な「人」が問題にされていること、しかも「人たるものゝ行ひ」が「孝の道」の要件になっている点が独特である。孝経では「孝は徳の本なり、教の由つて生ずる所なり」、「親を愛する者は敢へて人を悪まず」「孝を以て君に事ふれば則ち忠なり」というように、孝が基本であり、それが拡大していくことによって倫理的社会が成立するとされていることと対比されたい。

安斎先生　伊勢貞丈(さだたけ)の号。貞丈は、中世以来の伊勢流礼法の家に生れ、精密な考証に基づく、多くの有職故実に関する著書を残した。幕府の御小姓組番士。『貞丈雑記』『安斎随筆』など。享保二年(一七一七)—天明四年(一七八四)。

書林儀助　未詳。底本の中扉には「江戸下谷御成道　青雲堂英文蔵梓」とある。

桜木　木版印刷の版木。桜木を主に使用した。

天保八年　一八三七年。

源弘賢　屋代弘賢。塙保己一に学んだ国学者。幕府右筆となり、『古今要覧稿』を編集した。蔵書家でもあった。宝暦八年(一七五八)—天保十二年(一八四一)。

貞丈家訓

家訓と書ていへのおしへとよむなり

目録

貞*丈家訓

一、人と生れては、人の法をしらざれば人にあらず。形(かたち)は人なれども、心は畜生(ちくしやう)に同じかるべし。これに依(よつ)て、我が子孫のおろかなる者に、人の法をしらせたく思ふによりて、左に五常五倫(ごじやうごりん)、其外身の為になるべき事どもを書きあつめて、家にのこし置(お)く也。学*文はせずとも、此書のおもむきを守りて、心をなほし身もちをよくせば、学文したるも同じ事なるべし。此書のおもむきを、かろしめあなどりて、心をなほさず、我まゝをする者は、畜生に同じかるべし。つゝしむべし。

五常(ごじやう)の事

一、五常*と云は、仁義礼智信の五ツ也。此五ツは*天然自然(てんねんしぜん)人に生れ付たる根性(こんじやう)也。此五ツの根性を常に用ひざればかなはざる事なる故、五常と云也。

一、仁*と云は、人を初として、生ある物をあはれみめぐみ、思ひやりふかく、いたはる根性を仁と云也。仁は慈悲(じひ)の事と心得べし。父母*に孝行(かうかう)するを始として、万事此仁をはなれてはならぬ事也。

一、義と云は、義理あひの事也。我勝手(かつて)にわろくして、めいわくにおもふことも、すべき筋(すぢ)の事をば、かならずする、我勝手に能くとも、めいわくにおもふとも、すまじき筋の

貞丈家訓　貞丈については八六頁注参照。

学文　学問。

五常　人の常に行うべき五つの徳行。これを仁義礼智信とするのは、漢書、董仲舒伝の「仁義礼智信は、五常の道にして、王者の当に修飾すべき所なり」、白虎通、情性「五常とは何ぞや、仁義礼智信を謂ふなり」などから始まる。

天然自然…　たとえば貝原益軒などもその著、五常訓、巻一で、「ヲヨソ人トナレル者ハ、天地ノ大徳ヲウケテ生レ、其心ニ生レ付タル物アリ。名ヅケテ性ト云。…此性ノ内、ヲノヅカラ五ノ徳アリ。名ヅケテ五常ト云」といっている。

仁…　益軒、五常訓、巻二にも「只ヒトヘニ、人ヲアハレミ、物ヲメグムヲ以、仁トス」とある。

父母に孝行　九〇頁注「実の父母実の子は…」参照。

事をば、決してせぬを義と云也。

一、礼と云は、我より目上なる人をばあがめうやまひ、目下なる人をもいやしめずあなどらず、我が身をへりくだりて人にほこらず、おごる事なきを礼と云也。

一、*智と云は、道理と無理、善と悪、是と非を分別するを初として、耳に聞かず目に見ぬ事迄も、かんがへ知りわきまふるを智と云也。

一、*信と云は、真実にしていつはりなく、わだかまりなく、かげひなたなく、一すぢにまことなるを云。信は正直の事と心得べし。仁も義も礼も智も、信といふ物がなければ、皆いつはり事となる也。

右の五ツの根性を、とりうしなはぬ様に心がくべし。我まゝなる心をもつ時は、右の根性きえうせて、悪事をし出す也。

五倫の事

一、*五倫とは、五ツのたぐひとよみて、人に五ツの品あり。一に父子、二に君臣、三に夫婦、四に兄弟、五に朋友、是也。此五ツに法あり。

一、父子の法は、父と云内に母もこもる也。父母と子とは、相互にへだつる心なく、したしみをふかくすべし。おや子は血をわけたるなかなる故、したしくなければならぬ也。さる間、したしみを第一とする也。是を父子の親と云也。

一、父は、子をきびしくそだて、行儀を直し、芸能ををしへ、物事を能くいひ教しへ、悪き事をしかりいましめ、よき人がらにそだてあげて、人にもほめさせる様にと世話をや

智… 五常訓、巻四「知ハ…心明ラカニシテ、人倫・事物ノ道理ニ通ジ、是非・善悪ヲワキマヘシリテ、マヨハザル徳也。…朱子ハ、智ハ分別是非ノ理ト云ヘリ」。

信… 五常訓、巻四「仁義礼智ノ、イツハリナキ真実ナルヲ、信ト云。信ナケレバ、仁義礼智ニアラズ」。

五倫 五常訓、巻二にも「人倫ハ五アリ。五倫ト云。五倫ハ、ワガ父子・君臣・夫婦・兄弟・朋友ノ五品ヲ云。倫ハ輩也、類也」とある。そこから人の守るべき五つの道として、孟子、滕文公上「父子親あり、君臣義あり、夫婦別あり、長幼序あり、朋友信あり」をいう場合もある。以下、基本的には孟子に則って五倫を説いているが、それぞれの箇所で指摘するように、具体的にはかなり差がある。

き、其子の為になる様にしつけをするは、*父の慈悲にて父の法也。

一、母は、物やはらかにして、子をいたはり、父のきびしきを、子の心にはらたゝず、わろく思はぬ様に、能々道理をいひ聞かせて、子の心をやはらげて、教へそだつるは、母の慈悲、母の法也。

一、子は父母をあがめうやまひ、大切にしていとほしがり、何事も父母の心にそむかずさからはず、苦労をかけず、何事も父母のうれしがりよろこびたまふ様に、いたいけにすべし。たとへ父母は心あしき人にて、子をむごくわろくしたまふ共、それにはらたゝずうらみずして、父母の機嫌をとり、いとほしがり大切にするを孝行といふ。是子の法也。

一、養父養母養子も右の心得に同じ。さりながら、相互に血をわけぬ中なれば、ひがむ心ありて、やゝともすれば、他人同前に心得る事有り。甚いやしき心也。かりにもおや子といふ名を付からは、実のおや子の如くしたしむべし。相互に血をわけぬゆゑ、如レ此水くさき事ありと思はれぬ様に、義理を立る法也。*実の父母実の子は、互に義理を立る事はなし。血をわけぬ中には、義理を立るなり。然れば養父を義父とも云、養母を義母とも云、養子を義子とも云は、義理を専とする故也。父母の慈悲も子の孝行も、実のおや子に替る事はなけれども、其内に*義理をふくみてする故、実のおや子よりも、猶以心をつくすべし。

一、しうとしうとめと、よめの法も、右の養父母養子の法にかはる事なし。

一、*君臣の法は、君は主人の事、臣は家来の事なり。主人は扶持米給金をくれるを恩にかけず、家来のほね折て奉公するを、恩に受て悦ぶは、主人の義理也。家来はほねを折て

父の慈悲　左伝、文公十八年条や書経、舜典の孔伝などでは、父に義、母に慈、兄に友、弟に恭、子に孝を、それぞれあてている。五倫を説くに際し、父の慈悲を云々するのは珍しい。次注参照。

実の父母実の子は…　「五常」のところで「義と云は、義理あひの事也」と述べているが、その「義理」とここでの「義理」とは意味が異なることに注意。

義理をふくみて…　前注参照。

君臣の法は…　本項は末尾を「是を君臣の義と云也」としめくくっているが、「主人の義理」「家来の義理」として述べられている中身はすぐれて近世日本的な「義理」である。解説参照。

奉公するを恩にかけず、主人より給はる扶持米給金を、恩にうけてかたじけなく、主人の為には一命をもすつべしと思ふは、家来の義理也。主人の身にては、家来と云物なければ、我一人立にて万事不自由也。家来の身にては、主人といふ物なければ、扶持米給金をくれる者なければ、父母妻子をもやしなふ事ならぬ也。然る間、主人は家来をあはれみ、家来は主人を大切にする也。是を君臣の義と云也。

一、主人は、家来の少のあやまち、不調法(てうほふ)あるをば、見のがしてとがめず、我身を以て家来の身の上をも思ひやり、よき事あらば、少の事にても褒美(はうび)していたはりめしつかふは、*主人の慈悲、主人の法也。

一、家来は、主人をあがめうやまひ、心を一すぢにしてかげひなたなく、主人の為を思ひ、身にしみて奉公すべし。主人のしかたはわろくとも、それにかまはず、家来はふた心なく、主人の為を思ふべし。是を忠行と云、家来の法也。

一、夫婦の法は、夫はをつと也。婦は妻(さい)也。夫は表に居て、表向(おもてむき)の世話をやき、妻は奥に居て、奥向(おくむき)の世話をやき、奥表差別を正しくして家を治るを、夫婦の別と云也。

一、夫は男なる故、諸事に心行わたれども、妻は女の事なれば智恵(ちゑ)たらず、ふつゝかなる事多かるべし。そのたらぬ事をばとがめず、それ〴〵に心をつけてやり、むつましくするは夫の慈悲也、夫の法也。

一、妻は夫をあがめうやまひ、大切にして、食物衣服などの内証(ないしよう)の世話をやき、夫に対してりんきねたみの心なく、夫一人の外には、他人といたづら事せず、夫のしかたはいかほどわろくとも、それをうらみず、心がはりせず、死ぬ共夫の家を出ずして、一すぢに

主人の慈悲　論語、八佾には「君は臣を使ふに礼を以てし、臣は君に事ふるに忠を以てす」とある。貞丈は次項で臣の「忠行」を説くが、これに対応する本項では主人の「礼」でなく「慈悲」を説くのは、近世日本の「義理」の構造と無関係ではない。くわしくは解説参照。

夫の為を思ふを貞女と云也。是妻の法也。

一、兄弟の法は、兄は何事も弟に先だちて、弟を引まはし、弟をあはれみいたはり、弟は何事も兄の次に立て、兄にしたがひてそむく事なく、兄をあがめうやまひ大切にすべし。是を長幼の序と云也。長とは年たけたるを云、幼とはをさなく年たらぬを云、序とは兄弟の次第を云也。

一、兄は年たけおとなしく、智恵もまさる故、弟の年たらず心の行とゞかぬ事をば、心を付て物事をよくいひをしへ、いとほしがり中よくするは、兄の慈悲にて兄の法也。

一、弟は兄をうやまひて、兄をおしのけず、何事も兄のした手に付てさし出ず、兄にしたがふべし。兄のしかたはわろくとも、兄をうやまひ大切にして、そむく事なきを悌と云、是弟の法也。あねいもとも右に同じ心得也。

一、朋友の法は、友だちの交りの法也。友だちとつきあふには、相互に真実の心を専として、たのもしく交るべし。友だちの心得違有て、わろき事有ば異見をいひ、難儀なる事をばすくひたすけ、何事も真実にして偽りなく、だしぬかず、たのもしくするを、朋友の信と云也。

一、友だちは相互に遠慮なく、わろき事をばわろきよしをいひて、異見をして悪き事を改むべし。是相互に友だちの慈悲也。是友だちにつきあふ法也。

一、友だちの中、真実の心なく、異見いひても却てはらをたち、たのもしからぬ友ならば、次第〳〵に遠ざかりて、つきあふべからず。是も亦友に交る法也。

一、奉公する人の傍輩づきあひも、右に同じ心得なり。

右の五倫の法を知らざる時は、親に不孝し、君にも不忠、夫婦もむつましからず、兄弟も不和にて、友だちの交りも直しからず、無理非道の事多く、人ににくまれそしられて、わざはひにあふべし。つゝしむべし。

先祖の事

一、先祖をばあがめうやまひて、おろそかに無沙汰すべからず。我身のうけつぎたる血すぢの根本にして、我家の始り也。然る間、忌日にはかたく精進し、膳部をそなへ拝礼し、墓へ参り、年忌とぶらひ、怠らず祭るべし。先祖を麁末にする時は、我が子孫も繁昌せず、色々のわざはひ出来て、其身もつひにはあやふかるべし。死したる人は物いはず、いか様にしてもよしと思ふべからず。人にはたましひ二ツあり。魂魄の二ツ也。死する時は、魂のたましひは、消て散りうせるなり。魄のたましひは、其家にとゞまりて、いつまでもある也。その証拠は、世上に幽霊とて、死たる人の形のあらはれ出る事あり、又死霊怨霊などゝて、恨ある人にとりつき、なやまする事あるは、かの魄のたましひ此世にとゞまりて、そのたましひのなすわざ也。心がゝりも恨もなき人の魄は、人の目にも見えず、人をなやます事こそなけれ、其家にとゞまりてある事はうたがひなし。されば先祖を麁末にすれば、かの先祖の魄のたましひたゝりをなす故、さま〲のわざはひ絶ず、身も家も子孫もあやふくなる也。おそるべし、つゝしむべし。

家業の事

一、天下の人に四ツの品あり。士農工商、此四ツ也。是を四民と云也。士はさぶらひ也。農は田を作る百姓也。工は大工を始め、すべて細工人也。商はあきなひする町人也。各それ〲の家業あり。家業怠るべからず。士に文士あり、武士あり。文士は学文を家業とす。武士は武芸を家業とする也。武士の家に生れては、武芸に精を出すべし。*武士にて武芸を知らざるは、猫が鼠をとらぬに同じ。何の役にもたゝぬ也。刀わきざしをさしたる計が武士にはあらず。武芸ある故武士と云也。又武芸はさま〲覚たりとも、*武士の心を持たず、武士の身持をせざる者は、町人百姓の武芸を覚えたるも同じかるべし。武士の心と云は、前々いひたる五常の心也。武士の身持と云は、五倫の法を始め、此書に書たる趣は、皆武士の身持の事也。能々得心すべし。

衣食住の事

一、衣とは衣服の事也。衣服は見ぐるしきはだか身をかくすべき為の物也。わろき衣服にても、はだか身をさへかくせば事たる也。さればその身の分限、その身の位相応の衣服を著すべし。身分不相応に、結構なる衣服を著するはおごり也。

一、食とは食物也。食は命をつなぐ為の物也。あぢなき食にても*ひだるくなく、命さへつなげば事たる也。うまき物をこのみて、金銀をつひやし、のみくひを専にするは、たはけなる事なり。又養生の為にもならざる事也。奢也。

武士にて武芸を知らざるは…　「武芸」を「家業」の一つに数え、庶民の職業と同質のものとして把えるためにこのような結論が導き出されてくる。解説参照。

武士の心を持たず…　太平の世における武士の存在理由は「武芸」だけでは正当化できない。そのため武士は義、庶民は利というように、武士の道徳的価値をもち出すことは江戸時代にしばしば見られる。

ひだるくなく　ひもじくなく。

一、住とは住居の事也。家は雨風をふせぐ為の物也。せばく見ぐるしき家にても、雨風さへしのげば事たる也。されば其身の程々に付て、相応に家を作るべし。不相応に結構に作るはおごり也。

右衣食住の本意を知ておごるべからず。此三ツは、必おごりたがる物也。是にても事たると云事をわするべからず。

神仏の事

一、日本国中の人は、皆昔の神の御子孫なれば、神をあがめうやまひ貴むべし。なれなれしくちかづきて、神をけがすべからず。ちかづく神にばちあたると云事あり。心正直正路ならば、いのらずとも神は守り給ふべし。されば正直のかうべに神やどると云也。心正直ならず、五常五倫の法をとりうしなはゞ、いのればとても守り給ふべからず。却てばちあたるべし。

一、仏は天竺国の神也。日本の神にてはなけれども、昔よりあがめうやまひ来りたれば、世の習はしに随て貴むべし。仏は人の死たる後の世の事を守り給ふと云也。是も先此世にて心正直にして、五常五倫の法をとりうしなはず、人の人たる身持をせば、来世にては必仏になるべし。此世にて五常五倫の法にそむき、我まゝにて畜生同前の身持をせば、来世にては必畜生に生るべし。いか程後世をねがひ、仏に供養し、堂寺を建立するとも、悪心にて悪き身持をせば、地獄に落る事うたがひなし。

ちかづく神に…　「触らぬ神に崇りなし」と同じ意のことわざ。

仏は人の死たる後の世の事を…　近世日本人によくみられる分業思想の一つともみられ、興味深い。

酒色財奕の事

一、酒は気ちがひ水也。酒に酔ひみだれて気違になり、人の前にてはぢをかき、喧嘩口論し、人をあやめ自分も疵をかうむり、様々のわざはひをし出し、身をうしなひ家をほろぼす也。つゝしむべし。

一、色とは女にまよふ事也。女にまよへば、何事も女の心にさからはぬやうに機嫌をとり、女の心まかせになる故、智恵ある人もたはけ者になりて、心だても身持も、家の作法もみだりになり、わざはひを引出し、あやふき事なり。殊に遊女にたぶらかされ、金銀をつひやし、人の異見も聞入ず、後には身をうしなひ、家をほろぼすやうになる也。智恵ある人も女にはまよひやすし。つゝしむべし。

一、財とは金銀也。金銀の利徳を好みて、或はいろ〳〵のたくみをして、金銀をだましとり、或はまひなひを取て、無理なる事をし出し、或はとるまじき筋の金銀を取てはぢをかき、罪を得る事多し。あまりに金銀をむさぼり、ほしがる心強くなれば、人の物をもぬすみ、人をころしてもとる気になる也。つひには身をうしなひ、家をほろぼすやうになる也。つゝしむべし。

一、奕とはばくち也。何事にても金銀を賭物にし、勝負をしてなぐさむは、皆ばくち也。*かけ的、かけ碁、かけ将棊、かけ双六、*楊弓などの類、皆ばくちなり。ばくち事に勝てば又かちたく成り、まくれば重てかちたく成り、勝てもまけても、かちたい〳〵と思ふてやめる心つかず、つひには家も貧乏になり、身を失ひ家をほろぼす。謹むべし。

かけ的　賭的。金品を賭けて弓で的を射る遊び。

楊弓　長さ二尺八寸の小弓、またそれにより的を射る遊び。江戸時代に盛んであった。

右酒色財奕の四品は、武士たる者は、殊にかたくつゝしみいましむべし。わざはひの根本也。

苦楽の事

一、苦とは苦労なり。苦労と云物は、人と生れたる物にはつき物にて、のがるゝ事はなし。天子公方の御身にては、天下の御政道の事御苦労也。大名はそれ〴〵に我国々の仕置、惣家中の事に付て苦労あり。それより下つかたの小禄をとる者も、その家々の事に付て苦労あり。金銀多く持たる者は、金銀をふやしたく、へらぬ様にするに付て苦労あり。貧乏なる者は、金銀たらぬに付て苦労有り。高きもひくきも、父母妻子兄弟ある者は、父母妻子兄弟の事に付て苦労あり。人と生れて苦労のなき様にしたきと思ふは無理也。苦労するをば、一生のつとめと思ふべし。いやがりてもはなれぬはづの物なり。

一、楽と云はたのしみ也。およそ天地の間に生れ出る物の中、鳥獣虫けらもある中に、人に生るゝ事たのしみ也。女もある中に、男に生るゝ事楽み也。かたはもの、うつけ物もある中に、常の人に生るゝ事たのしみ也。わかじにする人も有中に、長生する事楽しみ也。きのふ死たる人もあるに、けふまで生ながらへたるは楽也。病身なる人もあるに、無病なるは楽み也。乱世に生れたる人もあるに、太平の御代に生れあひたるは楽み也。乞食もある中に、貧乏ながらも相応に渡世するはたのしみ也。賤き人もある中に、小禄なりとも給りて、人の上にたつはたのしみ也。此外たのしき事はいか程も有べし。然れども人は慾心ふかき物なる故、我勝手によき事をばたのしみとも思はず、たま〳〵勝手にわろき事あれば、くるしみなげく也。平日まのあたりたのしむべき事あるをば、たのしまずして、別にたのしみをもとむるは、おろかなる事也。くるしむもたのしむも、我心の持やうにある也。外より来る事はあらず。

慎独の事

一、*慎独と書て、ひとりをつゝしむとよむ也。ひとりをつゝしむと云は、人が見るによりてつゝしむ、人が聞によりてつゝしむといふわけへだてなく、人の見ぬ所にてもつゝしみ、人の聞かぬ所にてもつゝしむを云也。人の見聞くにかまはず、我一分のつゝしみ也。悪き事は、必あらはれやすき物也。悪事千里をはしるとて、遠方までも忽に知るゝ也。*天知る地*〔知〕るとて、知れずと云事なし。悪事をかくすとて、色々の偽をかまへて、いひかすめなどすれども、いつはりを云へばいふほど、つまり〳〵のあはぬ事をいひ出すゆゑ、いよ〳〵悪事のあらはるゝ種となる也。其身よりも立こえてかしこき人はいくらもありて、かくしおほへども、明らかに見てとり聞てさとる也。人はしるまい聞まいあらはれまい、あらはれたらば、如レ此いひぬけをして済すべしと思ふは、其身の智恵のたらぬ故、人をも我がやうなる物と見くびり、人をたはけにすると云物也。されどもかしこき人は幾人もある故、見とがめ聞とがめて、忽あらはるる也。さる間、かりにも人に聞せたくなき事、見せたくなき事、かくしたき事をばすべからず。つゝしむべし、いましむべし、おそるべし。又独と云字は、人が悪事をする共、其まねをせずして、我一人慎む心もあり。

慎独　大学章句、第六章「君子は必ず其の独りを慎しむなり」。中庸章句、第一章にも同文がある。

天知る…　資治通鑑、漢紀「天知る、地知る、我知る、子(し)知る」。

地知る　瞀本により補う。

省身の事

一、省身は身をかへり見るとよむ也。常に我がする事の善悪を、かんがへ見る事也。すべて人々我が悪き事には心づかずして、只一すぢに我はよし人は悪し、我は道理なり、人は無理也とばかり思ひて、我悪き事、我無理なる事をさがし求めず、我身をいましむる事なきはあるまじき事也。人の事をばさしおきて、我身をかへり見て、いましめつゝしむべし。如レ此すれば禍起らず。

改過の事

一、改過とはあやまちをあらたむる也。我悪き事をあらため直すを云也。人々我が悪き事を悪きとは知ながら、改る事なきは浅ましき事也。或は悪き事をにはかに改るを、はづかしき様に思ひて、改ざる事もあり。大なる心得違也。改ざるこそはづかしき事なれ。改るは人のほむる事なり。悪き事は早く改むべきなり。

*非理法権天の事

一、非と云は無理の事也。理と云は道理の事也。法と云は法式也。権と云は権威也。天と云は天道也。非は理に勝事ならず、理は法に勝つ事ならず、法は権に勝つ事ならず、権は天に勝つ事ならぬ也。此五つを能弁ふべし。

一、非は理に勝つ事ならずと云は、たとへば人の物をあづかり置て、其主に返さず、是は

非理法権天　楠正成の旗指物にこの五字を書していたという(西鶴織留巻六などにみえる)。解説参照。

前々より我持伝へたる物也といふは非也。其物の主はあづかり証文を持居る故、取り返すべしと云は理也。たがひに争やまず、奉行所へ訴へ出る時、証文持たる者の勝になる也。非は理に勝つ事ならぬ物也と云は、此類にて知るべし。

一、理は法に勝つ事ならずと云は、たとへば、人の子が父を悪口し打たゝきて、父が無理をいふ故、如レ此すると云は、父が無理にて子は道理也。然れども、父はいか程無理にても、子の身としては、父に対して悪口せず、手向ひすまじき事、天下の大法也。その子は大法を背くゆへ、罪におとさるゝ也。理は法に勝つ事ならぬ物と云は、此類にて知るべし。

一、法は権に勝つ事ならずと云は、たとへば主人の身持悪きを、家来の身として、意見もいはず、打捨て置くは、忠の道にあらざるゆゑ、意見をいふを、主人大に腹を立て、主人の権威を以て、其家来を手討にする時、其家来は主人へ手向ひはならぬ法なるゆゑ、身を動さずして手討になる也。法は権に勝事ならぬ物と云は、此類にて知るべし。

一、権は天に勝つ事ならぬと云は*、たとへば国王ほど御権威つよきはなく、何事も覚しめす*まゝにならずと云事なし。然れども明日何時に雨をふらせよ、何時に日を出せよと被ニ仰出一ても、仰の通りにはならず。御寿命は千年たもちたもふべしと仰出されても、仰の通りにはならず。権は天に勝つ事ならぬ物といふは、此類にて知るべし。

右の五ケ条を弁へざれば、物争の道理*に心得違ある也。

倹約の事

権は天に勝つ事ならぬと云は… 本項の「天」を規範的な意味にとれば一種の自然法思想の表現になるわけだが、貞丈は自然の意味に解している。これが彼の本音かどうかは明らかでない。解説参照。

覚しめす 瞥本「思召」。

物争の道理 瞥本「物事の道理」。「道理」と「理」とは同じ意味であるが、ここでの「道理」と「非理法権天」の「理」とは異なる次元のものであることはいうまでもない。このように「理」なり「道理」なりを同一人物が異なった意味に用いるのは、この場合に限らず、しばしば見られるから注意が必要である。

一、一生の間に、金銀米銭をつかはずしてはならぬ事也。其つかひ様に、倹約といふ事を知らざれば、無益の費ありて家貧になる也。倹約と云は無益の費をいましめて、一銭をもみだりに出さず、益ある事には千金をも出すべし。無益の費をいましむるは、益ある事につかふべきが為也。無益とは朝夕の食物に、種々のうまき物を好み、衣服も美きを好み、家作をも結構に作り、妻妾に驕らせ、好色遊興を専とし、其外奢の為に金銀をつかふを云。益ある事といふは、主人に奉公の入用、公儀向の物入を始として、父母兄弟妻子への手あて、家来へのあてがひ、義理仁義の音信贈答、家作の修復、其外不慮の物入等の類を云也。如レ此無益と益あるとの二つを分別して、能つめゆるしをするを倹約と云也。倹約といふ事をわろく心得れば、父母妻子家来迄の喉口をもしめ、義理仁義をも闕き、礼義作法もかまはず、みだりに物入をかなしみ、金銀をつかはずしてしめこみ、無益の事はいふに及ばず、益ある事にも曾てつかはず、妄に金銀を惜む人あり。是は倹約といふ物にはあらず、吝嗇といふ物にて、甚いやしき事也。いやしきのみならず、乱の基也。小を以ていはゞ、家内の者にくみ疏み、いさかひ絶ず。大を以ていはゞ、天下の万民恨み背く。乱の基とは此事也。又金銭を塵埃をはらひ捨る如く、妄につかひ捨て、人にほこる人あり。是は奢侈といふ物にて、是も亦乱の基也。金銀をしめこみてつかはぬも悪し、みだりにつかひ捨るも悪し。其中分を取て、つめゆるしを能程にするを、倹約と云也。

義理仁義の音信贈答 この「義理」は前の「主人の義理」「家来の義理」より更に通俗的で、「世間づきあい」とでもいうような意味に近い。
つめゆるし 詰め緩し。支出をひかえたり緩めたりすること。

堪忍(かんにん)の事

一、堪忍とは物事をこらへる事也。我心に我まゝをしたきをこらへとほすべき也。五常五倫の道も、堪忍の二字を不レ用しては、おこなふ事ならず。其外何事も堪忍の心なくては、善事はなす事かなはず、皆悪事をなす也。万事みな堪忍を本とすべし。主君の敵(かたき)父母の敵、此二つばかりは堪忍すべからず。いかにもして敵を討つべし。是もその敵をうちおふする迄の間(あいだ)は、堪忍を専にせざれば、うちおふする事ならぬ也。能々心得べし。堪忍は心を長くゆるやかにもたざれば、堪忍成りがたきものなり。

自暴自棄(じぼうじき)の事

一、自暴自棄と云は、いかやうのいましめを聞ても用る事なく、人の善事を見てもまなばんとも思はず、只わがまゝにして、我が悪き事を改(あらた)むべしといふ志もなく、善事は我ら如きの曾てならぬ事也と、かたづけおきて、われと我身をすて物にして、悪事をしとほして、少も善事にすゝむ心なき也。如レ此自暴自棄なる人は、人面獣心(にんめんじゅうしん)とて、顔は人のかほなれども、心は獣の心なり。志を起して悪き事を改るならば、などか善人にならざらんや。

以上

一、人の命はあすをもしらぬ物也。我が生年もはや四十七に成る故、子孫の為に此一冊を

敵をうちおふする迄の間は… 赤穂浪士を高く評価する貞丈らしい考え方。葉隠が浪士を「上方衆は智恵かしこ」く、「無分別」でないからと嫌うのと対照的である。

自暴自棄 孟子、離婁上「言、礼義を非(そし)る、これを自暴と謂ふなり。わが身仁に居り義に由る能はずとする、これを自棄と謂ふなり」。

書き置く也。此一冊に書たる趣は、皆我が心まかせに筆にまかせて、みだりにいひたき事を書たるにはあらず。皆むかしの人の申置たる事どもを、手短にかいつまんで、心得やすき様に書たる也。此一冊の趣は、子孫へ申置く遺言也。かろ〴〵敷聞べからず。つゝしみて此書の趣を守るべし。子孫をおもふは家を思ふ故也。家を思ふは先祖を思ふ故也。先祖を思ふは、その家をつぎたる者の本意也。物の本意といふ事を知らざるは、うつけ者ともたはけ者とも云也。此書にかきたる趣は、皆人の人たる本意を知らすべき為也。

*宝暦十三年癸未十一月廿日　伊勢平蔵貞丈

貞文家訓 終

右は安斎先生の子孫へ伝へたまふ書也。我も又今五拾九の齢に至るといへども、もとより文盲愚昧にして、教伝ふべき一言なし。故に自筆を以てこれを書写し与ふるのみ。永く子々孫々にも伝へ、此書の趣を守るべし。努々我が意を空しくして棄捐せしめ、いたづらに虫の巣となす事なかれ。且は我が遺言ともおもひて、夜々燈下にたよりて、深く慎しみたまふべき也。

*文政二卯年五月六日　*山本沢彭

長孝（花押）

宝暦十三年　一七六三年。この文に「我が生年もはや四十七に成る」とあり、四十七歳の年である。貞丈は天明四年(一七八四)に七十歳で死亡したというものもある(寛政重修諸家譜巻五〇二など)が、その場合は宝暦十三年には四十九歳であるはずなので、誤りであろう。なお底本では本行のあとに「今川壁書解　近刻」の一行があるが、いま略した。

文政二卯年　一八一九年。

山本沢彭　未詳。

明訓一斑抄

明訓一斑抄　上

足曳の大和だましひあらむものは、朝となく夕となく、*津の国のなにはおもはず、世のため国のため、よしあしをさたする道〔に、心〕をも用ひ身をもつとむべくなむ。抑此ふみ、始めは*吾嬬(あずま)の左のおほいまうち君にさゝげんとて書つれど、*世を遁れたる身には、今さらにやくなしと思ひなされ、はた*祖宗のたふとき御教訓のすぢを述んも、時にあはざらんには、中々に*かしこきわざと、ふつにおもひとゞまりぬ。されど是を*丙丁童子にあたへんも本意なければ、聊(いささか)言葉のてにをはをかへて、子孫に伝へしめすになむ。

*源朝臣斉昭(なりあき)　(花押)

津の国の　「難波」「なに(何)は」に懸る枕詞。古今和歌集、巻十四に「つのくにのなにはおもはず山しろのとはにあひみんことをのみこそ」。

吾嬬の左のおほいまうち君　「おほいまうち君」は大臣。当時(弘化二年(一八四五)頃)将軍家慶は左大臣に任ぜられていた。

世を遁れたる身　徳川斉昭は、天保十五年(一八四四)五月、幕府よりその藩政改革をとがめられ、致仕謹慎を命ぜられた。十一月には謹慎を解かれたが、嘉永二年(一八四九)三月までは藩政関与を許されなかった。

祖宗　徳川家康以下、代々の将軍をさす。

かしこき　畏き。おそれ多い。つつしむべき。

丙丁童子　十干の丙丁は五行の火に当る。丙丁童子は燈火を司る子供、また火事のこと。ここは火中に投じて焼きすてる意。

源朝臣斉昭　水戸藩主、徳川斉昭。水戸学の伝統の下に、藩政改革を進め、攘夷をとなえ、しばしば幕府に献策した。寛政十二年(一八〇〇)—万延元年(一八六〇)。

目録

明訓一斑抄*

仁心を本とすべき事

*東照宮、*雅楽頭・*大炊頭・*伯耆守三人を被二召寄一、「汝等三人え、*竹千代をたのみ可レ申と、*秀忠被レ申たるが、未二申渡一哉。秀忠同前に我もたのむぞ」との上意なりければ、右三人衆謹て、「未為レ何被二仰渡一も無二御座一候」と申上らるゝ時、上意に、「昨日のことなれば、定て日がらを撰び申さるゝにて有べきぞ。秀忠の内意は、雅楽頭を後見に備へ可レ申と被レ申ぞ。仁を以てそだてよ。大炊は智を以て諫よ。伯耆は勇を以て守立よ。汝等三人一口和同して諫言せよ。汝等、竹千代と我*風儀と、ひとしく守立べきとおもふべからず。兼ていふごとく、慈悲を万の根元として、風儀はすきふずきが有ぞ。此意をたとへていふに、我は*寅の年にて金性也。秀忠は*卯のとしにて土性也。竹千代は*辰のとしにて火性也。人の生れつきもおふかた此こゝろぞ。我性なるとて、秀忠を金にせんとおもふてもならざるぞ。此心にて人の風儀は俄になほりがたき物ぞ。其生れ付にしたがひて善政を行はせよ。第一の肝要は、武道の怠らざる事ぞ。されば人の身命は、生死をはかるに脈を取て、手首一寸の内にてしるごとく、武家にて武道怠るは、身命の*死脈としれ」と被レ仰ける云々。

同上意に、兎*角常々側にて召仕候傅の者、第一孝行と天命と下へ慈悲を掛け、武家の事、幼年より申聞候へば、自然と身持能なるものぞ。*君臣と申事は定り事に候へども、君たる

明訓一斑抄　底本「明訓一班抄」。明訓は立派な教の意。国語、晋語に「君、君たり、臣、臣たり、これを明訓と謂ふ」とある。

東照宮　徳川家康。なお、この逸話は、東照宮御遺訓附録などにみえる。

雅楽頭　酒井忠世。秀忠・家光に老中・大老として仕えた。上野前橋城主。元亀三年(一五七二)―寛永十三年(一六三六)。

大炊頭　土井利勝。秀忠・家光に用いられた。老中・大老。佐倉、のち古河城主。天正元年(一五七三)―正保元年(一六四四)。

伯耆守　青山忠俊。家光を輔翼、老中となったが、きびしく諫言したため疎じられた。武蔵岩槻城主など。天正六年(一五七八)―寛永二十年(一六四三)。

竹千代　三代将軍徳川家光の幼名。元和九年(一六二三)将軍となる。慶長九年(一六〇四)―慶安四年(一六五一)。

秀忠　二代将軍。天正七年(一五七九)―寛永九年(一六三二)。

風儀　ならわし。行儀。作法。

寅の年にて…　家康は天文十一年(一五四二)壬寅の生れである。五行説では、寅は木に当るとされるので、金性也という根拠は未詳。

卯のとし　秀忠の生れた天正七年は己卯の年である。

辰のとし　家光の生れた慶長九年は甲辰の年である。

死脈　死期の近いことを示す脈搏。

ものは臣君と心得申事専一のよし云々。兎角上よりは、何事によらず慈悲をかけ、贔屓偏頗なく、賞罰を正しく、臣をば君の本と心得候へばよろしく候。臣有(あり)ての大名なれば、召仕者なくては、大名の詮はなく候云々。

同上意に、*幼少の節、万事おほやうに、軽きもの丶ものいひまねぬよふに心得候事、夫も余りおほやう過ては却て下の情に委しからず、慈悲の心薄くなり申候云々。

同上意に、*子供を育てやうは、武士は武士を付たるが能ぞ。*上杉憲政(のりまさ)の子*竜若(たつわか)が事を、さだめて聞およびたらんぞ。如レ此の覚悟、以の外悪敷ぞ。子を育つるには、忘れても柔弱に馴れ、又血気の〔小〕勇を好ざる様にすべし。人の基は慈悲なり。慈悲あるものは当分あしく有ても、心なほるものぞ。無慈悲なる者は、人に成ることなし。*秀次(ひでつぐ)などのよふに無慈悲にしては、ひとに成がたきぞ云々。

同上意に、*凡慈悲は草木の根ぞ。人の和は花実ぞ。根をよく養へば、花も実も年々出来る。爰(ここ)を考て只根を〔つ〕よくせよ。根をつよくするは、古法を守り奢なく、慈悲を万の根元とさだむるに有(あり)。

同上意に、*汝等慈悲ふかく常々善を思ふべし。但爰(ここ)に心得あり。何程自分に善成(なり)と思ふとも、天下の諸人悪なりといふは、将軍目がね外(はず)れたるにてあるぞ云々。

同上意に、*人に大根あり。先(まず)慈悲を万の根元に定め、若(もし)無慈悲なること、偽がましきこと、少しにてもあらば、随分諫言せよ云々。

同上意に、*我領分は勿論、其外天下一統せし以後*公料と成(なり)し民百姓とても、我子孫万代を願ふよし聞へあり。是は三河以来の旧制にて、*年貢取箇(とりか)の法、諸家よりは少分に取候へ

兎角常々… 家康公文のうつし(松のさかへ巻一所収、神君御文とも)にみえる。

君臣と申事は… 解説参照。「臣君と」は松のさかへには「臣を君と」。

幼少の節… 家康公文のうつしにみえる。この段は教本にはなし。

子供を育てやうは… 東照宮御遺訓にみえる。

上杉憲政 関東管領であったが、北条氏康に圧迫され、越後の長尾景虎(上杉謙信)を頼り、上杉姓と管領職を譲った。大永三年(一五二三)―天正三年(一五七五)。

竜若 竜若丸。永禄三年(一五六〇)憲政が越後に没落したとき、竜若の乳母一族のため、北条氏に引渡され、北条氏康に殺された。

秀次 豊臣秀吉の甥で、養子となった。理由なく人を殺すなど粗暴の振舞が多く殺生関白と仇名された。のち追放され、自殺を命じられた。永禄十一年(一五六八)―文禄四年(一五九五)。

凡慈悲は… 東照宮御遺訓にみえる。

汝等慈悲ふかく… 同右。

人に大根あり… 同右。

我領分は… 明良洪範続篇巻十一にみえる。

公料 公領。天領のこと。

年貢取箇 生産高に対する年貢の割合。取箇は取り分、年貢の意。

と申付る故也。此法を子孫迄第一に守るべき事なれども、太平打続(うちつづき)、上奢(おごり)下へつらひ、国用乏敷(とぼしき)風に至(いたり)、*勘定奉行などいふもの、*代官を*せたげ、取箇少き時は、不平の顔色を以、不勤(ふつとめ)など*いはん、代官共も、当時の*成合(なりあい)よき様に、跡の事には不レ構、法外に年貢取箇を増〔し〕、百姓を困窮させ、上をうとませ候よふ致すべし。左様の不了簡成(なる)勘定奉行を、御為抔と言立、*年寄ども始(はじめ)側近く勤る者ども、立身を取持、加増(かぞう)をも遣す様に成たらば、国家の衰微と知るべし。我百年の後にも、天下兵革起らざらん事はあるべからず。只百姓の心はなれ、上の冥加気運も薄くならむ事、なげか〔は〕しき事也。かよふの事、*中主より以下は、執政のもの丶志次第也。*水能(よく)ふねを浮べ、水よく舟をくつがへす。たゞ此事を能々心得られよと、秀忠公へ毎度御教訓也。

斉昭謹で按(あんずる)に、慈悲は仏語より出たる事にて、*経語にていはゞ、惻隠又恵の字抔あたるべし。恵は仁の一端なれども、平均に成やう有べし。たとへば、自分見聞する処をのみ恵むは悪し。将軍家は天下の人を恵み、国主領主は領民を一体に恵むよふあるべきことなり。一体に恵(めぐむ)時は則仁也。人のよろこぶ処によりて恵む時は、鼻先の事のみにて一体にあらず。恵みて却て害とも成る事なり。又恵みを受る人も、自分は聊の恵みにても、天下におよびぬるを以て、御仁政と仰ぎ奉るべき事也。抑東照宮にては、慈悲々々とのたまふは、通俗にさとしやすきために、仏語を用ひ給ふといへども、其御言葉を味ふるに、慈悲は即仁徳なり。御言行ともに仁を本としたまふゆへ、天下の人民帰服して従へり。*台徳公・*大猷公、皆質素倹約を施したまひ、文武を御励し御言行ともに仁を以て本と被レ遊し故、今の御世迄も、明君とは称し奉るなり。将軍家・*右大将公は勿論、凡(およそ)民の

勘定奉行　幕府の財政、幕府領の租税徴収・訴訟を担当した要職。家康の頃には勘定頭とよばれていた。
代官　幕府領を支配する職。勘定奉行の下に属し、年貢徴収・検察などにあたった。
せたげ　虐ぐ。しいたげる。いじめる。せきたてる。
いはん　明良洪範「云はんに」。
成合　都合。
年寄　老中、またはそれにあたる重臣。
中主　中士か。
水能ふねを…　荀子、王制に「…庶人の政に安んじて然る後、君子も位に安んず。伝に、君なる者は舟なり、庶人なる者は水なり。水は則ち舟を載せ、水は則ち舟を覆へす、と曰へるは、此を謂ふなり」。
経語　経書にみえる語。儒学の用語。
台徳公　徳川秀忠。院号による。
大猷公　徳川家光。
右大将公　将軍家慶の子、家祥、のちの十三代将軍家定。天保八年(一八三七)より右大将であった。嘉永六年(一八五三)将軍となる。

父母たるものは、三代将軍・有徳*公の御言行を慕ひ奉り、仁徳を本とし、文武を励し、質素を守り、明将明君と仰がるゝ様ありたき事なり。三代将軍・有徳公のごとく、仁徳を本とし、賢能の士を挙、質素倹約、文武を励し給ふ時は、永世迄も明君と称奉り、又*宝永御代のごとく、姦吏・奸僧・婦女子の言語を信じたまへば、永世宝永の政をそしり奉る。恐れざるべけんや。戒ざるべけむや。道二ツ、仁と不仁とのみ。仁を行ざれば、必不仁に陥るべし。本文、上意等、熟読翫味せずんば有べからず。

奢侈を禁ずべき事

東照宮上意に、*奢心なく物事倹約を用ひ、恒に其程を能(よく)しるを、政道正しきと云(いう)なれば、下々は過分に知行其外たまはるもの、其程に施しあたふれば、奢る者に引当て、吝嗇の取沙汰い*たし候。古より*賢君賢臣の過分に給り物、万事花麗(かれい)の行はなく、身を慎み倹約を用ひし事に候。

同上意に、*人にも身にも去るべき物は奢ぞ云々。

同上意に、*武道不案内なる家は、諸士の風俗柔弱非義に成て、武勇なければ、一戦に打負る時は、罪なき嬰児迄も、一時に亡びぬるは古今ためし多し。武家に生れて武道に愚なるは、鼠とらぬ猫のごとし。公家と武家との替りは、譬ば金(かね)ならば、公家は金銀の如く、武家は鉄に同じ。しかるに人民金銀を好みて、鉄の大宝なる事をしらず。鉄は宝器の本成(な)り。五穀を作り竹木を伐(きる)にも、朝夕の食を調へ、尤天下国家の乱を払ひ、太平をいたすこと、鉄の用多し。誠に大宝の長たるもの也。爰を見付ず、只金銀のみ好みぬれば、災の媒

有徳公　有徳院公すなわち八代将軍徳川吉宗。

宝永御代　五代将軍綱吉の治政期。宝永は元年(一七〇四)—八年(一七一一)。「姦吏・奸僧・婦女子」は、荻原重秀、護持院隆光・護国寺快意、桂昌院らをさすか。

奢心なく…　家康公文のうつしにみえる。

いたし候　底本「いたす」。

賢君賢臣　家康公文のうつし「明君賢主」、神君御文(内本)「賢君賢王」。

人にも身にも…　東照宮御遺訓にみえる。

武道不案内なる…　同右。

となるぞ。武家武に怠り、公家風になれば、刀脇差*代替に、金銀を巾著に入れ、丸腰にて往来して、命を失ふに同じ。只各*家職を〔よく〕勤る者を挙て、奢をたち、慈悲を万の本として、天下を治めたまへと申べし。

同上意に、*関白秀次、*木村〔が〕、大坂の城より水指(みずさし)のふたを取参り候よし申に付て、是を賞翫して、秀吉の大恩を忘れ、忽亡びられたり。必武道不案内成(なる)者は、*其分別にして先をしらず、物も俄に行当り臆病也。臆病成者は、がさつにて奢り強く、奢強きものは依怙贔屓あり。如レ此者は一門家臣を始め、大身成るものほどたのみにならず云々。

同上意に、*忠臣は大小、上下、近習外様、古参新参に寄(よら)ざるものぞ。只人の心に有ぞ。然る時は、汝等は諸人に心安くあてがひ、其者の埋れざる様にして、忠臣を尽させよ。汝等*高上(こうじょう)にして、諸人地にほり入(いる)様に成る時は、譬ば、上位は天にのぼり、下位は地に入にひとし。此時君臣の間遠ざかり、縁きれて、家滅亡するぞ。総じて主人家老の前にて、少々は無礼に見ゆる程なる者が、多分陰ほど上を大事に思ふ物ぞ。家老*出頭なりとて、跡先の考なしに、諸人に慮外をする時は、諸人、非なき主を恨むるものぞ。此考なく、*はいまうするを満足し、主をかさに着て奢る者は、うつけの頂上也。若(もし)是に小邪を含むものあらば、かの*弥四郎、*秦の趙高が類也。又*人に慮外を仕掛られて、何とも思はぬものは、何の役にも立ぬ者ぞ。能々心得べし。*侍が時運によりてこそ、主となり家老出頭となり、諸侍と成るに、当分おのれ時に逢たりとても、諸人に慮外をし侈(おご)り強きものは、うつけもの成(なる)によりて、天下の事はいふに及ばず、国主、郡主、家中とも、奢者は災に成る故嫌ふなり。此故に*下野が家頼(けらい)*小笠原監物を松島え流せしぞ。監物は一廉(ひとかど)下野が用にも立べき者なれど

代替　南本「の替に」、御遺訓「を代かへ」。

家職　解説参照。

関白秀次…　東照宮御遺訓にみえる。

木村　木村常陸介。秀次の家臣。文禄四年(一五九五)、死を命じられた。常陸介が城に忍び入って秀吉秘蔵の水指のふたを取って帰った話が元禎筆記巻二・明良洪範続篇巻十五などにみえる。

其分別　御遺訓「無分別」。

忠臣は…　東照宮御遺訓にみえる。ただし御遺訓では「忠臣」は「忠信」、次行も同じ。

高上　位の高いこと。またたかぶること。

出頭　出頭人。重臣。

はいまうする　敗亡する。うろたえること。

弥四郎　大賀弥四郎。家康の家臣。三河国の渥美郡二十余郷の代官をつとめ、権勢をふるっていたが、天正三年(一五七五)、武田勝頼と通じて謀反をはかったとして極刑に処されたことが、三河物語などにみえる。

秦の趙高　中国の秦の時代の佞臣。始皇帝の死後、権力をふるった。前二〇七年没。平家物語冒頭にも権臣滅亡の例として引いている。

人に慮外を仕掛られて…　武田信玄が喧嘩両成敗法を採用した時、配下の者がこれと同じ理由で反対した。近世武士にはこのような考え方と

も、侈り有しゆへ、以来旗本諸大名家中迄も、奢りある者は如レ斯するぞと、近くは見る者、遠くは聞〔きか〕せ、奢をたつべきため如レ此ぞ。秀吉も木村常陸をはやく成敗し給はゞ、秀次の悪も、是ほど迄には有まじきぞ。惣じて万事を細（こまか）に聞て心底に納め、能々吟味して、其成敗を成（な）すべし。物事短慮にすることなかれ。天下国々島々迄、兼て能聞て、其善悪を正すべし。重々言聞すがごとく、跡先の考へなく、奢強き者あらば、是を取ひしぐべし。是天下を治る第一の法なり。

同上意に、*武道不案内の者は、諸士の嗜（たしなみ）と奢とを取ちがへるものぞ。嗜といふは、*近藤などが如く、似合ざる事いたし、朝夕のいとなみかすかに、身の苦しみ大形ならずして、*身体より過分に人馬を持、尤武具馬具きらびやかにし、恒に家職を忘れず、是非を能（よく）正し、誰が前にても、理は理、非は非と云者也。*是等を奢といふは不案内なり。是を侍の本意嗜と云ぞ。奢といふは、家職を失ひ、武家は公家を学び、出家・町人、武家を学び、我家職を非に見る者を侈者（おごり）といふぞ。天子の御務には、正月朔日朝拝より、月並の御祭ごとあり。*是天子の御家職也。関白は天下を預り、政道正敷、人民憂なく治るを職とす。是文道也。将軍は天下の悪逆を討て、有道を助るを職とす。是武道也。是上代の法ぞ。しかるに中頃より、君臣奢強くして政を取失ひ、人民安からず〔云々〕。

同上意に、*天下の大宝といふは、日本に能大将ある時は、たとひ異国より日本を攻るとも、武勇をふるひ、たやすく退治するが天下の大宝也。已に日本より異国を責つれば、又異国より日本を責まじきと思ふは愚なり。又家の大宝は、諸侍武道を忘れず、節義正敷、忠信深くして、追従軽薄の風俗なきは、国家の栄へ行べき前表にて、家の大宝也。又、汝

「ならぬ勘忍するが勘忍」式の考え方とが並存しており、支配者側はどちらかというと後者を配下の武士に要求する。その点この「上意」は珍しい類に属する。秀吉とちがって、家康は軍令以外に喧嘩両成敗法を採用しなかったことを考え合わせると興味深い。もちろんこの「上意」の典拠が「偽書」であることを無視できないが、それにしてもこの点に関する限り何程かの真正性を感じる。

侍が時運によりてこそ… このような考え方は戦国の余燼さめやらぬ時期には見られるが、やがて社会の「伝統化」と共に稀になる。

下野 松平忠吉のこと。家康の四男。下野守、また薩摩守を称す。武蔵忍城主、十二万石。のち尾張清洲城主、六十二万石。天正十三年（一五八五）—慶長十二年（一六〇七）。

小笠原監物 松平忠吉の家老小笠原和泉守吉次の子、忠重。忠吉の寵をうけていたが、怒りにふれ、奥州松島に蟄居していた。忠吉の死を聞き、増上寺の墓前で殉死した。

武道不案内の者は… 東照宮御遺訓にみえる。

近藤 東照宮御遺訓・三河物語・岩淵夜話別集などにみえる、農民の中に混って田植をしていた家臣。御遺訓に「箇様なる不レ似合レ事までかせぎ、尤朝夕の衣食などはかすかにして、武具下人等身体に勝れ、武勇に

が心得には、埋れ居たる身をケ様に取立し上は、其報恩に、只自分の侈りを絶つべきと思へ。返す〲邪なき様に慎しめ。一言をも能々考へていへ。*汝が一言の善悪は、将軍の善悪ぞ。我見捨ざる者に奢もの有（あり）、我色々異見下知すれども聞ず、此上は多分無レ力、自分滅すべきと思ふぞ。不便なる事也。汝必ず侈る心少しにてもあらば、大不忠と心得、身を引下り、諸人に親敷して忠信を尽せ云々。扨又*大賀如き侈る者をば早々亡すべし云々。

*東照宮、参河におゐて、毎歳夏中御麦飯たり。御近侍〔の〕人、ひそかに白米の御飯を御〔椀の〕底に入、上に麦飯少計（ばかり）をおほふて出しければ、御覧有て、「汝等我心をさとらず。我を以てをしむと思へるか。今戦国の時にて、兵仗動かぬ歳なし。士卒煩擾にして寝食を安んぜず。我独なんぞ飽食にしのびんや。且〔我〕一身の奉養を倹約〔に〕して、軍用に給せんとす。百姓を労して、自分ゆたかなる事をせず」と仰られければ、聞もの皆悦服せり。

*薩摩守忠吉（ただよし）十五歳初陣の時、*純子（どんす）の如く*浮紋（うきもん）ある*唐織（からおり）へ、背に一尺四寸程金糸（きんし）にて円を縫、内に同糸にて孔雀を縫たり。東照宮其奢を戒め給ふにより、家老*小笠原和泉守、自分の陣羽織、*高宮布（たかみやぬの）にて作りしを忠吉へきせ参らせ、孔雀の陣羽織は和泉守に給はり、*今小笠原三郎左衛門稠于（しげゆき）が家に有り云々。

*東照宮、駿府に御在城の節、夕御膳の御給仕に、御小性罷出候処、其者著候袴を御覧被レ遊、「夫は何〔と申物〕ぞ」と御尋遊され候へば、彼者*茶宇（ちゃう）と申物のよし申上候へば、「おのれにくきやつかな。天下久敷乱におよび、漸此頃少し静に成、万民も安き様に見えし処、吾等も不レ知ほどの衣類を著したる事、天下の奢をはじめ、乱のはしを発（おこ）す不届者也。御前を退き候へ」と、以の外御機嫌損じ、夕御膳を不レ被二召上一〔候〕故、御近臣どもは種々に御

おゐて度々の誉あり」とある。

身体　身代。

是等を奢といふは…　戦国武士的な人間像を称揚している点で、前の「慮外を仕掛られ…」と共通している。近世大名の多くが「分相応」の武備を要求するのと異なる。

天子の御家職　「家職」については解説参照。ただ「家職」という言葉を「天子」にまで適用する例はあまりないことに注意。

天下の大宝…　東照宮御遺訓にみえる。

汝が一言の善悪…　ここの「汝」は御遺訓の冒頭・奥書にあるように、秀忠の使者として駿府の家康のところに赴き、遺訓を聞いた井上主計頭正就(のち老中、寛永五年(一六二八)、刺殺される)をさす。御遺訓では下の「将軍の善悪」が「秀忠の善悪」となっている。

大賀　前出、大賀弥四郎のこと。

東照宮、参河に…　正徳六年刊の武将感状記(近代正説砕玉話)巻六にみえる。

薩摩守忠吉　前出、松平忠吉。この話、出典未詳。

純子　緞子。紋織物の一種。繻子の絹織物で、地厚く光沢がある。

浮紋　浮文。紋様を浮織にした綾絹。

唐織　中国風の、花鳥を浮織にした絹織物。

機嫌を取、漸夜に入、御膳をすゝめ申たるとぞ。

*御遺戒(ゆいかい)に、大小名は不レ及レ申、平日奢停止、分限相応は勿論、直参陪臣に至(いたり)、*高知(こうち)の面々迄も、知行の内一分は軍役、一分は領分救米(すくいまい)除き置、恒々倹約を不レ怠、所帯続べき事。国郡在々常々分限を見定可レ置。凶年飢饉の節、救民の施行見遁すべからざる事。直参たりと云とも、百石以下の士、著用絹衣不レ可レ用。公私〔両用〕木綿にて可ニ相済一事。

*東照宮、御鷹野に被レ為レ成候刻、御泊掛と申は格別にて、御日帰の御鷹野の節、御弁当被ニ仰出一は稀の事にて、大方は御*焼食(やきめし)を御持せ遊され、野にても山にても、二度三度も召上られ、其儘にて御帰被レ遊候。或時鶴鷹に被レ為レ成候処にて、昼より前、殊の外なる御物数故御悦遊され、御鷹犬どもを曳可レ参旨被ニ仰付一、御自身焼飯を御出し被レ遊、不レ残犬どもに御喰せ被レ遊、其後も御鷹御つかひ被レ遊、何ぞ可レ被ニ召上一との仰にて候へども、御弁当の焼飯は犬どもに御喰せ被レ遊、残り不レ申候に付、御小性衆其段申上候へば、「百姓どもの家に芋のなき事は有まじき」との仰にて候へども、「時分柄にて里芋無ニ御座一」と被ニ申上一候へば、「山の芋にてもくれよ」と被レ仰候に付、*つく芋を掘出し、水煮にしてさし上候へば、「是々」との御意にて、塩を御付被レ遊被ニ召上一候て、御帰遊され候也。

*東照宮、大坂夏の御陣に、御台所用意被ニ仰付一候処、「膳米五斗、*干鯛(ひだい)一枚、味噌、鰹節少々にて事足べし。味噌も多くは持すな」と上意有し。ケ様になければ、武備は曾て以てはかりがたき事なるべし。

　東照宮御代の儀は不レ及レ申、台徳公御代の頃迄は、世ともに万事手軽の儀〔ぎ〕どもに有レ之。秀忠様御代*松平新太郎殿江戸へ下り、初て御目見被ニ申上一候節、御勝手にて御料理を被レ下

小笠原和泉守　松平忠吉の家老、名は吉次。忠吉の死後、下総佐倉、のち常陸笠間城主、慶長十四年(一六〇九)除封。
高宮布　現在の滋賀県彦根市高宮町で産した綿布。
小笠原三郎左衛門稠于　未詳。
東照宮、駿府に…　一二六頁参照。
茶宇　茶宇縞の略。インドのチャウル地方産で舶載の絹布。薄くて軽い。
御遺戒に…　出典未詳。
高知　知行の多いこと。高禄。
東照宮、御鷹野に…　霊巌夜話にみえる。徳川実紀に引く寛元聞書にも同じ話がみえる。
焼食　焼飯。握り飯を焼きこがしたもの。
つく芋　つくねいも。長芋の一種。ここは山の芋と同意か。
大坂夏の御陣　慶長二十年(一六一五)四月より五月にかけて行なわれた戦い。徳川氏が豊臣氏を亡した。この話の出典未詳。ただし、駿河土産、四に同工異曲の話が載っている。
干鯛　薄塩をかけて干した鯛。
松平新太郎　池田光政。慶長十六年(一六一一)、三歳のとき、秀忠に初めて謁した。のち岡山城主となる。三十一万五千石。慶長十四年(一六〇九)―天和二年(一六八二)。この話は駿河土産、三・明良洪範巻十四にみえる。

候時、一座の衆十三人有り。上座は*織田常真(じょうしん)、其次の座大炊頭(おおいのかみ)指図にて新太郎著座被レ致候となり。其節の御料理、蕪汁、おろし大根のなます、あらめの煮物、干魚の焼物にて有レ之候と也云々。

東照宮、駿河にて御不例の節、*板倉内膳正(ないぜんのしょう)え御身後の儀被ニ仰置一候は、「我等廟所を、将軍より申付られ候においては、始祖の廟なればとの儀を以、作事等結構に可ニ申付一候へ共、夫は無用の事に候。我等子孫に至(いたり)、代々ともに始祖の廟に増らぬ様にと勘弁あるためにも有レ之間、その心得を以、軽(かろ)き宮殿に被ニ致置一候様に」との御意に付、御他界後、江戸にて内膳正其段将軍様え被ニ申上一候処に、「御尤の仰に候へども、余り軽(かろ)き宮殿とあるは如何なれば、大体結構なる御宮居と相見へ候如く、御普請懸りのものえ申談候様に」と被ニ仰出一、最前の御宮出来候也。其後*寛永三年御父子様〔共〕御上洛の御留主に、*御台様(みだいさま)御煩被レ為レ付候段、京都え相聞候に付、*駿河大納言様御看病のため、御暇にて御下向の所に、九月十五日薨去被レ遊候に付、増上寺におゐて、御法事等の儀も、駿河殿御指図被レ成候内、御父子様ともに還御被レ遊候。御廟所御霊屋等御造営の儀与(とも)に、駿河殿の御掛りと罷成候に付、思召儘の結構に御普請出来候と也〈駿河殿は御台様の御愛子ゆへか〉。同九年正月廿四日、台徳院殿御他界の節、御霊屋御造建の儀、*崇源院様御霊屋より見増(みまさり)候様仕立可レ申旨、上意に付、只今のごとく成(なる)御仏殿出来候と也。此御仏殿と見合候へば、*日光山に御立被レ遊候東照宮の御社は、殊の外手浅(てあさく)相見候に付、惣奉行の儀は、*秋元但馬守え被ニ仰付一候刻、御宮御修復に付ては、御入用御厭無レ之間、随分手をこめ、台徳院様御霊屋に見増候様にと被ニ仰出一置候に付、右御修復の御入用七拾万両余の由。右の次第に有レ之候へば、御代々御魂舎の荘

織田常真　織田信雄。信長の次男。秀吉と対立し、家康と共に小牧長久手に戦い、和睦後、再び対立、除封、入道して常真と号した。関ケ原戦後は家康につき、大和宇陀郡などに五万石を与えられた。永禄元年(一五五八)―寛永七年(一六三〇)。

板倉内膳正　重昌。勝重の三男。家康に仕えて、近習となり、のち秀忠に仕える。三河深溝城主、一万五千石。島原の乱に鎮圧軍の指揮官となり、戦死。天正十六年(一五八八)―寛永十五年(一六三八)。なおこの話は駿河土産、五にみえる。

寛永三年　一六二六年。この年六月に秀忠、八月に家光が上京し、十月まで滞在した。

御台様　御台所様。将軍などの妻。ここは前将軍秀忠の妻。浅井長政の女、淀君の妹。家光・忠長の母。天正元年(一五七三)―寛永三年(一六二六)。徳川実紀、寛永三年九月十一日条に「此日関東より大御台御病危急のよしをつげ奉る。…駿河大納言忠長卿は即日出京」とある。

駿河大納言　徳川忠長。秀忠の三男、家光の弟。駿府城に住し、五十五万石を領す。のち家光にうとまれ、自刃。慶長十一年(一六〇六)―寛永十年(一六三三)。

崇源院　秀忠夫人の法号。

日光山　家康死去の翌元和三年(一六一七)、駿河久能山より改葬され、

厳は、其始駿河大納言殿の物数寄より始りたるよし也（*伊勢大神は、宮作り美麗ならねども、日本国中、神徳を仰ぎ奉るにて思ふべし。駿河殿のあやまり也）。

*元和二年三月十七日、京都より臨時の為ニ勅使一*広橋大納言兼勝卿、*三条大納言実条卿参向の子細は、*前将軍大政大臣の極官可レ被レ任との宣旨を相述、大御所御対座有しが、御辞退の御心入と相見、拝伏の御式台厳重にして御請被レ聞。最当日は至而御機嫌相勝れ不レ給故かと各察しける。参府の大小名惣出仕有り。極官拝賀の御祝儀如何と、*本多上野介相伺といへども、侯伯への御対顔もなし。勅使退座後御寝所え被レ為レ入、御沙汰仰出されず、只「御饗応疎略ならざる様に」と御下知ある計故、上野介罷出、「誠に御当家の御名誉是に過ず」と祝ひ奉りける。公御息を継せたまひ、「無ニ勿体一此度蒙ニ勅使一しが、冥加のほど恐憚あり。抑武家大政大臣の拝賀は、*北山鹿園院義満計、大臣として拝任有レ之事は、平清盛前証を出しての事と聞およぶ。是義満の疎略なり。清盛*相国たるは、後白河院の御落胤に紛れなき故也。官に文武の差ひ是有り。文官は相国を限とし、武官は近衛左右の大将〔を〕先途とせり。太閤秀吉愚昧にして我儘に募り、押て関白の職に補せられし事、前代未聞なり。武家に*三公九卿の拝任あること、皇統の御威光是より衰微するにあらずや。家康江府の将任さへ憚あれども、叡慮黙止がたく、其上いまさら大相国の宣旨、病中といひ御請すべき様なし。草創の前年より奢を自制し、質素を旨とする也。勿体なし〳〵」との上意を伺て、上野介方より思召をひそかに申伝しかば、諸大名感じ奉て、拝賀の献上等も相止、思ひ〳〵に退出しけり。希代の御謙退、是皆御子孫〔御〕長久、且又侯伯の輩に、驕奢を御戒めなさるべき思召しとは相知れり。

家光のとき、寛永十一年より十三年（一六三四—三六）、社殿を造替し、今日のような規模になった。

秋元但馬守　泰朝。甲斐谷村城主、一万八千石。寛永の日光東照宮修造の奉行をつとめた。天正八年（一五八〇）—寛永十九年（一六四二）。

伊勢大神は…　この注、教本などにはみえない。

元和二年　一六一六年。この年三月十七日に、家康を太政大臣に任命する旨の朝廷の意向を家康が承諾、二十七日に、駿府でその儀式が行なわれた。諸大名が駿府城に出仕したのは翌二十八日で、二十九日には、勅使を饗応し、諸大名の拝賀をうけたという（徳川実紀）。

広橋大納言兼勝卿　永禄元年（一五五八）—元和八年（一六二二）。

三条大納言実条卿　三条西家の人。歌人。天正三年（一五七五）—寛永十七年（一六四〇）。

前将軍　徳川家康。下の「大御所」も家康をさす。なお家康はこの年正月二十一日に発病して以来、病床にあり、四月十七日に死去した。

本多上野介　正純（まさずみ）。正信の長男。下野小山城主、三万三千石。のち下野宇都宮城主、十五万五千石。家康に近侍し、権勢があったが、のち元和八年（一六二二）失脚、配流された。永禄八年（一五六五）—寛永十四年（一六三七）。

北山鹿園院義満　室町幕府三代将軍、

*有徳公御代御倹約に付、諸大夫の御役人、平生は*白小袖著用におよばず、*縞(しま)小袖に上下(かみしも)著用の儀御用捨被二仰出一。是に依て白小袖を著用すべき格の人も、色替り襟袖口などを著し、上著縞小袖にて上下紋付におよばず、*戻子(もじ)裏付(うらつけ)肩衣、*次上下(つぎがみしも)にして平日著せしかば、不勝手の人には、大に助となりしと也。其後三ケ年の間、厳敷倹約被二仰出一候故、諸士倹約を用ひ、木綿の羽織は著せし〔云々〕。

*常憲公〈仏法を信じたまひ、且*護持院の僧を愛したまふ〉、*文昭公〈学者*新井筑後守を信用したまふ〉御両代花美(かび)をこのみたまふ処、有徳公御代、其害をしろしめされなげかせたまひ、只今にも非常の変あらば、何を以て〔か〕万民を救(すく)はせ給ふべきと、色々御工夫被レ遊、万事奢侈を止させたまひ、御倹約を専一と遊されしゆへ、御先代の風儀と急に違ひしゆへ、万民行儀正敷御風儀を窮屈とおもふよりして、御倹約の御政事をあしざまに取沙汰し、公をそしる人(ひと)多かりき。其事を聞召して、上意に、我世の中の事をおもへばこそ、千辛万苦する処に、却て民のそしりを得るこそ苦しけれとて、御詠被レ遊。

世の中を安からせんは身は賤し*賤からんとせんは苦しき

*有徳公かねて未来の事を被二仰出一けるは、*凡天子は七廟、諸侯は五廟、大夫は三廟と礼記に是あり。已に上野・芝の廟所、東照宮・台徳公・大猷公・*厳有公・常憲公・文昭公・*有章公、七廟有レ之、天子の如し。是武家の法に過て、聖人の心に〔不レ〕叶。さればとて有来れるをこぼち仕舞〔む〕やうもなし。只々当時日本の礼花美に成て、礼の寔(まこと)に不レ叶也。今にも死するならば、*東叡山の常憲公御相殿(あいでん)に仕べしと、享保御代始に上意被レ遊しと也。

斉昭謹按に、和漢古今とも明将賢君と聞ゆる人々に、倹約を不レ用はなし。如何となれ

足利義満。応永元年(一三九四)太政大臣となった。延文三年(一三五八)―応永十五年(一四〇八)。

相国　太政大臣の唐名。清盛は仁安二年(一一六七)太政大臣となった。

三公九卿　太政大臣・左大臣・右大臣(または左・右・内大臣)と公卿の総称。

有徳公御代…　八代将軍吉宗の時代にはたびたび倹約令が出ているが、ここは、享保十六年(一七三一)二月に向う三年間の令として出されたもの。「万石以下御旗本之面々え申聞覚　一、衣服諸道具等随分有合を用ひ、…朔望廿八日其外御規式等之節は格別、平日は白小袖着用に不レ及候事。…」とある(御触書寛保集成、一〇七八)。なお、このことは、明君徳光録巻三にみえる。

白小袖　白無地の小袖。小袖は袖口の狭い服。襟・袖口の白いものは、五位・諸大夫以上に限られ、それ以下は浅黄色。

縞小袖　熨斗目(のしめ)の小袖。腰の部分にだけ縞を織り出してある。長上下の下に着用した。

戻子裏付肩衣　戻子(綟じ)で裏付けした肩衣か。綟は麻糸または綿撚糸をもじって粗く織った布。主に夏の肌着に用いられた。肩衣は素襖の袖のない形の服。肩から背に掛けて、小袖の上に着る。

ば、其国に生れては其国を守り、外夷に不レ被レ奪やうにする事、君へ忠、祖宗え孝也。然ば質素倹約してさへ、武備を手厚せんはかたし。ましてや質素の政を行はずして、武備を手厚せん事はなりがたき故也。さりながら君柔弱なる時は、姦吏・奸僧・女子・町人など、もとより武備をせんよりは、今日花美をして身をたのしみ、我禄は何故に給るといふ事さへ忘るゝもの多き也。婦人・僧侶は、勿論戦争の事に不レ拘ば、終身栄花にさへ暮す時はすむと思ひ、扨又万一の事有時は、僧侶は戦争の事は我持前に非ず、我等は怨敵退散の御祈禱の職成(なり)とて、無益の祈禱に物を費し、危き時は近寄らず、勝利ある時は祈禱しるしある様にいひなし、又勝利なき時は武士の怠に言なし、すべて自分の遁るゝ事のみ也。かゝる者のいふ事を信ずる時は、国家危[あやう]かるべし。もとより僧侶は天下の大体を知らず、我朝に生れ出て、異端を行ひ人にもすゝめ、自分当座の勝手のみ思ひて人を欺く故、闇君俗吏は是を信じて、倹約せざるが下々の為の様にいつも〳〵思ひあやまりて、格別にふまへなきものは、闇に引入らるゝもの也。恐るべき事也。物事統(すべ)て取締んは、心なき人々には悪しくいはれ、自分にても骨のおるゝものゆへ、明君ならでは、質素倹約して、文武の世話する事は能はざる也。さるゆへに永世までも、其名聞ゆる事なり。取締の事、有志の者は勿論よきといふべく、百姓町人にても、永世を見通したる大きなるものは、やはり悦ぶべし。只心なき士・婦人・僧侶・小町人にてせましき商(あきない)するものどものきらふ事也。是等[ら]のために取締を止て、当座誉を求め、永世主君の名を穢す事なかれ。常々倹約を守りてだに、飢饉の手当又は非常の手当は難き事なるに、ましてや常々美麗柔弱にして、非常の事あらば如何なすべきにや。三代将軍・有徳公の御賢

次上下　継上下。上は肩衣、下は半袴で、地質や色合の異なったもの。平服。

常憲公　五代将軍綱吉。この文は明君享保録巻四にみえる。

護持院の僧　隆光。綱吉、その母桂昌院の帰依をうけ、元禄元年(一六八八)護持院を開いた。生類憐みの令は隆光の進言によるといわれる。慶安二年(一六四九)―享保九年(一七二四)。

文昭公　六代将軍家宣。

新井筑後守　新井白石。家宣の儒臣となり、宝永六年(一七〇九)家宣が将軍となると共に、その側近として幕政を補佐した。明暦三年(一六五七)―享保十年(一七二五)。

賤からん　明君享保録には「賤からじ」とある。

有徳公かねて…　この文は明君享保録巻八にみえる。

凡天子は七廟…　礼記、王制にみえる。

厳有公　四代将軍家綱。

有章公　七代将軍家継。

東叡山　上野の寛永寺の山号。

明にてさへ、常々質素倹約、武備を御励まし被レ遊たるを、況や今我々の愚将たらんもの、倹約をせず武備を捨（すてて）、非常の節に臨み、御用を欠間敷策はあるべからず。憚多（おおく）も三代将軍・有徳公は申におよばず、其他三親藩にても、尾州の源敬*、紀州源南*、祖宗の威義をはじめ、諸大名いづれも名将と聞えたる者は、みな常々倹約して武備を励し、家中に虚しく禄を食むものなき様にせし也。遊女・出家の遊民のほか、君より禄を給る家中、禄を空しくすることあるべからず。非常の事あらんには、其家中々々は国主領主に付従ひ、*国主領主は我先にと幕府の御用に立様常々心掛、幕府にては、恒々御旗本に武備を励し給ひて、国主領主を頼みに不二思召一様、双方持合時は、蛮船何程渡来すとも、又は万々一国持大名に異変有レ之共、更に恐るゝに足らざる事也。右様武備の手当調たる上は、人々相応の美は、苦しくも有レ之まじきなれども、倹約を守り一生取掛りてさへ、行届かね候半（そうらわん）。たとへば十分手当出来し上は、十一分にも十二分にも手厚き様心掛べき事故、いつとても奢りて能といふときは有レ之間敷、且日本中の事と違ひ、異国より渡来の戦争は、いつ何時有レ之も難レ計、出火と戦争は前日より分りたる事〔計〕は有まじければ、公*辺を始奉り、三親藩は勿論、諸大名共に生るゝより死するまで、我皇国の道を本とし、仏法の異端邪道を退け、常々異国船来りたりとも、手筈不レ違様申合置、兼て覚悟第一たるべし。異端の道を悪きとは知ながら、苟安姑息して近づくる事なかれ。統（すべ）て苟安姑息といふ事は、見通しなきと不決断より出る事にて、黒白の見抜なき故也。黒白の見抜なき時は、たとへば賢明有志の正論を聞、〔一〕たびは尤と思ひ、又愚闇不肖の邪論を聞ても、成程と迷ひ、両方の説を取用ひて、黒くもならず白くもならずといふごとく、中を

源敬　徳川義直。家康の九男。尾張徳川家の祖。慶長五年(一六〇〇)―慶安三年(一六五〇)。

源南　徳川頼宣。家康の十男。紀伊徳川家の祖。南竜公。慶長七年(一六〇二)―寛文十一年(一六七一)。

国主領主は…　「双方持合時」は単なる心構え論だといえばそれ迄だが、西欧のレーン制の主従関係ではギヴ・アンド・テイクの関係が明確なのと対比すると相違は明らかである。くわしくは解説参照。

公辺　公儀。

取て中庸と思ひ誤もの少なからず。是を色にたとふれば、鼠色の処を用るにひとし。鼠色は白くは一切なることなし。黒くは成勝にて、姑息を用る人、悪敷かたに成行は此理也。くれ〴〵も非常の卓見を以て、永世迄も無用の奢を禁じ、文道武備を励ぬる事、人君の急務なるべし。

*諫言を用ゆべき事

東照宮仰に、*某（それがし）三州在城の時、若（もし）勅使・上使其外はれがましき事是ある時の用意に、三尺に余（あま）る鯉二ツ泉水に入置、或時是をみるに、中にも大なる鯉一ツ見へざるゆへ、其処にかゝりたる掃除坊主に、「囲ひあしく、狐にとられたるか」と問へば、此者申様、「其鯉は*鈴木久三郎拝領申たりとて、御台所え持参、料理仕たべ候て、人々にも振舞、信長公より参たる御酒の試仕候へと御意のよしにて、御樽の封を切給候」と申に付、台所の者に尋れば、彼坊主が申如く也。二色共に我（われ）さへたしなみ置に、我儘なる奴かな、ケ様の者を其分にて置なば、向後諸士の風儀悪敷成べし、呼付成敗すべきと思ひ、呼付て、長刀のさやをはづし、広縁に出て待所に、久三郎傍輩ども同道しけれども、事ともせず、某が前へ出候。間（あいだ）二十間ほど置、「悪（にく）き奴め」と言葉をかけ、長刀にかけんとせしに、久三郎是を見て、己が刀脇差を五六間〔程〕跡へ投捨、我に向ひ、大の眼をきつと見開き、「扨々愚なる〔御〕大将かな。魚鳥に人間をならぶる作法、何国に御座候哉。夫にては中々天下の望は成申間敷」とて、却て某に悪口せし時、実に尤と思ひ当り、抜たる長刀を捨て奥に入、能々彼が心中を思ひはかるに、近頃*走りの者一人*留場（とめば）にて鳥を取、一人は城の堀にて網をうつ、此

諫言　これについての日本と中国との相違については解説参照。

某三州在城の時…　東照宮御遺訓にみえる。岩淵夜話巻三などに同じ話がみえる。「鯉二ツ」は、諸本「鯉三ツ（三本）」。

鈴木久三郎　三方ケ原の敗戦の時の逸話にも名がみえる（徳川実紀）。

走りの者　走り使いの者か、あるいは若党の称か。

留場　漁猟を禁止した場所。

両人を追込置しが、是をいふべきため、態(わざ)と鯉を料理したるなれば、少しも慮外にてなし、偏(ひとへ)に我意を歎きての事也と思案し、「かの走りのもの両人とも、奉公に出候へ」と申付て、則久三郎を呼出し、「汝が志満足なり」といへば、久三郎涙を流し、「扨々難レ有御意にて御座候。*泰平の世にて候はゞ、ひそかに可二申上一儀に候へども、今乱国にて御座候故、如レ斯申上候。乱世にて私ごときの末々の侍も、少しなり共勇気御座候が御為と奉レ存、此通〔り〕に候。努々私の威をふるひ、気随にては無二御座一」と申候故、一入(ひとしお)彼者が忠心を感じ、秘蔵に思ひし也。昔も今も諸士の忠心は只大将の心(こゝろ)にあり。唯かよふなる事を武道不案内の者が半分聞ては、此者武功にほこる様に申ならはすものぞ。心を静めて聞候へ。*忠臣の者ならでは、思ひ切たる事はいはぬもの也云々。

同上意に、*主人の悪事を見て、諫言をいるゝ家老は、戦場にて一番鎗を突よりも、遙に増(まさり)たる心ばせなるべし。子細は敵に向ひ*武篇をするも、身命を惜みてはならぬ事也。然れども勝負は時の運によることなれば、人を〔も〕討、人にもうたるゝもの也。たとへ討死しても、末代迄*誉名は子孫に残り、主人にも惜まるゝは、死ても本望也。若仕合よく敵を討時は、勿論子孫迄繁昌の基也。去程に*戦場の挊(かせ)ぎ、死ても生ても損のなき事也。扨また主人の悪逆不道なるを悔みて、強く諫言を致〔す〕と云は、十が九ツまであぶなき勝負也。子細は、其主人無分別にして悪事をこのむ心からは、善事を嫌ふ、爰を以て古人もいふごとく、良薬口に苦し、金言耳に逆ふ習ひ、其家老を隔心(きやくしん)して、傍に近付ぬ様に致す。然る時は諂ひ追従を本とするもの出来、出頭のうつけ者ども申合て、件の家老を悪ざまに取なし、事に触て讒言を構ふ。夫を信(まこと)と思附て、隔心の上、*見分目みせ悪敷成(あしくなる)。其時はいかな

泰平の世にて候はゞ…　葉隠も「諫言」は人知れずすべきものとする。偶然の一致だが、興味深い。

忠臣　諸本「忠心」。

主人の悪事を見て…　岩淵夜話別集にみえる。同じ話は常山紀談巻十八にもみえる。

武篇　武辺。武勇の振舞。

誉名　諸本「名誉」。

戦場の挊ぎ…　次頁にも「戦場の一番鎗は（諫言より）却て致易き道理也」とある。中国には「諫言」は、きき入れられても入れられなくても、する者にとって損はないという考え方がある。解説参照。

見分目みせ…　内本「自然ト首尾アシク成」。

る者も不足をさしはさみ、〔主を〕見限〔り〕疎むこゝろ出来、身構をして異見をやめ、或は*作病を致して引込、隠居を願ひなどして、物にかまはぬ分別をいたすは、拾人が八九人迄其通也。然るに主人の悪事申留ずば其責我壱人に帰する処也と分別を究め、身の上を忘れ、幾度も争ひ諫る家老は、終に手討に逢歟、押込らるゝかにて、身上を果し、妻子までも迷惑をさするは必定の事也。爰を以て考へ見れば、戦場の一番鎗は却て致易き道理也と上意也。是に付、*浜松の御城に御座の時、或夜*本多佐渡守其外外様の衆三人、御用の儀にて御前え被二召出一けるに、其内壱人御前にて鼻紙袋を明て一通の書付を取出し、封を切て御前え指上る。御覧なされ、「夫は何ぞ」と被レ仰ければ、「某内々存寄候儀共を書付置申候。乍レ憚御心入にも可二罷成一歟と上覧に入奉る」と申上る。「扨夫は奇特成心入」と大に御感被レ成、「佐渡守は不レ苦、夫にて読てきかせよ」と被レ仰るゝに付、「畏候」とて数ケ条読終る。「尤の事〳〵」と御挨拶被レ遊、「これにかぎらず、此以後とても存寄の儀もあらば、無二遠慮一申聞せよ」と上意あれば、「御聞届遊され近頃忝」と申て、御前を退出す。佐渡守は御用にて残り居られけるに、仰られけるは、「唯今の者読聞せたる儀如何思ふぞ」と御尋に付、佐渡守御請に、「一ケ条も御前の御用に立可レ申存候事は無二御座一候様に奉レ存〔候〕」と申上ければ、御手をふらせられ、「*いやとよ、是はあの者の分別一ぱいを書付たる物なれば如在もなし。尤我等心入に成事はなけれども、思寄て内々書付を調へ、懐中して時節を見合、我等に見せんとおもふ志は何にもたとへがたし。其事が用に立ば用ひ、立ねば用ひぬまで〔にて〕こそあれ。惣じて我と我身の悪はしれぬ物なり。しかれば小身なる者は、心やすき友だち・傍輩・学友など有物なれば、互に身の上の悪を云て、吟味を遂るゆへ、あ

作病　仮病。

浜松の御城　三河岡崎より遠江浜松に本拠を移したのは、元亀元年(一五七〇)である。この話は、藩翰譜・鳩巣小説上などにみえる。

本多佐渡守　正信。家康の側近。一向一揆に加わってそむいたこともあるが、以後謀臣として活躍、秀忠の代にも執政となった。相模甘縄城主、一万石、のち三万石。天文七年(一五三八)―元和二年(一六一六)。

いやとよ　否とよ。「いや」を強めていう間投詞。

らため嗜(たしなむ)事多き物也。さやうの友なきものは、兼て人柄を聞立たのみ置を、能者と云也。是は小身の徳也。扨又大身なる者、惣ての上に立程の者は、友達朋友と出会て、心易く語るべき様もなく、身の上の悪を吟味する事もなし。遠慮して人も云はず。日夜朝暮物いふ伽(とぎ)には、我同前の者計(ばかり)なれば、何事にても御尤とならでは云はず。去るに依て、少々の違ひは誤とも思はず。誤と思はねば、改んと云心も付ずして、過る事あるもの也。是は畢竟大身の損ともいふべし。凡(およそ)人の上に立て、下の諫を聞ざる者、国を失ひ家を破らざるは、古今ともに無レ之」と仰らるゝ。佐渡守承り覚居て、或時子息上野介に語聞せて落涙に及ぶ。上野介、「其書付は如何様の文言にて御座候。其人は誰にて候や」と聞ければ、佐渡守聞て、「其文言も其人も、其方聞て何の用にも立事なし」と申けるとなり。

東照宮、*浜松より放鷹〔と〕して三河へ御出有しに、*今川義元の製しおかれたる大釜あり、田間に打捨有しを御覧じて、「幸の事也。浜松へ持参るべし。盗賊を煮るに用ゆべし」と仰有し程に、〔民ども〕是を持行んと、そのこしらへをなす処に、*本多作左衛門廻郷して来られ、「何処へ持行ぞ」と尋ねし程に、右の由を申ければ、則人夫を出して、其釜を悉く打くだきて帰られけり。民ども此旨を浜松え達しければ、則作左衛門を召寄られ、「如何成(なる)存寄にて打砕きたるぞ」と御尋ありしに、「国を治るに、此事をなしたらば此刑に行べしと定れば、下より上の作法を知りて、種々の巧をなすもの也。且釜を設て盗を待様なる政事にては、天下の望はいかに」と申ければ、大に感じ思召て、つねに*あらくましき様なれ共、大(おふひ)なる思慮ありとて、御賞美なゝめならざりけるとぞ。

*台徳公、或時諸大名を被レ召、土井大炊頭を以、来年は*西の丸様え〈大猷公〉御代を御譲可

浜松より放鷹…　明良洪範巻十五・武野燭談巻十などにみえる。徳川実紀では甲斐での話とし、信玄以来の大釜の話となっている。

今川義元　戦国大名。駿河・遠江・三河を領土としていた。永正十六年(一五一九)―永禄三年(一五六〇)。

本多作左衛門　重次。徳川清康・広忠・家康に仕え、三奉行の一人として鬼作左の異名をとった。のち秀吉に、その母大政所を人質にとった際の処置をにくまれ、屏居させられた。享禄二年(一五二九)―慶長元年(一五九六)。

あらくましき　荒くまし。荒々しいさま。

台徳公、或時…　明良洪範巻十八・故諺記・常山紀談巻二十などにみえる。

西の丸様　西の丸は、江戸城本丸の西の一郭。将軍の世子の居所。また隠居所ともなった。ここは家光をさす。秀忠が家光に将軍職を譲ったのは、元和九年(一六二三)七月である。

レ被レ遊間、其旨相心得べき旨被ニ仰出ーければ、何れも目出度奉レ存よし御請申上退出せしに、大炊井伊掃部頭其頃は未若かりしが、黙して御受の体見えず、思はく有げに見えし程に、大炊頭申せしは、「掃部頭御用有レ之候。是へ」とて御白書院*へ同道し、「只今の上意の趣、諸大名不レ残御請の処、御自分計御請の体見えず候。何ぞ存寄候哉」と申されければ、掃部頭、「成程御察の通にて候。天下の乱の端に〔存〕候へば、曾(かつ)て目出度儀と不レ存候ゆへ、御請不ニ申上ー候」。大炊頭、「夫は如何様の儀ぞ」と問ければ、「其事にて候。大坂の陣の間もなく、江戸御城惣石垣の御普請、并駿河城御普請、其外諸方の御手伝にて、天下の大名困窮大方ならず候処、又もや来年御隠居被レ遊候はゞ、公方様への御祝儀、将軍宣下の能など興行仕候はゞ、弥(いよいよ)困窮いたし、下を剝ぎ民を苦(くるしむ)るにて有べく候へば、万人のなげき、乱の本と存候へば、聊目出度御事とは存奉らず、なげかはしく存候」とありければ、大炊頭うなづき〔て〕、「然ば御聴に達すべし」と申されければ、掃部頭、「夫は近頃悦入候。真直に被ニ仰上ー被レ下や」と申されければ、「是へ参られ候へ」とて、御次迄同道にて御目通へ出られ、掃部頭しか〲の存寄申上候よし申上ければ、「是へ呼候へ」と上意にて、大炊頭召連御前え罷出候。其時上意に、「只今大炊頭を以申上候段被ニ聞召ー、尤と思召候。此儀は最早諸大名え被ニ仰出ー候て、御請相済候儀ゆへ、其通成し置れ候。此度申上候処御取上不レ被レ遊候とても、重ても無ニ遠慮ー存寄の儀、何事によらず、真直に可ニ申上ー」と仰出され候へば、大炊頭掃部頭え向ひて、「難レ有と被ニ申上ー候へ」と有ければ、掃部頭答て、「難レ有とは申上間敷候。其故は、拙者申上候通尤に被ニ思召ー〔候〕に付、此度御取上被レ遊候へば、重ても存寄候はゞ、無ニ遠慮ー可ニ申上ーと仰出され候はゞ、難レ有と可ニ申上ー候。御尤と被ニ思召ー候

井伊掃部頭 直孝。直政の二男。元和元年(一六一五)宗家をつぎ、近江彦根城主、十五万石、のち加増されて三十万石。家光・家綱を補佐して、幕政を担当した。天正十八年(一五九〇)—万治二年(一六五九)。

御白書院 白木造りの書院。ここは江戸城内のもので、黒書院・大広間と共に、公式の儀式に用いられた。

へども、最早被ニ仰出一候事故、御取上不レ被レ遊と仰出され候ては、恐ながら上意とも不レ奉レ存〔候〕。御尤に無レ之儀をだに被ニ仰出一候へば、奉レ畏候由御請申上候。まして御尤と被ニ思召一候を被ニ仰出一候に、誰か異義に及び申べきや。御尤に思召候と、重て仰出され可レ然や」と申上ければ、御前にも御行当り被レ遊候御様子にて、大炊頭方を御覧被レ遊候時、大炊頭申上けるは、「私抔最早老衰仕、御用に立がたく候体に罷成候ところ、若き者どもケ様なる直言申上候事、天下御長久のしるし、目出度御事に奉レ存候。掃部頭申上候処、道理に当り申間、明日諸大名を被ニ召出一、掃部頭申上候処を被ニ仰出一可レ然」と申上候へば、御前にも其如く被ニ思召一候間、「明日諸大名え、掃部頭存寄に付、相止候由可ニ申渡一」旨、上意有し時、掃部頭謹で、「愚意御取上に相成候段、難レ有仕合奉レ存候」と、泪を流し申上立ければ、其後又諸大名を被ニ召出一、掃部頭諫申上候に付、明年御隠居思召止られ候段(だん)、大炊頭を以仰渡されし也。

*酒井雅楽頭忠世(ただよ)は、御後見にて御尊敬の人(ひと)也。或時*御前え出ける処、其頃世に大に行れたる*刑部梨子地(ぎょうぶなしじ)の御印籠を、御床の上に指置れたるを見て、「あれは何にて候」と申上らるれば、御前も如何と思召れしや、御赤面被レ遊ながら、「*加賀守が」と計(ばかり)上意なりし。雅楽頭、御小性衆え向ひ、「あれを是へ」と申けるに、御前御赤面の御様子を見奉るゆへ立兼候を御覧被レ遊、「取て遣し候へ」との上意にて、御小性衆御床へ参り、件の御印籠を取て、雅楽頭前に置ければ、取上見て、「是は印籠にて候歟。加賀守御懇意にあまへて、若きゆへケ様の花美なる物を指上候と相見申候。*以前大殿様〈東照宮〉駿府御在城の節、夕御膳の御給仕、何某御小性にて著ける袴を御覧遊され、「夫は何と申ものぞ」と御尋のとき、茶宇と申

酒井雅楽頭忠世は…　故諺記にみえる。

御前　ここは三代将軍家光をさす。

刑部梨子地　梨子地蒔絵の一種。漆の塗面に金銀粉を蒔いて、上に梨子地漆を塗り、刑部梨子地粉(普通のより大きい)を置いて、梨の実の肌のように研ぎ出したもの。刑部太郎の考案という。

加賀守　堀田正盛。家光に近侍、老中となる。武蔵川越城主などをへて、下総佐倉城主、十一万石。家光に殉死した。慶長十三年(一六〇八)—慶安四年(一六五一)。

以前大殿様…　この話は一一四頁にみえる。

御傅青山伯耆守忠俊…　明良洪範続篇巻七・故諺記などにみえる。ここの御前も家光をさす。

だて　伊達。おしゃれ。

もの丶よし申上ければ、上意に、「おのれは悪(にく)きものかな。天下久敷乱におよび、漸此頃少し静に成、万民も安き様に見えし処、名をもしろし召されぬほどの衣類著しける事、天下の奢を始〔め〕、乱の端を起す不届もの也。御前退き候へ」と、以のほか御機嫌を損(そんじ)、夕御膳をも不レ被ニ召上一候ゆへ、某も種々御機嫌を取(とり)、漸夜に入、御膳をす丶め申たる事有レ之。大殿様には、此のごとく天下の治乱を大切に思召、奢を御防ぎ遊されしに、只今かよふの花美成(なる)遊具を御賞翫遊さる丶事、以の外」のよし申上られ、御庭の石にあて丶打ひしぎ捨〔す〕てられける。

*御傅青山伯耆守忠俊、御前にて其頃躍(おどり)を御慰候故、御*だてを被レ遊、御髪を上らる丶時、御鏡二ツにて御粧を御繕なされける処へ、伯耆守参り、忽ち御鏡を取て御庭へ投捨、「天下を知召す*御心に、ケ様なるはて、かく拙き御事勿体なし。是乱のはし也」と申されければ、其無礼を御咎被レ遊、御前遠慮仰付られ候処、其後諸臣の諫めかさなり、御明君の御誉ありしに、伯耆守諫言尤至極〔に〕思召、遠慮御赦免仰出され、召させらるれども、伯耆守御答に、「御前の思召さへ御直り遊されて、拙者申上候処能きとさへ思召さば、罷出におよばず。我等が罷出れば、却て御誤り改りて御為によからず」とて、終に出ずして終りし也。

*板倉周防守重宗、*所司代の時、関東へ下向し逗留の中、*飛鳥井大納言を御用の事あり、御老中へ仰付られ、召させられ候時、俄(にわか)に周防守御役御免の願ひ、*酒井讃岐守迄申上ければ、讃岐守申は、「只今何事にて御訴訟候哉、驚入候。只差置れ然るべし」と申ければ、周防守申は、「兎角存寄候間仰上られ下さるべき」*也。*松平伊豆守是を聞、「如何なる存寄にや。以の外の事也。是非相止られ候へ」と申ければ、周防守聞て、「讃岐守には久々御役を

御心にケ様なるはてかく拙き　明良洪範続篇などは「御身に箇様なるはしたなき」。「はて」は、国会本・内本「はで」。
板倉周防守重宗　勝重の長男。元和五年(一六一九)より承応三年(一六五四)まで京都所司代をつとめた。下総関宿城主、五万石。天正十四年(一五八六)—明暦二年(一六五六)。この話は、故諺記・鳩巣小説上などにみえる。
所司代　京都所司代。皇室・公家の護衛・監察・連絡、京都町奉行などの監督、近畿地方の幕府領の訴訟処理、西国大名の監視を担当し、老中に次ぐ要職であった。
飛鳥井大納言　雅宣。武家伝奏となり、勅使として度々、江戸に下向した。天正十四年(一五八六)—慶安四年(一六五一)。
酒井讃岐守　忠勝。寛永元年(一六二四)より老中、同十五年(一六三八)より大老。武蔵川越城主、のち若狭小浜城主、十二万三千石。天正十五年(一五八七)—寛文二年(一六六二)。
也　翁草巻一に引く故諺記は「由也」。
松平伊豆守　信綱。寛永十年(一六三三)老中となり、幕政に参画、島原の乱を鎮定するなどの功があった。家光・家綱に仕え、「知恵伊豆」と呼ばれた。武蔵忍、のち川越城主、七万五千石。慶長元年(一五九六)—寛文二年(一六六二)。

も勤らるゝ故合点もあるべく候。御自分抔の合点参る事にてなく候。もし御取次下さる間敷ば、直訴仕るべし」と申ければ、讃岐守是非なく御前へ罷出申上けるは、「御機嫌の程恐入候へども、板倉周防守御役御免被レ遊候様にと、達て御訴訟仕候」旨申上ければ、御前も御笑ひあそばされ、「是へ呼候へ」との上意なれば、讃岐守周防守を同道し、御前へ罷出る時、「御誤被レ遊候。堪忍仕候て相勤べき」との上意なり。其時讃岐守周防守に向ひ、「難レ有上意也」と申ければ、周防守、難レ有しとは不ニ申上ーして、「御尤なる御儀に奉レ存候。此上意の上は奉レ畏候」と御請を申退出せし時、讃岐守も御前を立、御次の間にて周防守に向ひ申けるは、「御意の趣、御役の御訴訟、御請の致(いたし)方共に心得がたし。如何の思召にて斯は被ニ申上ーたるぞ」と問ければ、周防守申は、「某儀は乍レ恐御身を分られ、禁裏守護に、西国迄の御名代に、京都に差置れ候事にて、幸ひ此度江戸に居合申間、此度飛鳥井は某を以て召さるべき事なるを、御直に召候へば、御自分*諸司代職御勤被レ遊ると申ものに候へば、我等御役儀無用の事と存(ぞんじ)、御訴訟申候。然るを聞召分られ御誤被レ遊るゝとの上意故、御尤の御儀なるよし申上候」と申す。

*大猷公御代、島原蜂起の時、御出馬可レ被レ遊と御意有レ之に付、老中如何と伺れも申上、御意に不レ叶御腹立被レ遊、御座を御立、奥へ入御あそばされんとす。*稲葉丹後守御跡より進み出て勿体無レ之段申上、既に御手討にも可レ被レ遊様に相見候へども、丹後守御無用に可レ被レ遊段申上〳〵、奥へ御入被レ遊、暫御休み被レ遊、又表へ出御、御老中召せられ、丹後守申分御感被レ遊候。*島原百姓徒党を結びける節、上聞に達し、早速*板倉内膳正上使被ニ仰付ー、*石谷(いしがや)十蔵御目付として被ニ差遣ーの旨被ニ仰出ー。其後*大久保彦左衛門・*永井善左衛門を召し、

諸司代　諸本「所司代」。

大猷公御代…　乱は寛永十四年(一六三七)十月にはじまり鎮圧軍は十一月出発した。この話は、寛永小説にみえる。

稲葉丹後守　正勝(老中、小田原城主)か。ただし正勝は寛永十一年(一六三四)に没しているので年次が合わない。嗣子の美濃守正則はのちには老中となったが、この時はまだ十五歳である。

島原百姓…　以下の話も寛永小説の別の個所にみえる。

板倉内膳正　重昌。前出(一一六頁)。島原の乱鎮圧の責任者となったが、失敗、戦死した。

石谷十蔵　貞清。寛永十年(一六三三)より御目付、千五百石。島原の乱鎮圧に派遣され、負傷。鎮圧の不手際につき咎めをうけ、逼塞。のち江戸北町奉行となる。文禄三年(一五九四)—寛文十二年(一六七二)。

大久保彦左衛門　忠教。旗本、二千石。家康・秀忠・家光に仕え、戦国時代生残りの一人として、尊敬された。著書『三河物語』。永禄三年(一五六〇)—寛永十六年(一六三九)。

永井善左衛門　未詳。旗本に永井善左衛門安盛という人物がいるが、寛永十一年(一六三四)に死亡している。

老中を以御尋、「今度の儀如何」と彦左衛門へ申せば、「御尋遅く候」由御請仕候。其段酒井讃岐守忠勝申上れば、「遅しとは如何」と有ければ、「上使も御目付も不レ被二仰付一已前に候はゞ、御尋御尤也。於レ今は遅く御座候」。〔忠勝〕*、「然れば仰付られあしき歟」と申ければ、「勿論也」と答ふ。「遅くとも其方存寄〔先〕申上べし」と有ければ、其節申は、「是は百姓ばらと思召ても六ケ敷御敵也。御手間取べく候。其故は、心を一ツにして、ケ様に大勢よき地に取込ける上は、中々内膳・十蔵如きの小身者、人の者〔を〕召使候ては下知に付がたし。我主さへ悪き主に付がたし。況や人の者をや。某(それがし)存候は、御三家の内御壱人御目代として被レ遣、御目付には堀田加賀守*、老中には松平伊豆守*如きの者を差添らるべきものを」と申上ければ、讃岐守則言上すと也。

同御代、国姓爺*日本に援兵を乞ければ、諸長臣を御前に被二召出一、是被二捨置一は日本の恥也、援兵可レ被レ遣旨仰られしに、小事ならざる故、各兎角を申出被レ兼候処に、稲葉丹後守正勝、援兵の事不レ可レ然旨再三被レ申ければ、御色を変じ内にいらせ給ひけり。明日又被二召出一、昨日申せし処思召に叶ざりしが、能々御思慮有レ之に申処(もうすところ)理也、援兵に及ぶまじきよし上意なり。

有徳公御代、日本橋に*高札を建られ、御政事の筋において、少も御為に相成候儀心付有レ之者、無二遠慮一言上可レ仕旨仰出されし処に、青山久保町の浪人山下幸内*といふ者、一書を献じ奉る故、御褒美として銀子被レ下ける。幸内は上杉流の軍学者也〔云々〕。

同公賢明におはしますといへ共、自己をよしとしたまはずして、執権の諫を聞召、その異見のよきを撰て用ひ給ひ、猶諫を聞し召さんとにや、評定所に訴の箱を出し給ひ、貴賤

忠勝　南本・教本により補。

堀田加賀守　正盛。前出(一二六頁)。

松平伊豆守　信綱。前出(一二七頁)。板倉重昌らを任命(十一月九日)のあと、十一月二十七日、松平信綱・戸田氏鉄が、鎮圧の使として任命された。徳川実紀には同じ趣旨の諫言を柳生但馬守宗矩がしたことがみえる。

国姓爺　鄭成功のこと。日本に居住していた海商でのち明の臣となった鄭芝竜(一六〇四―一六六一)の長男。母は平戸の人。国姓(朱)を賜わった。福建・台湾に拠って清に抵抗したが、病没。一六二四―一六六二。鄭芝竜が援兵を請い、紀伊徳川頼宣が反対したことが、徳川実紀正保三年(一六四六)十月条にみえる。鄭成功のこの話は明良洪範巻十八・常山紀談巻二十にみえるが、稲葉正勝は前出のように寛永十一年没なので、ここでも年次が合わない。

日本橋に…　享保六年(一七二一)八月目安箱を幕府評定所門前に設置したことをさす。

山下幸内　紀州浪人ともいわれる。その上書は吉宗の改革政治、とくに緊縮政策を批判している。

となく上訴し奉らんと欲する者、上書〔を〕この箱へ納め御前にて開き、訴善なれば、賤者の上訴をも御用ひ遊されしとぞ。

同上意に、*財宝を貰ひては其恩を感ずれども、異見の恩を思ふ人少し。一言にても一生の身の為に成事有物なれば、異見ほどの宝はなきものと思ふべしとの仰なり。

斉昭謹按に、東照宮御初明君賢将にまします御方に、なにぞや下より申程の事知し召さぬ事の有べき。されども事多き内には、*日月の蝕の如く誤ち給ふ事も有、又は下々の事に至ては、御承知なき事も可レ有レ之と、広く言路を開き給ふ事、則明君たるゆゑんにて、人主たるものは、人に取て善をなすことを楽しむ処肝要なり。小人は我心付たる事にても、人より発語する時は、否と答ふるもの也。主君たらん人は、誰いふ事にても、本文の明訓をしたひて、理の当然なる事は用ゆべきこと也。

*刑は刑なきに期すべき事

*東照宮、浜松・駿府に御座の節、博奕は諸悪の根元と有レ之御意にて、御城下の儀は不レ及レ申、*四ケ国の御領内を御法度にて被ニ仰出一。*関東御入国の砌、御当地の儀は不レ及レ申、惣て関八州とも〔に〕北条家の柔弱なる仕置ゆへ、僧侶男女の無ニ差別一、押晴て博奕を打と是ある段、御聞に達し、*板倉四郎左衛門〈後〔任ニ〕伊賀守ニ〉其ほか*御物頭衆両人仰付られ、厳敷御法度に被ニ仰出一、其節には盗賊など多く候処〔に〕、其盗賊共をば牢舎抔仰付られ候へども、博奕仕候者共をば暫も御宥免なく、捕へ次第片はしより御成敗被ニ仰付一候也。其節浅草辺にて博奕打候者を捕へ、五人共に其処に獄門にかけらるゝを、御鷹野御成の節、是を

財宝を貰ひては…　井伊直孝御夜話・渋谷隠岐守筆記にみえる。

日月の蝕の如く　論語、子張「子貢曰く、君子の過ちや、日月の蝕するが如し。過つや人みなこれを見る、更むるや人みなこれを仰ぐ」。

刑は刑なきに期すべき事　書経、大禹謨の語。この標題から通常想像される内容は儒教的な徳治思想であろうが、ここでは「見せしめ主義」つまり法学上いわゆる「一般予防主義」的見解が述べられている。

東照宮、浜松…　落穂集巻二・君臣言行録にみえる。

四ケ国　三河・遠江・駿河・甲斐。

関東御入国　天正十八年(一五九〇)、小田原の後北条氏を降したのち、秀吉より関東八カ国を与えられた。

板倉四郎左衛門　板倉四郎右衛門勝重のこと。勝重は関東入国の際、関東の代官、小田原の地奉行、江戸の町奉行を兼任した。のち京都所司代となり、伊賀守に叙任。山城国内に一万六千石。天文十四年(一五四五)—寛永元年(一六二四)。

御物頭衆　弓組・鉄砲組・槍組など戦闘部隊の長。足軽頭と同じ意にも用いられる。

御覧被レ遊て、還御以後博奕吟味に掛候者共を御城ゑ召て、御直に被二仰渡一けるは、惣て科人（とがにん）を仕置にして、其首を獄門に掛さらし置も、諸人見ごり*の為にてあるなれば、五人一座の博奕ならば、何月何日*何方にても、人立多き場所へ出し、さらし置候様にと仰付らるゝを以て、其已後の儀は、拾人一座にて捕へ候得ば、十ケ所へ遣し御仕置に仰付られ、首を其処にかけ置に付、二三年の間〔に〕博奕の沙汰止ける也云々。

斉昭謹で按に、事は微発なる処を禁ずる事先務也。たとへば、風は万病の長といふが如く、少しの風邪に強き薬を用ひ、熱気を取時は事もなく癒べきを、微恙なりとて其儘差置時は、大熱となるのみならず、人にまで押移るもの也。博奕も其長じたるものは勿論、幼年抔にて初たる者も、死刑までにはなく共、厳重にして懲しめたるがよき也。盗賊共をば牢舎抔被二仰付一、博奕を仕者共をば、暫も御宥免なく、召捕次第片はしより成敗し給ふ段、却て御仁恵の至と申べし。博奕して経営をそこね、窮迫する時は、夫より色々の悪事は出来るものなり。已のみならず人までさそひ出し、月々年々に悪者の数多く相成者也。されば壱人を殺して、衆人を善道へ導き給ふ難レ有御事也。不見識の者は、博奕は盗賊抔よりやゝ軽（かろき）とおもひ、厳重の刑に行ざれば、当世は次第々々に博奕多く、御城〔へ〕登城せし供の小者迄、城内にてさへ博奕をする事となりて、ケ様多く成たる上は、厳刑に所置する事もなしがたきやう成行たるは、其刑のゆるき故也。さりとて今の世見付次第片はしより、神君にて被二仰付一し如く、厳刑に行ひなば、多く人数の怪我人出来て、是亦御仁恵を損ずべし。さりとていつまでも此儘にて捨置時は、追々悪ものゝみ増長すべければ、一度厳重の令を出し置て、先（まず）一ケ年の間は、召捕次第遠島など申付、

見ごり　見懲り。見せて懲らしめること。見せしめ。
何月何日…　底本および諸本には本文に脱落がある。落穂集では、「何月何日何方に於て如レ此と有レ之儀を札に書記し、其所計に限らず何方にても…」となっている。君臣言行録も同じ。

二ケ年目よりは、神君仰のごとく片はしより死刑に行はるゝが宜也。統て何刑にても、人を殺す事〔を〕楽しむにあらず、後人の見せしめなれば、外よりみてはいかにも厳にみえて、其当人はさまで苦しまぬ様にすべき也。刑のことは品数多き事なれども、先博奕は諸悪の根元とのたまへる上意によりて、博奕の刑のみ論ずるなり。

明訓一斑抄　下

治に乱を忘るべからざる事

東照宮の仰に、*武家大将軍の三ツ宝といふは農工商也。王法軍法に此宝を合せて五ツのものは、天下国家治乱の基なり。王法とは即王道にて、聖教の道をしたはるゝにて、我神国の古き政を改めず、九重の内にましく〵、玉座を動かさゞれども、民の艱苦をしろしめさるゝをいふ。軍法とは*武将の業にして〈将軍家は勿論、大将分の人々也〉、*治に乱を忘ざるをいふ也。

同上意に、*乱世に武をたしなむは珍しからず。譬ば、鼠の人にとらるゝを苦みて、喰付が如し。治世に武道を嗜(たしなむ)は、真の武道を好む人といふべし。

同上意に、*治世には武家の風、公家のごとく柔弱になり、武道を忘れ、ひとへに詩歌を専とし、我家業を廃(すつ)る時は、家を亡す者なり。此理をしらずして、近代にも西国に大内、東国に上杉・今川抔、武を失ひ公家の如くに成て亡びし也云々。

同上意に、*大将は文武一致を知り、軍法の二字に基きて政道をたて、各家職を勤るものを用ゆべし。

同上意に〈台徳公え御いましめの上意也〉、*第一の肝要は、武道怠らざる事ぞ。されば人の身命は、生死をはかるに、脈をとりて、手首一寸の中にて知る〔如〕く、武家武道に怠るは、身

武家大将軍の…　武野燭談巻一にみえる。

武将の業　武野燭談「武備の事」。

治に乱を忘ざる　易経、繋辞伝下「治まれども乱を忘れず」。

乱世に武を…　東照宮御遺訓附録にみえる。

治世には…　同右。

大将は…　同右。

第一の肝要は…　前出(一〇八頁)。

命の死脈としれ云々。

同上意に、*国家衰へん時は、主君柔弱美麗をこのみ、公家風の男、国の権柄を取て、終に家を破るものぞ。武家にて武道を不レ好者は、必臆病成者也。臆病成者は、必がさつにして奢強き者也。侈強ものは、主よりも*我威を振ふものぞ云々。

同上意に、*治世に武道に達するを真の武士といへり。乱世に武道をかせぐは、冬は寒を防ぎ、夏は風を求に同じ。然れども武道不案内の者は、咎なき他国を討取、猥りに戦をなす事を、武道と〔いふと〕覚たり。是武道に無用の事ぞ云々。

同上意に、*将軍に仕へ武家の流を汲む者、武道を忘ざるが肝要の道なり云々。

同上意に、*武道は静謐の世に乱を忘れず、我身の奢を断て、慈悲を万の根元とし、我家職を勤めて、〔其〕家を無事に治るは善人にて、忠信深き人也云々。

同上意に、*男の心を持たるがよし。歴々の者が女童子に気を奪れ、*業平侍に成とみえたり〈女童子の誉を好者は、色白く柔弱になりて、美服を飾り、武士にて下品なるを却て上品とおもひあやまる事なり〉。左様の風俗有レ之者は、我堅く嫌ふなり云々。昔より〔の〕説に、*武士の武士臭きと、味噌の味噌臭きとは、いけぬ者成と、下劣の諺にもいふなれど、夫は脇より見ての事にやあらん、定めて公家・町人の評判なるべし。武士は成程武士臭く、味噌はなるほど味噌臭くあれかしとぞ云々。又一通〔の〕*風儀は常はともあれ、*自然の時はといふ者あり。夫は平生*武道不心掛の者の言訳にて、非を飾るといふ者にて、其極意は武士道嫌ふ不心掛者の言葉なり。夫を立置は不吟味の将下に有なり。常々心に不レ懸して、俄に成る事にては更になし云々。武士たる者は一本鎗の小身なりとも、武士の心を気高く持て、十二三にもなら

国家衰へん時は…　東照宮御遺訓にみえる。

我威　底本「我意」。南本・国会本「我威」。御遺訓「己が威」。

治世に武道に…　東照宮御遺訓にみえる。

将軍に仕へ…　同右。

武道は…　同右。御遺訓「武家は…」。

男の心を…　本多平八郎忠勝聞書にみえる。但し「男は男の心…」となっている。

業平侍　在原業平(平安初期の歌人。伊勢物語の主人公とされる)のような武士。

武士の武士臭き…　あまりにその職業らしさを発揮する人は、露骨すぎてゆかしさがない、という意のことわざ。「いけぬ」は「いけない」「よくない」の意。

風儀　行儀、作法、すがたかたち。

自然　万一。

武道　本多平八郎忠勝聞書「武士道」。

ば、早く右の所を心付、能々言聞せ、夫に移らずば、出家か町人になしてしまうべし。左なくば左様の者武門にありては、日本の患也云々。

同上意に、*治世たりといへども、乱を忘るべからず。乱世たりといへ共、治を忘るべからざる事。

*大猷公にも、治世に乱を忘ずといふ聖人の言葉、常々其御心掛被レ遊るよし云々。

大猷公、*寛永二年諸士の甲冑馬具等を、*其番頭に仰せて改め見せしめ給ふ。其厳重なる〔に〕は、御褒美として領知を加へ賜はせし也。

有徳公には、近代弥(いよいよ)太平の御世御仁恵に安心して、諸家武備に怠り、無益の器物に金銀を費し、衣食居宅に美を尽し、武器を等閑にし、先祖の功を忘れ、奢に費す事禽獣にひとしと歎き給ひ、士を勧め武を励し、放鷹遊猟に出御有て、麾下の健士を励し給ふ。是諸家上を学て其風に移り、太平に武を忘れざらしめんとの思召なり。

同上意に、*治世に乱を忘れざるは鷹野猪狩也。如何となれば、人数を遣ひ覚ゆるは、多少の人数に寄べからず。又諸士弓鉄炮を打せ射せ、有功無功をしるし、金銀衣服を取らする事は、*第一旗本の士をなつけ、武功を我前にてあらはす事〔を〕賞美し、外様に居候もの其外も、我を見知る事也。殊に*両番の者共は、歴々にて我手足も同じ事なれども、近習へは遠し、紋付の衣服抔貰ふ事尤少し。ケ様の時(とき)とらすれば、其者骨髄に徹し有がたく存べき也。然ば手足にもなるべき儀なり。第一近年武備衰へて、大小名諸家中に至まで、遊山翫水に長じ酒色におぼれ、身に綾羅錦繍をまとひて楽(たのしみ)を専らとし、遊芸をのみ第一として、武士のならはしは少もなく、公家・町人の如くに柔弱になり来る事、上に武備なきゆへ也。

治世たりといへども… 徳川成憲百箇条第三五条(四七一頁)参照。

大猷公にも… 寛永小説にみえる。

寛永二年 一六二五年。徳川実紀、この年十二月十五日条に「諸士の武具馬具を召され御覧ぜらる。これ兼日番頭に命ぜられ、組々の番士等が武備の用意を試られ、より〱褒貶を行れしとぞ」。

番頭 番衆の長。幕府の武官は、大番・書院番・小姓組番などに組織され、さらに各組に分かれ、番頭にひきいられていた。

治世に… 同趣旨の話が、徳川実紀、有徳院殿御実紀附録巻二十にみえる。

第一旗本の士を…有がたく存べき也 「制度化」の進行の中で、主従の人格的結合関係を維持する手段として鷹狩を意義づけるのは興味深い。

両番 両御番。書院番と小姓組番をさす。初めは大番と書院番をさした。

旗本の風儀も少しは見能成る事、いかめしき事なれども、我武勇を好み、倹約を用ひ、無用の費なく、不レ及ながら善政廉直を施さんと欲する故なり云々。

斉昭謹按に、東照宮を初奉り、世に賢明の大将軍と聞へまします御方々は、治世に乱を忘れぬよふにと、しば／＼御示し被レ為レ置は、東照宮の御明智、太平とは申ながら、漸く天下治たる砌より、太平久敷続きなば、一統奢に長じ、武備を失ん事を歎かせ給ひ、治世に乱を忘れざる様にとの御示諭しば／＼なり。台徳公・大猷公にも又、東照宮の深意をつがせ給ひ、専ら武道の御世話被レ遊たるが、宝永の御代、仏道を実の道と思召誤らせ給ひ、*護持院の僧を愛し給ひ、仏を信じられ、夫よりして柔弱美麗を好給ひ、武家の風俗公家の如く成行、えもいはれぬ世と成て、武道地を払て失たりしが、亦々有徳公明君にまし／＼て、僧侶をさけ美麗を禁じ、専ら武備を励し風俗を一変し給ひて、今に至るまで明君と奉レ称しが、又御代も追々替りて、*田沼執政の頃には宝永の御世の姿に成行しを、*松平越中守を用ひ給ひて、亦々質素を示し武備を励し給ひ、公辺は勿論諸大名初め家職に心を用ひしが、又々*水野出羽守執政にて世の中美麗に成行て、近頃迄武家も公家の如く成行しが、*当将軍〔家〕賢明にまし／＼〔て〕、賢能の人をすゝめ、佞邪の臣を退け給ひて、奢侈を禁じ、武備を励し、三代将軍幷有徳公の遺志を継せ給へば、又々天下の勢ひ蘇生して、永久海防等の御世話も御持張に相成様渇望する処也。宝永御代にも、初は文武ともに御世話有て*学校迄も建立し給ひて、天下に明君の誉顕(あらわ)せられたりしが、ふと僧侶の偽言を信じられ給ふより、今に至迄御名を汚し給ふ。在二親藩一は殊に遺憾至極の事也。異端の道は*大学の序にもいへる如く誠なき偽言とは、小児さへも知る処なれ

護持院の僧　前出(一一九頁注)。

田沼　田沼意次。明和四年(一七六七)将軍家治の側用人、安永元年(一七七二)老中となって、権勢をふるったが、天明四年(一七八四)長男意知が切られてから、衰えた。享保四年(一七一九)―天明八年(一七八八)。

松平越中守　定信。陸奥白河城主、十一万石。天明七年(一七八七)より寛政五年(一七九三)まで老中として、寛政改革を行なった。宝暦八年(一七五八)―文政十二年(一八二九)。

水野出羽守　忠成。駿河沼津城主、五万石。文化九年(一八一二)側用人、同十四年(一八一七)老中格、翌文政元年老中となり、財政を掌り、権勢をふるった。宝暦十二年(一七六二)―天保五年(一八三四)。

当将軍　十二代将軍家慶。

学校　元禄四年(一六九一)聖堂が湯島に移転した際に開かれた昌平黌(昌平坂学問所)。宝永元年(一七〇四)には前年の元禄十六年に火事で焼失した大成殿が完成した。

大学の序に…　朱子の大学章句の序の「異端の虚無寂滅の教へは、其の高きこと大学に過ぐれども実なし」云々をさす。

ば、人君たる者は仮初にも是をまことの道とおもひ迷ひなば、永世の悪名を残すべし。和漢古今共に、初は〔質素〕倹約を旨とし〔て〕武備を不ㇾ怠人も、終には姑息安逸に流るゝ者多し。其中に始終志を変ぜずして押抜程の人を明君良将とは称する也。如何となれば、卓見なき将は、初は質素倹約して武備を励(はげむ)といへども、倹約は好む人少く、武備は武士の持前にて武用のために禄をも給るといふ事を忘れ、太平には常に用なきが故、よく〱国家の御為を思ふ者の外、まづは武を不ㇾ好ゆへ、上下共に不ㇾ好者多く、別て婦女子・町人は見通しもなく、当座自分〔の〕勝手にさへ成ばよきと心得て、質素倹約を悪口するは眼前の事なれば、質素の政を設るからは、かばかりの誹りに迷ふ事は有間敷事也。然れども町人・婦女子は勿論、武士にも悪口する者多ければ、かくては取締は下々の難儀に成事よと思ひ誤りて、長き内には怠り出るもの也。是其本を不ㇾ知して、末の沙汰にて取行故也。婦女子・町人悦ぶとも、非常の節何の用に立可ㇾ申哉。且又町人ども奢侈美麗になれば、夫丈の懸直(かけね)をして、買方の武士迄も迷惑となるべき也。されば取締は骨も折れ、人にも悪(にく)まるれど、畢竟は天下の御為をおもふ故也。左もなく奢侈をも不ㇾ禁、武士は其家職に怠りても、沙汰もせぬ時は、柔弱の士・婦女子・町人等、役人を誉れば、主君たる人も、能き役人とおもひ誤りて、召遣ふ様に成行者也。自然事あらば、天下国家の安危に拘るべし。和漢其例多ければ、公辺は勿論、国主領主大将たらん人々は、其身一生は勿論、子々孫々迄も、本文の〔御〕示教を守り、質素倹約を旨とし、武備を励し、公辺にて〔は〕神君より伝へ給へる天下を末長く保ち給ふのみならず、後世迄も、三代将軍・有徳公の如く、名誉を残し給ふ様心を用ひ給ひ、国主領主は今非常の事有ㇾ之共、

一日是をあたゝめて…　孟子、告子上「天下生じ易き物ありと雖も、一日之を暴(あたた)めて十日之を寒(ひや)さば、未だ能く生ずる者あらざるなり」。

剣は以て…　史記、項羽本紀に項羽の言葉として「剣は一人の敵」とある。

公辺御羽翼と成て、海外の夷狄も日本の武勇を恐るゝ様に仕向け給はんこそ、本朝への大忠、祖宗へ大孝にて、国主始天下ぇの大忠、先祖へ大孝といふべし。*一日是をあたゝめて、十日是をこゞやかすとやらん。五年拾年質素倹約武備の御世話ありたりとも、万一是をゆるむる時は、奢侈の風忽萌すべし。武芸三日休てだに、心に任せざる物也。されば前文の明訓終身怠り給はず、永世へ名誉を残し給ふよふにと、伏て願ふ処也。出家の偽言を誠と信る事なかれ。出家も悟りを開きたる者は、自分偽言とはしれども、素(もと)より人を欺くが職業なれば、欺くもことはり也。出家を差置るゝ上は、偽言をもつて欺くとも、彼が持前ゆへ、是を可レ悪にあらず。欺かれぬ様に心懸べきは、我に有事也。されば将軍家は勿論、国主領主の類も、奸僧に欺れて永世の名を汚さんよりは、三代将軍・有徳公御初、明将賢君の言行を旨として、芳名を後世に残し度事也。扨又今武備といへば、武芸とのみ心得るは誤りなり。是も武備の一端なれども、常に操練なき時は実用に不レ叶。殊に人の長たる者は、武芸のみし〔り〕たり共、士卒の引廻し方を知らざる時は、大なる敗を取るべし。*剣は以て壱人に敵すといへる如く、差向ひたる敵との勝負は、格別操練なくば、治に乱を不レ忘の意には叶ふべからず。幕下の士も、年に一両度位づゝは甲冑の御吟味、又は甲冑にていづれの原にても、一組二組づゝも操練有度御事也。第一に自分〳〵の立場を〔も〕不レ知、又鉦鼓等をもて進退する事をも不レ弁人多かるべし。たとへむかしよりの御掟は有レ之とも、出火にてさへ御掟通りに行ざればこそ、大城の災〔に〕も夥しく怪我人有たるにても知るゝ也。仮初にも大将軍の御旗本たらん者、出陣先の事不レ弁といはゞ、外国は勿論、奸賊の侮りも慮かるべき事ならずや。武の文字は戈を止るとかきて、武備整ふ時は、人々恐れ服して、手を出すものなきよしをいふ也。三代将軍の頃は、操練〔等〕無レ之ても、実地を踏て覚有人々多かりけれども、今は戦国に遠く成ければ、兵学好者さへも畳の上の水稽古といふ如く*なるに、まして其稽古だに無レ之ば、乱を忘るゝの弊といふべし。戦国近き御代にてさへ、武備々々と上意御励し有レ之如くなれば、まして今の如く、上下共に戦を忘たる御世には、弥厚く武備の御世話有て、上下共其職の持前を失はざる様有度事也。常々御倹約の何のといひても、禄高丈の用に不レ立武士多く有レ之程の費は有まじければ、何れも武道をみがき、非常の時天晴の御用に立候様、常々教導あらまほしき事也。

*仏法を信ずべからざる事

*京都大仏殿炎上の後、秀頼の母儀淀夫人より、*江戸御台所へ御内々を以被レ願候は、大仏殿本尊計の儀は、秀頼より再興有筈にて、既に其沙汰におよび候処に、鋳物師共の不調法を以、鋳形より出火致し、以前より有来〔候〕殿閣共に焼失におよぶ、秀頼建立には成兼候間、関東より御合力に被レ及度由に付、江戸表において彼是御相談あり、幸ひ*佐渡守駿府へ罷越候に付、達二御聴一候様にと是あり。於二駿府一御用の序、佐渡守申上候得ば、上意には、「御台は女儀にも有レ之、将軍も未年若き事也。其方抔よき年にて、左様成筋なき儀を、我等へ言聞せ候とあるは、沙汰の限りたる儀也」との仰にて、流石の佐渡守も大に当惑致し被レ居候処に、重て仰られ候は、「其方抔も篤と了簡いたして見よ。南都の大仏の事は、聖武天皇の勅願を以、本尊・堂とも建立あられたるとの儀也。然る処源平取合の節、*平重衡

なるに　底本「なり」。

仏法を信ずべからざる事　斉昭の仏教・僧侶に対する反感は、本項以外にも随所にあらわれていることに注意。

京都大仏殿　方広寺（京都市東山区にある）の大仏殿。天正十七年（一五八九）秀吉によって建立されたが、慶長元年（一五九六）の地震で大仏は亀裂が入り、破壊された。この大仏を、豊臣家の資力消耗をねらう家康の勧めもあり、秀頼の手で造営する工事が進められたが、慶長七年（一六〇二）失火で大仏は熔解し、大仏殿も焼失した。同十四年に、家康の勧めで、再び工事が始められ、十九年には完成した。しかし梵鐘の銘の問題（「国家安康」「君臣豊楽」）が生じ、大坂の陣による豊臣家滅亡の端緒となった。なおこの話は駿河土産二にみえる。

江戸御台所　秀忠夫人（前出、一一六頁）。淀君の妹。

佐渡守　本多正信。前出（一二三頁）。

平重衡　清盛の子。保元二年（一一五七）—文治元年（一一八五）。治承四年（一一八〇）清盛の命により、南都を焼打、東大寺大仏殿も焼失した。

火を放て焼失に及となり。然るにおいては時の天下取の儀なれば、*右頼朝より建立可ㇾ有儀なるを、*俊乗坊と西行法師と心を合せ、諸国を勧進して建立を遂たると〔也〕〈*仏事を信じ給はゞ、誰建立にても能き事と思はずば、賞給ふ筈也。是にても信じ給はぬ事可ㇾ奉㆓承知㆒なり〉。聖武帝勅願の大仏殿をさへ、頼朝は構ひ不ㇾ被ㇾ申と見へたり〈天下取は、天下の人民を安ずるを第一とす。右の如く無益成事はせまじき也との上意難ㇾ有事也。是〔を〕以て押考(おしかんがうれ)ば、一国一郡を治るものも、また此心得なくんば有べからず〉。まして京都の大仏とあるは、太閤秀吉の物数奇をもつて建立致し被ㇾ置たる儀なれば、親父の志を〔相〕続て、秀頼の建立は格別、将軍より構ひ可ㇾ被ㇾ申事にあらざるよし、其方江戸へ帰候はゞ、将軍へ可㆓申達㆒」との上意にて、同〔く〕被㆓仰出㆒候は、「大仏の事に不ㇾ限、惣じて日本国中は、古来よりの由緒有(ある)堂社仏閣といふが数限り無ㇾ之儀也。其由緒をさへいひ立れば、悉く取上、修覆建立等不㆓申付㆒候で不ㇾ叶といふ事にては有べからず。幾重にも用捨勘弁の可ㇾ有儀也。ましてや大小によらず、寺院を新に建立抔と有儀は、必もつて無益の事なるべしと、将軍へ申達(まうしたつし)、年寄どもへも、能々申聞候様に」との上意被ㇾ遊しと也。

*有徳公、常々御座の間〔の〕左右に、*諸神の*託宣をかけられて、御警(いましめ)とし給ふを、御小性・*御〔小〕納戸に写したまはりし託宣のヶ条の中の、一ヶ条に、「*夫(それ)天地を尊び、神明を敬ひ、祖父を祭り、宗廟を絶さずして、天の仕業をなし、仏法を退て、神祇を再拝し奉れ、よろず人よ、此事を疎かにおもふ事なかれ。疎におもふ者は万に違ふべし」。

斉昭謹按に、諸神の託宣抔といふものは後世の作なるべし。されども仏法の異端と相違して、其道は正道にて、たとひ後世に人の作れる物にもせよ、其理なるは神の御心に

右頼朝　駿河土産「右大将頼朝」。

俊乗坊　重源。浄土宗の僧。東大寺再建のために諸国を勧進、文治元年(一一八五)に大仏開眼供養、建仁三年(一二〇三)頃にほぼ完成させた。

仏事を…　教本などには、この注なし。

有徳公…　明君享保録巻八にみえる。

諸神　天照大神・竜田大明神など。

託宣　託宣。お告げ。

御小納戸　御小姓に次ぐ、将軍近侍の職。二之間以下に控えて、御小姓の指示に従い、将軍身辺の世話(理髪・食事など)をした。

夫天地を…　倭姫命(垂仁天皇の皇女)の託宣と伝えるもの。倭姫命世記に「夫尊ㇾ天事ㇾ地…」と、似た託宣がみえる。

も可レ叶、第一には明君有徳公の御心に叶ひ給へばこそ、御座右へは懸被レ置て、御警とし給ふ事なれば、御代々の将軍家にも、御言行とも三代将軍・有徳公の御真似をしたまへば、即ち有徳公の如く、後世迄も御美名残り、又宝永御代の御真似をなし給ひ、異端を信じ給へば、後世迄も闇君の御名残るべし。*孟子に、「誦二堯之言一、行二堯之行一、是堯而已。誦二桀之言一、行二桀之行一、是桀而已」と。されば有徳公の御言行を御真似し給ふて、〔永世まで〕御美名を残し給ふは勿論、三代将軍家の御時は、戦国近き世にて、被レ遊かねたる御事も有レ之。又有徳公にも、御一代にて被レ遊残したる事は、御代々時世御斟酌道理に叶ひ候様、時の宜敷に改め給ひて、神君より御譲りに相成たる徳川の天下を、万々世へ御伝へ被レ遊候様、伏て願ふ処也。一時の御計策に、仏法・僧侶を用ひ給ふ抔は格別の事也。仏法を実の道と思ひ誤りたる*人君、和漢古今共に絶て聖主明将の沙汰有レ之は聞も及ばざる事に侍るなり。

有徳公にては、*諸寺諸山の神社仏閣の札守、数限なく御城へ差上るといへども、夫は唯旧式の通りを御立被レ遊、唯御内々にては、伊勢の御祓、日光の御鏡より外に御頂戴はなく、日々天道を御拝礼被レ遊、御慈悲深かりしと云々。

斉昭謹按に、異端の仏法は格別、式内の神社の御札抔は、御拝礼有ても可レ然程の事成が、夫迄も御構ひなく、唯伊勢の御祓と日光の御鏡の外、御頂戴無レ之御卓見、凡人の及ぶ所にあらず。凡夫は日本の神とさへいへば、何もかも同様と心得、又愚夫は仏法は異端といふ事さへ弁へず、神仏と一口に唱へ、神も仏も同じ様に思ふ者は、迚も論ずるにたらざれども、本朝に生出候人は、貴も賤も皆天照大神を奉レ始、名将賢臣の血脈にて、

孟子に…　告子下にみえる。

人君…聖主　教本「将軍は、相模入道清盛を始として、」。維新史料本もほぼ同じ異文。

諸寺諸山の…　出典未詳。英明録巻十に同趣の記述がある。

衣食住を足し、子孫の昌栄をなしぬる事なれば、日本の道を尊みて、*夢々異端の偽言を信ずべからず。*於二神国一は、異端の仏法は則神敵なる事勿論也。さる故にや指を屈して古昔よりの天帝を始奉り、将軍大名抔甚敷仏を信ぜし人をあらまし数ふるに、其子孫不レ絶はなし。是によりて子孫長久ならん事をおもふ人は仏を信ずる事なかれ。

*有徳公御治世の時、むかし高野山の*明遍(みょうへん)、相国寺の*瑞渓(ずいけい)が、*年忌・遠忌(おんき)を弔ふ事は、仏説仏経に曾て是なきと申せし由〈*或書曰、平家盛んなりし時、*桜町中納言成範(しげのり)卿の御父*少納言信西入道の十三年忌に当り給ふ。其比てん下の碩学秀才といふ高野山の明遍大僧正は、則信西入道の御子にて、成範卿の弟也。爰を以て亡父信西の十三年忌の仏事作善の事は、明遍僧正を呼て是に任せんと思召、高野山へ使をして明遍を呼給ひ、此法事の事を相談有しに、明遍の返答には、「某(それがし)高野山に住て幽谷の間に昼夜のわかちなく一切経を披見(ひらきみる)に、眼をさらすといへども、死て一周忌の弔ひ、三年忌の弔ひ、乃至十三年三十三年五十年等の遠忌を弔ふ事、仏説仏経に曾て無き事也。釈迦の教は、譬へ重悪十死の者たりとも、引導の功徳を以て成仏させんとある誓なれば、三年も七年も十三年も迷て流伝する亡者はなし。此説すら未顕真実の時の説法にて、釈迦いまだ真実を説給はぬ時也。仏法の真実を以て云時は、人死て魂魄空に消え其体となりて何を善とし何を悪とし、何を兆として是を弔ひ是を供養する事あらんや。仏法の真実と方便と右の如し。然れ共儒家に祖の神霊を祭り、神道に祭礼といふ事あり。是は、去ものの日々に疎くして、親にても子にても其死たる時のやうに不レ存、五年も三年も隔る時は、親の事も子の事も疎く成を以て、其志を改んため、三年七年十三年等の祭を致すとなり。是を当代の出家学びて遠忌弔ふ事なれば、拙僧へ父の十三年忌の法事御任せあらば、仏法にて申せば御無用可レ被レ成候、儒道神道にて被レ成候はゞ格別」と被レ申たり。又*東見記曰、「京都相国寺瑞渓、考二一切経一曰、此内忌服紀之事、無二仏説一之論、其後仮二儒者祭法一始二年忌一」と云々〉を聞召、上意に、弥明遍・瑞渓が博学ゆえ右之通りに申たるが誠也や、又今出家も

夢々　努々。

於神国は…仏を信ずる事なかれ　この一節は、底本・国会本・内本にはあるが、他の諸本にはなし。

有徳公御治世の時…　以下、一四四頁の「…祈り奉る所也」までの一段は、南本にのみあり、底本など諸本にはなし。

明遍　藤原通憲(信西)の子。三論宗・密教を学び、高野山では蓮華三昧院を建立し、修業した。のち法然に会って、専修念仏の行者となった。康治元年(一一四二)—元仁元年(一二二四)?。

瑞渓　瑞渓周鳳。臨済宗の僧。相国寺主となり、八代将軍足利義政の信頼を得た。漢詩文にすぐれ、また『善隣国宝記』を編集、『臥雲日件録』を著した。明徳二年(一三九一)—文明五年(一四七三)。

年忌・遠忌　年忌は年毎の当月当日の忌日。遠忌は三年忌以上の遠い年忌(十三年忌・十七年忌・二十五年忌・五十年忌など)。

或書曰…　出典未詳。明遍が十三年忌を断わった話は、元亨釈書第五などにみえるが、ここの文とは異なる。

桜町中納言成範卿　信西の三男。邸内に桜を植え並べて愛でたので、「桜町の中納言」と呼ばれた。小督の殿の父。保延元年(一一三五)—文治三年(一一八七)。

少納言信西入道　藤原通憲。後白河院の近臣として活躍、平氏とも提携

俗も親の年忌は弔ふ事と存て、仏事・法事を致す事誠なりや、此両様の内真偽なくて不レ叶、此旨委細にあらため可レ致二返答一と、諸宗の名ある和尚・長老へ被二仰付一候処、弥明遍・瑞渓申せし通りに候也、諸宗の出家より是と正敷申上る坊主一人もなし。仍て御代々上野又は増上寺におゐて御弔ひ事には*万部なりしを、此時より御改め被レ遊。

*享保壬寅年三月十五日、御礼過万石以上之面々へ、月番老中*戸田山城守、左之御書付之趣、有増(あらまし)申渡、追て御書付出る。

一、御代々御年忌御法事之節、毎度勅使被二仰付一候得共、兼々思召の品も有レ之に付、*当四月之御法事より御辞退被二仰上一候。且又読経之儀も自今以後は千部を限り或は三百部或は百部可レ被二仰付一候間、私の法事も右に准じ、分限相応に可レ致二修行一事、但、

作法等は略すべからざる事。

是さへなくても可レ済に、夫も急に坊主共の迷惑を御察し御減にて被二仰付一しは御尤至極の御慈悲也〈中略〉。此外諸寺の堂塔伽藍抔、曾て公御修復御造営も無レ之は、皆御博学故に日本の旧記古格を御改めの上にて、御捨置被レ遊たる事にして、御一人の思召に非ず。不レ知坊主は己が不学文盲を指置、色々の説を申は文盲故也。

斉昭謹按ずるに、万部の読経一概に停廃し給はゞ、僧徒の口すぎ成間敷と仁慈の尊慮を以て、先本文の如く漸を以て減じ給ひしは、実に難レ有御事也。かくまで御世話被レ為レ在候程成ば、其本に立返りて*度僧の制度を立給はゞ、四五十年を過ずして僧徒過半減少し、良民多く成て、神国の大幸成べかりしに、当時の有司奨順し奉らざるは如何にぞや。今試に其利害得失をいはむに、乞食非人に米銭等を与ふるの数を減ぜむよりは、第一に

して藤原信頼に対抗、のち平治の乱で殺された。学者としても知られる。嘉承元年(一一〇六)―平治元年(一一五九)。

東見記　人見卜幽軒(朱子学者、水戸徳川頼房の侍講)が林羅山の故事についての話を編集したもの。二巻。貞享三年(一六八六)刊。

此内…　東見記巻下では「此経之内、忌年服紀之事、曾無レ之、故仏者借二儒道一而用レ之」となっている。

万部　万部経。万部の経を読むこと。

享保壬寅年　享保七年(一七二二)。なおこの法会減省令は、御触書寛保集成、雑之部、二九三一にみえる。

戸田山城守　忠真。正徳四年(一七一四)より老中。下野宇都宮城主、七万七千余石。慶安四年(一六五一)―享保十四年(一七二九)。

当四月之御法事　徳川実紀、四月二十六日条「有章院殿(家継)七年周忌の御法会増上寺にて行はれ、千部読経あり」。

度僧の制度　中国や律令制下の日本にあったような、僧尼となるためには官から度牒を得ることを定めた制度。

勧農の政行届きて、乞食に成者少き様あらまほしき事也。凡世中に僧徒程害有て益なき物は非ず。かりそめにも御代々の将軍家にて、有徳公の遺志を継述し給はんとならば、上古の制に基きて度僧の法度を立させられ〈度僧の事、委細は令の義解*にあれば文略す〉、其上にも幼年無心の中より僧になす事を禁制し給ふべし。畢竟は幼年無心の中に僧侶に引入らるゝ故に、追々成長にて後悔すれども帰俗も成兼、無ㇾ拠破戒不如法も出来ぬる所、人道にもとりたる異端邪法の神敵の道背きたりとて、夫々の刑に成もいたましき事也。されば廿歳以上に成て弥宗法を一生仕とぐべしと思ふ至愚の者のみ僧侶にし給ひ、破戒不如法一切無ㇾ之様厳重に制し給ひ、少も其宗法に背きたる人は帰俗なさしめ、夫々のすぎはひ相成様に仕向給ひて、良民となし給へば、大なる御仁政なり。又世に名僧のみ出来ぬる様、厚く御世話有時は、異端の出家おのづから減じぬべし。彼が法を以て彼を自滅さすべきは良策ならずや。区々の誠忠窃に祈り奉る所也。

東照宮の御時、慶長十二年*彦坂小刑部*御勘気を蒙るの条、御免可ㇾ有由、増上寺国師*御詫言被㆓申上㆒処、仰に、武家の作法に差出ケ間敷被ㇾ申間敷旨被㆓仰出㆒、御許容なかりき云々。

斉昭謹按に、詫言申訳抔は、僧侶の持前ともいふべきなれども、夫さへ御用ひなきにても、御政事向の儀へ、一切出家の口出不ㇾ成事知るべし。統（すべ）て出家と狐狸は、正き人をば惑し難き故、婦女子の方へ取入、婦女子の中に、偽言を信ずる人有時は、愚婦愚民は欲にまよひて、仏を信心せば極楽へも行かるゝと惑ふ心出て、我も〳〵と偽言を信心する事になれり。扨又婦女子に信心の者有時は、其子迄も異端の邪法に引入られて、何の訳もなく、仏法といふ物は難ㇾ有様に思ふ者なれば、兎角奥向を始、婦女子に〔て〕仏法

令の義解　令義解巻二の僧尼令をさすか（私度の禁止など）。

慶長十二年　一六〇七年。ただし、徳川実紀には、元和元年（一六一五）閏六月二十八日の条にみえる。

彦坂小刑部　元正、また元成。家康に仕え、代官・江戸町奉行などをつとめたが、不正があったとして、慶長六年（一六〇一）閉門、同十一年改易。

増上寺国師　慈昌。号は源誉存応。勅諡号は普光観智国師。増上寺第十二代住持。家康・秀忠の帰依が深く、増上寺を関東浄土宗の中心的地位に高めた。天文十三年（一五四四）？—元和六年（一六二〇）。

流石出家…　この注、教本などなし。

不孝に有三…　孟子、離婁上にみえる。

藤沢　藤沢市にある遊行寺、藤沢山清浄光寺。時宗総本山。正中二年

を好む者なきよふにする事肝要也。却て出家にても、立上りたる者は、仏法は偽事と、我心には知りながら、人を欺が今日の役のごとくなれば、偽と知りつゝ異端と知りつゝ、人にときて聞するは殊に悪むべし。恐多も宮家の御方々は、皆歴々の王孫にまし〳〵候得ども、御剃髪にて、夷狄の衣をさへ服し給ふは、いづれにも歎敷御事にて、譬ひ仏法は悪きと悟り給ひても、其職と成給ひては、悪きとも被ㇾ仰兼、又悪きと被ㇾ仰んには、肉食妻帯を好み給ふ様に聞へん事を憚り給ひ、あたら嫌疑にせめられて、仏法を実の道の如くとき給ふぞ浅ましき〈*流石出家にても孝道を悪きといひては、人々不ㇾ服故、口には孝道を尊びながら、*不孝に有ㇾ三、無ㇾ後大とすといふこと、いかゞおもふにや〉。我東照宮にては、戦国に生給ふ処、戦国には、武士は弓馬にのみ心を用ひて、学問有ㇾ之者少ければ、僧侶にても学僧にても、知謀有ㇾ之者、又於二其道一は、悪僧と思はしき者にても、勇猛にて御味方とも相成御益有ㇾ之抔は、一時の御良策にて、御懇に被ㇾ遊たるもあれば、僧侶の方にては、実に仏道御信心の様に申せども、畢竟御信心に無ㇾ之証には、御庶子姫君方の中、僧にし給ふ御方は、一人として無ㇾ之にても可ㇾ奉二承知一事也。*藤沢の末寺*万徳寺の開山は*義季〈義季は親氏殿より八代以前、神君より拾六代以前なり〉御息女お吉の方といふ、甚の悪女にて、縁組し給ふ処なく、比丘尼寺となり給ふ。又親季殿〈神君より*拾壱代已前なり〉と其御子有親殿は、後花園天皇*永享九年二月の頃、足利将軍*義教、新田の余類を捜り求めける故、不ㇾ得二止事一して其難を遁れんが為に〈四月廿日危急の難を免れ給ひ、此日を一期の終と思召、遊行の弟子にならせらるゝ云々見へたり〉心にもなき剃髪して、*藤沢拾六代の弟子となり、親季殿は徳阿弥、有親殿は長阿弥と号し、*喝食して世を忍んで、三州迄随巡したる頃、*三州の松平、遊行を崇敬の上は、予男

（一二三五）開創。

万徳寺　満徳寺。上野国新田庄にあった尼寺。縁切寺として知られる。「お吉の方」は義姫とも書く。

義季　新田義季。新田氏の祖、義重（一一三五—一二〇二）の四男。鎌倉幕府に仕えたが、のち出家して新田大入道と称し、新田庄世良田郷徳川の邑に住んだという（徳川実紀）。徳川実紀などによれば、徳川氏の系譜は次のとおりである。義季—頼氏—教氏—家時—満義—政義—親季—有親—親氏—泰親—信光—親忠—長親—信忠—清康—広忠—家康。

拾壱代已前　「拾代以前」が正しいか。

永享九年　一四三七年。

義教　室町幕府六代将軍。応永元年（一三九四）—嘉吉元年（一四四一）。

藤沢拾六代　時宗第十六祖、南要（一三八七—一四七〇）のこと。ただしこの前後のことは、諸書の記述まちまちで、史実は不明。親氏が徳阿弥と号したともいう。

喝食　食事を告げる役僧、また有髪の侍童の称。ただしここは乞食の意か。

三州の松平…　徳川実紀などには、親氏が時宗の僧となって父有親と共に諸国をさまよい、三河国碧海郡の酒井五郎左衛門の婿となって忠広を生んだが、妻に死別して、同国加茂郡松平村の松平太郎左衛門信重の養子となって松平家をついだとある。

子無レ之故、家を相続すべきものなし、遊行の徒衆の中に可レ然由緒の人有レ之ば、遺跡に可ニ相定一よし懇望の間、喝食長阿弥陀仏を、遊行より松平え被レ進、長阿弥を後有親と申。〔*其子松平太郎親氏といふ、是も危急の難を逃んが為、遊行の弟子と成、喝食したまふ事にて、〕本より仏道を信じ給ひて、弟子となり給ふにはあらず。命にはかへがたき故、一時の策にて喝食し給ふ事也。右の外、東照宮、天下をしろし召てより此かた、御代々御庶子姫君方を僧侶にし給ふ事不レ奉レ伺〈今遊行寺は、御由緒有迚、天下に横行すれども、喝食の弟子としたる迄也。非常の節は何にも身はやつすべし。夫が為に今以、由緒有とて、遊行坊主の横行するはわけもなき事也。信長・秀吉抔には正敷神君にても恩に被レ為レ成候事あれども、夫さへ今は構もせず。是は御構ひなきがよき事なれども、〔夫さへ〕御構なきうへは、神君拾一代ばかり先の御方、遊行喝食の弟子に一寸なり給ふをもつて、今に遊行坊主天下に横行するはあるまじき事にて、*第一国々所々遊行坊主の仏教に欺るゝ者なければ、御威光を貸りて押付、剰さへ此坊主泊れる地にては、必芝居・角力など初て人を寄る事となり、村々の風俗の害となり、御徳義迄損ずる事也。扨遊行坊主に不レ限、寺院において、富・角力・芝居・躍等有るは、皆異端の仏教のみにては人を欺き貪ること不ニ相成一ば、かゝる事に成行たる也。いつ釈迦が博奕等したるか、何経にも未レ及レ聞事也〉。

〔且〕神君薨御の節御遺言にて、神道に可レ奉レ祭由の仰に付、*吉田の庶流にて、宗源の唯一神道にて、久能山へ御葬式に相成たるを、*唯一にては僧侶共拘事不ニ相成一故、其儀〔を〕残念におもひ、其後*天海僧正が邪智を以、台徳公を奉レ欺、宮家の方を我弟子として関東え下向致置時は、万々一奸賊のため*至尊を奪取れたる時は、此方え下向致し置所の宮家を以、至尊とする時は、朝敵に不ニ相成一との儀を主張し、夫に付ても色々と説をときて、終に神君の尊意は*山王神道にて、*両部の思召也とかこつけたり〈但台徳公を初め奉りて、

其子松平太郎親氏… この一文、底本・南本・国会本などになし。教本によって補入。

第一国々… 以下の注、教本などにはなし。

吉田 吉田神道。卜部神道。唯一宗源神道。唯一神道。

唯一にては 神を本地とし、仏を垂迹とする唯一神道(卜部・吉田神道)では。唯一神道は理論的には、後出の両部神道の論理を逆転させたにすぎず、仏教の教説の影響を強く受けているが、政治的には仏教界から神職を独立させた。

天海僧正 慈眼大師。天台宗の僧。家康の知遇を受け、政務に参与した。彼の主張により家康の柩を久能山より日光山へ遷し、輪王寺を建立、また上野寛永寺を興し、大蔵経を刊行した。天文五年(一五三六)?—寛永二十年(一六四三)。なお寛永寺の座主は、正保四年(一六四七)以後、皇室より皇子をむかえることになった。

至尊 天皇のこと。

山王神道 正しくは山王一実神道。天台宗本山延暦寺がその鎮守である日吉神社(山王権現)を中心として唱え出した神道。その教理は比較的早く確立していたが、天海によって集大成されてから広く信ぜられるようになったという。日吉神道。両部神道の一。

両部 厳密な意味での両部神道は真

〔其〕ときの御役々、何れも御遺言に違ふて、両部に可レ〔奉レ〕祭よふなし。〔其後〕天海坊主の邪智にておもひ付て、台徳公を奉レ欺、御遺言は両部神道なりとかこつけたり。*慈眼大師縁起抔いふものは、一切信ずるに不レ足、自分勝手の事のみ書たる物也。其外天海坊主は智謀有し故、定て神君御約束抔といふ事、認(したため)残し置たらんと思はるゝ也。*貴も賤も、遺言といふは、其時は用ひたるも、程過れば違ふ事も有もの也。是にても久能の御葬式、御遺言に不レ違と思ふべし〉。第一には、神君の御遺言にそむき、次には宮家を下向して我弟子とし、此末万々一〈*一寸承る時は尤の様なれども、かゝる時日光の宮を至尊にかへ、至尊に弓引は日光の宮ぐるめ朝敵にて、〔心あらん人〕たれか組し可レ申〉、至尊を奪はれたらん時は、我弟子の宮を至尊とすれば、自分は開山の事故、至尊の御先祖同様尊(たつと)ばれんと、深遠の巧を〔な〕せるもの也。何様奸賊のため、至尊を奪れ、日本開闢より皇統綿々たるを、万々一絶さん事を憂ひ給はゞ、宮家を御二人も御三人も、御手厚に御下向被レ遊候事不ニ相成一訳も無レ之、至尊の御血統の絶んことを重んじ給ひて被レ遊候事ならば、何ぞや於ニ京地一も彼是の思召有べきなり。夫が為に*御主人家を坊主になし、堂守とし給ふ事、神君にて太政大臣を辞退被レ遊、又御廟を結構〔に〕不レ致様にとの尊意には叶申間敷、全く天海坊主の邪智より出たる事なり。*譬へば御普代大名の中にても、神君の御為に命を捨て忠を尽したる人々数多有処、是皆神君にて天下をしろしめし給ふに有益の人々なれども、其者の為に将軍家を初め、三家三卿御家門の人々の庶子姫等を、僧として堂守にせんと有ば、許容はせまじき也。されば大小の相違は有レ之共、理において主君家の人を坊主として、堂守にするといふは有まじき事也。神君〔の〕思召は勿論久能山へ御葬式も唯一に被レ遊候上は、台徳公思召も御同様なるべし〈神君を初、御代々御庶子姫君を僧とし給はぬをおもへば、僧にし給ふ事は好給はぬ故なれば、

言の教説を基礎とする本地垂迹説に道教的色彩が加味されたものであるが、斉昭はこれを真言にかぎらず仏教を本地とする神仏習合の教説一般を、唯一神道に対立するものとして用いているようである。

慈眼大師縁起　東叡山開山慈眼大師縁起。二巻。胤海の著。延宝八年(一六八〇)刊。

貴も賤も…　以下の注、教本などにはなし。

一寸承る時は…　教本などになし。

御主人家　皇室をこう呼ぶことの意味について次注参照。

譬へば御普代大名の…許容はせまじき也　皇室—幕府関係を幕府—大名関係のアナロジーとして把えていることに注意。両者は元来全く異質のものであり、頼朝が鎌倉幕府を開設した頃、「天下の草創」と称したと伝えられている(吾妻鏡、文治元年十二月六日条)。

御身にて好たまはぬ事は、天下の万民まで押及ぼし給ふが、天下をしろし召るゝ御方の御役にて、*大名はじめ自分〳〵不ㇾ好事は国民へも押及ぼすべき事なり。夫を況や好み給はぬ事を以て、御主君家を異端の僧として、堂守にし給ふ御事、神君の尊慮に可ㇾ応事にあらず。且、天下の衆人、理ある方へは付く物也。徳川永世の御為を見通す時は、神君の御宮、伊勢抔のごとく、唯一神道に祭給へば、尊敬し給ふ処も此上なし。又御主君家を出家〔と〕し給はざれば、行末迄も無理といふべき廉なく、且又、宮家を御二人なりとも御三人なりとも、関東へ御差置被ㇾ遊候得ば、〔御〕手厚にも可ㇾ有ㇾ之也。徳川の天下御万々歳と不ㇾ祈ば、今のよき様に可二申置一なれども、御為御万々代と奉ㇾ祈ば、我身をかへり見ず、深遠に見抜たる処を認め侍るなり〉。全く天海の邪智より起たる事なれば、神祖御遺言の通、日光を始唯一神道に御尊敬被ㇾ遊〈*上野御宮、*芝安国殿抔は無ㇾ已ば暫く是迄の通にても可ㇾ然也〉、宮家を下向とし給ふは、御二人も御三人も、御手厚に御下向にし給ひ、其外親王摂家方より出家し給ふ事を禁じ給ふべし〈*但、禁じ給ふのみにては親摂にて御差支は勿論なれども、是は何程も仕方有べし〉。されば第一に得度の法を立、天下〔の〕僧徒自滅し、又神道を尊び給ひて、人々仏を信ずる心を薄し、其外勢ひによりて是を正道に導引給はゞ、日本国中異端の邪道絶て、善道にかへり可ㇾ申也〈*古への令には、得度の法あれども、〔御〕治世以後今以得度の御定なく余り乱りなり〉。*八宗共に其元は同じ異端にて、切支丹の拙き物なれば、いづれも正道にかへし給ひ、法親王等は親王等の通りに被ㇾ遊、其外の僧侶は皆御武用の為、寺格寺領によりて、御旗本より夫々身柄に応じ召遣ひ給はゞ、日本国中にて拾万寺と見通し候ても、莫大の御味方出来ぬべし〈*禅宗一万百八寺、黄檗九千百寺、真言宗一万千百寺、浄土宗拾四万弐拾寺、法相宗五千三百弐拾寺、遊行宗六万七十六寺、天台宗千八百弐拾寺、*大念仏宗千五百拾寺、西本願寺宗四万五千拾寺、東同八万八千三百五拾四寺、*高田門跡七千五百弐拾寺、日蓮宗八万三千弐拾寺、

大名はじめ…好み給はぬ事を以て　教本なし。「且、天下の衆人…」以下の注もなし。維新史料本は「(御役)ナリ。況ヤ御自身ニテ不ㇾ被ㇾ好コトヲ。御主君家ヲ異端ノ僧トシテ御堂主ニ被ㇾ遊候事、神君ノ尊慮ニ可ㇾ応事ニアラズ。長キ内ニハ有志ノ御方有ㇾ之時ハ天下ノ乱ノ基ナリ」とあり、以下の注なし。

上野御宮…　この注、教本などにはなし。上野御宮は、寛永寺内にある、家康をまつった東照宮(寛永四年(一六二七)造営)。

芝安国殿　増上寺内にある、家康の霊廟。元和二年(一六一六)の創建。東照宮ともよばれる。

但、禁じ給ふ…　この注、教本などになし。

古への令には…　この注も、教本などになし。僧尼令に私度を禁じている。

八宗　南都六宗と天台宗・真言宗。ここは仏教各宗の総称。

禅宗一万百八寺…　この注、教本などにはなし。南本では欄外に注している。この注の典拠は不明であるが、梅翁随筆(日本随筆大成二期六所収)にみえる「日本諸宗寺数の事」(寛政十二年の四天王寺修復寄進の割当のための数値)の内訳が最もこれに似ている。実際の寺院の数は本文にいう十万に近く、九万位であろうという(法蔵館版日本仏教史Ⅲ)。

物〆四拾六万三千七百五十寺也。右寛*政十二申年摂*州天王寺御修復、諸宗へ十七ヶ年の間、一ヶ月銭三文ヅヽ、月掛被二仰付一候。右惣〆高落行も可レ有レ之歟。〆高は四拾六万弐千九百五拾八寺と成る。本書と差引七百九拾弐ケ寺不足。律・華厳等の宗不レ見。此分落行にも可レ有レ之歟〉。尤唯今の僧は、何の御用にも不レ足ども、其子に至ては、頗御用に立べき也。拾万の寺、一寺拾人ならしと見候ても、百万人にて、常々偽をいひて、手足をも不レ動、民の辛苦して作りし粟を食し、日本へ生出ながら夷狄の本尊を拝み、非常の節、御国恩を報ずる事も不二相成一、父母の血脈をも絶る如き不忠不孝、且は無益の遊民、其上又今の僧は、日*本の令にも背(そむき)、又*梵網経の仏戒にも背き〔たれば〕、彼が法中より見る時も罪人也〈令并梵網経の事は、論長ければ此処にしるさず。仏*教は樹下石上乞食して世を渡ると聞、今の如く僧侶金貸等せるは不レ聞。迚も今の僧侶の仏戒に背事は数へ難ければ、逸々(いちいち)とふに不レ及、其内高野を始、金貸して大金集るはかならず行末是等も此天下を乱す成るべし〉。〔是等も〕祖宗の法を変通し給はゞ、永世の御仁政不レ可レ過レ之。何とか御所置有度事也。されど此事は、第一に仁心を本〔と〕し、勇をもつて決断し、又智を以て是を助けざれば、なし難きわざなるべし。

大念仏宗　融通念仏宗のこと。良忍がはじめた浄土教の一宗。

高田門跡　浄土真宗高田派(専修寺派)のこと。専修寺は永正八年(一五一一)頃、後柏原天皇の皇子真智が入って以来、門跡となった。

寛政十二申年　一八〇〇年。

摂州天王寺　いまの大阪市天王寺区にある四天王寺。聖徳太子がはじめに建立したのに由来。享和元年(一八〇一)に焼失、文化九年(一八一二)再興された。

日本の令にも背　下の注にいう僧侶の金貸については、僧尼令の不得私畜条に「凡そ僧尼は私に園宅財物を畜へ、及び興販出息することを得ざれ」とある。

梵網経　大乗菩薩戒の根本聖典。十重戒・四十八軽戒を説いている。

仏教は…　以下の注は、教本・南本などになし。

夷狄を近づくべからざる事

東照宮上意に、武*家は武道を忘ざるがよきぞ。子細は太平成迚(なりとて)、武家公家の如くに成りて柔弱美麗を好むは、譬へば真剣は用なし迚、木刀を差すに似たるぞ。又は将軍を始〔め〕国主郡主勇を好て、軍法を不レ用は、木刀に鉄小刀を差すに同じ。〔武*道を不レ好して柔弱を事とするは、木刀に木小刀をさすに同じ。〕如レ此の武士は、大身ほど味方にして必災とな

武家は…　東照宮御遺訓にみえる。

武道を…　底本・南本などになし。教本により補入。御遺訓にもあり。

り、敵にして味方に大利あり。また小身たりとも、武道の達人は敵にして慢(あなど)られず、味方にして頼(たのみ)有り。小人数にて、大事の先手に用ひても疑はしからず。大勢なりとて、武道不案内の大将を先手に用ゆる事なかれ。先手の大軍の崩れかゝりたるが、味方の禍となるぞ。自然の事有レ之時は、先手を能々僉議せよ。昔し異国より日本を攻んとはかる時は、*武内大臣九州に在て異国を押へられたるぞ。是則ち剣の利をかたどりての事也。剣は切先のかねを第一に吟味するぞ。子細は切先はまづ敵に早く逢て、或は切り或は突き肝要の処也。此故に日本の大先手に、神代には*住吉大明神、人代には武内大臣を置れたるぞ。今以此心を不レ可レ失。右にもいひ聞する如く、異国乱るゝと聞ば、九州に能き武将を撰み、異国を押へさせよ。*日本中の軍は、勝負共に其一家計(ばかり)の盛衰ぞ。和漢の争ひは、負たる時は日本国の恥、勝てば日本国の誉れぞ。異国の取合程大事なる事はなし。若異国乱れば、此心得にて押へを撰み給へといふ事ぞ。文永弘安に異国人渡りしも、日本数代治平の事を、*元(げん)の世祖能々聞き、また蒙古武勇に誇ての事ぞ。文禄の朝鮮征伐の事も、朝鮮数代治平なる故、柔弱にして武道の事を忘れしと、秀吉武勇に誇られてとの弐ツぞ。然るに武道不案内の者は、太平には武道を取失ひ、彼(かの)木刀を用ひるに似[た]り。木刀も形ちは刀に似たれども、真の用には立ず。武道不案内の武士も、形ちは武士にして、用は百姓町人に劣れり。此故に武家武道に達するを、家職を知るといふ。天下の大宝也云々。

同上意に、*人は大小上下共に用心をなす事第一也。子細は、予岡崎一城の主たりし時は、近所に用心せしぞ。三州の主たる時は、近国に用心せしぞ。関八州の主たる時は、東海東山北陸三道の治乱を考しぞ。今また*日の本の主と成ては、諸異国の治乱を聞するぞ。子細

武内大臣　武内宿禰。古事記・日本書紀などにみえる伝説上の人物で、神功皇后が新羅など三韓を征討したときの大臣。

住吉大明神　大阪市住吉区の住吉大社にまつる表筒男命・中筒男命・底筒男命の三神をさす。神功皇后の三韓征討の際、征討の託宣をしたとされる。

日本中の軍は…　日本内部での戦いは、勝負がどう転んでも相争う家かぎりの盛衰の問題にすぎない。

元の世祖　フビライ。ジンギス汗の孫。一二一五—一二九四。

人は大小上下共に…　松永道斎聞書、上にみえる。東照宮御遺訓にも一部分同じ記述がある。

日の本の主　この家康の(と伝えられる)表現と、斉昭の皇室を幕府の「主人」とする考え方の差異に注意。

東山義政　足利義政。室町幕府八代将軍。東山に銀閣を作って住んだので、東山殿とよばれた。茶の湯を好み、村田珠光について学んだりした。永享八年(一四三六)—延徳二年(一四九〇)。

大内義隆　戦国大名。学問を好み、朝鮮・明と交易して一切経・儒書などを求め、出版をし、キリスト教の布教を許した。家臣の陶晴賢に襲われて自殺。永正四年(一五〇七)—天文二十年(一五五一)。

今川氏真　今川義元の子。領国を失い、僧となり、また高家として江戸

は異国乱るゝに、日本治たるとて油断するは、*東山義政の茶〔の〕湯、*大内義隆が学問、*今川氏真が歌道ぞ。今は諸異国も治平なれば、日本の政道迄也。若異国乱るゝと聞ば、其時に当りて、能(よき)武将を撰み九州に置、異国を押へさすべし。既に上古、神功皇后異国を退治の後、九州の中国、今の筑後国に武内大臣を被二差置一、異国を押へさせ給ふ。是異国の王*孫権〈斉昭按ずるに、孫権神国を攻んとせしこと、後にも*林道春の物語あれば、東照宮は道春より聞給ひしなるべけれど、何の書に見へたる事にや、いまだ其書を不レ見。されど上意は逸々(いちいち)的当の御事故、*旧記のまゝにしるすなり〉、日本を攻んとて数万人を渡す。然れ共神功皇后三韓退治の後、武内大臣九州に居り、政道の明白高大なる事を聞て、日本の兵と戦(たたかう)とも勝利なからんと、軍勢ひそかに語りしとぞ。異国〔の〕兵船半より帰帆す、偏に武内筑紫に在故也。此大臣人皇拾二代景行天皇より、*拾七代仁徳天皇迄、六代の政務弐百四拾四年棟梁の臣也。誠に目出度大臣、片時も大内〔を〕離るべき大臣ならざれども、如レ斯也。尤日本大臣の始めにて、歳三百六拾〈*旧記の儘にしるせども三百三拾の誤歟〉にして死なれたり。筑後国*高良(こうら)大明神是なり。其後人皇八拾九代亀山院の御宇*文永年中、鎌倉将軍七代目惟康、執事時宗代に、蒙古国北狄起り、中華を治め元と号す。日本を従へんと度々書翰を贈り、使を立けれども、日本にて不レ請。依レ之日本の武勇試に兵船千艘渡し、九州の内を乱妨すれども、はか〴〵しき一戦もなく矢種尽し故、千艘の船無事に帰帆して、日本の武威聞しよりも愚なりとて、*建治四年〈元本のまゝ認るといへども、弘安四年の誤りなるべし〉に蒙古兵船六万艘渡し、*平戸五竜山へ著岸す。然るに*八月朔日大風吹て蒙古の船こと〴〵く海中に吹流し、生残る兵をば八方に散す。是偏に元の世祖弓箭に取ほこりたる故也。文永の千艘の船を手痛く当(あて)ざるは、日本弓箭のおくれなり。是を手

幕府に仕えた。天文七年(一五三八)—慶長十九年(一六一四)。

孫権　三国時代、呉の初代皇帝。一八二—二五二。孫権が日本に出兵しようとしたことは史実とは考えられないが、林羅山の日本大唐往来には、神功皇后の時に孫権が一万余の兵を派遣したが、日本近海で疫病のため失敗したことを記し、本朝通鑑巻一の神功皇后三十年の条にも同様のことを記している。これは三国志、呉の黄竜二年(二三〇)の「遣二将軍衛温諸葛直一、将二甲士万人一浮レ海求二夷洲及亶洲一、亶洲在二海中一…」の記事を日本出兵の事と解釈したのであろう。

林道春　羅山。林家の祖。天正十一年(一五八三)—明暦三年(一六五七)。

拾七代仁徳天皇　ふつうには第十六代とされるが、神功皇后を一代と数えたのであろう。

旧記の儘に…　この注、南本・教本などにはなし。享年は不明だが、本朝通鑑巻二、仁徳五十五年条には「時年二百八十」とし、「或曰、仁徳七十八年、…三百十余歳」「紀氏譜曰、…年三百三十歳、或曰、三百七歳」と諸説をあげている。

高良大明神　高良大社。福岡県久留米市内にある。高良玉垂命をまつる。これは異説があるが、武内宿禰のこととされる。

文永年中…　モンゴルが国号を元と定めたのは一二七一年。世祖フビラ

イは、一二六七年以来たびたび国書を送ってきたが、一二七四年(文永十一年)には壱岐・対馬・筑前に来襲、台風のため退却した(文永の役)。
惟康　鎌倉幕府七代将軍。六代将軍宗尊親王の子。文永三年(一二六六)三歳で将軍となる。正応二年(一二八九)退任させられ、嘉暦元年(一三二六)没。なお北条時宗は文永五年(一二六八)より弘安七年(一二八四)まで執権。
建治四年　一二七八年。二月、改元して弘安元年となる。注に「元本のまゝ」とある元本は未詳。改定史籍集覧所収の道斎聞書には「建武四年」とある。
平戸五竜山　長崎県北松浦郡の鷹島のこと(元史での呼び名)。
八月朔日　正しくは閏七月一日。続本朝通鑑は元史日本伝を引いて八月一日とする。

木曾判官　朝鮮の晋州城の牧使(地方官)。文禄二年(一五九三)に敗死。
寸善尺魔　世の中には、よい事が少なく悪い事が多いこと。また、よい事には悪い事がつきものであること。
日本国…　東照宮御遺訓にみえる。
甲斐庄喜左衛門　喜右衛門正述。承応元年(一六五二)一月長崎奉行となった。万治三年(一六六〇)没。この話は、寛永小説にみえる。斉昭は天保十年(一八三九)の建白にもこの家光の言を引いている(水戸藩史料別記巻三)。

痛く当てば、建治の兵船は渡海すまじきぞ。右の大風は頼にならざるぞ。然る時は良将を撰み九州に置て、手痛〔く〕当(あて)よ。尤万里の海上一帆に来る間、油断する事なかれ。兼ての覚悟第一ぞ。子細は身に灸をすると、また飛火の心得にて、油断と油断せざると、よろづ考へ見よ。秀吉朝鮮追伐の時、朝鮮王武道の心得少しもあらば、*木曾(もくそ)判官を釜山浦に置き、日本勢を押へさせば、朝鮮進発むなしく有べけれども、朝鮮数年治平にて、武勇悉く取失ひ、柔弱美麗なりしゆへ、何の子細なく攻込まれたり。秀吉彼の柔弱なる事を内々聞て、弓矢に取ほこりての事也。総て用心は太平の時成(なる)ぞ。*寸善尺魔(すんぜんしゃくま)とて、異国太平成時は日本より攻、日本治平成時は異国より攻る。平家太平成時は源氏より攻め、源氏太平なれば平家より攻るぞ。譬へば隣家の焼るに、我家の用心せざるは愚也、との上意なり。

同上意に、*日本国共に武道のすたらざる事、我朝の本意也。其故は日本太平にして武道怠る時は、異国より日本を伺ひ、又異国太平にして武道怠る時は、韃靼日本より大唐を窺ふぞ。彼の秀吉朝鮮の軍も是也。然れば日本武将は此心得第一なり。

大猷公、*甲斐庄喜左衛門長崎奉行被二仰付一時、日本の内にては御当家御亡び、他人天下を取ても、是は御一分の御恥計也。異国へ日本の地一寸たりとも遺しては、日本の恥也。左候得ば大切の事成に付、〔随分〕油断仕間敷由仰なり。

*土井利勝の家老早川弥五左衛門物語に、利勝、道春に尋けるは、「近年*黒田・鍋嶋等、異国の押へを被二仰付一たるが、古もケ様なる事度々有レ之事歟」と被レ申候得ば、道春申けるは、「公方様は〈大猷公也〉名誉不測の明君に〔て〕ましますと、恐ながら奉レ存候。上代にも九州の押へは代々御座候。異国の押へと申は、人皇十五代神功皇后三韓御退治被レ成、大*矢田

宿禰を将軍として新羅に留置、三韓の下知をさせ給ふ。武内を九州に被㆓留置㆒、異国を押へさせ給ふ。筑後〔の〕高良大明神是なり。今も異国の押へゆへ、十月此神は出雲に至り給はずとて、筑後にては十月を神有月といふ」よし語ければ、利勝申は、「さては公方様は神功皇后にて、黒田・鍋嶋は高良大明神にて候。目出度御事」と被㆑申ける時、道春、「御尤の儀にて候。むかし神功皇后の御宇、呉の孫権弓矢にほこり、日本え大軍を渡す。武内九州に在故、日本へ著岸せずして帰帆す。是日本の誉也。文永には渡る蒙古の船無事にて帰帆は、日本の恥也。子細は、千艘の船無事にて帰帆せし故、重て建治に大軍渡りたり*〈建治は弘安の誤なるべし〉。然共日本運強きに有(ある)や、八月朔日大風吹て、蒙古の船悉く海中に沈たりけれども、重ての事是有ても、大風は頼に不㆑成と、古老吟味のよし、去程に文永建治にも元王の兵を渡せしも、秀吉の朝鮮進発も同じ事也。いま*明も静ならず候得ば、異国の押へを被㆓仰付㆒は〔御尤〕至極に奉㆑存候」と申ければ、利勝申は、「公方様其通り被㆓聞召㆒候故、異国の押を被㆓仰付㆒たるは、名誉不測の上様にて、昔を今に繰りかへし、末を知らしめて被㆓思召㆒うへは、誠に明君にて候。今異国より兵起来るとも、黒田・鍋嶋先達て戦ひ申さば、関の戸は越へ申間敷、定てこの両人衆油断成間敷き也。自然の事有て、御人数を西海へ遣わさるゝとも、此両人万事手遣(づか)ひ手配に心懸の事なれば、俄に被㆓仰付㆒遣わさる御人数にても、懸引勝負人数立、大形合点仕る事に候得ば、是又御為也。何としても其役人なれば、自余の衆とは格別なり」と被㆑申ければ、道春申は、「誠に*学の前に書成るにて候間、其段は大に違ひ申べし」と申ければ、利勝申は、「上様に思召るゝは、制禁被㆓仰付㆒るゝ黒船よりも、明を御心元なく思召さる。明は日本へ近き国なる故に如㆑斯し。長崎津内に有㆑之唐

土井利勝の…　松永道斎聞書、上にみえる。

黒田・鍋嶋…　寛永十八年(一六四一)黒田藩ほかに長崎守衛を命ぜられ、同二十年より、黒田藩と鍋島藩と交代に長崎の警固をつとめることになった。

大矢田宿禰　新羅を征したとき鎮守将軍として留まったことが、新撰姓氏録、右京皇別下、真野臣の条にみえ、本朝通鑑巻一にも同様の記述がある。

建治は…　この注、教本などなし。

明も…　十六世紀以後反乱が相次いで衰え、一六四四年滅亡した。

学の前に書成る　「学の前に書来る」(志さえあれば、その実行手段は自然に得られること)と同意のことわざか。或は誤写か。道斎聞書「…書来る」。

船共は、懐中の毒蛇ぞ。少しも油断は成間敷事と思召さるゝに依て、*石火矢(いしびや)数多御預け差置れしぞ。其上*日本中の事は、縦(たと)ひ戦ひ負ても其一家のおくれ也。異国の押の儀能(よく)すれば日本の誉也。悪〔敷〕する時は日本の恥辱也。依レ之長崎御番人は、勝れて大儀と上様にも被二思召一。殊に明よりは、日本を望たる事度々也」云々。

斉昭謹按に、上代とても、異国より日本を窺(うかがう)の患有りしゆへ、本文の如く、武内大臣を筑紫に被二差置一、又三代将軍家御代には、異国船の沙汰も今の如くに無レ之に、大猷公、黒田・鍋嶋等へ命ぜられ、防禦永続被二仰付一たるは、深遠の御仕置と奉レ感も余りある事也。扨又大猷公上意の趣、明は日本え近き国なれば、黒船よりも無二御心元一被二思召一由、乍レ憚御尤至極なる御事也。然るに明国も其後北狄より攻取られ、今清国と改めたれど、其土地は昔も今も日本へ近きは違ふ事なければ、長崎の押へは今以厳重に戒め給ふこと、当然の御事なれども、蝦夷地は至て北狄に近く、且昔と違ひ北狄強大に成て、追々蝦夷地を蚕食すれば、此儘被二差置一なば、必終に大患となるべし。本朝は四面海なれば、何れの浦々津々とても同様ながら、譬ば長崎は表門にて、蝦夷は裏門の姿也。長崎には黒田・鍋嶋のみならず、隣国も大名多ければ、自然の事有レ之ても、御手厚なれども、蝦夷の地は厳寒麁土地成(なり)とて、町人風の一小家、南方に城郭を構へたるのみなれば、北狄渡来るにおいては、一戦〔も〕なく唯渡し可レ遣様に可二相成一。昔は*カンサツカ迄日本の地の由なりしが、今は*ラツコ島*唐(から)フト島の北辺は、皆夷狄に〔被レ〕奪たりと聞。本文〔の〕如く、東照宮御意にも、異国乱るゝと聞ば、九州に能武将を撰び、異国を押へさせよとの御事なるが、此御遺志を続(つが)せ給ひ、大猷公以来長崎の方は、黒田・鍋嶋へ防禦の事、永続被二

石火矢　ここは西洋伝来の大砲のこと。
日本中の…負ても　道斎聞書「日本の中の事は、たとへば戦勝れても其一家のほまれ、負ても」。
カンサツカ　カムチャツカ。
ラツコ島　臘虎島。ウルップ島。エトロフ島の北方にある。また、千島全体を指すこともあった。
唐フト島　樺太。文化六年(一八〇九)に間宮林蔵の探検により島であることが確認された。

仰付一たる上にも、事有レ之時は、其節に臨み能武将を撰び、被レ遣事と見へたれども、裏門の於ニ蝦夷一は、実に御手薄き事にて、非常の節良将を被レ遣迄持こたへ、何とも安心せざる事也。昔は蝦夷の北は無人なりしが、今は昔と違ひ、魯西亜も広大になり、かつはカンサツカえもよき湊出来、ラツコ島迄も奪はれたれば、昔の〔御〕見通にては大に異なるべし。されば文化*の明断を続給ひ、蝦夷の地は公辺にて仕置し給ひ〈事出来たる後*、先年の如く厳重被ニ仰付一より、今の中相応の地と引替給ふが、松前の為にも可レ然なり〉、蝦夷地中便宜の土地を撰びて本城を御出来、郡村迄も追々に御開〔き〕、何事も無レ之内に、人数も繁衍すべきよふ御仕向、海岸要路の地へは、出城にても所々へ出来、大筒(おおづつ)人数共〔常々〕夫々備へ給はゞ、万々一の時も、此方より御人数出し給ふ迄もなく、小事は防留べく、又事になる迚(とて)も、御人数著到迄の持(もち)こたへ位は可レ成也。北狄の模様、昔と違ひ強大になりて、且又蝦夷の種ケ島*等追々奪はれたる上は、大猷公にて黒船よりも明は近きによりて、御油断不ニ相成一との尊慮を以考〔ふ〕れば、今は明よりも魯西亜の方はるかに近ければ、長崎よりも蝦夷の方、御油断難レ成事に思ひ侍るなり。上意に、異国乱るゝと聞ば云々との御諚、乍レ憚御尤至極の御事にて、異国乱るゝよし聞へたらば、厳重御備可レ被レ遊は勿論也。且また日本は海国故、いつ何時夷狄押寄来らんも難レ計ければ、常々津々浦々油断すべからざれども、清夷北狄の戦争無レ之、静謐の時も防禦の備へ怠るべからず。是昔と今と、敵国の模様替りたる故也。扨近来浦賀*等の海岸、夫々御手厚に備へ給ひしが、愚考にてはいまだ御十分とは不レ奉レ存を、何れよりの建白にてか、一ケ年も不レ立内に、又々是を止め給ふこと、如何なる御懐合かは知らざれども、残念至極なる御事也。仮令(たとえ)蛮夷の船

文化の明断　文化四年(一八〇七)西蝦夷地を収公して蝦夷地全体を幕府の直轄とし、松前奉行(箱館奉行を改称)を設置したことを指すのであろう。ちなみに同奉行は十四年後の文政四年(一八二一)に、松前氏の復帰とともに廃止されたが、安政二年(一八五五)に再び幕府直轄となり、箱館奉行が置かれた。なお文化八年にいわゆる「無二念打払令」が出されている。

事出来たる後…　教本などなし。

種ケ島　未詳。

浦賀等の海岸…　天保九年(一八三八)頃より相模海岸・房総海岸の警備が代官・諸藩により行なわれ、天保十三年には下田奉行・羽田奉行がおかれたが、二年後に廃止している。

艦不㆓渡来㆒にもせよ、大城に近き海岸、御備へ無㆑之と申は如何也。且出火と兵乱はいつ何時有㆑之哉、前日より分りたる事計は有㆑之間敷、何もなき静謐の時に御備へ有てこそ、御用心と申べけれ。前日より分りたる事ならば、如何様にも所置の術有べけれども、常々〔の〕備へ無㆑之時は、火急に臨み、何程心のみ御為をおもひたりとも、其甲斐有間敷、万一出火あらばケ様〳〵と、張紙帳面等には、一より十迄差支無㆑之様に、掟を定め置給ひても、火急の場合に臨みぬれば、掟通には*不㆑届故、大城御火災にても、一夜に数百人死亡せしとぞ。出火は折々有㆑之事にて、殊に時々御世話も有て、人々心を用ゆる事にてさへ如㆑此し。況や其節に臨み、*水籠はしご造らんには、不㆑残焼失ぬる迄も、はしごは出来がたかるべし。蛮夷の船浦賀にて何程防ぎたりとも、或は汐霧深く、或は夜中抔順風にて乗込たらば、迚も浦賀の防禦ばかりにては覚束なし（*是迄異船来る時は、番船迚、此方より小船数十艘出し、取巻ひて番する所、是何の術か不㆑可㆑解。数十日異船滞船せば、其うちには必時化（しけ）有て、我人民数多海中へ沈むべし。又乗留とて異船来る時は、此方よりも小船を出し、定（さだめ）の内に不㆑入掟なれども、異国人我言を聞入る中はさも有べし、不㆓聞入㆒して駈入らん時は、右を留んとて側に寄らば、直〔に〕海底へ引入らるべし。又此方より通詞の者を出し、彼船へ入、面語して其事は分るとも、敵夷の実事信用難㆑仕のみならず、万一夷狄不㆑停意有て其まゝ船を駈出さば、通詞の者等如何おもふとも詮なかるべし。只此方の人を夷に渡して彼が通詞〔に〕さするといふものなり。右三ケ条いづれも不㆑得㆑意にて危きの至なり）。されば浦賀は勿論、先年追々被㆓仰付㆒たりし御*台場、手厚く備へ給ひ、其上にも*浜御殿を初、左右の大小名屋敷〳〵えも、夫々台場被㆓仰付㆒、浜御殿へは大筒方の役家にても御設け、常々守護被㆓仰付㆒、大小名は屋敷〳〵に台場を設け、自分〳〵の筒差配りしならば、万々一不慮に異船

不届故…死亡せしとぞ　南本「届ざる事前にも論じ置たるが如し」。

水籠　前出(五一頁)。

是迄異船…　この注、南本・教本などになし。

御台場　砲台、大筒台場。浦賀の平根山など各地に備えられたものをさすか。水戸藩では天保七年(一八三六)に那珂湊に築いている。

浜御殿　もと甲府藩主徳川綱重の下屋敷。いまの浜離宮恩賜公園。

斉昭毎度建白せしが…　天保十年(一八三九)六月二十日の幕府への建白「戊戌の封事」(天保九年執筆)に「神国は四面皆海に候へば海船の製作心を用ゆべき事御座候」として、大船の製作を解禁すべきことを主張し、天保十三年八月十五日・九月三日にも同様の建議をしている(水戸藩史料別記巻三・四)。

御法度に…　寛永十二年(一六三五)の武家諸法度で「五百石以上之船停止之

来り、浦賀等にて防ぎ兼、〔乗〕入らせたりとも、御浜を初、羽田(はねだ)其外左右の大小名にて打払らひたらば、禽獣にひとしき夷人等に、府下の地は踏せまじき也。仮令異船不レ来にもせよ、常々海上より見渡せる処の浦々、厳重に見〔ゆ〕る時は、おのづから御備への有無は、異人の胆にも響き、厳重の処えは先は近づく間敷也。仮令(たとえ)〔ば〕盗賊にても、堅固なる処よりは不レ入道理なれば、大城に近き海岸は、いづれにも厳重御備有て可レ然事と存侍る也。凡夷狄を防禦するは、大銃大船を第一とすべし。船艦の事は、*斉昭毎度建白せしが、*御法度に荷船の外大船無用と有レ之故、製作不ニ相成一由御沙汰有けれども、公辺御船にては、*天地丸(てんちまる)とか唱る〈*御関船(せきぶね)ともいふ〉を、第一の御大船とする由なれども、寛政年中〈*蝦夷騒動のときなり〉*故越中守老中の時、御試として伊豆の辺迄被レ遣しに、引船三拾艘計にて引せ〈櫓三拾挺程折損じ〉、漸々*からきめをして往来せし由。かゝる造作にては、御用には迚も難レ叶ければ〈海船にて海不レ乗(のれず)ば、御手入のみも無益也。*且又夫(それ)を入置御船蔵の美々敷は猶以無益の費也。御船蔵は平生御威光を見するため美にすると思はれど、実事を要とする有志の目にては可レ笑。夫程の入用をかけて御船手厚くありたし〉、大小有益の船艦兎角丈夫に御出来、大銃を打ても敗れ沈む患なく、帆にて自在に取廻すべきよふ、製造あらまほしき事也。仮令(たとえ)所々運送はゆるし給はずとも、上の御船は浦賀より品川内を限(かぎり)、海岸有レ之大名共は、自分領内の海上にて、漁猟〔等〕に事よせ乗馴したらば、非常の備へにも成ぬべき事にて、是皆天下の御為也〈*寛政五丑三月の御達しにてもおもふべし〉。乍レ憚東照宮上意にも指たるかはりもなきに、本よりの法をかゆる事は不レ宜との御意にて考るに、敵国の模様、三代将軍家の御代と変りぬるも御構なく、むかしの儘の御法を用ひ給はんよりは、敵国の事情をも斟酌し給ひ

事」（四五七頁）と規定し、同十五年五月に「五百石以上の船停止と此以前被ニ仰出一候、今以其通候、然共商買船は御ゆるし被レ成候、其段心得可レ申事」（御触書寛保集成、二四〇〇）として、商船（荷船）は除外している。

天地丸　寛永七年（一六三〇）頃、将軍の御座船として造られたが、正徳元年（一七一一）頃にも新造されたらしい（徳川実紀、同年三月二十三日条）。それが幕末まで残っていたのであろう。

御関船　もとは戦国時代の軍船の一種で速力の早いものの称。のち大型船製造禁止のため、将軍・大名の御座船として使用されるようになった。

蝦夷騒動　寛政四年（一七九二）ロシア使節ラックスマンが根室に来た時のことか。

越中守　松平定信。続徳川実紀、寛政五年三月十三日の条に「松平越中守定信海岸巡視によて謁見し暇給はり…。こは此程異船沖中に見ゆる由しきりなり。すでに蝦夷地には一艘停舶すれば、かくは命ぜらる」とあり、同四月八日の条に「松平越中守定信、豆相房上下総の浦々、及大島へも渡海し、要害の地巡視はてゝ、きのふ帰府あり…」とある。

からきめ　辛き目。つらい思い。

且又…　以下の注、教本などなし。

寛政五丑三月の御達し　大名に対し沿岸警備をきびしくすることを命じた。

て、末永く天下を守るべき御事ならずや。執法の役々、御法度を守るは其役目にて、尤至極の事なれども、御旧法さへ替ざれば、戦争には負ても宜〔敷〕といふ理は有レ之間敷、是は乍レ憚将軍家の御卓見にて、変通の御決断を希〔ふ〕所也。万一佐渡、隠岐、壱岐、対馬、大島*、八丈、松前、蝦夷、琉球等、彼が手に入て、津々浦々に寄来りなば、堅牢の船艦有レ之たりとも、六ケ敷可レ有レ之。況や船艦なくして、如何して是を取かへし給ふべきや。海上より来れる異船を、陸より防禦するさへ不ニ容易一に、ましてや彼の島々を奪ひて、彼は陸より防禦するを、手薄き船にて攻入、取かへさん事甚難からずや。厳命だにあらば、武士の持前ゆへ、如何様の船にても出船はすべけれども、惜き勇士を莫大死亡せしめん事、御卓見無レ之事とて、永世可レ奉レ議のみならず、其後に至りては、必なくては叶はぬ事とて、御船を初、いづれの国々にも出来ぬる勢ひ、今より鏡にかけたる如くなれば、一日も早く見抜給はん事、至願に不レ堪也。〔其筋の職々*に広く議し給ひ、自分々々〕唯今蒙レ命、彼が奪ひし島々を取かへさん為に出船すると実意に考へ、其上に〔て〕も堅牢の船不レ宜との事ならば、又右様の節の良策をも推問し給ひ、衆評其儀尤と申事も候はゞ、右様の節はケ様〳〵と定め置給ひて、三家は勿論大小名迄に、其の心得を知らせ給ふべく、又何れの道大小の堅艦無レ之て不ニ相成一との事ならんには〈掛り〳〵の御役人、当時の船に乗て、八丈島*なりとも、又は我那珂湊辺〔まで〕なりとも、乗試ておもひやるべし。外海は畳の上の了簡とはまた相違なる事なり〉、公辺にても御手操次第多く製造し給ひ、海岸の大小名えも、製造をゆるし給ふべき也。毎度申事なれども、府中*の人は、諸国の米穀をたのみて命を繋ぐ事なるに、前文のごとく島々の中、何れ歟異人出張を構へ、所々の海洋にて運

大島　底本「相馬」。

其筋の職々に…　教本により補入。底本・南本・国会本などなし。

八丈島　維新史料本は「大島」。

府中　国会本など「府下」。江戸城下。

送を妨げ、時々浦賀〔等〕へ帆影を見せ、大筒にてもならしたらんには、府下の人民鼎沸し、米穀は不ㇾ足、如何とも手を下し様有まじき也。本文、東照宮上意にも、「*万里の海上一走りに来る間、油断する事なかれ。兼ての覚悟第一ぞ」との仰せ、兼てとは事なき中に用心し給ふ事にて、事出来てよりは、迚も御間には合申間敷、先年斉昭領分にて*鯨打の事願ひしに、免(ゆる)し給ひぬれば、常々の船にて度々打試みしに、船板迄敗れたりき〈*去る子年帰国以来、貫目以上の筒、自分にて〔も〕*町打(ちょううち)試み、*人にも度々打せ、尚亦或〔時〕湊にて、座敷より四五拾間計も先にて壱貫目玉の筒目込にして自分打試たり。跡にて座敷に入て見るに、障子二三寸位に不ㇾ残くだけて、五間計りもあとへ飛散り、又陶物商家抔は、棚のうへゝ積置し処の品、多分落くだけし也〉。左候得ば、存外響強き物にて、手薄の船にては、迚も海防の用をなしがたし〈大船は多く有ㇾ之に不ㇾ及、本船のみにて、中小にて、丈夫の船多きが便利なるべし。如何となれば、大船へは玉中(あた)り易く、小船へは中り悪く、此方より打出さんには、小船より打出したる玉迚も同様なれば、小船の丈夫なるを数多く乗出し、蛮夷の大船を取巻て打べし。其中本船にも玉薬の入用有れば、本船も勿論備ふべし。又外海を乗試しに、弐拾間以下の船にては、波を二ツうけざる故、船動て働も不便利也。波間は多分七尋(ひろ)計のよしなれば、三七弐拾一間以上ならでは、本船にはなしがたかるべし〉。島々といへば、人々遠所の様に思へども、万里の波濤をさへ凌ぎ来る奴原なれば、万一日本廻りの島々奪れし上は、常々容易に往来すべし〈*手薄き船にては日和等考へ、日数かゝりて遠所のごとくなれども、堅牢の船にて、夷狄のれば近島也〉。荷船の外大船御制禁の訳は、外国へ渡り、邪宗門ぇ引入らるゝを患給ふ計にも無ㇾ之、御深意有ㇾ之儀とは相察し侍れど、弐百余年の御恩沢にて、三家・〔御〕普代大名は勿論、外様(とざま)迚も異儀有ㇾ之間敷、仮令(たとえ)万々一心得違の者有りたりとも、此方大名の船位を御防ぎ不㆓相成㆒

万里の海上…　一五二頁。

鯨打の事　少し年代的には早いが、水戸藩史料別記巻十五に「(天保二年)九月二十六日砲術師範に令して海戦練習の為め舟を近洋に泛べて鯨魚を砲撃せしむ」とある。

去る子年　天保十一年(一八四〇)。この年一月に帰国している。

町打　一町以上の距離を射つこと。また的との間の距離をきめて銃砲を練習する意ともいう。

人にも…打試たり　教本になし。

手薄き…　教本などになし。

程にては、中々異船の千万艘押来〔たる〕をば、如何して防禦し給ふべきや。されば公辺は格別、三家共初めは本船〔の〕分数を御定めにて成共、製造をゆるし給ひ、常々は其領主々自分船の事故（三家は本船三拾艘〔位〕、其外大名、右に順て夫々御済せ可レ然。小船の分は数の定りなくても可レ然なり）、公辺御船の外御失費〔も〕無レ之、非常の節は大小名に命じ給はゞ、直に御用〔に〕可レ立也。其上公辺にも大名にも戦艦なきは、双方有レ之も同様にて、万々一唯今にも心得違の人有レ之、浦賀より乗込んとする日に至ては、やはり是迄の船にても乗入べし。大名等を御気遣ひの為（ため）、海防を麁にし、船の製造御免無レ之は実に遺憾と言べし。異国船の患薄き時はともあれ、近頃の勢ひにては、大船の制度変通し給はずんば有べからず。呉々も堅牢の船双方〔に〕無レ之は双方に有レ之と同様にて、大名に懸念し給ふ所にも当らずして、只異国船防禦御手薄のみに当れるは、国家の長策にあらず。何分にも明君の明断を仰ぎ奉る処也。

扨又近頃*紅毛本国より使船差越しよし、戦争の仕組と見へたれば、定て難題を申上たるべけれど、一切許容し給はざるにしかざるべし。先年*打払御止の御達有し時、かならず異船渡来の患あるべきよし、乍レ不レ及*建白せしが、如レ案日本武勇衰たるを見抜て来りし事と見へたり（打払止てより、漂流人を*松前へ送来り、又浦賀へも送り来る）。仮令（たとえ）此上度々来り種々願ひ出るとも、万一姑息の御沙汰にて、其中一ケ条たりとも許容し給はゞ、其尾に取付、年々歳々難題申上、其中には御許容なりがたくして、是を拒み給はゞ、其機会に乗じて戦争を起し、彼が十分の欲をとげんとの企なるべければ、一切当路の有司少しも臆せずして、日本の武勇を示し度事也。兵法にも、我領分え入て不案内なる中に、打ひし

紅毛　ここはオランダ人をさす。天保十五年（弘化元年、一八四四）七月、長崎にオランダ軍艦が入港、使節コープスが長崎奉行に国書を提出し、開国を勧告した。

打払御止　天保十三年（一八四二）七月、文政八年（一八二五）以来の異国船打払令を止め、薪水食料の給与を許した。

建白　天保十三年八月十九日に側衆新見正路に書を寄せ、打払令廃止に反対している（水戸藩史料別記巻四）。

松前へ送来り、又浦賀へ…　教本などでは「松前にて受取、浦賀にてうけとる」とある。天保十四年（一八四三）長者丸の船員がロシア船でエトロフ島に届けられ松前を経て江戸に護送され、弘化二年（一八四五）三月アメリカ船マンハッタン号が浦賀に漂流民十八人を送ってきている。

ぐを肝要と覚へたり。異船も度々来りぬる中には、日本の様子を諳んじ、親みを結ぶ如き奸人あるも計がたければ、已前の如く見掛次第、無二念可レ打払一旨触(ふれ)達し給ふ事、国家の上策にて、仮令(たとえ)打払て其節一戦有りとも、其禍小なり。度々来りし上案内を〔も〕詳にし、又内通の者〔等〕出来て、邪宗門も自ら被レ行、彼へ付従ふ奸人多くなりたる上にて戦争起りなば、天下の大変なるべし。昔は兎も角も、イギリスにても紅毛にても、横文字通用の国々は、皆一ツ穴の狐と見通し、無二念打払ひぬる事肝要なるべし。只今まで千歳万国に孤立して勇武を奮(ふる)ひたる神州、徳川家の御代に至り、塵芥ばかりも蛮夷へ贈り物等有レ之様成行ては、決て不二相済一事なれば、篤と心を用ひ給ふべき御事なり。凡制度法令のたぐひに、万世動すべからざるものと、又時勢によりて変通すべきものあり。勇武を尊び夷狄を近づくべからざるは、神代よりの大道にて、しかも三代将軍御始精々戒め給ふ所にて、万世の大法也。荷船の外大船を禁じ給ふたぐひは、時によりて定め給ふ事にて、後世の変通を待処也。然るに今の有司、一時の法令をば堅く守りて動さず、万世の大法をば手易く動かして、異船の打はらひを止め給ふ抔、如何にも斉昭が苦心する所なり。何卒本文、東照宮・大猷公の尊意よく〳〵御服膺あらまほしき御事也。

*此一巻、*弘化二年乙巳八月廿日閣老*伊勢守阿部正弘にものせしに、熟読して誠忠の程感服すとて、序文の趣はあれど、*大樹公(たいじゅこう)に参らせ侍るよし、申おこせしによて、其故よしを記訖(おわり)ぬ。その後御満悦のよし勢州より申来、*右大将公へも参らする所、*西丸閣老*和

此一巻…　教本・維新史料本などには以下の奥書なし。

弘化二年　一八四五年。

伊勢守阿部正弘　備後福山城主、十万石。天保十四年(一八四三)より老中となり、弘化二年より老中首座となった。のちペリー来航以後の難局にあたり、徳川斉昭・島津斉彬らと結んで、和親条約の締結、その他の政策を遂行したが病没。文政二年(一八一九)—安政四年(一八五七)。

大樹公　将軍家慶のこと。大樹は大樹将軍の略で、将軍または征夷大将軍の異称。

右大将公　家慶の子、のちの将軍家定のこと(前出一一〇頁)。

西丸閣老　西の丸(将軍世子の居所)付の老中。

和泉守松平乗全　三河西尾城主、六万石。弘化二年三月より西丸老中となり、のち嘉永元年(一八四八)老中となった。寛政四年(一七九二)—明治三年(一八七〇)。

泉守松平乗全(のりやす)より御感悦不レ斜よし申来ぬ。

明*訓一斑抄

上下都合一百一十三張

嘉*永三年 庚戌 八月八日、於二御*編集所一、以二御本一謹校合畢。

*鶴峯戊申(つるみねしげのぶ)印

明訓一斑抄　以下、南本などになし。

嘉永三年　一八五〇年。

御編集所　和書編集所のことか。国学者伝記集成には、嘉永五年、「水戸侯、編集所を駒込に設く」とあり、年次が合わない。

鶴峯戊申　国学者。諸学に通じたが、とくに音韻に詳しかった。天保九年(一八三八)徳川斉昭に招かれ、安政三年(一八五六)には水戸藩士となった。著書『語学新書』『本教異聞』『神代文字考』ほか。天明八年(一七八八)―安政六年(一八五九)。

多門伝八郎覚書

元禄十四年三月十四日

多門伝八郎覚書

*元禄十四年三月十四日、*御目付当番は*多門伝八郎・*大久保権左衛門両人也。尤不レ残*廿四人共加、泊当番は*久留十左衛門・*近藤平八郎也。*四ツ半時、殿中大騒動致し、御目付部屋え追々為レ知来て、「唯今*松之御廊下にて*喧嘩有レ之、刃傷におよび候。御相手は不二相知一候得共、*高家吉良上野介殿手疵被レ負候」由申来候間、早速同役衆不レ残松之御廊下え罷越候処、上野介は同役*品川豊前守に被レ抱、桜之間之方近き御板椽にて、前後不レ弁高声にて、「御医師衆頼度」と、言舌ふるへ候て被二申聞一候。松之御廊下角より桜之間之方へ逃参候趣故、御畳一チ面血こぼれ居候。又側には面色血ばしり、*浅野内匠頭無刀にて、*梶川与三兵衛に組留られ、神妙体にて、「私儀乱心は不レ仕候。御組留之儀御尤には御座候へ共、最早御免し可レ被レ下候。ケ様打損候上は御仕置奉レ願候。中々此上無体之刃傷不レ仕候間、手を御放、烏帽子を御着せ、*大紋の衣紋を御直し、武家の御法度通被二仰付一度」旨被レ申候得共、与三兵衛差免不レ申故、内匠頭、「拙者儀も五万石之城主にて御座候。乍レ去御場所柄不レ憚之段は、重々恐入奉レ存候得共、官服を着候もの、無体之御組留にては官服を乱し〔候〕。上え奉レ対何之御恨も無レ之候間、手向ひは不レ仕候。打損候儀残念とて、ケ様相成候上は、致方無レ之」〔と〕、能々事を分け被レ申候得共、与三兵衛畳え組伏せ、ねぢ付候に付、伝八郎・権左衛門・十左衛門・平八郎四人にて請取、烏帽子、大紋之衣紋を直し、蘇鉄之

元禄十四年　一七〇一年。

御目付　若年寄支配下の監察官。↓四七頁注

多門伝八郎　重共。元禄十年(一六九七)より御目付。同十六年火の元改役となり、宝永元年(一七〇四)小普請入り。万治二年(一六五九)―享保八年(一七二三)。

大久保権左衛門　忠鎮。元禄十年より十五年まで御目付、のち小普請入り。なお底本その他の写本・刊本は多く「権右衛門」とするが、寛政重修諸家譜などにより訂。以下同じ。

廿四人共加　纂書・別本「二十(弐拾)四人共過」。

久留十左衛門　正清。元禄十年より宝永七年(一七一〇)まで御目付。

近藤平八郎　重興。元禄十年より同十六年まで御目付。

四ツ半時　今の午前十一時頃。

松之御廊下　松之大廊下。玄関より白書院に至る途中にあった長廊下。

喧嘩　この事件がはたして「喧嘩」の概念にあたるかどうか、つまり「喧嘩両成敗法」が適用されるべきものかどうかが、問題であった。本書所収の諸評論のなかでもこれが論じられているし、幕府の評定でも問題になったようである。解説参照。

高家　幕府の禁裡・公家に対する儀式典礼を司る役。足利氏以来の名家が世襲。老中支配。役高千五百石。

吉良上野介　義央(よしなか・よしひさ)。四十年以上、高家の職をつとめ、高家筆頭

間之隅ぇ御屏風にて仕切、四人替々に付候。殊之外内匠頭歓被ㇾ申。上野介は矢張御屏風仕切、蘇鉄之間北之方隅ぇ、御目付四人替々付居候処、「内匠頭と余程間合隔り申候哉、又候内匠頭是ぇ可二罷越一哉」と申聞候に付、「御気遣有ㇾ之間敷、拙者共付居候」由申聞候。

然る処大手下馬・桜田下馬等、喧嘩姓名等不二相知一、自分〔〜〕之主人を案じ及二大騒動に一、御玄関前、中之口迄も、追々致二乱入一候由、*御徒目付水野杢左衛門・町田伊兵衛、其外追々申達、「既に御門々々にて制候得共、取用不ㇾ申候。如何可ㇾ仕哉」と申達候。多門伝八郎承届、早々*御作事方ぇ申遣、松板之表裏ぇ、「浅野内匠頭儀、吉良上野介ぇ及二刃傷一候に付、両人共於二殿中一御糺し中に付、*諸供方騒動致間敷もの也」と筆太に認、下馬々々ぇ差上為ㇾ致候に付、早速騒動止、只今浅野家之供・吉良家之供計致二騒動一候由、右之趣、老中・若年寄列座にて言上す。

*土屋相模守殿・*小笠原佐渡守〔殿〕・若年寄*加藤越中守殿・*井上大和守殿列座にて被二仰渡一候は、内匠頭存寄可二相糺一旨、多門伝八郎・近藤平八郎両人ぇ被二仰付一。上野介存念糺は、久留十左衛門・大久保権左衛門両人ぇ、右之趣被二仰渡一。内匠頭上野介ぇ打付候*小サ刀取寄せ、鞘ぇ納め預り、檜之間医師溜にて、内匠頭ぇ烏帽子・大紋為ㇾ取、麻上下着せ、御徒目付六人左右に附居。

伝八郎申渡す儀は、「貴様今日之儀、存寄可二相糺一段、拙者共両人ぇ被二仰付一候〔に〕付、御定法通言葉相改候に付、左様可ㇾ被二心得一」と申聞、「其方儀、御場所も不ㇾ弁、既に上野介ぇ及二刃傷一候儀、如何被二心得一候哉」〔と〕、最初伝八郎申渡候処、内匠頭、一言申披無ㇾ之、「上ぇ奉ㇾ対聊之御恨無ㇾ之候得共、*私之遺恨有ㇾ之、一己之以二宿意一前後忘却仕、

の地位にあった。寛永十八年(一六四一)—元禄十五年(一七〇二)。

品川豊前守 伊氏。元禄元年(一六八八)奥高家。この時は吉良義央・畠山民部大輔基玄・大友近江守義孝とともに接伴役。寛文九年(一六六九)—正徳二年(一七一二)。

浅野内匠頭 長矩(ながのり)。赤穂城主。五万三千五百石。延宝三年(一六七五)遺領を継ぐ。寛文七年(一六六七)生、この年三十五歳。

梶川与三兵衛 与惣兵衛頼照。元禄十三年(一七〇〇)より大奥の留守居番。この日は勅使・院使に対する答礼の使いとして伝奏屋敷へ行くことになっていたので浅野内匠頭に会ったのち、上野介と松之廊下で行きあい、打合せをしていた。この事件については『梶川氏筆記』を残している。正保四年(一六四七)—享保八年(一七二三)。

大紋 大形の家紋を染め出した直垂の一種。五位の諸大夫の礼服。衣紋はえりもと。

御徒目付 御目付の下僚。

御作事方 幕府の建築担当の役所・役人。下に大工頭などがいた。

諸供方 底本「諸役方」。

土屋相模守 政直。貞享四年(一六八七)より享保三年(一七一八)まで老中。常陸土浦城主、九万五千石。寛永十八年(一六四一)—享保七年(一七二二)。

小笠原佐渡守 長重。元禄十年(一六九七)より宝永二年(一七〇五)まで老中、

可ニ打果一存候に付、及ニ刃傷一候。此上如何様之御咎被ニ仰付一候共、御返答可ニ申上一候筋無レ之。乍レ去上野介を打損候儀、いかにも残念に奉レ存候。様子如何に御座候哉」と被ニ申聞一候間、「浅疵には有レ之候得共、老年之事、殊に面体之疵処、養生も無ニ心元一」と致ニ返答一候処、内匠頭顔色歓之体に相見へ申候。「外に可ニ申上一筋無レ之奉ニ恐入一候。御定法通御仕置被ニ仰付一可レ被レ下」と計り被ニ相答一候。依レ之猶又内匠頭は蘇鉄之間え差置附居候。

上野介儀、同様檜之間医師溜にて官服とらせ、麻上下着用為レ致候処、何故に候哉*熨斗目用意無レ之故、外人之熨斗目着せ、則同所にて、同役両人上野介え申渡、「貴様先刻、浅野内匠頭遺恨有レ之趣にて被レ及ニ刃傷一候段、子細可ニ相糺一旨被ニ仰渡一候に付、御定法通言葉相改候。其方儀何之恨を受候て、内匠頭御場所柄をも不レ憚及ニ刃傷一候哉、定て覚可レ有レ之、有体可ニ申上一」と申渡候処、上野介返答には、「拙者儀何之恨を請候覚無レ之、全く内匠頭乱心と相見申候。且老体之事故何を恨候哉、万々覚無レ之由外可ニ申上一儀無レ之」由返答に付、多門伝八郎・久留十左衛門・近藤平八郎・大久保権左衛門四人より、*大目付*仙石丹波守・*安藤筑後守両人え相談之上、若年寄え右之趣及ニ言上一候処、老中小笠原佐渡守殿え被ニ申上一、佐渡守殿・相模守殿列席にて、内匠頭・上野介返答之趣、巨細御目付四人より直に言上致し候処、*松平美濃守殿え猶又申達、追々御差図可レ有レ之旨、暫之内四人之者は部屋に扣候外、御目付弐人宛内匠頭・上野介え替々附置候処、其内に上野介は手疵手当之趣相願候に付、同役品川豊前守差添にて、御医師*天野良順・*栗崎道有両人、容体致ニ一覧一候処、浅疵にて可レ有レ之由にて、其手当いたし候。

其内*御同朋頭*永倉珍阿弥を以被ニ仰出一候は、「内匠頭・上野介え糺候御目付其外不レ残

宝永六〜七年老中に再任。武蔵岩槻城主、五万石。慶安三年(一六五〇)—享保十七年(一七三二)。

加藤越中守　明英。元禄三年(一六九〇)より若年寄。下野壬生城主、二万五千石。承応元年(一六五二)—正徳二年(一七一二)。

井上大和守　正岑。元禄十二年(一六九九)より若年寄。丹波亀山城主、四万七千石。のち老中となる。承応二年(一六五三)—享保七年(一七二二)。

小サ刀　短刀。出仕の際着用する。

私之遺恨　事件の背景について次頁にあるように吉良には訊ねているのに対し、内匠頭に対しては少くとも公式の訊問では全然触れようとしていないことが注目される。ただ後の「上野介に越度可レ有レ之哉も難レ計」、「余り片落之御仕置」という多門の言葉からみて、私的には「遺恨」の原因についてきいていたのではなかろうか。

熨斗目　練ぬきの一種。腰部に縞があり麻上下の下に着用した絹の礼服。

大目付　老中支配下の監察官。大名・高家などの監視、礼法などを掌る。旗本より選ばれるが、大名待遇。

仙石丹波守　伯耆守久尚。のち丹波守。元禄八年(一六九五)より享保四年(一七一九)まで大目付。承応元年(一六五二)—享保二十年(一七三五)。

安藤筑後守　重玄。元禄九年(一六九六)

可ニ罷出一候。若年寄加藤越中守殿・稲垣対馬守殿*御逢有レ之、浅野内匠頭儀、先刻御場所柄をも不レ弁、自分宿意を以、吉良上野介え及ニ刃傷一候段不届に付、*田村右京大夫え御預け、其身は切腹被ニ仰付一候。上野介儀、御場所を弁、*手向不レ致、神妙之至、御医師*吉田意安服薬被ニ仰付一、外科は栗崎道有被ニ仰付一、随分大切に保養可レ致候。右に付、高家同役差添、勝手次第可レ致ニ退出一」之旨被ニ仰渡一候に付、御目付一統奉レ畏候。「乍レ然内匠頭田村右京大夫え御預け之儀、早速可ニ申達一候。且又〔外〕被ニ仰渡一候儀は、暫之内御返答御猶予奉レ願度候」趣申立置、田村右京大夫え其段御定式之通*可レ致ニ用意一旨被ニ仰渡一。

又永倉珍阿弥を以、若年寄〔に〕御逢之儀相願、多門伝八郎申上候は、「先刻内匠頭存念相紀候処、私有体(ありてい)に申上候通、奉レ対ニ上え一聊御恨み無レ之、上野介え深恨有レ之候て、前後忘却仕、御場所柄も不レ憚、及ニ刃傷一候段、重々不届之儀奉ニ恐入一候。如何様之御仕置被ニ仰付一候共御返答可ニ申上一候筋無レ之と、速(すみやかなる)成御答に御座候。仮初(かりそめ)にも五万石之城主、殊に*本家は大身之大名に御座候。然る処今日直に切腹とは余り手軽之御仕置に御座候間、今日之切腹之儀は、乍レ恐私共小身之御役にても、御目付被ニ仰付一候上は、上之御手抜之儀は、*不ニ申上一候では不忠に付、恐を不レ顧奉ニ申上一候。且又縦(たとい)上野介儀、神妙に致し候迚(とて)も、内匠頭五万石〔之〕大名、家名を捨、御場所柄を忘却仕及ニ刃傷一候程之恨有レ之候はゞ、乱心迚も上野介に越度(おちど)可レ有レ之哉も難レ計、唯私共両人にて差掛り存念相紀候計之儀を、余り御取用過候ても、後日浅野家は本家大名、殊に外様(とざま)之事、何事可レ有レ之節は、公儀御手軽之御取計と可レ奉レ存候間、内匠頭切腹之儀は、猶又大目付并私共再応紀、日数之立候上、如何様(いかよう)共御仕置可レ被ニ仰付一候。夫迄は上野介儀も、慎(つつしみ)被ニ仰付一、尚又再応御紀之上、弥(いよいよ)

より宝永五年(一七〇八)まで大目付。正保元年(一六四四)—享保四年(一七一九)。

松平美濃守　吉保。柳沢出羽守保明(やすあき)。元禄元年側用人となり、この頃には老中上座として重きをなしていた。川越城主、九万二千石。のち甲府に移封、十五万石。万治元年(一六五八)—正徳四年(一七一四)。

天野良順　元禄七年(一六九四)番医となる。寛文三年(一六六三)—宝永元年(一七〇四)。纂書など「天野了順」。

栗崎道有　正羽(まさゆき)。元禄四年(一六九一)番医となる。万治三年(一六六〇)—享保十一年(一七二六)。

御同朋頭　殿中で大名・老中・若年寄などの給仕・案内などの世話をする同朋の頭。若年寄支配。

永倉珍阿弥　代々同朋の家柄で、貞享二年(一六八五)より御同朋頭。寛文二年(一六六二)—享保四年(一七一九)。

稲垣対馬守　重富。元禄十二年より宝永六年(一七〇九)まで若年寄。三河刈谷城主、二万石。延宝元年(一六七三)—宝永七年(一七一〇)。

田村右京大夫　建顕。奥州一ノ関城主、三万石。仙台伊達家の支族。明暦二年(一六五六)—宝永五年(一七〇八)。底本「左京大夫」。諸家譜などにより訂。以下同。

手向不致　これはこの刃傷事件が「喧嘩」にあたらないことを認定した言辞である。

吉田意安　宗恬(むねやす)。元禄二年神妙に相聞へ、何之恨請(うけ)候儀も無レ之、全〔く〕内匠頭乱心にて及二刃傷一候筋も可レ有レ之候(そうらえ)ば、御称美之御取扱も可レ有レ之処、今日に今日之御称美は、余り御手軽にて御座候。其儀押て奉二申上一候」〔と〕、伝八郎・十左衛門・平八郎・権左衛門申上候処、若年寄被レ承、「至極尤之筋、御目付之御役柄も可レ被二相勤一心体(しんてい)に見へ候」由、「猶亦老中方え言上可レ申」旨有レ之、扣居(ひかえおり)候処、猶又若年寄稲垣対馬守殿・加藤越中守殿被二仰渡一候には、「只今御自分方被二申立一候処、尤之至りに候得共、最早松平美濃守殿被二聞届一、御決着有レ之候上は、右之通り被二仰渡一候旨可二心得一」と被二申渡一候処、伝八郎壱人強(しい)て申立候には、「美濃守殿御一存之御決着に御座候はゞ、猶又被二仰上一可レ被レ下候。余り*片落(かたおち)之御仕置、外様之大名共存候処も恥敷(はずかしく)存候。今一応被二仰上一可レ被レ下候。夫共(それとも)最早言上に相成、上之思召も有レ之候はゞ、是非も無レ之仕合(しあわせ)、美濃守殿御一存之御聞届に御座候はゞ、私達(たつ)て申上候段被二仰立一可レ被レ下」旨申候故、対馬守殿・越中守殿、猶亦美濃守殿え、伝八郎ケ様申立候と被二申立一候処、美濃守殿立腹被レ致、「上え言上は無レ之候得共、執政之者聞届之儀を再応申立候儀難二心得一候間、伝八郎も差扣(さしひかえ)之格に部屋に可レ扣」旨、井上大和守殿被二仰渡一候。是迄懸合(かかりあい)之若年寄は、気之毒に被レ存候哉、不レ被二罷出一候。

右に付伝八郎〔儀〕は、部屋に差扣同様に扣罷在候内、最早田村右京大夫方え切腹之場所等致二用意一候。并吉良上野介、*大友近江守同道にて退出被二仰付一、*伝奏衆不レ残退出、今日之変事に付御混雑之趣御答相済〔申〕候処、最早*晩計(ばんけい)也。

然る所伝八郎え、若年寄衆御達之趣にて、只今老中*秋元但馬守殿御逢有レ之間、可二罷出一旨被二仰渡一候て、但馬守〔殿〕被二仰渡一候には、「其方儀、先刻浅野内匠頭吉良上野介え及二

(一六八九)より奥医。明暦三年(一六五七)—享保五年(一七二〇)。

可致用意旨… 底本「被仰渡可致用意旨」、纂書「被二仰付一用意可レ致候、尚又…」。別本の朱書により訂。

本家 広島の浅野家。三十七万余石。

不申上候では不忠に付… 一六九頁の「執政え対し…心得違に有レ之、乍レ去御役柄を大切に存じ」に対応している。この間の経緯をみても、一たん裁定が下った後でも下僚の意見具申が「忠」の名において行われ、とにかく上層部へそれがとりつがれていることは興味深い。

片落之御仕置 「喧嘩両成敗法」が念頭にある発言。なお、一般に浅野に同情的な自己の行動についての記述がどこまで信頼できるかは問題である。浅野に同情的な世論に適合的に自分を描いたと思われなくもない。

大友近江守 義孝。元禄二年(一六八九)より高家。この時は吉良義央らと共に接伴役。寛永十八年(一六四一)—正徳元年(一七一一)。

伝奏衆 幕府と朝廷の連絡にあたる武家伝奏。元禄十四年には、幕府より高家吉良義央が、将軍の挨拶をもって上京(一月〜二月)したのに対して、その答礼として武家伝奏が勅使・院使として江戸に下ってきた。

↓二七四頁

晩計 纂書など「晩景」。晩方。夕

刃傷ニ候一件に付、夫々御咎被ニ仰付一候段、存寄再応申立候儀尤之至、上を重じ申立候段は神妙之段被ニ思召一候得共、執政ぇ対し再応之存寄申立候段は、心得違に有レ之、乍レ去御役柄を大切に存じ存寄申立候処は、右様に可レ有レ之候間、差扣には不レ及、早々罷出、諸向可ニ相勤一旨被ニ仰渡一候。夫より同役共申合候処、伝八郎・権左衛門両人、副使に可ニ罷越一趣に相定候に付、「内匠頭切腹之諸向作法等之儀は如何、先刻差扣中不レ承候に付、如何様之場所に可レ有レ之候哉」と同役衆ぇ相尋候処、大目付*庄田下総守承届、為*ニ検使一可ニ相越一候。右に付庄田下総守ぇ致ニ面談一、「拙者儀先刻より唯今迄差扣罷仕候故、何之御沙汰も不レ承候。然る処貴様大検使御勤之旨、拙者副使被ニ仰付一候。諸向御如才も有レ之間敷候得共、田村右京大夫方用意其外御取調有レ之候哉」〔と〕承り申候処、「先刻より追々取調申上に相成候間、御気遣有間敷」と被レ申候間、御手前様御決着之段致ニ承知一候。

　夫より田村右京大夫〔方〕ぇ可ニ相越一用意候処、供立迄相直し、直に御城より一統可ニ罷出一候処、最早三月十四日*夕七ツ時弐分廻也。御目付両人之内、供立は徒士を相立、町奉行所*同心四人宛召連、自分*服紗小袖・麻上下着用也。大目付庄田下総守壱番に先達、弐番に多門伝八郎、三番〔に〕大久保権左衛門打立、*田村右京大夫屋敷ぇ罷越候処、桜田近所より最早*見歩使罷出居、夫々注進致候様子にて、門前ぇ家老三人、用人三人出迎、大目付ぇ家老壱人、用人壱人差添、致ニ案内一、御目付両人ぇも、右に准じ致ニ案内一、*大書院ぇ罷通、尤玄関ぇ右京大夫出迎にて被レ居候。

　〔夫より〕庄田下総守申渡候には、「浅野内匠頭、其方ぇ御預之上、切腹被ニ仰付一候旨申渡候。用意可レ致」旨申渡候て、内匠頭ぇ面談可レ致由、*下総守被レ申候間、伝八郎・権左衛

方。

秋元但馬守　喬知。元禄十二年より宝永四年(一七〇七)まで老中。甲斐谷村城主、三万石。慶安二年(一六四九)—正徳四年(一七一四)。

庄田下総守　安利。元禄十二年より大目付、十四年八月二十一日小普請入り。慶安三年(一六五〇)—宝永二年(一七〇五)。

検使　検視の役(人)。

夕七ツ時弐分廻　午後四時過。不定時法によると、三月中旬には四時半。弐分は、一刻(一辰刻)を十等分した場合の弐分なので、二十四分となり、計算上は午後四時五十四分頃となる。

同心　奉行所の下僚。与力の下位。

服紗小袖　小袖の一種。熨斗目に対して、羽二重などを地とする紋服。

田村右京大夫屋敷　いまの港区西新橋のあたりにあった。

見歩使　纂書「見歩士」。田村家より出した様子見の役人か。

大書院　内向の小書院に対して、正式の接客用の座敷である表書院。

下総守　底本「下総守ぇ」。纂書などにより訂。

門両人申候には、「右切腹之場所一覧見分可レ致」之旨申候処、下総守被レ申候には、「先刻画図面を以、拙者致二一覧一、殊に相済候に付、御手前方見分に不レ及」旨被レ申候処、伝八郎再応申候には、「拙者儀先刻差扣中被二仰渡一、部屋に扣居候節、諸向御手前様御取計故、一向右画図面等も見分不レ致、右に付先刻於二殿中一御手前様え如何と御問合申候処、諸事御承届候趣被二仰聞一候。猶又後刻御談も可レ有レ之旨被二仰聞一候に付、任二御答一申置候。乍レ去副使〔之役太儀〕に御座候得ば、貴様計之検使にも無レ之、画図面も一覧不レ致、御仕置被二仰付一候跡にて、〔何ぞ〕越度之儀有レ之候ては不レ宜候に付、御手前様先刻画図面にて御見分有レ之候共、於二拙者一は一応場所致二見分一、其上内匠頭御仕置之趣申渡候間、押て場所可レ致二見分一」と申候処、下総守、「大目付拙者承届候上は、副使不レ及二差図一候。乍レ去*御目付之役柄御差図は出来兼候間、御見分は御勝手次第可レ被レ成候。後刻相済候て言上は自分之勝手、*別々に御届可二申上一候。其節銘々越度有レ之候共、当人より趣意可二申上一候。御勝手次第可レ被レ成候」と申聞候に付、伝八郎・権左衛門両人、場所見分いたし候処、*小書院之庭に涼台之如く之もの舗詰、白縁之畳を不レ残敷、幕打廻し、*雨障子を懸け、何れも厳重之体に相見へ候。

然る処、伝八郎・権左衛門両人、右京大夫え申聞候は、「今日之御場所、画図面を以大目付下総守え御問合有レ之候哉、夫共下総守差図に候哉承度候。縦大目付差図にても、一城之主、殊に武士道之御仕置被二仰付一候に付、*於二庭前一切腹と申は有レ之間敷、仮令〔御〕取繕如何程御手厚共庭前也。麁末之御取計にても座舗に可レ致筈之処、難二心得一候。於二拙者一存寄言上可レ致」と申候処、右京大夫も立腹之様子にて、「大目付衆え申立、画図面を以て入二

御目付之役柄御差図は出来兼候　庄田と多門は正使、副使の関係であっても、大目付は老中支配、目付は若年寄支配で、指揮命令系統にない。

別々に御届…趣意可申上候　前注にのべた事情による。

小書院　奥書院。『田村右京太夫殿え浅野内匠頭御預一件』には、「出合之間庭」とある。

雨障子　油障子。

於庭前切腹　大名・旗本はふつう屋内で切腹した。

御見分一、可レ然之趣、御達を請候上は、御手前様御趣意之趣難二心得一候。右に付ては、先刻は下総守殿ぇ御手前様御取合同様之趣掛合も及レ承候。然る上は御銘々より言上可レ致候事」と申候に付、「元より拙者其心得に有レ之候段、縦内匠頭不届に候共、*五位之諸大夫、殊に五万石以上之城主に有レ之候て、浅野内匠頭にて切腹被二仰付一候時は、城主諸大夫之取扱、又候（またぞろ）追々御吟味之上日数を過候て、御咎之次第にて内匠頭御取上げ、*官位も御取上げ候て、元之又市郎に相成、御仕置被二仰付一候節は格別、*乍レ去（さりながら）同様可レ被二仰付一筈に候処、内匠頭にて御仕置被二仰付一候節は、大名之取扱可レ然哉と存候。右に付〔先刻〕双方ケ様之儀出来候も難レ計候間、内匠頭切腹之儀、*数日御猶予相願候処、思召不レ叶、差扣被二仰付一候」と申候故、右京大夫殊之外理に服し、当惑之趣被二申聞一、宜奉レ願候旨被二申聞一候得共、「只今〔に〕相成如何共詮方無レ之」と申切候節、最早右之掛合にて*晩計也。

夫より下総守方へ向々、「逐一致二見分一候処、以之外相違に御座候。夫故〔先刻〕御問合申候処、諸事御手抜無レ之様に御談じ申候処、逐一言上之外、御用意之処如何と御尋ね申候節、御手落も無レ之由御答に付、御任申候。何歟拙者共差出ケ間敷様被二仰聞一候間、其儘（そのまま）差置候処、此仕合に御座候。後刻言上は銘々可二申上一」旨厳重に申上候故、下総守殊之外立腹にて、「可レ然可レ被レ致候。大検使之事に候、*拙者に御任せ、銘々より趣意可レ被二申立一候」と、既に*大取り合（おおとりあい）共可二相成一処、右京大夫被二罷出一、「〔只今〕浅野内匠頭家来*片岡源五右衛門と申もの罷出、主人儀於二手前一切腹被二仰付一候段承り、主従之暇乞に候間、一眼（ひとめ）主人を見申度段相願候。再応押返し候得共、一度御手前様方ぇ申達（もうしたつ）呉（くれ）候様、気色を替へ相願候に付、又候差留（またぞろさしとめ）候ても、何ぞ珍事出来候ては如何と存候故、先御達申候」由被二申聞一候処、

五位之諸大夫　幕府の奏請により、朝廷から賜わる官位のうち、一般大名は五位に叙せられるのがふつうであった。長矩は延宝八年（一六八〇）従五位下内匠頭に叙任。

官位も…元之又市郎に相成　大名として切腹するか、又市郎として切腹するかで、取扱いがちがうという考え方はおもしろい。個人と地位とをこのように比較的分離して考えるのは、前近代社会としては特殊である。又市郎は長矩の通称又一郎のこと。

格別　底本、二字分白丸。別本朱書により補う。

数日　纂書など「暫〈く〉」。

晩計　前出と同じく、纂書などは「晩景」。

拙者に御任せ　一七五頁にあるように多門の異議と同趣旨の問合せが、事後浅野本家から幕府に出された。それに対応する処置か他の理由によるものかわからないが、庄田はこの年八月二十一日に大目付を解任され、小普請組入りとなった。

大取り合　「取り合」は争い、いさかい。

片岡源五右衛門　→三一九頁

下総守一向無言にて、「夫敷(それしき)之事、大検使え被二申達一候程之儀にも有レ之間敷」と被レ申候て、不二相成一(あいならず)共何共(なにとも)一言不レ被レ申。伝八郎、右京大夫え申聞候には、「不レ苦候。夫には致方可レ有レ之候。内匠頭切腹之場所え罷出、被二仰渡一為二読聞(よみきかせ)一候内に、鳥渡(ちよと)右家来を暫く間を隔(へだて)、無刀に致し、人数警固被レ致、一ト眼為レ見(みせ)可レ被レ申候。何も夫々(それぞれ)重くるしき次第有レ之間敷、右家来如何に主人を助け度思ひ飛び懸り申候ても、右京大夫殿御家来も大勢有レ之候に付、直に取押可レ申候。一ト眼位は生上之慈悲故、拙者承届候。如何に」と下総守え申聞候処、「思召次第」と被レ申候故、右之趣申渡。

右様之取合(とりあい)にて刻限は六ツ*前也。然る処右京大夫より内匠頭え申聞候は、「先刻より大目付庄田下総守殿、御目付多門伝八郎殿・大久保権左衛門殿、検使として被二罷越一被二仰渡一候趣有レ之候に付、右場所え御出可レ被レ下候。右に付衣類等迄用意可レ被レ致」と申、広蓋(ひろぶた)に用意候衣服差出候由、然る内大書院に三人之検使扣居候。先刻之取合より、御用之外は大目付と御目付と無言に有レ之候。其内右京大夫被二罷越一、「先刻多門伝八郎殿御一存に被二仰渡一候趣、内匠頭家来片岡源五右衛門え申渡候処、殊之外難レ有仕合に奉レ存候と、拙者え申述呉候様申聞候間、小書院之次之間に無刀に為レ致(いたさせ)、家来大勢警固為レ致扣置候」と申聞候間、「随分無二油断一警固致され、心付可レ申」段申渡候。其節下総守はにが笑〔はらい〕被レ致候。何にても大検使と副使と不和に有レ之。然る処伝八郎・権左衛門両人之ものは、先刻より下総守と申争ひ、殊に伝八郎儀、今朝より自分之趣意申立、差扣迄被二仰付一候程之事にて、明日は退役と致二覚悟一、不レ依二何事一副使より申出候故、下総守以之外之体に相見申候。猶又右京大夫申聞候には、「内匠頭切腹之節は、家来片岡源五右衛門儀為レ引可レ申候。右場

六ツ　午後六時頃。

介借　纂書など「介錯」。

所ぇ罷出申渡済候迄、源五右衛門に為レ見(みせ)可レ申候」。

　夫より下総守初(はじめ)、切腹之場所ぇ罷越候前、大書院におゐて、内匠頭ぇ下総守申渡候には、「其方儀今日於二殿中一不レ弁二御場所柄一も、自分之宿意を以、吉良上野介ぇ及二刃傷一候段、不届に被二思召一、依レ之切腹被二仰付一候」段申渡。内匠頭、「奉二恐入一候。乍レ去武門道切腹被二仰付一候段、難レ有仕合に奉レ存候。各様方是迄為二検使(として)一御出之段、御役柄とは乍レ申御太儀千万奉レ存候」と、常体之気色にて御請(おうけ)被レ致、「少々承度儀有レ之候。切腹之時刻相延候之様之儀無レ之候得共、上野介儀は如何相成候」と被レ承候処、下総守被レ申候には、「手疵も手当被二仰付一退出被レ致候」と申候処、内匠頭、「猶又御目付衆ぇ、定て御取扱も可レ有レ之候。先刻私切付(きりつけ)候疵弐ケ所と覚申候。如何に御見分被レ致候哉」と被レ尋候処、伝八郎・権左衛門両人口を揃へ、「被レ申通り弐ケ処有レ之。乍レ去浅手に有レ之候得共、老人之事、殊に急所故、養生之体は如何候哉、痛強くつかれ被レ申候間無二覚束(おぼつかなし)一」と申聞候と、内匠頭落涙体にてにつこと笑ひ被レ申候。夫より「右場所ぇ御案内可レ被レ下」と、右京大夫ぇ被レ申候有様、常体に相見申候。

　夫より案内にて、切腹之場所ぇ罷越候所、昼よりは明るく六ツ時過頃也。銘々座に付、内匠頭も座に付候て被レ申候には、「御検使之衆へ一ツ願有レ之。拙者差料(さしりょう)之刀定て是迄御預り被レ置可レ被レ下候。右刀にて介借(*かいしゃく)致貰度候。右刀は跡にて介借人ぇ差遣度」と被レ申候故、大検使庄田下総守承り、「副使之御目付衆は如何に被レ存候哉」と申候故、「願之通可レ然存候」と申候故、則預り之品故、直に取寄候内、硯箱・紙を乞候故、差出候処、刀参り候うちに、内匠頭硯箱引寄、ゆる〳〵と墨を摺り、筆を取り、

風さそふ花よりもなをわれは又春の名残をいかにとかせむ

と書て、刀を介借人御徒目付磯田武大夫え相渡候内、相待居候。右之歌は御徒目付水野杢左衛門請取、田村右京大夫え差出候に付、受取申候内、介借人磯田武大夫古法之通介借致し、切腹相済見届候返答有ㇾ之。*死骸等は田村右京大夫方にて取計候故、跡之儀右京大夫え申渡、各退散也。

夫より直に登城致候処、御老若共不ㇾ残御退出無ㇾ之、同役御目付大目付も不ㇾ残退出無ㇾ之。御同朋頭永倉珍阿弥を以申上候処、秋元但馬守殿、若年寄衆には加藤越中守〔殿〕列席にて御逢有ㇾ之。大目付庄田下総守より申上候には、「〔無ㇾ滞〕内匠頭切腹見届候」趣被㆓申上㆒候に付、多門伝八郎・大久保権左衛門、口を揃申上候には、「今日内匠頭切腹之場所、私共心底に不ㇾ応候に付、趣意申出候得共、下総守先刻画図面承り届、其上差掛り申候事故、一通り趣意申(もうし)、先づ事相済候得共、殊之外麁略之取計に付、一通り可㆓申上㆒」と申出候処、「殊之外夜も更(ふ)け、*先刻御執政も御退出有ㇾ之事に付、上え之申上余り延引故、銘々明日登城之上可㆓申上㆒」旨之由にて、但馬守殿・越中守殿、奥え被ㇾ引、太儀之趣被㆓仰渡㆒候。一統退出致候処、*五ツ時三寸廻り也。伝八郎屋敷*四番町通りに候間、帰宅は*四ツ時頃也。元禄十四辛巳年三月十四日夜四ツ時頃にて、月は昼之如くにて、大手外下馬迄、惣役人退出故、賑々敷(にぎにぎしき)事言語に難ㇾ述、前代未聞之有様也。

将又(はたまた)式日故、*今朝例刻より早(はやく)登城可ㇾ致処、*手札(てふだ)を持、若党下部(しもべ)召連、麻上下着用にて、浅野内匠頭家来片岡源五右衛門と有ㇾ之者罷出、「昨夜主人切腹之節は、暇乞之段奉㆓相願㆒候処、御一存之御取計にて、主人之有様を拝し、無㆓心残も㆒暇乞仕候段、重々難ㇾ有仕合に

死骸等は… 田村家の御預一件に、老中の内意を得た庄田の指示で、内匠頭弟浅野大学長広へ手紙で連絡し、家来建部喜六らが引取ったとある。
↓一八〇頁

先刻…御退出有之 纂書などは「先刻より…御退出無ㇾ之」と反対になっている。

五ツ時三寸廻り 五ツは午後八時頃(計算上は八時三十分)。三寸というのは尺時計による尺寸で示した時刻で、一辰刻(二時)が二尺であるという(橋本万平『日本の時刻制度』)。従って三寸は十八分にあたる。

四番町 いまの千代田区九段北の辺り。纂書などには「表四番町」とある。

四ツ時 午後十時頃。

今朝 纂書など「明朝」。

手札 名刺。

奉レ存候。御広間ぇ罷通、御礼可ニ申上一筈*に御座候得共、主人之忌請、殊に御咎もの之家来故、御敷台*迄申述候」と、口上にて申出候。大久保権左衛門方ぇも、同様に申出候由。

夫より直に登城候処、公家衆懸りは外同役ぇ被ニ仰付一、今日*之一件に掛り候。〔御目付*多門伝八郎・大久保権左衛門・近藤平八郎・久留十左衛門、此〕四人は公家衆御用には懸り申間敷候。猶又諸向跡々御尋有レ之候故、多門伝八郎・大久保権左衛門より、秋元但馬守殿ぇ致ニ言上一、松平美濃守殿ぇ被ニ申上一候処、「相済候事に候間、御沙汰に不レ及候段可ニ申渡一」旨、美濃守殿被ニ仰渡一候趣、稲垣対馬守殿被ニ仰渡一候に付、庄田下総守面会にて被レ申候には、「御手前様方、昨日より至ニ今朝一、内匠頭切腹之場所等不レ叶ニ御存寄一、銘々之趣意被レ述候処、御取用(とりもちい)無レ之。然る上は御手前様方無益*之言上も可レ有レ之と存」〔と〕被レ申候故、伝八郎・権左衛門返答には、「仮令(たとい)御取用之御沙汰無レ之共、上ぇ対し風聞不レ宜儀、不ニ申上一候では、御役之訳(わけ)相立不レ申、此上迚も存寄不レ叶儀は、〔尚又〕可ニ申上一」と深く覚悟を極め返答故、既に此節可レ及ニ刃傷一にも一体に付、近藤平八郎・久留十左衛門居合(いあわせ)、其上大目付仙石丹波守・安藤筑後守、是又被ニ居合一候て、双方相なだめ、無事に其場は引退(ひきのけ)申候。

三月十五日昼時には、松平安芸守*より、松平陸奥守*并田村右京大夫方ぇ使者を以て申入候には、「昨日分家浅野内匠頭儀、於ニ殿中一及ニ刃傷一不届に被ニ思召一、切腹被ニ仰付一候に付、御同家田村右京大夫殿ぇ御預に相成、諸事相済申候。然る処内匠頭不届は不レ及レ申、〔切腹*被ニ仰付一候儀恐入候得共、右京大夫殿於ニ庭前一切腹之儀は、何方より御差図にて御座候哉承知仕度候。不届の儀は不レ及レ申〕候得共、内匠頭と申(もうす)官名にて御仕置之上は、五万石城主之格にて御咎に御座候間、其御取扱も可レ有レ之哉と存候」と申遣候由、後日相知(あいしれ)申候。尤

筈　纂書など「筋」。
敷台　式台。玄関先の板敷の場所。
今日　纂書など「昨日」。ここも今日と昨日とで意味が変化する。なお、昨日とすれば「昨日之一件に掛り候四人は…」と続くようにもとれる。
御目付…　纂書などによる。
無益　底本「無易」。
松平安芸守　広島城主、浅野綱長。万治二年(一六五九)—宝永五年(一七〇八)。
松平陸奥守　仙台城主、伊達綱村。万治二年(一六五九)—享保四年(一七一九)。伊達騒動(寛文年間)の頃よりの藩主。田村右京大夫建顕の父宗良は、伊達綱村の祖父忠宗の三男である。
切腹被仰付…　纂書などによる。

十五日には双方致二退出一候。

翌十六日登城致候処、秋元但馬守殿被二仰渡一候趣、若年寄衆列座にて、御糺之儀有レ之段、御同朋より申来候間、*御定口脇（おじょうぐちわき）にて、大目付庄田下総守、御目付多門伝八郎・大久保権左衛門三人可二罷出一由、則罷出候処、但馬守殿御糺には、「去十四日浅野内匠頭切腹被二仰付一候節、田村右京大夫宅於二庭前一切腹為レ致（いたさせ）候段、麁忽（そこつ）之致方之趣、松平陸奥守并右京大夫え掛合之趣を以て、但馬守殿方え安芸守より被二申立一候。右に付各方大検使副使之面々不二志附一候哉、左程麁末之取計も有レ之候はゞ、取計方も可レ有レ之処、無二其儀一、*不念（ぶねん）に被二思召一候と被二仰渡一候に付、御答次第差扣可レ被二仰付一」と被二仰渡一候。下総守被二申上一候には、「奉二恐入一候。全心付き不レ申候」と御請也。伝八郎・権左衛門両人より御答には、「其儀私共心附候故、再応掛合申候得共、大検使之取計、殊に伝八郎儀は去十四日差扣中故、諸向不レ存故、場所見分仕候処、右之仕合故、下総守え相答候処、私共申立候儀無益之様にも存候哉、下総守より後日御尋之節可二申上一と申候間、再応及レ談候上は、時刻も延引仕候故、銘々存寄後日可二申上一趣申合、其儘に副使相勤申候。猶又御尋御座候はゞ、十四日より今日迄之儀、逐一可二申上一」と申候故、一統御糺にて、部屋え引取差扣可二相伺一候段被二仰渡一候。然処尚又御糺有レ之、「片岡源五右衛門と申者、内匠頭今生之暇乞に一ト眼見申度願出候を、伝八郎一存にて取計候儀有レ之哉」と御糺に付、逐一左様相違無レ之趣御答、諸事銘々存寄にて取計候段御答におよび候。*九ツ時、差扣に不レ及候段被二仰渡一候。何歟（なにか）双方しらけ取留（とりとめ）申さざる御糺に有レ之候て、当分四日之間は、大目付と御目付弐人は、御用之外不和にて白眼くらに候処、*同月十九日、庄田下総守儀思召有レ之御役御免、*寄合（よりあい）被二仰

御定口脇　底本「御定日限」。纂書などにより訂。御錠口脇。この場合は表御殿（政務所）と中奥（将軍の公邸）の境界にある出入口のところか。

不念　行届かぬこと。不注意。

九ツ時　午前十二時（正午）頃。

同月十九日　寛政重修諸家譜・徳川実紀・柳営補任によれば免職は八月二十一日である。

寄合　禄高三千石以上の旗本で非職（職務を免ぜられること）の者。

御老若え相聞候　このくだりは、多

付一。梶川与三兵衛儀は、去る十四日、浅野内匠頭吉良上野介え及二刃傷一候節、組留候段神妙に被二思召一候、依レ之為二御加増一五百石被二下置一、是又同日被二仰渡一。外は何れも御役替等は無レ之。下総守并与三兵衛え御目付〔より是又〕種々存寄申出、伝八郎儀別て存寄申立候間、定て御役御免、四拾三才を限と覚悟を極め居候処、同月も相立、何之御沙汰も無レ之故、思わずも四月三日、是迄存寄申立相掛り、庄田下総守は御役御免、自分は其儘有レ之候儀を不斗(ふと)大音に申候儀、御*老若え相聞候由有レ之候。

其後同*月廿日、吉良上野介え同役大友近江守を以被レ仰候は、「去る十四日、浅野内匠頭及二刃傷一候節、手疵如何有レ之候哉、追々全快も可レ有レ之候はゞ、無二心置一致二出勤一可二相勤一候。老体之事随分保養可レ致」段被二仰渡一候処、吉良上野介にも、手疵は追々快有レ之候得共、世間何となく風聞も宜敷無レ之、殊に相手内匠頭は五万石には有レ之候得共、本家は大家のみならず、外様之儀、夫に余り片落之御仕置にて、十分過候て、*上杉等共追々申談、無レ滞御役御免可レ奉レ願相談取極め、*悴左兵衛え家督無二相違一被二下置一候様、上野介奉レ願候〔由〕、同役大友近江守を以進達におよび候趣、同役及レ承候。無レ程十月十九日、父上野介願之通隠居被二仰付一、悴左兵衛え家督無二相違一被二下置一候段、御老中秋元但馬守殿被二仰渡一。名代(みょうだい)大友近江守勤候。左兵衛儀無官之*表高家被二仰付一候。世上何歟取沙汰如何に而已(のみ)*下説(げせつ)申候由。

然る処十一月廿三日夕七ツ時、中之口え案内頼み申もの有レ之、其節支配下御徒目付*小笹彦十郎御用向にて参り居り談居候処、家来用役白石友之助申出候は、「只今浅野内匠頭様御家来にて、片岡源五右衛門と申者罷出申候には、去三月十四日、主人内匠頭切腹之節、

門が後に解任されたことの遠因と考えていたために書かれているのであろう。

同月廿日… 寛政重修諸家譜には、(吉良義央)「(元禄十四年三月)二十六日務を辞し寄合に列す。十二月十二日致仕」とある。

上杉 当主は上杉綱憲(寛文三年—宝永元年)、出羽米沢城主、十五万石。綱憲は吉良義央の長男であったが、上杉綱勝が寛文四年(一六六四)急逝したのでその養子となって襲封した。義央の三人の娘も、それぞれ上杉家の養女となり、そこから島津家・津軽家・酒井家へ嫁している。また義央の夫人は上杉定勝(綱勝の父)の三女(富子)である。以上のように吉良家と上杉家とは血縁的に密接な関係にあった。

左兵衛 吉良義周(よしちか)。義央の嗣子。実は、上杉綱憲の二男で、義央の子が上杉家を嗣いだので、その代りに元禄九年(一六九六)義央の養子となり、十四年十二月十二日家を嗣いだ。元禄十六年二月四日、采邑を没収、諏訪安芸守忠虎に召し預けられ、信濃高島城に配流、その地で病死。貞享三年(一六八六)—宝永三年(一七〇六)。

表高家 幼年または未熟で職務をもたない高家。

下説 下々の風説。

小笹彦十郎 纂書など「小笹彦七郎」。

*今生にては暇乞に拝顔致度段、田村右京大夫様迄罷出候処、御一統様御得心無レ之処を、此方様御一存之御取計にて、対面同様暇乞仕候段、重々難レ有仕合に奉レ存候。其節所々風聞には、御一存之御取計、御上向御首尾不レ宜由申触候ものも有レ之候。乍レ恐御案事申上候処、庄田下総守様計(ばかり)御役御免、此方様には御安泰御勤被レ遊候段、只今在所(ざいしょ)より罷出承り、乍レ恐奉二恐悦一候。右に付此*品赤穂旧友之ものより持参仕候間、乍レ恐献上仕候」と*申来候処、自分事(こと)元より諸人に面談致し候儀好候生れに付、早速座舗え通し逢申候処、立派成(なる)男振、さすが五万石之用人共見へ申候。段々厚(あつく)礼を述、「私儀最早二君に仕不レ申候。*当暮より町人に罷成申候。右に付候ては町人にて御機嫌窺も出来不レ仕候故、いまだ町人に不二相成一うち、当春中之御礼申上度」と申候間、夕刻故*懸合(かけあい)盃(さかずき)、使者之間にて為二差出一候。夫より家来挨拶にて致二退散一候。「又々来年若(もし)町人に不二相成一候はゞ御機嫌可レ伺」と申罷帰申候。

其年も相立、光陰矢之如くにて、例之通元旦之御規式登城致し候処、吉良左兵衛儀も、年始之御礼、表高家にて出、殊之外立派、何を申も上杉之血筋故、諸向附届(つけとどけ)も格別と相見、又々高家も可レ被二仰付一風情に相見へ申候。

右多門伝八郎御目付勤役中覚書、*墨附(すみつき)十六葉、*上原氏之以二書写一筆二記之一。*御使者日記留(とめ)者、亡父君存生之時、座右に有(あり)しを、字紙の裏え書抜置しを、*弘化四丁未*仲冬書写而綴合而置二座右一。

*入道閑斎
自筆

*嘉永元申年四月上旬写レ之。

今生にては　纂書など「今生の」。

品　底本、二字分白丸「〇〇」。纂書「塩」、別本、一字分白丸の右横に「品」と朱書。いま別本朱書により訂。

申来候処　纂書など「申来候故」。

当暮　纂書など「当春」。別本は底本に同じ。

懸合盃　あり合わせの酒肴の意か。

墨附　墨付。この場合は黒印が各葉に押されているの意。

上原氏　未詳。

御使者日記留　底本では、前々行の「…風情に相見へ申候」の次から、「元禄年中御使番部屋日記留書抜」と題して、元禄十四年三月十四日の刃傷事件から赤穂浪士の切腹に至るまでの覚書が六丁余書抜かれているのを指す(本書では省略。底本の外題にも「多門伝八郎覚書」と「元禄年中御使番部屋日記留」とが並んで二行に記され、下に全とある)。

弘化四　一八四七年。

仲冬　陰暦十一月。

入道閑斎　未詳。

嘉永元申年　一八四八年。戊申の年。

堀部武庸筆記

堀*部武庸筆記　上

元禄十四年辛巳年三月十四日、於二御城一、内匠頭、吉良上野へ意趣有レ之、欝憤散候。依レ之内匠頭儀、田村右京大夫殿え御預、同日之暮方に切腹被二仰付一候。

一、上野介死生不分明、重き手にて養生難レ叶共相聞、死去共申、いまだとくと承り不レ届候。家中之者共*屋敷に相詰、とかく申内に、*水野監物殿御越、内匠頭屋敷騒動無レ之様に可二申付一旨被二仰付一候由、*申の中刻に御座候。同刻*戸田采女正殿・*浅野美濃守殿被レ参候。以後、監物殿御帰也。戸田采女正殿・浅野美濃守殿、同*大学列座にて、*御書付を以被二仰渡一候趣、浅野美濃守被レ読候。

浅野内匠頭、吉良上野介に意趣有レ之由にて、於二殿中一理不尽之仕形、折柄と申不届に思召候。依レ之領知被二召上一、今晩切腹被二仰付一候。家中之者(共)若騒動ケ間敷儀仕候はゞ、親類共に御掛り可レ被レ遊旨被二仰渡一候。此時奉レ畏之旨御請申上る。

一、*田村右京大夫殿方より御案内有レ之、内匠頭切腹被二仰付一之間、家来共罷越、死骸請取候様に被二仰聞一候。依レ之用人*糟谷勘右衛門、*留主居*建部喜六、内証用人*片岡源五右衛門、并*田中貞四郎、*磯貝十郎左衛門、*小納戸役*中村清右衛門罷越、死骸請二取之一、菩提所たるにより芝泉岳寺へ送葬。*安井彦右衛門・*藤井又左衛門両家老共、死骸の請取之場所并泉岳寺迄も不二罷越一事、如何成了簡と不二心落一。

於二泉岳寺一四人共落髪、片岡源五右衛門、田中貞四郎、磯貝十郎左衛門、中村清右衛門、右四人、*一七日過、赤穂へ罷越。

一、一儀に付、赤穂へ早打を以申遣す。然れ共内匠頭御仕置之儀計相聞、上野介死生之程、江戸両家老共方より終に不二申遣一。結句赤穂近国之家中より、赤穂之縁家へ申来候は、未上野介殿存生にて殊更浅

堀部武庸筆記　筆記については→二七〇頁、筆者武庸(安兵衛)については→三二一頁

屋敷　浅野家上屋敷は築地鉄砲洲(今の中央区明石町のあたり)にあり、下屋敷は赤坂南部坂(港区南麻布五丁目のあたり)と本所にあった。

水野監物　忠之。三河岡崎城主、五万石。元禄十五年には赤穂浪士九人を召預けられ、切腹させた。寛文九年(一六六九)—享保十六年(一七三一)。

申の中刻　午後四時半前後。

戸田采女正　氏定。美濃大垣城主、十万石。長矩の従兄弟。→一九〇・二七七頁

浅野美濃守　長恒。長矩の叔父。元禄十二年より山田奉行、三千石。万治元年(一六五八)—享保十七年(一七三二)。

大学　浅野長広(ながひろ)。長矩の弟。→一八八頁注

御書付…　戸田采女正・浅野美濃守は、月番老中土屋相模守政直の邸へ呼びつけられ、この書付を渡されたという。

田村右京大夫　→一六七頁

糟谷勘右衛門　二百五十石役料二十石。元禄十五年閏八月九日同志より脱盟。

留主居　留守居。→四七頁注

建部喜六　二百五十石江戸扶

手之由相聞候。依レ之家老*大石内蔵助・*大野九郎兵衛両人、毎日毎夜雖ニ申談と一九郎兵衛腰ぬけ不レ致ニ承引一、就レ夫*番頭・*物頭・用人数度対談有。其同志之面々申様、「主人*片落に切腹被ニ仰付一、上野介於ニ存生一は、*城無レ滞引渡何方へ面を向可レ申様も無レ之候。但上野介は上杉殿方へ引取被レ申候共相聞候。左候はゞ已後本意相達候事難レ計候得ば、故内匠頭殿取立之城離散は成間敷候。各自滅之場此節に相極候。併壱通御願申上、罷出候ても*一分立候様に被ニ仰付一、筋も立候はゞ、各別之儀、若無レ拠道理出来候はゞ、当城於ニ罷出一は、内匠頭菩提所於ニ*花岳寺一、志之面々追腹可レ仕候。兎角他へ出候事有べからず」と、各存念相極る者共雖レ申、大野九郎兵衛を始て、番頭・物頭・用人之内不同心多くして、日々夜々相談不ニ相調一。依レ之物頭役*原惣右衛門進出申候は、「ケ様に毎日之相談不ニ相調一、日を送り候事、気之毒に存候。御承引無レ之仁は座を御立候様」に申之処、大野九郎兵衛初て、番頭・物頭・用人承引無レ之者共座を立申候。

於ニ赤穂花岳寺ニ追腹と申合候者共、

大石内蔵助、番頭*奥野将監、物頭*河村伝兵衛、
同*進藤源四郎、同原惣右衛門、同*小山源五右衛門、
此六人。

一、江戸にて落髪致候片岡源五右衛門、田中貞四郎、磯貝十郎左衛門、右三人、内蔵助前に呼出し、「面々は格別之人柄之事にて候得ば、一儀同意之心底承届度」と申候処、三人共、「我等共は*存寄御座候間、一儀罷成間敷」之旨返答申候。人々申候は、「早速赤穂へ罷登候は、定て一同之所存相極候ためにこそ早速罷登候哉と存候処、存寄有レ之とて同心せず。しからば江戸に残りて上野介へ志有かと思へば左もあらず。主君之一七日之過るを待兼、江戸表を立退、墓所之参詣も打捨、早速赤穂へ罷登候は何故やらん、心得がたし」と風聞す。

一、*大野九郎兵衛何事かおそろしかりけん、夜中取物もとりあへず一人逃出ける。*忰郡右衛門儀も同じく逃候て、娘をも捨残して、何方へか落行けん。*女乗物にて逃たるよし。其外色々臆病人数多にて恥入

持七人半。物頭。

片岡源五右衛門 ↓三一九頁

田中貞四郎 百石(百五十石とも)。討入り直前に脱盟。

磯貝十郎左衛門 ↓三一八頁

小納戸役 近習の下にいて藩主に近侍し雑務を担当した。

中村清右衛門 百石。のち脱盟。

安井彦右衛門 定江戸家老。六百五十石江戸扶持九人半。

藤井又左衛門 八百石。

一七日 初七日。

大石内蔵助 ↓三一六頁

大野九郎兵衛 城代家老、六百五十石。

番頭 軍務・警衛役を担当した番方(番衆)の頭。組頭。

物頭 ↓四七頁注

片落に切腹被仰付 「喧嘩両成敗法」に反して、幕府が片手落の裁定を下した、という意識を示している。

城無滞引渡 何の抵抗もせず城を明け渡す。

一分 ここでは「片落」の処分を修正し、吉良上野介も処罰されれば、一分が立つ、と考えられている。しかし他の箇所では、敵討、追腹、城での討死等々、いろいろな含意をもって用いられている。いずれにせよ一分は浪士、とく

候。

一、*城引渡之儀、先達て以ニ使者一申遣候。可レ被レ得ニ其意一と存候。内匠頭日来奉レ重ニ公儀一被ニ勤仕一之段、各存知之事に候。於ニ此度之仕合一は不レ及ニ是非一候。弥作法能、速に其地引払被レ申儀肝要に候間、猶此旨可レ被レ存もの也。

巳四月三日　　戸田采女正印判

浅野内匠頭　家老中
番頭中
用人中
目付中
惣家中

一、赤穂御用被ニ仰付一候御目付*荒木十左衛門殿・*榊原采女殿迄、*内蔵助方より願書を以江戸迄申達候。「江戸〔に〕相詰候〔而〕家老共へは、存寄有レ之候間此儀堅申達間敷候。御目付中に申上候儀を、戸田采女正殿へ御届、一ト通可ニ申上一旨、*多川九左衛門・*月岡治右衛門両使へ申含候といへども、御目付中最早江戸表御発足被レ致候由、依レ之江戸両家老共へ、一儀委細に申聞候。安井彦右衛門・藤井又左衛門驚き、早速戸田采女正殿へ右之趣申達候。従レ是采女正殿より数通之墨付被レ遣レ之。大学殿へも両人之家老共罷越、一儀申達候〔に〕付て、首尾好城引渡候様に、大学殿より両使へ被ニ申渡一候。*両使承レ之赤穂へ罷登、右之段委細に申聞候。此段志之面々承ニ知之一、脇へは*不通に沙汰仕間敷旨、堅く両使へ申含候処、ケ様に沙汰*広仕なし、大学殿へも両家老共度々致ニ出入一窺候所、籠城仕候とも、後日之沙汰偏に大学殿指図之様に相聞候は、残念之儀也。其上大学殿御身上滅亡に及び、名跡迄断絶に至るべし。然らば此度之籠城相止、已後所存可ニ相達一歟。兎角大学殿一面目有レ之、人前も罷成候様被ニ仰付一を奉レ願、此時節を待可レ然と相極、籠城は相止候也。

多川九左衛門・月岡治右衛門以ニ両使一江戸〔表〕迄奉レ願意趣は、

*今度内匠頭不調法仕候に付、御法式之通、被ニ仰付一候段奉レ畏候。然れ共上野介殿御存生之由承

にその急進派の心情を表現し、彼等の行動を規定した。解説参照。

花岳寺　華岳寺とも書く。赤穂城下にある。

原惣右衛門　→三一七頁

奥野将監　千石。大石内蔵助の親戚。のち脱盟。

河村伝兵衛　川村とも。四百石。のち脱盟。

進藤源四郎　底本「近藤」。以下同。足軽頭、四百石。大石内蔵助の縁者。十五年八月脱盟。

小山源五右衛門　良師(よしもろ)。大石内蔵助の叔父。足軽頭、三百石。十五年八月脱盟。

存寄御座候間　江赤見聞記には「右之三人…、直に江戸へ罷越、吉良殿を討可レ申由申候」とある。

大野九郎兵衛…　→二八四頁

女乗物　身分のある女性の乗る駕籠。

城引渡之儀…　三月十五日収城使(脇坂淡路守ら)が決定、戸田采女正は幕府の意向をうけて三月十八日(赤穂着二十八日)、三月二十五日(赤穂着四月六日)の二度、滞りなく城を引渡すよう説得する使者を派遣した。

伝候。左候得ば当城離散仕、何方へ面を向可レ申様無二御座一候。此段家中一同之存念に御座候〔に〕付、色々教訓仕候得共、田舎者にて御座候得ば、不通に承引不レ仕候。乍レ去若離散仕、安*心可レ仕筋に御座候はゞ、各別之儀に御座候。奉レ対レ上毛頭御恨ケ間敷所存無二御座一候得共、於二当城一餓死可レ仕覚悟御座候。此段申上候。

右之趣、江戸両家老共より戸田釆女正殿へ差出候に付、釆女正殿、江戸定家老中川甚五兵衛并番頭高岡代右衛門両人を以被二仰聞一候は、「釆女正殿存寄をも承届、赤穂之者共納得可レ仕候哉、是非御目付中へ可二申上一か」との御尋有レ之〔に〕付て、両使申上候は、「何卒筋之立候御意之趣も御座候はゞ、承引仕可二罷帰一旨申付候間、何分も赤穂之者共へ被レ下候御書拝見仕候已後御請可レ仕」旨申上る。〔左候はゞ〕披見仕候様〔に〕との御事にて、御書被二相渡一候文言、

多川九左衛門・月岡治右衛門以二両使一書付被三指二越之一候紙面之趣、家中之面々無骨之至に候。御当地不案内之故〔候〕。内匠日来奉レ重二公儀一被レ致二勤仕一事、各存知之事に候。内匠家中奉公之筋は、速に其地引払、城無レ滞被二相渡一候段、奉レ重二公儀一内匠日来之存念可二相叶一候間、不レ及レ申候得共、追々差図之通被三相二守之一、早速穏便に被レ退候段肝要之事に候。此旨家中之面々承レ之、可レ有二納得一者也。

巳四月五日　　戸田釆女正印判

浅野内匠 家老中
番頭中
用人中
〔目付中〕
惣家中

追啓、御*当地に詰合候面々*へは、従二最初一右之段申談候事に候。以上。

*外に両使へ御口上にて被二仰渡一之覚

一、「内匠頭日来上を大切に被レ存勤仕之事に候間、如何様被二仰付一候共、毛頭上へ之存念は無レ之事に候。然る上は其所を相守、城無レ滞引渡可レ申儀、

荒木十左衛門 政羽(まさは)。元禄十二年(一六九九)御使番となる。十四年三月十五日赤穂城地請取の目付を命ぜられ、四月二日に出発、四月十六日赤穂着。五月十一日まで赤穂にいた。のち八月二十八日御目付となる。寛文二年(一六六二)—享保十七年(一七三二)。

榊原釆女 政殊(まさよし)。御書院番。享保七年(一七二二)没。

内蔵助方より… この願書(本頁下段以下)をもって多川らが出発したのが三月二十九日、江戸着四月四日。目付が出発したのは四月二日なので、行き違った。

多川九左衛門 物頭、四百石。元禄十五年八月脱盟。

月岡治右衛門 歩行小姓頭、三百石。

両使… 二人が赤穂に帰着したのは四月十一日。戸田釆女正の四月五日付の口上書(一八三頁)を持ち帰った。

不通に 交通・交渉を絶つこと。縁を切ること。転じて、ふっつりと、きっぱりと。

沙汰広仕なし 話を広げてしまい。

今度内匠頭… この目付への願書(三月二十九日付)は江赤見聞記に載せるものはもっと

内匠日来之存念に相叶、家中之者共忠節と被レ存候。御目付中難レ及ニ了簡一儀、定て可レ達ニ上聞一候。然ば大学殿御一門方御為(ため)不レ宜儀と被レ存候。右之通に候得ば、家中之者共納得可レ仕儀と被レ存候。皆共(みなども)如何了簡可レ仕候哉」と被ニ仰聞一候に付て、「段々被レ入ニ御念一候御意之趣奉レ畏候。乍レ然在所之者共如何可レ存哉、此段難レ計奉レ存候得共、先(まず)御意之趣可ニ申聞一」由御請申上、罷登候とぞ。

道中追付御目付中へ不ニ申上一候段、両使心得違と風聞す。右両使へ御返答被ニ仰越一候已後、釆女正殿より*赤穂家中へ御使者を以被ニ仰下一候御書文言、両使正木笹兵衛・荒渡平右衛門。

昨日多川九左衛門・月岡治右衛門両使到来、被ニ申越一候紙面之趣、家来之面々一筋に主人之儀被レ存之段、無ニ余儀一共相聞候得共、偏(ひとえ)に御当地不案内故と存候事に候。先達て右両使へ申含候如く、奉レ重ニ公儀一、弥城無レ滞相渡、速に被レ退候段、内匠日来之存念に相叶可レ為ニ本意一候間、猶又此旨可レ被レ存候。右為レ可ニ相述一如レ斯候也。

巳四月六日　戸田釆女正印判

浅野内匠　家老中
番頭中
用人中
目付中
惣家中

釆女正殿より為ニ下知一、赤穂へ家老戸田権左衛門と申者差遣被レ置候。此節権左衛門方へ被レ遣候御書文言、

昨五日、赤穂従ニ家老中一、多川九左衛門・月岡治右衛門為ニ両使一書付差ニ越之一候意趣は、家中之輩一筋に主人を慕ひ、御法式之儀迄忘れ、赤穂之城離散之儀歎(なげか)ケ敷(しく)存候旨、此儀は御当地不案内故、一図(いちず)に存寄たる趣、無ニ余儀一事に候得共、内匠殿日来之存念、奉レ重ニ公儀一勤仕事に候得ば、城無レ滞相渡、速に退候儀肝要之旨、右両使へ委細申含遣候。猶又為ニ納得一、追て印形之書面を以為ニ申聞一候条、内匠殿家老中へ相達、此旨可ニ相伸一もの也。

長く、「餓死可レ仕」という文言も見えず、「…城御受取被レ成候滞にも罷成」という表現になっている。

安心可仕筋　九行後の「筋之立候」と同じく「片落」の処分の修正を暗に要求している。

御当地　江戸。

面々へは従　底本「面々へ其段」。纂書などにより訂。

外に両使へ…　多川・月岡が戸田家の家老より申渡されたもの。

赤穂家中へ…　この文書は四月十二日に赤穂に着いた。

両御目付　荒木十左衛門・榊原釆女。

古弾正已前…　黒田長政遺言に見られるのと同じ考え方。古弾正は浅野長政(弾正少弼)のこと。

石原新左衛門　正氏。岡田荘太夫と共に代官として赤穂に派遣された(四月十六日着)。

知行方仕立之帳面　城地見分の際、目付・代官へ、絵図・御朱印地幷除地帖・城付武具帖・蔵米帖・人数改帖・家中分限帖など支配に必要な一切の書類を提出している。

卯下刻　午前六時半前後。

脇坂淡路守　安照。播州竜野

巳四月六日　　氏定印判

戸田権左衛門殿

四月十八日城内御見分(けんぶん)之節、*両御目付中へ大石内蔵助申上候口上覚

「内匠頭此度不調法仕候に付て、御法式之通被₂仰付₁候段、家中之者共一同奉レ畏候。松平安芸守・戸田采女正より段々下知、承知仕候。乍レ然大学安否之処、家中之者共今以(いまもって)落着不レ仕、心底に差含罷在候。*古弾正已前従₂権現様₁御取立之家筋之儀に御座候得ば、大学一度被レ遊₂御免₁、罷出候ても御奉公も相勤まり候様に奉レ願之段申上候処、兎角之御挨拶不レ被レ仰候故、又重て時節を相計、先刻も申上候通、今以家中之者共安心不レ仕候。此段被₂聞召届₁被レ下候様」申上候処、御代官にて御越被レ成候*石原新左衛門殿御取合被レ仰候は、「内蔵助存念家中之心底無₂余儀₁存候」由御挨拶之節、両御目付中被レ仰候は、「委細被₂聞召届₁候。可レ及₂言上₁」旨被₂仰聞₁之由。

一、御見分相済、何れも御旅宿へ御帰之已後、内蔵助呼に被レ遣、御目付中御旅宿へ罷越候処、御目付中被₂仰聞₁候は、「今昼於₂城中₁願之通、幷城内之掃除等被レ入レ念候、且亦*知行方仕立之帳面等迄無₂残所₁仕形感入、尤に存候故、今晩飛脚に具(つぶさ)に及₂言上₁候」段被₂仰聞₁之由也。

一、同十九日*卯下刻、城、*脇坂淡路守殿・*木下肥後守殿へ引渡す。

*赤穂騒動に付て近国より手当有レ之覚

一、*松平伊予守殿より　　津田左源太

人数六百にて、*むしあげの城迄相詰候由。

一、*松平讃岐守殿より　　大久保主膳

兵船数百にて、城近辺海辺迄来る。

右之外、*阿波・*讃岐丸亀、*近国より支度有レ之由。

赤穂浪人五人、為₂見届₁欠付(かけつくる)由。*岡野治太夫、中村弥太之丞、大岡清九郎、井関徳兵衛、同門左衛門。

城主、五万三千石。万治元年(一六五八)—享保七年(一七二二)。城受取の際には、行列をととのえ、「雑兵惣高四千五百四十五人」を引き連れ、入城した。脇坂家は、翌元禄十五年九月一日永井伊賀守直敬が下野烏山より入封するまで在番として赤穂を支配した。

木下肥後守　公定(きんさだ)。備中足守城主、二万五千石。承応二年(一六五三)—享保十五年(一七三〇)。

赤穂騒動…　幕府の命により近隣諸藩が警戒したのである。

松平伊予守　池田綱政。備前岡山城主、三十一万五千石。寛永十五年(一六三八)—正徳四年(一七一四)。

むしあげ　虫明。岡山県邑久(おく)郡邑久町字虫明。片上湾の南口の海駅の一。

松平讃岐守　松平頼常。讃岐高松城主、十二万石。承応元年(一六五二)—宝永元年(一七〇四)。

阿波　蜂須賀綱矩。阿波徳島城主、二十五万石。

讃岐丸亀　京極縫殿高或(たかもち)。丸亀城主、五万石余。

近国　以上のほか、伊予松山藩・播磨姫路藩・播磨明石藩などが兵・船を領境または海上に派遣した。

岡野治太夫　浅野家浪人。不破数右衛門の父。江戸よりかけつけたが、浪人を城に引き入れるのは穏当でないと入城を断られ、城明渡しの後立去ったという。→三二三頁

赤穂へ使者来る覚　この覚は底本では一八四頁下段の「采女正殿より為二下知一…」の前に入っているが、纂書・流芳などにより訂した。なおここに記されている者以外にも多くの使者が来往した。

浅野土佐守　長澄。浅野本家の支族、備後三次城主、五万石。長矩の夫人の実家。寛文十一年(一六七一)—享保三年(一七一八)。

徳永又右衛門　城明渡しを説得してくれるよう大石良雄より依頼し、そのために派遣された。江赤見聞記には三月二十三日着とある。

松平安芸守　前出(一七五頁)。小山孫六は良雄の叔父。江赤見聞記には二十六日着とある。

戸田源五兵衛・植村七郎右衛門　采女正より説得のための第一回目の使者である。本文の「三月廿八日着」は双方にかかる。

内田孫右衛門　三次藩よりの

---

*赤穂へ使者来る覚

三月廿四日着
　*浅野土佐守殿より 持筒頭　*徳永又右衛門
〔三月廿五日着〕
　*松平安芸守殿より 先手　小山孫六
三月廿八日着
　戸田采女正殿より 番頭　*戸田源五兵衛
　　*植村七郎右衛門
三月廿九日着
　松平安芸守殿より　太田七郎右衛門
四月朔日夜着
　浅野土佐守殿より　*内田孫右衛門
四月七日着
　戸田采女正殿より 家老　*戸田権左衛門
　松平安芸守殿より　古田権六
　　珠島十右衛門
　　有田市之丞
　戸田采女正殿より 物頭　杉村十太夫
　　使番　里見孫太夫
　松平安芸守殿より 用人　井上団右衛門
　　持筒頭　丹羽源兵衛
四月九日着　西村文右衛門
　*為二見届一赤穂へ差二越之一
　浅野甲斐より　内藤伝左衛門
　　海野金七郎
　上田主水より　野村清右衛門
　　米田定右衛門
　浅野伊織より　八木野右衛門
　　長束平内

落去以後留書覚

定江戸　*高田郡兵衛
　*奥田兵左衛門
　*堀部安兵衛

一、上野介殿生死未二分明一、然れ共内匠頭切腹被二仰付一候上は、*定て上野介死去と推察し、屋敷騒動鎮り候人数に加り罷在候処、未上野介殿存生之由、其上手も軽く、養生可二相叶一体と相聞候。然る上は其通に難二指置一、右三人申合、兎角上野介宅へ切込可レ申所存心底難レ止、家中之面々へ走り廻り相談仕る

といへども、志立候者無レ之、家老用人共は曾て不二取合一、其以後罷越候といへども、或〔は〕留守或は用事とて不レ能二対面一、於二赤穂表一志之者有レ之候哉と聞耳を立るといへども、家老共秘して不通に不二申聞一、空敷日を送り候間、如何可レ致哉案じ煩候。然ればば可二相止一儀にあらず、兎角ふみ込可レ申歟と申合見候得共、*上杉殿父子かわる〴〵上野介宅ぇ被二相詰一候由、左候はゞ本望難レ達儀、犬死可レ致様なし。我々一分之身晴に討死可レ致道理なし。其上騒動がましき儀仕候はゞ、親類へ御掛り可レ被レ遊候由被二仰渡一候得ば、本意不レ達儀、諸親類迄難儀を掛候事心外たるべし。所詮赤穂へ罷越、家中離散せざる内に此一儀可二申談一候。若於二赤穂一志之面々無レ之候はゞ、達ていさめ可レ申儀歟、且亦公儀へ可レ奉レ願品も可レ有レ之、外に一同之所存相極籠城之覚悟も候はゞ、幸*古内匠頭取立候城にて討死可レ仕事、本望之至りたるべし。此儘にあらば諸人に面をさらし、*生前之恥たるべし。一刻も早く罷登可レ然と相定、四月五日江戸表発足す。罷立候跡にて、江戸家老共、家中之者共呼寄、此度之落去に付て、赤穂へ罷越候儀堅く無用と申渡候由。扨十七日路之処十日振にて、同十四日*戌上刻赤穂へ着す。直に大石内蔵助宅へ落着、内蔵助も書院へ出向対面す。よろずの言葉なく、早速一儀申談ず。三人申分、「上野介今以存生に候得ば、当城離散致し何方へ面を可レ向様無レ之候。唯城を枕〔と〕して果る之外無二他事一儀」と、色々談候といへども、「此儀は先達て志之面々申合候。御目付中迄、多川九左衛門・月岡治右衛門以二両使一奉レ願候処、御目付中最早江戸表御立被レ成候由、依レ之両使、安井彦右衛門・藤井又左衛門両人方へ罷越、一儀相達候処、采女正殿・*大学殿へ両人罷越此儀伺候由。依レ之采女殿より数通之墨付被レ遣、大学殿よりも首尾能城引渡候様被二申渡一候。両使へ兼て申付、江戸家老共へ此儀不通に沙汰致間敷旨申渡候といへども、ケ様〔に〕沙汰広く仕なし、殊更大学殿へ両家老共出入仕候上は、籠城仕候ても、後日之沙汰偏〔に〕大学殿指図之様に罷成候得ば、大学殿御身上滅亡に及なん歟、然らば浅野の名跡まで失ひ候はん事不忠たるべし。此度之籠城相止、大学殿一分立候様に可二罷成一歟、安否之程暫く可二見届一儀迚、

説得のための第二回目の使者である。

戸田権左衛門… 采女正よりの第二回目の使者と浅野本家よりの使者とはほぼ同時に江戸を出発した。江赤見聞記には戸田らは四月六日赤穂着、井上らは九日に到着とある。

為見届… 内藤伝左衛門以下の六名は広島からの使者。江赤見聞記には四月十一日着とある。浅野甲斐・上田主水・浅野伊織は広島藩の家老。八木は底本「米」。

高田郡兵衛　二百石。江戸給人。赤城士話に「鑓を能遣ひ、…先年戸田山城守殿口入にて内匠殿へ抱られ…」とある。

奥田兵左衛門　奥田孫太夫。↓三一九頁

堀部安兵衛　この筆記の編者堀部武庸。↓三二一頁

定て上野介死去と推察し　「喧嘩両成敗法」を前提にしているから、このような推察をしたのである。

上杉殿父子　上杉綱憲(義央の長男)と吉憲。

古内匠頭　長矩に対して祖父の長直(内匠頭)をさすか。長直のとき常陸笠間より赤穂に転封(正保二年)。一八一頁の「故内匠頭」も同じ。

城無レ滞引渡候に相極候」由、内蔵助申聞せ候。又三人申様、「然れ共其通にて此儀*相止候得ば、上野介殿存生之間、御主人之敵を見ながら何方へ面を向可レ申様無レ之候。家中之一分立候様に被ニ仰付ニ不レ被レ下候内は、当城無レ滞相渡、何方へ可ニ罷越一様無ニ御座一候。家中に人も無レ之様可ニ相聞一候。左候はゞ後代迄恥たるべし。兎角願不レ叶内は、餓死仕候共離散成間敷」由申候所、内蔵助申様、「其段至極致候得共、最早采女正殿・大学殿へ、畏候由一同に御請申上候上は、左様に難レ成存候。押て左様に仕候はゞ、采女正殿をだしぬき候様に罷成候得ば、此段難レ叶」之旨申に付、又三人申談候は、「内蔵助儀は采女正殿へ御請申、且又浅野家名跡断絶之事歎候は、*老身之役儀に候間左様〔に〕も可レ有レ之候歟、所詮内蔵助儀をのけ候て談ずべし。番頭奥野将監は此度之志之者之由、是へ談じ、其上にて家中志之者共一同籠城仕候はゞ、いかに存たるとも、何も志立候上は、内蔵助儀も小義を捨大義に随ひ、無ニ是非一籠城すべし。左候得ば采女正殿へ之申訳可レ立儀也。*とかく将監に可ニ申含一」儀相極り（四月十五日晩方に不レ残家居引払、城下祈願所*遠林寺*会所にて）、遠林寺於ニ客殿一将監招き、此段申談といへども、「兼て内蔵助と申合相極候儀を、各之仰に依て約を変じ、内蔵助を退候て外に催候事難レ叶」旨申す。其以後〔も〕色々相すゝむるといへども承引不レ仕候。又三人申談、「左候はゞ、内蔵助・将監退候て物頭共へ申談、家中之志之者共へ*調じ合、一同に所存相極候はゞ、両人も定て無レ拠籠城可レ仕候。此儀可レ然」とて、又右之於ニ遠林寺一物頭共招、逐一相談之処、何も一同之了簡相極り、「采女正殿迄は御請を申候。此上は籠城難レ叶候。其上大学殿腰を押候様罷成候。旁以本意難レ達候。兎角内蔵助初て何れにも、大学殿一面目も有レ之、人前も罷成候様不レ被ニ仰付一候はゞ、是切に不レ可レ限、已後含も有レ之」由申候に付、三人共、「此儀は珍重に存候。左候はゞ内蔵助前に罷出、無ニ相違一様に可ニ申合一」と、三人内蔵助前へ罷出、段々申談候所、内蔵助申候は、「各儀此度内蔵助に随候半と思召候て遙々御登候て被ニ仰聞一候上は、先此度は内蔵助に任候へ。是切には不レ可レ限、以後之含も有レ之候」由直に申に付て、「左候はゞ承り届

生前之恥たるべし　一分を立てる、というのと同じ意識で、浪士の心情主義的傾向を示す。解説参照。

戌上刻　午後七時より七時四十分頃まで。

大学　浅野長広。長矩の弟。元禄七年(一六九四)私墾田三千石を分与され(二〇七頁注)、旗本寄合に列し、八年長矩の養嗣子となった。長矩の刃傷事件のため、閉門、采地没収、十五年七月十八日閉門をゆるされ、浅野本家へ御預けとなった。のち宝永六年(一七〇九)帰参を許され、七年旗本寄合、新知五百石を与えられた。寛文十年(一六七〇)—享保十九年(一七三四)。

相止候得ば　纂書・流芳「難ニ相止ニ存候」。

老身　纂書・流芳「老臣」。

とかく　底本「とおし」、下に傍書「てカ」。今は纂書・内本などによる。

遠林寺　浅野家の祈願所、真言宗の寺。

会所にて　纂書・流芳「会所にす」。遠林寺を事務をとる会所にして移ったのである。

調じ合　諜じ合わす。しめしあわす。

候」旨請候て、三人旅宿へ帰る。扨内蔵助を初、同志之者共、*尾崎村といふ所へ当時借宅を構へ居ける間、三人共に相尋罷帰折節、*其日は御目付中・御代官中、赤穂へ御*到着とて、内蔵助儀為二御迎一、中村と申所之橋迄罷出けるが、途中にて行逢ける間、*時宜して通りける。扨御目付中御旅宅へ御落着已後、内蔵助も会所に帰り、物頭役*小山源五右衛門を呼て申けるは、「今日三人之者共に中村にて行逢ける。此者共此間色々了簡懸候得共、心底に不レ叶段、残念之気色余り健に相見候得ば、途中へ罷出、若御目付中え直に存寄抔願申上たる事可レ有歟、無二覚束一存候得共、若左様にも候得ば、不レ及二是非一、了簡之致様可レ有レ之、承り候て参り候様」に申、右之段源五右衛門承申様、「中々左様にも有レ之間敷候。〔承届〕帰たる儀に候得ば、左は仕間敷者共と存候。併思切たる男どもに候得ば、如何候はんや、拙者罷越委細可二承届一」由申て、三人が旅宿え罷越、右之趣相尋候〔に〕付て、三人申様、「内蔵助殿仰に相随ひ可二申上一御約束仕候上、又左様之儀可レ仕道理に無二御座一候。各御志之衆中御宅へ、一ト通は御見舞申入候儀本意と存候〔に〕付、尾崎へ罷越候路次にて、内蔵助殿へ懸二御目一候。毛頭左様之所存無レ之」由挨拶申ければ、其時源五右衛門、「尤左様にこそ可レ有二御座一候得共、余り健に相見候間、内蔵助も無二覚束一、拙者迄相尋候也」と申て帰る。其已後三人旅宿へ、物頭を始め志之面々各見舞、向後之儀共申談、十九日之城引渡迄見届候て、翌廿日之晩、内蔵助方より三人方へ、銘々に為二暇乞一使差越候紙面、同文言にて一通宛、

一両日中御発足御下向之由、此度は遙々御登之儀、御深切之御志感入存候。諸事繁多之時節故、染々と不レ得二御意一*候。残多存候。以上。

四月廿日　　大石内蔵助

猶々御発足之節面上、万々可レ得二御意一候。以上。

右之通に付、暇乞に罷越候処、内蔵助申様、「此度は太儀」之由にて、前後之挨拶有レ之。盃事抔取かはし、再会を談じ、廿二日に赤穂発足す。其已後番頭・物頭共方より以二連状一〔申〕越候紙面、

一筆令二啓上一候。道中御無事可レ為二御着一、珍重

尾崎村　赤穂城の東南にある。大石は六月二十五日までここに住んでいた。

其日　四月十六日。

到着　底本「対着」。

時宜　挨拶。辞儀。

小山源五右衛門　「右衛門」は底本「左衛門」。以下底本両様あり、通説に従って「右」で統一した。

候…　纂書・流芳「御残多…」。

存候。此許御発足之節は、無レ拠故〔障にて〕染々と御暇乞も不レ申、御残多存候。

一、此度〔之〕落去、御家中一同之儀と乍レ申、貴様事遙々御登之上、一入(ひとしお)御残多可レ被二思召一候。何(いずれ)も察入存候。御深切之御志之儀、不レ及二兎角一感入申儀に御座候。被二仰聞一候思召之段々承り候処、拙者共も御同意存候事に御座候。江戸御発足御延引御残多被二思召一之儀、御尤之御事〔に〕御座候。是亦御真実を以被レ尽二御思慮一候故に御座候。拙者共儀未此許(ここもと)近郷に罷在候。猶期二再会時一候。恐惶謹言。

四月廿五日　　原　惣　右　衛　門　判

　　　　　　　小山源五右衛門判

　　　　　　　進　藤　源　四　郎　判

　　　　　　　河　村　伝　兵　衛　判

　　　　　　　奥　野　将　監　判

右同文言にて、三人方へ壱通宛銘々差二越之一候。

江戸へ罷下処、弥(いよいよ)一儀難二相止一、依レ之町飛脚便遣す留(とめ)

態々(わざわざ)以二飛札*一啓上仕候。弥(いよいよ)御勇健可レ被レ成二御座一、珍重奉レ存候。私ども道中無二異儀一下着仕候。此表相変儀無二御座一、木挽町*にても御機嫌相伺候処、被レ為レ替候儀も無二御座一候間、可レ被二貴意安一候。各様此表〔え〕御下着、いづれも相待罷在候。幾日頃其表御出足可レ被レ成候哉。貴報可レ被二仰聞一候。

一、先方*前々之通相変儀不レ承候。居屋敷*(いやしき)之儀も表向致二見分一候所、別条無二御座一候。内縁*承出候間、連々*(れんれん)慥(たしかなる)成儀承届可レ申候。急ぎ承り申候ても人々唱(となえ)も如何と差扣(さしひかえ)申候。何(いず)れも様御下向迄之内、様子承繕置申度心掛申候。

一、浅野美濃守*殿遠慮御免、御役被二召上一候。左*兵衛殿、戸田殿*、内藤殿*抔は遠慮御免、御目見は被二指扣(さしひかえらる)一之由に御座候。左兵衛殿御事は養子にて御座候故、御役被二召上一候迄は無レ之風聞にて御座候。

一、御法事等之儀御免被二仰出一、四月十二日より同十四日迄、於二泉岳寺一御法事有レ之。御位牌御石塔迄目立(めだち)候様に御建立にて御座候。百ケ日*之御

飛札　飛脚便による手紙。

木挽町　浅野大学の住所。今の中央区銀座東のあたり。

先方　吉良家。

居屋敷　常に住む屋敷。

内縁　内々の縁故。

連々　ひきつづき。

浅野美濃守　前出(一八〇頁)。長恒。長矩の叔父。

左兵衛殿　浅野左兵衛長武。長矩の従兄弟。家臣大石良重の子で、長矩の叔父長賢の養子となり、赤穂加東郡三千五百石を領す。幕府の旗本、御先鉄砲頭。寛文三年(一六六三)―正徳二年(一七一二)。

戸田殿　戸田釆女正氏定とその弟氏成(三河渥美などに一万石。万治二年―享保四年)。ともに母が内藤忠政の娘なので、長矩とは従兄弟となる。五月六日遠慮御免となり、拝謁は六月二十五日ゆるされた。→一八〇・二七七頁

内藤殿　長矩の母が、内藤飛驒守忠政の娘であった関係で、忠政の子内藤伊織忠知(長矩の母の弟、長矩の外叔父、三河加茂、二千石、寄合、寛文元年―享保二年)や、忠政の弟内藤十之丞忠広(長矩の母の叔父、長矩の大叔父、志摩鳥羽、一千石、寄合、承応二

法事、六月廿日過に御座候由、泉岳寺にて慥(たしか)に承
届候。
一、今度何れも様爰元(ここもと)へ御下被レ成候はゞ、当分
御宿之儀御心当御座候哉、承り度と存候。御到着
次第に御才覚之思召当も無二御座一候はゞ、私共方
に一両日は御宿可レ仕候。御日限被二仰聞一可レ被
レ下候。一両日中に御借宅才覚仕候はゞ、*何分も
可レ被レ成儀と何も存候。兎角一日も早待請罷在候。
来月之御法事〔に〕御逢被レ成候様御下着御尤奉レ存
候。
一、御借宅之儀、御到着前先達て私共才覚仕差置
可レ申哉、*朝夕御遣道具(おつかいどうぐ)に付、相調(あいととのえ)指置可レ申哉、
思召次第支度仕度奉レ存候。尤不レ及二申上一候得共、
無二御心置一御用可レ被二仰付一候。御下(おくだり)之儀御延引
に思召候はゞ、品により壱人申合罷登、〔申上〕候
儀も可レ有二御座一候。委細貴報被二仰聞一可レ被レ下
候。恐惶謹言。

五月十九日

奥田兵左衛門判
堀部安兵衛判
高田郡兵衛判

大石内蔵助様
奥野将監様
*吉田忠左衛門様
河村伝兵衛様
進藤源四郎様
原惣右衛門様
小山源五右衛門様

追て申上候。此便町飛脚を以申上候。貴報其許
より早々被二仰聞一可レ被レ下候。以上。

五月十九日、内蔵助方迄以二連状一飛脚便に遣候得
共、今以返報不レ来候。依レ之又追て差越書面留
態(わざ)〔と〕以二飛札一啓上仕候。御手前様弥御勇健に
被レ成二御座一候哉、承度奉レ存候。此表相替儀無二
御座一候。
一、去月十九日以二町飛脚一伏見*大塚屋小右衛門方
迄相頼、以二愚札一申上候処、慥に請取相届可レ申
由申越候。伝承候得ば、未(いまだ)赤穂在方(ざいかた)御用向御取(とり)
掛(かかり)、先月中赤穂御逗留可レ被レ成候旨、定て近々山(やま)
科(しな)へ御引取可レ被レ成之旨、其節右之書状進上可

年―宝永元年)らが出仕をとどめられた。以上のほか安部丹波守信峰(母がやはり忠政の娘、長矩の従兄弟)らの縁者がいた。

百ケ日之御法事 人が死んで百日目の法事。六月二十四日がその日に当たる。後出(一九四頁)。

何分も…儀 纂書・流芳「何分にも可二罷成一儀」。

朝夕御遣道具 日常の用具。底本「に付」の下に、一字分□がある。

吉田忠左衛門 足軽頭兼加東郡代、二百石、役料六十石(一説五十石)。→三一六頁

大塚屋小右衛門 底本「大坂屋」。後出により訂。京都伏見の本陣。浅野家分限牒の歩行以下の項に「五人扶持　大塚屋小右衛門」とある。

レ仕候由申越候。今以不レ預二貴報一、御様子無二心
許一奉レ存候。如レ此御座候。
一、先頃申上候通、此表御下向之砌(みぎり)御宿之儀無二
心許一奉レ存候。何分も私共へ御用向可レ被二仰聞一
候。私共*心体(しんてい)先頃申上候に相替儀無二御座一候。此
度委細に不二申上一候。
一、此表御着御日限被二仰下一候はゞ、品川迄御迎
に罷出、此表之様子有増(あらまし)得二貴意一候様に心掛可二
罷在一候。
一、於二此表一私共一同に、御手前様御下着相待罷
在候者共も御座候。兎角貴面に委細可二申上一候。
御法事之儀も弥来る廿三日より廿四日両日御執行
之御事に御座候。
一、此表様子委細申上度儀共御座候得共、書通に
ては難二申上一奉レ存候。何卒(なにとぞ)一日も早〔く〕御下向
被レ成候様にと奉レ存候。恐惶謹言。
六月十九日　奥田兵左衛門判
堀部安兵衛判
高田郡兵衛判
大石内蔵助様

小山源五右衛門儀は、大石内蔵助*為(ため)に伯父也。源
五右衛門儀、安兵衛心易(こころやすき)由緒所有レ之付て、内蔵
助へ通達之為申遣。依レ之源五右衛門一名にて安兵
衛より遣留
一筆致二啓上一候。甚暑罷成候得共、御一家様御
堅固之御事承度奉レ存候。此表無二異儀一罷在候。
去月十九日連書幷御手前様*格紙(かくし)にて委細申上候。
乍レ然状筥上書(じょうばこうわがき)内蔵助殿御一名にて、伏見大塚屋
小右衛門方頼遣申候処、内蔵助殿御事、去月中は
赤穂御逗留之由、定て近日山科へ御引取〔可レ〕被
レ成候由、其節右之書状封印之儘届可レ申由、小右
衛門方より申越候故、貴様へも格紙、内蔵助殿よ
り遅御届可レ被レ成奉レ察候。右之書面御披見之上、
貴報相待申候。何(いず)れも様(さま)思召立之御左右(そう)早々被二
仰聞一可レ被レ下候。先頃も申上候通、御下着之砌
御宿之儀、私共可レ仕覚悟にて罷在候間、此節何
之御遠慮〔も〕無レ之儀にて御座候。各様御勝手
宜(よろしき)様可レ被二仰下一候。此表追て面白相聞候得共、
何を申ても各様御下向之御左右不レ被二仰下一候故、

心体　纂書・流芳「心底」。
為に　…にとって。小山は良雄の父良昭の弟。小山良秀の養子となった。
格紙　各紙。宛名人を連名にせず、同じ内容の手紙を各人に別々に書くこと。内本「各状」。五行あとの「格紙」は、纂底本傍書「状」とあり、纂書・流芳は「各状」。

御後室様　未亡人。長矩の妻阿久利(阿久里)は三月十五日実家の浅野土佐守長澄の下屋敷(麻布今井町)に引取られ、髪を切り、瑤泉院と改名していた。正徳四年(一七一四)没。

落合与左衛門　奥様衆、二百石、江戸扶持六人。

千部万部　追善のため経を千回、万回読む法会。千部読経、万部読経。

はちひらき　鉢開。鉢開坊主(鉢坊主)の略。托鉢して歩く乞食坊主。内本「耻開き」。

致無音候　底本「致無立申」、傍書「本ノマヽ」。纂書による。

過言　無礼な言い草。いいすぎ。

亡君之御憤をも休　急進派浪士の行動には一貫してこの考えがみられ、諸評論の中にはこれを浪士の行動を正当化する重要な論点にしているものがある。

原氏　原惣右衛門。

一日〳〵と不レ快時節送申候。万々一御下向御延引之御仰候はゞ、拙者罷登、此表之様子御物語申上、是非急被二思召立一候様にと存究(ぞんじきわめ)罷在候。来る廿四日百ケ日之御法事、従(より)二*御後室様一*落合与左衛門被レ遣筈之由、去る十四日御寺にて安井彦右衛門被二出逢申談一候、右両人被レ帰候跡へ三人共致二参詣一、出家衆咄にて承申候。*千部万部御執行にても御請被レ遊間敷候。無二言甲斐一衆中之儀、定て亡君御歯がみ可レ被レ遊と、此儀気之毒、三人共悔罷在候。追々馳廻り一人〔々々〕に心底承候処、私ども同志に存極たる者、唯今迄四五人ならでは不二承届一候。其外は厚き分別之者多、従レ上之御仕置を相待、木挽町之御安否見届度、如レ此さまをかへ渡世仕候由、弁舌さわやかに申者も有レ之候故、ケ様之古人と咄合候得共、拙者共は*はちひらきより外は無レ之候。左候得ば、数ならぬ武士にて御座候得ども、先祖一家一類之名迄恥敷事に存、再会無レ詮、*致二無音(ぶいん)一候。

一、最早赤穂より一両人下り申候付て、此表にても色々取沙汰仕候間、各様御下向被レ成候はゞ、御名御改、重て御書付可レ被レ下候。ケ様成候ては慮外千万推参に奉レ存候得共、両人共申合、内蔵助殿にも申上候。噂も被二仰出一候はゞ、宜様御執(とり)成(なし)奉レ頼候。相互に此節*過言(かごん)申上候段は、畢竟亡君へ之御奉公此節と、憚之段不レ顧申上候。

一、内蔵助殿御出足に付ては、定て何(いずれ)も被二仰通一候ての上と奉レ察候。左候はゞ赤穂浪人など下向と沙汰無レ之様、尤名字御改被レ成候様にと可レ被二仰談一儀と存候。前廉(まえかど)内蔵助殿御心に不レ被レ叶衆にても、追て勇気心掛候はゞ尤被二仰談一候様にと奉レ存候。何を申ても小勢にては本望相達申儀不二相見一候。彼宅にて必死是を本意と存候はゞ、何之申合了簡も不レ入事に候得共、何卒此上は*亡君之〔御〕憤をも休(やすめ)申度而已(のみ)存念に御座候。*原氏近々下着之由沙汰仕候事に御座候。大勢一集に御下候はゞ目立可レ申と、御相談之上追々被二思召立一候哉と致二推察一〔候〕。先達てさへ私共方へ被二仰聞一候はゞ、穏便に取計(とりはからい)、廿人程づゝ御下着は御心安可レ被二思召一候。

一、於二此表一たとへ御兄弟からの御挨拶とても、縁を以御落着之段、必々御用捨尤に奉レ存候。兎角私共へ御任置可レ被レ成候。申合候上にては何分にも可二罷成一候。其許にて如何様に取沙汰御聞被レ成候共、皆風説と可レ被二思召一候。委細之根源は得と承届置申上候御事に候。御気遣被レ成間敷候。又此書状内蔵助殿へ連状之内封込遣申候。去月十九日貴報、旁早々相待罷在候。恐惶謹言。

六月十八日　　堀部安兵衛判

小山源五右衛門様

一、六月廿四日、亡君百ケ日之法事執行有レ之。依レ之三人銘々香奠持参拝礼す。法事相済候以後、石碑之御前にて三人一同に拝す。此時亡君へ申上候、「我々志之者共相催、一日も早上野介が首を取、御石碑之前〔へ〕指上申度奉レ存候。依レ之覚悟相究罷在候」段、敬て再拝す。「従レ是直に安井彦右衛門方へ罷越、一儀可二相違一」と申談、先使を以申遣す。「若在宿にて無レ之候はゞ、いつ迄も相待可レ申」旨申入る。返答には、「勝手次第参候様に」と申来候付て、三人罷越、赤穂より帰府已後初て参会に付、一ト通挨拶事終て三人申様、「扨も御亡君*御祖父御代々之御家を被レ捨、天下にも難レ被レ替御命〔迄〕被レ捨、御欝憤を被レ散候所、*不レ被レ遂二御本意一、御切腹被レ遊事、為レ臣難レ忍奉レ存候。於二赤穂一面々〔へ〕も申談置候間、此儀被二思召立一候御覚悟御座候へかしと存候。左候はゞ定江戸に罷在候者共、志を立、御下知に相随ひ候半ものも可レ有二御座一〔候哉〕」と申候所、彦右衛門申様、「成程我々も左様存事に候。各思召之段尤至極に存候。唯今迄ケ様之志被二申聞一候仁、日本之神以初て承候。其節に至り同意たるべし。併*大学殿御首尾可レ宜様専致二風聞一候。且亦*柳沢殿衆より大学殿悪敷儀は有レ之間敷候、御閉門中随分御慎被レ成候様に通度ものゝよし被レ申候共承り候。*左候得ば昔より何れ之書物にも有レ之事に候、*御家を被レ立候はゞ、上野介首を御覧被レ遊候よりは、御祖父之御家を〔御〕起し被レ成候事、いか計御亡君之御悦たるべく候間、大学殿御首尾を見届可レ然様に存候」と申。三人申様、「*亡君之御祖父之家を御大切に思召候はゞ、此欝憤は被レ散間敷候。無レ二御命を被レ捨候故は、上野介が首をさへ御覧被レ遊候はゞ御

御祖父　纂書・流芳「御父祖」。以下同。

不被遂御本意…為臣難忍　前頁の「御憤をも休」と同じ考え方。

大学殿　浅野大学長広。

柳沢殿衆　執政柳沢吉保の家臣。家老平岡宇右衛門らをさすか。

左候得ば　底本「たとひ」。

御家を被立候はゞ…　このように内匠頭個人よりも御家を優先させる考え方は——急進派は批難するが——当時の考え方としてめずらしいものではない。

亡君之…被散間敷候　前の安井彦右衛門の言葉に対する反論であるだけに、いささか極端な論理ではあるが、浅野が家や命を捨てて吉良に斬りつけたからには、よほど吉良が悪かったにちがいない、という考え方は当時かなり一般的であった。

心に叶可レ申候。第一御自分様初て我々迄、何れも*亡君を主君と奉レ仰候上は、いつ迄も亡君へ御奉公可レ仕儀と奉レ存候。大学殿御家を立て主人之敵を見遁し可二指置一儀なし。亡君之仰に候はゞ、大学殿にも手向可レ申我々にて御座候。此段御了簡違と存候。兎角思召立候様に」と申候処、彦右衛門申候は、「上野介用心きびしく候由承伝候間、無二覚束一存候。又其内可二申談一候間、得と了簡仕候へ。先は同意之衆中出来珍重存候」由申候付て、大方承引仕たると悦罷帰候処、其後*磯貝十郎左衛門幷*松本新五左衛門両人へ彦右衛門申候は、「此間三人之者共主君敵討之事を相催候。三人罷帰候跡にて得と思案を廻し候処、以之外*不了簡なる者共にて候。其上志あらば、人に不レ構三人にて切込可レ申儀、人を進め申〔候〕事不届」之由語候段、十郎左衛門申聞せ候。依レ之三人共に、「左様之腰ぬけと不レ存、いかなれば亡君之厚恩を請、取立られたる家老にて候へば、*我々三人新参者にてさへケ様〔に〕義を立、百年之命を亡君之御為に抛と申候を承り候ては、恥かはしく可二存立一歟と諫候処、是程〔に〕も腰はぬけ候もの哉」と、其後は通音を相止候也。扨磯貝十郎左衛門儀は、亡君年頃之厚恩〔を〕請、切腹之砌落髪迄仕たる者也。此節迄は三人之者共方へ罷越、「各草履を取候て成共本意をとげ、亡君之御憤を散度」之由、度々三人方へ通達致候〔に〕付て、人数之内にも相加へ、「其方儀は追腹をも仕候はねば不レ叶者なれば、尤之所存」と申聞せ候所、其以後何とか思案致しけん、心替して音信不通に成、*源助橋辺に酒見世を出し、不通に人に不二出合一、町人之体に成ける。余り之事〔に〕大笑致ける。ケ様に御当地の者共腰ぬけ候ては、難レ遂二本意一候。兎角上方之者共へ調じ合するより外不レ可レ有。罷登、江戸表之様子とくと可二申談一と支度致候処へ、五月十九日之為二返札一書状到来す。書面に、

五月十九日之御連札令二拝見一候。甚暑之節に候得共、何れも御堅固之由珍重存候。此元〔御立〕已来は御左右不レ承候間無二御心元一存候処、道中無レ恙御着之由、一段之御事に候。先頃は遙々思召立御登、誠〔に〕御深切之至極にて御座候。忽遽之砌故染々と不レ得二御意一、御残多存候。

亡君を…手向可申我々にて　主君個人より御家を優先させる安井の対極にある考え方だが、この両者が並存していた点に幕藩体制の特徴がある。解説参照。

磯貝十郎左衛門　→三一八頁

松本新五左衛門　江戸給人。百石、七人扶持。

不了簡　よくない考え。

我々三人…義を立　新参者でさえこうなのに譜代が何たることか、という論理だが、客観的にみると、浪士の場合むしろ当代召抱の者に、御家より主君個人を重視する傾向が強かった。なお解説参照。

源助橋　今の港区新橋四丁目の辺りに源助町があり、そこの大下水にかかっていた橋。なお磯貝は、復仇を志し、のち大石らと合流したことは赤穂義人録にみえる。

一、木挽町にて御別条無二御座一候由御聞伝之由、恐悦奉レ存候。

一、先方御聞合之処、相変沙汰無レ之、居屋敷(いやしき)別条無二御座一候由、令二承知一候。内縁御聞出之由、慥(たしかなる)成儀御聞届可レ被レ成〔候〕旨、珍重存候。然共(しかれども)急々に御聞合にては唱(となえ)如何と御差扣(さしひかえ)〔之〕由、尤之御事に候。此段不二指急(さしいそがざる)一事に候間、人聞(ひとぎき)妨無レ之様に御聞繕御尤に存候。

一、浅野美濃守殿、同左兵衛殿其外之御遠慮衆御免之由、御目見は被二指扣一候由、致二承知一候。美濃守殿は御役御免之由、是は伯父(おじ)分(ぶん)故と存候。

一、御法事等之儀御免にて、四月十二日より同十四日迄御執行有レ之、御石塔御位牌外見宜(よろしく)敷建立有レ之由、先(まず)珍重之御事に候。百ケ日之御法事当月廿四日と令レ察候。此御法事御免之儀、先年*内藤和泉守殿御時、永井殿も余程間有レ之様に相覚申候もの有レ之由。此度は早く御免被レ遊候様に申候。如何、其許風説も無レ之候哉と存候。

一、最前得二御意一候、拙者共罷下候儀、并朝夕遣道具之儀迄被レ附二御心一被二仰聞一辱存候。到着候はゞ先一両日は各御宅に御留可レ被レ下由、不レ浅存候。

一、罷下候儀、其後段々申談候処、此節大勢罷下候様にては宜かる間敷候。結句失二本意一申候所可レ有レ之沙汰共有レ之候。此段亦無二余儀一異見共に御座候。最前七八人計(ばかり)は可二罷下一存念に候処、左様に候はゞ*残て之衆中方より委細無レ之二聞届一、むさと追々罷下候様に成候ては指留がたく、畢竟此度罷下候と存立候処、其許様子承合〔候〕処有レ之、御焼香を申立候て之存念に候。最前〔得二〕御意一候処に相違毛頭無レ之候得共、此度罷下候処之趣向は、*前々存(ぞんじつき)付候所と少之違(たがい)め御座候。此段書面に難二申述一候。兎角は追付可レ被レ下候間、其時分面上に可二申承一候。右之通に付、二三人同道罷下候心得にて候。其外之衆中、一左右次第に罷下候申合にて、堅(かたく)指留申候。

一、其辺世間取沙汰如何御座候哉。替儀も候はゞ、其内早々大塚屋方迄御状壱封可レ被レ下候。尤上書大塚屋名宛にて*飛脚や可レ被レ遣候。*伏見京橋大塚屋小右衛門と宛所にて被レ遣候はゞ相違無レ之候。

内藤和泉守　長矩の外叔父(母の弟、一九〇頁注の忠知の兄)内藤忠勝。志摩鳥羽城主。延宝八年(一六八〇)六月二十六日、増上寺における将軍家綱の葬儀後の法会の時、勤番中の丹後宮津城主永井信濃守尚長を刺殺、翌日切腹を命ぜられ、封地没収、絶家した。右の永井信濃守(承応三年―延宝八年、二十七歳)には嗣子がなく、采地没収されたが、あらたに弟直円(なおみつ)に大和新庄、一万石を与えられた。

残て之衆中…聞届　纂書・流芳「残之衆中方々より委細之無二聞届一」。

前々存付候所と…　この六月頃には大石は浅野家再興を願って各方面(浅野本家など)へ運動していて、直ちに復仇をという堀部らの考えとは違っていることをさすのであろう。

飛脚や　纂書・流芳「飛脚屋へ」。

伏見京橋　京都市伏見区京橋町。宇治川と高瀬川の合流点にあり、京街道の要衝。

上方向取沙汰殊之外宜事而已(のみ)申候て、却て無二心元一存候。
一、内蔵助儀早々罷下度存候処、先月十一日より左之腕に疔腫*出来候。一旦平愈申候処、最初かろく御座候て保養不二足申一候歟、余毒残り、又廿二日再発、外に大に成出来候。散々大切に罷成候。暫(しばらく)平臥之体にて養生致候。後之出来物は腕一ぱいに腐申候故、早速に難(いえがたく)レ愈、今以療治仕候。最早別条は有レ之間敷体にて候得共*、愈兼(いえかね)申候に付、いまだ爰元(ここもと)に逗留致二保養一候。此元(ここもと)之仕舞は郷村*之帳共指上(さしあげ)、先月廿二日に相済申候。其外内御用之仕廻〔は〕当月四日に悉相済申候。存之外早相済申候。品々引払候て、当月中にも出立可レ仕と存候処、存寄も無レ之相煩、不レ及二是非一候。
一、右之通故、いまだ何頃可レ被レ下とも難レ申候。宿之儀は其許へ罷下候〔て〕可レ得二御意一候。被二仰越一候通、各御借宅之内に御尋申候て荷物等おろし置、何方にても当分之宿御才覚可二頼入一候。遣(つかい)道具(どうぐ)等之儀、御調置(ととのえおき)にも及不レ申候。罷下候時分は何分にも御案内可レ申候間、左様に御心得可レ被レ下候。如レ形かろく仕、三人罷下候共上下七八人には不レ可レ過と存候。
一、連銘*に御のせ被レ下候衆中、何(いずれ)も此許(ここもと)退散申候。今伏見大坂此近辺之御蔵領*に有レ之候。唯今当村に惣右衛門壱人居合(いあわせ)候〔に〕付加判(かはん)仕候。又惣右衛門方より、五月初に生瀬治左衛門*に書状壱封進申候。相届候哉、無二心元一存候。猶頓(やが)て期二面上之時一候。恐惶謹言。

六月十二日　原惣右衛門判

大石内蔵助判

高田郡兵衛様

堀部安兵衛様

奥田兵左衛門様

追啓、罷下候儀延引候はゞ、為レ可レ被二仰談一、御三人之内御壱人御登可レ被レ成由被二仰聞一候。此段必御無用可レ被レ成候。兎角申内罷下候間在レ之間敷候。於二其元(そこもと)一可レ得二御意一候。以上。

重て内蔵助方へ右之〔返〕報遣候留

一、五月十九日為二貴報一、六月十二日貴札、去る

疔腫　腫物の一種。
候得共　底本「候へば」。
郷村之帳　目付・代官へ差出した御引渡郷村高帖・同郷村帖・郷郡家数幷下町数帖・人数改帖など。
連銘　連名。後出(一五四頁)の神文(起請文)を提出した人々。約六十人。
御蔵領　天領(江戸幕府の直轄地)のこと。
生瀬治左衛門　江戸勘定方、金八両三人。

三日相達致ニ拝見一候。先以御手前様先頃御腫物御大切に御煩被レ成候処、段々被レ得ニ御平愈一候旨被ニ仰聞一、珍重奉レ存候。此方にても先達承伝候付、御様体(ようだい)無ニ心元一奉レ存候。弥御大切之段承届候はゞ、遂ニ参上一、御様体可レ承覚悟にて罷在候処、追々御平愈之段是亦承伝候に付、為ニ御見舞一先飛脚を以可ニ申上一と、去月廿六日以ニ愚札一申上候。定て相達可レ申と奉レ存候。乍レ併両度目之御腫物御再発之砌は、御腕一ぱいに御腐被レ成候故、早速之御平愈難レ被レ成、赤穂近辺御逗留御保養被レ成候旨、御様体千万無ニ心許一奉レ存候。最早伏見辺へ御引取被レ成候哉〔と〕奉レ察候。

一、赤穂表御用去る四日切(ぎり)に悉御仕廻被レ成候旨、*初中後之御苦労筆紙難ニ申尽一奉レ存候。乍レ然無レ滞兼て之思召寄も早御仕廻被レ成候段被ニ仰下一、此段珍重奉レ存候。

一、最早御腫物御快気被レ成、今程伏見へ被レ成ニ御越一候哉、此段早速町飛脚にて被ニ仰聞一可レ被レ下候。此方之趣兎角貴面になくては委細難ニ申尽一候。罷登御物語可ニ申上一候。御手前様御下被レ成候儀、先々御用捨可レ被レ下候。右之旨為レ〔可レ〕得ニ貴意一如レ此御座候。恐惶謹言。

七月八日　奥田兵左衛門判

堀部安兵衛判

高田郡兵衛判

大石内蔵助様

猶々書中に委細可ニ申上一候得共、大切之儀に御座候間、罷登貴顔〔に〕可ニ申上一候間、伏見辺迄御引取被レ成候はゞ、早々被ニ仰聞一可レ被レ下候。貴報相待罷在候。其内必々御下向御用捨可レ被レ成候。以上。

内蔵助より六月十九日之返翰之留

一、去月十九日之貴札致ニ拝見一候。各様弥御堅固に御座候旨、珍重存候。赤穂御用は五月廿二日切に相済候得共、拙者儀腫物相煩致ニ逗留一候て、去月廿五日赤穂出帆致、此頃*山科西山(にしのやま)村に致ニ上着一候。五月十九日之御状も相届、先達て御報も申入候大塚屋小右衛門方へ指下候間、可ニ相届一と存候。

初中後　初中終に同じ。始終。

山科西山村　京都市東山区山科西野山桜馬場町。今、大石神社のある辺が屋敷跡。二〇一頁に「廿八日山科へ着仕候」とある。

一、大学様御儀、于レ今相替御沙汰無二御座一旨、御首尾之程偏に無二御心元一奉レ存候。*冷光院様百ケ日〔之〕御法事相済候由、且亦御書中に難レ被二仰聞一儀共御座候間、拙者罷下候はゞ品川迄御出迎、面上に可レ被二仰聞一旨、御紙面之趣致二承知一、辱存候。拙者儀左之腕に疔腫出来、気色以之外之体にて致二難儀一候処、段々得二快気一致二大慶一候。然共于レ今おゐて手之屈伸不如意にて、京医*山本如哲へ外治頼入致二養生一候。*寺井玄渓内薬も致二服用一候。両医共に追日可レ致二平愈一旨被レ申候得共、急に快方可レ仕体に無レ之候。右之仕合故、早速罷下候儀難レ成、気之毒存候。就レ夫(それにつき)先原惣右衛門下り被レ申筈に申談候。惣右衛門にも大坂迄上り被レ下候由に候。此許〔え〕立寄被レ申筈に候間、一往申談候て、近々下り被レ申候様に可レ仕候。委曲惣右衛門方下着之上可レ被二申談一候間、左様御心得可レ被レ成候。恐惶謹言。

七月三日　　大石内蔵助判

高田郡兵衛様

堀部安兵衛様

奥田兵左衛門様

七月十三日之日付にて内蔵助より来候留

一筆致二啓上一候。残暑甚敷候得共、各様御無事に御座候哉承度存候。頃日御連札令二拝見一候。御報申入候間、可二相達一と存候。五月十九日出之御連札も、大塚屋小右衛門より赤穂へ指越候。小右衛門方より以二飛脚一御報申達候。是亦可二相届一と存候。

一、安兵衛殿より源五右衛門方へ御状致二拝見一候。御文言考候処、兼て此方にて赤穂之面々へ申談候趣とは、其元何(いずれ)も思召相違有レ之かと存候。於二赤穂一面談にも申候通、此上は大学様御安否之様子次第、存念可二申談一覚悟に御座候。御安否承り不レ届内には、何様之存念有レ之候共、御為(おため)宜様にと幾重にも心底を尽し可レ申候。我意を立可レ申儀とは毛頭不レ存、其段赤穂之面々も右同前之了簡〔に〕申合置候。此上は何卒不二罷成一迄も、大学様御為御首尾も宜様にと、随分其段手遣(てづかい)仕(つかまつる)事候。此元へ罷越候ても夫(それ)のみ申談、*手前へは頼置申事

冷光院　長矩の法号。戒名は「冷光院殿前少府監朝散大夫吹毛玄利大居士」。

山本如哲　未詳。纂書・流芳「山本恕哲」。

寺井玄渓　京都の医者。桐庵と号す。元禄十三年浅野家の医官となる。三百石十六人（一説十五人）扶持。事件後は再び町医となって京都二条柳馬場通に住み、復仇の同志に側面から協力した。正徳元年（一七一一）没。

手前へ　纂書・流芳「手寄」。

候。然上は自二赤穂一大勢罷下候段、大学様御為に不二相成一、却て害に可レ成儀と、幾重にも赤穂にて申談、大勢罷下り候段は相止、拙者・惣右衛門今一人罷下り、泉岳寺へも参詣、赤穂にて*御目付中へ奉レ願候趣、御老中様へ御披露被レ成被レ下候哉、御挨拶之程も手寄を以承り届、何とぞ御首尾宜手筋も候はゞ、頼入可レ申手遣をも可レ仕候。其上にて早速被レ登可レ然と存候。拙者江戸に長逗留致候儀、大学様御為に*不レ被レ成、已後何様之儀候ても其元へ罷下候儀難レ成首尾〔に〕成候ては以之外之儀と、於二赤穂一同意之面々段々申合申談候故、先一両人申合罷下候覚悟に候得共、是共に此節罷下候儀、大学様御為に不二罷成一処多候間、罷下無レ詮候条、拙者罷下候儀不レ可レ然と、又々色々申談候故、先惣右衛門壱人指下し、御首尾之手遣仕候様にも存候。御目付中より御老中様幷若年寄中様へは、拙者奉レ願候趣委細被二仰上一、御挨拶も宜旨、浅野美濃守殿へ荒木十左衛門殿御越被二仰聞一候趣、此方へも相違承届候上は、旁拙者罷下候儀*弥御延引可レ然と申談候。第一先達て得二御意一候通、拙者腫物不快にて、左之腕伸不レ申不レ叶候〔故〕、此許にて内外之療治を頼、于レ今養生致候。未平愈之程難レ計、旁以罷下候儀令二延引一候。

一、弐拾人程宛も申合罷下可レ然と被二仰越一候得共、右申通にて、此節大勢催罷下候儀、以之外宜かる間敷と存候。赤穂之面々其外他国に参り候衆中へも、悉く此段得と申談置候故、拙者方より一左右不レ申内は、私用は格別、大勢下候者有レ之間敷候。右申候通、大学様御安否承届候上は、善悪共に了簡可レ有レ之儀と存候。御首尾不レ宜〔方〕に成行候とも、早速存念を達候段、拍子も不レ揃、仕損候ては愈残念なる事に候得共、同意之面々へ得と申合、存念を達可レ申事と、何も堅申合置候。兎角大学様御安否次第之事と存候。如レ斯成行候も偏〔に〕大学様御為を奉レ存候故に候得ば、此節何様之儀候共、時節を相待、何卒*御首尾宜、人前之御交も被レ成能事も候得ば御本望至極、然る上は何様に罷成、出家沙門之身と成候共夫迄之儀、此上亡君様大学様へ忠義に存極罷在候間、此節抔とかくの存念無レ之、一筋に大学様御為宜様にと、

御目付中へ奉願候趣　一八五頁上段の「両御目付中へ大石内蔵助申上候口上覚」をさす。

不被成　纂書・流芳「不二罷成一」。

弥御延引　纂書・流芳「致二延引一」。

御首尾宜…大学様御為宜様に　大石も御家を内匠頭個人より優先させていることが、この文章からわかる。なおこれと反対の考え方が二〇七頁にみられる。

去月十二日　底本「去月十三日」。纂書・流芳による。一九七頁参照。
三日に　底本空白。纂書・流芳による。
先頃も…　七月三日と七月十三日の書簡か。
三吉御留守居頼　三吉は備後三次の浅野家(長澄)。長矩の妻の実家。前出(一八六頁)。「頼」は底本不明。纂書・流芳による。

朝暮存念之外無レ之候。右之通にて源五右衛門・源四郎其外之身寄之者共は猶以拙者同意に存罷在候。其外之面々にも同然之事に候。此度安兵衛殿御書中、源五右衛門も驚入申越候〔に〕付、如レ此に御座候。委細は同人よりも可ニ申入一〔候〕。恐惶謹言。

七月十三日　　大石内蔵助判

高田郡兵衛様
堀部安兵衛様
奥田兵左衛門様

尚々其元被ニ仰合一候面々へも、右之趣とくと被ニ仰達一、時節を御待御尤に候。赤穂にて申談候面々、右之通合点にて奉レ存候。いづれの道も御安否承届〔候〕上可ニ申談一候間、左様御心得可レ被レ成候。委細惣右衛門罷下候節可レ得ニ御意一候。以上。

七月八日三人方より遣候為ニ返報一、同月廿二日〔之〕日附にて内蔵助方より来〔る〕書状留め

去る八日之御連札、昨日相届致ニ拝見一候。弥御無事に御座候由珍重存候。被ニ仰下一候通、拙者儀赤穂にて大切之腫物相煩(あいわずらい)、長逗留申候。去月廿五日出舟、同廿八日山科へ着仕候。京都之医師へ療治を頼、養生申事に御座候。段々快く候得共、いまだ手伸不レ申、不レ叶難儀申候。追日快気可レ申候間可ニ貴心安一候。*去月十二日之乍ニ御報一飛札去る*三日に相届候由、存之外遅届候と存候。*先頃も以ニ書状一申入候。可ニ相違一と存候。直に飛脚可レ進候得共、道中無ニ心元一存候故、*三吉(みよし)御留守居頼、飛脚にて落合与左衛門方迄指遣候。先書〔に〕申入候通、其許より落合迄御越可レ被レ成候。此手筋慥に、何様之儀被ニ仰越一候共苦かる間敷候。

一、拙者儀下向は延引可レ申由、御紙面令ニ承知一候。先書にも申入候通、何も申談了簡勘弁申候処、兎角此節罷下候はゞ大学様御為に不レ可レ然儀共有レ之候。此節随分と何分も大学様御為宜、御安否之首尾宜様に仕度、是迄之忠義と存、尤何も其覚悟にて罷在候。不レ及レ申候得共、於ニ其元一宜手筋候はゞ、此段御了簡御尤に候。とかく御安否之上ならでは、是非了簡難レ究御座候。先書にも申入

左兵　吉良左兵衛義周。↓一七七頁注

其節…扣候て　纂書・流芳「其節は申談候衆中招候て」。

同廿二日　底本「同二十日」。纂書・流芳による。

候通、安兵衛殿より源五右衛門へ之御紙面に驚、御了簡違も候哉と何も不審申事に候。右申入候通、大学様御安否迄は是非とも外之了簡存念毛頭無レ之候。赤穂之面々も此段委細申含置候て合点にて候之間、左様に御心得御尤に御座候。委細は先便に申遣候間不レ詳候。上野(こうずけ)も米沢へ参候由、息*左兵は勤仕之由風聞承候。左様之事にも候哉、此段委細承度存候。

一、各様御登可レ被二仰談一旨致二承知一候。先書にも申入候通、兼ての存念差急ぎ申にて無レ之候。此節大学様御安否を承り申外には何之了簡も無レ之候。何卒御首尾宜手筋為二御相談一御登候はゞ各別、〔若〕兼て之御存念事急々思召に御座候はゞ、拙者了簡其外之面々も右申通之品に候間、御相談可レ申品も無レ之候間、御登〔は〕必御無用に候。

一、大学様御安否承候上、否之覚悟相極申にて御座候。*其節被二申談一候衆中扣候て、得と首尾を繕候て之儀、拍子示合(しめしあわせ)申に候間、左様御心得可レ被レ成候。兼て赤穂之面々へ申談候品とは、其元各様思召たがひ在レ之哉と、先日之御状にて考察候。此節抔我意を立可レ申儀とは、拙者初て何(いずれ)も不レ存、時節を相待罷在候。兎角大学様御安否承届候て之上之儀と存候間、左様御心得可レ被レ成候。原惣右衛門近日には可レ被レ下候間、弥可レ被二仰談一候。猶又爰元之様子可レ得二御意一候。恐惶謹言。

七月廿二日　　大石内蔵助判

高田郡兵衛様

堀部安兵衛様

奥田兵左衛門様

右之通申来候に付て、内蔵助方へ安兵衛方より一名にて追て申遣候留め

七月八日為二貴報一*同廿二日之貴札、当月二日拝見仕候。先以御手前様御腫物段々御平愈被レ成候旨、珍重之御儀奉レ存候。然共いまだ御手之御屈伸難レ被レ成、御不如意可レ被レ成御座候旨被二仰下一、此上御心静に御保養専要奉レ存候。六月十九日之為二貴報一七月三日之貴札、去月廿八日相達拝見仕候。此節被二仰聞一候は、京都山本如哲外治〔御頼〕、御内薬寺井玄渓薬御服用被レ成候由、両医にも近

快然　病気がよくなること。快気。

思召に随申外は無之　急進派も、一九五頁で「亡君之仰に候はゞ、大学殿にも手向可レ申」とは云うものの、やはり御家の再興という価値を無視できないのである。

上野介殿眼前…難指置　一九三頁の「亡君之御憤をも休」めたいという、急進派の心情がここにも見られる。

不被伺　纂書・流芳「不レ被レ任」。

上野介へ欝憤…　前々注参照。

日御快然*可レ被レ成旨被レ申候由、大慶之御事奉レ存候。

一、右両度之御紙上逐一拝見仕、御手前様御所存至極尤奉レ存候。六月十二日貴札相達拝見仕候已後、此方にても三人申談候は、最初之御了簡と少たがひめ御座候付、御下向之儀御急不レ被レ成候由、定て御安否御見届被レ成度との御物語之上御延引と被二仰下一候儀と奉レ察候。御家筋之儀にて御座候間、御行末御覧被レ届度御念願、又無二余儀一も思召共にと奉レ存候。御安否御見届被レ成度との於二思召一は、無二是非一思召に*随申(したがいもうす)外は無レ之と申談罷在候。

一、七月八日以二飛札一申上候意趣は、此表之様子も得(とく)と御聞届被レ遊間敷、其上如何(いかよう)様成思召にて御下向御延引とも慥に難レ察御座候に付、兎角始終之儀書通(しょつう)にて難二申尽一奉レ存候故、赤穂御引取御落付所被二仰下一候はゞ、早々罷登、思召をも承り届、其上此表之様子をも御物語可二申上一と三人申談、以二飛札一申上候。去月廿二日〔之〕御紙上之趣得(とく)と拝見仕、此上は思召〔に〕随(したがい)、時節相待罷在、御安否承届次第に罷登、存寄をも可レ得二貴意一候。

一、源五右衛門殿へ以二飛札一申上候処、御披見被レ遊候と相見、御不審に被二思召一との御紙面にて御座候。私共儀は*上野介殿眼前差置、何共不快之儀に存、三人寄合申談見申程、日々に難二指置一、兎角此所存は一通御手前様へも得二貴意一、一日も早相催、欝憤散申度念願而已(のみ)、堅了簡を相究申候に付、源五右衛門殿御事は日頃預二御懇意一候故、従レ是も存寄申進、思召をも承度故、粗書中に申進候き。兎角申〔候〕ても本望を難レ遂儀故、一分計(ばかり)之存念に*不レ被レ伺、此段心外奉レ存候。御安否後一往皆共へも思召を可レ被二仰聞一由、此度被二仰下一候間、此御心底をたのしみ、不快之月日乍(ながら)、時節相待申にて御座候。

一、於二赤穂一被二仰聞一候趣と、此方私共存念と、相違之様に被二思召一之由被二仰下一候。其段は最初之御所存よりたがひ御座候故、相違之様にも被二思召一候哉と、今更愚察仕候。私共初発より存念、*上野介へ欝憤を散申より外之存念は無レ之候。然共先頃も御直談仕候通、江戸頭立(かしらだち)候衆中不レ被二

気之毒　不愉快になる、腹が立つ。また困却する、当惑するの意。

はか　捗。進み具合。

上下惣て…取沙汰　急進派の文章だから、どの程度信憑性があるか疑問だが、当時の世間の雰囲気をある程度伝えているとみてよかろう。周囲も「片落」の処分だと考えていたのである。

六十余　この年、六十一歳。

日本に天竺を添…御見遁に被成間敷　大学の気持を忖度したものだが、実質的には急進派の心情を吐露したもの。

御一門方より御挨拶には…直臣たる大学には幕府に対する礼があるが、陪臣にはそれがない、という考え方は、主従関係を統治機構に組み込んだ幕藩体制の論理の一つの帰結である。なお、諸評論で争われる、「公の法」と「私の義理」とのアンチノミーが、陪臣にとっては存在しないかのように意識されていることは興味深い。くわしくは解説参照。

存寄二様子に相見、*気之毒千万、笑止成儀共存、三人申合、此上は無二是非一候間、御城を枕に仕、重ては畢竟之儀を申合候為、旁々可二罷登一と申合候。右之通故、兵左衛門儀は三度迄存立、郡兵衛・私儀は両度遂二相談一、兎角江戸は*はかの不レ参体に候間、御手前様を初め、其外之衆中へも掛二御目一、御心底可レ承儀に相究、四月四日昼過より俄に存立罷登申候。然る所赤穂御領分近へ罷越候て、漸く御手前様之御所存をも承り及、夫より一入急ぎ到着仕候。御城離散御歎ケ敷被二思召一との御所存、亡君へ之御奉公と奉二愚察一候。又は無二余儀一も訳有レ之、御城は御引渡候得共、是にて落着之儀には不レ〔被二〕思召一候段再往被二仰聞一候。御心底は兎角御亡君之御憤被レ散度との御所存と計察罷在候折節、原惣右衛門殿、私共旅宿へ被レ参被二申聞一候は、無レ程可レ被レ致二出府一との物語共にて御座候付、扨私共存念之通無二相違一思召と存、下着已後益様子を考見申候所、*上下惣て町方等迄之唱にも、上野方へ〔皆共〕必定押込申などゝ取沙汰仕候。扨は我々存詰候趣、世上之唱にも叶候と存、弥被二思召立一御急ぎ被レ成候様存、追々以二飛札一申上候。

一、此表之様子真偽共に委細可レ申之旨、奉レ得二貴意一候。皆浮説と乍レ存、承及候通申上候。

一、上野事、米沢へ引取候由、左兵事勤被レ申候様に御聞及之由、左兵事はいかにも月次之出仕をも有レ之候様に取沙汰仕候。上野事は此元にても米沢へ被レ参候様に一説申候得共、是は偽にて御座候。六月上旬頃、日来御心安〔方〕御見舞之処、出席逢被レ申候段、是は慥に承届申候。内証にては米沢へも被レ参間敷候。従二公儀一被二仰付一候はゞ広沙汰有レ之筈と被レ存候。*六十余に成被レ申之由承及、露命之程気遣に存候。

一、御安否之儀、爰許にても殊之外宜敷取沙汰仕候。乍レ然*日本に天竺を添被レ下候共、上野存生におゐては御見遁に被レ成間敷候間、御免之程如何難レ計趣に被レ存候。

一、去方此方御一門方之内へ御参会之節、大学殿御免被レ成候はゞ、定て共通にては被二指置一間敷と被レ仰候時、*御一門方より御挨拶には、大学儀は公儀へ之礼儀も有レ之候間、欝憤を不レ被レ遂品

御連枝　（貴人の）兄弟。ここは長矩の弟浅野大学のこと。

親之敵より重きは主之敵　次注の文章とともに、近世武士の思想が儒教的倫理と異なっていることを端的に示している。くわしくは解説参照。

主之仰にては親之首をも取　前注参照。

亡君御憤之通に…奉存候　死者の心情を已の心情としたところに敵討のパトスが生れる。西鶴の武家義理物語の世界に通じるもの。

も可レ有レ之候。家来之者共〔は〕其通に見遁に仕間敷訳と御挨拶之由、是亦慥〔に〕承届申候。

一、六月廿四日、安井彦右衛門殿へ三人同道にて罷越、御心底を承度と、此方より少し存寄申出し承り候処、誓文にて被ニ仰聞一候には、私共同意に思召、此儀如何と昼夜御思慮被レ廻候由、然共御安否之儀御見合被レ成度との御挨拶に付、私共申候は、「*御連枝之御事に候得ば、定て亡君御心腹御同然之儀と存候。然共上へ之礼儀を以御本意難レ被レ遂御底意も可レ有ニ御座一候得ば、家来之者共一筋に亡君へ之志を存儀、御身に被レ替候ても御本望に可レ被ニ思召一と愚察仕候。万々一家来之者共志を厚立（あつくたて）、御身之引口被レ為レ成候と思召、御気之毒にも被ニ思召一候於ニ御心底一は、御連枝様とは不レ被レ存候。たとひ赤穂無ニ相違一被ニ仰付一候程之御首尾にても、御本望には無レ之儀と存候」段御挨拶申候処、彦右衛門殿良暫（やや）外之御挨拶にて、御申聞候は、「此度之儀は血気に任せとやかくと談候て成間敷儀」と御申候に付、私追て申候は、「三人之内にては私年若（としわか）にも御座候に付、自然血気抔と被レ仰候段、拙者へ之御心付も被ニ仰付一候と存、此儀は乍ニ推参一申上候。差当（さしあたり）存候所は、*親之敵より重きは主之敵にても可レ有ニ御座一哉、平生体之重き処は、*主之仰（おおせ）にては親之首をも取申程之訳に存究罷在候。左候得ば此日来預ニ御厚恩一罷在候私共に御座候得ば、一日も早上野介首を御墓所へ備申候はゞ、皆共生前之御奉公不レ過レ之、畢竟御死後之御憤を散申と存候に付、此節思召立御座候はゞ、如何様とも御了簡に随ひ可レ申覚悟にて参上仕候」と申上候得共、此御返答は聢（しか）と不レ被ニ仰聞一候に付、「兎角追て以参（まいり）可レ得ニ貴意一」と申、罷立候。其後一両人見舞候仁有レ之候処、三人之者共噂を殊之外悪敷唱候由及レ伝候。其後存立御見廻心掛不レ申候。時節も御座候〔はゞ〕又御見廻心掛罷在候。

一、於ニ赤穂一申上候通、此已後は何分にも御手前様御下知に随ひ、御思慮も可レ承覚悟にて罷在候間、左様御心得被レ遊可レ被レ下候。郡兵衛・兵左衛門儀も私同然之覚悟にて罷在候。何ケ年立申候とも、畢竟は*亡君御憤之通に、御家来之者共所存

今井屋敷　瑤泉院の実家、浅野土佐守長澄の下屋敷。麻布今井町(今の港区六本木二〜四丁目)にあった。

下げ墨　測る、推察する。ここは蔑むの宛て字か。

外様者　代々仕えてきた家臣(譜代)に対して、新参者をいう。堀部ら三人は長矩の時代に仕えた。

昨今者　近年召抱えの者。

其已後…御立可被成　急進派は、大石の御家再興に成功すれば出家してもよい(二〇〇頁)というのと、ちがう考え方をもっていたのである。

他人へ批判…武士道難立　二〇六頁では「武之道」が心情的な亡君と自己との同化として把えられていたが、ここではその反面にある外部志向的側面が示されている。

大学様…奉仰候　二〇三頁の「思召に随申外は無レ之」と同じく、内匠頭だけが主君だというパーソナルな主従意識が御家という制度を全く無視するのではないことが示されている。御家再興を第一義的に考えた大石等の説得がとにかく効を奏し、再興の望みが絶えた瞬間にはじめて敵討を目的とする集団が凝集したのも、

無レ之候ては、武之道無レ之歟と奉レ存候。武道わけよく何れも心掛申処、畢竟亡君之末代迄之御名誉と奉レ存候。此外に私共存念は無二御座一候。

一、源五右衛門殿へ以二別紙一右之趣可レ得二御意一候得共、外に別事無二御座一候間、此紙面被レ掛二御目一、宜御心得可レ被レ下候。奉レ頼候。恐惶謹言。

八月八日　堀部安兵衛判

大[石]内蔵助様

一、亡君之御後室瑤泉院殿へ機嫌相伺、三人申合、八月十九日*今井屋敷へ罷越、落合与左衛門呼出し、一通之機嫌相伺、「扨瑤泉院様にも定て先公之御事嘸々御無念に可レ被二思召一奉レ察候。私共唯今浪々之身に候得ば、身之為をも存伺候かと各御*下げ墨も恥敷存候。乍レ然神慮以左様成心底にて無レ之候。何れも*外様者、殊に*昨今者共に候得共、此節之儀は新古之差別無レ之皆共之儀に候得ば、礼義を以一ト通御機嫌は相伺申事に候。向後は切々御機嫌伺参上申間敷候間、此趣御序に被二仰上一頼入候」段申[上]候所、与左衛門申候は、「何れも御心入委細承届感入、御尤千万に存候。則申上候半。但安井彦右衛門は段々不レ宜被レ及二聞召一、乍二御女儀一殊之外御気[之]毒に思召、度々被二仰出一候由、此仕合已後終に御機嫌不二相伺一、御不審思召候」由挨拶也。

内蔵助方より七月十三日之書状到来、依レ之返報

留め

七月十三日之御連札、去る十四日相達致二拝見一候。先以御手前様御腫物、未聢と不レ被レ成御座候旨、無二御心元一奉レ存候。申上候迄は無二御座一候得共、折角御保養可レ被レ成候。

一、安兵衛方より源五右衛門殿迄以二書状一得二御意一候趣、其表御同意之御衆中思召とは相違之様に被二思召一候由承知仕候。其段は先達て存寄之趣申上候間、尚又思召被二仰聞一可レ被レ下候。

一、大学様御安否御見届被レ成度段、委細之御存念承知仕候。御尤奉レ存候。御安否御見届被レ成候はゞ、*其已後御亡君様へ之御志をも御立可レ被レ成候様に奉レ存候。御互御恩を以唯今迄武士をも立罷在候故、御死後とて何かと身をかばひ申様に有

レ之候ては、何程に忠節を尽と存候ても、真実之忠節無レ之かと存候。此度は何も必死之場に相極罷在候処、今日迄不レ任二其意一段、他人へ*批判為レ致候て武士道難レ立儀と奉レ存候。私共所存之通、又は世のおもはく、旁左に委細申上候間、猶又貴報奉レ待候。

一、出家沙門之御身と御成被レ成候ても、偏に大学様御為思召候事御本意と思召候由、能々御了簡可レ被レ成候。*大学様御事は、一度*御分地に被レ為レ成、他へ御別れ被レ成候上は、御連枝と申迄にて御座候。各様我々始として、御亡君様を主君と奉レ仰候。御家来之身として御亡君へ忠を尽し候事本意に奉レ存候。御亡君は天下にも難レ代御命、御祖父御代々之御家を被レ捨、御欝憤を被レ散候上は、御家来之身として、*主君之敵を見遁し、御分知之大学様を大切と申事、偏に銘々大学様へ事寄、命をかばい候様に相聞間敷候哉。*御当地大名小名御旗本に至る迄、内匠頭殿家久敷家柄にて、定て義を立る侍無レ之事は有レ之間敷候間、主人之敵見遁には致間敷と、江戸中之評判にて御座候。

一、*上野居屋敷隣*蜂須賀飛騨守殿にて御座候。内匠殿家来之者共上野方へ切込可レ申間、其心得致候様にとの御事にて、昼夜相待心掛申候。依レ之家中殊之外困窮仕、何卒屋敷替もなどの下心にて、*御手寄之御老中御取次迄、此段被二相達一之由、留主居中物語承候。

一、大学様御事、赤穂其儘五万石被レ下候ても、兄親之切腹を乍レ見、百万石被レ下候ても中々人前は相成間敷と、江戸中取沙汰にて御座候。

一、内匠殿家中之者、主人之敵之儀にて候得ば、中々堪忍は仕間敷候。*上野をさへ討候得ば、大学殿人前は罷成候。*唯今閉門之内に討候得ば、大学殿立申候。*閉門御免已後討候はゞ、大学殿指図に罷成候。御為不レ宜。*縦家中之者共腰ぬけ候はゞ、定て大学殿上野宅へふみ込可レ被レ申儀と、大名小名御旗本へかけての評判にて御座候。御亡君遠き御一類中、此段御聞被レ成候時、御挨拶には、「*大学儀は対レ上存念も難レ遂儀に御座候。定て家来之者共中々堪忍仕間敷」と被レ仰候由承候。

一、*上野儀屋敷替被二仰付一候由、*本庄筋之様に承

右の点と無関係ではない。

御分地 大学は、元禄七年(一六九四)八月二十一日、長矩より、播磨国赤穂郡内に、私墾田三千石を分与された。収城の際の覚には「浅野大学知行所極り不レ申、蔵米にて三千石相二渡之一」(江赤見聞記)とある。

主君之敵を… 前々注参照。

御当地大名…江戸中之評判 二〇四頁注「上下惣て…取沙汰」参照。

上野居屋敷 元禄十一年より丸の内の呉服橋内にあった。

蜂須賀飛騨守 隆重。阿波蜂須賀家の支族。阿波富田城主、五万石。寛永十一年(一六三四)―宝永四年(一七〇七)。

御手寄之 手づるのある。

上野をさへ…人前は罷成候 敵討をしなければ面目が立たない、という意識は江戸時代一般的にみられた。法的制度としての敵討はこの意識を前提にしている。ただし上野介が大学や浪士の「敵」か否かは諸評論で争われたように、問題である。解説参照。

唯今閉門之内に…立申候 二〇〇頁の大石の考え方とちがうことに注意。

閉門御免已後…御為不宜 直

候。依レ之就レ中此節内匠殿衆之仕合、存念は可
レ達時節と専取沙汰仕候。
一、*水野隼人正殿為には上野は従弟聟に御座候。
此節御心安仁へ隼人正殿被レ仰候は、「上野は屋
敷替被二仰付一候は」と被レ仰候時、*御伽に罷在候
*座頭申候は、「*是は従二御公儀一内匠頭家来に討候
得と不レ被二仰出一迄之被レ遊方也」と申候得ば、隼
人正殿も、「成程其通なり」と御挨拶被レ成候由慥
に承候。
一、追付原惣右衛門方御下之由被二仰下一候。委細
惣右衛門殿へ存寄共可レ得二御意一候得共、私共先
存寄世上取沙汰旁申上度、及二貴報一候。恐惶謹言。

八月十九日　奥田兵左衛門判
堀部安兵衛判
高田郡兵衛判

大石内蔵助様貴報

三人之者共色々思案を廻すといへども、はかどり
がたく、兎角上方へ罷登、義論仕、了簡を可レ極と
申談支度致候処へ、近々原惣右衛門下着之由慥に相
聞候。依レ之暫待請候内、原惣右衛門方より下着之
案内申越候付、早速三人同道にて旅宿へ罷越申談候。
惣右衛門上方より同道、*潮田又之允・*中村勘介也。
右一座にて打返し色々相談申候所、大方尤之様に承
引仕候付、三人共先悦候て罷帰、其後は度々銘々宅
へ呼請申談候処、追日我々存志之通に趣候に付て、
然ば弥*宜定之儀を存候間、逗留之内*鎌倉為二一見一、
何も致二同道一、亡君之敵手に入候様立願幷起請文懐
中し、於二神前一取出し、上方之者にも所望可レ申と
申談、鎌くら一見之儀申出候処、何れも同心也。依
レ之十月七日江戸表発足と相定候処、上方より之書
状到来、進藤源四郎儀、*大高源吾同道にて、来る七
日頃江戸着之由申来候。依レ之彼者共落着之処如何
と、鎌くら発足は相止、待請る。八日に源四郎・源
吾到着す。委細何れも談候処、上方にて存候とは違
ひ、三人之所存尤に候と承引して、早速内蔵助呼下
し可レ然と相極り、九日之昼立に町飛脚仕立、道中
六日振にて申遣也。此已後弥銘々宅へ右五人之上方
者共招請して申談ず。

参は幕府に礼があるという二〇四頁の考え方に一致している。

縦家中…ふみ込　これは、すぐ前の文章と論理的につながらない。おそらく急進派が、いろいろな取沙汰のうち自分に都合のよいものをかき集めて書いたので、首尾一貫しないのであろう。

大学儀は対上存念も難遂　上に対し憚があるから上野介に対し存念をとげられない、という意味であろう。

上野儀屋敷替　高家を辞し非役となった以上、江戸城に近接する呉服橋に居を構えるのは恐れ多い、という理由で吉良が願い出ていた。

本庄　本所。本所二ツ目、のちの本所松坂町二丁目(現在の墨田区両国三丁目)の旗本松平登之助(信望、延宝二年―宝暦七年)の邸へ、九月三日に引越した。

水野隼人正　忠直。信濃松本城主、六万五千石。承応元年(一六五二)―正徳三年(一七一三)。隼人正の妻は鍋島丹後守光茂(佐賀城主)の娘。その母(光茂の妻)は上杉定勝の娘で、吉良義央の妻と異母姉妹であ

八月十九日内蔵助方へ返札遣す再報として来る留め

　八月十九日之御連札乍ニ御報一、去月廿九日相届、御封印無ニ相違一致ニ拝見一候。弥御堅固に御座候由珍重存候。此元別条無レ之候。

一、堀部殿より小山方へ日外(いつぞや)被ニ仰聞一候御紙面に付、従レ是得ニ御意一候処、又々委細之御書中致ニ承知一、原氏、*原田、*西山、*脇屋参候間、御参会可レ被レ成奉レ存候。

一、*文公安否見届候上了簡を立申にて可レ有レ之候。互(たがいに)亡君之恩を以致ニ渡世一、今更身をかばい候ては、何程に忠を尽候ても可レ為ニ不忠一之由、此度必死に極候処、今日迄打捨置之段、他之批判難レ立事と思召候旨、且亦出家沙門と成候ても、文公之御為宜候はゞ本意と申達候儀、能々了簡可レ申旨、文公は一度別知、連枝に候得ば格別之儀に候由、文公に事寄、死をかばい候儀は有レ之間敷事之旨、其上世上彼是申批判之趣、委細被ニ仰下一、一々承届、誠に御厚深之御志御尤、珍重之御事に候。

一、筆談にては存様に書とられ不レ申故、御合点難レ被レ成趣に相見候、御尤に候。有増(あらまし)及ニ御返答一候。

一、亡君へ之御志は成程思召之通、至極一通りは相聞候。別て連枝之差別、被ニ仰下一候通にても一通は可レ有レ之候哉に候得共、其段は難ニ心得一存候。前々より申遣候通、唯今我々如レ此罷成居候は何故之儀に候哉、元を御考可レ被レ成候。事を急ぎ私を立申儀に候はゞ、唯今迄如レ此には不ニ罷成一筈に候。世間批判彼是申候得、成程左様に可レ有レ之事に候。私を捨て根元を見候得ば、*世間之批判差(さし)て*貪着(とんじゃく)可レ申事とは不レ存。唯元之趣意を立罷在候筈之儀に存候。*我意を以名跡迄断絶申〔候〕様に引倒申候段、本意と可レ申哉、兎角安否見届、善悪に応じ可レ申儀かと存候。定て能(よき)事は万に一つも有レ之間敷とは覚悟申候得共、唯今迄相待申候、是故に候。千に一つも面目にも有レ之、*人前罷成候首尾に成行候はゞ、亡君にも御快方には参間敷候哉。亦人前難レ成品にも候はゞ、文公は猶以我々よりも憤深き儀と存候得ば、其外へ至候ては文公

る。従って隼人正にとっては吉良義央は叔父に当たる。

御伽　話相手。

座頭　盲人。琵琶などを弾じたり、語り物を語ったり、按摩をしたりする場合もあった。

是は従御公儀…被遊方也　江戸城から遠くに屋敷があれば、浪士の敵討が幕府に対する反抗という意味をそれ程もたない、という意識を前提にした取沙汰である。幕府が果してここまで考えていたか否か不明だが、少くとも浪士の計画、行動を黙認していた節はある。これには「片落」の処分という世評が影響していたと思われる。解説参照。

潮田又之允　→三一九頁

中村勘介　→三二二頁

宣定　底本傍書「本ノマヽ」。**纂書**「御画(書)定」。

鎌倉　鶴岡八幡宮に参詣しようとしたのである。

大高源吾　→三二五頁

原田　潮田又之丞の変名、原田斧右衛門。

西山　進藤源四郎のこと。

脇屋　大高源五の変名、脇屋新兵衛。

文公　浅野大学のこと。

世間之批判…申事とは不存　二〇七頁にみられた急進派の

外部志向的意識を衝いたもの。

貪着　物に執着すること。ここは頓着で、気にする意か。

我意を以…引倒　パーソナルな主従意識に溺れるのを我意、私としているのは興味深い。

人前…参間敷候哉　ここでの亡君は上野介への憤をもった生身の内匠頭でなく、浅野家の当主としての彼である。これに対し急進派は二〇七頁にあるように、なによりも前者としての亡君を考えているのである。

仙野卜一之助　吉良上野介のこと。「卜一」または「卜市」と呼んだ(卜一は上を分解した字)という(松平隠岐守殿え御預け一件ほか)。

も我々も同志一枝にて候。然ば文公何様に成候共、是は別段之事に候間、我々志さへ立候得ば本望と計(ばかり)可レ申道理には不レ参儀と存候。いか程了簡仕ても右之通に存寄候故、世間之批判敢て苦労にも不レ存候。

一、文公人前罷成候様にと願候は、*仙野卜一之助方へ品無レ之候ては文公人前難レ立候事、被二仰下一候迄も無レ之儀に候。此意味筆談には御呑込難レ被レ成可レ有レ之候。四人之面々へ兼ても申談置候間、御聞可レ被レ成候と存候。文公に事寄候て我々堅固に可レ被レ成と思召候段、御紙面承事に候。文公何様之身上に成被レ申ても難レ立事と思召候旨、御尤に候。文公人前成候様に無レ之、身上計(ばかり)之合点にて時節見合申合点にては無レ之候。人前も成(なり)、面目も在レ之首尾に罷成、文公も立申品に成行候得ば、縦我々出家沙門之身に罷成候ても、不レ及二是非一事に候。此意味を以前廉(まえかど)も申遣候き。兎角安否次第之事、時節相待候はゞ善悪相知可レ申事に候。

一、拙者存念は右之通に候故、先書にも申入候通に御座候。於二爰元一頃日も五七人寄合色々申合談候処、拙者同前之了簡に御座候間、まだるく思召とも、時節を御見合可レ被レ成候。何様に致二了簡一候ても、唯今差急ぎ可レ申儀とは難レ存候。事を破り候は即時にも可二罷成一事に候。此趣を以、原其外へも可レ被二仰談一候。追々登可レ申候条、弥可二申談一候。恐惶謹言。

十月五日　　大石内蔵助判

高田郡兵衛様
堀部安兵衛様
奥田兵左衛門様

此已後弥三人日々之様に会合して、上方より罷下候者共銘々宅え呼請談レ之。其内もまち〱有レ之に付て、強き者を別に招き申談、違変無レ之内に先一紙を以申かわし、判形に及申と談じ、三人方より指(さし)出(いだす)文言、

一、御亡君御祖父御代々御家、天下にも難レ被レ為レ代御命迄被レ捨、御欝憤被レ散候之処、御本望不レ被レ為レ遂候段、御残念之至、為(として)レ臣難二打捨一奉レ存

候。然上は縦(たとい)同志之内外に了簡有レ之、延引被レ致候共、来三月御一周忌回之前後、同士之輩為レ義於二彼宅一討死可レ仕事、可レ為二忠道一と存極候。右之月日不レ過様に、心に及候程志を尽し、可レ散二欝憤一者也。如レ此申かはし候上は不レ可レ有二相違一候。若違変於レ有レ之は、御亡君之御罰不レ可レ遁もの也。依て一紙如レ件。

十月廿九日　　奥田兵左衛門
　　　　　　　堀部安兵衛
　　　　　　　高田郡兵衛

右之一紙、座中へ指出し入二披見一候。潮田又之允、中村勘助、大高源吾、*武林唯七、右四人之者健なるに依て、*上方之者同志を合すべき下心にて差出しける。四人之者申様、「不レ及レ申レ之、御心之健成は無二其隠一候。我々も只今神文を以可レ掛二御目一候得共、此度内蔵助を初て何れも大勢罷下候間、此者共了簡延々に罷成候はゞ、其節各申合、起証文取かわし、外催欝憤散可レ申候間、其節之儀に可レ仕」と、其日之判形は相止候也。扨内蔵助儀も飛札披見、四五日之支度にて、*十一月三日に江戸着す。同道は奥野将監、并河村伝兵衛、*岡本次郎左衛門、中村清右衛門等也。同四日に三人申合候て罷越、何れも列座にて相談之所、大方尤之方に大筋相聞候に付、日頃之存念此節通候と、三人悦不レ斜、潮田、中村、大高、武林へ弥申含罷帰。其已後以レ使内蔵助へ一樽相送る返簡之覚、

御手紙拝見、弥御無事之由珍重存候。此方相替儀も無二御座一候。先以一樽送被レ下レ之、誠以御心入不レ浅忝奉レ存候。此節御付届却て迷惑申候。御断可二申入一候得共、外とは格別之御厚志故(ゆえ)受納仕候。貴面之節御礼可二申述一候。明後十日には被二仰合一必御出可レ被レ成候。緩々(ゆるゆる)と可レ得二御意一と存候。万々面上と不レ能レ詳候。以上。

十一月八日
*尚々明後日朝飯後より待入申候。以上。
　　　　　　　大石内蔵助
高田郡兵衛様
堀部安兵衛様
奥田兵左衛門様

武林唯七　彼も復仇を志して上方から下ってきた。→三三〇頁

上方之者同志　纂書・流芳「上方之者一同之志」。

十一月三日　底本「十一月二日」。纂書・流芳などによる。十月二十日に出発した。

岡本次郎左衛門　二百石、役料七十石。二五五頁に「大坂留守居」としてみえる。退去後は伏見に住んでいた。

尚々…以上　纂書・流芳では宛て名の次にある。

内蔵助旅宿　芝三田松本町(今の港区芝三丁目)の前川忠太夫(浅野家出入の日傭頭)方に泊っていた。

勝田新左衛門　→三三一頁

丸山　円山。東山の西麓、知恩院の近くにある。

霊山　東山三十六峰の一。

十一月十日昼時前より、*内蔵助旅宿へ三人同道にて罷越候処、内蔵助初、奥野将監、河村伝兵衛、進藤源四郎、原惣右衛門、岡本次郎左衛門、次の間に潮田又之允、中村勘助、大高源吾、武林唯七、*勝田新左衛門、中村清右衛門罷在候。右一座にて三人より申候は、「先達て追々得ニ御意ー候通、来三月中に被ニ思召立ー候御心得にて、只今より御手遣之御相談可レ然存候。大学様御安否御聞届被レ成候上と思召、御待合被レ成候段、大学様に事寄、君臣之礼義無レ之様に存候。大学様御首尾宜敷候共、我々上野介殿見遁には不ニ罷成ー儀に御座候得ば、大学様御閉門之内皆共欝憤を散候得ば、畢竟大学様にも御免已後御人前も被レ成能、又は君臣之礼義立申儀に御座候」段申達候処、内蔵助申候は、「三月切と相定申に不レ及儀と存候。三月より前も時節至り候はゞ、其節一同申合儀に候。兎角難レ捨所之否を見申度」由申〔候〕に付、又三人申候は、「夫は兎角難ニ心得ー存候。三月中と申候は、御一周忌前後之儀に御座候間、万一大学様閉門御免被ニ仰出ー候哉、又は奉レ重ニ公儀ー時節迄見合候趣意も立申儀に御座候て、先三月中に御極被レ成置、段々手寄を以彼方様子を承繕、三月中様子も相知れ申候はゞ是本望之至、自然三月中にも様子聢と相知不レ申候はゞ、其上にては一両月は見合、互に精を出し、屋敷之手遣承届申にて御座候。ケ様成儀、限を以議定を不レ仕候得ば、皆共心底も究不レ申、手遣承繕候も身にしみ承合も成不レ申候間、兎角三月中と御究御尤に存候」段再往申候処、「然らば先三月中に存立候積と申合、段々手遣可レ談」と内蔵助申候に付、「左候はゞ来春早々罷登、御相談之御思慮も承候にて可レ有ニ御座ー」と申候得ば、其時進藤源四郎申候は、「御当地之儀は、大勢寄合申談儀世上之取沙汰広罷成、寄合も仕にくふ存候間、於ニ京都ー*丸山*霊山などへ寄合候て、段々示合申にて可レ有レ之」と申候処、内蔵助も尤之由挨拶申候。各相談決定を承及、次之間より潮田又之允、中村勘助、大高源吾三人罷出、此方三人え申候は、「御相談も相究、来三月中に思召立之儀、定て御聞届候哉」と申候付て、「成程来三月迄に彼方之者より手遣も相分申候はゞ、被ニ思召ー候筈に相談相究申候。依レ之三人之者来春罷登候様にと被ニ仰聞ー候」段返答申候。

十二月十一日　徳川実紀・寛政諸家譜では十二月十二日となっている。

又之丞、源吾、勘助、一同に、「本望成(なる)儀と存候」由申候、次の間へ立退候。

一、内蔵助儀は荒木十左衛門殿・榊原采女殿と相勤申候に付て、同月廿三日迄逗留。

同廿二日に、進藤源四郎、潮田又之允、中村勘助、中村清右衛門四人先立ち申に付、廿一日為㆓暇乞㆒罷越、来春於㆓上方㆒万端可㆓申談㆒と相互に暇乞す。

同内蔵助方へ三人同道、為㆓暇乞㆒罷越候処、将監、伝兵衛、次郎左衛門、源四郎も居合候。「明後廿三日弥御出足と存候。為㆓暇乞㆒参り候。万々来春於㆓上方㆒可㆑得㆓御意㆒」段申候処、内蔵助申候は、「兎角就㆓御登㆒時節見計(みはからい)も可㆑有㆑之儀と存候」由申候に付、「其段相心得罷在候。出足前に大方承繕罷登、弥様子をも御物語可㆑仕」と返答申罷在候。

一、原惣右衛門・大高源吾両人は、家屋敷を相求候為㆓相談之㆒跡に残る。家屋敷共に六拾五両に相求。

十二月廿五日此両人は江戸表出足す。

一、内蔵助初て家中同志之輩、城離散之砌之存念は、大学殿たとひ御身上如何程にかろく被㆓仰付㆒、閉門御免被㆑遊候共、其段は毛頭存念無㆑之候。上野介方へ御仕置不㆑被㆓仰出㆒候得ば、離散之砌御目付中へ奉㆑願候意趣立不㆑申候。其上大学殿御免被㆑遊候ても人前難㆑成候て、先方へ御仕置不㆑被㆓仰出㆒候はゞ、其時は前後不㆑被㆑顧㆓時節㆒、欝憤散申存念也。

因㆑茲(これにより)*十二月十一日、吉良父子願之通隠居家督被㆓仰付㆒候に付て、三人申合、早々原惣右衛門・大高源吾へ罷越、隠居家督之旨致㆓物語㆒、此上は何れ〔之〕了簡も無㆑之儀と申候得ば、惣右衛門、「成程其通に存候。兎角来春御登候へ。於㆓上方㆒同志之面々打寄相談申、春は何(いずれ)も早々罷下候様に可㆓申談㆒」と申候付、相互に本望委細相心得之由返答申帰る。

一、吉良父子隠居家督首尾能被㆓仰付㆒候段、同月十五日、町便を以内蔵助方迄、惣右衛門・源吾より申遣候。尤相談一決に存候段をも申越候由、惣右衛門申聞〔候〕。

潮田又之丞・中村勘助より来る状留め

一筆致㆓啓上㆒候。甚寒之節御座候得共、各様弥御堅固可㆑被㆑成㆓御暮㆒、珍重奉㆑存候。拙者共儀道中無㆑恙、去る四日京着、用等仕廻、昨九日山科

に罷越、進藤氏方一宿、内蔵助殿へ得二御意一候て、私其元各様へ申談候通委細面談仕、則連判神文相済申候。来春と申候間も無レ之事に候間、於二其元二弥御聞合、罷立候時分も得二御意一候通、先方之御手遣能々御考、追々内蔵助殿迄可レ被二仰越一と存候。拙者共も今日伏見迄罷下申候。来春は各様御登之時分万端可レ得二御意一候。小山源五右衛門初め同志之衆中も、落着之儀委細に申談候処、尤之由御座候。兵左衛門様へ申入候。*近松勘六殿へ御状相渡し、*御父子様之思召之儀をも具（つぶさ）に申達候処、御志御祝着之由被レ仰候。前廉（まえかど）不二存寄一若き衆中も追々与力（よりき）被レ致趣、山科も別（べっし）て堅固之体にて、大慶不レ過レ之存候。原氏・大高氏被二罷登一候由、其元之様子も可レ承と存候。委細可レ得二御意一候得共、相変儀無二御座一候。尤内蔵助殿も可レ被二仰入一と存、不レ能二多筆一。恐惶謹言。

十二月十日　　中村勘助判

潮田又之丞判

高田郡兵衛様

堀部安兵衛様

奥田兵左衛門様

尚々*弥兵衛様、*貞右様へ右之趣旁宜申上度存候。

以上。

小山源五右衛門より来る返報留

去月十五日貴札致二拝見一候。各様御堅固珍重存候。先頃何（いずれ）も被二罷下一、諸事被二仰談一、各様御存念又は其表之様子等、前廉被二仰下一候に相違無二御座一候由、致二承知一候。此度内蔵助了簡御聞届御安堵、依レ之来春御登被レ成候様に御指図仕候に付、御本望に思召候由、大慶致候。進藤源四郎、潮田又之丞、中村勘助、中村清右衛門、去る四日上着。勘助・清右衛門は大坂に罷在候。又之丞拙宅に逗留申候。委細承知仕、別て大慶仕候。内蔵助今日上着之筈に御座候。明日山科へ罷越委細物語承り可レ届候。*悴共（せがれ）へ御伝書申聞候。忝奉レ存候由御礼申候。安兵衛殿へ申入候。*一文字屋市郎兵衛方より之一封御届申候。兎角来春御上京之節万々可レ得二御意一候。被レ入二御念一預レ示（しめしにあずかり）辱存候。恐惶謹言。

近松勘六　奥田兵左衛門とは親類。この頃は京都に住んでいたか。→三一八頁

御父子様　奥田兵左衛門（孫太夫）と貞右衛門（近松勘六の弟）。

弥兵衛　堀部安兵衛の養父。→三一八頁

貞右　奥田兵左衛門の養子、貞右衛門。近松勘六の弟。兵左衛門の娘を妻としていた。→三三二頁

悴共　小山弥六・小山武助など。

一文字屋市郎兵衛　未詳。

十二月五日　　小山源五右衛門判

高田郡兵衛様
堀部安兵衛様
奥田兵左衛門様

尚々原惣右衛門方へ之状届可レ被レ下候。其元出足之程難レ計、以二別紙一不二申入一候。宜御心得奉レ頼候。以上。

大石内蔵助方へ遣す留

一筆啓上仕候。先頃は御下向、御心底之趣承届、本望之至に奉レ存候。道中弥御堅固、去る五日御上着之旨致二承知一、珍重奉レ存候。御登以後原氏・大高氏と申談候付て、以二書状一不レ得二貴意一候。

一、*吉良隠居家督首尾能去る十一日被二仰付一〔候〕。此段原氏・大高氏在府、委細被レ承二知之一。兎角之相談にも不レ被レ及、両人衆も被二罷登一候。右両人衆上着已後、定て段々と御相談共可レ被レ成奉レ察候。右否不二相知一内は、少は御心〔に〕掛り申品も可レ有二御座一哉と被レ察候得共、疾しと御心得被レ成候為、御相談に私共罷登候様にと被二仰聞一候。此上は一同に心掛り無レ之首尾に成行申〔候〕。同志之衆中も定て被二仰通一候半と奉レ存候。正月中に京都大坂之内へ在宅被レ致候て、時々参会可レ被二仰合一儀と奉レ存候。私共正月廿日過に爰元出足、二月上旬に其表へ着、段々之御思慮も承届、三月上旬には此表へ下着仕候様に心掛申談候事に御座候。原氏・大高氏へも其段を申合候き。三月中旬頃には*彼仁在所慥に相知申手筋頼置申候。唯今は必定本庄に被レ居候趣、一二三ケ所より之手筋〔慥〕に承届申候。唯今之儀は差(さし)て不レ好儀と存候。

一、*浅野壱岐守殿来る廿八日御目見之筈に御座候。此貴報相待罷在、拝見以後私共爰元出足可レ仕と存候。万々貴顔可二申上一候条、不レ能レ詳候。恐惶謹言。

十二月廿七日　　奥田兵左衛門判
*病気故判形不レ仕候　堀部安兵衛判
高田郡兵衛

大石内蔵助様

尚々将監殿、伝兵衛殿、源四郎殿、次郎左衛門殿、以二別紙一不レ得二御意一候間、宜御心得可レ被

吉良隠居…　吉良左兵衛義周が家督をついだ。正しくは十二月十二日である。

彼仁　吉良上野介。

浅野壱岐守　浅野美濃守長恒（長矩の叔父）が十四年十一月二十八日壱岐守に変った。そのための御目見か。

病気故判形不仕　高田はすでにこの頃から脱落しかかっていたが、他の二人はこのことを大石等に隠そうとしたのである。

レ下候。乍レ憚奉レ頼上一候。

潮田又之丞・中村勘介へ返報留

去る十日〔之〕貴札、同廿六日武林氏より被二相渡一致二拝見一候。先以各様道中弥御無事に、去四日御上着之由、珍重存候。御用向御仕廻、九日に山科へ御越、進藤氏に御一宿被レ成、内蔵助殿へ御越、於二爰元一被二仰談一候通御対談之上、神文御連判被レ成候旨、委細被レ入二御念一被二仰下一候趣、逐一承知、重畳之御事に喜悦仕候。御左右品々承度相待罷在候処、被二仰聞一不レ浅存候。爰元之儀追々承繕立可レ申候。

一、吉良父子願之通隠居家督去る十一日被二仰付一候。此儀先達て御承知と存候。尤原氏・大高氏御登之節、以二連書一為二御知一*申上候。此一儀にて、山科にても何之了簡承分別も有レ之間敷儀と存候。私共罷登候儀、各様より御一左右、原氏尤山科より今一左右相待罷在候。此御報旁正月廿日前に爰元へ相達申様に御才覚被レ遣可レ被レ下候。兎角此御報一覧爰元出足仕覚悟に心得〔罷在候〕。源五右衛門殿初同志之衆中へ、爰元落着之段被二仰談一候所、一同に尤に被二思召一之由、山科にも益堅固之体に相見申段、寔本望之至不レ過レ之存候。殊〔に〕前廉不レ被二思召寄一若衆中与力之由、尤之儀と存候。

一、兵左衛門申入候。近松勘六へも御参会被レ成、私父子噂も被二仰聞一候処、祝着致候由被二仰聞一、辱本望存候。同姓貞右衛門儀、以二別紙一不レ得二貴意一候間、右*御礼答宜申上度由申候。安兵衛申上候。同氏弥兵衛に御加筆〔之〕趣旁申聞候所、以二別紙一御礼旁申入候。

一、大高氏御病気故、原氏より存之外に永逗留、彼是間違、気之毒に存候。大高氏事当夏も御煩、且又此節寒中と申、御病中之御旅行、御様体千万無二心許一、御噂申計に御座候。相談も追々決定仕寄候故、同志之衆中いづれと申内、大高氏事別て大切成御身、何卒御気力早御*肥立候様願存候。彼是之御左右早々被二仰聞一可レ被レ下候。

一、浅〔野〕壱岐守殿来る廿八日御目見之筈に御座候。

申上候　底本「申候はゝ」。

御礼答　纂書など「御礼」。

肥立　日を追って病気が快方に向うこと。

一、彼仁唯今は慥に本所に被レ居候段、二三ヶ所
手筋一同に候。三月中迄は本所に住居と被レ存候。
尤世上にてのおもはく同前に候。上杉殿＊参府已後
は住所も知兼可レ申と存候。各様御上着之砌に、
何れもの思召と又隠居家督之左右申参、此上之顔
色了簡如何、違め程具に被二仰聞一可レ被レ下候。最
早此上は何之見合了簡被レ申儀有レ之間敷と存候得
ば、一同之相談一決に此方にては存暮候。弥其趣
に御座候はゞ、春は早々罷登、山科にての御相談
合承合、其上にて各様へ私共〔少々〕＊申合度儀も候
得ば、一紙を以堅申合、其上にて早々罷下、益方
々承繕候様に仕度存候。如何思召候哉。
一、拙者共唯今之了簡には、正月廿五日時分に出
足仕候様に心掛罷在候。兎角今一応皆々様より之
御左右次第存候、御三人様之内より早々御報相待
罷在候。於二爰元一御約束之通、＊寺井玄渓迄頼、源
吾殿迄差遣申候。爰元より郡兵衛方迄御報可レ被
レ遣候。恐惶謹言。

十二月廿七日　堀部安兵衛判
奥田兵左衛門判

参府　大名などが江戸へ出府すること。

申合度儀　この頃より高田郡兵衛が脱落したこと。後出(二一九—二二〇頁)。

寺井玄渓　底本傍書、渓の右横に「達」。内本も同様。纂書・流芳「玄達」。玄達は玄渓の子。

徳戸　未詳。分限牒には塚戸(城戸)真右衛門という人物がみえる。

倉橋　倉橋伝助。→三三一頁

薩摩河岸　未詳。薩摩屋敷のあった芝三田辺の河岸か。片山伯仙『赤穂義士の手紙』(一〇〇頁)では、前川忠太夫方の意であるという。

病気故判形不レ仕候
高田郡兵衛

潮田又之丞様
中村勘助様
大高源吾様

尚々小山殿より＊徳戸方え之御状、安兵衛方より
＊倉橋へ頼相届申候。昨廿六日安兵衛、＊薩摩河岸
へ罷越候て、武林・倉橋などへ参会申候。同志
之衆中替事無二御座一候。以上。

原惣右衛門・大高源吾へ遣す留

一筆致二啓上一候。各様道中御堅固御上着之御左
右承度存候。源吾殿御病気故、此表御立御延引、
廿五日に御出足之由、惣右衛門殿より安兵衛方へ
御手紙被二指置一致二拝見一候。且亦京都より便宜御
座候て、書状弐封御届被レ下、右御手紙共に、去
る廿六日薩摩河岸へ安兵衛罷越、武林・倉橋抔に
参会、御噂旁被二仰置一候趣致二承知一候。源吾殿道
中無二異儀一御参着之儀、別て早承度存候。寒中と
申、御様体無二御心許一、御噂申計に候。御立前よ
り〔天〕気相勝れ不レ申、路次悪敷、御旅行一入難

為替金之儀　未詳。大石より為替手形で送金したことか。
下谷　いまの台東区の地名。
八十右衛門　岡嶋八十右衛門。→三三〇頁
木挽町にて…　底本なし。纂書・流芳により補う。
村松　村松喜兵衛かその子村松三太夫。→三三一・三三三頁
四ツ目之屋敷　地名としては、今の墨田区江東橋三丁目の辺りに本所四ツ目の橋があったが、その辺りを指すか。吉良の屋敷は本所二ツ目。
田六郎次　未詳。分限牒にみえる田中六郎左衛門か。

儀奉レ察候。何角(なにか)と御心遣無ニ申計一候。
一、*為替金之儀、何か御やかましく御世話之由致ニ承知一候。廿六日勝田氏*下谷へ被レ参、金子(きんす)請取世話被レ申由、武林・倉橋物語にて承レ之候。
一、*八十右衛門殿事、京都より何共不ニ申参一候由、第一之儀不ニ申来一、気之毒成儀と申事に候。潮田・中村より連状参候。此儀何共不レ被ニ申越一候。如(い)何(かな)成変も御座候哉と無ニ心元一存候。不レ及ニ申上一候得共、弥以御心添、諸事はか取(どり)申様に御世話やかれ御尤に存候。
一、浅〔野〕壱岐守殿来る廿八日御目見之筈に御座候。〔*木挽町にて此節御免にても可レ有レ之哉と、*村松より、兵左衛門方へ申来候。〕木挽町之儀は不定と存候。
一、彼仁今程慥〔に〕本所に住居にて御座候。二三〔ケ〕所より聞合候内、一ケ所より具(つぶさ)なる儀申来候。
一、三月中に被ニ思召立一候趣に候得ば、本望相達候儀慥(たしかなる)成わけ共に御座候。四月へ入候て、上杉殿参府已後間も有レ之候はゞ、在所慥〔に〕承届候儀早速知兼可レ申歟と存候。*四ツ目之屋敷之儀は、如レ仰安兵衛方より成程得(とく)と承り届可レ申候。無ニ余日一いまだ不ニ承合一候。是は早速承候様心得罷在候。
一、私共罷登候儀被ニ仰談一被レ下候哉。此上何之御見合も無ニ御座一儀に候間、定て御相談一決と存候。左候得ば少も早く罷登、御談合をも承届、早速罷下候様に仕度ものと、爰元にても申暮候。此御左右、正月廿日前廿一二日〔迄之内に〕相達申様に御報奉レ待候。
一、内蔵助殿初道中御無事に追々御上着之段被ニ仰知一、忝喜悦仕候。此度山科へも以ニ書状一得ニ貴意一候。其元之御様子御聞届被ニわけ一、次に御了簡之趣ともに、先一応早々被ニ仰聞一可レ被レ下候。且亦木挽町にて御免候共、御悦〔に〕参候之儀差扣(さしひかえ)可レ申旨、得ニ貴意一存候。村松父子は為ニ内用一唯今より出入有レ之候間、此両人は別段之儀と可レ被ニ思召一候。*田六郎次へは申達候。
一、片岡源五右衛門・田中貞四郎事追々被ニ仰聞一候趣承知致候。年内無ニ余日一候条、春に掛て了簡可レ仕候。

一、近き頃は本所屋敷之門之出入、売買人も不自由之趣、薩摩河岸にての咄にて御座候。

一、*和田喜六殿より之御状、小山氏より安兵衛方迄被二指越一候間、此度封込遣申候。外替儀も無二御座一候。不レ能二多筆一候。御報相待罷在、私共此表出足可レ仕と存、其心得〔にて〕罷在候。恐惶謹言。

十二月廿七日　　奥田兵左衛門判

堀部安兵衛判

〈病気故判形不レ仕候〉高田郡兵衛

原惣右衛門様

大高源吾様

高田郡兵衛事、父方之伯父、*村越伊予守殿御組にて内田三郎右衛門と申、一両年已前に公儀へ被二召出一〔候〕。三郎右衛門儀無レ妻、尤子も無レ之候。依レ之郡兵衛儀養子に仕度由を、日来(ひごろ)心易仕候仁橋爪新八と申を以郡兵衛方へ申越候処、郡兵衛返答に、少存寄之儀も有レ之候間、兎角追て返答可レ申由〔申〕、新八へは委細〔可二〕申達一様も無レ之候得ば、以後郡兵衛兄高田弥五兵衛と申浪人にて罷在候、此者を以(もって)三郎右衛門方へ申遣候得ば、「無レ拠子細有レ之、此度之相談再応返答不レ申候」由申達候処、三郎右衛門儀日来(ひごろ)片向成者にて、「自分之了簡計(ばかり)を申、理非之無二聞分一、何としたる子細に候哉、一円難二心得一存候。乍レ然内匠頭殿に罷在候儀に付、存寄も有レ之心底か。夫は毛頭無レ構事に候。我等養子に致候得ば公儀へ被二召出一事故(ことゆえ)、是は何之障(さわり)可レ有レ之儀と不レ存候」由、立腹顔にて、弥五兵衛も何之無二了簡も一、皆共申合有レ之儘に致二物語一候得ば、其時三郎右衛門申候は、「以の外成(なる)存念にて候。*偏(ひとえに)従二公儀一之御仕置に意恨を差含道理と存候。左様成心底にて候得ば一類共〔之〕為迄あしく、*類家之難儀に及申段を不レ顧所存、不届者と存候。第一*五人已上申合仕儀は、既(すでに)*徒党と被二仰出一儀に付、此度我等心底に不レ随候得ば、我等名跡断絶致事に候。弥(いよいよ)左様之事に候得ば、後日に我々其*過難レ遁事共に候。後日一家及二滅亡一候儀必定也。第二御頭(おかしら)伊予守殿へ郡兵衛儀申達置、此外に身近き親類無レ之段申上置候得ば、彼是以(もって)自分方へ成共申立、郡兵衛を一番に御仕置被二仰

和田喜六　岡島八十右衛門の親類書に「兄、浪人、大坂に罷在候」とある。原惣右衛門の弟でもある(二三九頁)。母方の姓が和田。義人纂書に書簡を収める。

村越伊予守　直成。御書院番頭より元禄十二年御留守居。十五年致仕。正保四年(一六四七)—元禄十六年(一七〇三)。

従公儀之…道理　上野介に対する敵討がこうした意味をもつという考え方は、二〇四頁の注で述べたように、浪士の念頭にはほとんどなかったが、彼等はまさにこの理由で切腹申付けられた。

類家　一族の家。

五人已上申合仕儀…　徒党禁止は初期の武家諸法度より規定がある。天和三年(一六八三)七月の諸法度「一、企二新儀一、結二徒党一、成二誓約一、…制禁之事」(四五八頁)。

徒党　浪士の敵討に対する処罰の理由はまさにこれであった。しかし浪士達は自分達の計画を徒党を組むものとは考えていない(一五一頁)。

過　あやまち。あるいは禍の誤りか。

通　纂書・流芳「健」。

巳極月　元禄十四年(辛巳)十二月。翌十五年は壬午。

春永　年の初めを祝っていう。

損徳　損得。

下手大工衆…　以下、復仇のことを普請にたとえていっている。

集組　纂書・流芳「集候て取組」。

いらち　苛ち。いらだつこと。

付一候様に可レ仕」と、殊之外無理申候由、右之段々難レ去訳共之由郡兵衛物語、兵左衛門・安兵衛両人申候は、「夫は早速返答有レ之相談尤に候。左様成片向成仁にて、腹の立儘に申触候得ば、皆共之存念も難レ遂訳と成行候得ば、大事之前之小事とやらんにて候。又兼々申合たる同志之面々へは、我等共能[よき]様に可二申談一候。此方之儀は内証向之儀、御自分此度之一埒は、申ても表立たる相談之事に候間、早々応じたる返答尤に存候」と申候得ば、郡兵衛申候は、「相心得存候。此上は三郎右衛門心に叶応じたる返答申候ての已後、我等了簡も有レ之事に候。段々申合、大形一同之了簡通*に相談も成寄候砌に、ケ様成心外成儀に逢申段、近頃無念に存候。各之本望を被レ遂候已後に、生残居可レ申覚悟にも無レ之候間、乱心仕候外は無レ之候。兎角不レ急事に候間、外へは曾て沙汰なしに頼存候。尤上方之同志之衆中へも、各来春上京之時分迄御咄は御無用に存候。幷年内春へかけて上方衆へ御書通之節、我等儀は病気故判形不レ仕候段被二仰越一給候へ」と申候付、其段相心得候由、兵左衛門・安兵衛返答申置候也。

大石内蔵助より、巳*極[み]月廿五日状午[うま]正月十八日に来る留め

一筆致二啓上一候。各様御無事に候哉承度ぞんじ候。爰元相替儀無レ之、無レ恙罷在候。

一、吉良氏去る十一日御隠居、御家督無二相違一左兵衛殿被二申請一候由、扨々珍重、何れ様御満悦察入、御噂申事候。内々申談候通、一儀取立申にて可レ有レ之候。其許何れも弥被二仰談一、おもわくも無レ之候哉承度存候事に候。最早押詰申候間、*春[はる]永[なが]に得[とく]と申談、*損徳之考仕、取立可レ申候。*下手大工衆事を急ぎ申事にて可レ有レ之候哉と、此段無二覚束一候。此上は得と地形下地[したじ]より随分念を入、幾重にも申談、木柱も*集組可レ申候。唯今御不勝手之事に候得ば、夥敷[おびただしき]御普請取立候段、世間へ之御沙汰御座候て、旦那衆御手前以之外[もってのほか]不レ宜候間、普請之儀少も御沙汰なしに、穏便に御心得可レ被レ成候。爰元大工衆へも寄々申合候。事をいら*ち急ぎ候ては、材木等も麁末[そまつ]に候間、出来之程無二覚束一候。手に入候と思召候程之材木にても、十分に御念入候上ならでは出来無二覚束一候。此段

は呉々御心得御尤にて候。御隠居へ掛二御目一申度候得共、日頃之御気儘、弥御引込思案にて、御逢候儀いかゞにも不定に候。兎角御逢無レ之御承引無レ之候はゞ、*御隠居は御心之儘に仕、若旦那へ能(よく)面談可レ申候。左候はゞ、御普請いらち申事少も無レ之候得ば、春永に申談相究可レ申候。各様春は御越可レ被レ成候由、御勝手之能き節御出可レ被レ成候。貴面に可二申談一候。弥兵衛様は普請御功者にて、此度も委細に得二御意一候間不二申及一、弥兵衛様へ被二仰談一御尤に存候。其元大工衆之おもわく一致に参候様に仕度候。弥兵衛様へ被二仰談一候様子、御報に待入存候。弥兵衛様も、思召御返事承度〔と〕御伝へ可レ被レ下候。右申候通御不勝手故、殊之外御遠慮にも候間、御普請之事少も〳〵外に洩不レ申、沙汰之なき所第一にて候。かりそめにても御口外御咄被レ成間敷候。弥兵衛様へ状御届可レ被レ下候。恐惶謹言。

十二月廿五日　大石内蔵助判

高田郡兵衛様

堀部安兵衛様

奥田兵左衛門様

大石内蔵助より弥兵衛方へ来る留め

一筆致二啓上一候。先頃は久々にて得二御意一、大慶存候。打続甚寒候。弥御無事に候哉承度存候。拙者儀上下無レ滞帰着申候。

一、彼御方去る十一日御隠居御家督無二相違一被二申付一、一段之首尾に御座候〔旨〕、一昨日承候。扨々珍重之御事に候。右之通に候得ば、〔*一〕方は最早埒明き申たるにて候。此上様子を見合申事は〕有レ之間敷歟と存候。如何思召候哉、其元之御了簡承度存候。其仲ケ間之御衆中、如何之思召にて候哉〔承度存候〕。

一、普請取立申に罷成候はゞ、*木挽(こびき)之様子も少承り可レ申と存候。木挽沙汰なく普請取立候段は無二本意一候。木挽之了簡又我々おもわくより十倍申たる事も候哉、又了簡*不勝(ふしょう)可レ被レ成様子に候哉、そと承見申候はでは埒明不レ申道理に存候。其元には普請御功者之儀に候間、何分にも思召、委細御指図をも被二成下一候様にと存候。*三人之大工衆

御隠居は…面談可申候　上野介が隠居したら、家督を継いだ義周を敵としてもよい、という考え方は、御家再興を第一義的とする大石の考え方とうらはらの、家の論理を示している。

一方は…　纂書・流芳による。底本傍書「脱字アリ」。

木挽　木挽町、つまり浅野大学のこと。

不勝　不快。気分のすぐれぬこと。あるいは不承の宛て字か。

三人之大工衆　高田郡兵衛・堀部安兵衛・奥田兵左衛門。

其外之衆中如何之了簡にて候哉、承度存候。
一、兼ても申候通、普請弥（いよいよ）取立申に罷成候はゞ、随分〳〵地形より念入、いかにも丈夫に、木柱迄も残所なく念入候上にて取立可レ然候。麁末に下手大工共之了簡にて、唯手間をおしみ、急ぎ申迄之事には曾て不レ致候。念之上にも念を入候て、慥に日用（ひよう）*人数をも算用〔仕〕、第一地形善悪を正し、至極能と申上（もうすうえ）に取立可レ申事と存候。是亦如何思召候哉。
一、隠居は此上気儘之合点にて、我々申事承引なく、手寄不レ申候はゞ、若旦那に得と申込べき了簡にて候得ば*、隠居へ逢申度候得共、弥気儘になれて、引込思案にて可レ有レ之かと気之毒に存候。去れ共此段不レ及二是非一候間、同心無レ之候上は若旦那へ可二申談一と存候。とにかく普請物入候、いとひ不レ申候まゝ、幾重に〔も〕〳〵地形から慥に宜敷念を入候て取立候儀第一に存候。下手大工共いか様進申候共、奉行衆へ得と申談候上と存候間、下手大工衆へは、得と此段幾重にも御呑込まし可レ被レ成候。此段第一にて候。

〔一〕、三人之大工衆春は登り可レ被レ申との事に候。此儀は得と被二仰談一、損徳之御考第一とぞんじ候。右可レ得二御意一と如レ此御座候。爰元之大工衆も寄々申聞〔候〕。其元思召委細早々御報待入候。恐惶謹言。

十二月廿五日　大石内蔵助判

堀部弥兵衛様

大石内蔵助方より極月廿五日の為二返報一差遣留

去極月廿五日貴札、当正月十七日、高田郡兵衛方迄相達、拝見仕候。先以御手前様弥御健体之旨、珍重奉レ存候。
一、隠居家督之儀御承知被レ成、委細被二仰下一候趣、承知仕候。依レ之念之上にも念を入、様子承り届、其上にて可レ被二思召立一之旨、此段御尤千万、奉レ得二其意一候。
一、自レ是も以二書状一、去十二月廿七日之日付にて、京都寺井玄渓迄差越、玄渓より大高氏迄被二相届一、夫より御手前様へ可二相達一と奉レ存候。其節も申上候通、住所之儀追々承繕申候処、慥成儀一両所

日用　日傭。日やとい。

候得ば　纂書・流芳「候。同は」。

ともかくも　底本不明。纂書による。流芳「とれ〱も」。

之手筋承届申候。其表に被レ成二御座一候て、御手ににぎられ候て御下向と被二思召一候ては、得と御心腹に落申間敷と奉レ存候。事を御延引被レ成、末々慥成儀も相知申手筋見来候得ば各別之儀に御座候得共、永引申程御手に入申事中〱了簡に及不レ申候間、兎角難二御止一於二思召一は、能々御了簡可レ被レ成候。隠居に無二御構一家督え畢竟は御志と被二思召一候付て、事を急ぎ申段不レ宜思召候段、一ト通は相聞候得共、三月中は隠居住所相知申儀、慥成る趣にて御座候。此上は私共式とても、何(いずれ)も様思召に相違無二御座一候。本望を相達度所存故、卒忽之仕形は不二申上一候。乍レ然何分に申上候ても於下御承引無二御座一候上は、其段不レ及二是非一存候。三月中迄は慥に本所と存候。唯今之内は必定彼宅に居被レ申候段、武林氏も追々被二聞届一被二罷登一候間、様子御尋可レ被レ成候。

一、木挽町へ御聞合之儀、能々御了簡可レ被レ成候。御所存継来候付ては、皆共存立はひたすら御留可レ被レ成儀と存候。たとひ御留被レ成候ても御止可レ被レ成儀に無二御座一候得ば、益は少く害は相見申候。

一、原惣右衛門殿爰元にて被二申合一候は、春に成自然御免之儀候共、同志之内御悦に参候段差扣尤之由被レ申候。此下心何(いずれ)も尤に存候て罷在候。木挽町之儀御聞合候以後、一同之所存を立申候はゞ、後日に木挽町之御難儀難二相遁一奉レ存候。何も事をなさずに、木挽町之御左右次第被二相待一申に付ては、御聞合候て之事に候。兎角止がたき道筋御得心之上からは、木挽町に少も御構は無レ詮事に被レ存候。唯今迄とやかく御見合候は、偏に木挽町之儀を思召て之御延引に存候。然る所一方片付、最早御見合被レ成品無レ之時節に、又木挽町へ御掛り可レ被レ成との思召、何共難二心得一奉レ存候。事を御急に被レ成間敷と思召候はゞ、其段委細に皆共へ被二仰合一可レ然奉レ存候。皆共心底不二落着一様に被二仰聞一候付て、心底には*ともかくも安心不レ仕、相談も一致不レ仕候。此段偏に御手前様御心入故と奉レ存候。事を御延引、能道筋は無二御勘弁一いらち申段計卒忽之様に思召、手遣之儀申遣候ても無二御承引一とやかくと申内に御一周忌にも罷成候処、其手遣之御相談は不レ被二仰下一、念之上念入申様に計(ばかり)被二仰聞一候ては、何共御手前様御心底難レ計奉レ存候。去年より当春かけて、日本之尊神無二他事一手遣等承り繕申候得ば、第一本之御手前様より事永計思召、さして御取立たる御返答も不レ被二仰下一候。

一、*家督へ計(ばかり)欝憤散可レ申覚悟に候はゞ、如何いらち申儀無二御座一候。隠居之儀第一と存、いらち申儀にて御座候。於二爰元一も人並に被二存詰一罷在候もの共は格別之儀にて御座候。一儀難レ止存居候者は、渡世之儀差置、此一儀を第一と存候故、指当難儀仕候衆も有レ之候。事永相待、末々必定遂二本意一申儀手に取申候〔はゞ〕、いか様成体に成下り申共、其段いとひ申間敷候得共、何を本意に相待可レ申道理相見へ不レ申候得ば、互に見苦敷体に不二罷成一内にと、是而已(のみ)心掛申候。

一、弥兵衛方へ被レ遣候御状も拝見、私共迄被レ下候御状も弥兵衛拝見仕候。尤一応寄合申談候。弥兵衛申候は、「毎度存寄申上置候。尤貴報可二申上一候得共、多筆に及申間敷」由私共へ被レ申候。

一、弥兵衛了簡をも御聞届御勘弁可レ被レ成との思召、多分御用被レ成候儀は事品により可レ申歟と奉レ存候。此度之儀は御手前様御一人之御思慮にて事極り、外之者は御下知に随ひ申迄にて候。御下知違背(いはい)申者は、何人にても御のけ被レ成置、志之者共計(ばかり)御誘引被レ成程にて無二御座一候ては、是程之大意は相調申間敷候。御手前様御壱人被二思召立一候得ば、御家中過半程も御下知に随ひ申段大方相知申候処、御壱人にて大勢之志をむなしく被レ成候段、心外成儀に奉レ存候。たとひ志無レ之者迄も、御手前様御志次第、健なる勇気も出可レ申ものを、追日了簡過候様に被レ成候段、近頃残念之至此御事に候。とやかくと被レ成候内、半年過壱ケ年立申候間無レ之候。御紙上之趣にて考候得ば、其表之御衆中、御手前様御了簡に得心被レ成たる趣に相聞候得共、罷登候て御*直段(じきだん)仕筋道も相見不レ申候間、存寄申上候。

一、原惣右衛門殿、潮田又丞、中勘介、大源吾、此衆中へ右之趣具(つぶさ)に御伝被レ成可レ被レ下候。右四人之衆中へは、*合たる儀も無二御座一候得ば、一度

家督へ計…隠居之儀第一と存　二二一頁の家の論理に対してパーソナルな主従意識を優先させる急進派の考えからすれば当然の帰結である。

直段　直接に。ここは直談に同じか。流芳「直談」。

合たる儀も…候得ば　纂書・流芳「申合たる儀も御座候得ば」。

申合たる儀違変有レ之間敷と存候付、今一応所存承度存候。永引申に付て色々之変化出来、老少不定、常と乍レ存、我々露命哀無レ恙罷在、思召之時分御供仕度志願而已にて御座候。御亡君不慮に御不調法之被レ遊方、就レ夫御法式と被二仰出一、御武運に御尽果被レ遊候上は、御家来之身として必死に存究間敷様は無二御座一候。然上は名聞利欲之所毛頭無レ之、只吉良父子之内に、一度は欝憤散申度念願骨髄に存詰候。依レ之多少之無レ構、早〳〵被二存立一候衆中有レ之候はゞ、其方へ随身可レ仕覚悟にて罷在候。

右之趣、日本之尊神偽無二御座一候。以上。

午正月廿六日　　堀部安兵衛判

奥田兵左衛門判

大石内蔵助様

原惣右衛門、潮田又之丞、中村勘介、大高源吾四人へ遣す留め

此度武林唯七被二罷登一候間、一筆致二啓上一候。各様弥御堅固に御座候哉、承度存候。旧臘廿七日以二書状一得二御意一候。定て春に至り相違と存候。

一、山科より去極月廿五日之状、当正月十七日相達、致二披見一候処、何共被レ為二思召切一御心底共、了簡難レ仕御文言にて御座候。依レ之山科へ之御報一字一点無二相違一様に書取掛二御目一申候。兎角延々に被レ成、末々又如何様成儀出来、御心底にも違申候哉、壱つとして御心底難レ極趣被二仰聞一、苦々敷存候御事に候。乍レ去最早各様へも被二仰談一、何も様も御得心にて御座候哉、うけ給り度存候。事急申候へば、前後を不レ見楚忽之様に被二思召一、山科方は智仁勇の被レ兼たる様に被二仰越一候得共、於二爰元一何程申談申候ても、被二思召切一候とは難レ察存候。其子細は名聞又事永分別多き相談と有レ之候得ば、其方之了簡を御用被レ成、外より何程了簡事申達候ても、曾て以無二御承引一、若気者共了簡なしに事急ぎ申と計思召体に候。離散之砌御願之意趣は、極月十一日にて事済申候。各様今一応被二仰談一候て、各様之御心底に落申候はゞ、御*下向可レ被レ成候。於二爰元一一度申合候儀、此方少も違変無二御座一候。手遣等之儀并我々心底之趣、

御下向… この前に流芳には「各別之儀、此方察之通に於レ被二思召一は早々」とある。

旁（かたがた）武林氏委細可レ被ニ申談一候。彼仁今日迄本庄に被レ居候ても、明日替り可レ申儀難レ計存事に候。兎角一集に落合申候て、手筋慥に考存立候儀尤に候様に存候。今程は慥に本庄に住居無レ紛（まぎれなき）事に候。定て山科と御寄合被ニ仰談一時節と存候事に候。

＊自レ是内蔵助方へ返報一書一点無ニ相違一書候て四人に遣す。一集に落合披見之処難レ計、為レ念四人相談心得ため旁遣也。

正月廿六日　　堀部安兵衛判
　　　　　　　奥田兵左衛門判

原惣右衛門様
潮田又之丞様
中村勘介様
大高源吾様

小山源五右衛門方へ安兵衛一名にて遣す

一筆致ニ啓上一候。御手前様初御家内様御堅固に被レ成ニ御座一候哉、承度奉レ存候。此方無ニ異儀一罷在候。然者（しかれば）旧臘＊十一日隠居家督之儀及ニ御聞一、定て追々一決之御評議と奉レ存候。就レ夫（それにつき）山科より極月廿五日之御状被レ下、当正月十七日相達致ニ拝見一候。隠居家督相済候付て、離散之砌御願被ニ仰立一候趣も無に罷成候間、ひし〳〵と御取立之御紙上に可レ預と存候処、存之外成（なる）延々之預ニ御紙面一、何共残念千万奉レ存候。依レ之奥田兵左衛門と申談、存寄之趣此度貴報に申上候。内蔵助殿只今御一仁之御事に候得ば、内蔵助殿被ニ思召立一に付候て、侍たるべきもの一度申合たる儀に、誰残可レ申様無レ之処、今以多分を御聞繕、＊いつも時節の様とも不レ被ニ仰下一候段は、さり共苦々敷次第に奉レ存候。御手前様にも定て御相談之内と奉レ存候に付、存寄を申上候。山科へ進仕候紙面御一覧被レ成被レ下、此節了簡違も御座候はゞ、何分にも思召を被ニ仰聞一可レ被レ下候。御手前様多年之御懇志、一生之内放失可レ仕様にも無ニ御座一候に付、思召を不レ省申上候。

一、赤穂無ニ相違一被ニ仰付一候ても、上野介へ御仕置之筋も不レ被ニ仰出一候得ば、一同に安心不レ被レ成候との御下心を以、離散之砌御願も被ニ仰立一、其後色々何角と了簡を尽し申上候得共、兎角御承

自是内蔵助…旁遣也　この一段は堀部の注記であろう。

十一日隠居…山科より極月　纂書などにはなし。

いつも時節の様　流芳「いつを時節の限り」。

引なきは、右御下心故と存候。乍二心外一内蔵助殿手を切候て成ともと、潮田又之丞殿初申合たる儀にて御座候。然所(しかるところ)存之外早く御仕置之筋も立、是は一同に心掛り無レ之時節に成来申候と存、弥様々と手遣承繕、いさみにいさみ申候処、存之外に延々成御思慮にて、力を落申候。城内にて誰人やらんえ源*四郎殿御挨拶に、太*平記時分と被レ仰たるよし承覚罷在候。今程山科之思召は、右に似たる所も御座候歟と被レ存候。是非御世話やかれ、急に思召立候様に可レ被レ成候。内蔵助殿御承引なく候ても、廿人有レ之候はゞ、三月中に是非押込、父子之首は此方之者と存罷在候。哀(あわれ)誰ぞ被二存切一早々下向候へかしと存、此度も銘々に書通仕候。御同名弥六殿、御手前も御引取被レ成候はゞ、右之段御伝可レ被レ下候。猶又此上又之丞殿源*五右衛門可レ被二申上一と存、不レ能二多筆一候。恐惶謹言。

正月廿六日　　堀部安兵衛判

小山源五右衛門様人々御中

高田郡兵衛壱巻、武林唯七へ委細に致二物語一、「我々共上方へ罷登候はゞ、直段可レ致二物語一覚悟にて罷在候処、我々罷登可レ申品も見来不レ申候条、此度御自分被二罷登一候段、幸に存、物語致候間、委細何れもえ御咄頼入候」段申候処、唯七申候は、「扨々存掛も無レ之趣、絶二言語一、兎角之了簡に不レ及存候。上方にても銘々物語挨拶共に気之毒に存候。覚*書之通御書写御越候得ば、紙面内蔵助初(はじめ)座中へ差出し、あら方に了簡を付させ可レ申候。去迚(さりとて)は不法成(なる)物語を承り申候。扨御両人は如何、尤に存居候哉」被二相尋一に付、兵左衛門・安兵衛返答、「最初承候砌は、御自分被レ存通、至極気之毒千万に存、各にも物語致にくき段両人共申居候き。然共其段は我々了簡付可レ申様も無レ之、互に此度之存念は、人々の了簡を用可レ申様も無レ之一儀に候得ば、此已後何人にても了簡相違の有レ之共、我々共は最初之存念に少も違変無レ之候得ば、今更驚き申様無レ之」由申達候得ば、唯七申様、「御両人左様之御存念に候得ば、上方にても挨拶返答之致様も有レ之」由申候。依レ之右に認置候覚書之趣書取、兵左衛門・安兵衛致二判形一、唯七宛所にて相渡す也。

源四郎　進藤源四郎。
太平記時分　未詳。

源五右衛門　流芳「源吾より」。

覚書　二一九頁―二〇頁にある一文を指すか。

大石内蔵助方え弥兵衛方より返書留

旧臘廿五日之貴書、当月十七日相達拝見仕候。道中無レ恙御上着、弥御健達御超歳可レ被レ成と、改年之御祝儀旁々目出度申納候。然ば隠居之儀に付品々被二仰下一候一儀に付、先年初て以二書状一申上候通、定たる儀、少も驚不レ存候。重て於二御下向一は去年御面上にも申談、以二書付一申達候通、御誘引之輩妻子之形付等埒明、必死之暇乞、厚筋に覚悟を極たる仁計御同道可レ被レ成候。御吟味浅はかにては、此方高田が様成方も多可レ成と存候。先年ちらと申たる儀思召可レ被レ合と存候。ケ様之儀に付ても、爰元御逗留中御暇乞に参候節は、よもや御心を被レ付、一両日も於二御逗留一は、一昼一夜にても説話仕候はゞ、御安堵にて御登可レ被レ成ものをと、弥残念至極[に]存じ、申進度事共御座候得共、説話を不レ遂墨付計にては、差当る*理発立なる方に陰評判可レ逢事無念之事に候。初て進候書面に、此度之儀に付ては、一文字も大切と差扣候。去年進藤・原氏被二相尋一候はゞ、拙者初発より一筋に存候趣可二申談一と存罷在候得共、一向其趣無レ之、私儀年の寄たる計にて此体之格式故、不問不答之任二古語一黙止罷在候き。貴体御事は各別故、両度迄参上仕候得共、無二御察一候故、空く罷帰候。其節少申上候通、何角と御心移りは無レ詮御事、御苦悩被レ成候御事費にて候。何様に御*異見申者有レ之候共、曾て御心移無レ之、貴体思召之通に一筋に御下知可レ然存候。御手前様御了簡に不レ違存候。将又私*世悴儀、今以違変之心底毛頭無レ之候。此上大に永引、渡世にひしと手詰候はゞ、当分之渡世に暫致可レ申は難レ計候。乍レ然高田が様に*鍔際に至て手の裏を返す趣は仕間敷被レ存候。自讃は如何千万存候へ共、余之事に申上事候。御察可レ被レ下候。存寄を早々御返答申進候様に被二仰下一候得共、御紙上は各別、去年以二書付一申上候書面、今以相替存寄無二御座一候間、左様に御心得被レ成、御発足之節も御了簡次第可レ被レ成候。

一、世悴等罷登候儀、旧冬より御招も無レ之に罷登候事*無二余儀一と前々申聞せ候間、楚忽には罷登間敷と存候。内々申達候通、惣て私儀、大切成事

理発立　利発立。かしこく振舞うこと。
異見　意見。訓戒。人を諌めること。
世悴　息子。ここは堀部安兵衛のこと。
鍔際　刀身と鍔の接する所。瀬戸際。
無余儀　纂書・流芳「無レ詮儀」。

時分　底本「自分」。

に至て、他人は不レ及レ申、親子兄弟にも不レ遂ニ相談一、自分心いつぱいに相勤候故、此度も高田ごときに毛頭かぶれ不レ申候。此状も日本之神、他人は不レ及レ申、世悴にも毛頭相談不レ仕候。併（しかしながら）封候*時分、世悴には読せ申候。且亦世悴方より進候連状致ニ一覧一候。尤少にても指図は不ニ申聞一候。恐惶謹言。

正月廿六日　　　　堀部弥兵衛判

大石内蔵助様

原惣右衛門方より来る書面留

京都より之使頼（たのみ）、一筆致ニ啓上一候。改年之御慶此節とても目出度申納候。各様弥御無事に御越年可レ被レ成候、珍重存候。拙者儀旧臘之発足、源吾之病気延引致候て、廿五日致ニ出足一候。未熟（いまだ）も覚（さめ）切不レ申候を同道申候故、駕籠にて罷登、内外之痛に罷成候得共、道中へ出候て気色も能候て致ニ同道一、大慶存候。当春伊勢へ致ニ参宮一、本意之祈願仕、罷登候。勢州にて承候得ば、浅野壱岐殿廿八日御目見被ニ仰付一候由承候。此方之儀共御あて遽に付候事、存之外之至に候。定て木挽町之儀も四月頃に可レ被ニ仰付一と存候。

一、上州本所前屋敷普請之儀及レ承、安兵衛殿へ申達候間、御聞合可レ被レ成と存候。屋敷引分可レ申事、気之毒に存候。

一、八十右衛門罷下候事、爰元ぇ罷登承候処、旧冬山科へ罷越申請候よし、其内秋中より之腹中気色又々相煩候故、遅々仕候て、妻子片付候事もはか取不レ申趣〔に〕御座候。先月中赤穂へ罷越、妻子片付申候事頼申候。当月中旬に大坂へ致ニ出足一可レ被レ下候。内蔵助殿へ申進候由にて、家内片付候て可レ被レ下と仕候段、彼是手間入申候と存候。

一、此許へ罷登、上方衆申談候。いろ〳〵の了簡共にて御座候て当惑仕候故、早速大坂へ可ニ罷下一と存候。所も違候て暫致ニ逗留一候て、彼是申談候。尤去冬隠居之儀申越候已来、何れも心底いそがわしく罷成候体には相見申候。其外若輩之面々支度等仕候趣に相聞候。乍レ去此方之所存にくいちがい候所も粗（あらあら）見へ申候。此段日を重候て心を付候はでは難レ参存候。

一、兼て御物語申候通、事のはか〔ど〕り申間敷候はゞ、此方共計(ばかり)も存立べき意味を以て、上方之者共之所存粗承届候処、中々此方計にて其了簡に落可レ申候処不二相見一候故、弥(いよいよ)山科衆相談*不レ申候では難レ成かと存候故、何角とからくり申談置候。追て御登可レ〔被レ〕成候。則(すなわち)直段に御聞可レ被レ成と存候。其趣は具に不二申述一候。

一、上州事、弾正殿*御登之上願被レ申候て、在所へ引取可レ被レ申かとの沙汰前廉(まえかど)有レ之候。此段無二心元一存候。如レ此候ては何之詮も無き事に候。左様之沙汰有レ之候はゞ、早々被二仰聞一候様に仕度候。尤此沙汰に付、此許(ここもと)催し下り候抔と申て事調可レ申にはなく候得ども、万一在所より〔願*と申事抔にては不意の事にて、参勤の上の願に候へば間に合申にて可レ有二御座一候。若(もし)在所より〕願など有レ之間敷か、無二心元一候。此願在所より可レ被レ成筋とは不レ被レ存候得共、御心付之為申遣候。若下り被レ申候ては、入込候て難レ成候。途中是計能可レ有レ之候と存候。諸事追付(おっつけ)八十右衛門罷下、委細可レ申候間、御聞可レ被レ成候。乍レ然八十右衛門余程語りこまれ申候哉と存候処有レ之、不二心落一候。尤申談候間も無レ之候故、具に承り申候儀は無レ之候。猶追て可レ得二御意一候。恐惶謹言。

正月*　　原惣右衛門判

高田郡兵衛様

奥田兵左衛門様

堀部安兵衛様

校了*(印)

相談　纂書「相往」。流芳「相催」。

弾正殿　米沢城主、上杉弾正大弼綱憲。吉良上野介の長男。→一七七頁注

願と申事…若在所より　底本なし。纂書により補。流芳もほぼ同文。

正月　流芳には「正月十五日」の日付がある。

校了印　底本を書写校了した印。

堀部武庸筆記　下

大高源吾より来る書面留

以二使飛脚一一筆致二啓上一候。先以新春之御慶申納候。何も様弥御堅固に御越年可レ被レ成、珍重奉レ存候。此方別儀無二御座一候。山科辺其外一同之衆中無二異儀一候。

一、原氏・私、道中無事に、去る九日京着仕候。其元罷立候前私儀相煩候て、*内海氏薬服用仕候得共一円はか取不レ申候故、*田代丈庵と申町医之薬被レ下候間致二相応一、少々快罷成候て、旧臘廿五日昼立出足候仕合にて、道中段々快気仕候。幸之序故、伊勢へ相寄候て神拝仕、夫故日数積候て去る九日京着、直両人共山科へ参り、其元之首尾先づあらまし物語候て、原氏にも私宅に逗留、昨十六日大坂へ下り被レ申候。

一、去十一日於二山科一寄合有レ之候衆中、小山源五右衛門、進藤*〔源四郎、岡本〕次郎左衛門、*小野寺十内、原惣右衛門、拙者、折節参掛り*矢頭右衛門七、右之列座にて、江戸之首尾、惣右衛門方其元逗留中初中後相談之次第、右三人之思召、惣右・私所存之通、諸事無二残所一咄候て、何事も是迄之手当にて、思召儘に木挽町之仕様も御見合、御残心も無レ之儀に候。急度*切狂言之思召立候様にとの儀一評定申談、其後又去る十四日、*山科衆・*伏見衆、京都*瑞光院へ御仏参之戻りに、*寺井玄渓方ひそかにて能会所にて候故、寄合候て、弥*其元手遣之儀共申談候。先大たゐは各様拙者抔之趣意之通、先方隠居と有レ之故は是切の事との覚悟にては御座候得共、急に事を遂候はんとの筋には*候得ども、かたまり不レ申候。何共〱*なまにへにて、気之毒千万に存候。然共段々進め申事に候。*先大様之見切は覚悟よく、当秋迄は延申さぬ事に申候て、せめて大慶にて候。

一、岡島八十右衛門弥近日下向之筈に御座候。未幾日に立候共極り不レ申候。其元下着は二月下旬にて可レ有二御座一候。左様御心得可レ被レ成候。各様御登、兎角岡島罷下候て一応被二仰合一、其元之

内海氏　名は道億。もと藩医（十五人扶持）。この頃は江戸在住（堀内伝右衛門覚書巻四）。
田代丈庵　纂書など「田代文庵」。
源四郎…　流芳により補。
小野寺十内　京都留守居、百五十石、役料七十石。京都在住。→三一七頁
矢頭右衛門七　→三三二頁
切狂言　歌舞伎芝居の大切（その日の最後）の狂言。ここは討入のこと。
山科衆　大石良雄・進藤源四郎ら。
伏見衆　岡本次郎左衛門ら。
瑞光院　上京区堀川頭今宮御旅所下ルにあった大徳寺の塔頭。浅野家の香華祈願所であった縁で、十四年八月十四日、大石らは長矩の墓を建てていた。そこへ参詣したのである。
寺井玄渓方　（中京区）二条柳馬場通押小路上ル西側。
其元手遣之儀共　堀部等の手くばりの状況も含めて。この手紙の追て書をみれば、十二月二十七日付の手紙の内容は含まれていないことがわかる。
候得ども　流芳「とくと」。
なまにへ　生煮。どっちつかずのあいまいな状態。
大様　おおよそ。

様子も得と心に落候様被ニ仰合一候て、各様御登之御合点可レ然様奉レ存候。此上自然岡島御待合に不レ及、早々御登可レ被レ成と思召候はゞ、夫共に害には成不レ申候条、各様御了簡次第に存候。

一、岡島に未面談不レ申候。此者了簡兼て之所存とは大きに違候て、中々寛々と致たる了簡共、惣右・此方などは*とはふも無レ之*あらけ候様に覚罷在候よし承伝候。此段は惣右方対談之上、幾重にも得心させ可レ被レ申事とは御座候得共、つけやきばのものを頼、*敵の者より案内者に付置候段不埒にて候。此段得と其元にても御さぐり候て、岡島をも御引見可レ被レ成候。私共岡島に対談之上、心底之強弱、遅速之了簡、得と相考候て、又追て可レ得ニ御意一候。

一、各様慥思召、此方も左様に相見候。*小山氏以之外不了簡、*神以惣右も拙者も*我を折申候。人心皆ケ様之時節にて候。明日之事難レ頼候。さて*はなれ候ての人数、其許にて算用に入置候衆中、殊之外*無算仕候。ケ様之儀に付、又之允・勘助一両日中にも出京之筈に御座候間、申談、是非に儀をすゝめ可レ申候。

一、*吉田忠左衛門・近松勘六両人、岡嶋が外に指下し可レ被レ申筈に大方極り申候。是近頃珍重にて候。忠左衛門心底得と不レ存候。勘六方今日も申談候。弥金石之仁にて、得と合点之事に候。兵左衛門殿弥又得と其元にて可レ被ニ仰談一候。先此両人衆下り可レ被レ申哉之儀、其元にても御三人之外一切御沙汰有レ之間敷候。

一、預り申候御状共相届申候。*葦船いまだ在京にて、得と致ニ対談一候。安兵衛殿へ之御状御請取可レ被レ成候。葦船も来る廿日時分赤穂へ下り被レ申候。安兵衛殿御上京之節、何卒得ニ御意一候様に被レ致度候。安兵衛殿よりも左様に被レ成度旨、今度被ニ仰遣一候由、然れ共*不レ叶用と申事も無レ之候得ば、夫迄葦船在京も不勝手にて候由御申候間、私申候は、安兵衛殿*御用登、外之儀にても有レ之間敷候条、逗留中*宿願之儀たるべく候。御宿は御逗留共に埒明候様に拙者可レ仕候。可レ被ニ御心安一候。尤三人御一所に御座候様に可レ仕候。京五条橋通東壱町目南側菊屋と申煙草屋に*泊。

とはふ　途方。
あらけ　荒くれる、荒れるの意か。流芳「麁気」。
敵の者より案内者に　敵方のスパイの意か。案内者は事情に詳しい人の意。
小山氏以之外不了簡　この頃から小山源五右衛門の言辞に、後の脱落につながるものがあったのであろう。
神以　全くもって。実に。
我を折　驚く。あきれはてる。閉口する。
はなれ候ての人数　赤穂退去後の人数(禄を離れて以後の人数)の意か。あるいは同志を離脱した人数の意か。
無算　無数。霧散の宛て字とすれば、散りぢりにいなくなること。
吉田忠左衛門　加東郡代。↓三一六頁。江戸の様子をさぐりかたがた、堀部安兵衛らに自重をうながすために江戸へ下ることになり、二月二十一日出発した(二五〇頁)。
葦船　以泉(二三五頁)・以船(金銀請払帳)とも。京都の智積院の学僧。大石の依頼により浅野家再興の運動をしていた遠林寺(浅野家祈願所)祐海の法弟。
不叶用　やむをえない用事。

一、右之外可レ得二御意一儀も無レ之候。其元其後相替儀も無二御座一候哉、万々追て可レ得二御意一候。恐惶謹言。

正月十七日　　大高源吾 印判 書判共

高田郡兵衛様
堀部安兵衛様
奥田兵左衛門様

追て

尚々、御上京之節何事も可二申談一候条、早々*要事計申入候。以上。

如レ斯相認、封之上書(うわがき)仕候処、旧臘廿七日之御状、正月九日出之由にて寺井方より相届、早々拝見、各様弥御堅固珍重奉レ存候。併郡兵衛殿御病気御様子に相見、無二御心元一存候。常々御病身之御事に候間、左様之御事と存候。

一、被二仰聞一候御書面之内、此方より之書付に相認候儀は、尤御報不レ申候。左様御心得可レ被レ成候。

一、彼仁今程は本所に被レ居候由、慥に御聞届被レ成候由、大慶〱。此方にても寺井方にて其通慥承届候。尤動き有レ之候哉、無二御油断一御気を可レ被レ附候。

一、貴様方御登之時節は、兎角岡嶋罷下候て之上と存候。此段も本書に申入候。

一、山科へ之御状相届可レ申候。*あの辺の趣は本書に申入候通に候故*不レ具(つぶさならず)。

一、小山氏より健成書中参候由、弥以難二心得一存候。此男*内また膏薬かと存候。此頃十四日之会にも十一日之会にも、*岡本よりは不二出来一之了簡にて、旁以不届之仁と存候。惣右我折り候き。

一、弥兵衛殿御連書拝見仕候。今日状数取込候故、乍二慮外一不レ能二御報一候。宜御執成奉レ願候。安兵衛殿より*幸右衛門方へ御*出候半、辱奉レ存候由申候。

一、*又之丞・勘助山科にて神文仕候由、御聞被レ成候由、私は未不レ仕候。承合左様にも可レ仕候。其元にて*前原事神文御尤に奉レ存候。拙者は兎角無二之志のみ込兼候。原氏・潮田へ之御状、明朝早遣可レ申候。御状相違候御返事迄如レ此御座候。以上。

御用登　流芳「御用も」。
候条…　流芳「候。京…」。
たるべく候　このあと流芳には「其段拙者請合申候と挨拶仕置候。御上り之前一通御状被レ遣候得ば」とある。
に泊　流芳「にて候」。

要事　要件。必要な事柄。
あの辺の趣　大石の考え方。
不具　詳しく述べない。
内また膏薬　ふたまた膏薬に同じ。定見・節操のない者にたとえる。
岡本　岡本次郎左衛門。

幸右衛門　小野寺幸右衛門。小野寺十内の養子。大高源五の弟。十内の姉の子供(甥)である。→三三二頁
出候半　流芳「加筆」。
又之丞・勘助…神文仕候　→二一四頁・二一六頁
前原　前原伊助のこと。→三三一頁

正月十七日　　源五判

郡兵衛様

安兵衛様

兵左衛門様

大高源吾え遣す返報留め

去る十七日之貴札、幷旧臘廿七日之為二御報一、御追而書共、御封印無二相違一、同廿七日昼時、*玄達より兵左衛門方迄被二相届一、同日両人共具致二拝見一候。先以貴様道中より御気色段々被レ得二御快気一、殊に御参宮迄被レ成、九日に京着、益御堅固被レ成二御座一候。何角と御世話やかれ候由、委細被二仰下一承二知之一。重畳目出度御快然之段、於二拙者共一大悦奉レ存候。貴様御上着之御左右不レ承内は、出会申度々に御噂申暮、御様体無二心元一存候*処、御堅固之御左右旁早々被二仰聞一、不レ浅仕合存候。次爰元両人無二異事一、其元より御催し御下向之御告、左右相待罷在迄にて御座候。

一、去る十一日同十四日両度之御評定にて、あらまし相究り、秋中迄は相延申間敷趣、具に被二仰下一、此段*少是喜悦之至りに存候。いかなれば夫程に評定御極可レ被レ成儀と存候。先は*時節之程、爰も相究申たる様に存、別て大慶、是にては*勇も出て、書通之儀珍重之事に候。

一、拙者共罷登候儀、岡嶋氏直談之上は、江戸之様子岡嶋氏少心落被レ申候を見届罷登候段可レ然旨、御紙面之趣御尤に存候。然共山科より罷登候様に不二仰下一候内は見合可レ申と存候。

一、武林氏*私用播州え参候とて、為二暇乞一先頃被レ参候。尤山科へも立寄、爰元之様子も御直談被レ申、各様へも被レ得二御意一、弥早被二思召立一候様御相談可レ被レ下由に付、幸山科より旧臘廿五日之御状到来致二披見一候処、いつを限りと被レ為二思召切一候御紙面にもあづからず、苦々敷存候。依レ之何を*しほに書通可レ仕様も無二御座一候。其上は心底之趣差扣可レ申時節も不レ存、存寄之趣相認候て山科へも貴報申上候付て、武林氏へ頼申候。武林氏壱人道中は泊り〳〵も不自由故、幸望に付、*不破氏誘引之下心にて候。*夫故山科へ之状と一集に、各様へ之書状持参頼置申候。然所右之預二御紙

玄達　寺井玄渓の子。江戸へ出てきていた。

処　底本・纂書「惣」。流芳による。

少是　底本傍書「本ノマヽ」。流芳「少々は」。

時節之程爰も　底本「も」に傍書「にか」。流芳「時節之ほどらいも」。

勇　底本・纂書不明。流芳による。

私用　流芳、上に「為」がある。

しほに　潮に。しおどき・おりの意。

不破氏　不破数右衛門か。↓三二二頁

夫故　流芳、次に「いまだ出足之日限も相知不レ申候。去る廿六日為二暇乞一両人罷越候故」が入る。

面ニ候。幸武林・*勝田氏へ之御状被レ遣候間、此御状*乍レ届安兵衛薩摩河岸へ罷越候。武林氏出足弥延引之趣に候はゞ、右之状取返し、此御報旁玄達へ頼(たのみ)差登せ可レ申と存、御報如レ此認懸ニ御目ニ申候。相達御披見之節は、此御了簡を以御披見可レ被レ下候。

一、山科へ遣候返状之文言、為ニ御心得ニ書取懸ニ御目ニ申候。

一、彼仁今程は弥本所に住居にて候。近き頃内証向之手筋承候処、家内殊之外用心きびしく、二三ケ所に落穴之拵有レ之由、不寝之番三ケ所有レ之、*何事ぞと申時は早々*桜田へ馳付申注進之者不断申付有レ之候、注進次第桜田より早追にて馳付申人数支度有レ之由、番人は不参之由、*物頭役に七百石取候者定り候て、毎日機嫌伺と号し参候て、朝夕之相伴(しょうばん)など仕候由にて、*外々に役人等交々(こもごも)見舞申迄にて御座候由、承届申候。屋敷之図も才覚仕置申候。荒増(あらまし)は了簡に及申事に候。

一、惣右衛門殿へ御伝可レ被レ下候。*四ツ目に普請之事、得(とく)とは承繕不レ申候。先頃彼屋敷裏門え仕掛り、四ツ目屋敷之事承候処、深川*うなぎ沢と申所*之番人おしへ申候。春中に天気*見合可レ申候。*今屋敷は殊之外そろ〳〵と*御普請たゝきつけ申候。下屋敷に普請有レ之とも、春末ならでは有レ之間敷存候。永引申程いろ〳〵の御思慮出可レ申と存候。急々に御*もみ立候はゞ、今之屋敷にて御本望は可レ被レ遂*と、存詰罷在候。能々御相談尤に存候。何月何日頃迄にと被ニ仰下ニ候得ば、何分にも急度承合成申候得共、念之上に念を入、手ににぎり可レ被ニ思召立ニと山科より申来候。是にて考候得ば、二年も三年も五ケ年も掛り申様成思召とも存、何を申可レ遣様無レ之、力落申候。惣右衛門殿には御報、又之丞・勘助殿へ以ニ別紙ニ可レ得ニ御意ニ候得共、右之外に可ニ申遣ニ儀も無レ之候間、御参会に此紙面御披見に被レ入可レ被レ下候。

一、武林氏いかふあせり被レ申候故、承繕精出申事、且又江戸血判之連中より否申参候哉、少承度存候。

一、寺井*父子書通之儀、弥御頼可レ被レ成候。且又葦船儀委細被ニ仰下ニ、一々承届候。*以泉[へ]宜(よろしく)

勝田氏　勝田新左衛門。→三三一頁
乍届　届けかたがた。
何事ぞ　纂書「何事有」。
桜田　上杉家の屋敷は外桜田にあった(今の日比谷公園の辺り)。
物頭役　鉄砲隊・弓隊など諸隊の隊長格の者。
外々に　流芳「外にも」。
四ツ目　前出(二一八頁)。本所四ツ目のこと。
うなぎ沢　小名木沢(おなぎざわ)のこと。今の江東区北部を東西に流れていた、隅田川より中川に通ずる運河。中川口に御番所があった。行徳に至る舟道である。
之　流芳、次に「由」が入る。
見合可申候　流芳「見合深川え参り表向より見分仕、普請有レ之候哉、見合可申候」。
今屋敷　流芳「今居屋敷」。
御普請　流芳「小普請」。
もみ立　揉みたつ。せきたてる。いそがせる。
と　底本・纂書「候」。流芳による。
父子　流芳「父子え」。
以泉　葦船(遠林寺祐海の法弟)に同じ。→二三二頁

被二仰遣一可レ被レ下候。罷登候に付ては、貴様へ御尋申、いか様共御相談可レ仕候。被レ入二御念一被二仰聞一、不レ浅存候。相変儀候はゞ早々可レ被二仰下一候。従レ是も可レ得二御意一候。恐惶謹言。

堀部安兵衛
奥田兵左衛門

大高源五様御報

追て

一、小山氏不出来千万之男ぶりのよし、笑止千万、苦々敷存候。古来*雖レ不レ珍、不儀之一字別て重く存候。潮田氏心底察入候。

一、岡島氏事了簡違、切狂言*あら気とゐかたにひかされ候様に御察、御了簡之趣委細被二仰下一得二其意一、至極御尤に存候。致二直段（じきだん）一候はゞちよと知れ可レ申と存候間、此方両人儀は御気遣被レ成間敷候。どこも*かしこもくひ違ひ気之毒千万、此事*は山科を随分御取立可レ被レ成候。永引申とも秋中迄はかゝわり申間敷段被二仰越一、此段御書に承事候。

一、吉田氏・近松氏下向之趣、先珍重存候。弥（いよいよ）はづれなき様に御心添尤に候。近松金鉄之由、*兵左衛門父子別て之喜悦不二大形（おおかたならず）一候。壱人も多く寄合候て、*せり立申段宜様存候。

自レ是*高田一巻委細に書取。

一、両人申候、「さて御自分は自滅めされ候より外はなく候。能々了簡尤に候」由申候得ば、郡兵衛申候は、「其段覚悟に候。*三郎右衛門心底に随ひ乱心仕より外無レ之」と被レ申候。

一、武林氏へ両人直段委細申談候。此紙面山科初め原氏、潮田氏、中村氏などへ御咄可レ被レ下候。右之訳両人是非難二申進一候。人心之危事、古来より申伝候は、朝恩を捨、敵に属し、無レ勇者は*死をまぬかれ刑戮にあひ道に違ふ事有レ之と承伝候は、眼前かと奉レ存候。以上。

正月晦日

堀部安兵衛判
奥田兵左衛門判

大高源吾様

右正月廿六日之状、同晦日之状共、寺井玄達迄頼差登候也。

大石内蔵助より旧臘廿七日為二返報一、当正月廿五

雖不珍不儀　底本「離不弥不儀」、傍書「本ノマヽ」とあり、欄外注の「離不弥ハ雖不珍歟」により訂。不儀は不義。流芳「古来難有珍不義之二字にて義之一字別て」。

あら気とゐかたにひかされ　意不明。纂書も同じ。流芳もほぼ同じ(末尾「ひかさね」)。「荒気と絵形」(片山、一三七頁)か。

かしこも　流芳、次に「次第〱に」が入る。

は　流芳「候」。

兵左衛門父子　前出のごとく奥田兵左衛門の養子貞右衛門は近松勘六の弟である(二一四頁)。

せり立　迫り立つで、せきたてるの意か。あるいは競り立てるで、互いに競い合うことか。

高田一巻　高田郡兵衛の一件。

三郎右衛門　前出の内田三郎右衛門(二一九頁)。

死をまぬかれ…　死ぬべき場を逃れて、の意か。あるいは「死をまぬかる(免る)とも」の誤りか。

日書状、二月十一日到来之書面留め

旧臘廿七日之御連札、頃日相届致二拝見一候。各様弥御無事珍重存候。郡兵衛殿御病気之旨、無二御心元一存候。無二御油断一御養生可レ被レ成候。爰許変儀なく無事罷在申候。如レ仰去冬は久々にて得二御意一、御物語共承レ之、令二大慶一候。原氏・大高氏去る九日迄上着にて、物語共承て候。

一、吉良隠居家督無二相違一被二申請一之旨、先達て承レ之、珍重之御事に候。従レ是も落合頼候て書状遣候、可二相違一と存候得共、無二覚束一存候。弥兵衛殿〔へ〕も書状進候。相届申候哉。御仲間村松氏初御出合〔可レ〕被二仰談一と存候。弥其通に御座候哉、承度存候。此辺仲間共寄々*申承候。

一、岡島氏未病気にて、内々之通早速下向も無レ之候。大方来月初頃には出足にて可レ有レ之候。此仁へ兼て申合候通得と申談、至極宜時節に至候上ならでは〔と〕、此辺之衆中申合たる事に候。無レ左候ては、取掛り首尾合点不レ被レ致候衆中のみにて候。其許よき手筋も有レ之旨、此度之御紙面にも被二仰越一、一段之事に候。併兎角右之頭人*直段承届、見合慥成る上ならでは、仲ケ間得心申間敷、不調成事に候。弥右頭人に打任置、随分慥丈夫に直間*引請候手筋不*レ届候上之事にて候。頓て岡島へ御参会被レ成候、其上御勝手次第御登可レ被レ成候。其段原氏より*可二申遣一由に候間、御承知可レ被レ成候。

一、先書にも申進候哉、ふみ込申候に付、手に取候様物さはがしく色めき候様衆中而已*承、近頃心得がたき事に候。しんじつの御仲ケ間に候はゞ、猶又随分穏便に直間之至極を御待可レ被レ成事に候。此間取沙汰風聞候通をとんぢゃく被レ成かゝはり申候は不実にて、還て無二覚束一候之旨、此元之衆中へも申談事に候。此段不レ及レ申事に候得共、各様其御了簡と存候事候。

一、其辺直間承届候ために、壱両人差下し候様申談候。是は替る品も候はゞ追々為レ可レ承にて候。人名は其節可二申入一候。

一、岡島氏は諸方付届存知候方へも、一切出会をもひしと*遠*候て、身上取続之渡世一通之思ひ入にて候。此段至極仕候事に候。各様一応御逢之思召

寄々　流芳「万々」。
頭人　頭だつ人。

直間　直接の意か。
不届　流芳「承届」。
より　流芳「へ」。
衆中而已　流芳「衆中有レ之由」。
ひしと　きびしく。
遠　流芳「相止」。

に御心得可ㇾ被ㇾ成候。此儀も其節可二申入一候。
一、彼人在所抔御聞届之儀、人も御頼置候ての御聞合之旨承届存候。定て慥成る人と被ㇾ察候得共、左様成儀は向後は不ㇾ入者かと存候。一家之挨拶にても、心底不ㇾ同は常之習に候。大切之儀抔、外頼にて直に心得候では、還ておとし穴にて、大損も取可ㇾ申候。各様深切之思召には、此了簡仕候程右之通存付、不ㇾ入儀ながら存寄に候故申遣候事に候。何様直間*と段々宜敷可二罷成一哉と、爰元筋にても沙汰珍重存候。我々も慎*尤至極之図を*も存迄に候。
一、弥兵衛殿より御状被ㇾ下候得共、無二別事一、御報不ㇾ申候。先事も申遣候間可ㇾ被二仰談一と存候。此旨御心得可ㇾ被ㇾ下候。兵左衛門殿御息様より、被ㇾ入二御念一御状被ㇾ下候。去冬も思召を承知罷在候。御報可ㇾ申候得共、*旨々変遂御報不ㇾ申候。宜御心得可ㇾ被ㇾ下候。右之段被二申入一候通、時至申時節可ㇾ有ㇾ之候。此紙面弥兵衛殿へも被ㇾ掛二御目一可ㇾ被ㇾ下候。頼入存候。恐惶謹言。

正月廿五日　大石内蔵助判

高田郡兵衛様
堀部安兵衛様
奥田兵左衛門様

原惣右衛門より去極月廿七日返報、正月廿四日之書状、二月十一日来る書面留

極月廿七日御連札、正月十七日京都迄相届、同廿日に*源五右衛門差越拝見、又之丞・勘助*共へ之御状、先(まず)又之丞方迄廿二日に便承付て差遣候。又之丞・勘助正月中早々此許迄可二罷出一*候。極月申置候得共、拙者共到着あやぶみ候歟、未ㇾ被二罷出一候。
一、各様弥〔御〕堅固之由、珍重存候。然ば拙者・源吾、廿五日出足、伊勢へ掛け寄致二参宮一、九日に京着、暫致二逗留一、九日十一日十四日三度上方衆致二出会一、十六日に伏見へ下り、岡本次郎左衛門へ致二一宿一申談、十七日に大坂之借宅へ致二帰宿一候。源五気色、道中へ出候へば結句段々快、無ㇾ恙致二同道一、大慶仕候事に御座候。道中天気もさのみ悪敷(あしき)事無ㇾ之、先は晴気之方に御座候得共、

と　流芳「も」。
尤　流芳「考」。
も　流芳「と」。
旨々…　底本不明。底本傍書「本ノマ、」。纂書による。流芳「無変儀不申候」。
源五右衛門　流芳「源五より」。
共へ　流芳「方より」。
候　流芳「と」。

寒中故朝夕致ニ迷惑ー候。
一、為替金之埒も明き候儀、*上方へ早速*酒寄氏より被ニ申越ー承届候。
一、八十右衛門儀、被ニ仰下ー候通御尤に御座候。旧臘山科より呼被レ申候に付、罷登委細承届罷下由に御座候。去秋中村清右衛門へ申談候時、赤穂へ妻子召連罷下、片付候て罷下候了簡に御座候所、八月より之病気故か、又腹中相煩致ニ延引ー、其後追て左右可レ仕と、其許より申遣候状届申候故不ニ罷下ー、直に赤穂に罷在致ニ養生ー候。去冬山科より罷帰、又相煩候て、早春に可レ被レ下と、愚弟*喜六方迄申越候由に候得共、今以相見不レ申候。依レ之四五日已前喜六儀赤穂へ差下し、気色快成候はゞ早々可ニ罷登ー候。今以*肥塚碩庵掛り療治罷在候はゞ、早々*申越候得、外之仁を相談可レ申候。罷下候て病気にては勤り申儀にては無レ之候間、様子得と承届参候様には申含遣候。其段内蔵助殿へも申通候はゞ、八十右衛門右之通に候はゞ、*神崎与五郎御申付候て相違有レ之間敷と存候。頃日与五郎見舞に罷登候に付、卒度口引如レ此之儀に候間、体により下り被レ申候様可ニ罷成ーと申聞置候。彼是と間違申事不運と存候。
一、*浅壱岐守殿出仕之儀、勢州にて承届候。如レ仰木挽町之儀共、兎角三四月へ越可レ申と*存候。
一、三月中之儀御紙面承届候。四月に入候ては、第一*奥へ引取之儀千万無ニ心許ー存候。
一、各様御登之儀、上方申談御左右可レ申候由、得ニ其意ー存候。二月へ入候ば、此方より御左右不レ申御登之合点に、極月十四日之申合と、源五も拙者も覚罷在候に付、御左右申入覚悟無レ之罷在候。此度被ニ仰下ー候て、此方覚違かと驚候て、源吾方へも申遣候。早速*又京へ罷登申談、源吾と一所に御返答申度存候得共、罷登間も無レ之、散々草臥(くたびれ)、去年爰元へ罷越候ても、当座は病人あつかひ計、少々快、未皆薬も用申候内罷立候て罷下り候。家内にて外之事は手も付不レ申候て、打捨遣申候事に候へば、何かと取ちらし、世話を何卒取集め、一刻も早く爰元仕廻候て、何方ぞ*在中へ片付申度世話候体*故、懸廻り申分にても埒明難し。先書面にて上方へも通じ申事に候。*抜入手(ぬきいれで)にて暖

上方　底本・纂書「三方」。流芳による。
酒寄氏　分限牒に「百五十石、江戸扶持四人半、江戸賄方、酒寄作右衛門」とある。
喜六　和田喜六(二一九頁)。
肥塚碩庵　もと赤穂藩の医師。分限牒に「高百石、肥塚碩庵」とある。
申越　流芳「断申越」。
神崎与五郎　横目付、五両三人扶持、役料五石。→三三四頁
浅壱岐守　前出(一八〇頁)、浅野壱岐守(美濃守)長恒。長矩の叔父。
存候　流芳、次に「一、上野本庄へ其儘住居之由、左様可レ有ニ御座ー候」の一文がある。
奥へ引取　上野介を上杉が引きとる、という意味であろう。
又京へ　底本・纂書「又兵衛」。流芳による。
在中　在方。田舎。
故懸…難し　流芳「取懸…難く」。
抜入手　ふところ手。手を懐に入れていること。

仕形　仕方。やり方。ふるまい。
同じき路つきたる　諸本同じ。路は変体仮名で、「きろつき」(二六一頁)か。
御待に被存　流芳「御待候と被レ存候」。
治定　決定。
右之　流芳「各其」。
一決　底本・纂書「一見」。流芳による。
之処…は　流芳「候処も…者」。
するどに　鋭に。はげしく。
此方之意味　我々の考え。
岡野九十郎　岡野金右衛門。→三二五頁
急々之思案落不申　素早い決断がつかない。
又之丞も散々致鬱胸　底本「又之丞中散々致仕胸」。流芳による。
衆儀　流芳「衆議」。
がたく　流芳により補。
たがひに　流芳「たがひ」。
私方へ申越…有之故に候　底本は「私方へ申越候事書面に江戸にて申談候処誤申越候無レ之ふみたがひ有レ之故に付」とあり(纂書もほぼ同じ)、意が通じない。流芳により訂。
千馬三郎兵衛　次の中村清右衛門らと同じく大坂に住んで

に居候て、*仕形之善悪之批判申候て居申候ものも、去三月以来身のあがきを致し掛廻り安心無レ之も、*同じき路つきたる人間にて奇怪に存候。
一、扨上方へ御登之事、幸に左右を*御待に被レ存、先暫御指扣(さしひかへ)可レ然候。其元にて得二御意一候通、此上何のせんさく無レ之儀にて候。致二*治定(ちじょう)一罷登、嘸(さぞ)*右之通と存候。察候通、去冬隠居之儀申登せ候砌、上方*一決と相見、事急々催し候様に在レ之候処、何方より如何成異見も御座候歟、此中は是非六七月迄見合申と申儀に被二申談一候由に候。山科其通にて、末々は意味違可レ申候哉と存候処、又之丞・勘介申試*之処、惣体上方は、前方*するどに存詰候衆も、*此方之意味不同心に相見申候由、委細物語、小野寺幸右衛門為二申聞(もうしきかせ)一候。尤幸右衛門・*岡野九十郎儀は、源五方より連々申遣候にて、此方一同之存念にて候。其外は皆々*急々之思案落不レ申候付て、勘介・*又之丞も散々致二鬱胸一罷下候由、両人方より拙者へ残し置候書状も其通にて候。依レ之一往二往にて難レ致二落着一、三度寄合候て申合候得ども、さつぱりと埒明不レ申候に付、先其通に仕罷下候。一朝一夕に究可レ申にて無レ之候間、連々被二仰合一被レ成、其内又罷登候て可二申談一と申置候。*衆儀多候て早速に申堅(もうしかため)*[がたく]候。惣体赤穂此元上方衆、共に赤穂出城之意味に候間、*たがひに覚居申候。むねと堅き生質、不断此儀に泪を流し居申候八十右衛門など丶申男から始て、*私方へ申越候書面に、江戸にて申談候処誤と申越候。此段ふみたがひ有レ之故に候。此元に在レ之面々之内、*千馬(ちば)三郎兵衛・中村清右衛門共に其通、并に若党共にも*中田藤内・*矢頭右衛門七等左様相聞込在レ之儀、*一座にて拙者段々申聞せ候得ば、悉皆得心仕、只今迄之心得皆*非義とひるがへし申候間、八十右衛門にも致二面談一申含候はゞ可レ致二得心一候得共、唯今赤穂へ参候故、有増(あらまし)書面を以申遣候。其外*早水(はやみ)藤左衛門も備中へ参り候て、居不レ申候。此男は備中一家に暇迄に参候由に候。
一、右之通に候得ば、今一往御左右申候迄、御登御延引可レ被レ成候。唯今迄之通にて御登被二仰談一候詮もすくなく候。然(しかれ)ば*ついへに存候。追付其元へ*篠崎太郎兵衛・近松勘六を先御下候て、其元諸

いた。↓三二三頁
中田藤内　中田理平次のこと。百石。十五年十月脱盟。底本「田中藤内」。
矢頭右衛門七　前出(二一三一頁)。大坂在住。↓三三二頁
儀　流芳「処」。
非義　非理。
早水藤左衛門　親類書によれば、実父山口平八らは備前岡山に住んでいた。↓三一九頁
ついへ　費。無用の入費。むだ。
篠崎太郎兵衛　吉田忠左衛門の変名。
事に候て之上　流芳「事に候。此旨御聞候て之上」。
可被成条　流芳「可二罷成一候条」。
源五右衛門・貞四郎　片岡源五右衛門・田中貞四郎。
十郎左衛門　磯貝十郎左衛門。
別条有之　底本・纂書「条在レ之」。流芳による。
上方へ…申遣候　大石に以下の二者択一をせまったのである。
羽州　出羽国。上杉家の領地のある出羽米沢をさすか。
しより　仕寄。攻め寄せる隙の意。
見申　底本「中」、纂書「申度に」。流芳による。

事被二申談一候様にとの*事に候て之上と存候。一儀
之申合は其許にてもいか様にも*可レ被レ成条、先御
見合被レ成候様にと存候。恐惶謹言。

正月廿四日　原惣右衛門判

高田郡兵衛様
堀部安兵衛様
奥田兵左衛門様

追啓、*源五右衛門・貞四郎事、いまだ御聞不レ被
レ成候由、御尤に御座候。是は兵左衛門殿より*十
郎左衛門方ゑ御尋被レ成候はゞ、大概相知れ可レ申
と存候。*別条有レ之間敷候。

一、廿七日之貴札に、郡兵衛殿御病気之由、如何、
御様体無二御心元一存候。嘸御本復と存候。

一、此度爰元にて心静に前後之しまつ委細相認、
*上方へ差登せ、一決有レ之様にと申遣候。此一通
之返答候て大概埒明可レ申候。拙者心腹無レ残申遣
候。大意は、木挽町見合に及不レ申打入可レ申なら
ば、三月より下り候て、四月*羽州被二引取一申とも、
途中にての勝負心掛可レ申候。其上に引取不レ申候
はゞ、*しよりの見え次第埒明(らちあけ)申候はんとの一決。

一、又是非木挽町之首尾*見申度々治定(ちじょう)候はゞ、其
上には打入申候事罷成がたき次第と急度相見申候
儀書立候て、其上にて*頭立候面々切腹仕候治定仕、
此両様之内決定して承度存迄に申遣候。赤穂にて
死損候て宿意を遂られぬに成候て、*出家禅門にて
事済不レ申、夫共にならぬ首尾出来可レ申とは不
レ存候。只今極申候処其通と存候に付、私方之趣
繕なく申遣候。返答を相待申事に候。

一、此紙面源五持参候て、山科相談承届候て、其
元へ御返答可レ申候。以上。

大高源五より来る留め

一筆致二啓上一候。余寒甚敷御座候。其元何(いずれ)も様
弥御堅固可レ被レ成二御座一候と奉レ察、珍重奉レ存候。
郡兵衛殿御所労、其後御本復と奉レ存候。如何。
千万無二心元一奉レ存候。*此間大変も無二御座一候。
拙者無事に罷在候。

一、今度原氏より返書御届申候。御受取可レ被レ成
候。此返事思召之外延引、御待兼と奉レ存候。

一、各様御登被レ成候儀、此方より一左右可レ仕旨

頭立候面々切腹仕　この段階の原は大石と堀部等との中間的な考え方であったことがわかる。彼は後に急進派に近づく(二五六頁)。

出家禅門にて事済不申　二〇〇頁の大石に対する反論である。なお前注参照。

此間…　流芳「此方相替儀」。

不存　流芳「に不㆑及」。

かしと…へも　流芳「かと…え之」。

先づ此度は…可然　流芳「今暫…可然かと」。

芸州公　広島城主、浅野綱長。前出(一七五頁)。

釆女殿　大垣城主、戸田釆女正。前出(一八〇頁)。

心落不申　決心しない。納得しない。

然れば　流芳「然共」。

被申　流芳「は申」。

候　流芳なし。

昨廿二日　この手紙は二月三日付であるから、「昨二日」の誤りか、「去廿二日」の誤り。もしくはこの箇所は一月二十三日に書いたが、書き上げたのは二月三日だと考えるべきか。

御約束仕候様に、拙者儀は相覚申候所、極月十四日、各様御仏参之御帰りに御立寄、原氏へ御対談之趣、一左右*不㆑存各様御登被㆑成候様に被㆓仰談㆒候由に承候て罷在候。此段原氏覚違と存候。十四日御入来之節、私儀無㆑拠用事有㆑之他行仕、右之御相談直に不㆑承候に付、如㆑此之間違に存候。只今に致し候ては、畢竟何れ之道にも不㆑苦候*かしと原氏へも書通にも申承事に御座候。

一、原氏書面にも其通可㆓申参㆒と存候。各様此節御登、*先づ此度は御見合可㆑然、いまだ時節之儀一決不㆑仕候。兎角乍㆓此上㆒*芸州公・*釆女殿など御参府候得て、弥更(かわ)る品も可㆑有㆑之哉否之儀不㆓承届㆒、事を破申候だん、*心落不㆑申と相見申候。此所、以之外了簡違、左様有㆑之候ては、最初より之主意難㆑立、弥以人口おさへがたく候段、幾度〳〵も申争候得ども、一円動き兼申候。*然れば畢竟之大根はいかにも所存慥覚悟被㆓相極㆒候に疑無㆓御座㆒候。依㆑之当分此方引はなれ候て*被㆑申段も難㆑極罷在候。一両日中又之丞登被㆑申筈に候。弥申談候筈に*候。原氏申合候。扨其許にて堅同志之衆中誰彼と指折仕内、ぞんじの外に了簡違候て一円此方荷担少く御座候。然れ共存之外之衆に少々被㆑加衆も出来候得共、是以此已後風次第に候半かと存候衆のみに候。近頃上方侍之面目を失ひ、各様へ対し候ても、此身壱人之様に気之毒御察可㆑被㆑下候。岡島も一円合点不㆑参候に付、幸ひ病気に候条、神崎と差替被㆑申候様に仕事に候。大形願之通可㆑被㆑成候。吉田忠左衛門・近松勘六近々可㆑被㆑下候。此節委細可㆓申入㆒候間、其上に御登可㆑然存候。只今急に各様御登候て、いか程被㆓仰談㆒候ても、建立之儀手に及申儀には無㆓御座㆒候。畢竟益も無㆑之儀、とやかくと言葉多く申合候に罷成候ては、味方崩致し、至極之本望得達不㆑申様に罷成間敷ものにも無㆑之存候事も有㆑之候。さて〳〵種々心魂をくだき候段、せめて御察可㆑被㆑下候。

一、原氏より山科へ委細之書面壱通被㆓指越㆒、*昨廿二日山科へ私持参候て、あれにて私も書面致㆓披見㆒候。紙九枚に随分細々に事〳〵とかれ候儀御座候へ共、畢竟前方赤穂離散之節之趣意をはじ

原氏への書面　原氏よりの書面(二三八頁以下の正月二十四日付)の誤りか。
くゝり　括り。まとまり。
閉門にて御出之時　前後の文脈から、閉門が解けて世に出る、という意味であろう。
先方之首尾　上野介が何の処罰も受けず、隠居がみとめられたことを指すか。
一偏　一方。一つの方向に専念すること。

前後を…思召候　前の文章と論理的につながらない。
御三年忌　三回忌。元禄十六年三月十四日にあたる。

め、其後段々自他の評定等にて、別て相変唱(となえ)も無レ之内、二筋之大意有レ之候。其趣は左に申入候。
但*原氏への書面に可二申参一と察候に付、荒増(あらまし)申入候。是にて事の*くゝりは埒明可レ申候。
一、木挽町安否兎角見合申度可レ被二相極一候はゞ、其所に一理無レ之にもあらず候間、左候はゞ、*閉門にて御出之時、縦(たとい)少にても御手付き申たる節は、先方へ取懸、所存を達し候儀罷成間敷候。然る時は是非とも何れも出家禅門に罷成候ては、最初より之宿意立不レ申候。是非打込申儀不二罷成一となり候はゞ、命を捨候て趣意をあらはし申候外有レ之間敷事。
一、木挽町之安否は、最早*先方之首尾に応じ見へたる事と見切候て、宿意を遂申*一偏と被二相極一候はゞ、三月より段々罷下、万一米沢引取被レ申候はゞ、途中にて討取可レ申かとの評定かの事、右二ケ条、惣右方より申遣され候趣、大概如レ此に候。
山科にて被レ申候趣左之通に候。
一、旧冬江戸にて、兎角御一周忌切との相談候間、同心に奉レ存候得共、其節之模様あれ是と申論候ては事治りがたく、第一場所之儀候故一たん同心之様に先(まず)申静め、上方へ登被レ申候て、得と評定被二相極一、其上にて江戸より各様をも被二呼登一、評定一決仕候様にと被レ存候処、上野隠居之儀被レ承候付、最早是迄之相談と被二相極一候得ども、兎角木挽町之儀段々被二申上置一候趣共も有レ之に付、最早知れたる事之儀には候得共、今一段木挽町御手あて是非見合見届候て之上に、趣意をも御通可レ被レ申品候はゞ、*前後を不レ顧取掛可レ被レ申と被二思召一候。然れ共、木挽町はあの通にていつ迄も可レ被二指置一と被二思召一も不レ知して、いつ〳〵迄も見合可レ申との儀は無二御座一候。押並て御閉門は大抵三年にて、御免之衆は閉門にて候。然ば今少之儀にて候間、迚(とて)もの儀に念之残り不レ申様に見届被レ申度事第一に候。然れ共来*御三年忌も過行、芸州公などにも無二何事一御帰国にて候はゞ、最早其上見合可レ被レ申道理無レ之候。三年待候て、事の筋見へ候はねば、至極見届たる場と存候に付、とかく右之通之思案との事。
一、自然其内木挽町へ御手当も有レ之、御出候時

*少にても〔御〕手あて有レ之時は、先方への趣意遂られぬ筈との惣右方被レ申様にて候得ば、此段難ニ心得一被レ存候由に候。縦いか程に高禄に御取立候ても、先方之事、何卒木挽町之御面目にも成、人前も被レ成能程之品に於レ無レ之は、迚(とても)穢たる御名跡を立置候はんよりは、打つぶし申段本望と被レ存候条、宿意を遂候所においては、御安否見届候程にとて、少も邪魔になり可レ申道理無レ之と被レ存候由、右之趣山科思召にて候。堅き神言を以、御三年忌過候て何之手筋も見え不レ申候はゞ、誰彼いか様之相談に及候とても、一日も見合申間敷覚悟之由に候事。

一、右両方之おもわく、他の了簡評判無レ之、惣(すべて)右書面拙者持参、直に内蔵助殿披見候て、即座之所存右之趣に候。兎角一両日中に惣右にも上京候様にと被ニ申遣一候由に候。近日評定一決候て之上、吉田・近松罷下、尤岡島替りも可ニ罷下一候条、其節委細可レ得ニ御意一候。武林氏、勝田氏、*倉橋氏別紙遣し不レ申候間、此紙面委細被ニ仰達一可レ被レ下候。不破数右衛門方へも、右之訳共相達候様に仕度候。*八左衛門へも御序も候はゞ、拙者方より如レ此申入候段被ニ仰達一可レ被レ下候。奉レ頼候。

一、御三人様へ内蔵助殿より之一封御届申候。*青柳武助、武林、倉橋へ之壱封御届可レ被レ下候。*猶期ニ後音之時一候。恐惶謹言。

二月三日同十一日届　大高源吾封印判

高田郡兵衛様

堀部安兵衛様

奥田兵左衛門様

大石内蔵助初、上方筋に罷在候面々、不レ残内蔵助心底と同然に相極候趣故に、此方より何分存切たる所存申達候共、同心有間敷候。然る上は漸六七人計存切、屋敷へ踏込申共、必定本望達候儀難(はかりがたく)レ計、我々*身はれの取沙汰に成候ては、却て心外成事に候。畢竟所存捨申にても無レ之、待にくき所を待、*恥多して時節を相待申も、*勇義にても可レ有レ之候。此所存を趣意にして無ニ是非一相待可レ申と、兵左衛門・安兵衛申談、先(まず)渡世之儀心掛申談る。二月

少にても…本望と被存　原や江戸の急進派が、御家の論理と「一分」「恥」という個人的感情(それはパーソナルな主従意識と裏腹である)とのアンチノミーに苦しむのに対し、大石は「穢たる御名跡」という言葉に端的に示されるように、後者を前者に吸収させている。なお二四八頁参照。

倉橋氏　倉橋伝助。→三三一頁

八左衛門　不破数右衛門の変名。流芳は前行の不破数右衛門も「不破八左衛門」。

青柳武助　矢田五郎右衛門(→三二九頁)の変名であろうという(片山伯仙、一三三頁)。ふつうには彼の変名は塙武助。

猶期後音之…　底本「猶郡兵衛方之時候」、傍書「誤リアラン」。流芳による。

身はれ　身晴れ。身の潔白を明かすこと。身のあかしを立てること、また、はれがましいの意。

恥　本頁注「少にても…本望被存」参照。

勇義　流芳「勇気」。

（吉田忠左衛門事）篠崎太郎兵衛・森*清助方より来る手紙留め

以二手紙一致二啓上一候。貴様御家内御同姓弥兵衛殿初、御別条御座有間敷、珍重奉レ存候。

一、私共両人事、昨五日爰元へ致レ着候。*松本町忠太夫方へ落付申候。上方にて池田久右殿（大石内蔵助事）其外別条も無二御座一候。右着致候に付、早速懸二御目一申談度存候。貴様より奥田兵左衛門殿へも右之趣被二仰通一、明日にも被二仰合一次第に、貴様御宅へ罷越得二御意一度存候。弥其通被二仰合一可レ被レ下候。御返書次第、明七日朝飯給候て、夫へ両人共参候て可レ得二御意一候。*奥田小四郎殿にも御出候様に可レ被二仰合一候。若又御三人内御隙入候はゞ、其元より日限被二仰下一に随ひ可レ申、兎角御返書可レ被二仰下一候。御同姓弥兵衛殿にも、右着仕候趣御心得可レ被レ下候。忠左衛門事久々にて可レ得二御意一と本望に存候。以上。

三月六日　　篠崎太郎兵衛

森　清　助

堀部安兵衛様

尚々銘々可レ得二御意一候得共、左に申入候通、貴様より被二仰通一可レ被レ下候。上封に印判加申候。

以上。

右之節致二他出一候に付、*弥兵衛方封印之一封請取手形遣し、使之者戻候由、及レ暮罷帰承レ之。早速奥田兵左衛門へ罷越、「如レ此両人衆より手紙来候。以レ使返書遣し*可レ申候。此方より可レ参」と申談候。兵左衛門尤之由、同七日朝飯給、太郎兵衛・清助旅宿へ見廻候処、両人共に*石原新左衛門殿へ見廻被レ申候由にて間違、逢不レ申候。依レ之「明八日安兵衛方へ御越候へ」と申置罷帰、同八日昼前に篠崎太郎兵衛・森清助両人、奥田兵左衛門方迄被レ参、兵左衛門・同小四郎同道、四人衆昼時に安兵衛方へ入来、右四人衆、弥兵衛・安兵衛同席にて、池田久右殿より之口上承レ之。於二上方一*五度迄何（いずれ）も寄合、遅速之議論し候得共、*内蔵助被レ申候は、「兎角木挽町安否不二承届一に存立候との儀、何れと了簡被レ致候ても心不レ落候。しかれどもいつを限りと相待申候ても無レ之候。来三月御三年忌迄見合、是非も不二相知一候はゞ、其節は他之了簡如何様之無レ拠子細有

森清助　近松勘六の変名。

松本町忠太夫　芝松本町（今の港区芝三丁目）に住んでいた浅野家出入りの前川忠太夫。

奥田小四郎　奥田貞右衛門のこと。

弥兵衛方　流芳「弥兵衛方より」。

可申候　流芳「可レ申よりは」。

石原新左衛門　前出（一八四頁）。収城の際、代官として赤穂に派遣された。

五度迄何も寄合　→二五三頁

内蔵助被申候は…　これは二月十五日、在京の連中が会合して申合せた際のことであろう。この結論をもって、吉田忠左衛門らが安兵衛ら説得と幕府工作のために二月二十一日出発し、江戸に下ってきたのである。

去月十六日貴簡　後出二四七頁下段以下。

手許之程　流芳「手飼之犬と」。

レ之候共、於二内蔵助一は早々江戸へ罷下、是非共に存立覚悟」之由、何も列座にて堅誓文にて被二申切一候に付て、何も一同に内蔵助に随て、木挽町之安否承届候筈致二落着一候。依レ之両人指下し、安兵衛宅におゐて、奥田兵左衛門、同小四郎、弥兵衛共に一座にて、上方一決之段申達候て、「各之了簡早々申登候へ」と内蔵助被レ申候由、太郎兵衛申聞候。

一、兵左衛門、小四郎、弥兵衛、安兵衛四人、太郎兵衛・清助へ申達候は、「旧冬より春へかけて、兎角内蔵助殿了簡、木挽町安否承届度との所存、大願と存候付て、何程従レ是申達候共、此方共之了簡を用ひ被レ申間敷存、去る頃も従レ是以二連紙一所存之通申達置候。此上迚も自然吉良方に変も出来候得ば、近頃残念なる事に候得共、上方一同一決之上は不レ及二是非一存候間、何も一同に覚悟相極、時節を相待候て可レ有レ之」と申候得ば、太郎兵衛・清助申候は、「上方一決之訳何も早速被二聞届一、双方一致に参候段、是程大慶本望成儀は無レ之候。此段早々上方え申遣度候間、各より同心有レ之との一筆御越候へ」との挨拶に付、「いかにも再報旁従レ是可レ得二御意一」と答。

池田久右衛門え再報旁遣留め

*去月十六日貴簡、当八日篠崎氏・森氏、安兵衛方え御持参、兵左衛門、小四郎、弥兵衛、安兵衛同席にて、正月廿六日之貴報旁拝見仕候。先以御手前様弥御健体に被レ成二御座一候旨、目出度奉レ存候。此方相替儀無二御座一候。

一、委細被二仰下一候御紙上之趣、并篠崎氏・森氏へ被二仰談一候由にて、御心底之趣具に承知仕候。前廉より度々得二貴意一候趣は、先方に自然変も出来仕候得ば、近頃残念至極成儀に奉レ存候へ共、御手前様畢竟之御心底之趣意、委細篠崎氏・森氏度々被二申聞一候に付、奉レ得二其意一候間、左様御心得被レ成可レ被レ下候。原氏、潮田氏、中村氏、大高氏よりも委細被二申越一候趣、旁も承届、御手前様思召に相随ひ罷在候段、此度右衆中へも返報仕候。

一、高田郡兵衛儀に付、広くもれ不レ申候様にと被二思召一候。*手許之程無二心元一被二思召一之旨、此段御尤至極に奉レ存候。此方にても左様可レ被二思召一と奉レ察、申暮したる儀に御座候。然れ共其段は少も／＼御気遣被二思召一間敷候。浅はかなる心底加り候はゞ、又幾重にもなだめやすく、大方は私共も高田が心底の様に申なし置、当春に至候ても彼者方へ見舞、捨不レ申様になだめ置申候故、さのみ*さげしみ申体に無レ之候間、毛頭御気遣被レ遊間敷候。尤此段篠崎氏・森氏へも委細申談候間、可レ被二申上一と存候。

一、岡島氏病気に付、神崎被レ遣候由、承知仕候。御手前様御心底に奉レ得二其意一候条、思召之儀も御座候はゞ、此已後可レ被二仰下一候。委細貴答可二申上一候得共、別条無二御座一、其上両人衆より可レ被二申上一由に付、先早々申上候。猶追便可レ得二御意一候。恐惶謹言。

三月九日

長江長左衛門判*
馬淵市郎右衛門判*
奥田孫太夫判*

池田久右衛門様

さげしみ　蔑み。さげすむに同じ。

長江長左衛門　堀部安兵衛の変名。
馬淵市郎右衛門　堀部弥兵衛の変名。
奥田孫太夫　奥田兵左衛門のこと。

池田久右衛門より篠崎・森被二罷下一候時来る留め

篠崎氏・森氏指下候間、一筆致二啓上一候。去月廿六日之御連札、此頃相届、令二拝見一候。各様御無事に御座候由、珍重存候。爰元無二異儀一候。

一、兼て之儀に付、思召之趣委細被二仰下一、御書中一々承届存候。追々書中に申達候通は、事を緩々と心得罷在候様子に御聞届、御不審尤事に候。

一、去冬其表より罷登候已後、猶以無二油断一、切(せつ)々(せつ)打続彼是と申談じ、原氏・大高氏到着候ても、度々何も寄合申談候。此度之御状を何も寄合場に相届、列座之面々も御状披見申候。

一、被二仰下一候通、一方は埒明候事に候得共、最前より拙者存寄候処は、木挽町見捨がたく、此節事を破候段不本意成儀と、幾重了簡申候ても心底落不レ申候。尤被二仰下一候通、拙者壱人之了簡次第、何も同志之面々には候得共、京、大坂、伏見〔又〕は遠国に被レ居候衆中も、旧冬已来追々尋来、此儀而已(のみ)申談候処、何も一同に拙者了簡同事にて、只今捨がたき所有レ之候に付、只今事を破り可レ然と存候面々は無レ之候。もとより拙者も右之了簡候故、其元思召通りとは相違に罷成候。木挽町御開門にて候はゞ、拙者早速罷下、存念之趣申上、我々御同事之思召に候はゞ、一入(ひとしお)本望之押立、御*下知以(をもって)死を安可レ仕候。只今木挽町御心底之程は難レ計御座候得共、定て我々同意に可レ為二思召一候。然ば此儀無沙汰に捨置、事を破申候段、不本意之事に候。第一赤穂離散申候意味不都合に罷成候。勿論亡君へ之忠義一ト通之儀に候得共、今少見届不レ申、只今中途に事を仕候へては、却て死後の人口も口おしき儀、また亡君之御名を*今度出し申にて候。木挽町御安否承届、弥被二仰付一候品も無二面目一次第に罷成候上に事を破候段、至極之図と存候。其節右之段木挽町へ申上候ても、我々同意之思召無レ之時は、如何様に御成行候共、其期に至り捨可レ申事に候。其節本意を遂候事難レ成首尾に罷成候はゞ、我々亡命仕外は無レ之儀と、いづれも申談候。此上よろ敷品は無レ之儀とは存候得ども、今少見合不レ申所は残念至極に候。万一此上にも御面目も有レ之、御堪忍も成り人前も可レ成筋に被二仰付一候品も有レ之候得ば、御家を立置候段本望之儀、此段大切に存る事に候。只今御閉門之内、事を破り、木挽町へ御咎もうすく可レ有レ之由被二仰聞一、去冬其元にても此儀承りたる事に候得共、拙者不案内故か、一円呑込不レ申候。何事も推量之儀と乍レ申、差当存候処は、唯今木挽町御存無レ之内、事を破り、万一従二公儀一御用捨可レ有二御座一哉に候得共、親兄弟目前に我々討取、其通にして上杉・吉良兄弟だまり候て可二罷在一道理無レ之候。此段如何思召候哉。然ば木挽町迄*みぢんに成候段は知れたる事に候。*亡君之忠義尽し申とて、御家、根も葉も打からし〔候〕段、是にても忠義と計(ばかり)は被レ申間敷候。可レ捨時節至り捨候段は、此方に残念もなく、快死を仕(つかまつる)にて候。只今事を破り申候時は、いかばかり木挽町之我々への御憤り可レ有二御座一候。近頃御いとおしき事に存候。此段幾重にも御了簡御覧可レ被レ成候。併いか程木挽町御憤被レ成候共、早速事を破候段至極之図に候はゞ、其段不レ顧事に候得共、何と了簡仕候ても、此節事を破り候処、心底落不レ申候。爰元申談之衆中も同意之相談に相極候。猶又篠崎・

御下知以死を安可仕候　二四四頁の大高書簡が伝える大石の心境が本人の手紙で裏書されている。大石は、浅野家再興の暁には、吉良と対等になり、合法的に敵討ができると考えていたのであろうか。そもそもこれが大石の本心か否かわからない。なお二五六頁注「御免之上…」参照。

今度　流芳「二度」。

みぢん　微塵。こなごな。流芳「こみちに」。

亡君之忠義…被申間敷候　御家の論理をパーソナルな主従関係に優先させている。

中川甚五兵衛　前出（一八三頁）。戸田采女正家の江戸定家老。

変　流芳「辺」。

森へ様子を御対談、御聞可レ被レ成候。
一、木挽町御所存は曾て不レ存候得共、閉門被二仰付一候節之御請之儀は、何も御聞可レ被レ成候。此方にも*中川甚五兵衛申聞承申候。然ば木挽町にも我々同前之思召のものとは、御請にて察罷在候。
一、郡兵衛殿病気之次第承及、驚存候。何卒ほどよき様に此上第一に存事に候。此辺之一儀相談端々沙汰も有レ之、扨々気之毒千万、とやかく了簡仕、随分押しづめ申事に候。郡兵衛殿手前扨々無二心元一存候間、不レ及レ申候得共、兼て之相談洩れ不レ申処専一に存事に候。飼犬に手をくわれ候とやらん申世話の如く、何方よりいかなる事歟出来可レ申と、扨々無二心元一、此儀専一苦労存候。
一、岡島事も病気にて成がたく候故、神崎を呼に遣候得と申談、内々之物入差下し可レ申候。当時其*変之様子も承り度、両人四五月迄之逗留にて下し申候。爰元之様子委細御尋可レ被レ成候。
一、弥兵衛殿へ申候。別紙御状被レ下、辱拝見、御返答之外に可レ得二御意一品も無二御座一候。拙者心底幷爰元にて申談候趣は、右紙面之通に御座候間、左様御心得可レ被レ成候。夫故一紙に御返答申入候事に候。恐惶謹言。

二月十六日　　池田久右衛門判

堀部弥兵衛様
堀部安兵衛様
奥田兵左衛門様

尚々御両人御上り御延引之段御尤、其段先便に申入候。可二相違一候。右之相談之趣、去冬已来打寄申談、尤惣右衛門、又之丞、源吾度々寄合、右之通に候。此度両人へ申達遣候。紙面之外之事両人可レ得二御意一候。勿論惣右衛門、源吾、又之丞抔よりも書状可レ遣と存候事に候。以上。

原惣右衛門、潮田又之丞、中村勘介、大高源吾より四人連状留め

篠崎太郎兵衛・森清助被二罷下一候に付、一筆致二啓上一候。各様弥御堅固御座候旨、珍重奉レ存候。此方何も無事に罷在候。
一、正月廿六日之御状、去る五日相達、惣右衛門・源吾へ之御連書、又之丞・勘介へ之御連書、又之

不残拝見　底本「不レ残哉にて」とあり、傍書「本ノママ」。流芳による。

大坂　原惣右衛門は大坂に住んでいた。

此元　底本「此節」。流芳による。

丞・源吾へ之御別紙、不*レ残拝見、御紙面之趣一々承届候。
一、山科より其元へ書通之儀、御得心難レ被レ成趣に申参候由、御紙面之通、委細承届候。成程左様に御了簡可レ〔被〕レ為と存候。此方尤御同意之事に候。
一、先頃申入候通、惣右衛門・源吾罷登候て、其元にて申合候趣を以申談候処、大勢区々之被二申合一にて候故、二三往にて埒明不レ申、大坂*惣右衛門儀は罷下候て、大坂より段々之書付相認差登せ、返答相待候。此段先書に惣右衛門方より其元へも申入候趣に候。其節山科にて之被レ申様は、源吾方より其元へ申入候通に御座候。然る処去月廿日、篠崎太郎兵衛、其元罷下候迚、出京仕候節、大坂へ立寄候に付、惣右衛門暫く対談申含候。夫より太郎兵衛罷登候て、何も被二申談一候処落着不レ申候故、又可レ被二申談一候由にて、惣右衛門儀去る九日罷登、十日何れも対談仕候て、一決申極候て、篠崎氏・森氏弥罷下候筈に罷成候処、河村伝兵衛、潮田又之丞、中村勘介近日罷登可レ申旨申来候に付、相待候て、此衆中へも申談、了簡御聞候て、弥（いよいよ）一決被レ成候て可レ然旨申談候処、十三日何も罷登、十五日に致二会合一申談候処、去る十日申談候趣弥致二一決一、来る廿一日太郎兵衛・清助此元*出足之筈に御座候。右之趣委細両人其元に可レ被二申談一候。
一、右一儀決断之処、差急ぎ可レ申理を責め数通申談候得ども、元方之存念兎角此節事を破り申候処、残念有レ之候。此所各様拙者共所存とは相違候得共、又元方存念には一理無レ之にも無二御座一候。畢竟は少之間之遅滞迄にて、大根之忠義に背候処も先は無レ之かと存候。然ば此方之趣意を立申度迄にて、赤穂離散已来示合候元方を、是非に引離し申も無二本意一、難二黙止一存候に付、一決仕候。委細之儀は太郎兵衛・清助御面談候様申談遣候条、書面不レ具候。一決申極候時節に至候て之上、違変は毛頭無レ之事に申談候。此段は堅御気遣被レ下間敷候。
一、右之通にて皆共も無レ拠一決仕候儀に御座候上は、各様にも御得心可レ被レ成候。猶又両人衆可

弥五兵衛　前出(二一九頁)。高田郡兵衛の兄。

いか様にて…相残　底本「如何様に露顕哉迄相揃」。流芳による。

儘　流芳「段は」。

御初　流芳「御勤」。

徒党と申儀　二一九頁参照。

一家中…道理　徂徠のように「公の法」と「私の義理」の峻別をせず、パーソナルな主従意識と御家パティキュラリズム(解説参照)に埋没している浪士はこう考えているが、後に彼等の行動は幕府によって徒党と判定されることになる。

なり　流芳「分」。

レ被二申談一候。

一、別紙に被二仰遣一候高田郡兵衛殿事、御書面一々に致二承知一候。如下被二仰聞一候上、扨々気之毒千万、郡兵衛殿御難儀御心底之段察入、不レ及二是非一次第に候。則此方打寄申談候処、左に申入候。

一、内田三郎右衛門殿へ*弥五兵衛御挨拶之趣、成程有二御座一間敷儀無レ之、御尤に存候。然る上三郎右衛門殿段々理不尽成御返答、近頃気之毒、郡兵衛殿御一分に御了簡難レ被レ成、各様へ御思慮も被レ成被レ遣候様にと有レ之段、左様にも可レ有二御座一御事に候。扨御両所様郡兵衛殿へ之御返答之趣も承届候。併此方にて申談候趣は、此上郡兵衛殿御乱心にて自滅被レ成候ても、粗御存意之程も先方へ察之上に御座候得ば、無益之事かと存候。尤郡兵衛御一分は御本意も立可レ申候得共、先方弥心外に被レ存、腹立之上*いか様にて露顕候て、相残各様拙者共本意も難レ遂様罷成申間敷と不レ被レ存候。然ば一味之者共惣様之難儀大切之儀に候。郡兵衛殿兼て之御心底大方不レ成*儘、何も存候事に候。然る上は内田殿心底には随候て、何心なく*御初、何角と世上之儀は乍二余所一御聞繕、此方へ御内通も候はゞ大きなる益にて候。扨兼て之本意遂候時に至り、乱心如何共、郡兵衛殿御心に可レ有事に候。ケ様に候はゞ味方之害無レ之、郡兵衛殿御趣意も相立、御忠義背ケ間敷候。其元より之御書面、則山科衆其外へも入二披見一申候。何も申談候処、右之通に候。

一、内田殿被レ申候*徒党と申儀は、此方曾て左様不レ被レ存候。他を借催し候て方々より相集申儀に候はゞ、五三人にても徒党〔之〕難逃間敷候。*一家中として主君亡後に志を追申と成候ては、何百人有レ之候共徒党と申方には不レ参道理に候歟。既に御目付中へ家中安心不レ仕候と申立候。畢竟此段は申入候事にも無レ之候得共、乍レ序如レ此御座候。

一、郡兵衛殿兼て心腹申談候皆〔共〕事に御座候得ば、全自他と*なり候て了簡仕候には毛頭無レ之候。此段郡兵衛殿能々御呑込候て御得心、一旦之無事を御守候所、此上肝要之可レ為二御忠義一候段、各様より得と可レ被二仰含一候。

一、此度之書面にも郡兵衛殿御名御除候段不二心

落一候得共、先日其元より之御書面に御除被レ成候趣を以相考候。

一、四ツ目普請之事、安兵衛殿直に御聞繕候趣、御紙面之通致二承知一候。ケ様之儀万端、太郎兵衛・勘六其元不案内之仁に候条、弥以可レ被二仰合一候。彼屋敷用心之儀、御紙面承届候。此段左様に可レ有レ之存候。

一、玄渓へ御加筆申達候。此已後此方へ之御書通、太郎兵衛・清助に可レ被二仰談一候。

一、*武林・不破同道にて被二罷登一候由、追付対面可二申談一と相待候。

一、*三田屋敷破損之儀、いまだ取掛り不レ申候由、定て其後取付可レ申と存候。此段は*青柳方無二油断一之筈申合置候。先頃*其元大火及レ承候。左様之儀に候はゞ、兼て之積(つもり)之外、物入も可レ有レ之哉と存候。

一、先日源吾より申入候通、岡島八十右衛門事病気はかどり不レ申候に付、神崎与五郎を差下候筈に罷成候て、則与五郎呼に遣し被レ申候。近日罷登可レ申候。八十右衛門事、病気養生、何卒罷下度存念に付、見合罷在及二延引一候。尚両人衆面談之上と不レ具。

一、高田氏へ可レ然様に御了簡を以御心得可レ被レ下候。右之通にて御座候に付、追々御越、御報は不二申入一候条、左様御心得可レ被レ成候。恐惶謹言。

二月廿一日　中村勘介判
大高源吾判
潮田又之丞判
原惣右衛門判

堀部安兵衛様
奥田兵左衛門様御報

右四人へ再報之留

二月廿一日之御連札、段々之為二御報一具致二拝見一候。先以何も様御堅固承り、目出度奉レ存候。此許拙者共無事に罷在候。

一、此度篠崎氏・森氏下向に付、各様御心底之趣旁御紙面共、昨八日安兵衛方にて、孫太夫、小四郎、弥兵衛、安兵衛同席にて披見、御心底之趣も致二承知一候。山科思召に一理有レ之、其上にて何

武林・不破…　三月に上京した。次頁下段参照。

三田屋敷　原・大高が江戸に下った時購入した屋敷か(二一三頁参照。大石良雄金銀請払帳には七十両で購入とある)。

青柳方　前出の青柳武助(二四四頁)か。

其元大火　元禄十五年二月十一日の大火か。四谷より出火、青山・麻布・芝浦・品川辺まで焼けた。

も様御得心之上、私共迚も御同前に存、山科へも
得二其意一候段及二御返答一候。
一、三田屋敷類火にては無レ之候得共、*白銀(しろがね)之御
殿類焼、依レ之御殿之普請に付御用地に可二罷成一
程難レ計とて、あの辺の普請不二罷成一候趣に相聞
候。不都合成事気之毒無二申計一(もうすばかりなく)候。
一、高田が事、何之御気遣成事無レ之候。洩れ申
儀有間敷候。取組不埒故に少(すこし)行当申儀は有レ之不二
相知一候。向後御書通には不レ及儀と存候。人口に
任せとやかく申共、*此方は実理分け之立たる事に
候得ば、御とがめに可レ逢とは不レ存候。言葉に徒
党などゝ申たる事哉と存候。随分すかし安き事に
候間、私共へ御任置、御気遣ひ被レ成間敷候。
一、各様*五度之会合、御気骨被レ折候段、両人衆
物語具承レ之、とかく可二申入一様無レ之候。猶又両
人衆より被二申進一由に付、不レ能レ詳候。恐惶謹言。

三月九日　　堀部安兵衛事 長江長左衛門判
　　　　　　兵左衛門事 奥田孫太夫判

原惣右衛門様
潮田又之丞様
中村勘介様
大高源五様再報

*村松喜兵衛(隆円)三月十八日木挽町御屋敷へ為二用事之一
参候処、何方より歟(か)御内意有レ之、近々御開門可レ被二
仰出一との御沙汰有レ之、御内証にて御供など被二仰
付一候由、奥田兵左衛門方幷堀部安兵衛方え、*息三
太夫為レ知(しらせに)被二差越一候。隆円事は篠崎太郎兵衛・森
清助方え為レ知(しらせ)に被レ参候由、三太夫物語、山科え同
廿一日出之町便を以、右之沙汰申越、御開門被二仰
付一候はゞ、森清助早追にて差登せ可レ申候間、早速
出足之心支度尤之由、太郎兵衛・清助方え申遣之由。

原惣右衛門より来る書面留

武林唯七・*不破八左衛門*使御伝候て忝存候。両
人去る朔日爰許到着、八左衛門は私宅止宿、只七
は矢頭方に止宿にて、終日咄申候。被二仰下一候通、
其元之儀共承届候。上方申合候儀共、先達(せんだって)篠崎・
森両人便申遣候通にて、其元思召嘸(さぞ)不足に思召候
半と存候。此方御同意存候故、旁申談候得共、*い

白銀之御殿　白銀(白金)にあった将軍の下屋敷。
此方は…不存候　前々頁の徒党に関する原らの判断と共通する考え方。
五度之会合　十五年一月九日に原らが帰京以後の九日・十一日(山科)・十四日(京都寺井宅)、二月十日(山科か)、十五日(山科大石宅)の五度か。
村松喜兵衛　中小姓、江戸給人、扶持方奉行、二十石五人扶持。隆円は変名。→三三一頁
三太夫　村松三太夫。喜兵衛の長男。部屋住。→三三三頁
不破八左衛門　不破数右衛門のこと。
使御伝候て　流芳「便御伝言」。
いづれに　流芳「いづれも」。

づれに離れすて可レ申所残念、旁両人便申入候通にて候。併近き変に候間、其時分得と可レ得ニ御意一候。今晩便御座候に付、早々如レ此御座候。恐惶謹言。

三月四日　原惣右衛門

堀部安兵衛様人々御中

武林唯七より指越候*切紙(きりかみ)留

弥御堅固に御座候哉。私共無事当朔日大坂へ着仕候。此表之様子、合点不レ参事多御座候。未しかく／＼と相談不レ仕候間、又々相談仕、猶追々可レ得ニ御意一候。拙者共早罷下可ニ申談一候。篠崎・森え御参会候哉、様子御聞届被レ成、御出会御無用と存候。以上。

三月二日　武林唯七より

堀部安兵衛様

*前廉(まえかど)於ニ赤穂一神文指出候面々

組頭 *奥野将監　物頭、〔加〕東郡代 吉田忠左衛門
物頭 川村伝兵衛　物頭 進藤源四郎
物頭 原惣右衛門　物頭 小山源五右衛門
物頭、町奉行 佐々小左衛門　物頭 佐藤伊右衛門
鎗奉行 稲川十郎右衛門　大目付 *間瀬久太夫
大目付 田中権右衛門　中小性頭 多芸太郎左衛門
船奉行 里村伴右衛門　渡辺角兵衛
幸田与三左衛門　組頭 長沢六郎右衛門
組頭 *岡野金右衛門　京都留守居 小野寺十内
*給人 山上安左衛門　給人 潮田又之丞
給人 *嶋弥助　給人 近松勘六
給人 早水藤左衛門　給人 灰方藤兵衛
給人 *橋本平左衛門　給人 *間喜兵衛
給人 中村勘介　給人 千馬三郎兵衛
給人 中村清右衛門　給人 榎戸新助
給人 菅谷半之丞　給人 河田八兵衛
給人 高谷儀左衛門　給人 仁平郷右衛門
大高源吾　武林唯七
*無足 *貝賀弥左衛門　給人 *平野半平
無足 豊田八太夫　無足 勝田新左衛門
無足 各務八右衛門　陰山惣兵衛
勘定方 *矢頭長助　岡島八十右衛門

切紙　半切(はんきり)(書簡用の横に長い和紙)に書いた書状。
前廉於赤穂神文…　十四年三月十九日、長矩切腹の知らせが届いた後、数日の間に大石良雄のところに提出したものか。江戸にいた堀部安兵衛らの名はない。氏名は底本では上中下三段になっている。人数は六十四人。義人録には五十五人のリストがある(二八〇頁)。
奥野　底本「奥田」。
間瀬久太夫　→三一七頁
岡野金右衛門　父の方で、その後病死した。→三二五頁
給人　俸禄として知行地を与えられた家臣のこと。ここでは無足に対して上級武士。百石から二百石の者が多い。
嶋弥助　上島弥助の誤りか。
橋本平左衛門　馬廻、百石。→三三三頁
間喜兵衛　→三一七頁
無足　知行地をもたない家臣。切米・扶持米を支給された下級武士。十五石から三十石位が大部分。
貝賀弥左衛門　→三二五頁
平野半平　底本・纂書「原野」。二百石。→二九一頁
矢頭長助　矢頭右衛門七の父。→三三二頁

*萱野三平　無足 久下織右衛門
神崎与五郎　台所小役人 *三村次郎左衛門
右之嫡子志之面々
奥野弥五郎　吉田沢右衛門
河村太郎右衛門　佐々五百右衛門
佐藤兵右衛門　小山弥六
岡野九十郎　小野寺幸右衛門
間瀬孫九郎　長沢幾右衛門
渡辺佐野右衛門　間重次郎
山上定七　各務伝三郎
陰山惣八　矢頭右衛門七
一、*給人百四拾六人
一、無足七拾人
一、仲ケ間より之立身歩行之者共四拾三人
一、足軽
*於二山科一重て判形之面々
時節相延、未落着之儀不二相知一候に付て、内蔵助方え心底之趣弥為二通達一に判形之由。次第不同、参掛(まいりがけ)に連判之由。

吉田忠左衛門　平野半平
灰方藤兵衛　近松勘六
給人 近松貞六　進藤源四郎
河村伝兵衛　菅谷半之丞
間喜兵衛　潮田又之丞
給人 杉浦順左衛門　無足 梶半左衛門
*大石瀬左衛門　小野寺十内
千馬三郎兵衛　高屋儀左衛門
渡辺佐野右衛門　歩行目付 神崎与五郎
歩行之者 *横川勘平　三村次郎左衛門
田中序右衛門　岡野九十郎
*中村勘助　岡嶋八十右衛門
小山源五右衛門　用人 糟谷勘左衛門
給人 *木村岡右衛門　給人 中田藤内
高久長右衛門　大高源吾
間瀬久太夫　間瀬孫九郎
榎戸新助　台所奉行 近藤新五
長沢六郎右衛門　河村太郎右衛門
山上安左衛門　大石孫四郎
小野寺幸右衛門　大坂留守居 岡本次郎左衛門

萱野三平　底本「菅谷三平」。→三三三頁

三村次郎左衛門　底本「次郎右衛門」、下段も同じ。→三三五頁

給人百四拾六人…　給人・無足・歩行之者の合計は二五九人。浅野家分限牒には、百石以上の武士一四二人、九十九石以下十石以上六八人、その他約一〇〇人、小計約三一〇人の武士と、その他隠居・医師・手代・女中など約一六〇人、総計約四七〇人の名がみえる(数字は分限牒に脱落・重複があるので、必ずしも正確でない)。義人録には「凡そ赤穂の士員は三百八人」とある(二七八頁)。

於山科…　二月十五日前後のことか。ここにみえる五十名のうち、前の神文指出に出てこないものは、十六人。先の六十四人と合わせると八十人である。江赤見聞記では、同志の面々として九十五人をあげている(別の個所には都合百二十人余とある)。

大石瀬左衛門　→三一九頁

横川勘平　→三三三頁

中村勘助　底本「中村勘六」。

木村岡右衛門　底本「木田」。→三二三頁

鈴田　底本「鈴木」。
萱野和助　→三三三頁
宜縁之取　流芳による。底本・纂書「宜予之取」。
当時下谷辺に…　江赤見聞記には「…与五郎事扇子之地紙売に成候て、麻布谷町に罷在候、右借宅之大屋義は、上野介殿歩行之者之伯父にて候間、乍二遠方一此所に居申候、…其後本庄之上野介殿屋敷向え店がへ仕、蜜柑などの見世を出し、小豆屋善兵衛と改名仕、見合罷在候由」とある。「下谷」は流芳「谷町」。
美作や善兵衛　流芳「美濃屋半兵衛」。
御免之上…　大石の二四八頁の考え方に納得していないのである。
見へ不申候時先方え　底本「見へ不レ申候。先方之」。流芳による。
僅にても色品付　大学の閉門が解け、わずかでも所領が給付される、の意か。
殉死之穿鑿　殉死禁止令に違反するものではないかと問題

間重次郎　　貝賀弥左衛門
早水藤左衛門　　矢頭右衛門七
吉田沢右衛門　　勘左衛門子息 糟谷五左衛門
里村伴右衛門　　近習小性 *鈴田重八
*萱野和助　　渡辺角兵衛

神崎与五郎四月二日昼過到着。翌三日知せ之為に、篠崎・森両人、孫太夫・長左衛門方え被二申越一、打寄相談之上、*宜縁(よろしき)之取申伝手(つて)有レ之、*当時下谷辺に借宅、扇子売に罷成、彼屋敷え参候得ば入不レ申候由、折節出合申談。名は*美作(みまさか)や善兵衛と改。

原惣右衛門より来る書面留

　去月九日之御連札、乍二御報一辱致二拝見一候。各様弥御無事之由珍重存候。此方無二異〔儀二〕罷在候。
一、篠崎・森両人頃日被二罷下一、一件被レ得二御意一候由、其時分以二連名一申述候紙面も御披見之上、上方衆被二申談一候通御聞届、御同心可レ被レ成候由、致二承知一候。其節も如二申入一候、拙者儀正月罷登申談候処、其許にて申合候意味齟齬、其上衆口区々にて、痴弁之愚拙抒難二申説一候故、大坂え罷帰、一冊之書付相認差登せ、返答承届度段申遣候処、いまだ返答無レ之内、吉田忠左衛門罷登候に付、又口談具(つぶさ)に演説、忠左衛門致二合点一罷登申談候処、評議不二相済一、私罷登候様申来、即日罷登、右一書之儀を以可二申談一候処、其段納得、寄合候面々皆々尤と同心に候。然れ共去年御目付中〔え〕被二申達一、其段公儀え押出したる儀に候得ば、御免之期待申度候〔に〕治定(ちじょう)に付、先頃之通申談候。其段其元にも御得心被レ成候得ば一段之御事に候。
一、*御免之上、此方申合候者共納得可レ仕筋*見へ不レ申候時、先方え手を掛候ては、御立被レ成がたき事歴然と存候。其時に至ては、不レ及二是非一分之所存を立候迄に被レ存候事、頭立候者共自滅仕外無レ之と存る事に候。然共此段しりぞひて愚按考申候に、*僅にても色品付候ては、此自滅も障り申間敷物にても無レ之候。畢竟*殉死之穿鑿之様に罷成候時は、如何と申批判付候ては、此段もすみやかに所存之通に難レ成と存候。於二此所一愚意了簡御座候。尤此儀、源四郎を初(はじめ)外へは曾て不二申になること。

上方申合… 冬の間中間派だった原が急進的になったのである。

穏密 隠密。

引放し 流芳「引離れ」。

先様え…自滅仕 敵討後当然に自殺するものとは考えていないことに注意。

顧 流芳「かたぶけ」。

せく 急く。いそぐ。

兎にも覚にも 兎にも角にも。

九十郎・幸右衛門 岡野九十郎(金右衛門)・小野寺幸右衛門。

田中氏 田中貞四郎か。

市郎右衛門・小四郎 馬淵市郎右衛門(堀部弥兵衛)・奥田小四郎(貞右衛門)。

談一候。愚意心中に秘し罷在候得共、其元御両所様之儀は、慥に可二申合一存念に付、如レ此御座候。右之通之次第に罷成候はゞ、旧冬噂之様に申達候通に、*上方申合之群をば*穏密に引はなれ、可レ遂二宿意一と存候。内蔵助殿初其外之上方者(かみがたもの)共大勢是を除候時は、木挽町御咎めは有レ之間敷候。障り申間敷と存候。此度唯七罷登り、不二相変一心底にて候。只今も引はなれ候て荷担仕候様にすゝめ申候へ共、先頃段々申合、唯今*引放し申候時は、申合候衆中を捨る道理に候。右に申候通に、先は先頃申合候〔通に〕、*先様え手当木挽町障り不レ及二是非一節は、自滅仕候て心底を顕し申迄と存候得共、其段も右之通障り申時は、少人数にて可レ遂二宿意一候。左候ても頭立候者大勢木挽町え頭を*顧申候上は、打込候もの共は外になり候て、御障りには相成間敷候得ば、右申合之面々も其通にて別条有レ之間敷儀と存候。然ば捨申には無レ之哉と存候。然ば此人数を弁へ見申候に、拾四五人は可レ有レ之と存候。又先方も此方堪忍之積りと及レ見申候上は、仕処も心安事と存候。如何思召候哉。此儀於二御同心一、御返答可レ被レ下候。左候はゞ一々文言御請にも不レ及候。書通深秘之儀、度々往返如何にて候、申遣候趣意可レ然と歟不レ可レ然とか迄可レ被二仰下一候。

一、先頃唯七参り候て申候時、可二申聞一と存候得共、若き衆え申談候処、何と仕候ても泄(もれ)やすく御座候。殊に此儀は、密々上秘候はでは難レ成候得ば、一味之内をも致二吟味一候はでは難二申聞一候。依レ之唯七先日、「此度之何もの申合難二心得一」と色々申候に付、「又外に思案も可レ有レ之間、さのみ*せく事にて無レ之候。*兎(と)にも覚(かく)にも五月六月にはわけしれ申事候。夫迄先(まず)穏便に在レ之様に」と申聞候て、顕し候ては不二申聞一候。於二此許一慥に存候衆六人えは申談候処、顔色快請負、満足仕体に候。此類源五、又之丞、勘助も可レ致二同心一候。*九十郎・幸右衛門も同心可レ仕と存候。其元にて倉橋よく候由承候。*田中氏も其通に候半と存候。併此段御両所様之外は壱人えも御泄被レ下間敷候。*市郎右衛門殿・*小四郎殿には、各別之儀御了簡之上可レ被二仰述一候。御一覧後火中被レ成可レ被レ下候。

猶追々可レ得ニ御意ー候。恐惶謹言。

四月二日　原惣右衛門

長江長左衛門様

奥田孫太夫様人々御中

尚々其元様御了簡、此度申合候趣、内外御快有レ之間敷と存候。此方も其気味御座候得共、只今やぶり可レ申様も無レ之、又不ニ申談ー指置候ては、事柔寛にて取しめ無レ之様に存候処、此度*きり〳〵と一通り又々申談候。右申通候儀は、少も色香も付不レ申候に付、源五へも未ニ申聞ー候。追々事静に得と可ニ申聞ー候。其元之儀は、為ニ御心得ー為ニ御相談ー如レ此御座候。一郎右衛門殿・小四郎殿へも宜御心得可レ被レ下候。乍ニ慮外ー奉レ頼候。已上。

原惣右衛門右返報留

四月二日貴札、去る廿八日相達、三月九日貴報旁致ニ拝見ー候。先以御手前様御堅固之段被ニ仰聞ー、珍重存候。此元相変儀無ニ御座ー候。拙者共無事に罷在候。被ニ仰下ー候御心底之趣、具に拝見、尤至極成思召寄、誠以本望之至不レ過レ之、得ニ其意ー存候。此段従レ是可レ得ニ御意ーと存、とやかく申談候処、還て貴報に相成、任ニ御紙上ー候て一々不レ及ニ御答ー候条、七月中に御下向必々御待受罷在候。千馬氏*皆下着により遂ニ閑話ー、無レ拠被ニ罷登ー由に付、両度申談、御言伝申談候処、御厚志之預ニ御紙上ー、不レ浅喜悦候。又千馬氏も御言伝申頼候。乍レ去被ニ仰下ー候故に御伝言申に無レ之趣に、千馬えも相頼申候。其外御紙面他見指扣申候。*此度おもわく共は千馬え委細に申談、御聞届被ニ罷登ー候之間、私共より委敷(くわしく)不ニ申上ー候。兎角七月中に必々御下向待受申候。其内替(かわる)儀も御座候はゞ早々可レ得ニ御意ー候。相変儀無ニ御座ー候はゞ、是又任レ仰書通仕間敷候。恐惶謹言。

五月三日　長江長左衛門

奥田孫太夫

原惣右衛門様貴報

尚々口上之勢ひ計強く押立たる事も不ニ相聞ー候て気之毒、無分別出来可レ申かと申合たる衆も相聞候処、御厚志承届、安堵大慶筆紙に難ニ申

きり〳〵　流芳「きわ〳〵」(際々)。

皆下着により　流芳「下着不ニ存寄ー」。

此度　流芳「此元」。

殉死　底本「原欠」。纂書も「□□」。流芳による。
夫共に存命仕筈　敵討をするためにこそ生命をながらえているはず、の意か。
初発よりの口上…叶　一八三頁で「筋之立候御意」つまり吉良処分を求めた趣旨に合致するのは敵討であって、殉死では不十分だという意味。
何様…存たる　流芳「ケ様…存切たる」。
後日に口上の相違も気之毒　前々注参照。
むさと　うっかりと。むやみに。

若御延引　流芳、上に「御下向」とある。
離　底本「誰」。
御供　流芳「御催」。

尽レ存候。早々貴面のみ相待申候。

　追て先頃より、爰元三四人被二申合一候。唯今迄相待罷在候は、隠居へ志第一故、何とぞ十四五人も同志有レ之候へかしとの了簡のみにて、相待見合申候由、然る所段々と延引成(なる)及二相談一候。延引之上に宿意遂がたき節、頭立候衆中*殉死と乍レ存、兎角に捨二身命一候得ば趣意も立申候。其外之者共左様成殉死何共難二心得一、*夫共に存命仕筈之者共にて有レ之候間、兎角七月中迄に被二思召立一無レ之候はゞ、家督へ成共(なりとも)参会申、*初発よりの口上之都合に叶申候様にと存詰申候外は無二御座一と申談候。此段尤之様に相聞申候。左候得ば、御安否相知候得ば不レ及レ申、たとひ不二相知一候共、右之わけに思召候得ば、盆過には早々御下着可レ被レ成候儀と相待申事に候。在府之衆中其時に至(いたり)申合見候ても事済申候。*何様成事は我れと存たる趣意なく候ては、*後日に口上の相違も気之毒に存候間、*むさと不レ被二申合一候。右三四人之申合之内、両人も定て入申儀にて可レ有レ之候。左様御心得可レ被レ下候。

　*若(もし)御延引に思召候はゞ、其段計(ばかり)又可レ被二仰下一候。七月中弥御下向と御心掛候はゞ、尤追て被二仰下一に不二及申一候。潮田・武林え長左衛門より状越申候。潮田えは右三人申合、聞及候通計申遣候。武林えは兎角早々罷下候様にと計申遣状にて候。段々之思召は其元にて可レ被二仰談一候。猶又千馬(ちば)物語と存候。以上。

　猶以*離候ての人数於二其辺一十四五人も可レ有レ之由、過(すぎ)ものにて候。真実之必死と存る衆中ならでは用に難レ立存候。必死之者十四五人揃候はゞ、本望可二相達一と存候。不レ及レ申候得共、しゐて広く*御供不レ入ものかと存候。先頃篠崎・森なども口ぶり面白く相聞たる事も有レ之候。然れ共中々御紙上は不二申出一候。尤三四人申合之衆中え一致いたし候共難レ申候。ほころび申候はゞいなとは有間敷口上も度々相聞申候。兎角御下り早々相待申候。小四郎は御紙上拝見、御同前存、本望不レ過レ之由に候。市郎右衛門抔へは口外一致仕度との儀度々申暮候。去年中よりいろ／＼と名言相聞申内、取しめたる儀も無レ之、残念之由折々申聞候故、此度之御紙上は未二申聞一候。御下着候ての上と存候。いかふ延々、つかひはなれ多く候て気之毒成事のみにて候。秋中迄之取組ははづれ不レ申候様にと存候大願候。

一、*善兵衛事、様子定て可二申参一と存候。是は*早走の方へは向申間敷候。真実ものにて候処、*いな走りにて候。*うなぎ沢屋敷少(すこし)気之聞(きこえ)候得共、はか〳〵敷普請なく、*地(ち)守(もり)迄之家と聞へ、度々慥に此事弥*密申度ものに存候。以上。

右書状、六月十二日千馬出足持参候由。

武林忠七、*倉橋十左衛門、*米原為助、勝田新左衛門、*杉野十平次、*不破八左衛門、此六人は於二浅草茶屋一堅申合、盃迄取かわし候趣意、

一、*潮田又之丞ゑ千馬三郎兵衛ら罷登候に付状遣す。於二爰元一三四人申合、及レ聞候趣有増(あらまし)に相認、ひと了簡に落候はゞ、自分了簡を以、兼て被二申合一候衆一通被二申談一、同心も有レ之候得ば一段之儀、於レ不二同心一は、壱人にても御下可レ有哉、然れ共此段達て得二御意一申にては無レ之わけもあり、日(ひ)来(ごろ)*別魂に申談、其上此度別て申合候に付、御知せ旁如レ此に候。此方之儀は不二大形一治定相究たる趣に申遣す。

一、武林唯七は六月中七月ゑかゝり候はゞ、早々御下り御尤存候段計申遣す。

原惣右衛門、潮田又之丞、中村勘助、大高源吾、武林唯七〔ゑ〕連名にて遣す書面留

一筆致二啓上一候。各様弥御堅固被レ成二御座一候哉、承度奉レ存候。爰元相変儀無二御座一候。*釆女殿参府御礼も相済候得共、別事無レ之候。尤間無レ之候へば、此方存様には参間敷と存候。

一、於二其元一如何思召候哉、兎角御心静に被二仰合一候通御待合可レ被レ成候哉。只今之趣にては、*世上之唱旁愚意存る所は、御安否兎角永引可レ申と存候。乍レ存城主之被二仰付一は可レ有二御座一哉。夫は兎も角も、御安否不二相知一内は、来春迄も御待合と被二思召切一御座候哉。今一応思召承度存候。

一、御安否不二相知一内に宿意遂申候はゞ、木挽町

善兵衛　神崎与五郎(美作屋善兵衛)。

早走　走ることの早いこと、競走、飛脚などの意味があるが、ここは行動(開始)の早いことか。早駈け。

いな走り　否走で、遅いこと(片山、一六三頁)。

うなぎ沢屋敷　小名木沢に建てられる(という噂の)吉良の屋敷のことか。

地守　地所の番人。ジモリとも。

密　流芳「察」。

倉橋十左衛門　倉橋伝助。↓三三一頁

米原為助　前原伊助。↓三三一頁

杉野十平次　八両三人扶持。↓三三一頁

不破八左衛門　不破数右衛門。↓三三二頁

潮田又之丞え…　底本「潮田又之丞と千馬三郎兵衛も…」。流芳による。なお「千馬三郎兵衛」は流芳には「千馬・善兵衛(神崎与五郎)」とある。

別魂　別懇。

釆女殿…**無之候**　大学の従兄戸田釆女正が参府したのに、その折大学の赦免の沙汰がなかった、という意。

*こみちに御成可レ被レ成との御察、左候得ば、忠義を尽し申迚（とて）、御家之根葉をからし申段本意に無レ之との思召、*山科へも被ニ仰越一、各様にも此理尤と思召御心底被ニ仰聞一、承知仕罷在候。此所にゐて互に迷ひ申かと存候。最早此後隠居方御仕置之筋は、曾て以て無レ之儀と存候。隠居も不レ被ニ仰付ニ居申候はゞ、よもや之頼一理可レ有レ之か。*さりながら御仕置無レ之に決定仕りたる儀と存候。然共離散之砌願之分、御老中様方迄相達、御挨拶も〔宜〕、其段赤穂迄通達程之儀に御座候得ば、先は御首尾能（よき）方に候間、*是と中分之首尾にて、弐三万石も被レ下、夫にて離散之節*きろつきも品に成、露命をつなぎ申儀も可レ有レ之哉。

一、至極結構成御首尾にて、*苅屋無ニ相違一被レ下候分、是より外之御首尾は有レ之間敷と存候。*右二品之被ニ仰付一にて、何れも本望と不ニ思召一段、前方（まえかた）度々被ニ仰聞一、承たる事にて候。右之通各様には如何御了簡候哉。此段不レ及レ申、愚意同前と思召可レ有ニ御座一と奉レ察候。乍レ去来春迄御見合被レ成候方に、畢竟之御本意に叶可レ申哉。并相待申方に、少々にても初発より之主意に相叶、本意成儀在レ之候はゞ、如何にも時節到来と相待申儀も一理可レ有レ之哉。永引申程無レ益者、害而已（のみ）と存候。

一、兼々申談候通に、離候ての企御考可レ被レ成候。七月立候ても何事も無レ之候はゞ、早々思召被レ立可レ然存候。兼ては弐拾人も無レ之候ては本意も難レ達と申達たる*も事にて候。各様にも其合点に候。乍レ去追々能々考申処、弐拾人無レ之共、存切たる真実之者拾人も有レ之候はゞ、心安（やすく）本望は可ニ相達一と存候。左候得ば各様計被ニ思召立一候ても、取集拾人余に指折仕候。なまじゐ広く御沙汰候はゞ、色々之了簡計付、畢竟は無事之取繕ものに可レ被ニ思召一候。密々離候てと被ニ思召一候はゞ、*端なく御下繕之被ニ仰合一尤に存候。其段此方へも早々可レ被ニ仰下一候。心得に罷成候事に候。唯今之様子にては、ふみ込たる無ニ了簡一、諸事*成合計（なりあいばかり）相談も落申候。

一、当春別て被ニ仰合一儀に候得ば、山科えも一通被ニ仰談一、其上にて離候段一理と存候。然れ共何

こみち　細かいこと。こぢんまりとすること。肩身がせまいこと。また小道、脇道。
山科へも　流芳「山科よりも」。

さりながら　流芳「十が十ながら」。

是と　流芳「定て」。
きろつき　きょろきょろと眼を光らせて見ること。ぎろつくに同じ。
苅屋　仮屋、加里屋。赤穂城のある地域。赤穂の古名でもあり、現在も町名として残っている。
右二品　三万石と苅屋居住との二つをさすか。

も　纂書「御」。
端なく　流芳「そろ〳〵」。
成合　成るがままにすること。成行まかせ。

之変も見来り不ㇾ申候。何程理を尽し被㆓仰談㆒候ても、中々動く御了簡とは不ㇾ被ㇾ察候。然ば不ㇾ及㆓御相談㆒候歟と存候。此所におゐて此方にても噂有ㇾ之たる儀も御座候。一度何も申合たる儀は*たしにいたし違成間敷候へど、時節も有ㇾ之候て、其上にては遂㆓相談㆒、離申わけも可ㇾ有ㇾ之などの噂有ㇾ之候。此段は平生体と相聞候。言葉も品々あるものかと存候。此度之御*連銘様之内にて、日外(いつぞや)噂之様に被ㇾ仰候通、山科を初て其外五六人之衆木挽町ゑ荷担候て、其外は宿意達候ても、荷担人多候得ば、木挽町も*めた〱とこみちにも御成被ㇾ成間敷候。然ば離候方に益多と被ㇾ存候。*過言には候得共、*御開門之儀御本望と被㆓思召㆒候処は相見不ㇾ申候。*死候処におゐては、互に迷申かと被ㇾ存候。

一、此表同志之内に、何となしに噂申出候処、御安否次第に二君奉公之念願慥に申たる仁有ㇾ之候。近頃江戸侍了簡違多、畢竟腰の不ㇾ立と可ㇾ申歟、絶㆓言語㆒候。拾人存切たる者有ㇾ之候はゞ、中々再往如ㇾ此及㆓御相談㆒申間敷ものをと、遙々御さげすみも口惜く存候。是程之儀殉死仕段、武運の尽(つき)たる儀と存候。

一、離散以後、山科より只今迄被㆓仰越㆒候趣に、亡君へ之御志としては、御家筋を御建立、是に過たる御本意無ㇾ之思召迄之御底意ならでは、私共は不㆓承届㆒候。各様には何卒又御底意も別て御聞届御得心被ㇾ成候哉、然ば承度存候。一座之挨拶返答互に覚違も有ㇾ之は常にて候。山科書通旁々取出し披見申候処、何を取㆓力に㆒来春迄見合可ㇾ申御文言等不㆓相見㆒候。前方之事に残念と存る処有ㇾ之段は、*其元にて御同前に存候。*是非は難ㇾ用事、此已後に悔なからん事願申候。御家筋を御見立、其後是とも非とも亡君之為ㇾ志可ㇾ被ㇾ捨㆓身命を㆒との御底意も有ㇾ之故、安否を御見合被ㇾ成度との御所存に候へば、御待合被ㇾ成候段、実木挽町御大切に被㆓思召㆒、亡君ゑの御志も立、真実之義勇とも可ㇾ被ㇾ申候。然れば私共迄も無㆓是非㆒相待可ㇾ申との覚悟も究申候。さして死を急ぎ申、いらち申訳毛頭無㆓御座㆒候。相待本意なく言草を申、如ㇾ此罷在候段、追て無㆓面目㆒次第不ㇾ過

たし　足し。補い。助け。

連銘　連名。

めた〱　物事の急速に推移変化する様。

過言　失言。言い過ぎ。

御開門之儀　流芳「御開門後」。

死候処…迷申　二五七頁注「先様ゑ…自滅仕」参照。

其元にて…存候　流芳「其元にも同然と存候」。

是非　流芳「先非」。

レ之候。末々慥に存念達申筋道も覚悟仕、永引申段は少も〱も無(なく)二退屈一事待たるべきもの、二君え志を存(ぞんず)る儀にても無レ之候間、相待候已後、殉死と乍レ存、一同に被二思召切一たる御底意承届候はゞ、擲二身命一候て亡後に志を顕(あらわし)申より外は無レ之とも存る御事候。

一、兎角申内、年内も立春に罷成申候間有レ之間敷と存候。来春とても言草多く、如何様なる事にて永引可レ申も難レ計被レ存候。此段は慥に及レ承たる事も御座候間申進候。貴面〱口上之強*などを頼みに可レ仕ものとは不レ被レ存候。各様御事は堅為二申合一御方に候得ば、毛頭御違変被レ成間敷と存、心底之趣得二貴意一申候。村殿*之事奥州へ御越之由に承伝候。直に出府被二仰合一候哉。

一、孫太夫儀、三月中旬深川八幡町*え致二宿替一候処、深川も不勝手故、又江戸え出及二談合一最中取込居申候。比日乍レ立ケ様参会、御噂而已(のみ)申談候。其外倉橋初、米原・杉野などへ不レ絶参会、右之段悔申計に候。武林殿より被レ絶二音信一、〔寄〕合候ては御噂のみに候。此御報次第に勝田えも書通と心懸申候。

一、離候て御下に付、御落着所は又芝に可レ被レ成候哉。芝にては又広成可レ申と存候。ひそかに御下着、御通路之儀は如何様にも成可レ申候。其段惣右衛門殿御考候て可レ被二仰談一候。倉橋方・杉野方など如何様にも可レ成趣に候。心底不レ浅心得居申候。

一、居所之儀慥成趣共に候。善兵衛方にも同然之聞合にて候。大節*なる企と乍レ存、又成安き事と存候。とかく思詰たる一念而已(のみ)に相極申候。亡主君を指ぐみ*申たる時は無二無三、火の中へも飛入そふなるものにて候。生残り候得ば又存候様にも成にくきものに存候。於二御同心一は、御仕廻候方御壱人にても御出府希如レ此御座候。恐惶謹言。

六月十二日　　長江長左衛門判封印押

原惣右衛門様
潮田又之丞様
中村勘介様
大高源五様
武林唯七様人々御中

遠林寺六月十二日爰許出立にて、十二日朝*暇乞、遠林寺へ持参、大高源吾方迄被二相届給一候様にと呉々相頼申候。

強　流芳「趣々」。

村殿　流芳「中村殿」。中村勘助のこと。もと白河藩主松平大和守直矩の家臣三田村小太夫の子なので、生家があり、兄弟などがいた。そこへ妻子を預けに行ったのである。二六八頁下段参照。

深川八幡町　今の江東区富岡町。富岡八幡宮(永代八幡)がある。本所の南。

大節　流芳「大切」。

指ぐみ　差し含み。なみだぐむ。

朝　流芳「為」。

追啓　裏に書

*不二存寄一案内見出し、大慶至極に存候。是天の御恵かと奉レ存候。*表書之通、今更変も不二相見一所如レ此申進候段、繰返し同事を申進候様に可レ被二思召一候得共、兎角難レ止儀に候間、畢竟之思召承度申進候。御手付申候以後、定て言草を被二申出一、我身より腰ぬけと被二申出一たる時、無二是非一も腰ぬけの内へ入被レ申間敷候。尤其節は又存念之*言ばも可レ有レ之哉と存候へ共、被二仰出一之品より愚拙儀壱人すたり申儀に御座候はゞ、其日より*長袖(ちょうしゅう)に罷成申外は有レ之間敷と存候。御安否之上善悪共に被二仰渡一は有レ之に相究申候。其節いか様にも存念ケ間敷事仕候は曲事(くせごと)に可レ被二仰付一と計被二仰渡一*候はゞ、志之者共本望にて候。事品により*忌掛(いみがかり)親類抔迄被二仰出一時は、何共難二心得一儀に存候。よもや如レ此は被二仰出一有二御座一間敷と存候得共、有物にいたし遂二御相談一不レ申候では不二相成一事故(ゆえ)、如レ此に候。兎にも角にも*不レ及二是非一長袖*禅門之身にて、不肖成我等式(われらしき)迄、名字之穢と存候得ば、各様は勿論と存候事に候。

畢竟五人計御下り可レ被レ成被二思召一候得ば、何之御了簡も無レ之儀と存、当月之末、来月初方には*両人衆も出足と存候。此衆へ理申候ても、さのみはかゞ敷請負出足有間敷と存る事に候。然共(しかれども)申合罷越、一ト通は可二申談一覚悟に候。ふみ込申案内所之儀は能々見置申候。存之外に寛々たる体、我々をば*見ぬきたる仕方と寄合申事に候。惣右衛門殿、又之丞殿、源吾殿ゑは、*五月三日付にて状遣申候。此便存之外に遅々仕訳にて候間、此状より遅く相達申儀も可レ有二御座一候。今以不レ絶内通向之縁を取、手入有レ之由承伝申候。此段最初より、私共は勿論各様にも御快方には不レ被二思召一趣に候。定て皆様には御存知無レ之儀も難レ計候。苦々敷儀と存候。何をしほに御面目有レ之、御出仕被レ成能(よき)様に可レ有レ之候哉。此段は不レ及レ申、手入才覚之方迄存知候前に候得共、存きり無レ之故と存候。それは兎も角も、各様は前々之御底意に候はゞ、外無二御構一事と存候。兎角可レ被二思召立一儀と急度(きっと)存寄候故、如レ此申進候。能々御勘弁、早々貴報相待申候。

不存寄案内　この六月十二日の書簡を書き終ったところへ、後掲の潮田又之丞・大高源吾よりの五月十七日付の書簡（二六七頁以下）が来たことをいうか。

表書之通…　二六〇頁の「采女殿…」を指す。

言ば　流芳「たてば」。

長袖　公卿、僧侶など長袖を着た人をいう。ここは僧侶の意。

候はゞ　流芳「候共」。

忌掛親類　喪の際、忌みのかかる親類。

不及是非…身にて　流芳「不レ及二是非一とて…身にては」。

禅門　仏門に入った男子。

両人衆　吉田忠左衛門・近松勘六か。

見ぬきたる　ここは侮る、みさげるの意。

五月三日日付にて…　二五八頁の書状か。

体*により罷登、御所存承り申儀も可レ有二御座一候。然ば此御連銘様之内ならでは得二御意一申間敷と存候。必々以堅御沙汰御用捨可レ被レ成候。大高様え落着一宿、翌日原様え御同道申立、帰りに罷下申迄に候。兎(と)や覚(かく)長々敷申分も無レ之候。御一生之御暇ごゐと存候処、意成候ては不二罷登一候。左候得ば、かたく御沙汰なしに可レ被レ成候。唯七殿へは早々被二仰遣一可レ被レ下候。得二御意一申度候。以上。

池田久右衛門殿より来る書状留

一筆致二啓上一候。弥御無事に御座候哉、承度存候。其後は以二書状一も不レ得二御意一、御物遠*(ものどおに)罷過候。木挽町被レ為レ替儀も無二御座一候由承及候。未(いまだ)何之御沙汰も無二御座一候。気之毒は御同前に候。爰許相談一決之趣、書付御披見被レ成候通に候。此辺之衆中弥其通に相心得被レ居候。当年中御沙汰も無レ之候はゞ、来三月には拙者共罷下り可レ得二御意一候。永引候て各様可レ為二御体屈*一と存候得共、拙者罷下得二御意一候迄は、随分御堅固御暮御尤に候。未数月之事に候間、若(もし)其内卒爾之思召立も有レ之候ては、兼々之所存も無レ詮候。木挽町引崩に罷成候。木挽町立不レ申様仕成申候段、只今に成候ては、帰て御主君様え之不忠とも可レ申哉、兎角時節有レ之候間、御物遠*に候共、来三月迄は御心永に御指扣之段御尤之御事候。延々成儀申進、拙者虚言もの丶様に於二其表一御批判も有レ之衆中御座候様に及レ承、不レ及二是非一候。前々申候通、□□*赤穂離散以後、右之覚悟勤仕罷在候。三月迄御沙汰も無二御座一候得ば、其上いつを目当に相待可レ申心底毛頭無二御座一候。此儀不レ及二申入一候得共、先頃武林忠七罷登、何廉所存之趣伝承り候処、存之外成心底共、是非此節に限りたると申儀不二承届一候。三月と申も今少之事に御座候得ば、爰許相談之儀得心可レ有レ之儀、不審に存候。各様如何御了簡に候哉、右可レ得二御意一如レ此御座候。恐惶謹言。

五月廿一日　池田久右衛門

堀部弥兵衛様

堀部安兵衛様

体により罷登…　この六月十二日の書簡に見えるように、堀部安兵衛ら江戸の急進派は来年三月まで待つという大石らの方針に反対で、原惣右衛門ら上方の急進派と連携して事を進めるため、この書簡のすぐ後、安兵衛は六月十八日江戸を出発して、二十九日京都に着いている。

御物遠　御無沙汰。

御体屈　御退屈。

物遠　流芳「待遠」。

□□　底本二字分空白。纂書も同様「原本此行闕」とある。流芳には空白なし。

奥田兵左衛門様
奥田小四郎様

池田氏え右返書之留

五月廿一日之貴札、当月十二日芝*両人衆より被二相届一致二拝見一候。御手前様弥御勇健に被レ成二御座一候旨、珍重奉レ存候。此表相替儀無二御座一候。其後は従レ是も以二書状一不レ得二貴意一候。

一、木挽町御安否*、今以御沙汰無二御座一、御待遠に可レ被二思召一奉レ察候。依レ之被二仰下一候御紙上之趣承知仕候。先頃竹林忠七*罷登、所存之通申上候段被二仰下一候。此節卒爾之儀も無二御座一候様にと被二思召一候段、御尤千万に奉レ存候。余も哉卒爾之致方は有二御座一間敷候。乍レ去存立之節*私共及二相談一候はゞ、一応御案内可二申上一覚悟にて罷在候。当春も乍二心外一為レ応二御返答一も申上置候間、其案内不二申上一に存立申間敷候間、左様に御心得可レ被レ下候。此外相変儀も無二御座一候間、早々貴報申上候。恐惶謹言。

六月十五日* 長江長左衛門判
馬淵一郎右衛門判
奥田小四郎判
奥田孫太夫判

池田久右衛門様貴報

竹林唯八より来る書状

一筆致二啓上一候。貴様方愈御堅固に可レ被レ成二御座一、珍重奉レ存候。此方相替儀無二御座一候。拙者儀三月四日着仕候。京大坂えも罷越様子承候所、其許にて申談候には何れも替り候得て、当三月之儀延引、不レ及二是非一事共に候。

一、去月吉田忠左衛門・近松勘六被レ参候。定て御逢被レ成、様子御聞と奉レ察候。何と被二思召一候哉。合点不レ参事に候。委細申入度存候得共、唯今便次第遣す状にて御座候間、被レ落候得ば如何敷御座候間、早々申述候。何分にも追付罷下可レ申入一候。恐惶謹言。

四月十日 武林唯七判

堀部安兵衛様
奥田兵左衛門様人々御中

芝両人衆 吉田忠左衛門・近松勘六か。

御安否 底本「御安泰」。流芳による。

竹林忠七 武林唯七。下段の竹林唯八も同じ。

存立之節 何か事を思い立った時。

六月十五日 この日付がこの筆記中の書簡の最後のものである。二六五頁注「体により罷登…」にみえる如く、堀部安兵衛は六月二十九日上京し、大高源五・原惣右衛門らと単独強行の相談をしているうちに、七月十八日浅野大学長広の閉門赦免、知行召上げ、浅野本家預けの決定が下り、大石らの浅野家再興の望みは絶たれた。この知らせが七月二十四・二十五日に大石・堀部らに届き、二十八日京都円山で大石・原・堀部ら十八人が会して、復仇決行の方針が決り、以後具体的に計画が進められることになった。以後の経過については義人録参照。

御頼　流芳「御座候」。

御息才　御息災。

貞右衛門　奥田兵左衛門（孫太夫）の養子。
清助　森清助（近松勘六）。
在京　流芳「在江戸」。

志こり　「痼（しこり）」か。纂書は「追レ日てこり結り」。

追て此状倉橋え御届可レ被レ下候。あらまし申遣
事に*御頼御聞可レ被レ下候。以上。

潮田又之丞・大高源吾より連名書面留
其後は良久（ややひさしく）絶二音問一候。其元御別条無レ之、
各様弥御堅固被レ成二御座一〔候〕哉、承度奉レ存候。
此表相替儀無二御座一候。両人共に無事罷在候間、
乍二慮外一御心安思召可レ被レ下候。

一、安兵衛様え申候。漸暑気に罷成候。弥兵衛殿
*御息才に被レ成二御座一候哉、以二別紙一可レ得二御意一
候得共、為レ差（さしたる）儀無二御座一候に付不レ能二其儀一、宜
敷御心得可レ被レ下候。

一、兵左衛門様え申候。*貞〔右〕衛門殿御無事に可
レ被レ成二御座一察入申候。*清助殿久々御在府、御苦
労に存候。節々御参会と存候間、御心得被レ成可
レ被レ下候。奉レ頼候。又之丞儀も日外より直に*在
京仕候。六七月頃は一つの時節にも可レ有レ之歟之
様に存候に付、其時節迄は其儘京都に罷在合点に
て候。少々其辺別条無レ之とも、夫共に御書通に
預り度存事に候。

一、山科辺相替沙汰不レ承候。随分其元之儀聞耳
にて居被レ申候。兎角少は能事（よき）類も有レ之かとも被
レ存候得ども、当春之趣に評定一決之上にて候得
ば、成丈は吉事も頼可レ被レ申事に候。其内随分手
前之形附さつぱりと埒明候様子、唯今にも其許よ
り之任二左右に一、少も無二遅滞一打立可レ被レ申体に
て候。其段第一之珍重と、両人申暮事に御座候。
皆共手前之儀、追レ日*志こり詰り参候に付ても、
一刻も早くと、日本之神慮を以願罷在事に御座候。
今以片時無二油断一、同志之儀心怠り無レ之様に、毎
度魂を入申事に御座候。其許も左様と存候。

一、先頃武林只七・不破数右、其元より登被レ申
候時分、両人共に用事御座候て大津へ罷越候て、
間違、早速不レ及二対面一、先山科にて内蔵助殿へ唯
七対面候て、評定一決にて、其元へ篠崎・森両人
被二罷下一、各様にも御納得被レ成候様にと被二申遣一
候趣、次に奚元、勘助・拙者共得心之趣物語有レ之
候由、夫に付唯七以之外腹立、拙者共腰ぬけ申候
上は、対面候て可二申談一様無レ之候間、直に赤穂へ
罷下可レ申と有レ之候を、数右衛門漸々留被レ申候

ばけがあらはれ候 化けの皮が現われるに同じ。

とこふ 兎角。以下の「とかふ」も同じ。

中村勘助事… →二六三頁注「村殿」

て、源吾留守に一宿被レ申候。翌日大津より罷帰り候て源吾対面仕候処、頭より腰ぬけ候とて、以之外悪言、「最初より左様之志とは見請候得共、中々すゞしき言葉も時々出申候に付、誠ぞと存候得ば、察之如く只今*ばけがあらはれ候」などゝの事、即座に堪忍難レ仕程之儀に候得き。源五申候は、「左様に被レ存候段尤至極、*とこふ可レ申様無レ之。併段々様子有レ之儀、毛頭心底異変有レ之にては無レ之候得共、内蔵助殿手前慥成覚悟、畢竟時節も限り有レ之との事に候。段々の様子語可レ申。心静に聞被レ申候て、拙者抔一同仕候品不了簡に候はゞ、唯今よりにても各同意に罷成、片時もおくれ不レ申引のき候て江戸へ罷下、亡命一所と存候条、一決之次第語可レ申」と申候得共、殊之外立腹、泪をこぼし、中々とかふ之聞入無二御座一候。不レ及レ力いさかゐながら別れ候て申候。其後終(ついに)従二赤穂一書通も無二御座一候。其後篠崎・森罷下、此元一決之次第、各様にも尤と被二思召一候由之御返答、此方へは致二到来一候。其砌唯七方へも、其元より御納得之次第被二仰遣一候て、只七も納得被レ申候哉。又は大坂・赤穂之同志之者共対談有レ之納得被レ申候哉。但壱人是非引放存念に有レ之哉。とかふ私共方へ沙汰無二御座一候。最初より堅く申談候拙者共手前をば疑ひ、左様にも無レ之衆之対談にて得心被レ致候事、難二心得一候得共、此節自己之存念とかふ立可レ申時節と不レ被レ存候に付、其通之事に候。如何、其元へも唯七方より何とぞ申参候哉、承度存候。

一、*中村勘助事、去る頃家内召連候て、奥州白川へ罷越候。木曾路を通候て直に罷下候に付、江戸へは立寄不レ申候。遠国之儀に御座候得ば無二心元一候間、何時にても変る品有レ之候はゞ、早速通路仕候様にとの事、相互に神文を取かはし候。白川にて妻子共落付候はゞ、其身は江戸表へ罷立、各様も得二御意一、江戸に罷在候様可レ仕と申候。此段はあの方の首尾にも寄可レ申候間、必と不レ被レ存候。

一、高田殿如何、承度候。別条無二御座一候得共、余之疎遠に罷在候間、如レ斯御座候。猶期二後音時一候。恐惶謹言。

五月十七日六月十二日到来

源五事 脇屋新兵衛判

又之丞事 原田*斧右衛門判

堀部安兵衛様

奥田兵左衛門様

原惣右衛門より参候書面留

一筆致二啓上一候。其已来は御物遠に御座候。各様弥御無事に御座候哉、承度存候。篠崎方より折々便通承候。御別条無レ之趣は承レ之、珍重存候。

上方此通無二異儀一御座候。

一、三月中以二書状一得二御意一候。篠崎方より相違候由申越候とは覚罷在候。いかゞ御披見被レ下候歟。其後上方辺にも御書通之儀無レ之由、此間大高方より申越候。尤為レ指(さしたる)儀無レ之故、御書通之品も無レ之歟と存候得共、拙者最前之書状とは、ちと存寄之儀も有レ之申述候。御返答不レ承候故、若彼状相違不レ申哉と無二心元一存候に付、又如レ斯御座候。且又申進候通之内存、思召と相違之儀にて、御取あい無レ之御思慮にて御座候得ば、御尤と存候。其段如何と存る儀も無レ之候。又了簡叶候はん衆中へ可レ談候。唯今先広に難二申談一候故、外へは不レ申候。各様迄得二御意一候趣は、兼々申談候処在レ之故申述候。勿論上方衆存念堅固には承届候。取分(とりわけ)久右殿事、*妻室息女共に去る頃但州へ指遣候。嫡男*主税両人山科之宅に蟄居候。主税当年十五才にて候得ども、*年ばひ(とし)よりは*ひね申候。今春*前髪被レ執候て、器量能く、何時も同道にて被レ下合点、其身も成程に志すくやかにみへ候て、珍重存候。身がろふ仕廻候て、今日にも駈下無二相違一体、此段は感心頼もしく存事に候。拙者儀年内より痛(いたみ)しかと無レ之、*有馬へ致二入湯一罷帰、さして*験気(げんき)も無二御座一候。市郎右衛門殿・小四郎殿へ宜奉レ頼候。恐惶謹言。

五月廿日　原惣右衛門判

奥田孫太夫様

長江長左衛門様

長左衛門追付可二罷登一と申談置候間、此返事不レ仕候也。

斧右衛門　底本・流芳「芹右衛門」。

妻室息女…　妻おりく(陸)、長男主税(松之丞、この年十五歳)、長女くう(十三歳)、次男吉千代(十二歳)、三女ルリ(四歳、進藤源四郎の養女となる。次女は死亡)ら。のちさらに三男大三郎が生れた(元禄十五年七月五日)。この三男の生れる以前に、主税以外の妻子は、里方の但馬豊岡の石束源五兵衛(京極家の重臣)の家に移った。

主税　大石主税。→三二〇頁

年ばひ　年延(ばえ)。年ごろ。

ひね　老成。大人びていること。

前髪　元服以前の男子の髪型。「前髪被レ執」は、前髪を剃り落して、元服したことをいう。

有馬　有馬温泉。

験気　病気が快癒する徴候。

報讐前年　筆記には討入の年六月までの書簡が入っているので、「前年」というのは正確でない。

先人　細井広沢をさす。堀部安兵衛とは、双方とも剣術の師が堀内源左衛門であったことから親しかった。

籠手　肩先から腕をおおう防

右冊子元本、堀部安兵衛報*讐前年自書写、以附二
先*人一。安兵衛賜レ死後、遺物残血籠手(*こて)一双今存二于
家一。元本後年為二丙*丁一成二烏有一、可レ惜也。此冊子、
先人友人長谷*川平馬〈天英*院殿一位殿御侍也〉請二先
人一而書写。有レ故平馬絶後、又以二此冊子一今蔵二
于家一。以換二元本一。

宝*暦四年甲戌歳九月　知*文識

〈細井知文、号二九皐一、即広*沢子也。武庸以二覆(*ふう)
膊(はく)一贈二広沢一、見二二*老略伝一。〉

明治二十二年六月青*山勇蔵書ヲ謄写ス

校讎(印)

禦具。
丙丁　火事のこと。
長谷川平馬　未詳。
天英院殿一位殿　六代将軍家宣の夫人。関白近衛基熙の娘。照姫ともいう。従一位。寛保元年(一七四一)没。
宝暦四年　一七五四年。
知文　次行の注にみえる。幕府に仕えて日記御用などを勤めたが、のち事に坐して士籍を削られた。書家。宝永八年(一七一一)―天明二年(一七八二)。
広沢　細井広沢。名は知慎。北島雪山に入門、書家として知られる。儒学・兵学などにも詳しかった。柳沢吉保に仕えたが故あって浪人、のち水戸家を経て幕府の与力となった。『紫微字様』『諸陵周垣成就記』など。万治元年(一六五八)―享保二十年(一七三五)。
覆膊　袈裟をいうが、ここでは右にみえる籠手をさすか。
二老略伝　三巻一冊。大和永年編、安永元年(一七七二)成る。北島雪山と細井広沢の伝記。
青山勇　名は延年、のち勇と改む。号雷巌。青山延光(水戸藩儒、赤穂四十七士伝の著者、文化四年―明治三年)の長男。明治四十三年没。『先人遺事』『青山勇筆記』など。

赤穂義人録（室鳩巣）

赤穂義人録 序

時、秋にして、積雨*新たに霽る。戸外に*履声鏗然たり。出でてこれを迎ふれば、則ち*奥子復・*谷勉善および*石慎微なり。ここにおいて義人録を出だして、相与にこれを読む。読むこと罷め、これに継ぐに泣を以てし、忠善の詐ひあらざることを慨き、天道の知ることなきことを恨む。*ああ理義の人心を悦ばしむるは、*孟氏の我を欺かざることを嘆ず。慎微曰く、「赤穂の諸士、朝廷これを法に致す。しかるに*室子乃ちその事を*張皇し、その行ひを顕揚し、並びに義人を以てこれを称す。その志は則ち善し。私議を立てて公法を非とするに非ざることを得んや」と。勉善曰く、「然らず。むかし*孤竹の二子、武王の紂を伐つことを聴かずして、身もて兵を馬前に距む。いま赤穂の諸士、朝廷の*義英を赦せしことを聴かずして、衆もて仇を都下に報ず。二子は則ち*仁を求めて仁を得。諸士は則ち*生を舎てて義を取る。事の大小同じからずと雖も、然れどもその君臣の義を重んずる所以は、則ち一なり。この故に*師尚父は義人を以て二子を当時に称することを諱まず、しかもその武王の聖におけるや、固より損ずることなし。室子は義人を以て諸士を今日に称することを諱まず、しかもその国家の盛んなるにおけるや、また何ぞ妨げんや。それ二子を義とする者は、以て武王を非とすと為さず。諸士を義とする者は、独り以て朝廷を非とすと為さんや」と。子復曰く、「然りと雖も、尚父は軍に一言して、能く二子をして左右の兵を免れしむ。室子は家に空談して、諸士をして法家の議を免れしむること能はず。命なるかな」と。三

新たに霽る　晴れあがったばかりである。

履声鏗然　はき物の音がカランコロンカランコロンと聞えた。

奥子復　奥村脩運。字は子復。号は天遊。加賀藩士。室鳩巣の門人。また羽黒養潜(闇斎学派)に学ぶ。宝永六年(一七〇九)義人録の定稿が成ったとき、跋語を記している(義人纂書巻一所収)。

谷勉善　小谷継成。字は勉善。室鳩巣の門人。同じく跋語を記している。

石慎微　石黒知幾。字は慎微。鳩巣の門人。同じく跋語を記し、その中に「知幾遊ニ先生門下一、十ニ有二年於茲ニ」とある。

ああ…　初稿本により底本の読み方を改めた。

孟氏…　孟子、告子上「理義之悦ニ我心一…」。

室子　室鳩巣を指す。

張皇　おおげさにいう。

孤竹の二子…　伯夷・叔斉のこと。史記、伯夷列伝による。

義英　正しくは義央。吉良上野介。

仁を…　論語、述而の語。

生を…　孟子、告子上の語。

師尚父　武王の政治顧問太公望呂尚。

子の者、みな*長吁して退く。遂にその語を*簡端に収め、以て後のこの録を読む者に告ぐ。

日東*元禄癸未十月庚辰、*鳩巣室直清、静倹斎に手書す。

長吁　ためいきをつく。

簡端　書物の始め。序文の意。

元禄癸未十月庚辰　元禄十六年(一七〇三)十月八日。二七四頁以下の本文はそれ以後に改訂された定稿である。

鳩巣室直清　朱子学者。名は直清。字は師礼。新助と称した。鳩巣は号。加賀藩に仕え、木下順庵に学ぶ。正徳元年(一七一一)、新井白石の推挙で、幕府の儒官となり、享保七年(一七二二)には吉宗の侍講に任ぜられた。著書に『六諭衍義大意』『献可録』『兼山麗沢秘策』『駿台雑話』など。万治元年(一六五八)—享保十九年(一七三四)。

赤穂義人録 巻上

鳩巣　室直清　著

元禄十四年、*歳辛巳に次す、三月十一日、*天使*柳原大納言資廉・*高野中納言保春、東武に*来聘す。上皇使*清閑寺中納言凞定、天使と倶に至り、同に城東の館に就く〈世に*伝奏屋敷と称す〉。これより先、*将軍、*内匠頭浅野長矩〈国城は播磨の赤穂に在り〉・*左京亮伊達宗春〈国城は伊予の吉田に在り〉に命じ、館待の事を分領せしむ〈長矩の領する所は天使に繋り、宗春の領する所は*皇使に繋る〉。*上野介吉良義英・*近江守大友某ら、みな高家を以て与る〈凡そ名家の子孫、国を失ひ廃せらるること久しく、而して*華冑赫奕たる者は、*幕府その官爵を尊び、*待するに不次を以てし、これを高家と謂ふ〉。長矩みづから、歯なく旧儀に習はざるを以て、乃ち閣老に因りて固辞す。聴されず。閣老曰く、「野州は老成し、故事に練達す。君よろしくこれと謀り、然るのち施行すべし。また難きことなきなり。何ぞ辞することを以て為さん」と。義英、*官歯の高く、諸高家の上に居るを以て、京官至るごとに、未だ嘗てその間に*趨陪せずんばあらず。これを以てみづからその能を矜りて人に驕る。而して前時、事を共にする者、その*指授を利とすれば、則ち多く賄賂を行ひて以てこれを誘く。長矩、人と為り*強梗にして、*与に屈下せず。以為へらくおのれ義英と同に公事を執る。私に*阿諛を為すべからずと。未だ嘗て*請謁問遺して、以てその歓を取らず。故を以て甚だ相善からず。他日、長矩、義英に謂ひて曰く、「朝廷、僕の不肖を以てせずして、*賓礼を典らしむ。願はくは君以て僕に教ふることあれ」と。義

歳…　歳星(木星)が天の辛巳の位置にある。つまりかのとみのとし。

天使　天皇の使者。

柳原大納言資廉　正しくは前権大納言。正保元年(一六四四)—正徳二年(一七一二)。年頭の挨拶に幕府より吉良義央が上京したのに対する答礼のため、下向してきたのである。この頃の天皇は東山天皇、上皇は霊元上皇。

高野中納言保春　正しくは前権中納言。慶安三年(一六五〇)—正徳二年(一七一二)。

来聘　あいさつに来る。

清閑寺中納言凞定　正しくは前権大納言。寛文二年(一六六二)—宝永四年(一七〇七)。

伝奏屋敷　武家伝奏の宿所として設けられた邸。竜の口(和田倉門外、今の千代田区丸の内一丁目)にあった。

将軍　底本欄外「将軍。一作二大家一。下同」。浅野長矩らが御馳走役(館伴)を命ぜられたのは二月四日。

内匠頭浅野長矩　→一六五頁注

左京亮伊達宗春　のち村豊と改む。宇和島藩の支族、三万石。天和二年(一六八二)—元文二年(一七三七)。

皇使　上皇使。

上野介吉良義英　底本欄外「英。一作レ央。下同」。義央が正しい。→一六四頁

近江守大友某　大友義孝。→一六八頁

英曰く、「僕と雖もまた礼を知らざるなり。かつ事を行ふの間、他人に仰ぎ難し。君よろしく以てみづから処することあるべし」と。長矩また閣老の意を以てこれに語ぐ。義英曰く、「然りと雖も、君の事は僕の与る所に非ざるなり」と。長矩、心に深くこれを怨む。

十二日、将軍、前殿〈世に大広間と称す〉に御し、京使を引見して、詔を受く。十三日、京使のために宴を設く。散楽〈世に能と云ふ〉あり。*巳より申に至り、楽闋む。使臣乃ち出づ。十四日、命ありて、白書院〈別殿の名〉に御し、親しく詔旨に答へ、京使を遣る。期に先だちて、諸閣老、及び*起居の臣僚〈ここに御側衆と云ふ〉、旧勲の諸侯〈ここに御譜第大名と云ふ〉、みな朝服してこれに趨く。元日の儀の如し。長矩ら*廊廡の下に集りて事を議す。義英に問うて曰く、「天使至らば、わが輩いづくにかこれを迎へん。これを階下に迎ふるを宜しと為さんや否や」と。義英曰く、「これらの浅近の事、君なほ知らず、しかもいま期に迫りて急ぎ議す。乃ち衆の笑ひと為ることなからんや」と。たまたま*元妃藤原氏、*内使を遣はして、恩を天朝に謝せしむ〈嚮に詔ありて元妃を*存問せり〉。まづ*梶川与三兵衛をして至りて、将軍の礼を行ひ畢はるを候ひて還り報ぜしむ。与三兵衛、長矩に謂ひて曰く、「*幕下、礼を行ひ畢はらば、僕に告げよ」と。長矩曰く、「諾」と。義英、傍らに在り、与三兵衛に謂ひて曰く、「君の議する所は何事ぞ。僕まさに与り聞くべし。然らずんば、恐らくは便宜を失せん」と。長矩その己を少しとすることを知り、色動く。乃ち黙して起つ。義英、列に言ひて曰く、「鄙野の子、しばしば礼に曠し。また司賓の選を辱めざらんや」と。長矩これを聞き、憤怒に勝へず、乃ち反りて義英を呼ぶこと一声、刀を以て冠を撃つ。頭に中てて血流る。義英眩惑し、与に敵するに意なく、手を以て面を擁して俯す。長矩再びこれを撃ちて脊に中

華冑赫奕　立派な家柄でかがやかしい。
幕府　底本欄外「幕府。一作二朝廷一」。
待するに…　順序を越えた特別待遇をする。
官歯　官職と年齢。
趨陪　そばについて接待をする。
指授　指導。
強梗　いじっぱり。強情。
与に　相手に対して。
阿諛　へつらい。
請謁問遺　頼みに行き、ごきげん伺いの贈物をする。
賓礼　客を接待する礼。
巳より申　午前十時頃より午後四時頃まで。
起居　ここでは君主の日常生活をつかさどること。
廊廡の下　大広間の外の廊下。
元妃　将軍の奥方。御台所。将軍綱吉の正妻、浄光院(鷹司教平の女、宝永六年没)のこと。
内使　奥方からの使者。
存問　見舞う。安否を問う。
梶川与三兵衛　大奥の留守居番。↓一六五頁注
幕下　将軍。

つ。与三兵衛、長矩の後よりこれを抱き止む。大友某・品川某、義英を扶けて起たしむ。事聞す。将軍大いに怒り、命じて長矩を囚へて、右京大夫田村建顕の邸〈国城は陸奥の一関に在り〉に置かしむ。主る者、輿に網して送り致す〈囚を送る例、網を以て輿を冒ふ〉。能登守戸田忠真〈国城は下総の佐倉に在り。のち越後州の高田に徙る〉を以て、長矩に代ふ。ここにおいて朝議あり白書院血もて汚れ、以て京使を待すべからざるを以て、命じて更めて黒書院〈また別殿の名〉を張かしめ、趣やかに陳設せしむ〈趣、読んで促と曰ふ。下の趣出も同じ〉。しばらくして将軍、黒書院に出御し、礼を行ひ畢はり、京使を遣りて西に還らしむ。

この日、将軍、閣老相模守土屋政直〈国城は常陸の土浦に在り。諸閣老、月ごとに一人を輪して事を主る。これを月番と謂ふ。本月、政直値たる〉を召して、命じて以へらく、「今日天使を礼接す。人臣に在りては、最もまさに惕厲戒懼し、以て紛争を禁ずべきに、長矩は意に率ひて鬪狠し、血を台墀に喋み、私怨を以て公法を滅す。それ死を賜ふ」と。政直、大監察〈ここに大目付と云ふ〉下総守荘田某を遣はし、田村氏邸に詣らしめ、長矩をして辞を受けて自殺せしむ。属吏一人を点してこれを相けしめ、少監察二人〈多門伝八郎・大久保権左衛門〉監視す〈凡そ士、死を賜はるに、法として監あり、相あり。自殺する者、まづみづから刃を以て腹を断つ。相者、後よりこれを刎ね、頸を以て監に示し、以て殊死を明らかにす。これを介錯と謂ふ〉。長矩遂に自殺して以て死す。弟大学頭長広、人をして来りて尸を収めて以て帰らしめ、芝の泉岳寺に葬る〈或は曰く、遠江守加藤泰実、長矩と相善し。長矩義英と事を共にするに及び、泰実、長矩に謂ひて曰く、「去年、僕、義英と日光に赴き、山陵の事を司る。その人驕傲、好んで人を忮害す。僕これと死せんと欲することしばしばなりき。顧ふに公事の重き、私怨の故を以てこれを毀るは不忠なりと。ここを以て敢へてせざりき。いま君日ごとにこれと会す。彼、君を待するに必ず無礼

品川某　豊前守伊氏。→一六五頁注
右京大夫田村建顕　→一六七頁
主る者　かかりの者。
能登守戸田忠真　七万一千石。のち老中。慶安四年(一六五一)—享保十四年(一七二九)。
相模守土屋政直　→一六五頁
輪して　つぎつぎ交替して。
惕厲戒懼　恐れ慎む。
意に率ひて鬪狠し　意のおもむくままにけんかをし。
血を台墀に喋み　御殿の上を血みどろにし。底本欄外「台墀。一作二殿階一」。
下総守荘田某　庄田安利。→一六九頁
点して　指定して。
多門伝八郎　→一六四頁
大久保権左衛門　→一六四頁
大学頭長広　浅野大学。→一八八頁注
遠江守加藤泰実　底本欄外「実。一作レ経」。加藤泰実は、加藤遠江守泰恒(泰経)の弟で、僧。従って泰実は泰恒の誤りか。泰恒は伊予大洲城主、五万石。明暦三年(一六五七)—正徳五年(一七一五)。
驕傲　威張って人をあなどる。
忮害　そこなう。
待する　あしらう。
安芸侯　広島城主、浅野綱長。→一七五頁
下野守戸沢政庸　正庸。出羽新庄

ならん。願はくは君、国家のためにこれを忍べよ」と。長矩曰く、「辱くも忠告せらる。敢へて教へを受けざらんや。然れども事は固より忍ぶべからざる者あり。また預め諾し難きのみ」と。竟に果してその言の如し。友人小谷勉善これを*安芸侯の家人に聞く、曰く、「前年、*下野守戸沢政庸、長矩と語り、その父*上総介政寔の義英と日光の役に従事せしことに及び、因りて義英の無礼の状を言ふ。長矩曰く、*尊大人みづから年老ひたるを以て、故に能く忍ぶことあることかくの如し。長矩の若きは、則ち能はざるなりと」と。当時、*小笠原長州、坐に在りてこれを聞く。ここに至りて長州たまたま安芸侯の邸に詣り、この事を以て坐客に語ぐ。而して侯の家人に御牧武太夫なる者あり、側らに在りてこれを聞く。これ必ず或る人の説と一事なり。則ちまさに勉善の聞く所を以て是と為すべし〉。

この日、命あり、長矩の本邸宅〈*鉄砲洲に在り〉を収む。*采女正戸田氏定〈国城は美濃の大垣に在り。初め長矩の父*前内匠頭長友、*戸田氏包と、倶に*飛騨守内藤忠種の女を娶り、長矩を生む。氏定は氏包の子なり〉、士卒を以ゐて、往きて邸を環守す。安芸守浅野綱長〈国城は安芸の広島に在り。*赤穂侯の宗室たり〉、将卒二百人を遣はし、趣やかに邸内の人衆を出だし、及び門巷屋舎を掃除せしむ。夜に至りて、邸を以て氏定に授け、乃ち去る。

十五日、諸侯朝賀すること例の如し。閣老、大監察をして諸侯を見、諭すに長矩死を賜はるの事を以てせしむ。この日、長矩の弟大学頭長広を私室に幽す〈*長広、別に禄を賜はりて*朝請を奉ず。長矩の*本庄の宅に居る。長矩、子なし。藩に帰る毎に、官に請ひ、長広を以て嗣と為さんとす。ここに至りて、長矩の事に坐して幽閉せらる。*凡そ諸侯未だ嗣を立てざる者は、藩に帰る毎に、権に親族中の一人を以て、定めて嗣と為す。子あるに至れば乃ち止む〉。遂に諸閣老に命じ、赤穂の城邑を収むるを議せしめ、大垣侯をして教へを赤穂に下し、城中の軍士に諭告せしめ、受城使の至るを待ちて、城邑を官に内れしむ〈凡そ郡国の留守の臣は、おのおの本藩の旨を以て城を守る。藩主罪ありて国除かれ、朝廷その

城主、六万八千二百石。寛文四年(一六六四)—元文五年(一七四〇)。

上総介政寔　正誠とも。寛永十七年(一六四〇)—享保七年(一七二二)。日光東照宮の修理助役を命ぜられたのは天和三年(一六八三)(徳川実紀)。

尊大人　あなたのお父さん。

小笠原長州　未詳。三三七頁にみえる小笠原長門守長定のことか。

鉄砲洲　いまの中央区明石町の辺り。

采女正戸田氏定　↓一八〇頁

前内匠頭長友　浅野采女正。寛永二十年(一六四三)—延宝三年(一六七五)。

戸田氏包　氏西(うじあき)とも。美濃大垣城主、寛永四年(一六二七)—貞享元年(一六八四)。

飛騨守内藤忠種　忠政とも。志摩鳥羽城主、三万五千石。元和三年(一六一七)—延宝元年(一六七三)。

赤穂侯の宗室　赤穂浅野家の初代長重は浅野長政の三男。二男長晟が本家をついだ。宗室は本家。

長広別に…　播州赤穂郡のうちに私墾田三千石を分与され、旗本寄合に列していた。

朝請　朝廷(ここでは将軍)に伺候すること。

本庄　本庄(初稿本「本莊」)は本所(今の墨田区内)か。長広の本邸は木挽町三丁目(現在の中央区銀座、歌舞伎座の辺り)にあった。

凡そ諸侯…　仮養子。江戸帰着までに死亡した場合に備えて行われた。

安芸侯…　↓一八四―六頁

十九日…　江赤見聞記巻一によれば、十七日から十八日にかけて、築地鉄砲洲上屋敷・赤坂南部下屋敷を引渡し、「本荘御屋敷」は浅野大学へ与えた。

本荘　↓前頁注「本庄」

譏笑　そしり笑う。

弾正大弼上杉綱憲　出羽米沢城主、十五万石。寛文四年(一六六四)、綱勝の死に際して、養子となり上杉家を嗣いだ。寛文三年―宝永元年(一七〇四)。

淡路守脇坂安照　↓一八四頁注

肥後守木下利庸　公定(きんさだ)とも。底本欄外「庸。一作レ康。下同」。↓一八五頁

荒木十左衛門・榊原釆女　↓一八三頁注

副　副使。

石原新左衛門　↓一八四頁注

岡田庄太輔　荘太夫俊陳。元禄八年より代官。承応元年(一六五二)―享保十一年(一七二六)。

郡代　底本欄外「郡代。一作二代官一」。

早水藤左衛門　後出(三一九頁)。

茅野三平　萱野三平。金十二両二分三人扶持。のち父から他へ仕官するよう勧められ、板ばさみになって、元禄十五年一月十四日に自殺した。三三三頁参照。

原総右衛門　惣右衛門。後出(三一七頁)。

大石瀬左衛門　後出(三一九頁)。

城邑を収むるには、必ず藩主の旨を請ひ、然るのちこれを内る。いま赤穂侯すでに死す。故に大垣侯、本主に代りて旨を授く〉。安芸侯、大垣侯と、また家臣おのおの数輩を遣はし、城下に詣りて監視せしめ、及び隣国の諸侯、おのおの士卒に誓めて、境上に至りて変に備へしむ。十九日、命あり、悉く長矩の都下の別宅を収む。独り本荘の宅を以て大学頭に与へて居らしむ。二十六日、吉良義英、病みて職を免ぜらる〈高家は礼儀の事を掌る。漢の大常の職の如し〉。将軍、義英を以て罪なしとして、命じて傷を治めしむ。愈ゆるを俟ちて、起ちて事を視ること故の如し。然れども衆みな義英の前に倨にして後に怯なるを以てや、これを譏笑して已まず。その子弾正大弼上杉綱憲〈国城は出羽の米沢に在り〉、義英のために病と謝し免ぜられんことを請ふ。これを聴す〈初め播磨守上杉綱勝、妹あり。義英に嫁し、綱憲を生む。綱勝、子なし。官に請ひ、甥綱憲を養ひて嗣と為す。綱勝卒し、綱憲立つ。これ弾正大弼たり。二子を生む。長を民部太輔吉憲と曰ひ、次を左兵衛佐義周と曰ふ。のち義英また綱憲の次子義周を養ひて嗣と為す〉。二十八日、受城使淡路守脇坂安照〈国城は播磨の竜野に在り〉・肥後守木下利庸〈国城は備中の足守に在り〉東都を発し、赤穂に赴く。少監察荒木十左衛門・榊原釆女副たり。因りて安照に命じ、家衆を以て、赤穂城を留守せしめ〈竜野は赤穂と接近し、衆を徴するに便なり〉、石原新左衛門・岡田庄太輔を以て郡事を知せしむ〈ここに郡代と云ふ。受城使安照ら、前旬より命ありて治装す。ここに至りておのおの士卒を率ゐて同行す〉。

　これより先、赤穂の邸報、国に至る〈初めに変起こるを告ぐる者は、早水藤左衛門・茅野三平。次に死を賜はるを告ぐる者は、原総右衛門・大石瀬左衛門。みな日に馳すること二百里、凡そ五日にして赤穂に至る〉。国老大石内蔵助良雄〈後に見ゆ〉、及び事を用ふるの臣大野九郎兵衛某、その余の群臣と〈凡そ赤穂の士員は、三百八人〉庭上に会議す。良雄曰く、「主辱めらるれば臣死す。これ誠にわが輩

節に死するの秋(とき)なり。然れども死は固(もと)より難きに非ず、而して死に処すること実に難し。諸君何を以て死せんと欲するや」と。坐中の壮士みな曰く、「この城を枕として以て死することあらんのみ。また何ぞ議せん」と。良雄曰く、「諸君の言固(もと)より然り。ただ人臣の義、なほみづから国に効(いた)すべき者あらば、まさに力をこれに尽くすべきのみ。いま主家すでに滅び、力の以てこれを復するなし。独り*介弟大学君ありて、以て先君の祀を奉ずべし。某らよろしく死を以て*台墀(たいち)に請ひ、先君のために後を立つべし。しかも台墀聴(ゆる)さずんば、則ち城に乗(のぼ)りて決戦して以て死して、先君に地下に従はんこと、固よりその所なり」と。*九郎兵衛ら、みな首鼠両端す〈*漢の灌夫伝に、首鼠両端と。註に、鼠は性疑ひ、穴を出づるに多くは果ならず。故に両端を持する者、これを首鼠と謂ふと。また首鼠は*一前一却と〉。議未だ決せずして罷(や)む〈或は曰く、中に*新進の士二人あり、言ひて曰く、某、*羈旅(きりょ)の臣を以て、来りて国に仕ふること日浅し。諸君と難を同じうすべからざる者あり。請ふこれより辞せんと。乃ち去る。良雄、人をして境に*要してこれを殺さしむと〉。

後二日、良雄また衆を会して前議を述ぶ。九郎兵衛曰く、「不可なり。それ城に拠りて以て請ふは、これ*上を要するなり。その先君のために後を立つることや冀(こひねが)ふべけんや。わが輩(ともがら)死すと雖も、何の益かこれあらん。たまたま悖逆(はいぎゃく)の名を負ひ、以て先君を累(わづら)はすに足らんのみ」と。良雄曰く、「然らず。士の守る所の者は義なり。士にして義なくんば必ず辱(はづかし)めらる。いま大節に臨みて、大義を以てみづから白(あき)らかにせずして、顧(かへ)つて死を畏(おそ)れ苟(かりそ)めに免れ、唯唯(ゐゐ)として上を奉ずるを以て務めと為さば、また恥なきの甚だしきならずや。わが最も恨む所の者は、天下の人をしてこれを聞きて、以て赤穂数世士を養ひて、一人の*大体を知る者なしと為さしめん。また先君の名を辱むるなり。今たとひ*尺寸の以て国に補

二百里　今の三十三里余。江戸―赤穂間は今の百五十五里。

大野九郎兵衛某　城代家老。→一八一頁

赤穂の士員は三百八人　前原宗房・神崎則休の赤城盟伝にも三百八人とみえる。→二五五頁

主辱めらるれば臣死す　国語、越語下・史記、韓長孺伝などの語。

介弟　他人の弟の敬称。

台墀　宮殿の階段の上の赤色に化粧塗りした庭。転じて宮殿、天子(ここでは将軍)。底本欄外「台墀。一作₂朝廷₁。下同」。

九郎兵衛ら…　纂書(補遺所収)では、「九郎兵衛等黙然、衆為₂良雄₁左袒者、百十四(初稿本「余」)人、其余皆首鼠両端」(初稿本もほぼ同じ)。

漢の　漢書の。

一前一却　進んだり退いたりする。底本の「郤」は「卻」(却の古字)の誤り。

新進　仕えて間もない。

羈旅の臣を以て　他国からの客分として。

要して　待ち伏せして。

上を要す　将軍を強迫する。

大体　根本義。

尺寸の　ごくわずかの。

ふことなきも、しかもまた先君の名を辱むるは、何如んと為す」と。衆みな曰く、「大石君の議是なり」と。九郎兵衛已むを得ずして、またこれに従ふ。良雄ここにおいて多川九*左衛門・月岡治右衛門を撰び、東都に使ひせしむ。意指*を口授してこれを遣はす。因りて衆と約すらく、後二日を以てまた城上に会せんと。曰く、「まさに城を閉ぢて固守し、以て官使の至るを俟ちて、乃ち死に帰すべきのみ」と。期に及びて、衆の赴き会する者、五十五人なり（奥野将監*・吉田忠左衛門・佐佐小左衛門・河村伝兵衛・近藤源四郎・小山源五左衛門・佐藤伊右衛門・原総右衛門・岡野金右衛門・子の九十郎・長沢六郎左衛門・稲川十郎右衛門・間瀬久太夫・田川権右衛門・渡部角兵衛・幸田与三右衛門・里村伴右衛門・多芸太郎左衛門・小野寺十内・子の幸右衛門・山上安左衛門・潮田又丞・近松勘六・矢野半平・早水藤左衛門・上島弥助・中村清左衛門・橋本平左衛門・間喜兵衛・子の十次郎・中村勘助・灰方藤兵衛・高田儀左衛門・仁平郷右衛門・菅谷半丞・榎戸新助・千馬三郎兵衛・河田八兵衛・神崎与五郎・大高源五・武林唯七・岡島八十右衛門・茅野三平・豊田八太夫・貝賀弥左衛門・勝田新左衛門・陰山総兵衛・倉橋八太夫・久下織右衛門・猪子源兵衛・矢頭長助・子の右衛門七・三村次郎左衛門。大石主税・瀬左衛門を幷せて、五十五人と為す）。その余は至らず。

良雄曰く、「官使の至ることまさに日あらんとして、衆の離叛することかくの如し。それ赤穂の一城を以て、天下の兵を招くは、全国*の衆を挙ぐと雖も、なほ恐らくは一月を支ふること能はざらん。況やこの蕞爾*の衆は、なほ以て一面を守るに足らず。しかもこれを以て戦はんと欲せば、則ち吾その兵朝に交りて城夕に抜かるるを見る。徒らに兵を弄するを以て天下の笑ひと為らん。如かじ官使に因りてこの意を以てみづから陳べ、然るのち相与に城上に自殺して以て志を明らかにするの愈れりと為すには。諸君において何如ん」と。

多川九左衛門・月岡治右衛門　↓一八三頁

意指　考え。心積もり。

奥野将監…　堀部筆記（二五四―五頁）に載せるものと二、三の異同がある。なお近藤（進藤）・田川（田中）・矢野（平野）などは誤りと考えられるが、全て底本のままとした。

全国の衆　赤穂国全部の軍隊。

蕞爾　ちっぽけな。わずかばかりの。底本の「尓」は「尒」（爾の俗字）の誤り。

衆曰く、「甚だ善し」と。良雄曰く、「請ふ諸君と盟せん、可ならんか」と。みな曰く、「可なり」と。乃ち盟書を出だして以てこれを示す。衆おのおの姓名押字を署し血を点す〈近世の盟書、同盟の姓名及び押字を連署し、おのおの指血を以て押字の処に点す〉。良雄、衆中において読み已はり、乃ち曰く、「われ今において諸君の主に報ゆるの志を見たり。まさに諸君と計を決すること今日に在るべきのみ。ただここに一事あり。願はくは諸君と謀りてこれを決せん、何如ん」と。衆曰く、「願はくはこれを聞かん」と。良雄曰く、「先君、義英の無礼を怒り、これを*鈎庭に戮して克たず、而して独り禍ひに罹る。これ義英はわが君の讐なり。いま義英在り。われ、諸君と、義として*与に共に天を戴かず。窃かに諸君のために計るに、相与に力を戮せ謀を共にし、以て義英を討ちてこれを殺すに若くはなし。これを均しくするに死するなり。徒らにここに死するは、仇を報いて以て死するに孰与れぞ。不幸にして事就らずとも、なほ以て大義を天下に伸ぶるに足らん」と。衆踊躍して曰く、「僕ら慮りここに及ばず。願はくは身を以てこれに徇はん」と。独り老年の人、良雄に謂ひて曰く、「この計固より善し。ただこの事は易からず。日を計へて得べきに非ざるなり。*人命は朝に夕を慮らず。恐らくは事未だ集らずして、わが輩先に死せば、則ち他日以てみづから白らかにすることなきのみ。窃かに謂へらく前議に従ふの得たりと為すに如かじ」と。良雄曰く、「僕と雖もまた病多し。この慮りなくんばあらず。然れども吾と諸君と、同体一心なり。不幸にして事に先だちて死せば、後死の者以てこれを成すを得ん。なほ我に在るがごときなり。事は固より逆め知るべからず。然れども*周旋の間を料るに、三年に過ぎずして、わが事成らん。たとひこの衆これを三分してその二を損ぜんも、なほ以て事を済すに足ら

鈎庭　江戸城中の御殿。また、次頁では将軍。底本欄外「鈎庭。一作㆓朝廷㆒。下同」。
与に共に…　礼記、曲礼上の語。

人命…　李密の陳情表「人命危浅、朝不㆑慮㆑夕」。

周旋　あちらこちら駈けずり回る。

ん。況や未だ必ずしも然らざるをや。かつ諸君、忠誠欺かず、天の佑くる所、われ固より諸君の志、果して成ることあらんことを知るなり。小をば忍びずんば大謀を乱る。かの*挈瓶器を仮すの議*の若きは〈張平子*東京賦に、挈瓶の智も、守りて器を仮さず、況や帝業を纂ぎて天位を軽んずるをやと。○類書纂要*に曰く、挈瓶しばしば空しとは、文思竭き易きなり。文賦*に出づと〉、諸君以て意と為すことなかれ」と。

四月四日*夜、多川・月岡、東都に至る。初め両人赤穂を発するとき、良雄、両人をして直ちに受城使に詣りて自陳せしむ。至れば則ち受城使すでに西す。ここにおいて、両人、本藩の臣安井彦右衛門・藤井又左衛門と謀り、大垣侯に属*して命を釣庭*に請はんとす〈浅野*の本姓は安井氏。彦右衛門は公族なり。二人は幷びに赤穂の巨室にして、去歳より赤穂侯に従ひて邸に在り〉。翌日、倶に大垣侯に詣りて言ひて曰く、「赤穂の老臣大石良雄ら、臣二人をして敢へて腹心*を布かしむ。寡君*、罪を釣庭に得て、死を賜はる。臣ら敢へて奉承せざらんや。然れども両*下相殺すは、国に常刑あり〈両下相殺し、一人死せずんば、朝廷、曲直を論ぜずして、必ず両つながらこれを殺し、以て推刃*の乱を遏む。国初以来、著して令と為す〉。いま吉良君、朝に禄位あること故の如きに、大刑独り寡君の身に加はる。これ臣ら日夜泣血し、寧ろ死すとも悔いざる所以なり。臣ら一二の老臣、固より朝廷一統の政を崇ぶことを知れども、偏遠の臣、頑愚の衆は、ただ忠を事ふる所に尽くすことを知るのみ。論すに逆順の分を以てすと雖も、然も衆心回らすべからず、群議奪ふべからず、みな曰く、敢へて朝廷を讐とするには非ざるなり、ただ城に即きて自殺し、以て人臣の分を明らかにせんと欲するのみと。もし朝廷更めて処置あり、*亡虜の臣をして国を去りて、天下に辞*あらしめば、則ち臣ら衆を以ゐて退き、ただ命をこ

挈瓶器を仮す　乏しい知恵をしぼって、大切なものを失う。

議　初稿本・纂書など「譏」。

張平子…　後漢の張衡(字は平子)の作。文選に収める。

類書纂要　明の璩昆玉の編。「挈瓶…」は巻下、人事部に見える。

文賦　晋の陸機(字は士衡)の作。文選に収める。

四月四日…　→一八二頁

属して　たのんで。

釣庭　前頁注参照。ここでは将軍。

浅野の本姓は…　重修諸家譜に浅野長政の実父は安井弥兵衛(一説五兵衛)重継で、浅野長勝の養子となったとある。義人録は、赤城盟伝の同様の所伝によったものか。

腹心を布く　心の奥底を述べる。

寡君　自分の君主の謙称。

両下相殺す　双方が殺しあう。

推刃　復讐の連続。公羊伝、定公四年の語。

亡虜の臣　国を失った家来。

辞あらしめば　いいわけができるようにしてくださるならば。

れ聴かん。敢へて死を以て聞す」と。大垣侯、両人に謂ひて曰く、「この事大いに不可なり。もし朝に達せば、大学頭より以下、重ねて罪を得ん。これ群臣忠ならんと欲して、反つて国に忠ならざるなり」と。因りて良雄に書を与へて曰く、「使者両輩来り、城中軍士の議を聞くに、また辺鄙暴悍の習ひ、朝廷の法に達せざるに由る。内匠頭、平生恭謹にして、上に事ふるに敬なりしは、卿らの知る所なり。いま卿らのために計るに、手を束ね兵を釈て、城邑を以て官に上入し、本藩始終朝廷に弐心なきを明らかにするに若くはなし。また内匠頭の志なり。群臣忠を亡主に尽くす所以の道と雖も、また何を以てこれに加へん。官使、邑に臨まば、卿らよろしく軍士を厳警し、指麾を俟ち、進退みづからほしいままにするを得ることなかるべし。急ぎて城中の軍士に令して知悉せしめよ」と〈この書もと国語を以てこれを為る。いま代ふるに華言を以てすることかくの如し〉。書を出だして両人に示して曰く、「卿ら能く良雄らをして寡人の言に従はしむるや否や」と。両人曰く、「諾」と。安井・藤井もまた書を附し、大垣侯の戒むる所を以て言と為す。即日、両人馳せて赤穂に還る〈直清謂へらく、多川・月岡、ここにおいて、使命を辱むと謂ふべし。それ良雄の命を朝に請ふや、まさに以て大学君を立て、赤穂侯の後を存せんとするなり。然れども義英、朝に在れば、大学君は仇と並び立つの理なし。朝廷もし大学君を立てば、まさにまづ義英の官爵を除きてこれを逐ふべくして、乃ち可なり。良雄敢へて顕言せずと雖も、然れどもいはゆる「更めて処置あり」とは、その意蓋しここに在るなり。これを大高忠雄母に与ふるの書に考ふるに、見るべし。然れども朝廷すでに義英を赦したれば、大号一たび出づれば反すべからず。良雄あに義英の逐ふべからず、大学の立つべからざることを知らざらんや。然れどもなほ万一を僥倖する者は、赤穂一国の命を以てこれを請はば、得べきに庶幾からん。赤穂侯を殺し義英を逐ふを以て、朝廷をしてこれを許さしめば、その、罪の軽重におけるは、

使者両輩来り… この書は、堀部筆記にみえる。↓一八三頁

兵 武器。

大高忠雄 大高源五。後出(三二五頁)。「母に与ふる書」も後出。「日夜庶幾はくは鈞命少しく吉良氏を貶し、以て大学君の地を為り…」の部分(三二六頁)をさすか。

逐ふを以て 罷免するということを。底本欄外「以。一作ㇾ況」。

固より未だ失せざるなり。かの二子まさに直ちに監察官に詣り、朝に告訴して曰ふべし、「赤穂の軍士三百人、みな死を決す。臣、命を得ずんば、則ち生還すべからず。請ふまづ刃に伏し、以て欺かざるを天下に示さん。それすでに寡君を罪して以て法を明らかにし、また長広を立てて以て恩を明らかにせば、刑賞両つながら得、威恵並びに行はれん。その朝廷の政におけるは、また善からずや。一国の士を鏖にし、太平の化を傷つけなば、臣ら死するは固より道ふに足らざるも、その盛世を損ふや、また已だ多し。この二者孰れか得孰れか失へる。ただ朝廷の策安くに出づるのみ」と。二子をして色を正し辞を直くして、これを以て陳べしめば、未だ必ずしも上聴を感動せしめ、再び朝議を煩はさずんばあらず。事もし可かれずんば、則ち死するも固よりその所なり。いま二子ここに出づるを知らず、乃ち人の頤指を受け、唯唯として退き、曽ち一言の以て軽重を見すことなし。ああ良雄の二子に属する所以の者は、何らの事と為す。しかも阿順曲従することかくの如し。蓋し二子もと事に死するの志なし。故にその気齷齪として、安井・藤井の夾持する所と為り、以てここに至るのみ。良雄ここにおいて人を知らずと謂ふべし。この時に当たりて、赤穂は材なきに非ざるなり。吉田・小野寺の練達あり、富森・神崎の勇幹あり、その他、原・間・大高の徒、みなその選なり。良雄、一に使ふ所なくして、独り二子を以てこれと為すは何ぞや。意ふに二子もと材弁ありてみづから好む。良雄と雖も、また虚誉に眩まされてこれを用ひしなり。それ緩急に命を辱めざるは、ただ大節ある者のみこれを能くす。あに口弁色荘の士の能く為す所ならんや。二子国に帰りてよりの後、衆心動揺し、日に以て離散し、情見れ力屈し、大事去りぬ。また良雄二子を誤用せしに由りてこれを致すなり。ああ人を用ふるの際、慎まざるべけんや〉。

翌日、大垣侯また二臣を赤穂に使ひせしめ、重ねて書を以て戒諭す。これよりもろもろの良雄に附せざる者、日夜潰散して已まず。九郎兵衛もまた夜に乗じて逃る〈神崎則休筆記に載すらく、九郎兵衛、貨を好み富を致し、家に余産あり。始め国難を聞きしより、専ら財を以てみづから逃れんこ

長広　浅野大学。

頤指　あごでこき使う。

齷齪　あくせく。こせこせ。

夾持　挾持に同じ。拘束する。

吉田・小野寺　吉田忠左衛門・小野寺十内。後出(三一六・三一七頁)。

富森・神崎　富森助右衛門・神崎与五郎。後出(三一八・三三四頁)。

原・間　原惣右衛門・間喜兵衛。後出(三一七頁)。

口弁色荘　口達者で顔つきだけがいかめしい。

情見れ力屈し　漢書、韓信伝の語。情は内幕、実情。

二臣　正木笹兵衛・荒渡平右衛門。その書も堀部筆記にみえる。→一八四頁

神崎則休筆記　前原伊助宗房撰、神崎与五郎則休注の赤城盟伝のこと。→三三二頁。盟伝(纂書本)では「天罰レ之而邑民不レ入二網干村一、不レ揚二大坂湊一、而漂泊二十余日也…」と、より詳しく述べている。

とを謀る。果たして四月十三日を以て、東使の未だ至らざるに先だちて、みづから家人を率ゐて、倉皇として去る。衆に追はれんことを恐れて、その孫女を棄て、収むるに及ばず。窃かにその子郡右衛門と、路を分かちて間行し、遂に舟に乗りて近邑に至る。近邑の民これを悪みて内れず。海上に漂泊すること三十日、竟に何如なるかを知らざるなり。父子畜ふる所の器財は、赤穂の商家に託すること凡そ百箱なり。大石良雄これを聞き、吏をして就きて封閉せしめ、商家に戒めて人の発くを縦すことなからしむ。翌年八月に至り、九郎兵衛、近藤源八・渡部嘉兵衛と、赤穂の商家に来り、人の在らざるを間ひ、急ぎて箱を開き金三百両を取りて去る。比隣共に起き、追ひてこれに及ぶ。謂ひて曰く、汝金を出ださずんば、杖してこれを殺さんと。九郎兵衛父子、手足慄へ、面に人色なく、乃ち金を還す。邑人、九郎兵衛父子を以て、市に徇へてしかるのちこれを放つと。或は曰く、九郎兵衛のちに京師に居りて貨殖す。明年良雄ら節に死するに及び、九郎兵衛、衆に指目せられ、与に接語せず。或はこれに塗に遇へば、その面に唾せんと欲す。九郎兵衛、跡を滅して去り、終はる所を知らずと。独り前の同盟、及び東都より来り難に赴く者十八人、みな良雄に従ひて去らず〈直清按ずるに、前の同盟中、辛巳に節に死する者より二十三人を少く。蓋し片岡高房・礒貝正久は仇を報ずるを以て東行し、盟の先に在り。不破正種・間光風は、良雄に款すること、国を去るの後に在り。寺坂信行は身賤しきを以て盟に与らず。その余の十八人は、東都より来りて追ひて盟に与る者なり〉。その余の在邸の臣は、多くは安井・藤井の夾持する所と為り、逡巡顧望し、苟めに免るるのみ〈則休筆記に載すらく、藤井又左衛門は、人と為り与に善を為すべし。ただ柔弱にして自立すること能はざるを以て、安井・大野の欺く所と為る。ああ小子なるかな。乃の祖某は国に軍功あり、弾正君当時国士を選び、采女君に分与するに、藤井某を以て第一と為す。いまたとひその身を愛するも、独りその祖を辱むることを念はざらんや。彦右衛門は国の貴戚たり。よろしく存亡を共にすべし。一旦緩急あれば、生を貪り義を忘るることかくの如し。醜むべきの甚だしきなりと。また曰く、伊藤五右衛門・外村源左衛門・岡林木工助・

倉皇　あたふた。

比隣　隣り近所。

徇へ　引き回わして見せしめにする。

貨殖　金もうけ。

辛巳…　辛巳(元禄十四年)は壬午(元禄十五年)の誤り。纂書「壬午」。「二十三人」は初稿本「猶少二十五人」。壬午の節に死する者のうち、さきの同盟者以外の者が二十三人(片岡ら五人と東都からの十八人)いるの意。

片岡高房・礒貝正久　後出(三一八・三一九頁)。

不破正種・間光風　後出(三二二・三三二頁)。

款す　心を打ちあけて盟に加わる。

寺坂信行　後出(三三五頁)。

逡巡顧望　ためらい、どちらつかずで様子を見る。

苟めに免る　その場限りの一時逃れをする。

弾正君　弾正少弼長政。

采女君　采女正長重。

伊藤五右衛門…　これらのうち、建部嘉六は喜六、荻原は萩原が正しいか。盟伝には他に奥村忠右衛門が入っている。

岡林　底本欄外「林。一作レ村」。

玉虫七郎右衛門・八島惣左衛門・建部嘉六・近藤政右衛門・多川九左衛門・藤井彦四郎・荻原兵助・田中清兵衛・植村与五右衛門・早川宗助・中沢弥一兵衛・大木弥一右衛門・近藤源八は、みな安井・大野の党なりと〉。

十八日、淡路守安照・肥後守利庸ら、二道より赤穂に至る〈二道は城東の*鷹捕山に出で、一道は城西の*猪池山に出づ〉。期に先だちて良雄府庫を封じ、田里を*籍し、吏をして境上を循行し、橋を脩(をさ)め道を除(はら)ひ、及び*閭巷市廛(りよかうしてん)、並びに喧擾(けんぜう)を禁ぜしむ。ここに至りて官使を城上に迎拝し、かつこれを労(ねぎら)ひて曰く、「諸公遠塗を跋渉(ばつせふ)しここに到る。良(まこと)に苦しめり」と。因りて進んで*両監察に言ひて曰く、「朝廷、寡君に死を賜ふ。また諸公をして来りて城邑を収めしむ。すでに安芸・大垣二侯旨を奉ずるの指令を承(う)く。某ら敢へて恐懼(きようく)しただ命をこれ聴かざらんや。然れども主殺され国滅べば、某ら義としてまさにこれに死すべし。況や吉良君、朝(てう)に禄位を有すること故(もと)の如くして、寡君独り罪を以て死す。某ら寧(いづくん)ぞ何の面目ありて、以て諸公に見(まみ)えんや。ただ寡君の弟大学頭在るを以て、故に姑(しばら)く生を窃み、以て朝廷の挙を待つのみ。さきにこれを以て大垣侯に属して請を為せしも、未だ命を得ざるの間、諸公の至るに会す。某ら二侯の令に従ひ、謹んで城邑を以て上(たてまつ)る。敢へて窮獣の怒りをほしいままにして以て執事を煩はさず。これ某ら朝廷を尊ぶ所以の義なり。朝廷もし恵みて寡君の罪を赦し、辱(かたじけな)くもその子弟を*収録し、これをして*黒衣の闕けたるを補ひて、禄を朝に食(は)み、以て寡君の後を襲(つ)ぐを得しめば、某らまさに*覆載(ふうさい)の仁に沐し、*再造の恩を荷(にな)はんとす。然るのち退きて寡君の廟に自殺し、以て人臣の義を終へて、乃ち已まん。ただ諸公憐れみてこれを察せよ」と〈直清、良雄の官使に告ぐるの言を熟玩するに、その、主家のために後を立てんことを請ふ者は、人臣の分を尽くすに過ぎざるのみ。而してその死を以て国に徇ふの志は、固よりこれを以て易はらざ

鷹捕山　鷹取山。鷹取峠ともいう。竜野より赤穂に至る途中の峠。いまの国鉄赤穂線の高取隧道のある辺りか。江赤見聞記巻二によれば収城使は四月十八日夜半より十九日早朝にかけて入城した。
猪池山　赤城盟伝には猪池越とある。西有年より赤穂に至る途中の山道であろう。
籍し　帳簿に載せ。
閭巷市廛　町の通りや店屋。
両監察　荒木十左衛門・榊原采女の両目付。この二人が到着したのは、収城使より早く、四月十六日で、十八日までの間に引渡しのための書類作成や検分を済ませていた。その十八日の検分の日に陳情したのである。
↓一八五頁
収録　失職した者の官職を復し、名簿に載せる。
黒衣の闕けたるを補ひ　幕府護衛の大名の欠員を補い。戦国策、趙策「願令下補二黒衣之数一以衛中王宮上」。
覆載の仁　天地の恵みにもたとうべき大きな恵み。
再造　再興。
確乎…　易経、文言「確乎其不レ可

る者あり。いはゆる*確乎としてそれ抜くべからざる者なり。然れどもその言に「*必ず恩裁の下るありて、然るのち退きて自殺せん」と曰へば、則ちその命を得ざるや、敢へて手を束ねて徒死せざることも、またすでに明らけし。良雄の若き者は、*辞令を善くすと謂はざるべけんや）。両監察未だ応ぜず。*良雄また言ひて曰く、「赤穂、国家に藩屛たることも、またすでに久し。寡君の曾祖の*前の采女正は、大坂の役に従ひしより、身勤労に服し、勲を当時に立つ。*台徳殿下、*士を胙いてこれを寵し、列国の諸侯に比するを得しめらる。祖の*前の内匠頭、父の*後の采女正に至りても、みな先朝の恩遇を受けしは、衆の知る所なり。以て寡君の身に及んで、日夜士臣を勉励し、心を本朝に傾け、ただ以て*方面の任に勝ふることなからんことを恐る。いまや不幸にして、私怨の故を以て、罪を得て没す。また哀しむべきなり。朝廷もし旧きを存するの恩を推して、絶えたるを継ぐの政を挙げなば、独り某ら賜を受けて死するのみならず、また天下後世をして、朝廷の徳を仰ぐこと窮まりなからしめん。願はくはこの意を以て、これを朝に致さるれば、幸ひ甚だし」と。両監察曰く、「諾。いままさに卿の言を以て上聞せんとす」と。良雄拝謝す。すでに*邑里の名数簿を以て上り、然るのち退きて衆に謂ひて曰く、「吾固より官使の言の*恃みて以て信と為すべからざるを知る。然れどもここに死せざる所以の者は、我が心事未だ伸びざるを以てなり。官使以て他日に*験することあらん」と。

この日、両監察、城下の舎に帰り、人をして良雄を召さしめて至らしむ。謂ひて曰く、「官使、邑に入りしとき、吏の道を治め過ぐる所の浄清なるを観る。城に入れば、群下礼を奉ずることますます恭し。かつ進むる所の*図籍甚だ詳悉にして、みな以て上に奉ずるの法と為すべし。いますでに人を遣はし状を具して以聞せしむ。朝廷、卿ら臣順を効すに*急

レ抜」。

必ず恩裁の下る… 良雄のことばの要約。恩裁は恵みある処置。

辞令 応対のことば。

良雄また言ひて曰く これも同じ日の検分終了の際に陳情したときの言。

前の采女正 長重。長矩の父長友も采女正であったので、それと区別するため「前の」といったもの。大坂冬の陣・夏の陣に奮戦し、敵首六十級をとったという(家譜)。天正十六年(一五八八)—寛永九年(一六三二)。

台徳殿下 二代将軍秀忠。

士を… 長重は秀忠の御側に勤仕し、慶長六年(一六〇一)下野真岡に二万石、慶長十六年には父の長政の遺領常陸真壁五万石を与えられ、大坂の陣ののち、元和八年(一六二二)常陸笠間・真壁合せて五万三千五百石を与えられた。

前の内匠頭 長重の子、長直。正保二年(一六四五)播州赤穂に移された。慶長十五年(一六一〇)—寛文十二年(一六七二)。

後の采女正 長直の子、長友。長矩の父。寛永二十年(一六四三)—延宝三年(一六七五)。

方面の任 一地方統治の任務。

邑里の名数簿 人数改帖・家数町数改帖など。

恃 底本「特」に誤る。

験す 事実を示す。

図籍 絵図・戸籍等の諸文書。

急 熱心。

にして、一言をも煩はさざるを聞きたまはば、必ず恩裁の下ることあらん。また大学君の福なり。衆、*他邑に徙らんと欲する者は、某ら*書を以てその往く所に先んずべし。留まりて去らざらんと欲する者も、また居ることを聴す」と。

*二月、荒木十左衛門、東都より人をして良雄に報ぜしめて曰く、「むかし卿嘗て我と赤穂に言ふ。我業已にこれを朝に告げたり。また聞くに浅野氏の宗家、大学君のために哀れみを朝に乞ふ者ありと。意ふに朝廷以てこれを処することあらん」と。良雄遂に赤穂を去り、京に至り、宅を城外の山科の邑に買ひてこれに居る。これより坐しながらにして*籌策を運らし、以て謀主と為る。而して同仇の徒、東西に往反し、相ひに*耳目と為る。これを久しうして人能く知る者なし。

十五年春、良雄、*前原宗房・神崎則休を遣はし詐りて商と為り〈宗房は絹を販ひ、則休は扇を鬻ぐ。二人並びに後に見ゆ〉、迭ひに往きて仇家の虚実を覘はしめ、及びその余の約を奉じて東都に留居する者は、*吉田兼亮〈後に見ゆ〉良雄に代はりてこれを領す。*逐人その口数を計りて、衣食を供給し、及び舎を僦り価を出だし、*駅を伝へて往来するに、みなその用を量りて、これに金を資すること、おのおの数あり〈直清按ずるに、赤穂の難、世に伝ふらく良雄ら*国儲金を盗みて去る。当時聞く者これを悪むと。いま同仇の士に給するは、蓋しこの金なり〉。

*初め良雄ら城を棄てて去りしとき、人これを疑ひ、以為へらくその*属意量り易からざる者ありと。故を以て上杉氏、家衆を分かち遣はして、義英の*本荘の宅を守らしめ、日夜警厳して備へを為し、及びその婢僕、みな*采邑の人を以てこれと為す〈義英、世と*参州の吉良邑に食采す〉。商賈の門に入るを縦さず。良雄これを聞き、*二人をして店を義英の宅の側らに開か

他邑　他国。他の領地。
書を…　あらかじめ行き先の領主に手紙を出して依頼してやろう。
二月　初稿本に「良雄…東行至レ京、居二月」とあり、二ケ月後の意で、赤城盟伝・江赤見聞記巻四などによれば六月のことである。
籌策　はかりごと。
耳目と為る　スパイとして敵情をうかがい通報する。
前原宗房…　前原伊助は絹・木綿を売り、神崎与五郎は扇子の地紙売りをしていたという。↓二五六頁
吉田兼亮　十五年三月五日近松勘六と江戸に入った。↓二四五頁
逐人　ひとりひとり。
駅を伝へ　はや馬を乗り継ぎ。
国儲金を…　藩札の引替え、家臣への分配金などを支払ったのち、貸付金などの回収により、約七百両が残り、これを資金とした（義人纂書所収の大石良雄金銀請払帳に支出の細目がみえる）。その貸付金はもとは瑤泉院のもので（二九三頁）、十四年十一月大石が江戸に下ったとき、再興運動などに使用する了解を得ていた。
初め　さて話は前にもどって。
属意　意図するところ。
本荘　本所。いまの両国駅近く。↓二〇七―八頁
采邑　領地。
参州の吉良邑　三河国幡豆郡吉良荘

（横須賀村と幡豆村、計三千二百石）。そのほか上野国に千石を有していた。寺坂信行筆記に「下男の類奉公人は渡り者不レ残暇被レ出、三州吉良は知行所故、是より呼寄被二召仕一候」とある。

食采 領地の年貢で生活する。

二人をして… 前原・神崎が米屋・蜜柑屋の店をひらいたことをいう。

坐売 店を構えて商売する。

急遽 急ぎあわてる。

次を失す ちぐはぐで乱れる。

老 隠居。

寺坂信行筆記 →三三六頁

間視 スパイする。

祭享 祭って供え物をする。

位 位牌。

神崎則休云ふ… 赤城盟伝にみえる。

追薦 死者をしたって供え物をする。

遺愛 のちのちまで慕われる仁愛。

安置 宋代より始まる用語で、流刑の一種。ここでは大名預けの意。

自随 自分の供として連れて行く。

潮田高教… 七月二十四日京着。

浩然 何の未練もなくさっぱりと。

同盟の人を… 七月二十八日の円山会議で復仇の方針を決めた。

しめ、耀もしくは菓を居き、坐売して以て仇家に出入し、微ひてこれを察するに便す。二人に戒め敢へて急遽にして覚る所と為ることなからしむ。また上杉氏が人をして己を偵らしむと聞き、乃ち佯りて狂して昏乱し、言行、次を失す。人に遇ふ毎に則ち曰く、「吾病みてまさに死せんとす。まさに今に及んで余生を楽しまんとす」と。田宅を買はしめ、大いに居室を営む。曰く、「吾まさに老せんとす」と。諜者しばしば上杉氏に報じ、以為へらく良雄病み、かつ子孫の謀を為し、また慮るに足る者なしと。凡そかくの如き者一年なり。吉良氏やや備へを弛む〈寺坂信行筆記に云ふ、「この歳、春、吉良氏、庫を宅後に作る。人ありて伝ふ、庫中に竇ありて隣家に通じ、また四壁内に柵を施して以て緩急に備ふと。吉田兼亮、毛利小平太をして計を以て吉良氏の宅に入りこれを間視せしむ。嚮の聞く所の者は謬伝なりき」と〉。

三月十四日、この日、赤穂侯の初忌辰たり。良雄、赤穂に赴き、花嶽寺に詣り、祭享して敬を致し、位を為りて哭し、甚だ哀し〈神崎則休云ふ、「この日、赤穂の男女、先を争ひて花嶽寺に詣りて追薦し、神位を拝して悲泣す。赤子の父母を慕ふが如きなり」と。また云ふ、「新浜村の民、別に他寺において牌位を立ててこれを祭る」と。直清謂へらく、赤穂侯の遺愛、民に在ることかくの如し。また人君の度ある者なり。良雄不学無術、これを輔くるに道を以てすること能はず、遂に侯をして温恭みづから保つことを知らず、乃ち一朝の怒り、その身を忘れ、以て社稷に及ぼすに至らしむ。良雄与りて罪あり〉。

七月十八日、安芸守浅野綱長に命じ、大学頭浅野長広を以て芸州に送りて安置せしむ〈優命もて家人男女数十人を以て自随することを許す〉。吉田兼亮、潮田高教・近松行重〈並びに後に見ゆ〉をして京に赴き、長広の事を以て良雄に報ぜしむ。良雄ここにおいて浩然として東行の志あり。乃ち同盟の人を糾合し以てこれに趨かんと欲す。その京師・赤穂に在る者には、先に貝賀友信・大高忠雄〈並びに後に見ゆ〉をして往きてこれに謝せしめて曰く、「われ初め諸君と言あり。今は則ち已はんぬ。今時の勢ひを度るに、甚だ為し難き者あり。久しく盟書を瀆すは、為すことなきなり。他日幸ひに機会に遇はば、則ちまさに相報じて更めて諸君と謀るべきのみ」と。因りて*前の盟書を以てこれに還し、以て衆心の誠偽を試みる。十数輩あり、相謂ひて曰く、「ああ*竪子我を誤ることここに至るか。あに命に非ずや」と。二子を見て責むるに大義を以てし、辞色甚だ峻し。その余のもと自立することなき者は、唯唯たるのみ。初め良雄、官に請ひて赤穂侯のために後を立てんとす。群臣、安井・藤井の党と雖も、また万一の福を僥倖するを以て盟に与る。荒木十左衛門の報至るに及んで、私にみづから依頼し、*揚揚として自得の色あり。ここに至りて、長広安置の命下ると聞き、意気沮喪し、以て生を全うせんことを慮り、漸く良雄と*問を絶ち、以て異志を示す。跡を遠くしてみづから逃るる者あるに至る〈神崎則休筆記中、盟に背く者の姓名を載せて云ふ、*奥野将監・川村伝兵衛・近藤源四郎・佐藤伊右衛門・小山源五左衛門・稲川十郎右衛門・糟谷勘左衛門・*田中権左衛門・多芸太郎左衛門・長沢六郎右衛門・子の幾右衛門・里村伴右衛門・豊田八太夫・各務八右衛門・灰方藤兵衛・陰山総兵衛・榎戸新助・山上安左衛門・上島弥助・渡部角兵衛・子の佐野右衛門・幸田与三右衛門・仁平郷右衛門・高谷儀左衛門・川田八兵衛・久下織右衛門・猪子理兵衛・松本新五右衛門・田中六郎左衛門・*酒寄作右衛門・梶半左衛門・高久長右衛門・近松貞六・岡本次郎左衛門・子の喜八郎・田中代右衛門・近藤新五・大石孫四郎・川村太郎右衛門・田中序右衛門・三輪嘉兵衛・子の弥九郎・小山弥六・塩谷武右衛門・山羽理左衛門・嶺善左衛門・井口半蔵・木村孫右衛門・前野新蔵・糟谷五左衛門・高田郡兵衛・小幡弥右衛門・木村伝左衛門・杉浦順左衛門・井口忠兵衛・生瀬一左衛門・土田三郎右衛門・平野半平・*佐佐小左衛門・子の三左衛門・大塚藤兵衛・月岡治右衛門・中田理平次・

前の盟書を…　八月五日よりとりかかり、十一月までに、百二十人の同志が五十人位に減じた(江赤見聞記巻四・五)。

竪子　小僧。人をののしる語。

揚揚…　鼻たかだかと、してやったりという顔付きをする。史記、管晏列伝の語に基づく。

問　たより。通信。

奥野将監…　近藤(進藤)・三輪嘉兵衛(喜兵衛)などの誤りがあるが、底本のままとした。

田中権左衛門　底本欄外「権左。一作二権右一」。

酒寄　底本欄外「寄。一作レ井」。

佐佐　底本欄外「佐佐。一作二佐佐木一」。

横川宗利の…　横川宗利(勘平、後出)の書は義人纂書・赤城士話などに収める(三三三頁参照)。江赤見聞記巻五には、平野半平の八月二十四日付の同志離脱の書状(大石宛)を載せている。

中村・鈴田・中田…　日付には異説が多い。中村清右衛門と鈴田重八は、十一月二日付で、母を捨て置き難いので離脱する旨の書状を出している(江赤見聞記巻五)。田中・小山田についても離脱の日付には十一月初旬中村清左衛門・鈴田十八・田中貞四郎・毛利小平太・小山田庄左衛門・矢野伊助・妹尾孫左衛門、凡そ七十人と。直清按ずるに、横川宗利の友人に与ふるの書に載す、平野半平は、良雄、家に蓄ふる所の画軸を以て半平に属す。売りて以て金に易へ、半平その価金三十両を盗み、京師より亡去す。中村清左衛門・鈴田十八・中田理平次・田中貞四郎・小山田庄左衛門・毛利小平太は、みな良雄と倶に東する者、復仇の日の迫るを聞き、みな色を失ひ驚汗す。中村・鈴田・中田はみな十一月下旬を以て亡去す。田中は十二月四日を以て亡去す。小山田は片岡高房と舎を同じうせしも、また十二月二日を以て高房の金と衣服とを盗んで亡去すと。また寺坂信行筆記に載す、毛利小平太は十二月八日を以て亡去す。矢野伊助は侯家の歩卒たり、妹尾孫左衛門は良雄の家人たり。良雄この二人をして平間村の宅を守らしむ。十二月十二日、平間村より亡去すと。これを以てこれを考ふるに、凡そこの背盟者、ただ中村・鈴田以下数輩のみ最も後にして、その余は蓋し七月より以後、多くは京師より迹を滅せし者なり。則休曰く、「この輩、義を為して終へず、知れども為さざる者なり。これを頑愚にして義に嚮ふことを知らざる者に比するに、その罪倍せり」と〉。独りその同体一心の者、七月より以後、相次いで良雄に先んじて発し、みな往きて東都の衆と合す。十月、良雄、京を発し、高教・行重ら数輩と東行す。

これより先、富森正因、東都に来り〈正因は後に見ゆ〉、宅を武州の平間村に築きてこれに居る〈平間村は都城の西六七里に在り〉。未だ幾ばくならずして、僻遠にして便ならざるを以て、家を以て郛に遷居す。ここに至りて、兼亮、良雄京を発すと聞き、乃ち正因らと議し、更に平間村の廃宅を修治し、以て駕を税するの所と為す。この月二十一日、良雄、鎌倉に至る。兼亮ら先に平間村に適き宅を相し、因りて良雄を鎌倉に迎ふ。廿六日、良雄、平間村に至る。十一月五日、遂に平間村を去り、都下に抵り、子の良金と同居す。及びその余の同仇の士は、みな姓名を変へ、市廛の間に介処す。乃ち日夜往きて吉良氏の宅を視、道里の遠

説など諸説がある。

妹尾孫左衛門　瀬尾孫左衛門とも。赤城盟伝には「内蔵助若党也」とある。用人ともいう。

七月より…　円山会議が七月二十八日で、その翌二十九日江戸から上ってきていた堀部安兵衛と潮田又之丞が出発したが(八月十日着)、多くは閏八月より九月にかけて、出発した。

十月…　大石は、潮田又之丞(再度上京)・近松勘六・菅谷半之丞・早水藤左衛門・三村次郎左衛門らと、十月七日出発した。

富森正因…　富森助右衛門は江戸給人であったが、この事件のため浪人し、平間村に住んでいた。

平間村　武蔵国橘樹郡内(いまの川崎市内)。

郛　城外。江戸城外、すなわち江戸都下。

駕を税する　旅先で休息または落ち着く。馬車から馬をはずすことで、税は脱の意。

二十一日　二十二日ともいう。

子の良金と…　大石主税は吉田忠左衛門らと新麴町六丁目(平河町の辺り)に住んでいたが、のち日本橋石町三丁目の小山屋に移った。良雄も垣見五郎兵衛と称して、ここの離れに住むことになった。

市廛…　店屋の間にまじって居住する。本所・芝・日本橋など十四ヶ所に借家して住んでいた。

近を按じ、預め進退部署の処を定め、及びその*上杉氏の援兵を距ぐ所以の者甚だ熟す。たまたま義英病むこと久しうして愈えず。本庄は土地卑湿なるを以て、常に上杉氏に適きて居宿し、久しうして家に帰らず。また室を上杉氏の*別墅中に築きてみづから逃れんことを議す〈別墅は麻布の邑に在り〉。未だ果たさず。まづ*内人をして婢妾を以ゐて往きて上杉氏に依らしむ〈或は曰く、義英預め変あらんことを慮り、去年より夫人をして上杉氏に避居せしむと〉。蓋し良雄ら己を候ふと風聞し、外病を養ふに託し、実は以てこれを避くるなり〈直清謂へらく、義英みづから難を避くるの謀を為すことかくの如し。これその密防厳備、必ず*外人の未だ窺ひ易からざる者あり。良雄の計の急には発せざりしは、良に以あるなり。あに孔子のいはゆる「*事に臨んで懼れ、謀を好んで成る者」か。世或は勇なく材小なるを以てこれを譏る。誰か良工心を用ふるの苦しみを知らんや〉。良雄ここにおいて衆中の少壮者を撰び、*分かちて四次と為し、毎夜街巷を循行し、吉良・上杉両邸の間を往反し、常に夜半を以て一たび更はり、以て*異色の人の出入を察す。しかも月を踰ゆるの間、寂として聞くことなし。十二月十三日、良雄、人をしてみづから京より至ると称し、*土佐守浅野長澄〈故の因幡守長治の*二世は、式部少輔*長照と曰ふ。実に赤穂侯の三従兄弟たり。長照、子なく、宗国弾正大弼綱晟の子を養ひて嗣と為す。長澄これなり。国城は備後州の三次に在り〉に詣り、赤穂侯夫人の起居を問ひ、去年以来の赤穂の国計の事を以て上報せしむ。

　初め赤穂侯夫人浅野氏〈故の因幡守長治の女なり。去年、赤穂、国除かるるとき、夫人は長澄に依り、瑶泉院と号す。いま按ずるに、近世の国俗、婦人、夫死すれば、貴賤となく、みな髻を去り比丘尼と為り、院名を以て自称すと云ふ。友人小谷勉善これを安芸侯の家人に聞く、曰く、夫人、赤穂侯に嫁して賢行あり。赤穂侯怨みを報ゆるの日に及びて、まさに朝せんとするとき、夫人その辞色に異あるを見、心にこれを知り、方に出づるとき、夫

上杉氏　上杉の上屋敷は桜田門外日比谷にあり、中屋敷は白金台にあった。

別墅　別宅。別荘。

内人　妻、または、めかけ。吉良の妻富子は上杉定勝(景勝の子)の娘である。

外人　外部の人。

事に臨んで…　論語、述而の語。

分かちて四次と為し…　寺坂筆記に「霜月初比より極月十三日迄、若き衆四組にして夜廻り被レ致…」とある。

異色の人　変わった様子の人。

土佐守浅野長澄　綱晟の二男。→一八六頁

二世　底本欄外「二。一作レ三」。初稿本「二世」。

長照　長治の養子。浅野光晟の三男。承応元年(一六五二)—宝永二年(一七〇五)。

人これを戸内に送りて曰く、幸ひに君、慶を朝に終へ、帰り来りて妾を見られよと。この日、赤穂侯果たして死して還らず。弟長広、邸に走り、変を以て夫人に告ぐ。夫人、人をして逆め仇人を誰と為す、死生如何んと問はしむ。長広曰く、知らざるなり。閣老、命あり、長広をして邸に造り、衆人の騒擾を禁ぜしむ。ここを以て来ると。夫人曰く、これ何の謂ひぞや。兄死し、これが弟たる者、仇人の存亡を知らず、しかも曰く、われ閣老のために騒擾を禁ずと。これ何の謂ひぞやと。卒に長広に絶ちて見ず。左右をして冗雑の具を収めしむ。訖はりて曰く、わがために小刀を取りて来れと。侍女小刀を取りて以て進む。夫人曰く、汝急ぎてわが髻を断てと。侍女曰く、夫人土州君の家に至りて髻を断つも、未だ晩からざるなりと。夫人聴かず。乃ちこれを断つ。土州君、人をしてこれを迎へしむるに及び、然るのち出でて輿に就く。夫人初めて変を聞きしより、*挙措安閑として、平日に殊ならず。輿に就きしよりの後、哀慟して勝へず、殆ど傍人を動かす。土州君の家に至れば、一室に閑居し、これを久しうして出でず。浅野家の人相伝へて以て美談と為すと云ふ〉。赤穂侯に嫁ぐ。*資装金あり。良雄に属し、これを国儲金に併せしめ、赤穂の民家に貸し、少しく息を出だして以て償はしむ。独り*掖庭の費用を助くるのみならず、民もまたその利に頼りて以て便と為す。赤穂の難に及びて、良雄、*軍興法を以て、悉く国儲金を散じ、同盟の衆に分与し、これをして*家累を処置せしめ、及び時月の間の往来*共給に支す。ここに至りて、*簿を具へ余金を并せてこれを上る〈世に伝ふ、良雄、夫人に*造謁し、辞決して去るは、実にこの月十日の事なりと。然れども勉善これを安芸侯の家人に聞く、云ふ、赤穂の旧臣、ただ大野九郎兵衛のみ夫人の所に詣る。左右に賂遺し、因りて「大石良雄、赤穂の吏をして臣の*家貲を閉ぢて出ださざらしむ。願はくは夫人良雄を戒諭し、出だして以て臣に予へたまへ。これなほ新たに夫人の賜を受くるなり」と訴ふ。夫人これと接せず。乃ち去ると。良雄赤穂を去るの後、未だ嘗て夫人に造謁せず。ただこの月十三日、壱たび人をして*通問せしむること、ここに録する所の如きのみ。直清、初稿本において、良雄造謁の事

挙措安閑　ふるまいが落ち着いている。

資装金　化粧、服飾のための持参金。

掖庭　奥向き。

軍興法　軍事上の人員・物資等に関する法律。

家累　家族。

共給　供給。

簿を具へ…　十一月二十九日ごろ瑤泉院の家老落合与左衛門に書類を引き渡したが、実際には赤字で残金はなかった（金銀請払帳）。

造謁　行ってお目通りする。

家貲　家の資産。家財。

通問　見舞う。

を載すること甚だ詳なり。いま悉くこれを删り、以て事実に従ふ〉。

十四日、義英、近日客を招き、家に*燕集するを以て、まさに*具を治むべし。乃ち遽かに本庄の宅に反る。義英嘗て茶を好み、しばしば茶燕の会を為す。本庄に*一遊客あり、またこの好みを同じうし、常に義英の家に出入し、燕会あれば必ず与る〈近世、士大夫、多く*陸蔡の好みを慕ひ、燕集する毎に、茶を啜るを以て*高致と為す。器を陳ね食を設け、升降周旋すること、みな法あるなり。その師を呼びて湯茶者流と為す〉。大高忠雄これを聞き、詐りて*京師の商人と為り、その人に従ひて*茶燕の法を学び、因りて以て義英に通ぜんと欲す。これによりて、忠雄、義英の家に帰るの日を聞くを得、乃ち衆に報ず。大石信清〈後に見ゆ〉もまた間してこれを知る。忠雄の聞く所の者の若し〈或は曰く、*横川宗利、義英を間せんと欲し、乃ち宅を本庄に僦り、人の*傭作と為る。本庄に一*浪子あり、茶を好み、義英の家に出入す。宗利これと相昵づくことこれを久しうす。義英、家人をして書を浪子に寄せしめ、招きて以て茶を啜らんとし、云ふ、宅に移ること近きに在り、念ふに久しく相見ず、某日を以て茶を設けて一たび会せんと欲すと。浪子書を辞くせず、宗利に属して書を為りて以て報ぜしむ。また家貧しく人の遣はすべきものなし。宗利請ひて使ひと為りみづから往き、以て義英の宅中の事を覘ふを得、乃ち還ると。直清按ずるに、これ必ず忠雄の与に遊ぶ所の者と同人なり〉。ここにおいて良雄急ぎて同仇の士を警め、*十四夜丑時を以て発せんことを約す。

この日*詰旦、良雄、同仇の士十数輩と、倶に泉岳寺に詣り、赤穂侯の墓に謁し、相対し悲泣してみづから勝へず。すでに出で、人をして寺の主僧に請はしめて曰く、「某らおのおの*迹を僻遠の地に屏けんと欲し、離散すること近きに在り。故に約して貴寺に来り、共に亡主の墓に謁するのみ。ただ一別の後、再会因ることなからんことを思ひ、恋恋として

燕集　儀式張らず、くつろいで集まる。

具を治む　道具を用意する。

一遊客　山田宗徧。千利休の孫千宗旦の門人で、宗徧流をひらき、吉良上野介の茶会にもたびたび招かれていた。大高源五がそこに弟子入りして、吉良の動静をうかがっていた。十二月十四日に吉良邸で茶会があることがわかり、その他の手づるでもそれが確認され(横川勘平・大石三平など)、茶会終了後の十四日夜八ツ半(十五日午前三時頃)に討ち入ることに決定した。

陸蔡　唐の陸羽と宋の蔡襄。中国の茶道の大家で、それぞれ『茶経』『茶録』を著す。

高致　高尚な趣味。

京師　京都。

茶燕　茶会。

横川宗利…　逆に横川が最初に十四日茶会の情報を得、大高らが確認したともいわれる。

傭作　雇い人。

浪子　浪人。

十四夜丑時　八ツ刻(十五日午前二時頃)。

詰旦　夜明けがた。

迹を…　遠い片田舎に身を隠す。

遽かに去るに忍びず。請ふわがために薄膳を具へ、与に一日の歓を接するを得しめよ」と。因りて*白金三百両を取りてこれに貽る。寺の主僧、衆を堂上に延き、食を設く。衆、食し已はり、衆僧に謝して曰く、「われ睡りに就かん。公ら来らざれ。*須つ所あらばまさに請ふべきのみ」と。因りて戸を閉ぢ密語することこれを久しうし、約束を*申明し、備さに*区画を為す。日中に至りて辞去す。遂に市中の舎に馳せ還り、おのおの屋内を浄除し、奴僕を*謝遣して云ふ、「明旦を以て発して京に赴かんと欲す。今夜は往きて友人の家に就くを便なりと為す」と。みな*布僕を以て衣物を裹みてこれを肩にし、乃ち歩して*西のかた本庄に赴く。

堀部金丸嘗て*舎を僦り、両国橋の西の矢蔵の巷に居る〈金丸は後に見ゆ〉。本庄を去ること近しと為す。故を以て衆に約して来り*過らしめ、与に倶にせんとす。薄暮に至りて、金丸、*本庄の茶肆の主人に就きて晩食す。主人もと金丸と相識る。問ひて曰く、「暮夜にここに至るは何故ぞ」と。金丸曰く、「汝聞かずや大学君芸州に安置せらるるを。わが輩依頼する所なし。これに加ふるに米価騰貴し、*儲資給せず。いま旧同僚と謀り、しばらく赤穂の邑に帰り農を為さんと欲す。約して明旦を以て倶に発せんとす。ただ日出づれば凍消け、行路泥濘ならん。夜途を便なりと為すに若かず。汝趣やかに六十人の食を具へよ〈趣、読んで促と曰ふ〉。まさに衆と来り食し、ここより発すべし」と。これに黄金三両を予へて、乃ち去る。頃くありて衆みな金丸の舎に至る。金丸ために杯酒を設け与に飲む。夜半に比及び、金丸遂に衆と倶に茶肆の主人に造り食に就く。金丸、主人に謂ひて曰く、「汝いま何をか業とする。あに酒食を売るに止まらんや」と。主人曰く、「近日酒食售れず。人あり

白金　銀。
須つ所　必要とするものごと。
申明　繰り返して、はっきりさせる。
区画　手分け。
謝遣　ひまをやる。
布僕　幞とも書く。もめんのずきん。
西　東の誤りか。纂書は「東」。
舎を僦り…　両国矢ノ倉米沢町に住んでいた(いまの中央区日本橋浜町、あるいは東日本橋の辺り)。
過らしめ　立ち寄らせ。
本庄の茶肆　赤城士話などには饂飩屋久兵衛口書を載せ、同じ話を記している。あとに見える「六十人の食」は「うどん五十人前」とある。両国橋川岸町の亀田屋のことともいう。
儲資　たくわえの金。

勧めて俳諧家と謀り、*句題字を売り、課試銭を募る〈時俗好んで俳諧を以て戯れと為す。その師まづ一句を唱へて題と為し、人に募りてこれを続けしむ。日限あり。期に及びてもろもろの預め和する者、おのおの続くる所の句并びに銭を入れ、会して一所と為り、即ち批してこれを列し、以て工拙を分かつ〉。諸君、獲ること幾何なるかを知るか。市人は細利を事とす、また笑ふべし」と。衆中に一人あり〈姓名を失す〉、曰く、「句題何如ん」と。主人曰く、「*なにのその」と。その人曰く、「これ好題なり。吾いま汝のためにこれを成さん」と。因りて高吟して曰く、「*なにのその　いわをもとをせ　くわのゆみ」と〈直清按ずるに、「なにのその」は俗語の勇敢の意。この歌、言ふこころは、桑弧は柔なりと雖も、胆気ある者これを以て射ば、石を穿つと雖も可なりとなり。また敢死敵に赴くの意を寓するのみ〉。吟じ已はり、衆相謂ひて曰く、「吾いま行らん」と。遂に分れて三処と為り、一は*堀部武庸の舎に適き、一は*杉野治房の舎に適き〈武庸・治房は並びに後に見ゆ〉、一は*前原宗房の舎に適く。みな同仇の士の吉良氏宅の側らに在る者たり。

ここにおいて良雄ら四十七人、みな*宇下に就きて装を解き、衣物を出だして服を更ふ〈四十七人の姓名は後に見ゆ。また按ずるに、世に伝ふ、四十七人のほかに、徒卒僕隷百有余人ありきと云ふ。直清、初稿本においてこれを載す。のちこれを尋究し、その*繆伝なるを知る。いま刪去す〉。すでにして畢く来りて両国橋の上に会す。衆みな*甲を衷み、*韋を以て鍪を夾みて頭に在り、*韋の短服を襲ね、おのおの短槍を杖にして*棍に代へ、往きて*火を救ふ者の状の如し〈世に火を救ふには、必ず韋帽韋服す〉。*組もしくは縐紗を用て繦と為し、衣を約して以て刺撃に便す。また*隠語を為りて相応答す。帛を裂き*二小幟と為し、姓名をその上に書き、その端を左右の袂に縫ひ、*幅白をして動揺せしめ、同仇相弁じて以て験と為す。衆おのおの笳を頸にし、約すらく先に仇

句題字　冠付の前句。

なにのその　以下、和歌俳諧の類は原文に音の注記があるが、訓読文では省略した。

なにのその…　何のその岩をも通せ桑の弓（赤城士話ほか）。

堀部武庸の舎　本所三ツ目林町五丁目（いまの墨田区立川三丁目の辺り）にあった。

杉野治房の舎　本所三ツ目徳右衛門町一丁目（いまの墨田区立川三丁目の辺り）にあった。

前原宗房の舎　本所二ツ目相生町二丁目（いまの墨田区両国三丁目の辺り）にあった。神崎与五郎と共同で店（米・雑穀）をひらいていた。吉良邸の裏門附近。

宇下　屋根の下。家の中。

繆伝　謬伝に同じ。間違った言い伝え。

甲　よろい。ここは着込（着籠。鎖かたびらを上着の下に着たもの）のことか。

韋を以て…　皮でかぶとを覆って頭にかぶり。兜頭巾（火事装束の一）のこと。鉢鉄（はちがね）を裏にぬい入れていた。

韋の短服　火事羽織（羅紗または皮製）のことか。当夜、上着として着用した黒小袖の上に羽織っていた人もいた。

棍　棍棒。

火を救ふ　火事を消す。

人を獲る者は、吹きて以て相聞かんと。卒をして鉄梃*・竹梯・斧釿*の属を担ひて以て従はしむ〈或は曰く、凡そ用ふる所の卒はみな傭夫なりと。直清按ずるに、庸夫は恐らくは用ひて以て事に従はしめ易からじ。これ疑ふらくは良雄らの家奴なり〉。遂に進みて吉良氏の第*に至り、三面よりこれを囲み〈北面は隣家と壁を合し、囲むべからず〉、因りてその衆を部して三隊*と為す。おのおのみな四人を聯ねて一と為し〈或は云ふ、毎聯三人と。いま信行筆記に従ふ〉、一人敵に当たれば、左右をして相救ひて、敵の獲る所と為ることなからしむ。

衆に令して曰く、「婦人を殺すことなかれ。走ぐる者は追ふことなかれ。初笳を待ちて倶に発せよ。事を竟はりて出づるとき、鑼声を以て相聚まり、相後るることなかれ」と。令し已はり、まづその後門隅の街亭の守者を捕らふ〈守者は吉良氏より出づ〉。戒めて敢へて声を揚ぐることなからしめ、人をして刃を以てこれを守らしむ。笳発す。衆呼びて曰く、「火なり」と。乃ち急ぎて屋に梯し壁を椎し、三処より入る。先に入る者、門楗*を抜き、門者三人を擒らへ、また人をしてこれを守らしむ。門啓く。衆乱入し、かつ呼びて曰く、「故の内匠頭浅野氏の旧臣、主仇を報ずるを以て来る。請ふ所の者は上野君の首のみ。禦がんと欲する者は出でよ。我に敵せざる者は、我敢へて害せじ」と〈京師の人、或は宇治の茶商と曰ふ、歳ごとに茶を売りて東都下に抵る。この夜、義英の宅に止宿す。変作こると聞き大いに駭き、身を脱して走ぐ。庁事*の前に一人あり、長刀を挟み道に当たる*を見る。蓋し良雄なり。商人股慄*して言ひて曰く、「某は則ち宇治の商なり。公らに敵する者に非ず。請ふ害を加ふることなかれ」と。その人注視することこれを久しうし、一僻処を指し、就きて居らしむ。少間して、人あり内より出で、その人に就きて指令を受くるを見る。相去ること遠くして聞こゆるなし。食頃にしてまた至り、大声もて呼びて曰く、「吉良君を獲たり」と。その人乃ち従容として起ち、

組もしくは… ひもや薄絹をたすきにし。
隠語 合ことば(山と河)。
二小幟 幟はしるしのきれ。左右の袖縁に白もめんの袖じるしをつけたこと。
幅白 白いきれ。
鉄梃 鉄の棒。かなてこ。
斧釿 おの。まさかり。
第 やしき。
三隊 ふつうは表門(東)と裏門(西)の二手から討ち入ったといわれる。時刻は寅の上刻(午前四時頃)に討ち入り卯の刻(午前六時頃)引き揚げたという。

門楗 門のかんぬき。

庁事 表座敷。広間。
道に当たる 通り道のま正面にいる。
股慄 足がふるえおののく。

顧みて商人を呼びて出でしめ、来る者に謂ひて曰く、「これ茶商なり。卿これを輔けて出だせ」と。商人遂に脱去するを得たり〈これを商人のみづから言ふに聞くと云ふ〉。義英の家人格闘する者、みな刃下に伏す。その余は多く蔵匿して出でず。衆直ちに進みて、義英の寝室に入る。義英を求むれども見えず。衆、手を以て*牀蓐を試みるに微かに暖かなり。曰く、「人去りて未だ久しからず」と。急ぎて宅中を捜索せしむれども得ず。*廚傍に室あるを見る。*彷彿として人声あるを聞く。外に金鎖を施し、人未だ嘗て入らざる者の若し。衆曰く、「これ謀あるなり」と。斧を以てこれを破る。果たして三人その中に匿るあり。衆喜びて曰く、「賊ここに在り」と。乃ちこれに趨く。相戒めて曰く、「試みに鐏を以て地を撃て。*陥穽あらんも知るべからず」と。衆輒ち入る。その一人、衆を逆へ、奮戦して以て死す。その一人走ぐ。その一人首を縮め、什器の間に伏匿す。衆引きてこれを出だし、罵りて曰く、「鄙夫、汝上野君の所を知るか。知らば則ち我に告げよ。我に告げば汝を赦さん。然らずんば我これを殺さん」と。応ぜず。また問ふ。また応ぜず。間光興〈後に見ゆ〉怒りて槍を以て突き倒す。六十許りの人の如し、*縞を著て中に在り〈国制、爵なき者は、縞を著ることを許さず〉。みな曰く、「あにこれ上野君なるか。かの疵在りや、これを視よ」と。裸にしてこれを視れば、果たして在り。武林隆重〈後に見ゆ〉手づからこれを刃し、その首を以て出で、擒らふる所の三人を召してかはるがはるこれを視しむ。みな曰く、「わが君なり」と。笳また発す。衆みな*抃躍して相賀す〈或は曰く、隆重、燭を秉り前行す。義英暗中より短弓を以て衆を射、また器を以てこれに投ず。衆逼りて義英の在る所を問ふ。応ぜず。光興怒りて槍を以て突き倒す。義英*剣を按ず。隆重燭を舎て手づからこれを刃すと〉。乃ち幟帛を斬り、義英の首を裹みて、これを*槍干に懸けてこれを執る。また子の義

牀蓐　ねどこ。底本「辱」に誤る。

廚傍　炊事場のそば。台所の入口の脇にある部屋（炭部屋）に三人が潜んでいた。

彷彿　ぼんやりと。

陥穽　おとしあな。

縞　きぬ。白小袖を着ていた。

抃躍　手を打っておどりあがる。

剣を按ず　刀の柄に手をかける。

槍干　やりの柄。

周を索む。得ず。まさに出でんとするとき、衆呼びて曰く、「左兵衛君なんぞ出でざる。人乃の父の頭を取りて去る。なんぞ出でざる」と。遂に見えず。

ここにおいて良雄、鑼者をして鑼を撃たしむ。衆聚まりて一処と為る。一人をも損せず。*傷つく者は数輩のみ。良雄、衆と遂に去り、*無縁寺に入る〈吉良氏の第の西数十歩に在り〉。寺僧、門を閉ぢて内れず。衆、*荆を班きて道上に休むことこれを久しうす。良雄、衆に謂ふ、「嚮に吉良氏の第を去りしとき、火を視るを忘れたり。恐らくは火災を致し、禍ひを隣里に貽さん」と。人をして往きて竈炉中を視、水を以てこれに沃がしむ〈或は曰く、この事、良金これを発す。衆その機警の及ぶべからざるに服すと〉。

明くるころほひ、本庄を発し、西のかた芝の泉岳寺に赴く〈泉岳寺、本庄より距たること*十里〉。*卒二人をしておのおの槍を以て前行せしめ〈槍はみな紙もて鞘と為す〉、次いで帛もて義英の首を裹み、二槍を以て鋒を合はせ、帛をその間に結び、卒二人これを舁ぐ〈或は曰く、良雄衆と謀り、義英の首を函にし、士五人をしてこれを齎し、衆に先だちて行きて泉岳寺に至らしむ。その自随する者は、一*童行の首なり。この人力戦して死す。故に衆その義周たらんことを疑ひ、乃ちその首を斬りてこれを取ると。是否を知らず。ただ寺坂信行当時衆中に在り、而してその筆する所の記に載せず。則ちこれ疑ふらくは伝聞の誤りなり。いま信行の記に従ふ〉。次に良雄一人歩行し、次に衆群行す。その重傷及び*老羸の者は、みな*籃輿に乗りて以て従ふ〈いま按ずるに、同盟の士に高年者あり。意ふにその来る時まさに力を養ふべく、また*轎を以て至りしならん。然らずんば良雄預め老者のためにこれを備へしも、また知るべからず〉。大高忠雄・富森正因ら数輩、後れて*本庄の酒肆を過る。酒肆の主人、*晨起し戸を啓きて出づ。数輩*兵を持し、衣服血に塗れたるを見、驚き畏れて戸を闔ぢんと欲す。一人創を病むが若き者あ

傷つく者… 近松勘六・横川勘平ら。

無縁寺 回向院。明暦三年(一六五七)の大火(振袖火事)に焼失した無縁の人を埋葬・供養するためにできた寺。その後も火事などによる無縁仏が埋葬された。

荆を班きて… 草を布いて。左伝、襄公二十六年の語。

十里 いまの六十町(二里弱)。御船蔵の後から永代橋・鉄砲洲・汐留橋・金杉橋をへて芝へ出た。

卒二人をして… 実際は、三村・神崎・茅野の三人が先頭に立ち、潮田又之丞が首級を槍に結びつけてかついだという。

童行 少年の年輩。

老羸 老いて体が弱い。

籃輿 かご。こし。

轎 かご。こし。

本庄の酒肆… 赤城士話に載せる酒屋十兵衛口上書に同じ事がみえる。

晨起 朝早く起きる。

兵 武器。

り、主人を呼びて曰く、「吾渇えたり。汝わがために酒を執りて来れ」と。主人曰く、「市中の法、行人店上に*露坐して酒を飲むを禁ず」と。その人罵りて曰く、「汝は愚人なるかな。吾いま天下の法を犯せしも、なほ恐れず。況や市中の法をや」と。一小嚢を以て投じて曰く、「これ酒価なり」と。数輩と直ちに入り、*罍を挙げて来り、槍尾を以て穿ちて蓋を*撤し、おのおの五六椀を傾け、飲み訖はる。前の創を病む人、筆硯を請ひ、*俳歌一首云云を書き、末に姓名を大高源五と署す。みな衆を追ひて馳せ去る。主人のち小嚢を披きてこれを視れば、黄金二両あり、封皮の上に題して云ふ、「元禄十五年十二月十四日、浅野氏の家臣大高源五闘死す。この金はわが*屍を掩ふ者あらば、幸ひに取りて酒価に充てよ」と。

良雄*道より吉田兼亮・富森正因をして大監察伯耆守*仙石久尚の第に適きて罪を請はしむ〈大監察の官は、仙石氏に止まらず。ただ仙石氏の第はやや泉岳寺と相近し。故に告ぐるに便なり〉。この日、*月望を以て朝に造る者、*絡繹として塗に相属く。衆の行くを見、みな驚き異しむ。騎を停めて故を問ふ者あり。良雄曰く、「某らは仇を復するの人なり」と。行きて*仙台伊達氏の邸下に至る。*守衛の者怪しみてこれを止め、*知邸の吏に告げんことを請ふ。良雄衆をして止まらしむ。しばらくして一士人あり、出でて良雄に*揖して故を問ふ。良雄*実を以て告ぐ。その人曰く、「*街亭に官法あり、異色の人を察す。故に守者姑く公らを止めしのみ。公ら往け」と。良雄ら乃ち謝して去る。会津保科氏の邸下に至る。守衛の者またこれを止む。良雄これに故を告げ、かつ前の伊達氏の街亭を過ぐる事を道ふ。守衛の者乃ちこれを聴して去らしむ。

兼亮・正因、槍を杖つきて、仙石氏の門に造る。請ひて曰く、「某らいま一急事ありて

露坐　露天で坐わる。

罍　酒がめ。

撤し　とりのけ。底本「徹」は「撤」にも通じるが、正確を期して「撤」に改める。三一五頁一一行目も同じ。

俳歌一首云云　「山をぬく(或はさく)力もおれて雪の松」(赤城士話)。三〇八頁参照。

屍　底本「屁」に誤る。

道より　途中から。

仙石久尚　→一六六頁。仙石邸は愛宕下西久保(いまの港区西久保明舟町)にあった。二人は新橋の辺りで、一行と別れた。

月望　陰暦の十五日。毎月朔日とともに、大名・旗本が総登城して将軍に拝謁する礼日である。

絡繹　ひっきりなしに。

仙台伊達氏の邸　汐留橋の近く(いまの汐留駅構内)に上屋敷があり、その西側に並んで会津保科氏の屋敷があった。

守衛の者　街路の番人。

知邸　屋敷番。留守居役。

揖して　会釈して。

実を以て告ぐ　事実を告げる。

街亭　街路の番所。

面陳　目の前で申し述べる。
命を将ふ　命令を取りつぐ。
分　当然なすべきこと。
朝貴　幕府に仕える尊い身分の者。
斧鉞の誅に伏し　刑罰を受け。もと、まさかりによる胴切りの刑をいう。
暴白　表明する。明白にする。
官裁　おかみのさばき。
稲葉正通　正往とも。下総佐倉城主、八万七千石。元禄十四年一月より老中。寛永十七年（一六四〇）―享保元年（一七一六）。
阿部式部　安部信旨（のぶむね）。元禄十二年より御目付。寛文九年（一六六九）―享保九年（一七二四）。
杉田五左衛門　勝行。元禄十四年八月より御目付。明暦三年（一六五七）―享保十年（一七二五）。
検覈　調べる。

来る。願はくは伯耆公に見えて、これを*面陳せん」と。久尚、人をしてこれを進めしむ。二人まづ佩ぶる所の双刀を以て命を*将ふ者に授け、然るのち入りて席に就きて坐す。久尚出でて二人を見る。二人称すらく「故の内匠頭浅野長矩の旧臣大石良雄ら四十七人謹んで言す。某ら、吉良上野君、寡君の讐たるを以て、昨夜その宅に攻め入りてこれを殺す。いま仇すでに報いぬ。某ら*分としてまさに自殺すべし。然れども都下を騒擾し、ほしいままに*朝貴を戮す。その罪を朝廷に得るや、また已だ大なり。某ら願はくは*斧鉞の誅に伏して、以て国家の法を明らかにし、また某ら朝廷に倍かざるの心をして、天下に*暴白せしめん。故に衆議してみな芝の泉岳寺の寡君墳墓の地に就き、以て*官裁を俟ちて死に帰せんのみ」と。因りて懐中より四十七人の名簿を出してこれを進む。久尚曰く、「衆はこれに止まるか」と。二人曰く、「諸士のほかに、卒隷奴僕の従はんことを願ふ者あれども、みな許さず。その事を共にする者はこれに止まる」と。久尚曰く、「吾いままさに朝に趨きて卿らの言を以て上聞すべし」と。乃ち出づ。二人因りて請ひて曰く、「某ら二人、幸ひに命を左右に請ふことを得たり。願はくは一人をして泉岳寺に赴き衆に報ぜしめよ」と。久尚聴さずして曰く、「なほ問ふべき者あり。いま急ぎ朝す。及ぶに暇あらず。卿らわが朝して反るを待て」と。家人をしてために食を設けしむ。二人、使令の人に謂ひて曰く、「さきに携ふる所の二槍門外に在り。請ふ人をしてこれを収めしめよ」と。

　久尚、朝に詣り、二人の言を以て聞す。たまたま左兵衛佐義周、家臣〈鵜谷平馬〉を遣はし、閣老丹後守*稲葉正通に詣り、前夜の事を以て上聞せしむ。将軍、少監察*阿部式部・*杉田五左衛門に命じ、往きて義英の第に至り、義英の尸、及び家人の死傷を*検覈せしむ。義英の尸は左右手足に傷つくこと五創〈或は曰く、義周、家人と謀り、義英の尸に傷つけ、戦死する者の如くすと〉、義周は額に傷つくこと二創なり〈或は曰く、またみづから傷つくるなりと〉。みづから言ふ「長刀を以て拒ぎ戦ふこと久し。すでにして額に傷つき、血流れて目に入り昏眩す。故を以て賊を追ふこと能はず」と。家臣の死する者十六人〈*小林平八郎・鳥井理右衛門・大須賀治部右衛門・清水一学・須藤与一右衛門・斎藤清右衛門・新谷弥七郎・小塚源次郎・鈴木元右衛門・小笠原長太郎・榊原平右衛門・鈴木正竹・牧野春斎・森半左衛門・左右田孫八郎、卒一人〉、傷つく者*二十一人。みな云ふ、「一たび傷つくや*輒ち廃し、戦ふこと能はざりき」と。その余の*験なき者みな云ふ、「難を聞き、舎中に匿れて敢へて出でざりき」と〈或は曰く、この徒他日官命ありて*棄市せらると。然るや否やを知らず〉。また隣家を問験す〈その比隣なる者、東は本多孫太郎と曰ひ、越前州の陪臣、身侯国に在り、人をしてこれを守らしむ。西は*土屋主税と曰ふ。その東隣、街を隔つる者は、*牧野一学と曰ひ、たまたま駿河に役す。その西南はみな市廛なり〉。土屋主税云ふ、「初め聞くとき火災の如し。すでにして義英の家に兵あるを知る。親ら家衆を率ゐて界に臨む。士二人を見る。みづから称すらく故の浅野内匠頭の旧臣小野寺十内・原惣右衛門〈並びに後に見ゆ〉、今夜、主の仇を報ずと。その徒四五十人相将ゐて去る。*昧爽にしてその状を詳らかにせず」と〈直清謂へらく、主税は義英と同に朝臣たりて、居もまた隣接す。患難相救ふの義あり。いまその難を見て救はず、浅野家の衆を縦して、義英を殺して去らしむ。これ士たる者に在りては、その不可なることを知る。しかも主税ここにおいて独り知らざらんや。窃かに主税の意を量るに、苟くも己の名を潔くして、以て人の義を妨げざるに在り。その意を用ふること厚きに近し。朝廷これを含きて問はず、また寛政の一端なり。ただ未だ主税のこの挙、義において当たれると否とを知らざるのみ〉。牧野・本多両家の知邸の吏、みな云ふ、「昨夜の聞く所は、異あるに似たれども、事状を詳らかに

小林平八郎… 氏名が、上野介邸手負口上書等とは、鳥居理右衛門（鳥井利右衛門）・新谷（新貝）・小塚（小塩）・小笠原（笠原）・榊原（柳原）・森（姓名なし、森は浅手とある）など異なっている。

二十一人 二十四人とも。

輒ち廃し すぐ簡単にくたばり。

験 防戦した証拠。

棄市 人前で死刑にし見せしめにする。

土屋主税 逵直。旗本、寄合。三千石。万治三年（一六六〇）—享保十五年（一七三〇）。

牧野一学 成純。旗本、寄合。千五百石。延宝四年（一六七六）—享保十七年（一七三二）。

昧爽 夜明けの薄暗いとき。

せず。堂上に一小箱あり、題して曰く、故の内匠頭浅野長矩の家臣の遺書と。乃ちこれを取りて還る」と。遂に事を具し、書を幷せて以て上る。

*その書に曰く、「赤穂の陪臣大石良雄ら再拝して白す。去年三月、寡君、命を奉じ、天使を館待す。*事を共にする吉良上野君と隙あり、遂に朝会の際を以て、廷にてこれを手づから刃す。あに積怨報いざるを得ざるを以てか。朝議、寡君避くる所を知らざることを以て、大不敬と為し、死を賜ふ。また列侯に命じ、*節を持し来りてその城邑を収めしむ。陪臣某ら、官使の指揮を請ひ、謹んで城邑を以て上る。尋いでまた郷里を離散し、敢へてその土に聚居せず。誠に朝威を畏れて命を奉ずるに急なるを以てなり。寡君の、怨みを吉良氏に報ずるや、在廷の諸公、拘してこれを止めしために、故を以てその志を果たさず。意ふにその死するに臨むの間、遺憾伸ぶることなけん。*質を委し禄を食むの臣に在りては、実に忍ぶべからざる者あり。陪臣の賤しきを以て、朝貴の臣を謀る。横恣の罪、みづから知らざるに非ず。然れども同仇の士相議すらく、いま*戴天の恥を洒がずんば、以て*在三の義を尽くすことなしと。故に今夜上野君に謁して、敢へてその首を請ひ、以て寡君の志を継ぐのみ。あに他あらんや。某らすでに死するの後、ここに来り臨む者あらば、かたじけなくも観覧を賜へ。また以て某らの志を知るに足らん。元禄十五年十二月日、赤穂陪臣良雄ら再拝して白す」と（この書もまた国語を以てこれを為る。いま代ふるに華言を以てす。下の墓を祭るの文も、*これに効ふ）。書下る。在廷の人、みなこれを伝へ観て、嗟歎して已まず、或は泣下る者あり。閣老豊後守阿部正武、衆に揚言して曰く、「今の世を以てして節義の士あることかくの如し。あに国家の盛事と為すに足らざらんや」と。この日、将軍、殿に御して賀を受く。

その書　浅野内匠家来口上書。堀部安兵衛が草案をつくったといわれる。

事　底本欄外「事下。一有二人字一」。

節を持し　使者になって。節は使者の証拠になるもの。

質を委し　仕官する。もと仕官の礼物の雉(きじ)をささげて君主の前に置くこと。質は贄に同じ。

戴天の恥　仇とともに同じ天の下に生きている恥。口上書原文には「君父之讐共不レ可レ戴レ天之儀、難二黙止一」とある。

在三の義　人間にとって最も重要な父・師・君に対する務め。

これに効ふ　これと同様。「ならへ」とも読む。

強宗　勢力強大な家がら。
覬覦　うかがいねらう。
淹久　久しく日月がたつ。

朝廷　公儀。幕府。

良雄ら行きて…　泉岳寺に着いたのは五ツ過(午前八時頃)。

公侯みな朝す。閣老以下これに趨く。

久尚乃ち還り、また二人を見て問うて曰く、「卿らすでに仇を報ずるの志あり、而して赤穂を去るの後、日を曠しうして為さざりしは何ぞや」と。曰く、「初め大学罪を竢ち、家に閉居せしとき、寡君の仇、なほ未だ必ずしも遽かに報ぜざる者あり。大学すでに芸州に竄逐せらる。これより意を決し死を致し、期するに必ず報ぜんことを以てす。しかるに仇家は*強宗にして、*覬覦し易からず。故に*淹久してここに至る」と。久尚また義英の死状を問ふ。二人具さに実を以て対ふ。子の義周を問ふ。曰く、「宅中を捜索すれども見えず」と。家人を問ふ。曰く、「某ら約すらく宅に入れば敢へてほしいままに殺さじと。ただその来り抗する者は、已むを得ずしてこれを殺せり。然れども驚騒狼狽して、与に敵するに足るものなし。独り一少年あり、拒ぎ闘ふこと甚だ力む。衆殺さざるを得ずと雖も、またその勇を愛してこれを惜しむ」と〈或は曰く、この少年はもと東都京橋の商家の子なり。義英の家に仕へて、寵する所と為り、常に左右に侍す。この夜闘死す。翌日父来りて尸を収むるに首なしと。乃ち知る浅野家の衆、首を取りて去る者は、この人なることを〉。また問ふ、「同仇の士、死傷者ありやなきや」と。曰く、「死者はなし。少しく傷つく者あり。これ壁に乗りて攻め入る時に方りて、昏くして色を弁ぜざるを以て、故に倉卒の間、刃に触れて相傷つくることあるを免れざるのみ。仇人の傷つくる所と為るに非ざるなり」と。ここにおいて久尚、二人をして去らしむ。これを戒めて曰く、「卿ら往きて衆と泉岳寺に会し、以て*朝廷の処置を待て。併せて以て衆に告げて、紛擾を致すことなきを要と為す」と。二人曰く、「謹んで諾す」と。遂に辞し去る。

*良雄ら行きて泉岳寺に至る。衆みな兵を持して門に入る。寺僧大いに恐る。良雄寺僧に

逋逃の徒　罪を犯して逃亡した者ども。

盥漱　手を洗い口をすすぐ。

梓人　指物師。

金一星　金貨一つぶ。

香炉案　香炉を載せた台。

みづから…　自分の名をとなえて。

碑趺　墓の台石。

跪坐　ひざまずいて体をまっすぐにしてすわる。

稽首　頭を地面につけて礼をする。

謂ひて曰く、「某らは*逋逃の徒に非ず。いまここに来る所以は、一たび故君の墓に告祭せんと欲するのみ。敢へて擾乱する所あらんや。公らしばらくわがために門を閉ぢ、外人をして来り擾さしむるなかれ」と。乃ち*盥漱し已はりて、紙筆を求め、告祭の辞を書してこれを懐にす。衆もまた盥漱してこれに従ふ。まづ人をして水を取りて来り、義英の首を洗はしめ、盛るに槖盤を以てし、これを墓前に置く〈槖盤、ここに三方と云ふ。世俗、敬事あれば、これを以て物を盛りて礼と為す。或は曰く、良雄本庄より来るとき市を過ぎ、*梓人に就きて、*金一星を以てこれに易ふと〉。また人をして寺僧より*香炉案を借らしめ、これを槖盤の外に設く。良雄進んで墓前に至り、香を焚き*みづから名を呼びて拝謁し、乃ち退く。衆もまたかくの如くす〈或は曰く、衆、墓に臨むとき、良雄謂ひて曰く、「某らむかし先君に事へ、みな禄位ありて等級を為す。いま同じく亡国の臣と為る。某まさに独り諸君に先んずべからず。某諸君と日夜憂慮し、先君に報ぜんことを求めし所以の者は、仇人を得るの一事に非ずや。前夜仇人、間君の手下に僵る。これ衆に先んじて仇人を得し者は間君なり。間君まさにまづ拝謁すべきを称へりと為す」と。光興辞す。聴さず。ここにおいて光興まづ謁し、しかるのち良雄らこれに従ふと〉。

良雄また進んで墓前に至る。懐中より匕首を出だしてこれを抜き、これを*碑趺の上に置く。鋒刃、外に向かふ。衆みな墓を囲みて*跪坐す。良雄乃ち祭文を出だしてこれを読む。曰く、「これ元禄十五年十二月十五日、前に謫せし所の生を窃むの臣、大石良雄ら再拝*稽首し、謹んで亡君故の内匠公の霊に告ぐ」と。衆みな拝伏す。また読んで曰く、「去年三月十四日、わが公、吉良上野君と、朝に事あり。臣ら卑賤にして、固より与り知らざるも、窃かに事情を以てこれを料るに、臣らと雖も、またその深怨積怒ありて、已むを得るに非ざることを知るなり。ただ不幸にして仇人未だ得ずして、公、死を賜はり、国除かれ、これ

室家遷徙し　一家の者が土地を離れ。
職として　主として。
衝を折き侮りを禦ぐ　敵の攻撃をくじき、侮りを防ぐ。
難を排し紛を解く　困難を排除し紛乱を解決する。

日を并せて食らひ　二・三日に一度というふうにしか食事をしない。

に継ぐに*室家遷徙し、大学君囚せらるるを以てす。事、官裁に出づと雖も、*職として仇人にこれ由る。臣ら不忠不材、前に*衝を折き侮りを禦ぐこと能はず、また後に*難を排し紛を解くこと能はず、わが公をして身死し世絶え、一朝にして祖宗百年の業を亡はしむ。また臣らの罪なり。いま乃ち朝命に倍き、仇人を謀る。固より公の上を敬ふの意に非ざるを知ると雖も、然れども臣らすでに君の禄を食みたれば、よろしく君の事に死すべし。いやしくも君の仇人を視て、これが報を為さずんば、仰いでは以て共に天を戴かざるの言に慙づることあり、俯しては以て同に地を蹈まざるの義に酬ゆることなし。他日いやしくも徒らに恥を抱きて死せば、また何の面目ありて、以てわが公に地下に見えんや。これに由りて臣ら相議し、誓つて死を以て報ず。始めてこの事を謀りしよりこのかた、妻子を棄て、親戚を離れ、東西に奔走し、寧処するに遑あらず。雨雪を衝冒し、*日を并せて食らひ、一に仇家を間視し、機会を失はざらんことを以て務めと為す。しかも衰老の臣、もしくは病多き者、事に及ばずして溘かに朝露に先だたんことを恐れたれば、則ち相勧めて死を致すに急なる者しばしばなりき〈直清謂へらく、この言を観れば、則ち当時、志を鋭くし死に赴き、速やかにせんと欲するに果なる者あり。良雄なかりせば、則ちほとんど乃の事を敗りしならん〉。然れどもまた軽挙して輒ち敗れば、重ねて世の笑ひと為り、以てわが公の辱を貽さんことを恐る。ここを以て日を曠しくし久しきを持して、敢へて発せず。また待つことありしのみ。遂に前夜四更を以て、往きて吉良氏を攻む。天の明、君の霊に頼りて、果たして仇人を得て、首を以て来り献ず。今より以往、某ら以て公に復することあり、而して死すとも憾みなけん。この匕首はむかし公在せし時、愛する所を割きて以て良雄に賜ひし者、いま謹んで還し上る。公、霊あらば、請ふこれを以て仇人に甘心し、以て当日の怨みを快くせられよ。臣良雄ら再拝稽首して謹んで告ぐ」と。読み畢はり、起ちて盤上の首を取り、匕首を以てこれを撃つこと三たび、乃ちまた香を焚き、拝して退く。衆もまたかくの如くす。みな泣数行下る。

良雄ら還りて中堂に至る。寺の主僧を見て曰く、「某らの事畢はんぬ。前に人をして仙石伯耆君に詣り、告ぐるに某ら罪を貴寺に竢つことを以てせしめたり。誠に犬馬主を恋ふるの心、故君墳墓の地を忘れざるを以て、幸ひに死にここに就くことを得ば、また臣らの願ひなり。願はくは和尚、亡虜の余を以て拒まることなかれ」と。門を開かしめて曰く、「上杉氏必ず衆を率ゐて来り攻めん。某ら出でて弾正君を迎へ、謹んで某らの首を以て授けんのみ」と〈或は曰く、この日、中村清右衛門・鈴田十八・中田利平次・田中貞四郎、同に泉岳寺に到り、寺僧に因りて言ふ、「前夜馳せて赴き会す。至れば則ち公らすでに去り、これを悔ゆるも及ぶなし」と。良雄、人をして言はしめて曰く、「昨夜の事、期に後るるを以て諭げらる。すでにこれを聞きぬ。いままさに出でて卿らを見るべきも、昨夜力闘し、わが腰脱けぬ。力の出でて卿らを見るなし」と。四人慙ぢて去ると。直清按ずるに、俗に、怯にして事に勝へざる者を呼びて腰脱人と為す。蓋し良雄これを以て四人を愧ぢしめたるなり〉。ここにおいて書を具し、寺坂信行をして日夜西馳し、芸州に赴き〈信行は後に見ゆ〉、前夜仇を復するの事状を以て大学君に白さしめ、及び赤穂の故里を過ぎ、家人に報じてこれを知らしむ。因りておのおの家書を託して以て行かしむ〈世に伝ふ、この日、一官女あり、轎に乗りて寺に至る。みづから夫人浅野氏の使ひと称して曰く、「夫人、諸臣先君のために仇を報ずるを謝す。これを聞きて感動悲喜し、言ふべからず。料らざりき今日親しくこの事を見んとは。これ諸君忠赤の力なり。先君もまたこれを地下に知らん。夫人就きて諸臣を見るを憚らざるも、願ふに我は寡婦にして、身、主人に依り、動静自由なるを得ず。故に人をして謝せし

中堂　本堂。

犬馬…　臣下が君主を思う心。曹植の表にみえる語。

亡虜の余を以て　亡命者の生き残りとして。

主人　身を寄せて世話になっている家の人。

む」と。良雄ら頓首再拝して曰く、「これ先君の霊なり。臣ら何の力かこれ有らん。敢へて命の辱きを拝す」と。女使問ふ、「吉良君の首安くに在りや。妾願はくはその首を視て還り報ぜん」と。良雄、導きて墓下に至りてこれを視させしむ。乃ち去ると。直清、初稿本においてこれを録す。そののち小谷勉善、直清のために言ふ、「浅野家にはこの事を道ふ者なし。蓋し好事者これを為すなり」と。いま本文を刪りて録せず。独りその事偉なるを以て、姑くここに存す。また後人をして当時かくの如きの説あることを知らしむと云ふ〉。

寺の主僧、衆を引きて入りて坐せしむ。独り良雄父子、衆と室を異にす。ために粥を煮てこれに餔す。衆の寒えたるを見て謂ひて曰く、「寺法、酒を禁じて入れず。然れども諸君寒えぬ。酒を得ずんば、以て自強することなし。拘るに常法を以てすべからず」と。乃ち酒三斗を買ひ、衆を縦して飲ましむ。衆、酒を飲んで勇気十倍す。曰く、「これを以て戦はば、上杉氏の兵、何ぞ敵とするに足らんや」と。酒闌にして、おのおの俳歌を為りて志を視す。良雄の歌に曰く、「*あらたのしや　おもひははれつ　みはすつる　うきよのつきに　かかるくもなし」と〈直清謂へらく、この歌は以て良雄真に*熊掌の美を知り、また毫髪の怨悔もなきことを見るべし〉。大高忠雄、創を病みて起つこと能はず。その歌に曰く、「*やまをさく　ちからもおれて　まつのしも」と〈直清謂へらく、この歌は蓋しこの日酒肆中の詠ずる所、いまここに載す。*項羽帳中の遺意あり。蓋しその英気未だ衰へざるなり〉。岡野包秀〈後に見ゆ〉みづからその歌に題して云ふ、上野君の首を奉じ亡君の墓に進むと。歌に曰く、「*そのにほひ　ゆきのあさちの　のむめかな」と〈直清謂へらく、この歌は仇首血腥きを以て雪中の梅に比し、以て斁ふことなきの意を見す。また壮士の風流なり〉。その余は多くは録せず〈凡そこの同仇の士は、好んで和歌を為りてみづから述ぶ。その世に伝はる者もまた多し。いま録中に載する所は、十に纔かに一二のみ。ただその最を取る。以て義心の痛切と志気

あらたのしや…　あら楽しや思ひは晴れつ(或は晴るる)身は捨つる浮世の月にかかる雲なし。

熊掌の美　熊の手のひらにもたとうべき美味。

やまをさく…　山を裂く力も折れて松の霜。沾徳随筆などには「山をぬく力もをれて松の雪」。なお大高源五は俳号を子葉といい、水間沾徳の門人であった。→三〇〇頁

項羽帳中の遺意　項羽が垓下で漢軍に包囲されたとき、とばりの中で「力は山を抜き気は世を蓋ふ」云々と歌った趣旨のなごり。

そのにほひ…　其の匂ひ雪の浅茅の(或はあしたの)野梅かな(白明話録ほか)。

の勇決なる者を見るべきのみ。初めよりその詞の工拙雅俗を論ぜざるなり〉。

良雄、人をして槖盤を取りて来らしめ、義英の首を以て主僧に与へて曰く、「吉良氏は世家の貴族なり。いま仇讐の故を以て、その首を塵土に委ぬるは無礼なり。願はくは和尚善くこれを謀れ」と。主僧受けてこれを仏前に寘く〈翌日、主僧、官に白し、僧をして轎を以て首を載せ、往きてこれを吉良氏に還さしむ。或は曰く、上杉氏、義英の尸を取り、某寺*に就きてこれを葬る。その首なきを病へ、その僧をして書を泉岳寺に移し*てこれを請はしむ。以て良雄に告ぐ。良雄曰く、「われ首を取り来るは、以て墓を祭らんとなり。一たび祭るの後は、これを以て為すことなし。ただ和尚の裁する所のままなり」と。子良金傍らに在りて曰く、「悪んぞこの臭腐者を用て為さんや。急ぎて投げてこれを与へよ」と。良雄叱して曰く、「竪子何ぞ貴人*の首を慢ることかくの如くなる」と〉。日午の時に及び、人あり上杉氏*の衆至ると伝ふ。良金これを聞きて曰く、「これ必ず浮言なり。上杉氏もし我を撃たんと欲せば、あに日中を待ちて乃ち至らんや」と。良雄曰く、「固より然り。ただ変を慮る者は、まさにかくの如くなるべからず」と。ここにおいて衆みな剣を厲く。良金もまた剣を厲く。寺僧に謂ひて曰く、「公ら曾て戯場に出で、木偶人*の闘ふを観たるか。生人の闘に至りては、則ちただ耳もて聞くのみならん。上杉氏もし至らば、某ら力戦し、木偶人の下に在らざらん。公らこれを視よ。また一壮観なり」と。上杉氏果たして至らず〈直清これを泉岳寺の僧に聞く、曰く、「良雄以下、長年の人は、みな厚重寡黙にして、これを望むに畏るべし。或は義英の事を問へば、則ち曰く、善く死に処したりと。義英の家人を問へば、則ち曰く、難に死する者多く、また人臣の義に在りて愧づるなしと。その他は敢へて一言をも発せず。ただ少年の人は、直言して、回護*する所なきのみ」と〉。

久尚また朝に造り、具さに兼亮らの言を以て上聞す。この日、命あり、浅野家の衆を分

某寺　牛込筑土八幡前の万昌院（のち中野区上高田に移転）。

移して　送って。

貴人　底本欄外「貴人。一作㆓朝貴㆒」。

上杉氏の衆…　上杉家では知らせをうけて、討手をさしむけようとしたが、事件拡大を避けようとする老中の命により、取りやめたという。

木偶人　木の人形。からくり人形。

回護　気がねして弁護する。

囚し、四侯の邸に置く。越中守細川氏に之(ゆ)く者は十七人〈越中守は、名は*綱利。国城は肥後の熊本に在り〉、隠岐守久松氏に之く者は十人〈隠岐守は、名は*定直。国城は伊予の松山に在り〉、甲斐守毛利氏に之く者は十人〈甲斐守は、名は*綱元。国城は*長門の長府に在り〉、監物水野氏に之く者は十人なり〈監物は、名は*忠之。国城は三河の岡崎に在り。十人の中、寺坂信行は在らず〉。閣老、少監察*水野小左衛門・*鈴木源五右衛門をして、吏十人を率ゐて、往きて泉岳寺に就き、浅野家の衆を以て四家の使者に授けしむ。両監察その属吏と謀りて曰く、「上杉氏、浅野家の衆の泉岳寺に在るを聞かば、必ず衆を以て来り攻めん。わが輩、命を奉じて使ひと為る。即ちまさに朝旨を以てこれを遏(とど)むべし。これを遏めて聴かずんば、則ちまさに浅野家の衆と死を共にすべし。死するは則ち易きのみ。ただ念ふに処置宜しきを得(え)、朝命を辱むることなく、庶(こひねが)はくは以て後人の譏(そし)りを免るるを得んことを」と。因りて相与(あひとも)に変を処するの道を議す。たまたま閣老、両監察を論止し、往くことなからしめ、三吏〈*石川弥一右衛門・*市野新八郎・*松永小八郎〉を遣はし、浅野家の衆を召さしめ、仙石氏に詣(いた)りて命を受けしむ。因りて武人をして道上の街巷を巡察せしめ、馬に乗り兵を持してその間に*闌入(らんにふ)するを許さず。

良雄らみな*戌時を以て至る。みな韋服して槍を執る。前夜吉良氏に赴く者の如し。門に入るとき、門者、一人毎(ごと)に名を問ひてこれを内(い)る。衆、帽を免(ぬ)ぎて堂に上る〈世俗、冠巾を免ぐを以て礼と為す〉。みな*椎結(つゐけい)し、香を髪に薫じ、その気、人に接す〈直清謂へらく、衆、召さるるに方(あた)りて、刑死して首を人手に伝へんことを慮る。故に椎結し、香を以て髪を薫じて、以て穢気を防ぐなり。*豹は死して皮を留め、人は死して名を留む。事また偉なり〉。吏迎へて佩刀を収むること法の如し。また一人、四家に分配するの簿を以て、衆を引きて坐に就かしむ。両監察、紙筆を執り、衆に対

綱利　寛永二十年(一六四三)—正徳四年(一七一四)。
定直　万治三年(一六六〇)—正徳五年(一七一五)。
綱元　慶安三年(一六五〇)—宝永六年(一七〇九)。
長門の長府　豊浦郡長府町(いま下関市内)。長府藩は萩藩の支藩、五万石。
忠之　→一八〇頁
水野小左衛門　守美(もりよし)。元禄十二年より御目付。寛文四年(一六六四)—享保十三年(一七二八)。
鈴木源五右衛門　利雄。重倫とも。元禄十年より御目付。万治三年(一六六〇)—寛保三年(一七四三)。
石川弥一右衛門　弥市右衛門正扶。御徒目付。万治二年(一六五九)—享保十二年(一七二七)。
市野新八郎　御徒目付。
松永小八郎　一興。御徒目付。承応二年(一六五三)—享保十二年。
闌入　みだりに入る。
戌時　午後八時頃。
椎結　髪をうしろにたれ、ひとたばねにしたまげ。結は髻の意。
豹は…　五代史、王彦章伝の語。

してその子弟親戚を問ひてこれを録す。しばらくして久尚出で、良雄らを見て命を宣す。衆みな敬(つつし)みて諾す。因りてまた前夜の事状を問ふ。良雄・兼亮二人、応対流るるが如し。その余は敢へて一語をも出ださず。ただ謹めり。水野小左衛門、衆に問ふ、「孰(いづ)れか良金と為す」と。良金進みて曰く、「某(それがし)ここに在り」と。年を問ふ。曰く、「成童*」と。坐中の人曰く、「この子、言語、士人*に類せず。あにそれ邑*に生長せしか」と。良雄対へて曰く、「今年始めて某(それがし)に随ひて来る」と。小左衛門曰く、「その声、年と相若けり*(あひし)。然れども甚だ長大にして、殆(ほとん)ど壮年の人の如し。奇男子と謂ふべし」と。坐中の人従ひてこれを嘆ず。小左衛門曰く、「故(もと)の内匠君、人を得るの多き、また以て朝家の藩屛たるに足れり。いま乃ちかくの如し。惜しむに勝(た)ふべけんや」と。坐中の人またみなこれを然りとす。

ここにおいて両監察、四家の使者をして逐次*人衆を受くること数の如くせしむ。良雄は細川氏の使者*に属す。まづ往く*。乃ち良金を招き謂ひて曰く、「吾また汝を見るの日なけん。往時汝と言ひし所の者、汝忘るることなかれ」と〈直清謂(おも)へらく、言ふ所は蓋し良金死するに臨みて隠岐君に告ぐる者なり。後に見ゆ*〉。良金曰く、「某不肖なりと雖も、敢へて敬(つつし)みて承けざらんや。大人幸ひに以て念と為すことなかれ」と。四家の使者、受くる所の衆をして衣を更(あらた)めしむ〈凡そ命じて囚を他家に置く者、その家、囚を受くるとき、必ず新衣を齎(もたら)し、服を更めしむ〉。すでに輿に就く。輿はみな鎖(とざ)さず〈凡そ囚を送るの輿は、或は網し或は鎖す。或は曰く、細川氏は独り輿の両扉を啓(ひら)き、卒二人をしてその人の佩刀を執り、輿の左右に在りて従ひ行かしむ。これみな義士を以てこれを優(ゆる)やかにし、他囚に比せざるなり〉。使者、士卒を将(ひき)ゐて監護す。至れば、みなこれを別邸の舎に寘(お)く。供*張甚だ盛んなり。

成童　十五歳。

士人　土地(ここでは江戸)の人。

邑　むら。いなか。

相若けり　相応している。

逐次　底本「遂次」に誤る。

細川氏の使者　旅家老三宅藤兵衛ほか。細川家の下屋敷(芝高輪)に預けられた。

まづ往く　「往くに先だちて」と読むべきようであるが、初稿本の訓点による。

後に見ゆ　→三一四頁

供張　設営。場所作り。

就きて　その場に来て。

久次　久しく仕えている。

庖人　料理人。二汁五菜が給されたという。

羹　吸い物。

盛饌　りっぱなご馳走。

寡君　他国の人に対して自分の君主をいう謙称。

待する　もてなす。

火炉　火ばち。

その夜、越中君、*就きて良雄らを見て曰く、「卿ら能く大事を成せしか」と。また曰く、「卿らを除くほか、赤穂の群臣は如何ん」と。良雄対へて曰く、「凡そ寡君の禄を食むは、臣らと心を同じうせざるはなし。然れども臣ら相議すらく、いま衆を以て動かば、恐らくは重ねて罪を朝廷に得んと。故にただ*久次近侍の臣と事を共にせしのみ」と。安井・藤井を問ふ。曰く、「この二人、寡君の幼時より、躬みづから抱持し、以て今日に及ぶ。一旦寡君の死を聞き、日夜哀戚し、以て精神衰怯し事に勝へざるを致す。また哀れむべし」と。大野九郎兵衛を問ふ。曰く、「また前二人の如し。ただ九郎兵衛はみづから哀戚に傷れ、殆ど喪心の人の如し」と。隠岐君もまた就きて衆を見てこれを労ふ。良金に問ひて曰く、「卿、母もしくは弟ありや」と。対へて曰く、「臣、母ありて京に在り。弟二人あり、みな幼くして母に随ふ」と。言ひ訖はり涕を流す。隠岐君、再び言を出だすに忍びず、乃ち起つ。

衆、四家に在り、*庖人、食を饋るに、必ず弐の膳あり。衆、飯と*羹とを食するのみにして、その余は食らはず。早晩のほか、これがために他食を設くれども、また辞して食らはず。のち数日、請ひて曰く、「臣ら日ごとに*盛饌を賜はる。卑賤の宜しき所に非ず。敢へて辞す」と。可かず。また請ひて曰く、「臣ら*寡君を喪ひてより以来、酒肉を御めず。嚮に恩礼の隆んなる、急に私情を伸ぶべからざるを以て、敢へて告げず。請ふ庖人をして日ごとに蔬菜一品を供せしめて乃ち止められんことを」と。四家その志に違はんことを重り、これを聴す。

越中君、良雄らを*待すること最も厚し。*火炉を坐に寘き、以て寒を禦ぐ〈鉄網を以て蓋ひ、火を出だすを得ず〉。炭尽くれば他炉を以てこれに更ふ。日ごとに浴を賜ふこと一次、浴する毎に、*褌・浴衣おのおの一を給す。正月には、賜ふに生絹衣・上下服を以てし、これを服せしむること、平生の儀の如し〈生絹衣は、俗に*熨斗目と云ふ。*新正に逢ふ毎に、生絹衣を服し、上下服を加へて、以て礼と為す〉。また工をして良雄らの佩刀を厲き、并びに繕治して更め装はしむ。刀はみな*尤物なり。接伴の人、或は良雄に告ぐ。良雄曰く、「*明侯某らを哀憐したまふことここに至る。報ずる所を知らず。然れども某ら命旦夕に在り。佩刀を以て為すことなきなり。君某らのために公に告げて、これを止めよ。君、刀の好きを以て称せらる。これ或はこれあらん。寡君、剣を好み、畜ふる所はみな利鈍を試みる。某ら赤穂を去るとき、復仇の志あり、因りてこれを分かち取る。いま佩ぶる所はみなこれなり。その君の称する所と為るも、また以あるなり」と。

十六年二月四日、命あり、浅野家の衆四十六人に死を賜ふ〈四十七人中、寺坂信行を除けば今の数の如し〉。越中君、良雄らを見て曰く、「寡人日夜、卿らと生全の歓びを共にせんことを庶幾ひしも、いま朝命を聞きて、大いに望みを失へり」と。良雄らみな頓首再拝して曰く、「朝廷、極刑大戮を以て亡虜の臣を処せずして、待するに士を殺すの礼を以てせらる。臣らにおいてもまた栄なり。去年左右の恩庇を蒙りしより、事事厚きに過ぎ、実に*非望に出づ。臣ら*草を結ぶも能く報ゆる所に非ざるなり」と。因りて侍臣に請ふ、「幸ひに爵を錫はるを得て、一たび左右と辞せん。臣ら区区の志願ここに在り」と。言未だ既はらざるに、越中君、命じて*注子を執りて来らしめ、乃ち先にみづから酌みて曰く、「われ卿らと訣れん」と〈和俗、死生の二別、みな爵を合はせて共に飲む。尊者先に酌む〉。偏く爵を錫ひ、已はる。十七人の者みな拝し、かつ退く。隠岐君もまた衆と訣る。因りて良金に謂ひて曰く、「卿の母、

褌　ふんどし。
熨斗目　練り絹でつくった礼服。
新正　新年の正月。
尤物　すぐれた物。
明侯　君主の美称。
非望に出づ　望外である。望みの範囲を越えている。
草を結ぶ　死後に亡霊となり恩返しする。主人が敵と切り結んでいるとき、恩を受けた者の亡霊が草を結び敵をつまずかせて主人を救った故事。左伝、宣公十三年に見える。
注子　銚子。

卿の父子みな死するを聞かば、まさに無窮の悲しみを抱くべし。官法、ために書を伝ふることを許さず。遺言すべき者あらば、具さに執事の臣に告げよ。寡人趣やかにこれを達せしめん」と〈趣、読んで促と曰ふ〉。良金曰く、「臣の父良雄、臣を戒む、たとひ恩命ありて、万一臣らを赦して死せざらんも、わが父子は義としてまさに自殺して以て国に徇ふことを明らかにすべし。汝もし違はば、われ死して汝を怨みんと。泉岳寺に在りて、及び仙石氏に別れしときも、またこれを以て言と為す。いま死を賜ふは、臣父子において、最も望む所に称ふ。独り母を念ひ、情を忘るること能はずと雖も、然れども京を出づるの日、みづから、生くるの理なきことを知る。故にこれと永く訣れて去り、また遺言すべき者なし。いま明侯の哀憐の厚きを荷ふ。臣死すとも敢へて忘れじ」と。隠岐君、良金の言を聞きて泣下る。左右これがために*竦動す。四家みな衆をして沐浴せしめ、新衣を賜ふ。これを服して以て俟つ〈細川氏の賜ふ所はみな香を熏ず〉。

*午時に及び、大監察伯耆守仙石久尚、及び小監察*長田喜左衛門、四侯の邸を歴、朝命を以て四侯に属して曰く、「故の内匠頭長矩、宴を天使に錫ふの日に当たりて、吉良義英を朝に刃す。その罪、法に在りて赦さず。義英は罪なきを以て、職を奉ずること故の如し。生殺みな上の旨に出づ。しかるに長矩の家臣、号して主仇と称し、徒を聚め党を結び、ほしいままに朝臣を殺す。大逆無道なり。*自尽を賜ふ」と。四侯、命を衆に宣す。みな稽首再拝して曰く、「臣ら政を乱り法を犯す。みづから朝廷これを極刑に処し、以て天下後世を懲らすを分とす。しかるに辱くも剣を賜ひて以て*自裁せしむ。また朝廷の仁なり」と。良雄、命を拝し畢はり、細川氏の老臣傍らに在る者を顧みて曰く、「朝命に、徒を聚め党を

竦動　身を引き締め感動する。

午時　正午頃。

長田喜左衛門　重昌。元禄十一年より御目付。宝永元年(一七〇四)没。徳川実紀には長田甚左衛門長視(重視の誤り、御目付)とある。

自尽　自殺。切腹。

自裁　自殺。切腹。

非類　無関係の者。

譸張　世を惑わすような言動をする。

外人　外部の人。

結ぶの語あり。それ非類を招誘し、譸張して姦を為すは、臣ら不肖なりと雖も、みづからこの行ひなきことを知る。凡そこの四十六人の者は、みな質を寡君に委し、志、仇を報ずるを同じうし、而して事を挙ぐるの間、外人を雑へず。今や罪を朝廷に得ること軽からずと雖も、然れども人臣同じく主の難に死す。恐らくは冒らしむるに朋党の名を以てすべからず、如何ん」と。乃ち微笑し、起ちて死に就く。四家、草舎を庭上に為り、重席をその中に設け、席上に布被もしくは氈を薦きて坐と為し、帷を前に施してこれを巻く。朝廷、別に少監察おのおの二人を遣はして監視せしむ〈細川氏は杉田五左衛門・久永内記。久松氏は鈴木次郎左衛門・斎藤治右衛門。毛利氏は荒木十左衛門・駒木根長三郎。水野氏は久留十左衛門・赤井平右衛門。ほかに吏卒おのおの若干人〉。自殺の人出でて坐に就く。相者これに従ふ〈相者はみな家臣を以てこれを為す。細川氏十七員、水野氏九員、自殺人の数の如し。その余は五七員を以て輪してこれを司らしむ〉。自殺し畢はるを俟ちて、主者帷を下し、布被もしくは氈を以て尸を裹みてこれを撤す。すでにしてまた帷を巻く。次の一人輒ち出でて自殺す。また前の如し。衆を終へて乃ち止む〈或は曰く、細川氏は、一人自殺する毎に、即ち尸を甕に入れ、これを密閉し、そと木槨を為り、おのおの名旌をその上に豎つ。題して云ふ、第一某の姓名、第二某の姓名と。即ち寺に送致す〉。衆みな遺言し、泉岳寺の長矩の墓の側らに葬らんことを求む。四家みなその言の如くす。おのおの使ひを遣はし賻送すること甚だ厚し。すでに葬り、墳を築き碑を立てて以てこれを識す。都下の人これを聞き、往きて弔祭する者、日ごとに群を成し、以て数月に至るも已まず。みな流涕歔欷し、これを久しうして乃ち去る。

赤穂義人録 巻上 終

朋党 なかまを組む。さきの「徒を聚め党を結び」をいう。
草舎 粗末な小屋。
重席 二重に布いたむしろ。
氈 毛氈。
杉田五左衛門 前出(三〇一頁)。
久永内記 信豊。初名重利。元禄十三年より御使番。寛文十年(一六七〇)—元文元年(一七三六)。
鈴木次郎左衛門 福一(よしかず)。元禄十五年より御目付。寛永二十年(一六四三)—享保十年(一七二五)。
斎藤治右衛門 次左衛門利常。元禄十年より御使番。承応二年(一六五三)—正徳五年(一七一五)。
荒木十左衛門 →一八三頁
駒木根長三郎 政方。元禄十四年より御使番。寛文十二年(一六七二)—延享四年(一七四七)。
久留十左衛門 →一六四頁
赤井平右衛門 時尹。元禄十年より御使番。承応元年(一六五二)—享保五年(一七二〇)。なお正しくは、細川家に荒木・久永、久松家に杉田・駒木根、毛利家に鈴木・斎藤、水野家に久留・赤井が派遣された(徳川実紀・江赤見聞記巻六)。
衆を… 切腹は酉の刻(午後六時頃)に終わり、その夜のうちに寺に送られ、埋葬された。
送致 送り届ける。
賻送 香華を供え葬式をする。
歔欷 すすり泣く。

赤穂義人録　巻下

鳩巣　室直清　著

大石良雄、内蔵助と号す〈和俗、多く字なし。その官ある者は、官を以て称と為す。官なき者は、必ず称号あり。或は官名の字を仮り、或は*行第の字を仮る。また字を用ふること*意謂なき者あり。君父の前と雖も、またこれを以て称す。朋友相呼ぶにも、またかくの如くす。その子孫或は相因りて父祖の号を称する者あり。ただ継嗣の人のみ然りと為す。余子はしかせず〉。秩千五百石。赤穂の*国老なり。*父は権内と曰ふ。*母は池田氏。備前州岡山の国老池田出羽の女なり。初め良雄の*曾祖及び*祖父、みな内蔵助と号し、世世赤穂の国老たり。祖父内蔵助、権内を生む。権内、良雄を生む。権内早く卒す。良雄、嫡孫を以て祖を承け、*嗣ぎて国老と為り、因りて祖父の号を以て自称すと云ふ〈或は云ふ、良雄の父は内蔵助と曰ひ、池田氏を娶りて二子を生む。長は権内、次は良雄。権内早く卒して子なし。故を以て良雄嗣ぎて国老と為ると。今按ずるにこの説は非なり。直清これを池田氏の*通家に聞く、曰く、良雄なる者は、権内の子なり。その池田氏を娶りしは権内なりと。小谷勉善、安芸の人に聞く所の言もまた然り。今これに従ふ〉。良雄、人と為り簡静にして、威望あり。甚だ国人の倚重する所と為る。死する時、年四十五。

吉田兼亮、忠左衛門と号す。秩*二百五十石。郡事を知す〈ここに郡代と云ふ〉。兼亮、強力にして材あり。最も*軍国の務めに通ず。また*言語を以て国人の称する所と為る。赤穂すでに滅び、良雄京に在りしとき、兼亮をして義衆を東都に領せしむること一年、衆のために衣糧を経理し、仇家の消息を伺察し、甚だ心をその間に尽くす。遂に能く一挙にして志を天

行第　兄弟の順序。
意謂　意味。いわれ。
国老　家老。
父　権内良昭。延宝元年(一六七三)三十四歳で没。
母　池田出羽守由成(延宝二年頃没)の女。元禄四年、五十五歳で没。
曾祖　内蔵助良勝。はじめて浅野長重に仕え、功あり、重用されて家老となる。慶安三年(一六五〇)没、六十四歳。
祖父　内蔵助良欽。長直・長友・長矩三代に仕えた。延宝五年(一六七七)没、六十歳。
嗣ぎて…　延宝五年、十九歳で嗣を継いだ。
通家　祖先代々のつきあいの家、または、婚姻関係による親戚。
二百五十石　浅野内匠頭分限牒(義人纂書所収)には、二百石、役料六十石(五十石とも)、加東郡代とある。
軍国の務め　軍政と国政。
言語　応対のことば。
聘す　召し抱えるために招く。
第　やしき。
年長を以て…　裏門より大石主税の後見として討入り、「侍両人鑓にて突留被レ申候」(寺坂信行筆記)という。
きみかため…　討入の時の作。「辞世、君が為おもひぞつもる白雪をちらすは今朝の峯の松風　兼亮。短冊紙に如レ此相認、甲のしころの裏に

下に伸べしは、兼亮の力に頼ること多しと為す。その東都に来(きた)るや、列侯その名を聞きて争ひて聘*す。兼亮、志の国に徇(したが)ふに在るを以て、みな就かず。衆吉良氏の第*に入りしとき、兼亮・元辰ら、年長*を以てこれを将(ひき)ゐる。兼亮、衆に先んじて力闘し、二人を殪(たふ)す。その終りに臨むとき和歌あり、曰く、「きみかため*　おもひそつもる　しらゆきを　ちらすはけさの　みねのはるかせ」と。死する時、年六十三*。

原元辰、総右衛門と号す。秩三百石。歩卒の将〈ここに足軽頭と云ふ〉。その終りに臨むとき和歌あり、曰く、「かねてより*　きみとははとに　しらせむと　ひとよりいそく　してのやまみち」〈直清、元辰のこの歌を読むに、元辰の母存し、なほ赤穂の難に及び*、曾(かつ)てその子に勧むるに義を以てし、而してこの時すでに亡せることを知る。故に元辰終りに臨むの歌にしかいふ。然らずんば何ぞ父を捨てて独り母に及ばんや〉。死する時、年五十六。

間瀬正明、久太夫と号す。秩二百石*。大監察*。死する時、年六十三。

小野寺秀和、十内と号す。秩百五十石*。京師知邸〈ここに京都屋敷留守居と云ふ〉。秀和、京に在るとき、学を好み師儒*に礼見す。赤穂の変を聞き、家累*を棄ててこれに赴く。京師の人、赤穂の衆の仇を報ずるを聞きしとき、みな曰く、「秀和必ずその中に在り」と。果たして然り。その終りに臨みしとき和歌あり、曰く、「いまははや*　ことのはくさも　なかりけり　なにのためとて　つゆむすふらむ」と。死する時、年六十一。

間光延、喜兵衛と号す。秩百五十石*。親従隊騎〈ここに馬廻と云ふ〉。その吉良氏の第に入りしとき、和歌を箋題*し、これを槍干*に繋(か)く。その歌に曰く、「みやことり*　いさこととはむ　もののふの　はちあるよとは　しるやしらすや」と〈友人青地伯孜*曰く、「この事、風流、以て美を平*

付る」(寺坂信行筆記)。

六十三　六十四ともいう。

かねてより…　兼てより君と母とに知せんと人より急ぐ死出の山路に(江赤見聞記巻七)。

及び　その時まで生きており。親類書には「去年(十五年)八月病死」とある。

二百石　ほかに役料十石。

大監察　大目付。

百五十石　ほかに役料七十石。

師儒　先生。伊藤仁斎の門人であったという。

家累　家族。

いまははや…　けふは早ことの葉草もなかり梟何の為とて露結ぶらん(江赤見聞記巻七・介石記巻三)。

百五十石　分限牒には百石、外に米四斗三升小者給(四石五斗とも)、勝手方吟味役とある。

箋題し　短冊に書き。

槍干　やりの柄。

みやことり…　都鳥いざ事問む武士の恥ある世とは知るやしらずや(介石記巻四など)。

青地伯孜　斉賢。字は伯孜、号は兼山。加賀藩に仕える。鳩巣の門人。鳩巣から青地兄弟に送った書簡集『兼山麗沢秘策』を編集した。

平忠度　清盛の弟。寿永三年(一一八四)一の谷の戦に戦死。平家物語巻九に「ゑびらにむすびつけられたるふみをといて見れば、「旅宿花」と云題に忠度の旅宿の歌に媲ぶべし、しかも義気慷慨は、則ちこれに過ぐ。その巧拙は固より論ずるに足らざるなり」と〉。死する時、年六十九。

礒貝正久、十郎左衛門と号す。秩百五十石。弓銃屯将に比す〈ここに*物頭並と云ふ〉。初め赤穂侯の訃、国に至る。衆方に城を保守して下らざらんことを議す。正久、片岡高房と相謂ひて曰く、「わが二人の者は、先君の恩を受くること特に厚し。吉良義英を殺さずんば、死すと雖もまさに地下に瞑せざらんとす」と。城中の士に謂ふ、「公らは城に死せ。我は仇に死せん。行くも止まるもみな国に徇ふなり。公らこれを勉めよ」と。乃ち去りて東都に赴く。明年夏に及びて、吉田兼亮に従ひて、良雄に請ひ、盟約を奉ず。卒に以て仇を報じて死すること、果たしてその言の如し〈直清謂へらく、礒貝・片岡二子、良雄の初議の保守して以て死するに在るを観、故に独り仇を復するを以て自任す。壮と謂ふべし。そののち良雄の策もまた仇を復するに出づ。これ二人これを啓くなり。然れども始終、良雄らと謀を合はせ、敢へて言を践むに急にして衆に先んじて軽〻しく発せず、志は必ずその謀を成すに在るのみ。二子のごとき者は、善くその勇を用ふと謂ふべし〉。死する時、年二十五。

堀部金丸、弥兵衛と号す。秩三百石。*東都知邸を以て*致仕す。死する時、年*七十六。

近松行重、勘六と号す。秩*二百石。親従隊騎。死する時、年*二十四。

富森正因、助右衛門と号す。秩*三百石。行人〈ここに*使番と云ふ〉。正因、人と為り豪健にして材力あり。母に事へて孝、友と信なり。また*俳歌を善くし好んで賦す。その吉良氏を攻むるや、間光延の槍干に箋あるを見て曰く、「あに君に輸けんや」と。また俳歌一首を題して槍に著く。その歌に曰く、「*とひこむて　てにもたまらぬ　あられかな」と。良雄、正因をして兼亮と事を仙石氏に報ぜしむ。また命を辱めずして還る〈事、前に見ゆ〉。その囚に就

て、一首の歌をぞよまれたる。行くれて木の下かげをやどとせば花やこよひのあるじならまし　忠度とかゝれたりけるにこそ、薩摩守とはしりてんげれ」。間光延が槍干に和歌を掲げた風流が、忠度が箙に歌を結びつけたのとくらべられるといっているようにも解せられるが、ここの注釈は歌についてのみ言っているから、あるいは在原業平の「名にし負はばいざこととはむ都鳥わが思ふ人はありやなしやと」という歌と忠度の歌とを混同したということも考えられる。

物頭並　近習物頭幷御書方(江赤見聞記巻六)。

東都知邸　江戸留守居。致仕後は隠居料五十石(分限牒には二十石)をうけていた。

致仕　退職。

七十六　七十七とも七十二ともいう。

二百石　二百五十石(分限牒ほか)。

二十四　三十四の誤り。

三百石　二百石の誤り。

使番　江赤見聞記巻六などには馬廻、赤城士話には馬廻使番とある。

俳歌を善くし…　春帆と号し、水間沾徳の門人。辞世句「寒鳥(或は鴨)の身をむしらるゝ行衛哉」。

とひこむて…　飛び込んで手にもたまらぬあられかな。

きしとき、細川氏の使者、衣を更めしむ。*女祖服を衷す*。傍人みな怪しむ色あり。正因曰く、「これ母の賜ふ所なり。願はくはこれを易ふることなけん」と。聞く者これを哀れむ。その囚中に在るとき、元旦に逢ふ。歌ありて曰く、「*けふもはる　はつかしからぬ　ねふしかな」と〈或は曰く、正因嘗て赤穂侯に従ひて、東都の邸に在り。事あり急を赤穂に告ぐるに、正因を選用す。赤穂は東都を去ること九百里、正因佩刀を脱せずして轎に乗り、日夜、夫を更へて以て馳せ、三日三夜にして、赤穂に至る。衆みな驚きて、以て鳥も如かずと為すなり〉。死する時、年三十四。

潮田高教、*又丞と号す。秩二百石。封境の図籍を掌る〈ここに*国絵図役と云ふ〉。死する時、年三十五。

早水満尭、藤左衛門と号す。秩*二百石。親従隊騎。死する時、年四十。

*赤垣重賢、源蔵と号す。秩二百石。親従隊騎。死する時、年三十五。

奥田重盛、孫太夫と号す。秩*二百石。軍器を掌る〈ここに武具役と云ふ〉。死する時、年五十七。

矢田助武、五郎右衛門と号す。秩*二百石。親従隊騎。死する時、年二十九。

大石信清、瀬左衛門と号す。秩*二百石。親従隊騎。死する時、年二十七。

片岡高房、源五右衛門と号す。秩*三百石。近侍主務〈ここに*近習用人と云ふ〉。高房、死するに臨み、傍人に語げて曰く、「某は寡君の僕なり。馬前に兵を執りて以て従ふ。寡君、行間より擢きんで、これを*士器に厠へ、禄を賜ひ職を命じ、群臣と*歯せしむ。いま坐を並べて自殺する者は、多く赤穂世臣の子弟たり。しかるに孰か謂はん馬前の僕、乃ちこれらの人と同じく朝命を辱くして以て死せんとは。また栄ならずや。ただ以て寡君の知遇の恩に

女祖服　女性の肌着、じゅばん。
衷す　下に着る。
けふもはる…　今日も春恥づかしからぬ寝ぶしかな。

又丞　又之丞。
国絵図役　江赤見聞記巻六には馬廻。分限牒には絵図奉行。
二百石　百五十石(分限牒など)。
赤垣重賢　正しくは赤埴。
二百石　百五十石(分限牒など)。馬廻で、武具奉行を兼ねていた。
二百石　百五十石(分限牒など)。
二百石　百五十石(分限牒など)。
三百石　三百五十石(江赤見聞記巻六)。
近習用人　分限牒には近習兼児小姓頭、江赤見聞記には用人小姓頭、堀部筆記には内証用人。
士器　士としての才能のある人。
歯せしむ　同列にならせる。

報ゆることなきのみ」と。乃ち流涕して已まず。聞く者これがために泣下る。死する時、年三十七。

以上十七人、死を越中守肥後侯の邸に賜はる。

大石良金、主税と号す。良雄の子。母は石束氏〈但馬豊岡の人*京極氏の老臣石束源五兵衛の女〉。幼より*岐嶷、成人の如し。年十四、赤穂の難あり。*二弟と父に従ひて京に至る。明年、良雄、妻及び幼児を豊岡に遣はし、*外舅石束氏に託す。良金を前に召し、語げて曰く、「人生れて十五を成童と曰ひ、始めて学ぶ。いま汝の年これに及ぶ。吾願はくは汝意を汝の父の言に留めんことを。人道は義より大なるはなし。義は君臣より重きはなし。汝の父国恩を受くること至つて厚し。義としてまさに先君のために死すべし。汝未だ国に仕へ、親しく君の禄を受けずと雖も、然れども、その、家に生長するには、衣食の裕あり、*僕隷の従あり、みづから奉養の安きを享け、歳月の間に*優游す。汝の国恩を私するや、また已だ大なり。汝独りこの時を以て生を捐てて、以て先君に地下に報ゆることあるを念はずや。われ汝に死せんことを勧む。父子の情として、みづから傷まざるには非ず。ただ人誰か死せざらん。苟めに不義を以て生き、臭を千載に遺すは、義を以て死し、芳を百世に流すに孰与れぞ。これわが汝を愛するの深き所以なり。汝もしわが言を聴かずんば、まさに汝の母に従ひて豊岡に帰るべし。徒らに以てここに相従ふは、為すことなきなり」と。良金曰く、「*大人何ぞこの言を出だすや。某と雖もまた大義の分を知る。寧んぞ主を忘れ親を棄て、みづから禽獣の行ひを為して、これを恥づることなきに忍びんや。願はくは大人と共に死し、天下後世をして、以て父子国に徇ふの義を称することあらしめん」と。良雄その言を聞き、そ

京極氏　京極甲斐守高住。豊岡城主、三万五千石。延宝二年襲封。万治三年(一六六〇)―享保十五年(一七三〇)。

岐嶷　知能がきわめて発達している。

二弟と　実際は次男の吉千代と女子二人。三男大三郎は七月に豊岡で生れた。→二六九頁

外舅　妻の父。

僕隷　召使い。

優游　のんびりとする。

大人　お父さん。

の幼にして志の壮なるを哀れむや、泣下りて曰く、「汝能くかくの如し。誠にわが子なり」と。この歳九月、良雄、良金をして小野寺秀和・大石信清らに従ひて東行せしむ。武州河崎の駅に至るとき、*額上の髪を去る。乃ち*頎然たる一丈夫なり〈和俗近世、みな頂髪を剃去し、独り*両鬢を留め、頂後に至りて会して髻と為す。平居、頂を露し冠巾なし。幼年の人は少しく頂を剃ること月弦の如し。別に額上の髪を束ね、月弦の上を跨がらせ、これを後髻に属す。年十五六以後やや長大なるを待ちて、前髪を剃去し、初めて成人と為る。これを*元服と謂ふ。蓋し古の冠礼の名を仮りてこれを称す。その実は加冠の事はなきなり〉。十二月、良雄に従ひて吉良氏を攻む。力闘すること人に過ぐ。衆、義英の在る所を知らず。室中に竇あるを見、その中を窺ふに闇然たり。衆相視て敢へて入らず。良金後より来りて曰く、「わが身小にして竇に入るに宜し」と。直ちにその中に跳び入る。衆もまたこれに従ひて入る。地道を行くこと数歩にして出づ。その勇敢かくの如し。のち木村貞行、松山侯の邸に在るとき、この事を以て侯家の人に語げて曰く、「某ら始めてこの事を謀りてよりこのかた、みづから*死を分かつことすでに久しく、事に臨むの間に方りて、明らかに身を愛し顧慮するの心なし。然れども今にしてこれを思へば、何ぞ*遅疑する所あらん、しかも敢へて竇に入らず、乃ち良金の先んずる所と為れり。これを以て、人には独り勇怯あるのみならず、勇にもまた優劣ありて、相及ばざることを知るなり」と。死する時、年十六。

堀部武庸、安兵衛と号す。金丸の養子にして、始め*何の姓なるかを知らず。秩二百石。親従隊騎。初め武庸、*溝口信州家に仕へ、故ありて辞去す。東都に流寓し、一朝臣の家に依るに方りて、たまたま武庸の*諸父某、*某人と怨みあり、高田馬場の下に闘ふ〈高田馬場は巷

額　ひたい。
頎然たる　背の高い。
両鬢　底本の「鬓」は「鬢」の誤り。鬓は鬢の略字、両ほおに垂れた髪。
元服　頭に冠をつけること。元は頭の意。

死を分かつ　死を決める。
遅疑　ためらう。
何の姓　親類書には父は中山弥次右衛門で、「溝口信濃守様に罷在、廿一年以前死去仕候」とある。
溝口信州家　信濃守重雄。越後新発田城主、四万八千石。寛文二年(一六六二)襲封、宝永三年(一七〇六)致仕、五年没。
諸父某　伯父菅野六郎左衛門。ただし実の伯父ではないという。果し合いは元禄七年(一六九四)のこと。
某人　村上庄左衛門。

名）。武庸、身を以てこれに赴き、卒に某人を撃殺し、諸父を扶けて以て去る。都人聞きてこれを壮とす。そののち赤穂に仕ふ。金丸その勇健を愛し、養ひて以て子と為す。死する時、年三十四。

中村正辰、勘助と号す。秩百石。典書記（ここに*右筆と云ふ）。死する時、年*四十五。

菅谷政利、*半丞と号す。秩*百五十石。*親従隊騎。死する時、年四十四。

不破正種、数右衛門と号す。*本姓は岡野氏。父は治太夫と曰ふ。*不破某の養ふ所と為り、姓不破氏を冒す。秩*二百石。親従隊騎。*正種嘗て罪を君に得、赤穂を去り、東都下に寓居すること数年、常にみづから旧主を*眷恋して已まず。赤穂侯の死を聞き、大いに恨みて曰く、「今より以往、吾また何をか待たん」と。*居常*忽忽として楽しまず。明年秋に至り、正種東都より京に至り、良雄に見えて曰く、「某*無状にして罪を内匠公に得。然れどもなほ望むらくは他日以て罪を贖ひ*みづから効すことを得んと。謂はざりき内匠公一朝義英の*搆害する所と為りて以て没せられんとは。一念ここに至る毎に、未だ嘗て痛恨大息し、忽然として生を忘れずんばあらず。聞くが如くんば、諸君先君のために仇を報ぜんと欲すと。某不肖なりと雖も、独り、生を偸み苟めに免るるに忍びんや。願はくは某をして行伍の闕を補ひて、諸君の後に従はしめられんことを。庶はくは死を以て主に報じ、過ちを地下に謝するを得ん。これ諸君の恵みなり」と。良雄曰く、「子の志、哀れむべき者あり。然れども子先君の絶つ所と為り、而して先君亡せり。われ命を承くる所なくして、子を縦して群臣の位に復せば、則ちこれ君を*死せりとするなり。われ敢へてせず」と。正種泣く請ひて已まず。良雄嘆じて曰く、「子は誠に忠臣なるかな。われ東行すること近きに在り。まさに

右筆　物書役（分限牒）。
四十五　四十八とも。
半丞　半之丞。
百五十石　百石（分限牒など）。
親従隊騎　馬廻。赤城士話には代官。
本姓は岡野氏　親類書には、祖父は岡野又右衛門、父は佐倉新助（浪人）とある。岡野治太夫は父の前名。江赤見聞記巻六には「岡野金太郎と申す御用人の二男也」とある。
不破某　養父も数右衛門（二十年以前死去）。
二百石　江赤見聞記巻六には先知百石、赤城士話には百石、普請奉行とある。
正種…　元禄十年頃に浪人。次頁の原注参照。
眷恋　恋い慕う。
居常　平生。
忽忽　ぼんやりとする。
無状　ふらち。善状なしの意。
みづから効す　わが身をささげる。
搆害　構害とも書く。おとしいれて害する。
死せりとす　死んで何も知らないとする。

他日を以て子と俱(とも)に泉岳寺に至り、子のために命を先君の霊に請ふべく、然るのち可ならん」と。正種遂(つひ)にこの年の九月を以て東都に帰る。何(いくば)くもなくして良雄至る。これと日を約して泉岳寺に詣(いた)る。正種*朝服して寺に趨(おもむ)く。良雄もまた朝服して以て至る。正種を戒めて進むことなからしめ、独り墓前に詣(いた)り、時に当たりて事を啓するの状の如し。乃ち言ひて曰く、「旧臣正種、罪を得しより以来、日夜*戦懼(せんく)し、臣に従ひて哀れみを求む。臣その情を察するに、言至誠より出づ。敢へて白(まう)さずんばあらず」と。言ひ訖(を)はり、却立することこれを久しうし、正種を呼びて曰く、「来れ。君、汝の*宿過を赦し、汝の禄位を復したまへり」と。正種涕泣拝謝し、乃ち退く。遂に衆と吉良氏に赴く〈今按ずるに神崎則休筆記に、これより先、*岡野治太夫・大岡清九郎・井関徳兵衛、故ありて国を去りて年あり。赤穂の難に、衆の国城を保守せんことを議するを聞きて、三人の者、介冑してみづから大石良雄に詣(いた)り、衆と共に死せんことを請ふ。良雄その志に感ずれども、その請を許さずと。直清疑ふらくは、この三人の者は、首として罪を赤穂侯に得、不破正種・間光風もまたその事に連坐して、同じく国を去りし者ならん。然るに良雄、不破・間の二子の義に帰するを許して、三人の共に死するを許さざりし者は、城中に守死するの時に方(あた)りて、三人の者は外より来りてこれに帰(き)す。亡命を招聚し、禍心を包蔵するに嫌(きら)ひあり、故にこれを*却(しりぞ)く。不破・間の二子の若(ごと)きは、共に死せんことを国を去るの後に請ひたれば、則ちこれを許す。固より不可なきなり。然れども三人の者能く前に請ひて、後に請ふこと能はざるを観るに、その義に帰するの心、また信ずべからざる者ありしか、はた三人の者、死を以て保守するに甘心すれども、復仇の謀においては、合はざることありしか、これ未だ知るべからざるなり〉。死する時、年三十四。

千馬光忠、三郎兵衛と号す。秩*百五十石。*親従隊騎。死する時、年五十一。

木村貞行、岡右衛門と号す。秩*二百石。*親従隊騎。その吉良氏を攻めしとき、冑の内面

朝服して　君主にお目通りする式服を着て。

戦懼　おそれおののく。

宿過　昔の過ち。

岡野治太夫…　一八五頁にもみえる。

却く　底本の「郤」は「卻」(却の古字)の誤り。

百五十石　この当時は三十石。

親従隊騎　江赤見聞記巻六には宗門改役とある。

二百石　百五十石(分限牒など)。

親従隊騎　江赤見聞記巻六には代官。

に詩を縫著す。而してこれに序して曰く、「君子悪を疾むの心、小人驕横の行ひ、二者卒然として談笑の間に相激すれば、必ず、相害して相容れざる者あり。宜なるかな先君の鄙夫に逢ひて、その身を隕としたるや。悲しいかな。惜しむらくは殿中に事あるの日、みづから一撃の間に快くすることを得ずして、身独り法網に罥りて以て亡し、鄙夫をして首領を朝に全うせしめ、以て臣ら無窮の恨みを貽す。臣らこれを以て憤惋鬱怒し、奮ひて身を顧みず、必ず鄙夫を刺して、以て君の仇を報ぜんとす。しかもなほ詬を忍び志を抑へ、以て年を踰ゆるに至るも未だ発せず。敢へて後れたるに非ざるなり。時未だ至らざるなり。ああ、わが大父吉兵衛、始め霜台君に仕へ、公子采女君の遇を受く。これよりわが父総兵衛、前の内匠君に事へ、甚だ昵近せらる。以て不肖某に至りて、継ぎで先君に事ふること年あり。敢へて不次の寵を私せずと雖も、然れども父祖の績に因り、世禄の厚きを荷ひ、以て妻子を養ひ、婢僕を畜ふ。その君恩に沐するや、また已だ多し。今や同志の義士に従ひ、相与に白刃を蹈み、必死を決す。上は以て君主の恩に報ずることあり、下は以て人臣の義を辱むることなし。あに臣の大幸に非ずや。冀はくは先君の霊に頼りて、義英父子の首を得、これを影堂に献ぜんことを〈和俗、葬送するに、貴賤となくみな浮屠を用ふ。すでに葬すれば、牌位もしくは影を寺に託し、これを仏堂の龕中に寘く〉。臣らの祈る所は、ここに在るのみ。欣躍の至りに勝へず、野詩一絶を綴りて、以てその志を述ぶ。身浮雲に寄す滄海の東、久しく恩義を忝つ世塵の中、花を看月に対し無窮の恨み、散じて暁天草木の風と作らん」と〈直清按ずるに、この詩の序、原文甚だしく疎浅たりて、章法を成さず、文法を解せず、老師宿儒よりすでに然り。武人の文辞に拙きを怪しむことなきなり。然れども心口相応じ、一気に呵成し、勇猛の志、おのづから言外に溢る。

驕横　おごりたかぶり、よこしまなこと。
卒然　たちまち。不意に。
首領を…　首がまだつながって幕府に仕えている。
憤惋鬱怒　いきどおる。

大父　祖父。
吉兵衛　木村吉兵衛。父方の祖父。親類書に「浅野采女正家来、五十余年以前死去仕候」とある。
霜台君　霜台は御史台・弾正台の別称。ここは弾正少弼浅野長政をさす。
采女君　長政の三男采女正長重。
総兵衛　木村惣兵衛。親類書に「浅野内匠家来、廿一年以前死去仕候」とある。
前の内匠君　内匠頭長直。長重の子。
昵近　親しみ近づける。
不次　順序を越えた。
龕　箱形の仏壇。
欣躍　喜びおどりあがる。
身浮雲に…　浅野仇討記に序と共に「身寄二寒雲一東海東　命忝二恩義一世塵中　看レ華酒呑躋二幾歳一　時矣暁天霜雪風」とみえる。
秩二百石　当時部屋住で、これは亡父の禄。江赤見聞記巻六に「親金右衛門二百石船奉行物頭並相勤、近年無役…」とある。

これに由つて知る文は気を以て主と為すとは、誣ふべからざるのみ。今その詩を弁せて、増損改易し、読むべからしむることかくの如し〉。死する時、年四十六。

岡野包秀、金右衛門と号す。*秩二百石。職なし。死する時、年二十四。○附、包秀の父某も、また金右衛門と号し、衆と盟を同じうする者なり。赤穂を去るののち疾を以て死す〈世俗多く父の号を襲ぐ。その事必ず父の*即世の後に在り。包秀、父存する時、九十郎と称す。父死するに至りて、因りてその号を称して、以て父の志を継ぐの意を見すなり〉。

貝賀友信、弥左衛門と号す。吉田兼亮の弟にして、出でて貝賀氏を嗣ぐ。*秩二十五石。管庫〈ここに蔵奉行と云ふ〉。死する時、年五十四。

大高忠雄、源五と号す。*秩百石。近侍*祗候〈ここに*近習と云ふ〉。忠雄の母は寡居し、髪を剃りて尼と為り、貞立と曰ふ。寔れ小野寺秀和の姉なり。赤穂の滅ぶるや、忠雄、母を家に留めて京に適く。明年九月に至りて、遂に京を去りて東都に赴く。*母に書を貽りて曰く、「*某兄弟膝下を違り千里して東する所以の者は、一は先君の仇を復し、以て*公家の恥を雪ぐに在り、一は人臣の義を明らかにし、父祖の名を辱めざるに在り。これ某の*宿昔の心事にして、嘗て*大人のために道ひし所なり。今またほぼ*情素を陳ぶること左の如し。先君の時に当たりて、群臣、身重職に居り深恩を被りし者は、今において*歴歴として数ふべし。某兄弟、位卑く分賤しく、恩寵の以て衆より顕るることあるに非ず。しかも大人老い、養ひを家に待つ。某をして苟めに*性命を全うし、隠居して*菽水の歓を終へしむるも、また*世の指名する所に非ざるなり。然れども区区の心、忍びざる所の者は、嘗て侍従の臣たりて、朝夕先君の左右に執事し、*儼然たるその容、*藹然たるその言、今に至るまでなほ*夢寐に在

即世　死ぬこと。
二十五石　分限牒には「金十両米二石三人　小赤松番所」、江赤見聞記巻六には「国蔵奉行、十両三人扶持外に五石」とある。
百石　二十石五人扶持(分限牒など)。
祗候　君主の側近にあって、ごきげんうかがいをする官名。底本の「祇候」は「祗候」の誤り。以下同じ。
近習　分限牒には御膳番元方御金腰物、江赤見聞記巻六には膳番とある。
母に書を…　元禄十五年九月五日付の「大高源五臨東下贈母氏之書」が義人纂書に収められている。
某兄弟　源五と小野寺幸右衛門。
公家　底本欄外「公家。一作本藩」。
宿昔の　旧来の。早くからの。
大人の…　底本「所嘗為大人之道也」の「之」は衍字か。纂書にはなし。大人はここでは母のこと。
情素　真情。本心。
歴歴　明らか。
性命　生命。
菽水の歓　豆をたべ水を飲むような貧しい生活ながらも孝養を尽くし親を喜ばせる。
世の指名…　世間から指ざし評判される。
儼然　おごそか。
藹然　おだやか。
夢寐…　寝て夢を見ているときに現れる。

りて、忘るること能はざればなり。かつそれ封侯の富を棄て、社稷の重きを顧みずして、みづから*孱弱の吉良君に快くするは、これ必ず大いに忍ぶべからざる者あり。意ふに先君これを心に計ること熟せり。孰か謂はん倉卒の間、事を挙げて克たず、しかも身刑戮を被り、首足処を異にせんとは。*命数の極み、奈何んともすべきことなしと雖も、然れども天下の痛恨大息を為すべき者は、*あに以てこれに加ふるあらんや。想ふに先君臨終の時、まさにみづから無窮の恨みを抱き、*冤結して以て絶えたるべし。*紆鬱せる腷臆、それ誰にか告訴せん。某ら一念ここに至る毎に、未だ嘗て心を叩き気を絶ち、痛、骨髄に浹からずんばあらず。窃かに謂ふに先君ここにおいて過ちなしと為さず。何となれば、*燕饗は*兵をほしいままにするの日に非ず、*公庭は争闘の地に非ず。この二禁の者、先君両つながらこれを犯せり。あに忿忿の故を以て、みづからここに顧みるに暇あらざりしか。朝廷これを罪するに法を以てせしは、固より当たれり。故に某ら謹んで城邑を以て官に上入し、国を去るを視ること、*伝舎を去るが如し。先君の過ちを謝し、*官裁の義に服し、敢へてみづから逆乱の徒に比せざる所以なり。然りと雖も、先君は狂を病み心を喪ふの人に非ず。実に吉良君に深怨積怒あるを以て、寧ろこれと倶に亡ぶるも悔いざりしならん。ああ、君仇かくの如し。而してこれが臣たる者、坐しながらにしてこれを視、死を以て報いずんば、国に人ありと謂ふべけんや。ただ大学君、家に幽囚せられ、*廃挙未だ知るべからざるを以て、日夜庶幾はくは*鈞命少しく吉良氏を貶し、以て大学君の*地を為り、然るのちこれに爵位を命じ、これに*土田を賜ひ、これをして以て先君の後を継ぐことあらしめば、則ちこれ先君身死すれども家存するなりと。苟めにも社稷亡びず、宗廟の祭絶えざらしめば、先君の霊

孱弱　よわよわしい。

命数　運命。

あに以て…　これ以上のものがあろうか。

冤結　恨みを晴らさないままで。

紆鬱…　ふさぎむすぼれた胸のうち。

燕饗　宴会のもてなし。

兵　武器。

公庭　江戸城中。

伝舎　宿屋。

官裁　公儀のさばき。底本欄外「官裁。一作㆓朝廷㆒」。

廃挙　免職されるか、もとどおり任用されるか。

鈞命　将軍の命令。底本欄外「鈞命。一作㆓朝廷㆒」。

地を為り　お取り立ての地盤を作り。

土田　領地。

も、またまさに依頼する所ありて安んぜんとす。某らの徒の如きは、退きて自殺するも可なり。みづから山林に逃れて以て死を俟つも可なり。この故に隠忍して発せず、以て時月の間を曠しくし、身、困辱に処れども辞せず。蓋しその心、社稷を存するを重しと為すに在るなり。大学君安置の命下りしより、然るのち某ら*望みを*台廷に失し、而してその復仇の謀始めて決す。それ国の興廃は、*命の存するあり、事の反覆は、未だ測り易からざるなり。天をしてわが赤穂の国に禍ひすることを悔いしめば、大学君の興は知るべからず。然れども某ら窃かに朝廷の処置すでに定まり、先君の祭、今日に絶えたるを見る。ここに至りてなほ、待つことありと云ふと曰ふ者は、これただ生を偸みて苟めに免るるの計を為すのみ。衆或は謂はん、今はまさに共に*台墀に詣りて、先君のために後を立てんことを乞ふべく、可かれずんば、然るのち死に仇家に帰するも、未だ晩からざるなりと。この議もまた理なしと為さず。然れども堂堂たる朝廷、大号一たび出で、天下に加はれば、まさに更めて*寒士の言を以てこれを反すべからず。かつ請ふことありて命を得ず、因りて復仇の挙を為すは、これ*幕府を讐とするなり。恐らくはその事におけるは軽重する所なく、たまたま以て浅野氏の禍ひを貽すに足るのみ。これ某ら先君のために仇を復する所の者は、あに少しくも朝廷を望むの心あらんや。以て忠を事ふる所に尽くすなり。然れども朝廷追ひて某らを罪するに大逆無道を以てし、その父母妻子を収め、これを法に致さん。人臣の義として、また辞せざる所なり。始めて事を謀りしの日より、嘗て一策ありて以て大人に献ぜり。他日もし緩急あらば、大人、平生の言を以てみづから処せられよ。事に先だちて自裁するに至らざれ。万万望む所はここに在るのみ。ああ言ここに及べば、人をしてこれがた

望みを…　公儀に対し希望を失い。
台廷　底本欄外「台。一作レ朝」。
命　運命。
台墀　→二七九頁。底本欄外「台墀。一作レ闕」。
寒士　貧賤な武士。
幕府　底本欄外「幕府。一作二朝廷一」。

愓息　恐れてためいきをつく。
精爽飛越　たましいが抜けてしまう。
方寸　心。
鼎盛　元気ざかり。
几上　まな板の上。几は机（つくえ）に同じ。
老貴人　底本欄外「老貴人。一作㆓一朝貴㆒」。
閻王　えんま大王。
泉客　死んであの世へ行った者。
浮屠　仏教徒。
煢煢　ひとりぼっち。
遑遑　あたふた。

めに*愓息し、*精爽飛越せしむ。然れども大人をして悲哀憂沈すること、世の婦女の如くならしめば、某兄弟もまた*方寸迷乱し、その心を為むる所以を喪失せん。大人の賢明に頼り、嘗て某兄弟を勉ますに義を以てせらる。その言に曰く、汝ら上は爾の君に負くことなく、下は爾の先を辱むることなかれ。吾また何ぞ悲しまんと。某兄弟それまた何の心ありて、能く欣躍せざらん。生きては則ち勇気倍することあり、死しては則ち魂魄以て安し。これみな大人の賜なり。あに不幸中の大幸に非ずや。ここに在りてしばしば秀富と言ひてこれを楽しむ〈秀富は忠雄の母の弟、小野寺秀和養ひて子と為す〉。古より兵の勝敗は、勇怯に在りて衆寡に在らず。某ら仇家と相遇はば、その寡を以て衆を破らんこと必せり。況や某は年三十一、秀富は年二十七、包秀は年二十三なり〈包秀は姓は岡野氏、忠雄の姉の子〉。この三人の者は、みな*鼎盛の年を以てし、これに加ふるに人を兼ぬるの勇あり。先登力戦し、摧陥せざるはなし。誰か敢へてわが鋒に当たる者ぞ。その仇人を視るは、*几上の肉なり。まさにこの*老貴人の首を取り、*閻王の贈と為し、以て金簿の観を耀かさんとす〈金簿は、閻王庁下に黄金の鬼簿ありて*泉客を録するを言ふなり。これらは鄙俗の語にして、武人好んでこれを道ふ。下文の仏に事へて来世を営むといふもまたこれに効ふ。武人未だ必ずしも*浮屠の言を信ぜざるも、ただ平素不学無識、俗習に溺れ、おのづからこれらの語を出だすのみ〉。あに快からずや。願はくは大人以て慮りと為すことなかれ。ただ悲しむ所の者は、大人老いて困厄に遭ひ、*煢煢独立し、*遑遑として安くに往かん。奈何んせん子あることかくの如くして、母をして告ぐるなきの人たらしむ。某ら不孝の罪、また已だ大なり。然れども士不幸にして君親の難に遇はば、必ずしも君のためにせず、必ずしも親のためにせず、ただ義の在る所のままなり。故にその親のためにするに急なるや、或は官を去り職を棄て、*窃かに父母を負ひてこれを逃るるあり。寧ろ罪を君に得るも悔いず。その君のためにするに急なるや、或は*親を滅ぼし族を覆して、以て国家の急に赴く者あり。父母の命を絶つと雖も恤へず。その然る所以の者は何ぞや。またいはゆる義なる者違ふべからざるを以ての故なり。これ大人の*もと通知する所の者にして、あに某の一二これを言ふを煩はさんや。大人すでに剃髪し、世を出づるの身と為る。よろしく朝夕仏に事へ、務めて来世の謀を営み、以て今日の哀しみを消すべし。*良辰佳日に遇はば、歩行して寺に詣るも、またその*気を節宣するにおいて宜しと為す。飲食を時にし、疾病を謹み、日夜自愛し、以て天年を終へられよ。岡野氏姉〈忠雄の姉、岡野氏に適く者、寔れ包秀の母なり〉、及び甥女阿専ら〈阿専は包秀の妹〉、大人幸ひに義を以てこれに教へ、過哀せしめざれ。某の乳母もまた大人の相勉ますを煩はす。某の故を以て自損することなけん。ああ言は尽くることありて、情は尽くることなし。いま永く訣るるに当たりて、紙に臨みて涕泣し、云ふ所を知らず」と〈この書、原文は国語を以てこれを為る。いまその意を取りてこれを訳す。独り*左丘明・太史公の筆力の以てこれを発するなきを恨むのみ。ただそのいはゆる「人臣、君のためにするに急なるや、父母の命を絶つとも恤へず」と云ふ者は、指す所何らの事たるかを知らず。もし人臣、君のために守禦し、その父母敵に獲らるれども恤ふるに遑あらずと謂はば、則ちなほ可なり。然れども先儒、*趙苞を是として徐庶を非とせ*ざるは、蓋し父母は天性の親なるを以て、国事の重きと雖も、またこれを奪ふことなければなり。ただ君の重寄を受くれば、安危の係る所にして、よろしくそれ軽重を権りて審らかにこれに処すべし。一途を以て概論すべからざるのみ。いま忠雄の言ふ所を詳らかにするに、その語意は、人臣、君を奉ずれば、已むを得ざることあり、害をその父母に加ふること、本朝の*源義朝、及び近世の北条氏の臣*松田左馬助の徒の若きを謂ふに似たり。これ天倫を害し、仁義を賊ふの甚だしき者なり。

窃かに父母を負ひて… 孟子、尽心上「窃負而逃」による。→三九三頁注「瞽叟…」

親… みよりの者。左伝、隠公四年「大義滅レ親」。

もと通知する 平素よく知る。

良辰佳日 日がらや天候のよい日。

気を… 気分をやわらげ晴々させる。

左丘明・太史公 春秋左氏伝の作者と伝承される左丘明と、史記の作者の司馬遷。いずれも文章の大家。

趙苞 後漢の人、遼西太守であったとき、母や妻子を鮮卑族に人質に取られたが、これを撃破し、そのため母や妻子が殺された。

徐庶 蜀漢の人。母を曹操に人質として奪われたので、やむを得ず曹操に仕えた。

ざるは 「趙苞を是として徐庶を非とする」を一まとめに打消している。

源義朝 保元の乱(一一五六)で後白河天皇の方につき、崇徳上皇の方についた父為義らとは敵味方となり、敗れた為義は義朝の家臣の手にかかり殺された。

松田左馬助 天正十八年(一五九〇)の秀吉の小田原攻めの際、北条氏の家臣松田尾張守が秀吉に内通したことをその子左馬助が知り氏政氏直父子に告げて内通を防いだという(関八州古戦録巻十九など)。

武田の術　武田流軍学。
孫呉の兵　中国古代の孫子・呉子の兵法。
鄙陋麤俗　狭く粗末でつまらない。
岡島常樹　二十石五人扶持。
勘定頭　御札座勘定方(分限牒)、中小姓(江赤見聞記巻六)。
職なし　部屋住。
武林隆重　金十両三人扶持(分限牒には金十五両三人)。
近侍祗候　江赤見聞記巻六には次番、堀内伝右衛門覚書・赤城士話には近習とある。
朝鮮の人　あるいは朝鮮に援兵を送った明の人で、孟二寛といい、武林はその郷里杭州の地名という。鳩巣小説巻下に祖父孟二寛は武林次庵と称し医を業とし、明暦二年(一六五六)没したとある。親類書には祖父は渡辺治庵(浪人)とある。
師　軍隊。
三十年来…　江赤見聞記巻七・白明話録などにみえる「三十年来一夢下(或は中)　捨レ身取レ義夢尚同　双親臥レ病(疾)故郷在　取レ義捨レ恩夢共空」が本来の形であろう。
歓を奉ず　孝養を尽くして親を喜ばせる。
文理　文章のすじみち。
裁要　ほどよく要約する。
相者　介錯人。→二七六頁
榊庄左衛門　唯七の介錯には鶏飼惣右衛門が当たったとする史料もある。

忠雄あに以て人臣変に処するの道まさに然るべしと為すか。蓋し良雄・忠雄の徒は、みな武人にして学術なし。ただ*武田の術を宗とし、*孫呉の兵を習ふことを知るのみ。故にその見る所の*鄙陋麤俗なることかくの如し。また惜しむべきなり。然れども近世の士大夫、人の本朝に立つに、徒らに居を懐ひ禄を貪ることを知るのみにして、節に伏し義に死するに至りては、則ち視て以て度外の事と為す。往往みなこれなり。いま赤穂は蕞爾の国を以てして、その俗、気概あり、名節を尚ぶ。故にその終りに臨みて志を言ふや、一にはいはゆる義なる者は違ふべからずと曰ひ、一にはただこの生き易からざる者は忘るべからずと曰ふ。また以て平生の存する所を見るに足る。ああ宜なるかな、その能く大節を全うして、名、天下に称せらるるや。あに徒然ならんや。而してその見る所の鄙陋麤俗は、則ち姑く置きて論ぜずして可なり〉。死する時、年三十二。

以上十人〈附録の人を除く。下これに效ふ〉、死を隠岐守松山侯の邸に賜はる。

*岡島常樹、八十右衛門と号す。原元辰の弟にして、出でて岡島氏を嗣ぐ。会計を領す〈ここに*勘定頭と云ふ〉。死する時、年三十八〈以下秩禄闕く〉。

吉田兼貞、沢右衛門と号す。兼亮の子なり。*職なし。死する時、年二十九。

*武林隆重、唯七と号す。*近侍祗候。隆重の先は、*朝鮮の人なり。何姓なるかを知らず。その居る所の里を武林と曰ふ。文禄中、豊臣氏、朝鮮に事あり。隆重の先世、わが*師の獲る所と為る。その子孫遂に日東の人と為り、始めて先世の出づる所の地を以て氏と為すと云ふ。赤穂の義衆、吉良氏を攻めしとき、義英を手刃せしは、この人なり。その毛利氏に囚せらるるとき詩ありて曰く、「*三十年来一夢の中、生を捨て義を取るは幾人か同じき、家郷には病に臥し双親在り、膝下*歓を奉ずるは恨むらくは終へざることを」と〈原詩、第二・第四句、*文理を成さず。いま更めてその意を*裁要することかくの如し〉。自殺の時、その*相者を*榊庄左衛門

と曰ふ〈毛利氏の臣〉。一撃するに殊れず〈凡そ首を隕すには一撃を以て度と為す。然らずんば重ねてその人を苦しめ、以てその任に勝へずと為す〉。隆重前に僵る。顔色自若として、乃ち起き坐し、顧みて庄左衛門に謂ひて曰く、「君これを徐ろにせよ」と。庄左衛門曰く、「諾」と。声未だ尽きずして、首すでに隕つ。見る者、隆重死するに臨みて*閑暇なるに感じ、また庄左衛門前に失すと雖も能く後に詳らかなるを称し、相伝へて以て美談となす。死する時、年三十二。

*倉橋武幸、伝助と号す。*近侍祇候。死する時、年三十四。

*村松秀直、喜兵衛と号す。守庁たり〈ここに*広間役と云ふ〉。赤穂すでに亡ぶるの後、剃髪して医に隠れ、みづから称して隆円と曰ふ。妻子を以ゐて来り、東都下に居る。衆、吉良氏を攻むるに方りて、秀直慷慨してこれに赴く。乃ち歌を作りて曰く、「*いのちにも　かゑぬひとつを　わすれなは　にけかくれても　ここをのかれむ」。死する時、年六十二〈神崎則休筆記中に、同盟の士の姓名を載せ、ここに載する所と異なることなし。ただ秀直を称して入道隆円と曰ふ。和俗、すでに死すれば浮屠の法を用ひ、剃髪して*法諱を受く。また年老いみづから*髡して名を命ずる者もあり、これを称して入道某の名と曰ふ。近世、医を業とする者、多くこれに倣ひて以て常と為す。いま秀直剃髪して名を改む。蓋しまた医を以てみづから晦ます者なり〉。

*杉野治房、十平次と号す。*近侍祇候。死する時、年二十八。

*勝田武尭、新左衛門と号す。*職なし。死する時、年二十四。

*前原宗房、為助と号す。金銀の出納を掌る〈ここに*金奉行と云ふ〉。初め良雄京師に在りしとき、宗房及び神崎則休をして先に東都に詣りて仇家を諜らしむ。明年、良雄ら相率ゐて東し、二人を以て主人と為す。その仇を撃つの前一月に及び、則休、宗房をして国難の本末

閑暇　ゆとりがある。
倉橋武幸　二十石五人扶持。
近侍祇候　江赤見聞記巻六には次番、堀内覚書には馬廻、赤城士話には近習とある。
村松秀直　二十石五人扶持。
広間役　江赤見聞記巻六には江戸蔵奉行、分限牒・赤城士話には(江戸)扶持奉行、堀内覚書には広間番とある。
いのちにも…　松平隠岐守殿ぇ御預け一件には「命にもかえぬひとつをうしなはゞ逃かくれてもこゝをのがれん」とある(浅吉一覧記は「…いかにのがれん」)。
法諱　戒名。
髡　頭髪をそって丸坊主になる。
杉野治房　次房か(堀内覚書)。赤城士話には房富とある。金八両三人扶持。
近侍祇候　江赤見聞記巻六には次番、赤城士話・堀内覚書には近習とある。
勝田武尭　二十石三人扶持(分限牒には十五石三人扶持)。
職なし　江赤見聞記巻六には中小姓、分限牒には御札座横目、赤城士話には蔵目付、堀内覚書には馬廻とある。
前原宗房　宗房は定房、為助は伊助となっているものもある。十五石三人扶持(分限牒などには十石三人扶持)。
金奉行　金奉行中小姓並(江赤見聞記巻六)。

を略記せしめ、以て故郷の族人に貽る。その逋逃*の臣の姓名・行事を分注*する者に至りては、則休みづからこれを為す。その志まさに節義を明らかにし、汚名を正して、以て後世の人臣たりて節を失ふ者を愧ぢしめんとす。また予譲*の心なり。而して木村貞行またその巻後に跋して、以て二子の志を述べ、名づけて赤穂同盟伝略*と曰ふ。世或は伝ふ。死する時、年四十。

間光風、新六と号す。光延の次子。職なし*。死する時、年二十四（則休の記す所に拠れば、光風もまた不破正種と同じく罪を以て国を去る。辛巳の難*に及びて、来りて父兄に従ひて義に帰す。知らず世に称する所の良雄の正種のために墓に告ぐる者、光風もまたこれを共にせしかを）。

小野寺秀富、幸右衛門と号す。秀和の養子。本姓は大高氏。その兄忠雄と、みな秀和の姉の子なり。秀和、子なし。秀富を以て後と為す。職なし。死する時、年二十八。

以上十八、死を甲斐守長府侯の邸に賜はる。

間光興、十二郎*と号す。光延の長子。職なし。死する時、年二十六。

奥田行高、貞右衛門と号す。重盛の子*。職なし*。死する時、年二十六。

矢頭教兼、右衛門七と号す。職なし。教兼方に成童、父の蔭*を以て挙げられて内豎*と為る。後一年、国難作こる。良雄衆と盟するに方り、教兼、父長助に同じくこれに赴く。良雄その幼にして父子死に就くを哀れみ、教兼に謂ひて曰く、「卿年弱く、仕ふることもまた日浅し。盟に与らずして可なり」と。教兼曰く、「家君、難に徇ず。僕たとひ仕へずとも、義として独り免るべからず。況やその国に仕ふることすでに一年、質を委して臣と為る。以て諸君に異なることなきなり。公あに僕を少しとして、与に盟するに足らずと謂ふか。

逋逃の臣　もと罪を犯して逃亡した臣。ここでは復讐の盟約から脱落して逃亡した者。
分注　区別して書き記す。
予譲　中国の戦国時代晋の人。自分を優遇してくれた智伯が趙襄子に滅ぼされたので、体にうるしを塗り、炭を呑んで、姿・声を変えて苦心し、復讐を図ったが捕えられ、せめてもの願いと趙襄子の着物をもらい、これに切りつけたのち、自殺した。史記、刺客伝にみえる。
赤穂同盟伝略　赤城盟伝。木村貞行の跋には元禄十五年十一月の日付がある。義人纂書所収。
職なし　部屋住。
辛巳の難　元禄十四年の事件。
十二郎　ふつうは十次郎、重次郎と書く。
重盛の子　重盛（孫太夫）の養子。近松小右衛門の子で、近松勘六の弟。
職なし　分限牒には「米九石三人、加東勘定方」とある。
父の蔭　父の功績によるおかげ。
内豎　君主の側近にあって雑用をする少年。小姓。
教兼の父　矢頭長助は勘定奉行（勘定方）で二十五石五人扶持であった（江赤見聞記巻六・分限牒）。
監察　歩行目付（横目）、五両三人扶持役料五石（江赤見聞記 巻六・分限

請ふ諸君に先んじて死せん」と。乃ち刀を引きて自殺せんとす。衆遽(にはか)にこれを止(とど)む。良雄泣(なみだ)下りこれと盟す。死する時、年十八。○附、*教兼の父某、長助と号す。また衆と盟を同じうする者なり。赤穂を去るの後、疾を以て死す。

村松高直、三太夫と号す。秀直の子。職なし。死する時、年二十七。

間瀬正辰、孫九郎と号す。正明の子。職なし。死する時、年二十三。

茅野常成、和助と号す。*監察。死する時、年三十七。○附、茅野某、三平と号す。橋本某、平左衛門と号す。またみな衆と同(とも)に盟する者なり。二人独り仇を復するの事成り難きを患へ、死を以て国に徇ずるに急ならんと欲し、その赤穂を去るの明年正月十四日、三平衆に先だちて自殺し、*平左衛門もまた尋(つ)いで自殺す〈直清按ずるに、*三平は常成と姓を同じうす。あにその族人か。常成美作を去りて赤穂に来(きた)る。また疑ふらくは三平に依りて以て*主と為せしなり。いま平左衛門を幷せて、ここに附録す〉。

*横川宗利、勘平と号す。先駆士〈ここに*歩行と云ふ〉。宗利、人と為り*忼慨し、常に勇を好み、気節を尚(たっと)ぶ。その吉良氏に赴く前一月、*故人に与ふるの書に曰へるあり、「平日みづから許すに天下の健者を以てするは、ただ某らのみ然りと為す。今や忽(たちま)ち、死して公らと別れんことを念(おも)ひ、意気恋恋として、覚えずして涕(なみだ)下る。顧みるに平生みづから視て何如(いか)なる人と為せしか、乃ち児女子の態に倣(なら)ふ。然れども別れに臨みて悲しむは、人の常情にして、*山を抜き世を蓋(おほ)ふの雄を以てするも、なほ*帳中の泣なきこと能はず。あにこれを以て天下の勇士を議すべけんや。かの*堅を被り鋭を執り、当たる所敵なきが若(ごと)きは、漢の樊噲(はんくわい)・筑紫八郎君と雖も〈八郎君は源為朝を謂ふ〉、吾未だ必ずしも遽かにその下に出でず、況や吉良・

牒)。

平左衛門も… 江赤見聞記巻四に元禄十五年七月十五日、遊女はつと心中したとある。十八歳。

三平は… 伊藤東涯の萱野三平伝には摂津萱野郷に住み大島羽州の推薦で浅野家に仕えたとある。和助の親類書にも三平のことはみえない。

主と為せし その家の客となり世話を受けた。

横川宗利 金五両三人扶持。

歩行 堀内覚書には徒目付とある。

忼慨 慷慨。感激興奮しやすい。

故人に与ふるの書 義人纂書に「横川勘平贈三右衛門利兵衛小三郎書」として収める(十二月十一日付)。この書簡は、赤城士話に収める三原屋長右衛門・同七左衛門宛の書簡(十一月の日付)とかなり共通の部分がある。その双方共に、鳩巣の引用した「ああ狗鼠の輩…」「方今四国に…」に当たる部分がなく、鳩巣の修辞か、或は鳩巣の借覧した書簡がこれとは別のものであったかであろう(原注参照)。故人は昔なじみの人。

山を抜き世を蓋ふ 楚の項羽の「力抜レ山兮気蓋レ世」に基づく。→三〇八頁注「項羽帳中の遺意」

帳中の泣 項羽が垓下で漢軍に囲まれたとき、とばりの中で酒宴をし、右の歌を歌い、はらはらと涙を流したこと。

堅を… よろいを着、武器を手にし。

上杉の兵においてをや。願はくは公らのために能く天下の耳目を壮(さか)んにし、四方の遠聴を辱むるに至らざらん」と。また義を忘れ盟に負(そむ)きし者の姓名を列叙し、乃ち嘆じて曰く、「ああ狗鼠の輩、何ぞ道(い)ふに足らんや。ただ恐らくはわが徒すでに死するの後、この輩こもごも*相塤篪(あひけんち)し、*鹿を以て馬と為し、みづからおのれ国に負(そむ)き苟(かりそ)めに免るるの罪を掩(おほ)ひて、乃ち公然と某らを誣(し)ひ、以て*匹夫匹婦が諒(まこと)を為すと為さん。これわが恨む所なり。故に且(しばら)くここに録し、公らをしてこれを知らしむ」と。また曰く、「方今*四国に鋒鏑の恐れなく、上下相安んじ、君臣相楽しむ。しかるにわが内匠君独り一朝の故を以て、百年の歓(よろこ)びを棄捐し、身、兵刃に僵(たふ)れ、禍ひ社稷に及び、人をして死するもなほ情をここに忘るること能はざるに至らしむ。悲しいかな。某ら主に太平の日に事へ、方(まさ)に以て觴(さかづき)を奉じて寿を献ぜんと欲せしに、忽ち禍ひと会ひ、泉下に相従ふ。区区の遺恨なきこと能はずと雖も、然れども生あれば必ず死す。たとひ某ら寿を以て*牖下(いうか)に終はらんも、また三四十年煖飽の楽しみを享(う)くるに過ぎず。勇烈の誉(ほまれ)を天下に施し、忠義の道を後世に明らかにし、身死し名存し、古人を庶幾(こひねが)ひて愧(は)づることなきに孰与(いづ)れぞ。某の愚竊(ひそ)かに謂(おも)へらく、なほ瓦石の賤しきを以て金玉の貴きに易ふるがごときなりと。なほ何の遺恨かこれあらん。故人幸ひに以て某らの意を察することあれ」と〈この書の原文、国語を以てこれを為る。京師の人、或は宗利の親書を獲る者あり。甚だ珍異す。直清さきに友人*稲若水より借りてこれを観るに、墨色*淋漓、*手沢なほ新たなり。世に伝ふる所の者と、大同小異なり。蓋し当日二通を*並裁して、以て両家に与ふ。而してその文に小詳略あるのみ〉。死する時、年三十七。

*神崎則休、与五郎と号す。*監察。初め則休、茅野常成と、*伯耆守森長義に事(つか)へ〈長義は美作

相塤篪し　ともに楽器の名で、兄弟が吹いて合奏することから、ここでは、声を合わせてあい和する意。

鹿を…　事実を曲げて言いくるめる。史記、秦始皇本紀に見える語。

匹夫…諒を為す　俗人どもがつまらぬ義理立てをする。論語、憲問の語。

四国に…　諸方面の国々に戦争の恐れがなく。

牖下に終…　窓の下で死ぬ。むかし中国では病が危篤になると窓の下に寝かせる習慣があった。ここでは「たたみの上で死ぬ」と同じ。

稲若水　稲生若水。本草学者。加賀藩に仕え、鳩巣の友人。

淋漓　くろぐろと力強い。

手沢　手で触れたよごれ。

並裁　いっしょに書く。裁は巻紙を切る意。

神崎則休　金五両三人扶持、外に役料五石。

監察　歩行目付(江赤見聞記巻六)、横目(分限牒)。

伯耆守森長義　未詳。津山城主の森伯耆守長武(元禄九年没)の誤りか。長武の養子美作守長成のとき除封(元禄十年)。

州内に封ぜられ、宗室津山侯に属す。のち罪ありて国除かる〉、先駆士と為る。故ありて国を去り、同に赤穂に至る。赤穂侯これを聞き、その*志介あり、去就を辱めざることを嘉し、二人を召見し、これを任用す。*居ること何くもなくして国難あり、二人これに死す。衆謂へらく二人已を知るもののために死し、古人の義に愧ぢずと〈直清謂へらく、この一事、また赤穂侯の士を好み、また節義を尚ぶことを見るべし。その衆の死力を得たるも、また宜なり〉。死する時、年三十八。

*三村包常、次郎左衛門と号す。雑事掌務〈ここに*小役人と云ふ〉。死する時、年三十七。

附、*寺坂信行、吉右衛門と号す。侯家の歩卒を以て〈歩卒、ここに足軽と云ふ〉、吉田兼亮の部下に属す〈或は曰く、信行、弓手歩卒を以て原元辰の部下に属す。大石良雄嘗て信行をして子良金に射を授けしむと。直清、信行筆記を以てこれを考ふるに、信行は実は吉田兼亮の部下に属する者と為す。その原元辰に属する者は、*矢野為助なり。信行に非ざるなり〉。十四年、赤穂の難に、信行、衆復仇を議すと聞き、兼亮に謂ひて曰く、「某は卑賤、敢へて謀に与らんや。ただ明公の恩を受くること厚く、義として独りこれに負きて去るに忍びず。願はくは死生これを共にせんことを」と。兼亮その誠意に感じ、大石良雄に請ひ、信行をして盟に与らしむ。十五年二月、兼亮に従ひて東都に適く。*間関崎嶇、これと*周旋すること一年、未だ嘗て相離れず。十二月、衆に従ひて義英を攻殺す。また従ひて泉岳寺に至る。すでにして良雄、信行をして使ひを芸州に奉ぜしむ〈事、前に見ゆ〉。信行、道上の茶肆に即き、更めて旅装を為し、乃ち行く。芸州に至る。大学頭長広これを留めて遣らず。明年四月に至りて乃ち脱して還る。たまたま赤穂の義衆二月を以て死を賜はる。信行、伯耆守仙石久尚に詣り、「衆と罪を同じうす。願はくは与に死に帰せん」と自陳す。朝廷、事既往なるを以て問はず。信行竟に*迹を滅し、世に見れずと

志介　堅く守って変わらぬ志。
居る…　余り日のたたないうちに。
三村包常　七石二人扶持。
小役人　江赤見聞記巻六・分限牒などに酒奉行、堀内覚書に台所小役人とある。
寺坂信行　討入りのときは三十八歳、延享四年(一七四七)八十三歳で没したという。
矢野為助　底本欄外「為。一作レ伊」。
間関崎嶇　いくたの困難を経る。
周旋　あちこちとかけめぐる。
迹を滅し　姿をかくし。

云ふ。信行芸州より還り、*羽田某・柘植某のために、国語を以て十五年正月以後の履歴する所の事を録し、一巻と為す。その吉田兼亮の事におけるは最も意を致し、而して旁(かたは)ら余人に及び、またこれを略録し、終(つひ)に一語の以て己の事に及ぶことなし。ただその末に曰へるあり、「吉良氏の役に、某もまた兵を執り、その間に趨走す。故ありて中道にして衆と別れて西し、これと死を共にすること能はず。今に至るまでこれを思ひて、以て終身の恨みと為すのみ。実に十六年五月の事なり」と〈直清按ずるに則休の記す所、同盟の姓名は、信行を以て列書し、衆に異ならず。吉田兼亮ら伯耆守仙石久尚に告ぐるに及びて云ふ、同仇四十七人と。また信行を并せてこれを数ふ。故に朝廷、員を量り、四家に分置するに、定めて十七人を以て細川氏に属せしめ、その余の三家をしておのおの十人を受けて相当(あひあ)たらしむ。而して信行たまたま水野氏に属するの衆中に在り。たまたま信行芸州に使ひして在らず。その命を仙石氏に帰する者一人少し。当時、監察官、良雄に詣(いた)る。良雄曰く、「某、使事を命ず。みづから逃去せしに非ざるなり。他日必ず至らん」と。吏遂に前令に依りて分配す。故を以て水野氏に属する者、独り九人のみ。いま信行を以てその下に附し、以て原数かくの如きを見(あらは)すなり〉。

以上九人、死を監物岡崎侯の邸に賜はる。

この日、*猪子左太夫〈上杉氏の通家〉・*丹波守荒川某〈吉良義英の族人〉をして左兵衛佐吉良義周を以て公庁〈ここに評定所と云ふ〉に至らしむ。伯耆守仙石久尚、命を宣して曰く、「義周、父の殺さるるを見て、*殊死して赴き救ふこと能はず。子たりて無状なり。義周を以て*安芸守諏訪忠虎に属し、これをその封邑信州高島城下に置く」と。忠虎、家臣を遣はして義周を以て帰らしむ。居ること数日にして、これを信州に送る。吉良氏ここに至りて家絶ゆ。六日、命ありて大石良雄らの子*十九人〈みな幼弱もしくは他家に仕ふるを以て、仇を報ゆるの事に与(あづか)らざる者〉を

羽田某… 羽田半左衛門・柘植六郎左衛門。この一巻は寺坂信行筆記（元禄十六年五月頃執筆）のこと。

猪子左太夫 一興。旗本。御先鉄砲の頭。寛永十八年（一六四一）—宝永二年（一七〇五）。

丹波守荒川某 定昭。旗本。御書院番頭をへて寄合。義央の祖父の弟の子。寛永十九年（一六四二）—正徳四年（一七一四）。

殊死 決死。

安芸守諏訪忠虎 三万石。寛文三年（一六六三）—享保十六年（一七三一）。

十九人… 男子が十九人。そのうち十五歳以上の四人のみが直ちに遠島を申し付けられ、他は十五歳になるまでは母親その他に預けられることになっていた（但し実際には十五歳になると僧侶になり、遠島は免れたという）。女子はお構なし。

伊豆の海中〈ここに大島と曰ふ〉に流す。閣老但馬守秋元喬朝〈国城は甲斐の谷村に在り〉、命を市井長越前守保田某に伝へ、逮へて司市局〈ここに町奉行所と云ふ〉に至る。吉田兼亮の子は伝内と曰ふ〈年二十五。兼貞の弟〉。間瀬正明の子は定八と曰ふ〈年二十。間瀬正辰の弟〉。みな中務大輔本多氏の家に仕ふ〈本多氏は名は政武。国城は播磨の姫路に在り〉。中村正辰の子は忠三郎と曰ふ〈年闕く〉。大和守松平氏の家に仕ふ〈松平氏は名は基矩。国城は陸奥の白川に在り〉。村松秀直の子は政右衛門と曰ふ〈年二十三。高直の弟〉。長門守小笠原氏の家に仕ふ〈小笠原氏は名は某。供奉官長。ここに扈従番頭と云ふ〉。その余の幼弱者、大石良雄の子は吉千代と曰ひ〈年十三〉、太郎三郎と曰ふ〈年二。みな主税の弟〉。片岡高房の子は新六と曰ひ〈年十二〉、六之助と曰ふ〈年九〉。原元辰の子は十二郎と曰ふ〈年五〉。富森正因の子は長太郎と曰ふ〈年二〉。不破正種の子は某と曰ふ〈年六〉。中村正辰の子は勘次と曰ふ〈年八。忠三郎の弟〉。木村貞行の子は総十郎と曰ひ〈年九〉、次郎四郎と曰ふ〈年八。大岡藤右衛門養ひて子と為す〉。茅野常成の子は猪之助と曰ふ〈年四〉。奥田行高の子は清十郎と曰ふ〈年二〉。岡島常樹の子は藤松と曰ひ〈年十〉、五郎助と曰ふ〈年闕く〉。矢田助武の子は作十郎と曰ふ〈年九。或は曰く、前だつこと二年、父助武、作十郎を以て東都の士人の家に託す。甚だ聡慧なり。主人夫婦これを愛すること子の如し。助武死を賜はるに及びて、主人、作十郎その父を哀慕せんことを恐れ、家人に戒め、事を以て告ぐることなからしむ。作十郎ほぼすでにこれを聞きて、疑信相半ばす。たまたま司市、吏を遣はしその家に至らしめ、これを出さしむ。主人夫婦、親ら作十郎のために、髪を結び衣を更め、而してこれに告げて曰く、「官命もて汝を召し、試みに容儀を視る。稠人広坐、必ず応対を謹め。軽遽無礼平生の如くなることなかれ」と。作十郎曰く、「われ父の死を聞きしより、みづから、免れざることを知ること久しかりき。いま乃ち我をして身を飾へしむることかくの如し。意ふに官命下り公をして我を殺さしむるか。公願はくは明らかに我に

但馬守秋元喬朝　喬知とも。→一六九頁注

市井長　江戸町奉行。

越前守保田某　宗郷。元禄十一年より江戸北町奉行。正保三年(一六四六)—正徳二年(一七一二)。

中務大輔本多氏　十五万石。政武はのち忠国。寛文六年(一六六六)—宝永元年(一七〇四)。

忠三郎　親類書に十五歳とある。

大和守松平氏　越前松平家の支族。十五万石。基矩は直矩(元禄八年没)の子、基知のこと。延宝七年(一六七九)—享保十四年(一七二九)。

長門守小笠原氏　長定。旗本、三千石。御小姓組番頭ののち元禄十五年より寄合。寛永十七年(一六四〇)—享保五年(一七二〇)。二七七頁参照。

太郎三郎　親類書などに大三郎とある。

十二郎　親類書に重次郎とある。

不破正種の子　大五郎。

年八　親類書には五歳とある。

五郎助　親類書に五之助、七歳。

東都の士人　親類書にみえる旗本岡部駿河守勝重のこと。勝重は本姓伊丹。御目付・山田奉行などを勤む。寛永十四年(一六三七)—享保二年(一七一七)。妻は内田信濃守正信の養女。

稠人広坐　大広間におおぜいの人がぎっしりといならぶ場所。

軽遽　かるはずみ。

告げよ。何ぞ我を欺くことを為す」と。主人夫婦これを聞き、相対して流涕し、乃ち相謂ひて曰く、「悔ゆらくはわれ人のためにこの子を養ひしことを。さきにこの子を養はずんば、安んぞこの事を見んや」と。遂に扶けて輿に載せ、家人をしてこれを送らしむ。府に至りすでに堂に上る。吏、作十郎に謂ひて曰く、「汝幼なりと雖も、また佩刀を脱すること法の如くせよ」と。作十郎黙思することこれを久しうし、吏に請ひて曰く、「苟も法に害なくんば、願はくはわが僕をしてこれを持たしめん。可ならんか」と。吏曰く、「可なり」と。作十郎また階を下り、僕を呼び刀を授け、然るのち升り進む。衆その挙動*安詳にして、幼年の人に類せざるに感ず。司市、命を宣し、すでにしてこれを遣還す。これより作十郎、父の果たして死したるを知り、日夜悲泣して已まずと云ふ〉。みなその主人・親族に属して養視せしめ、主人・親族なき者は、*比隣をして合力して収養せしめ、年の十五に至るを待ちて、乃ちこれを*放流すること命の如し〈或は曰く、中に一人、母抱育して本庄に寓す。官、里人に令してこれを*賑恤せしむ。何くもなくして、その母まづ児を刺殺し、しかるのち己もまた自殺して以て死すと。未だ指して某人の児と為すかを詳かにせざるのみ。或は以て原十二郎の弟と為す。未だ是否を知らず〉。四月二十八日、吏をして吉田伝内ら四人を監送せしめ、伊豆に至り、これを海島に放ちて、*乃ち還る。

附、節母義僕の事

赤穂の難に、*近松行重、その母を奉じて、以て東都に来り、これを族人の家に寘く。而して己は舎をその側らに僦り、*晨夕省視す。その吉良氏を攻むる前一日に及びて、来りて母に告げて曰く、「某ら国恩を受くるの深きこと、大人の知る所なり。義としてまさに赤穂に死すべし。しかもなほ敢へて死せざりし者は、且く生を延べて、以て仇を殺して先君の怨みを報いんことを謀らんと欲せしのみ。いま仇家たまたま乗ずべきの機あり。衆議して、

安詳　落ち着いて行儀正しい。
比隣　隣り近所。
放流　島流し。
賑恤　めぐむ。
乃ち還る　その後宝永三年(一七〇六)出家を条件に遠島を赦され、宝永六年に綱吉が没し家宣の代になった際の大赦によって罪を赦された。浅野大学も赦され、旗本寄合、五百石を与えられ、浪士の遺子も多く各藩に召し抱えられたという。
近松行重…　親類書に「母、西村伝硯娘、三十年以前病死仕候」、「継母、…阿州徳島に罷在候」とあり、ここの自殺して励したという話は事実でない。同様の話は原惣右衛門の母についても、武林唯七の母についても伝えられているが、いずれも事実とは考えられない。
晨夕省視　朝晩見舞う。

時失ふべからざるを以て、明夜を以て死を一挙に決し、以てその志を果たさんと欲す。身死するは固より惜しむに足らざるなり。ただ供養、主なく、以て母の憂ひを貽さんことを念ひ、*憂悸、中に逼り、心神*惘然たり。然れども某をして生を偸み苟めに免れ、上国恩に負きて、父母の名を辱めしめば、その忠孝の道におけるは、両つながらこれを失す。願はくは大人哀しみを緩くして自愛せられよ」と。母曰く、「吾老いぬ。旦暮にまさに死せんとす。幸ひにわが子節に死し、能く古人と名を斉しくすることを聞く。我に在りては深く以て喜びと為す。また何ぞ悲しまん。ただ恨むらくは子早く我に告げず、吾をして相見ること何くもなきことを知らずして、平生を以て子を待せしめしことを。今よりこれを視るに、悔なきこと能はざるなり」と。行重曰く、「嚮に大人をしてこれを聞かしめば、恐らくは不肖を哀憐して、以て朝夕の歓びを損せしならん。故に敢へて告げず」と。母曰く、「子の言もまた然り」と。乃ち起ちて房に入る。これを久しうして出でず。行重往きてこれを視れば、母すでに自刃して以て死せり。傍らに*遺言あり、その子に告げて曰く、「吾恐らくは子老婦の故を以て、*慮を分かつ所あり、義気振はざらんことを。故に子に先だちて死し、以て子の国に報ずるの志を壱にす。子それこれを勉めよ。敢へて衆に後るることなかれ」と。行重、書を観て、大いに慟哭し、乃ち主人に謂ひて曰く、「われ窮阨し、以て養ひを続くることなし。たまたま母と語りてここに及ぶ。母これを聞きて、戚ふる色あり。然れどもわれ図らざりきその*異慮あることかくの如くならんとは。あにみづからその余生を以て我を煩はさんことを悲しみて、乃ち自殺せしか。今これを悔ゆるも及ぶなし。吾まさに趨りて親友に告げ、ために喪を助けんことを請ひ、明日に至るを待ちて、これを収葬せ

憂悸中に逼り　心配と恐れが胸のうちにさしせまり。

惘然　ぼんやりする。

遺言　底本欄外「言。一作レ書」。

慮を分かつ　心が迷う。

異慮　普通でない考え。無分別。

んとす。子わがために尸を護りて、可なり」と。遂に書を留め治葬の事を託し、并せて金若干を封し、これを尸の傍らに置きて、乃ち去る〈直清謂へらく、これ*王陵の母の事と相類す。然れども陵の母は死を以てその子を勉まし、身を立てて以て創業の主に従はしむ。この母の死を以てその子を勉まし、生を捐てて以て後なきの主に報いしむるに孰若れぞや。これに由りてこれを観れば、その陵の母に過ぐるや遠し〉。

*片岡高房に僕あり、元助と曰ふ。幼きより高房の家に畜はれ、*事を執ること甚だ謹む。高房赤穂を去るとき、婢僕を*放ち遣る。元助独り留りて去らず。高房に従ひて東都に来り、朝夕、薪水の労を執り、出入奉事して、余力を遺さず、これを昔日に視ぶるに加ふることあり。たまたま仇を撃つの日迫り、乃ち元助を召し、謂ひて曰く、「汝われに困阨の間に従ふこと久し。われ仕を東都に求むること二年、*桂を爨やし玉を炊ぎて、嚢金まさに竭きんとす。ただ当今、諸侯、士を聘せず、列国、客を請はず、*仕路蔽塞して、人の*薦達するなし。且く四方に遊歴し、親属故人の家に*伝食して以て年を終へんと欲す。いま汝を遣りて去らしむ。またみづから治生の謀を為して、可なり。恨む所の者は、以て汝の旧日の労に報ゆることなきのみ」と。元助曰く、「主何ぞ言を出だすことかくの如くなる。某は主家の生育する所と為る。主の不幸は、某の不幸なり。何ぞ主を棄てて去り、他家の僕と為るに忍びんや。主の往く所は、僕もまた従ひ、*席を織り履を捆ち、力を尽くして*みづから効さん」と。高房曰く、「汝の志、われ固よりこれを信ず。然れどもわれいま口に四方に餬し、身すらかつ容れられず。汝を并せて食を他人に仰ぐべからず。汝忍んでわが言に従はば、また主を愛する所以なり」と。元助曰く、「奴隷は衣食足り易し。請ふみづから*その力に食らはん。決して身を以て主の累と為さず。主彼に在りて、某と同居することを悪まば、

王陵　漢王（のちの高祖）の臣。項羽が王陵の母を人質にし、王陵を味方にしようとしたが、母は漢王に仕えるべきことを王陵に勧めて自殺した。

片岡高房に…　堀内覚書巻一には近松勘六の小者、甚三郎について似た話を伝えている（ただし結末は在所へ帰ったとある）。

事を執る　仕事をする。

放ち遣る　ひまを出す。

桂を…　物価高の生活をし。かつらのような高価な薪をもやし、玉のような高価な米をたくの意。戦国策、楚策「食レ玉炊レ桂」。

仕路…　仕官のみちがとざされ。

薦達　推薦。

伝食　つぎつぎに世話になってまわる。

席を…　むしろを織り、草履・わらじ類をあみ。ここでは内職の意。捆はたたいて堅くすること。孟子、滕文公上「捆レ屨織レ席以為レ食」。

みづから…　身をささげてお仕えしましょう。

その力に…　自分の労働で生活する。

詞色　ことば遣いや顔付き。
出づる…　どうしたらよいかわからない。
故意　古いなじみの心。
貧窶　貧乏。

まさにその側らに就きて異居すべし。ただ主を離れざることを幸ひと為す」と。三四これに強ふれども聴かず。その*詞色を観るに、曾ち去る意なし。高房*出づる所を知らず。乃ち陽り怒りて曰く、「われ汝久しく我に事ふるを以て、遽かに*故意を失はんことを欲せず。故に詐りて好語を為して汝を遣る。汝なほ寤らざれば、実を以て告げざるを得ず。去年赤穂を去りしより、汝われに事ふること平生に如かず。われもまたみづから*貧窶を忌みて、心を処すること直からず。汝の為す所を視るに、一のわが意に可なる者もなし。故に深く汝を厭ひてこれを逐ふ。汝速かに去れ」と。元助これを聞き、泣きて曰く、「某、主に事ふること十余年、未だ嘗て一日も主の忿言を聞かず。しかるに今かくの如し。これ某の命の尽くるの時なり」と。乃ち趨りて出づ。高房その後に従ひて、往きてこれを視るに、元助自殺せんと欲して、刃を操りみづからその腹に当つ。高房走りてこれを止め、その刃を奪ひ、叱して曰く、「奴の不忠、何ぞみづから紛擾を生ぜんと欲するや」と。元助曰く、「願はくは某の死するを聴せ。また主の恵みなり。某すでに主の棄つる所と為る。なほ誰がために生きんと欲せんや」と。高房、隣人をしてこれを守らしめ、みづから往きて同盟の士数輩を招きて来り、具さにこれに故を語ぐ。みな嘆じて曰く、「彼の志哀れむべし。なんぞ告ぐるに仇を撃つの事を以てし、彼をして釈然たらしめざる。彼あに人の言を洩らして以て信に負く者ならんや」と。高房、元助を召し、数輩と同にこれを告ぐ。かつ曰く、「この事まさに秘すべく、顕言せんことを欲せず。故に辞を他事に託して以て汝を遣る。また已むを得ざる者あり。汝怨まざれ」と。元助曰く、「辱くも密事を以て下賤に告げらる。某を愛するの深きに非ずんば、能くかくの如くならんや。ああ君恩の大なる、尊卑これを同じうす。某の主に負かざるは、なほ主の公家に負かざるがごとし。願はくは主に従ひ、生死これを共にせん」と。高房曰く、「大石君、衆を戒めて、みな単身にて赴き会せしむ。奴僕を以て自随することを許さず。われもし衆に違はば、これわれ汝の故を以て信に負き、罪を衆に得るなり」と。元助憮然として曰く、「謹んで命を聴けり。その従はんことを請ひし所以の者は、忠を主に尽くさんとなり。己の名を潔くして、主のために譏りを招くは、また焉んぞこれを用ひん。ただ主に事ふること日なく、一刻千金なり。必ず期に至るを待ちて、主の行を送りてしかるのち去らん」と。期に及び、元助、高房の出づるを待ちて、乃ち*橘を筐にしこれを携へ、行きて吉良氏の門外に至り、以て主を俟つことこれを久しうす。衆、義英を殺し、呼譟して出づ。元助、高房を見て曰く、「果たして仇人を得しや否や」と。高房曰く、「汝ここに在りしか。仇人すでに首を授けたり」と。元助曰く、「幸ひ甚だし。諸君良に苦しめり。渇することなきを得んや」と。橘を以て衆に与へてこれを食はしむ。高房これを趣して去らしむ。元助、高房の泉岳寺に赴くを見、乃ち涕泣して別れ去る。往く所を知らず。高房、細川氏の邸に在りしとき、語、元助の事に及べば泣下る。肥後侯これを聞き、人をして*物色してこれを求めしむれども、遇はず。

*赤穂義人録 巻下 終

橘　みかん。

物色して　姿や顔付きを指示して。

赤穂義人録巻下終　纂書には、この後に青地礼幹(元禄甲申＝宝永元年の日付)と篠崎小竹(天明元年生―嘉永四年没)の跋を収めるが、底本にはない。

（原　文）

赤穂義人録序

時秋。積雨新霽。戸外履声鏗然。出而迎之。則奥子復谷勉善及石慎微也。於是。出義人録。相与読之。読罷。継之以泣。慨忠善之不祚。恨天道之無知。嗟理義之悦人心。嘆孟氏之不我欺。慎微曰。赤穂諸士。朝廷致之於法。而室子乃張皇其事。顕揚其行。並以義人称之。其志則善矣。得非立私議非公法乎。勉善曰。不然。昔孤竹二子。不聴武王之伐紂。而身距兵於馬前。今赤穂諸士。不聴朝廷之赦義英。而衆報仇於都下。二子則求仁得仁。諸士則舎生取義。雖事之大小不同。然其所以重君臣之義。則一也。是故師尚父不諱以義人称二子於当時。而其於武王之聖也。固無損焉。室子不諱以義人称諸士於今日。而其於国家之盛也。亦何妨乎。夫義二子者。不以為非武王。義諸士者。独以為非朝廷耶。子復曰。雖然。尚父一言于軍。而能使二子免左右之兵。室子空談于家。而不能使諸士免法家之議。命也夫。三子者。皆長吁而退。遂収其語于簡端。以告後之読是録者。

日東元禄癸未十月庚辰。鳩巣室直清手書於静倹斎。

赤穂義人録　巻上

鳩巣　室直清　著

元禄十四年。歳次辛巳。三月十一日。天使柳原大納言資廉。高野中納言保春。来聘東武。上皇使清閑寺中納言熈定。与天使倶至。同就城東之館。〈世称伝奏屋敷。〉先是。将軍命内匠頭浅野長矩。〈国城在播磨赤穂。〉左京亮伊達宗春。〈国城在伊豫吉田。〉分領館待事。〈長矩所領繫天使。宗春所領繫皇使。〉上野介吉良義英。近江守大友某等。皆以高家与焉。〈凡名家子孫。失国廃久。而華冑赫奕者。幕府尊其官爵。待以不次。謂之高家。〉長矩自以無歯不習旧儀。乃因閣老固辞。不聴。閣老曰。野州老成。練達故事。君宜与之謀。然後施行。亦無難也。何以辞為。義英以官歯之高。居諸高家之上。毎京官至。未嘗不趨陪其間焉。以此自矜其能驕人。而前時共事者。利其指授。則多行賄賂以誘之。長矩為人強梗。不与屈下。以為己与義英同執公事。不可私為阿諛。未嘗請謁問遺。以取其歓。以故甚不相善。他日。長矩謂義英曰。朝廷不以僕不肖。使典賓礼。願君有以教僕。義英曰。雖僕亦不知礼也。且行事之間。難仰他人。君宜有以自処焉。長矩又以閣老之意語之。義英曰。雖然。君事非僕所与也。長矩心深怨之。十二日。将軍御前殿。〈世称大広間。〉引見京使。受詔。十三日。為京使設宴。有散楽。〈世云能。〉自巳至申。楽闋。使臣乃出。十四日。有命。御白書院。〈別殿之名。〉親答詔旨。遣京使。先期。諸閣老。及起居臣僚。〈此云御側衆。〉旧勲諸侯。〈此云御譜第大名。〉皆朝服趨之。如元日儀。長矩等。集廊廡下議事。問義英曰。天使至。吾輩悪乎迎諸。迎諸階下為宜否。義英曰。此等浅近事。君尚不知。而今迫期急議。無乃為衆笑耶。会元妃藤原氏遣内使。謝恩天朝。〈嚮有詔存問元妃。〉先使梶川与三兵衛至。候将軍行礼畢還報。与三兵衛謂長矩曰。幕下行礼畢告僕。長矩曰諾。義英在傍。謂与三兵衛曰。君所議何事。僕当与聞焉。不然。恐失便宜。長矩知其少己。色動。乃黙起。義英言於列曰。鄙野之子。屢曠於礼。不亦辱司賓之選乎。長矩聞之。不勝憤怒。乃反呼義英一声。以刀撃冠。中頭血流。義英眩惑。無意与敵。以手擁面而俯。長矩再撃之中脊。与三兵衛従長矩後抱止之。大友某品川某扶義英起。事聞。将軍大怒。命囚長矩。置右京大夫田村建顕邸。〈国城在陸奥一関。〉主者。網輿送致。〈送囚例以網冒輿。〉以能登守戸田忠真。〈国城在下総佐倉。後徙越後州高田。〉代長矩。於是。朝議以白書院血汚。不可以待京使。命更張黒書院。〈又別殿名。〉令趨陳設。〈趨読曰促。下趨出同。〉頃之将軍出御黒書院。行礼畢。遣京使西還。是日。将軍召閣老相模守土屋政直。〈国城在常陸土浦。諸閣老月輪一人主事。謂之月番。本月政直値焉。〉命以今日礼接天使。在人臣。最当惕厲戒懼。以禁紛争。而長矩率意闘狠。喋血台墀。以私怨。滅公法。其賜死。政直遣大監察〈此云大目付。〉下総守荘田某。詣田村氏邸。令長矩受辞自殺。点属吏一人相之。少監察二人。〈多門伝八郎。大久保権左衛門。〉監視。〈凡士賜死。法有監。有相。自殺者。先自以刃断腹。相者。従後刎之。以頸示監。以明殊死。謂之介錯。〉長矩遂自殺以死。弟大学頭長広使人来収尸以帰。葬于芝泉岳寺。〈或曰。遠江守加藤泰実与長矩相善。及長矩与義英共事。泰実謂長矩曰。去年僕与義英赴日光。司山陵事。其人驕傲。好忮害人。僕欲与之死数矣。顧公事之重。以私怨故。毀之不忠。是以不敢。今君日与之会。彼待君必無礼。願君為国家忍之。長矩曰。辱見忠告。敢不受教。然事固有不可忍者。亦難預諾耳。竟果如其言。友人小谷勉善聞之安芸侯家人曰。前年下野守戸沢政庸与長矩語。及其父上総介政寔与義英。従事日光之役。因言義英無礼状。長矩曰。尊大人自以年老。故能有忍如此。若長矩。則不能也。当時小笠原長州在坐聞之。至是。長州適詣安芸侯邸。以此事語坐客。而侯家人有御牧武太夫者。在側聞之。此必与或人之説一事也。則当以勉善所聞為是。〉

是日。有命。収長矩本邸宅。〈在鉄砲洲。〉采女正戸田氏定。〈国城在美濃大垣。初長矩父前内匠頭長友。与戸田氏包。倶娶飛騨守内藤忠種之女。生長矩。氏定。氏包之子也。〉以士卒。往環守邸。安芸守浅野綱長。〈国城在安芸広島。為赤穂侯宗室。〉遣将卒二百人。趨出邸内人衆。及掃除門巷屋舎。至夜。以邸授氏定。乃去。十五日。諸侯朝賀如例。閣老令大監察見諸侯。諭以長矩賜死事。是日。幽長矩弟大学頭長広于私室。〈長広別賜禄奉朝請。居長矩本庄宅。長矩無子。毎帰藩。請官。以長広為嗣。至是。坐長矩事幽閉。凡諸侯未立嗣者。毎帰藩。権以親族中一人。〈定為嗣。至有子。乃止。〉遂命諸閣老。議収赤穂城邑。令大垣侯下教赤穂。諭告城中軍士。待受城使至。内城邑於官。〈凡郡国留守臣。各以本藩旨守城。藩主有罪国除。朝廷収其城邑。必請藩主旨。然後内之。今赤穂侯既死。故大垣侯代本主授旨。〉安芸侯与大垣侯。復遣家臣各数輩、詣城下監視。及隣国諸侯。各警士卒。至境上備変。十九日。有命。悉収長矩都下別宅。独以本荘宅。与大学頭居。二十六日。吉良義英病免職。〈高家掌礼儀事。如漢大常職。〉将軍以義英無罪。命治傷。俟愈。起視事如故。然衆皆以義英前倨而後怯也。譏笑之不已。其子弾正大弼上杉綱憲。〈国城在出羽米沢。〉為義英謝病請免。聴之。〈初播磨守上杉綱勝有妹。嫁義英。生綱憲。綱勝無子。請官。養甥綱憲為嗣。綱勝卒。綱憲立。是為弾正大弼。生二子。長曰民部太輔吉憲。次曰左兵衛佐義周。後義英復養綱憲次子義周為嗣。〉二十八日。受城使淡路守脇坂安照。〈国城在播磨竜野。〉肥後守木下利庸。〈国城在備中足守。〉発東都。赴赤穂。少監察荒木十左衛門。榊原釆女副焉。因命安照。以家衆。留守赤穂城。〈竜野与赤穂接近。便於徴衆。〉以石原新左衛門。岡田庄太輔。知郡事。〈此云郡代。受城使安照等。自前旬有命治装。至是。各率士卒同行。〉

先是。赤穂邸報至国。〈初告変起者。早水藤左衛門。茅野三平。次告賜死者。原総右衛門。大石瀬左衛門。皆日馳二百里。凡五日而至赤穂。〉国老大石内蔵助良雄。〈見後。〉及用事臣大野九郎兵衛某。与其餘群臣。〈凡赤穂士員。三百八人。〉会議庭上。良雄曰。主辱臣死。此誠吾輩死節之秋也。然死固非難。而処死実難。諸君欲以何死哉。坐中壮士皆曰。有枕是城以死耳。亦何議。良雄曰。諸君言固然。但人臣之義。猶有可自効於国者。当尽力焉耳。今主家既滅。無力以復之。独有介弟大学君。可以奉先君之祀。某等。宜以死請台墀。為先君立後焉。而台墀不聴。則乗城決戦以死。而従先君於地下。固其所也。九郎兵衛等。皆首鼠両端。〈漢灌夫伝。首鼠両端。註。鼠性疑。出穴多不果。故持両端者。謂之首鼠。又首行一前一却。〉議未決而罷。〈或曰。中有新進士二人。言曰。某以羈旅臣。来仕於国日浅。有不可与諸君同難者。請従此辞。乃去。良雄使人要於境殺之。〉後二日。良雄復会衆述前議。九郎兵衛曰。不可。夫抛城以請。是要上也。其為先君立後也可冀乎。吾輩雖死。何益之有。適足負悖逆之名。以累先君耳。良雄曰。不然。士所守者義也。士而無義必辱。今臨大節。不以大義自白。而顧以畏死苟免。唯唯奉上為務。不亦無恥之甚乎。吾所最恨者。使天下人聞之。以為赤穂数世養士。無一人知大体者。亦辱先君之名也。今縦無尺寸以補於国。而又辱先君之名。為何如。衆皆曰。大石君議是也。九郎兵衛不得已。亦従之。良雄於是撰多川九左衛門。月岡治右衛門。使東都。口授意指。而遣之。因与衆約。以後二日。復会城上。曰。当閉城固守。以俟官使至。乃帰死耳。及期。衆赴会者。五十五人。〈奥野将監。吉田忠左衛門。佐佐小左衛門。河村伝兵衛。近藤源四郎。小山源五左衛門。佐藤伊右衛門。原総右衛門。岡野金右衛門。子九十郎。長沢六郎左衛門。稲川十郎右衛門。間瀬久太夫。

田川権右衛門。渡部角兵衛。幸田与三右衛門。里村伴右衛門。多芸太郎左衛門。小野寺十内。子幸右衛門。山上安左衛門。潮田又丞。近松勘六。矢野半平。早水藤左衛門。上島弥助。中村清左衛門。橋本平左衛門。間喜兵衛。子十次郎。中村勘助。灰方藤兵衛。高田儀左衛門。仁平郷右衛門。菅谷半丞。榎戸新助。千馬三郎兵衛。河田八兵衛。神崎与五郎。大高源五。武林唯七。岡島八十右衛門。茅野三平。豊田八太夫。貝賀弥左衛門。勝田新左衛門。陰山総兵衛。倉橋八太夫。久下織右衛門。猪子源兵衛。矢頭長助。子右衛門七。三村次郎左衛門。幷大石主税。瀬左衛門。為五十五人。〉其餘不至。良雄曰。官使至且有日。而衆離叛如此。夫以赤穂一城。招天下兵。雖挙全国之衆。猶恐不能支一月。況此蕞示之衆。尚不足以守一面。而欲以此戦焉。則吾見其兵朝交。而城夕抜。徒以弄兵為天下笑。不如因官使以此意自陳。然後相与自殺城上以明志為愈。於諸君何如。衆曰。甚善。良雄曰。請与諸君盟可乎。皆曰可。乃出盟書以示之。衆各署姓名押字点血。〈近世盟書。連署同盟姓名。及押字。各以指血点押字処。〉良雄於衆中読已。乃曰。吾於今見諸君報主之志矣。当与諸君決計在今日耳。但有一事於此。願与諸君謀而決之。何如。衆曰。願聞之。良雄曰。先君怒義英無礼。戮之於鈞庭不克。而独罹於禍。是義英吾君之讐也。今義英在矣。吾与諸君。義不与共戴天。窃為諸君計。莫若相与戮力共謀。以討義英而殺之。均之死也。徒死於此。孰与報仇以死。不幸事不就。猶足以伸大義於天下。衆踊躍曰。僕等慮不及此。願以身徇之。独老年人謂良雄曰。此計固善。顧此事不易。非可計日得也。人命朝不慮夕。恐事未集。而吾輩先死。則他日無以自白耳。窃謂不如従前議為得。良雄曰。雖僕亦多病。不無此慮。然吾与諸君。同体一心。不幸先事而死。後死者得以成之。猶在我也。事固不可逆知。然料周旋之間。不過三年。吾事成矣。縦此衆三分之損其二焉。猶足以済事。況未必然乎。且諸君忠誠不欺。天之所佑。吾固知諸君之志。果有成也。小不忍乱大謀。若夫挈瓶仮器之議。〈張平子東京賦挈瓶之智。守不仮器。況纂帝業。而軽天位。○類書纂要曰。挈瓶屢空。文思易竭也。出文賦。〉諸君毋以為意。

四月四日夜。多川月岡至東都。初両人発赤穂。良雄使両人直詣受城使自陳。至則受城使既西。於是。両人与本藩臣安井彦右衛門。藤井又左衛門謀。属大垣侯。請命於鈞庭。〈浅野本姓安井氏。彦右衛門公族也。二人幷赤穂巨室。自去歳従赤穂侯在邸。〉翌日。倶詣大垣侯言曰。赤穂老臣大石良雄等使臣二人。敢布腹心。寡君得罪於鈞庭賜死。臣等敢不奉承。然両下相殺。国有常刑。〈両下相殺。一人不死。朝庭不論曲直。必両殺之。以遏推刃之乱。国初以来。著為令。〉今吉良君有禄位於朝如故。而大刑独加寡君之身。此臣等所以日夜泣血。寧死不悔。臣等一二老臣。固知崇朝庭一統之政。而偏遠之臣。頑愚之衆。惟知尽忠所事而已。雖論以逆順之分。然衆心不可回。群議不可奪。僉曰。非敢讐朝庭也。但欲即城自殺。以明人臣之分爾。若朝庭更有処置。使亡虜之臣去国。而有辞於天下。則臣等以衆而

退。唯命之聴。敢以死聞。大垣侯謂両人曰。此事大不可。若達於
朝。自大学頭以下。重得罪。是群臣欲忠。而反不忠於国也。因与
良雄書曰。使者両輩来。聞城中軍士之議。亦由辺鄙暴悍之習。不達
朝庭之法。内匠頭平生恭謹。敬於事上。卿等所知也。今為卿等計。
莫若束手釈兵。以城邑上入於官。明本藩始終。無弐心於朝庭。亦
内匠頭之志也。雖群臣所以尽忠亡主之道。亦何以加之。官使臨邑。
卿等宜厳警軍士。俟指麾。進退無得自縦。急令城中軍士知悉。〈此
書本以国語為之。今代以華言如此。〉出書示両人曰。卿等能使良雄等。
従寡人之言否。両人曰。諾。安井藤井亦附書。以大垣侯所戒為言。
即日。両人馳還赤穂。〈直清謂。多川月岡。於是可謂辱使命矣。夫良雄
之請命於朝也。将以立大学君。存赤穂侯之後也。然義英在朝。大学君無与
仇並立之理。朝庭若立大学君。当先除義英官爵逐之。乃可。良雄雖不敢顕
言。然所謂更有処置者。其意蓋在此也。考之大高忠雄与母書。可見矣。然
朝庭既赦義英。大号一出不可反。良雄豈不知義英之不可逐。大学之不可立
也。然猶僥倖於万一者。以赤穂一国之命請之。庶幾可得。以殺赤穂侯逐義
英。使朝庭許之。其於罪軽重。固未失也。彼二子当直詣監察官。告訴於朝
而曰。赤穂軍士三百人。皆決死。臣不得命。則不可生還。請先伏刃。以示
不欺於天下。夫既罪寡君以明法。又立長広以明恩。刑賞両得。威恵並行。
其於朝庭之政。不亦善乎。鏖一国之士。傷太平之化。臣等死固不足道。其
損於盛世也。亦已多矣。是二者孰得孰失。顧朝庭之策安出。使二子正色直
辞。以此陳焉。未必不感動上聴。再煩朝議。事若不可。則死固其所也。今
二子不知出此。乃受人頤指。唯唯而退。曾無一言以見軽重。嗚呼良雄所以
属二子者。為何等事。而阿順曲従如此。蓋二子素無死事之志。故其気齷齪。
為安井藤井所夾持。以至此耳。良雄於是。可謂不知人矣。当是之時。赤穂
非無材也。有吉田小野寺之練達。有富森神崎之勇幹。其他原間大高之徒。
皆其選也。良雄一無所使。而独以二子為之何哉。意二子素有材辨自好。雖
良雄。亦眩於虚誉而用之也。夫緩急不辱命。唯有大節者能之。豈口辨色荘
之士。所能為哉。自二子帰国之後。衆心動揺。日以離散。情見力屈。大事
去矣。亦由良雄誤用二子致此也。嗚呼用人之際。可不慎哉。〉翌日。大垣
侯又使二臣於赤穂。重以書戒諭。自是諸不附良雄者。日夜潰散不
已。九郎兵衛亦乗夜而逃。〈神崎則休筆記載。九郎兵衛好貨致富。家有
餘産。自始聞国難。専謀以財自逃。果以四月十三日。先東使未至。自率家
人。倉皇而去。恐為衆追。棄其孫女。不及収。窃与其子郡右衛門。分路間
行。遂乗舟至近邑。近邑民悪之不内。漂泊海上三十日。不知竟何如也。父
子所畜器財。託赤穂商家凡百箱。大石良雄聞之。令吏就封閉。戒商家。無
縦人発。至翌年八月。九郎兵衛与近藤源八。渡部嘉兵衛。来赤穂商家。間
人不在。急開箱取金三百両去。比隣共起。而追及之。謂曰。汝不出金。杖
而殺之。九郎兵衛父子手足慄。面無人色。乃還金。邑人以九郎兵衛父子。
徇市而後放之。或曰。九郎兵衛後居京師貨殖。及明年良雄等死節。九郎兵
衛為衆指目。不与接語。或遇諸塗。欲唾其面。九郎兵衛滅跡而去。不知所
終。〉独前同盟。及自東都来。赴難者十八人。皆従良雄不去。〈直清
按。前同盟中。少辛巳死節者二十三人。蓋片岡高房磯貝正久以報仇東行。

在盟先。不破正種間光風款良雄。在去国後。寺坂信行以身賤不与盟。其餘十八人。自東都来。追与盟者也。〉其餘在邸臣。多為安井藤井所夾持。逡巡顧望。苟免而已。〈則休筆記載。藤井又左衛門為人可与為善。但以柔弱不能自立。為安井大野所欺。吁小子哉。乃祖某有軍功於国。弾正君当時選国士。分与釆女君。以藤井某為第一。今縦愛其身。独不念辱其祖耶。彦右衛門為国貴戚。宜共存亡。一旦緩急。貪生忘義如此。可醜之甚矣。又曰。伊藤五右衛門。外村源左衛門。岡林木工助。玉虫七郎右衛門。八島惣左衛門。建部嘉六。近藤政右衛門。多川九左衛門。藤井彦四郎。荻原兵助。田中清兵衛。植村与五右衛門。早川宗助。中沢弥一兵衛。大木弥一右衛門。近藤源八。皆安井大野之党也。〉

十八日。淡路守安照。肥後守利庸等。二道至赤穂。〈一道出城東鷹捕山。一道出城西猪池山。〉先期良雄封府庫。籍田里。令吏循行境上。脩橋除道。及閭巷市廛。並禁喧擾。至是迎拝官使於城上。且労之曰。諸公跋渉遠塗到此。良苦。因進言於両監察曰。朝庭賜寡君死。又使諸公来収城邑。已承安芸大垣二侯奉旨指令。某等敢不恐懼惟命之聴。然主殺国滅。某等義当死之。況吉良君有禄位於朝如故。而寡君独以罪死。某等寧有何面目。以見諸公乎。但以寡君之弟大学頭在。故姑窃生。以待朝廷之挙耳。嚮者以此属大垣侯為請。而未得命之間。会諸公至。某等従二侯令。謹以城邑上。不敢肆窮獣之怒。以煩執事。此某等。所以尊朝廷之義也。朝廷若恵赦寡君之罪。辱収録其子弟。使之補黒衣之闕。而得食禄於朝。以襲寡君之後。某等将沐覆載之仁。荷再造之恩。然後退而自殺於寡君之廟。以終人臣之義。乃已。惟諸公憐而察之。〈直清熟玩良雄告官使之言。其請為主家立後者。不過尽人臣之分而已。而其以死徇国之志。固有不以此易者。所謂確乎其不可抜者也。然其言曰必有恩裁下。然後退而自殺。則其不得命也。不敢束手而徒死。亦已明矣。若良雄者。可不謂善辞令哉。〉両監察未応。良雄又言曰。赤穂藩屏国家。亦已久矣。自寡君曾祖前釆女正。従大坂之役。身服勤労。立勲当時。台徳殿下胙土而寵之。使得比列国諸侯。至祖前内匠頭父後釆女正。皆受先朝恩遇。衆所知也。以及寡君之身。日夜勉励士臣。傾心本朝。惟恐無以勝方面之任。今也不幸。以私怨故。得罪而没。亦可哀也。朝廷如推存旧之恩。而挙継絶之政。不独某等受賜而死。亦使天下後世。仰朝廷之徳無窮。願以此意。致之於朝。幸甚。両監察曰。諾。今且以卿言上聞。良雄拝謝。已以邑里名数簿上。然後退。謂衆曰。吾固知官使之言不可特以為信。然所以不死於此者。以我心事未伸也。官使有以験於他日矣。是日。両監察帰城下舎。使人召良雄至。謂曰。官使入邑。観吏治道所過浄清。入城群下奉礼益恭。且所進図籍甚詳悉。皆可以為奉上之法。今已遣人具状以聞。朝廷聞卿等急効臣順。不煩一言。必有恩裁下。亦大学君之福也。衆欲徙他邑者。某等可以書先於其所往。欲留不去者。亦聴居。二月。荒木十左衛門自東都使人報良雄曰。昔者卿嘗与我言於赤穂。我業已告諸朝矣。又聞浅野氏宗家。有為大学君乞哀於朝者。意者朝廷有以処之。良雄遂去赤穂。至京。買宅城外山科邑居之。自是坐運籌策。以為謀主。而同仇之徒。往反東西。相為耳目。久之。人無能知者。

十五年春。良雄遣前原宗房神崎則休詐為商。〈宗房販絹。則休鬻扇。二人並見後。〉迭往覘仇家虚実。及其餘奉約。留居東都者。吉田兼亮〈見後。〉代良雄領之。逐人計其口数。供給衣食。及僦舎出価。伝駅往来。皆量其用。資之金。各有数。〈直清按。赤穂之難。世伝良雄等盗国儲金去。当時聞者悪之。今給同仇士。蓋此金也。〉初良雄等棄城而去。人疑之。以為其属意有不易量者。以故上杉氏分遣家衆。守義英本荘宅。日夜警厳為備。及其婢僕。皆以采邑人為之。〈義英世食采参州吉良邑。〉不縦商賈入門。良雄聞之。令二人開店義英宅側。居糶若菓。坐売以便出入仇家。微而察之。戒二人無敢急遽為所覚。又聞上杉氏使人偵己。乃佯狂昏乱。言行失次。毎遇人。則曰。吾病且死。将及今楽餘生矣。令買田宅。大営居室。曰。吾将老矣。諜者屢報上杉氏以為良雄病。且為子孫謀。亦無足慮者。凡如是者一年。吉良氏稍弛備焉。〈寺坂信行筆記云。是歳春。吉良氏作庫宅後。有人伝。庫中有竇通隣家。又四壁内。施柵以備緩急。吉田兼亮使毛利小平太以計入吉良氏宅。間視之。嚮之所聞者。謬伝也。〉三月十四日。是日為赤穂侯初忌辰。良雄赴赤穂。詣花嶽寺。祭享致敬。為位而哭。甚哀。〈神崎則休云。是日赤穂男女。争先詣花嶽寺追薦。拝神位悲泣。如赤子慕父母也。又云。新浜村民。別於他寺立牌位祭之。直清謂。赤穂侯遺愛在民如此。亦有人君之度者也。良雄不学無術。不能輔之以道。遂使侯不知温恭自保。至乃一朝之怒。忘其身。以及社稷。良雄与有罪焉。〉

七月十八日。命安芸守浅野綱長。以大学頭浅野長広。送芸州安置。〈優命許以家人男女数十人自随。〉吉田兼亮使潮田高教。近松行重。〈並見後。〉赴京。以長広事報良雄。良雄於是。浩然有東行之志。乃欲糾合同盟之人以趨之。其在京師赤穂者。先使貝賀友信。大高忠雄。〈並見後。〉往而謝之曰。吾初与諸君有言。今則已矣。度今時之勢。有甚難為者。久瀆盟書。無為也。他日幸遇機会。則当相報更与諸君謀耳。因以前盟書還之。以試衆心誠偽。有十数輩。相謂曰。吁豎子誤我至此耶。豈非命乎。見二子責以大義。辞色甚峻。其餘無素自立者。唯唯而已。初良雄請官為赤穂侯立後。群臣雖安井藤井之党。亦以僥倖万一之福与盟焉。及荒木十左衛門報至。私自依頼。揚揚有自得色。至是。聞長広安置之命下。意気沮喪。慮以全生。漸与良雄絶問。以示異志。至有遠跡自逃者。〈神崎則休筆記中。載背盟者姓名云。奥野将監。川村伝兵衛。近藤源四郎。佐藤伊右衛門。小山源五左衛門。稲川十郎右衛門。糟谷勘左衛門。田中権左衛門。多芸太郎左衛門。長沢六郎右衛門。子幾右衛門。里村伴右衛門。豊田八太夫。各務八右衛門。灰方藤兵衛。陰山総兵衛。榎戸新助。山上安左衛門。上島弥助。渡部角兵衛。子佐野右衛門。幸田与三右衛門。仁平郷右衛門。高谷儀左衛門。川田八兵衛。久下織右衛門。猪子理兵衛。松本新五右衛門。田中六郎左衛門。酒寄作右衛門。梶半左衛門。高久長右衛門。近松貞六。岡本次郎左衛門。子喜八郎。田中代右衛門。近藤新五。大石孫四郎。川村太郎右衛門。田中序右衛門。三輪嘉兵衛。子弥九郎。小山弥六。塩谷武右衛門。山羽理左衛門。嶺善左衛門。井口半蔵。木村孫右衛門。前野新蔵。糟谷五左衛門。高田郡兵衛。小幡弥右衛門。木村伝左衛門。杉浦順左衛門。井口忠兵衛。生瀬一左衛門。土田三郎右衛門。平野半平。佐佐小左衛門。子三左衛門。大塚藤兵衛。月岡治右衛門。中田理平次。中村清左衛門。鈴田十八。田中貞四郎。毛利小平太。小山田庄左衛門。矢野伊助。妹尾孫左衛門。凡七十人。直清按。横川宗利与友人書載。平野半平。良雄以家所畜画軸属半平。売以易金。半平盗其価金三十両。従京師亡去。中村清左衛門。鈴田十八。中田理平次。田中貞四郎。小山田庄左衛門。毛利小平太。皆与良雄倶東者。聞復仇之日迫。皆失色驚汗。中村鈴田中田。皆以十一月下旬亡去。田中以十二月四日亡去。小山田与片岡高房同舎。亦以十二月二日盗高房金与衣服亡去。又寺坂信行筆記載。毛利小平太以十二月八日亡去。矢野伊助為侯家歩卒。妹尾孫左衛門為良雄家人。良雄令此二人守平間村宅。十二月十二日。従平間村亡去。以此考之。凡此背盟者。但中村鈴田以下数輩最後。其餘蓋自七月以後。多於京師滅迹者也。〈則休曰。此輩為義不終。知而不為者也。比之頑愚不知嚮義者。其罪倍矣。〉独其同体一心者。自七月以後。相次先良雄発。皆往与東都之衆合。十月。良雄発京。与高教行重等数輩東行。先是。富森正因来東都。〈正因見後。〉築宅于武州平間村居之。〈平間村。在都城西六七里。〉未幾以僻遠不便。以家遷居郛。至是。兼亮聞良雄発京。乃与正因等議。更修治平間村廃宅。以為税駕之所。是月二十一日。良雄至鎌倉。兼亮等先適平間村相宅。因迎良雄於鎌倉。廿六日。良雄至平間村。十一月五日。遂去平間村。抵都下。与子良金同居。及其餘同仇士。皆変姓名。介処於市廛之間。乃日夜往視吉良氏宅。按道里遠近。預定進退部署之処。及其所以距上杉氏援兵者甚熟。会義英病久不愈。以本庄土地卑湿。常適上杉氏居宿。久之不帰家。又議築室上杉氏別墅中自逃。〈別墅在麻布邑。〉未果。先遣内人以婢妾。往依上杉氏。〈或曰。義英預慮有変。自去年使夫人避居上杉氏。〉蓋風聞良雄等候已。外託養病。実以避之也。〈直清謂。義英自為避難之謀如是。此其密防厳備。必有外人未易窺者。良雄計不急発。良有以也。豈孔子所謂臨事而懼。好謀而成者歟。世或以無勇材小譏之。誰知良工用心之苦哉。〉良雄於是。撰衆中少壮者。分為四次。毎夜循行街巷。往反吉良上杉両邸之間。常以夜半一更。以察異色人出入。而踰月之間。寂無聞焉。十二月十三日。良雄使人自称至自京。詣土佐守浅野長澄。〈故因幡守長治二世。日式部少輔長照。実為赤穂侯三従兄弟。長照無子。養宗国弾正大弼綱晟子為嗣。長澄是也。国城在備後州三次。〉問赤穂侯夫人起居。以去年以来赤穂国計事上報。初赤穂侯夫人浅野氏。〈故因幡守長治之女也。去年赤穂国除。夫人依長澄号瑤泉院。今按近世国俗。婦人夫死。無貴賎。皆去髻為比丘尼。以院名自称云。友人小谷勉善聞之安芸侯家人曰。夫人嫁赤穂侯有賢行。及赤穂侯報怨之日。将朝。夫人見其辞色有異。心知之。方出。夫人送之戸内曰。幸君終慶於朝。帰来見妾。是日。赤穂侯果死不還。弟長広走邸。以変告夫人。夫人使人逆問仇人為誰。死生如何。長広曰。不知也。閣老有命。

使長広造邸。禁衆人騒擾。是以来。夫人曰。此何謂也。兄死。為之弟者。不知仇人存亡。而曰。我為閣老禁騒擾。此何謂也。卒絶長広不見。令左右収冗雑之具。訖曰。為我取小刀来。侍女取小刀以進。夫人曰。汝急断我髻。侍女曰。夫人至土州君家断髻。未晩也。夫人不聴。乃断之。及土州君使人迎之。然後出而就輿。夫人自初聞変。挙措安閑。不殊平日。自就輿之後。哀慟不勝。殆動傍人。至土州君家。閑居一室。久之不出。浅野家人相伝以為美談云。〉嫁赤穂侯。有資装金。属良雄併之国儲金。貸赤穂民家。令少出息以償。不独助掖庭費用。民亦頼其利以為便。及赤穂之難。良雄以軍興法。悉散国儲金。分与同盟之衆。使之処置家累。及支時月間。往来共給。至是。具簿幷餘金上之。〈世伝良雄造謁夫人。辞決而去。実是月十日事也。然勉善聞之安芸侯家人云。赤穂旧臣。唯大野九郎兵衛詣夫人所。賂遺左右。因訴大石良雄令赤穂吏閉臣家貲不出。願夫人戒諭良雄。出以予臣。是猶新受夫人之賜也。夫人不与之接。乃去。良雄去赤穂之後。未嘗造謁夫人。但是月十三日。壱使人通問。如此所録耳。直清於初稿本。載良雄造謁事甚詳。今悉删之。以従事実。〉

十四日。義英以近日招客。燕集於家。当治具。乃遽反本庄宅。義英嘗好茶。屢為茶燕之会。本庄有一遊客。亦同此好。常出入義英家。有燕会必与焉。〈近世士大夫。多慕陸蔡之好。毎燕集。以啜茶為高致。陳器設食。升降周旋。皆有法也。呼其師為湯茶者流。〉大高忠雄聞之。詐為京師商人。従其人学茶燕之法。欲因以通義英。由是忠雄得聞義英帰家日。乃報衆。大石信清〈見後。〉亦間而知之。若忠雄所聞者。〈或曰。横川宗利欲間義英。乃僦宅本庄。為人傭作。本庄有一浪子。好茶出入義英家。宗利与之相昵久之。義英令家人寄書浪子。招以啜茶。云移宅在近。念久不相見。欲以某日設茶一会。浪子不善書。属宗利。為書以報。又以家貧無人可遣。宗利請為使自往。得以覘義英宅中事。乃還。直清按。此必与忠雄所与遊者同人也。〉於是。良雄急警同仇士。約以十四夜丑時発。是日詰旦。良雄与同仇士十数輩。倶詣泉岳寺。謁赤穂侯墓。相対悲泣不自勝。既出。使人請寺主僧曰。某等欲各屏迹僻遠之地。離散在近。故約来貴寺。共謁亡主之墓耳。顧思一別之後。再会無因。恋恋不忍遽去。請為我具薄膳。得与接一日之歓。因取白金三百両貽之。寺主僧延衆堂上。設食。衆食已。謝衆僧曰。吾就睡矣。公等不来。有所須当請耳。因閉戸密語久之。申明約束。備為区画。至日中辞去。遂馳還市中舎。各浄除屋内。謝遣奴僕云。欲以明旦発赴京。今夜往就友人家為便。皆以布襆裹衣物而肩之。乃歩西赴本庄。堀部金丸嘗僦舎居両国橋西矢蔵之巷。〈金丸見後。〉去本庄為近。以故約衆来過与倶。至薄暮。金丸就本庄茶肆主人晩食。主人素与金丸相識。問曰。暮夜至此何故。金丸曰。汝不聞大学君芸州安置。吾輩無所依頼。加之米価騰貴。儲資不給。今与旧同僚謀。欲且帰赤穂之邑為農。約以明旦倶発。但日出凍消。行路泥濘。不若夜途為便。汝趣具六十人食。〈趣。読曰促。〉当与衆来食従此発。予之黄金三両。乃去。有頃衆皆至金丸舎。金丸為設杯酒与飲。比及夜半。金丸遂与衆倶造茶肆主人就食。金丸謂主人曰。

汝今何業。豈止於売酒食耶。主人曰。近日酒食不售。有人勧与俳諸家謀。売句題字。募課試銭。〈時俗好以俳諧為戯。其師先唱一句為題。募人続之。有日限。及期諸預和者。各入所続句幷銭。会為一所。即批而列之。以分工拙。〉諸君知獲幾何。市人事細利。亦可笑。衆中有一人。〈失姓名。〉曰。句題何如。主人曰。何乃其。〈何。音那爾。其。音祖乃。〉其人曰。此好題也。吾今為汝成之。因高吟曰。何乃其。岩遠毛。〈○岩。音以話。〉洞〈音禿遠設。〉桑乃。〈○桑。音具話。〉弧。〈音由密。直清按。何其。俗語勇敢之意。此歌言桑弧雖柔。有胆気者。以此射焉。雖穿石可也。亦寓敢死赴敵之意爾。〉吟已。衆相謂曰。吾今行矣。遂分為三処。一適堀部武庸之舎。一適杉野治房之舎。〈武庸治房並見後。〉一適前原宗房之舎。皆為同仇士在吉良氏宅側者。

於是。良雄等四十七人。皆就宇下解装。出衣物更服。〈四十七人姓名見後。又按。世伝四十七人外。有徒卒僕隷百有餘人云。直清於初稿本載之。後尋究之。知其謬伝。今刪去。〉既而畢来会両国橋上。衆咸衷甲。以韋夾鍪在頭。襲韋短服。各杖短槍代棍。如往救火者状。〈世救火。必韋帽韋服。〉用組若縐紗為繦。約衣以便刺撃。又為隠語相応答。裂帛為二小幟。書姓名其上。縫其端於左右之袂。令幅白動揺。同仇相辨以為験。衆各頸笳。約先獲仇人者。吹以相聞。令卒担鉄梃竹梯斧釿之属以従。〈或曰。凡所用卒皆傭夫也。直清按。傭夫恐不易用以従事。此疑良雄等家奴也。〉遂進至吉良氏第。三面囲之。〈北面与隣家合壁。不可囲。〉因部其衆為三隊。各皆聯四人為一。〈或云。每聯三人。今従信行筆記。〉一人当敵。令左右相救。無為敵所獲。令衆曰。毋殺婦人。走者毋追。待初笳倶発。竟事出。以鑼声相聚。毋相後。令已。先捕其後門隅街亭守者。〈守者自吉良氏出。〉戒無敢揚声。使人以刃守之。笳発。衆呼曰。火。乃急梯屋椎壁。従三処入。先入者。抜門楗。擒門者三人。又使人守之。門啓。衆乱入。且呼曰。故内匠頭浅野氏旧臣。以報主仇来。所請者上野君首耳。欲禦者出。不敵我者。我不敢害。〈京師人。或曰宇治茶商。歳売茶抵東都下。是夜止宿義英宅。聞変作大駭。脱身而走。見庁事前有一人。挟長刀当道。蓋良雄也。商人股慄言曰。某則宇治之商也。非敵公等者。請無加害。其人注視久之。指一僻処就居。少間見有人従内出。就其人受指令。相去遠莫聞。食頃又至。大声呼曰。獲吉良君。其人乃従容起。顧呼商人出。謂来者曰。此茶商也。卿輔之出。商人遂得脱去。聞之商人自言云。〉義英家人格闘者。皆伏刃下。其餘多蔵匿不出。衆直進。入義英寝室。求義英不見。衆以手試牀蓐微暖。曰。人去未久。急令捜索宅中不得。見厨傍有室。彷彿聞有人声。外施金鎖。若人未嘗入者。衆曰。此有謀也。以斧破之。果有三人匿其中。衆喜曰。賊在此。乃趨之。相戒曰。試以鐏撃地。有陥穽不可知。衆輒入。其一人逆衆。奮戦以死。其一人走。其一人縮首。伏匿於什器之間。衆引出之。罵曰。鄙夫汝知上野君所乎。知則告我。告我赦汝。不然我殺之。不応。又問。又不応。間光興〈見後。〉怒以槍突倒。如六十許人。著縞在中。〈国制無爵者。不許著縞。〉皆曰。豈此上野君耶。夫疵在乎視之。

裸而視之。果在。武林隆重〈見後。〉手刃之。以其首出。召所擒三人。遍視之。皆曰。我君也。笳又発。衆皆抃躍相賀。〈或曰。隆重秉燭前行。義英自暗中以短弓射衆。又以器投之。衆逼問義英所在。不応。光興怒以槍突倒。義英按剣。隆重舍燭手刃之。〉乃斬幟帛。裹義英首。而懸之槍干執之。又索子義周。不得。将出。衆呼曰。左兵衛君盍出。人取乃父頭去。盍出。遂不見。於是。良雄令鑼者擊鑼。衆聚為一処。不損一人。傷者数輩而已。良雄与衆遂去、入無縁寺。〈在吉良氏第西数十歩。〉寺僧閉門不内。衆班荆休于道上久之。良雄謂衆。嚮去吉良氏第。忘視火。恐致火災。貽禍隣里。使人往視竈炉中。以水沃之。〈或曰。此事良金発之。衆服其機警不可及。〉黎明。発本庄。西赴芝泉岳寺。〈泉岳寺。距本庄十里。〉令卒二人。各以槍前行。〈槍皆紙為鞘。〉次帛裹義英首、以二槍合鋒。結帛其間。卒二人舁之。〈或曰。良雄与衆謀。函義英首。使士五人齎之。先衆行至泉岳寺。其自随者。一童行首也。此人力戦死。故衆疑其為義周。乃斬其首取之。不知是否。但寺坂信行当時在衆中。而其所筆之記不載焉。則是疑伝聞之誤也。今従信行記。〉次良雄一人歩行。次衆群行。其重傷及老羸者。皆乗籃輿以従。〈今按。同盟士有高年者。意其来時当養力。亦以轎至也。不然良雄預為老者備之。亦不可知。〉大高忠雄富森正因等数輩。後過本庄酒肆。酒肆主人。晨起啓戸出。見数輩持兵。衣服塗血。驚畏欲闔戸。有一人若病創者。呼主人曰。吾渇矣。汝為我執酒来。主人曰。市中法。禁行人露坐店上飲酒。其人罵曰。汝愚人哉。吾今犯天下之法。猶不恐。況市中法乎。以一小嚢投曰。此酒価也。与数輩直入。挙罌来。以槍尾穿徹蓋。各傾五六椀。飲訖。前病創人。請筆硯。書俳歌一首云云。末署姓名大高源五。皆追衆馳去。主人後披小嚢視之。有黄金二両。封皮上題云。元禄十五年十二月十四日。浅野氏家臣大高源五闘死。此金有掩我屁者。幸取充酒価。

良雄道使吉田兼亮富森正因適大監察伯耆守仙石久尚第請罪。〈大監察官。不止仙石氏。但仙石氏第。稍与泉岳寺相近。故便告。〉是日。以月望。造朝者。絡繹相属於塗。見衆行皆驚異。有停騎問故者。良雄曰。某等復仇人也。行至仙台伊達氏邸下。守街者。怪而止之。請告知邸吏。良雄令衆止。頃之有一士人。出揖良雄問故。良雄以実告。其人曰。街亭有官法。察異色人。故守者姑止公等耳。公等往。良雄等乃謝去。至会津保科氏邸下。守街者。又止之。良雄告之故。且道前過伊達氏街亭事。守街者。乃聴之去。兼亮正因杖槍。造仙石氏門。請曰。某等今有一急事来。願見伯耆公。面陳之。久尚使人進之。二人先以所佩双刀。授将命者。然後入就席坐。久尚出見二人。二人称故内匠頭浅野長矩旧臣大石良雄等四十七人謹言。某等以吉良上野君。為寡君之讐。昨夜攻入其宅殺之。今仇已報矣。某等分当自殺。然騒擾都下。肆戮朝貴。其得罪朝廷。亦已大矣。某等願伏斧鉞之誅。以明国家之法。又使某等不倍朝廷之心。暴白於天下。故衆議皆就芝泉岳寺寡君墳墓之地。以俟官裁帰死耳。因懐中出四十七人名簿進之。久尚曰。衆止此耶。二人曰。諸士外。

有卒隷奴僕願従者。皆不許。其共事者止此。久尚曰。吾今当趨朝
以卿等言上聞。乃出。二人因請曰。某二人。幸得請命左右。願使
一人赴泉岳寺報衆。久尚不聴曰。尚有可問者。今急朝。不暇及。
卿等待吾朝反。令家人為設食。二人謂使令人曰。嚮者所携二槍在
門外。請使人収之。久尚詣朝。以二人言聞。会左兵衛佐義周遣家
臣。〈鵜谷平馬。〉詣閣老丹後守稲葉正通。以前夜事上聞。将軍命少
監察阿部式部。杉田五左衛門。往至義英第。検覈義英尸。及家人
死傷。義英尸傷左右手足五創。〈或曰。義周与家人謀。傷義英尸。如戦
死者。〉義周傷額二創。〈或曰。亦自傷也。〉自言以長刀拒戦久。已而傷
額。血流入目昏眩。以故不能追賊。家臣死者十六人。〈小林平八郎。
鳥井理右衛門。大須賀治部右衛門。清水一学。須藤与一右衛門。斎藤清右
衛門。新谷弥七郎。小塚源次郎。鈴木元右衛門。小笠原長太郎。榊原平右
衛門。鈴木正竹。牧野春斎。森半左衛門。左右田孫八郎。卒一人。〉傷者
二十一人。皆云一傷輒廃不能戦。其餘無験者。皆云。聞難匿舎中
不敢出。〈或曰。此徒他日有官命棄市。不知然否。〉又問験隣家。〈其比隣
者。東曰本多孫太郎。越前州陪臣。身在侯国。令人守之。西曰土屋主税。
其東隣隔街者。曰牧野一学。適役駿河。其西南皆市廛。〉土屋主税云。
初聞如火災。已而知義英家有兵。親率家衆臨界。見士二人。自称
故浅野内匠頭旧臣。小野寺十内原惣右衛門。〈並見後。〉今夜報主仇。
其徒四五十人相将而去。昧爽不詳其状。〈直清謂。主税与義英同為朝
臣。而居亦隣接。有患難相救之義。今見其難不救。縦浅野家衆。殺義英去。
此在為士者。知其不可。而主税於是独不知耶。窃量主税之意。在不苟潔己
名。以妨人義。其用意近厚矣。朝廷舎之不問。亦寛政之一端也。但未知主
税此挙於義当与否耳。〉牧野本多両家知邸吏。皆云。昨夜所聞。似
有異。不詳事状。堂上有一小箱。題曰。故内匠頭浅野長矩家臣遺
書。乃取之還。遂具事。幷書以上。其書曰。赤穂陪臣大石良雄等
再拝白。去年三月。寡君奉命。館待天使。与共事吉良上野君有隙。
遂以朝会之際。廷手刃之。豈以積怨不得不報耶。朝議以寡君不知
所避。為大不敬賜死。又命列侯。持節来収其城邑。陪臣某等。請
官使指揮。謹以城邑上。尋復離散郷里。不敢聚居其土。誠以畏朝
威。而急於奉命也。寡君之報怨吉良氏也。為在廷諸公。拘而止之。
以故不果其志。意其臨死之間。遺憾無伸。在委質食禄之臣。実有
不可忍者。以陪臣之賤。謀朝貴之臣。横恣之罪。非不自知。然同
仇士相議。今不洒戴天之恥。無以尽在三之義。故今夜謁上野君。
敢請其首。以継寡君之志耳。豈有他哉。某等既死之後。有来臨于
此者。辱賜観覧。亦足以知某等之志矣。元禄十五年十二月日。赤
穂陪臣良雄等再拝白。〈此書亦以国語為之。今代以華言。下祭墓文。効
此。〉書下。在廷人。皆伝観之。嗟歎不已。或有泣下者。閣老豊
後守阿部正武揚言於衆曰。以今世有節義之士如此。豈不足為国家
盛事哉。是日。将軍御殿受賀。公侯咸朝。閣老以下趨之。久尚乃
還。又見二人問曰。卿等既有報仇之志。而去赤穂後。曠日不為何
也。曰。初大学竢罪。閉居於家。寡君之仇。猶有未必遽報者。大

学既竄逐芸州。自是決意致死。期以必報。而仇家強宗。不易覬覦。故淹久至此。久尚又問義英死状。二人具以実対。問子義周。曰。捜索宅中不見。問家人。曰。某等約入宅。不敢縦殺。但其来抗者。不得已而殺之。然驚騒狼狽。莫足与敵。独有一少年。拒闘甚力。衆雖不得不殺。亦愛其勇。而惜之。〈或曰。此少年。本東都京橋商家子也。仕義英家。為所寵。常侍左右。此夜闘死。翌日父来収尸無首。乃知浅野家衆。取首去者。此人也。〉又問。同仇士有死傷者無。曰。死者無。有少傷者。此方乗壁攻入時。以昏不辨色。故倉卒之間。不免有触刃相傷耳。非為仇人所傷也。於是。久尚遣二人去。戒之曰。卿等往与衆会泉岳寺。以待朝廷処置。併以告衆。無致紛擾為要。二人曰。謹諾。遂辞去。

良雄等。行至泉岳寺。衆皆持兵入門。寺僧大恐。良雄謂寺僧曰。某等非逋逃之徒。今所以来此。欲一告祭故君墓而已。敢有所擾乱。公等姑為我閉門。無使外人来擾。乃盥漱已。求紙筆。書告祭之辞懐之。衆亦盥漱従之。先使人取水来。洗義英首。盛以槀盤。置之墓前。〈槀盤。此云三方。世俗有敬事。以此盛物為礼。或曰。良雄自本庄来過市。就梓人。以金一星易之。〉又使人従寺僧。借香炉案。設之槀盤外。良雄進至墓前。焚香自呼名拝謁。乃退。衆亦如之。〈或曰。衆臨墓。良雄謂曰。某等昔事先君。皆有禄位。為等級。今同為亡国之臣。某不応独先諸君。某与諸君。所以日夜憂慮。求報先君者。非得仇人一事乎。前夜仇人僵間君手下。是先衆得仇人者間君也。間君当先拝謁為称。光興辞。不聴。於是。光興先謁。而後良雄等従之。〉良雄又進至墓前。懐中出匕首抜之。置諸碑趺上。鋒刃外向。衆皆囲墓跪坐。良雄乃出祭文読之曰。維元禄十五年十二月十五日。前所謂窃生之臣。大石良雄等再拝稽首。謹告于亡君故内匠公之霊。衆皆拝伏。又読曰。去年三月十四日。我公与吉良上野君。有事於朝。臣等卑賤。固不与知。窃以事情料之。雖臣等。亦知其有深怨積怒。非得已也。但不幸仇人未得。而公賜死。国除。継之以室家遷徙。大学君被囚。雖事出官裁。職仇人之由。臣等不忠不材。不能折衝禦侮於前。又不能排難解紛於後。使我公身死世絶。一朝而亡祖宗百年之業。亦臣等之罪也。今乃倍朝命。謀仇人。雖固知非公敬上之意。然臣等既食君禄。宜死君事。苟視君仇人。而不為之報。仰有以慙不共戴天之言。俯無以酬不同蹈地之義。他日苟徒抱恥而死。亦何面目。以見我公於地下乎。由是臣等相議。誓以死報。自始謀此事来。棄妻子。離親戚。奔走東西。不遑寧処。衝冒雨雪。并日而食。一以間視仇家。不失機会為務。而衰老之臣。若多病者。恐不及事。溘先朝露。則相勧急於致死者屢矣。〈直清謂。観此言。則当時有鋭志赴死。果於欲速者。微良雄則幾敗乃事矣。〉然又恐軽挙輒敗。重為世笑。以貽我公之辱。是以曠日持久。而不敢発。亦有待焉耳。遂以前夜四更。往攻吉良氏。頼天之明。君之霊。果得仇人。以首来献。自今以往某等有以復公。而死無憾矣。此匕首昔公在時。割所愛以賜良雄者。今謹還上。公有霊。請以此甘心仇人。以快当日之怨。臣良雄等再拝稽首謹告。読畢。起取盤上首。以匕首撃之三。乃復焚香拝退。衆亦如之。皆泣数行下。良雄等還至中堂。見寺主僧曰。某等之事畢矣。前使人詣仙石伯耆君。告以某等族罪貴寺。誠以犬馬恋主之心。不忘故君墳墓之地。幸得就死於此。亦臣等之願也。願和尚無以亡虜之餘見拒。令開門曰。上杉氏必率衆来攻。某等出迎弾正君。謹以某等首授耳。〈或曰。是日。中村清右衛門。鈴田十八。中田利平次。田中貞四郎。同到泉岳寺。因寺僧言。前夜馳赴会。至則公等已去。悔之無及。良雄令人言曰。昨夜之事。以後期見論。已聞之矣。今当出見卿等。而昨夜力闘。吾腰脱矣。無力出見卿等。四人慙去。直清按。俗呼怯不勝事者。為腰脱人。蓋良雄以此愧四人也。〉於是。具書使寺坂信行日夜西馳。赴芸州。〈信行見後。〉以前夜復仇事状。白大学君。及過赤穂故里。報家人知之。因各託家書以行。〈世伝。是日有一官女。乗轎至寺。自称夫人浅野氏使。曰。夫人謝諸臣為先君報仇。聞之感動悲喜。不可言。不料今日親見此事。此諸君忠赤之力也。先君亦知之於地下矣。夫人不憚就見諸臣。顧我寡婦。身依主人。不得動静自由。故使人謝。良雄等頓首再拝曰。此先君之霊也。臣等何力之有。敢拝命辱。女使問。吉良君首安在。妾願視其首還報。良雄令導至墓下視之。乃去。直清於初稿本録之。其後小谷勉善為直清言。浅野家無道此事者。蓋好事者為之也。今刪本文不録。独以其事偉。姑存于此。又使後人知当時有如此之説云。〉寺主僧引衆入坐。独良雄父子。与衆異室。為煮粥餔之。見衆寒謂曰。寺法禁酒不入。然諸君寒矣。不得酒。無以自強。不可拘以常法。乃買酒三斗。縦衆飲。衆飲酒勇気十倍、曰。以此戦、上杉氏兵。何足敵哉。酒闌。各為俳歌視志。良雄歌曰。嗚呼〈二音阿羅。〉楽哉。〈音耶。〉思波〈○思。音於毛比。〉霽都。〈○霽。音波礼。〉身波〈○身。音密。〉捨留。〈○捨。音須都。〉浮〈音宇喜。〉世乃〈○世。音与。与夜通。〉月尼〈○月。音都喜。〉加〈音加加留。〉雲〈音具毛。〉無。〈音奈志。直清謂。此歌可以見良雄真知熊掌之美。無復毫髪怨悔矣。〉大高忠雄病創不能起。其歌曰。山遠〈○山。音耶麻。〉裂。〈音左具。〉力毛〈○力。音知加羅。〉折天。〈○折。音於礼。〉松乃〈○松。音麻都。〉霜。〈音志毛。直清謂。此歌蓋是日酒肆中所詠。今載于此。有項羽帳中遺意。蓋其英気未衰也。〉岡野包秀〈見後〉自題其歌云。奉上野君首。進亡君墓、歌曰。其〈音祖乃。〉香。〈音爾保比。〉雪乃〈○雪。音由喜。〉浅〈音阿左。〉茅乃。〈○茅。音知。〉野〈音乃。〉梅〈音無免。〉哉。〈音加奈。直清謂。此歌以仇首血腥。比雪中梅。以見無斁之意。亦壮士風流也。〉其餘多不録。〈凡此同仇士。好為和歌自述。其伝于世者亦多。今録中所載。十纔一二。但取其最。可以見義心之痛切。与志気之勇決者耳。初不論其詞之工拙雅俗也。〉良雄使人取槖盤来。以義英首。与主僧曰。吉良氏世家貴族也。今以仇讐之故。委其首於塵土。無礼。願和尚善謀之。主僧受而眞之仏前。〈翌日。主僧白官。遣僧以轎載首。往還之吉良氏。或曰。上杉氏取義英尸。就某寺葬之。病其無首。使其僧移書泉岳寺請之。以告良雄。良雄曰。吾取首来。以祭墓也。一祭之後。無以此為。惟和尚所裁。子良金在傍曰。悪用是臭腐者為哉。急投与之。良雄叱曰。豎子何慢貴人之首如此。〉及日午時。有人伝上杉氏衆至。良金聞之曰。此必浮言也。

上杉氏若欲撃我。豈待日中乃至耶。良雄曰。固然。但慮変者。不当如此。於是。衆皆厲剣。良金亦厲剣。謂寺僧曰。公等曾出戯場。観木偶人闘乎。至於生人之闘。則徒耳聞耳。上杉氏如至。某等力戦。不在木偶人下。公等視之。亦一壮観也。上杉氏果不至。〈直清聞之泉岳寺僧。曰。良雄以下長年人。皆厚重寡黙。望之可畏。或問義英事。則曰。善処死矣。問義英家人。則曰。死難者多。亦在人臣之義無愧矣。其他不敢発一言。但少年人。直言無所回護耳。〉

久尚復造于朝。具以兼亮等言上聞。是日。有命分囚浅野家衆。置四侯邸。之越中守細川氏者十七人。〈越中守。名綱利。国城在肥後熊本。〉之隠岐守久松氏者十人。〈隠岐守。名定直。国城在伊豫松山。〉之甲斐守毛利氏者十人。〈甲斐守。名綱元。国城在長門長府。〉之監物水野氏者十人。〈監物。名忠之。国城在三河岡崎。十人中。寺坂信行不在。〉閣老令少監察水野小左衛門。鈴木源五右衛門。率吏十人。往就泉岳寺。以浅野家衆。授四家使者。両監察与其属吏謀曰。上杉氏聞浅野家衆在泉岳寺。必以衆来攻。吾輩奉命為使。即当以朝旨遏之。遏之不聴。則当与浅野家衆共死。死則易耳。但念処置得宜。無辱朝命。庶得以免後人之譏。因相与議処変之道。会閣老諭止両監察無往。遣三吏。〈石川弥一右衛門。市野新八郎。松永小八郎。〉召浅野家衆。詣仙石氏受命。因令武人巡察道上街巷。不許乗馬持兵。闌入其間。良雄等。咸以戌時至。皆韋服執槍。如前夜赴吉良氏者、入門。門者毎一人問名内之。衆免帽上堂。〈世俗以免冠巾為礼。〉皆椎結。薫香於髪。其気接人。〈直清謂。衆方被召。慮刑死伝首人手。故椎結。以香薫髪。以防穢気也。豹死留皮。人死留名。事亦偉矣。〉吏迎収佩刀如法。又一人以分配四家簿。引衆就坐。両監察執紙筆。対衆問其子弟親戚録之。頃之。久尚出。見良雄等宣命。衆皆敬諾。因復問前夜事状。良雄兼亮二人。応対如流。其餘不敢出一語。唯謹。水野小左衛門問衆。孰為良金。良金進曰。某在此。問年。曰成童。坐中人曰。斯子言語不類士人。豈其生長於邑耶。良雄対曰。今年始随某来。小左衛門曰。其声与年相若。然甚長大。殆如壮年人。可謂奇男子。坐中人従而嘆之。小左衛門曰。故内匠君得人之多。亦足以為朝家藩屏。今乃如此。可勝惜哉。坐中人。又皆然之。於是。両監察令四家使者、逐次受人衆如数。良雄属細川氏使者。先往。乃招良金謂曰。吾無復見汝日。往時所与汝言者。汝毋忘。〈直清謂。所言。蓋良金臨死。告隠岐君者也。見後。〉良金曰。某雖不肖。敢不敬承。大人幸無以為念。四家使者。令所受衆更衣。〈凡命置囚他家者。其家受囚。必齎新衣。令更服。〉既就輿。輿皆不鎖。〈凡送囚輿。或網。或鎖。或曰。細川氏独啓輿両扉。令卒二人執其人佩刀。在輿左右。従行。此皆以義士優之。不比他囚也。〉使者将士卒監護。至。皆賓之別邸之舎。供張甚盛。其夜越中君就見良雄等曰。卿等能成大事乎。又曰。除卿等外。赤穂群臣如何。良雄対曰。凡食寡君之禄。莫不与臣等同心。然臣等相議。今以衆動。恐重得罪朝廷。故特与久次近侍之臣共事耳。問安井藤井。曰。此二人。自寡君幼時。躬自抱持。以及今日。一旦聞寡君之死。日夜哀戚。以致精神衰怯不勝事。亦可哀。問大野九郎兵衛。曰。亦如前二人。但九郎兵衛自傷哀戚。殆如喪心之人。隠岐君亦就見衆労之。問良金曰。卿有母若弟耶。対曰。臣有母在京。有弟二人。皆幼随母。言訖流涕。隠岐君不忍再出言。乃起。衆在四家。庖人饋食。必弍膳。衆食飯与羹而已。其餘不食。早晩外。為之設他食。亦辞不食。後数日。請曰。臣等日賜盛饌。非卑賤所宜。敢辞。不可。又請曰。臣等自喪寡君以来。不御酒肉。嚮以恩礼之隆。不可急伸私情。不敢告。請令庖人日供蔬菜一品乃止。四家重違其志。聴之。越中君待良雄等最厚。寘火炉於坐。以禦寒。〈以鉄網蓋。不得出火。〉炭尽以他炉更之。日賜浴一次。毎浴。給褌浴衣各一。正月。賜以生絹衣上下服。令服之。如平生儀。〈生絹衣。俗云熨斗目。毎逢新正。服生絹衣。加上下服。以為礼。〉又令工厲良雄等佩刀。幷繕治更装。刀咸尤物。接伴人。或告良雄。良雄曰。明侯哀憐某等至此。不知所報。然某等命在旦夕。無以佩刀為也。君為某等告公。止之。君以刀好見称。此或有之。寡君好剣。所畜皆試利鈍。某等去赤穂。有復仇之志。因分取之。今所佩皆是。其為君所称。亦有以也。

十六年二月四日。有命。賜浅野家衆四十六人死。〈四十七人中。除寺坂信行如今数。〉越中君見良雄等曰。寡人日夜。庶幾与卿等共生全之歓。今聞朝命。大失望矣。良雄等皆頓首再拝曰。朝廷不以極刑大戮。処亡虜臣。而待以殺士之礼。於臣等亦栄矣。自去年蒙左右恩庇。事事過厚。実出非望。非臣等結草。所能報也。因請侍臣。幸得錫爵。一与左右辞焉。臣等区区志願在此。言未既。越中君命執注子来。乃先自酌曰。我与卿等訣。〈和俗、死生二別。皆合爵共飲。尊者先酌。〉徧錫爵。已。十七人者。皆拝。且退。隠岐君亦与衆訣。因謂良金曰。卿母聞卿父子皆死。当抱無窮之悲。官法不許為伝書。有可遺言者。具告執事之臣。寡人令趣達之。〈趣。読曰促。〉良金曰。臣父良雄戒臣。縦有恩命。万一赦臣等不死。我父子義当自殺以明徇国。汝若違焉。吾死怨汝。在泉岳寺。及別於仙石氏。亦以此為言。今賜死。於臣父子。最称所望。雖独念母。不能忘情。然出京之日。自知無生理。故与之永訣而去。無復可遺言者。今荷明侯哀憐之厚。臣死不敢忘。隠岐君聞良金言泣下。左右為之竦動。四家皆令衆沐浴。賜新衣。服之以俟。〈細川氏所賜皆熏香。〉及午時。大監察伯耆守仙石久尚。及小監察長田喜左衛門。歴四侯邸。以朝命属四侯曰。故内匠頭長矩。当錫宴天使日。刃吉良義英於朝。其罪在法不赦。義英以無罪。奉職如故。生殺皆出上旨。而長矩家臣号称主仇。聚徒結党。擅殺朝臣。大逆無道。賜自尽。四侯宣命於衆。皆稽首再拝曰。臣等乱政犯法。自分朝廷処之極刑。以懲天下後世。而辱賜剣以自裁。亦朝廷之仁也。良雄拝命畢。顧細川氏老臣在傍者曰。朝命有聚徒結党之語。夫招誘非類。譸張為姦。臣等雖不肖。自知無是行矣。凡此四十六人者。皆委質寡君。志同報仇。而挙事之間。不雑外人。今也雖得罪朝廷不軽。然人臣同死主難。恐不可冒以朋党之名、如何。乃微笑。起就死。四家為草舎於庭上。設重席其中。席上薦布被若氈為坐。施帷於前巻之。朝廷別遣少監察各二人監視。〈細川氏杉田五左衛門。久永内記。久松氏鈴木次郎左衛門。斎藤治右衛門。毛利氏荒木十左衛門。駒木根長三郎。水野氏久留十左衛門。赤井平右衛門。外吏卒各若干人。〉自殺人出就坐。相者従之。〈相者皆以家臣為之。細川氏十七員。水野氏九員。如自殺人数。其餘以五七員輪司之。〉俟自殺畢。主者下帷。以布被若氈。裹尸徹之。已復巻帷。次一人。輒出自殺。亦如前。終衆乃止。〈或曰。細川氏毎一人自殺。即入尸於甕。蜜閉之。外為木槨。各豎名旌其上。題云。弟一某姓名。弟二某姓名。即送致寺。〉衆皆遺言。求葬泉岳寺長矩墓側。四家皆如其言。各遣使賻送甚厚。既葬。築墳立碑以識之。都下人聞之。往弔祭者。日成群焉。以至数月不已。皆流涕歔欷。久之乃去。

赤穂義人録 巻上終

赤穂義人録 巻下

鳩巣 室直清 著

大石良雄。号内蔵助。〈和俗多無字。其有官者。以官為称。無官者。必有称号。或仮官名字。或仮行第字。又有用字無意謂者。雖君父前。亦以此称。朋友相呼。亦如之。其子孫或有相因称父祖号者。唯継嗣之人為然。餘子否。〉秩千五百石。赤穂国老。父曰権内。母池田氏。備前州岡山国老池田出羽之女也。初良雄曾祖及祖父。皆号内蔵助。世世為赤穂国老。祖父内蔵助生権内。権内生良雄。権内早卒。良雄以嫡孫承祖。嗣為国老。因以祖父号自称云。〈或云。良雄父曰内蔵助。娶池田氏。生二子。長権内。次良雄。権内早卒無子。以故良雄嗣為国老。今按此説非也。直清聞之池田氏通家。曰。良雄者。権内之子。其娶池田氏。権内也。小谷勉善所聞安芸人之言亦然。今従之。〉良雄為人簡静有威望。甚為国人所倚重。死時。年四十五。

吉田兼亮。号忠左衛門。秩二百五十石。知郡事。〈此云郡代。〉兼亮強力有材。最通軍国之務。又以言語為国人所称。赤穂既滅。良雄在京。遣兼亮領義衆於東都一年。為衆経理衣糧。伺察仇家消息。甚尽心其間。遂能一挙而伸志於天下。頼兼亮之力為多。其来東都。列侯聞其名争聘。兼亮以志在徇国。皆不就。衆入吉良氏第。兼亮元辰等。以年長将之。兼亮先衆力闘。殪二人。其臨終有和歌。曰。

君加〈○君。音喜密。〉為。〈音多免。〉思祖〈○思。音於毛比。〉積。〈音都毛留。〉白〈音志羅。〉雪遠。〈○雪。音由喜。〉散波〈○散。音知羅須。〉今〈音計。〉朝乃。〈○朝。音左。〉峯乃〈○峯。音密念。〉春〈音波留。〉風。〈音加設。〉死時。年六十三。

原元辰。号総右衛門。秩三百石。歩卒将。〈此云足軽頭。〉其臨終有和歌。曰。曾与利。〈○曾。音加念天。〉君禿〈○君。音喜密。〉母禿爾。〈○母。音波波。〉使知禿。〈○二音志羅設無。〉人与利〈○人。音比禿。〉急。〈音以祖具。〉死出乃〈○出。音天。〉山〈音耶麻。〉路。〈音密知。直清読元辰此歌。知元辰之母存。猶及赤穂之難。曾勧其子以義。而此時已亡。故元辰臨終之歌云爾。不然何捨父。而独及母乎。〉死時。年五十六。

間瀬正明。号久太夫。秩二百石。大監察。死時。年六十三。

小野寺秀和。号十内。秩百五十石。京師知邸。〈此云京都屋敷留守居。〉秀和在京。好学礼見師儒。聞赤穂之変。棄家累赴之。京師人聞赤穂衆報仇。皆曰。秀和必在其中。果然。其臨終有和歌。曰。今波〈○今。音以麻。〉早。〈音波耶。〉言乃〈○言。音古禿。〉葉〈音波。〉種毛。〈○種。音具佐。〉無加利計利。〈○無。音奈。〉何乃〈○何。音奈爾。〉為禿天。〈○為。音多免。〉露〈音都由。〉結羅無。〈○結。音無須不。〉死時。年六十一。

間光延。号喜兵衛。秩百五十石。親従隊騎。〈此云馬廻。〉其入吉良氏第。箋題和歌。繋之槍干。其歌曰。都〈音密耶古。〉鳥。〈音禿利。〉来〈音以左。〉言〈音古禿。〉問。〈音禿波無。〉武士乃。〈○二音毛乃乃婦。〉有恥〈二音波知阿留。〉世禿波。〈○世。音与。〉知耶〈○知。音志留。〉不知耶。〈○二音志羅須。友人青地伯孜曰。此事風流。可以媲美平忠度旅宿之歌。而義気慷慨。則過之矣。其巧拙。固不足論也。〉死時。年六十九。

磯貝正久。号十郎左衛門。秩百五十石。比弓銃屯将。〈此云物頭並。〉初赤穂侯之訃至国。衆方議保守城不下。正久与片岡高房。相謂曰。我二人者。受先君恩特厚。不殺吉良義英。雖死将不瞑於地下。謂城中士。公等死於城。我死於仇。行止皆徇国也。公等勉之。乃去赴東都。及明年夏。従吉田兼亮。請良雄。奉盟約。卒以報仇死。果如其言。〈直清謂。磯貝片岡二子。観良雄初議在保守以死。故独以復仇自任。可謂壮矣。其後良雄之策。亦出於復仇。是二人啓之也。然始終与良雄等合謀。不敢急於践言。先衆軽発。志在必成其謀而已。若二子者。可謂善用其勇矣。〉死時。年二十五。

堀部金丸。号弥兵衛。秩三百石。以東都知邸致仕。死時。年七十六。

近松行重。号勘六。秩二百石。親従隊騎。死時。年二十四。

富森正因。号助右衛門。秩三百石。行人。〈此云使番。〉正因為人豪健有材力。事母孝。与友信。又善俳歌好賦。其攻吉良氏也。見間光延槍干有箋曰。豈輸君乎。亦題俳歌一首著槍。其歌曰。飛〈音禿比。〉入天。〈○入。音古無。〉手尼毛〈○手。音天。〉不停。〈二音多麻羅奴。〉霰〈音阿羅礼。〉哉。〈音加奈。〉良雄使正因与兼亮。報事仙石氏。亦不辱命而還。〈事見前。〉其就囚。細川氏使者。令更衣。衷女袙服。

傍人皆有怪色。正因曰。此母所賜也。願無易之。聞者哀之。其在囚中。逢元旦。有歌曰。今日毛〈〇二音計不。〉春。〈音波留。〉羞加志〈〇羞。音波都。〉不容。〈二音加羅奴〉寝〈音念。〉臥〈音不志。〉哉。〈音加奈。〉或曰。正因嘗従赤穂侯。在東都邸。有事告急赤穂。選用正因。赤穂去東都九百里。正因不脱佩刀乗轎。日夜更夫以馳。三日三夜。至赤穂。衆皆驚。以為鳥不如也。〉死時。年三十四。

潮田高教。号又丞。秩二百石。掌封境図籍。〈此云国絵図役。〉死時。年三十五。

早水満尭。号藤左衛門。秩二百石。親従隊騎。死時。年四十。

赤垣重賢。号源蔵。秩二百石。親従隊騎。死時。年三十五。

奥田重盛。号孫太夫。秩二百石。掌軍器。〈此云武具役。〉死時。年五十七。

矢田助武。号五郎右衛門。秩二百石。親従隊騎。死時。年二十九。

大石信清。号瀬左衛門。秩二百石。親従隊騎。死時。年二十七。

片岡高房。号源五右衛門。秩三百石。近侍主務。〈此云近習用人。〉高房臨死。語傍人曰。某。寡君僕也。馬前執兵以従。寡君擢自行間。厠之士器。賜禄命職。与群臣歯。今並坐自殺者。多為赤穂世臣子弟。而執謂馬前之僕。乃与此等人。同辱朝命以死。不亦栄乎。顧無以報寡君知遇之恩耳。乃流涕不已。聞者為之泣下。死時。年三十七。

以上十七人。賜死越中守肥後侯邸。

大石良金、号主税。良雄子。母石束氏。〈但馬豊岡人京極氏老臣石束源五兵衛女。〉自幼岐嶷。如成人。年十四。有赤穂之難。与二弟従父至京。明年。良雄遣妻及幼児於豊岡。託外舅石束氏。召良金於前。語曰。人生十五曰成童。始学。今汝年及此。吾願汝留意於汝父之言。人道莫大於義。義莫重於君臣。汝父受国恩至厚。義当為先君死。汝雖未仕於国。親受君禄。然其生長於家。有衣食之裕。有僕隷之従。自享奉養之安。優游歳月之間。汝之私国恩也。亦已大矣。汝独不念以此時捐生。而有以報先君於地下。吾勧汝死。父子之情。非不自傷。顧人誰不死。苟以不義生。遺臭千載。孰若以義死。流芳百世。此吾所以愛汝之深也。汝若不聴吾言。当従汝母帰豊岡。徒以相従於此。無為也。良金曰。大人何出此言。雖某亦知大義之分。寧忍忘主棄親。自為禽獣之行。而莫之恥乎。願与大人共死。使天下後世。有以称父子徇国之義。良雄聞其言。哀其幼而志壮也。泣下曰。汝能如此。誠吾子矣。是歳九月。良雄使良金従小野寺秀和。大石信清等東行。至武州河崎駅。去額上髪。乃頎然一丈夫。〈和俗近世。皆剃去頂髪。独留両鬢。至頂後会為髻。平居露頂無冠巾。幼年人少剃頂如月弦。別束額上髪。跨月弦上。属之後髻。待年十五六以後稍長大。剃去前髪。初為成人。謂之元服。蓋仮古冠礼之名而称之。其実無加冠之事也。〉十二月。従良雄攻吉良氏。力闘過人。衆不知義英所在。見室中有竇。窺其中闇然。衆相視不敢入。良金従後来曰。我身小宜於入竇。直跳入其中。衆亦従之入。行地道数歩而出。其勇敢如此。後木村貞行在松山侯邸。以此事語侯家之人曰。某等自始謀此事来。自分死已久。方臨事之間。明無愛身顧慮之心。然今而思之。何所遅疑。而不敢入竇。乃為良金所先。以此知人不独有勇怯。勇亦有優劣。不相及也。死時。年十六。

堀部武庸。号安兵衛。金丸養子。不知始何姓。秩二百石。親従隊騎。初武庸仕溝口信州家。有故辞去。方流寓東都。依一朝臣家。会武庸諸父某与某人有怨。闘於高田馬場之下。〈高田馬場。巷名。〉武庸以身赴之。卒撃殺某人。扶諸父以去。都人聞而壮之。其後仕赤穂。金丸愛其勇健。養以為子。死時。年三十四。

中村正辰。号勘助。秩百石。典書記。〈此云右筆。〉死時。年四十五。

菅谷政利。号半丞。秩百五十石。親従隊騎。死時。年四十四。

不破正種。号数右衛門。本姓岡野氏。父曰治太夫。為不破某所養。冒姓不破氏。秩二百石。親従隊騎。正種嘗得罪於君。去赤穂。寓居東都下数年。常自眷恋旧主不已。聞赤穂侯之死。大恨曰。自今以往。吾復何待。居常忽忽不楽。至明年秋。正種自東都至京。見良雄曰。某無状得罪内匠公。然尚望他日得以贖罪自効。不謂内匠公一朝為義英所搆害以没。毎一念至此。未嘗不痛恨大息。忽然忘生。如聞諸君欲為先君報仇。某雖不肖。独忍偸生苟免。願使某補行伍之闕。而従諸君之後。庶得以死報主。而謝過於地下。是諸君之恵也。良雄曰。子之志。有可哀者。然子為先君所絶。而先君亡矣。吾無所承命。而縦子復群臣之位。則是死君也。吾不敢。正種泣請不已。良雄嘆曰。子誠忠臣哉。吾東行在近。当以他日与子倶至泉岳寺。為子請命先君之霊。然後可。正種遂以是年九月帰東都。無何良雄至。与之約日詣泉岳寺。正種朝服趨寺。良雄亦朝服以至。戒正種無進。独詣墓前。如当時啓事状。乃言曰。旧臣正種自得罪以来。日夜戦懼。従臣求哀。臣察其情。言出至誠。不敢不白。言訖。却立久之。呼正種曰。来。君赦汝宿過。復汝禄位。正種涕泣拝謝。乃退。遂与衆赴吉良氏。〈今按神崎則休筆記。先是。岡野治太夫。大岡清九郎。井関徳兵衛。有故去国有年。聞赤穂之難。衆議保守国城。三人者。介冑自詣大石良雄。請与衆共死。良雄感其志。不許其請。直清疑。此三人者。首得罪赤穂侯。不破正種。間光風。亦連坐其事。同去国者也。然良雄許不破間二子帰義。而不許三人共死者。方守死城中之時。三人者自外来而帰之。嫌於招聚亡命。包蔵禍心。故郤之。若不破間二子。請共死於去国之後。則許之。固無不可也。然観三人者。能請於前。不能請於後。其帰義之心。亦有不可信者耶。将三人者。甘心以死保守。而於復仇之謀。有不合耶。是未可知也。〉死時。年三十四。

千馬光忠。号三郎兵衛。秩百五十石。親従隊騎。死時。年五十一。

木村貞行。号岡右衛門。秩二百石。親従隊騎。其攻吉良氏。冑内面縫著詩。而序之曰。君子疾悪之心。小人驕横之行。二者卒然相激於談笑之間。必有相害而不相容者。宜乎先君之逢鄙夫。而隕其身也。悲夫。惜有事殿中之日。不得自快於一撃之間。而身独嬰法網以亡。使鄙夫全首領於朝。以貽臣等無窮之恨。臣等以此。憤惋鬱怒。奮不顧身。必刺鄙夫。以報君仇。而尚忍詢抑志。以至踰年未発。非敢後也。時未至也。嗚呼吾大父吉兵衛。始仕霜台君。受公子采女君之遇。由是吾父総兵衛事前内匠君。甚見昵近。以至不肖某。継事先君有年。雖不敢私不次之寵。然因父祖之績。荷世禄之厚。以養妻子。畜婢僕。其沐君恩也。亦已多矣。今也従同志義士。相与蹈白刃。決必死。上有以報君主之恩。下無以辱人臣之義。豈非臣大幸歟。冀頼先君之霊。得義英父子首。献之影堂。〈和俗葬送。無貴賤。皆用浮屠。既葬。託牌位若影於寺。寘諸仏堂龕中。〉臣等所祈。在是而已。不勝欣躍之至。綴野詩一絶。以述其志。身寄浮雲滄海東。久忝恩義世塵中。看花対月無窮恨。散作暁天草木風。〈直清按。此詩序。原文甚為疎浅。不成章法。蓋以和俗不解文法。自老師宿儒已然。無怪乎武人之拙於文辞也。然心口相応。一気可成。勇猛之志。自溢言外。由是知文以気為主。不可誣已。今幷其詩。増損改易。令可読如此。〉死時。年四十六。

岡野包秀。号金右衛門。秩二百石。無職。死時。年二十四。○附。包秀父某。亦号金右衛門。与衆同盟者也。去赤穂後以疾死。〈世俗多襲父号。其事必在父即世之後。包秀父存時称九十郎。至父死。因称其号。以見継父志之意也。〉

貝賀友信。号弥左衛門。吉田兼亮弟。出嗣貝賀氏。秩二十五石。管庫。〈此云蔵奉行。〉死時。年五十四。

大高忠雄。号源五。秩百石。近侍祇侯。〈此云近習。〉忠雄母寡居。剃髪為尼。曰貞立。寔小野寺秀和之姉也。赤穂之滅也。忠雄留母於家適京。至明年九月。遂去京赴東都。貽母書曰。某兄弟所以違膝下千里而東者。一在復先君之仇。以雪公家之恥。一在明人臣之義。不辱父祖之名。此某宿昔心事。所嘗為大人之道也。今復略陳情素如左。当先君之時。群臣身居重職。被深恩者。於今歴歴可数。某兄弟位卑分賤。非有恩寵以顕於衆。而大人老待養於家。使某苟全性命。隠居而終菽水之歓。亦非世所指名也。然区区之心。所不忍者。嘗為侍従之臣。朝夕執事先君左右。儼然其容。藹然其言。至今猶在夢寐。不能忘也。且夫棄封侯之富。不顧社稷之重。而自快於孱弱之吉良君。此必有大不可忍者。意先君計之於心。熟矣。孰謂倉卒之間。挙事不克。而身被刑戮。首足異処。雖命数之極。無可奈何。然天下之可為痛恨大息者。豈有以加於此哉。想先君臨終之時。当自抱無窮之恨。冤結以絶。紆鬱膈臆。夫誰告訴。某等毎一念至此。未嘗不叩心絶気。痛浹骨髄。窃謂先君於是不為無過。何者燕饗非擅兵之日。公庭非争闘之地。此二禁者。先君両犯之。豈以忿忿之故。不暇自顧於此耶。朝廷罪之以法。固当矣。故某等謹以城邑。上入於官。視去国。如去伝舎。所以謝先君之過。服官裁之義。不敢自比逆乱之徒。雖然。先君非病狂喪心之人。実以有深怨積怒於吉良君。寧与之倶亡而不悔。嗚呼君仇如此。而為之臣者。坐而視之。不以死報。可謂国有人耶。但以大学君幽囚於家。廃挙未可知。日夜庶幾鈞命少貶吉良氏。以為大学君之地。然後命之爵位。賜之土田。使之有以継先君之後。則是先君身死而家存也。苟使社稷不亡。宗廟之祭不絶。先君之霊。亦将有所依頼而安矣。如某等之徒。退而自殺可也。自逃山林以俟死可也。是故隠忍不発。以曠時月之間。身処困辱。而不辞。蓋其心在於存社稷為重也。自大学君安置之命下。然後某等失望台庭。而其復仇之謀始決。夫国之興廃。有命存焉。事之反覆。未易測也。使天悔禍我赤穂之国。大学君之興不可知。然某等窃見朝廷処置已定。先君之祭。絶於今日。至此而猶曰有待焉云者。此但為偸生苟免之計耳。衆或謂今当共詣台墀。乞為先君立後。不可。然後帰死於仇家。未晩也。此議亦不為無理。然堂堂朝廷。大号一出。加於天下。不応更以寒士之言反之。且有請而不得命。因為復仇之挙。此讐幕府也。恐其於事無所軽重。適足以貽浅野氏之禍耳。此某等所為先君復仇者。豈有少望朝廷之心哉。以尽忠所事也。然朝廷追罪某等。以大逆無道。収其父母妻子。致之於法。人臣之義。亦所不辞。自始謀事之日。嘗有一策以献大人。他日如有緩急。大人以平生之言自処。不至先事自裁。万万所望在是爾。嗚呼言及此。使人為之惕息。精爽飛越。然使大人悲哀憂沈。如世婦女。某兄弟亦方寸迷乱。喪失其所以為心。頼大人之賢明。嘗勉某兄弟以義。其言曰。汝等上無負

爾君。下無辱爾先。吾復何悲。某兄弟夫復何心。能不欣躍。生則勇気有倍。死則魂魄以安。此皆大人之賜也。豈非不幸中之大幸歟。在此屢与秀富言而楽之。〈秀富忠雄母弟。小野寺秀和養為子。〉自古兵之勝敗。在勇怯而不在衆寡。某等与仇家相遇。其以寡破衆也必矣。況某年三十一。秀富年二十七。包秀年二十三。〈包秀姓岡野氏。忠雄姉子。〉是三人者。皆以鼎盛之年。加之兼人之勇。先登力戦。無不摧陥。誰敢当我鋒者。其視仇人。几上肉也。将取此老貴人之首。為閻王之贈。以耀金簿之観。〈金簿言閻王庁下。有黄金鬼簿。録泉客也。此等鄙俗之語。武人好道之。下文事仏営来世。亦効此。武人未必信浮屠之言。但平素不学無識。溺於俗習。自出此等之語耳。〉豈不快哉。願大人無以為慮。但所悲者。大人老遭困厄。煢煢独立。遑遑安往。奈何有子如此。而使母為無告之人。某等不孝之罪。亦已大矣。然士不幸而遇君親之難。不必為君。不必為親。惟義所在。故其急於為親也。或有去官棄職。窃負父母而逃之。寧得罪於君而不悔。其急於為君也。或有滅親覆族以赴国家之急者。雖絶父母之命而不恤。其所以然者何。亦以所謂義者不可違故也。此大人所素通知者。豈煩某一二言之哉。大人既剃髪。為出世之身。宜朝夕事仏。務営来世之謀。以消今日之哀。遇良辰佳日。歩行詣寺。亦於節宣其気為宜。時飲食。謹疾病。日夜自愛。以終天年。岡野氏姉。〈忠雄姉。適岡野氏者。寔包秀之母也。〉及甥女阿専等。〈阿専包秀妹。〉大人幸以義教之。不令過哀。某乳母亦煩大人相勉。無以某故自損。嗚呼言有尽。

而情無尽。今当永訣。臨紙涕泣。不知所云。〈此書原文以国語為之。今取其意訳之。独恨無左丘明太史公之筆力以発之爾。但其所謂人臣急於為君。絶父母之命不恤云者。不知所指為何等事。若謂人臣為君守禦。其父母為敵獲。不遑恤焉。則猶之可也。然先儒不是趙苞而非徐庶。蓋以父母天性之親。雖国事之重。亦莫之奪也。但受君重寄。安危所係。宜其権軽重。而審処之。不可以一途概論耳。今詳忠雄之所言。其語意似謂人臣奉君。有不得已。加害其父母。若本朝源義朝。及近世北条氏臣松田左馬助之徒。此害天倫。賊仁義之甚者。忠雄豈以為人臣処変之道当然耶。蓋良雄忠雄之徒。皆武人無学術。唯知宗武田之術。習孫呉之兵。故其所見之鄙陋麤俗如此。亦可惜也。然近世士太夫。立人之本朝。徒知懐居貪禄而已。至於伏節死義。則視以為度外之事。往往皆是。今赤穂以蕞爾之国。其俗有気概尚名節。故其臨終言志。一曰所謂義者不可違。一曰唯此不易生者不可忘。亦足以見平生所存矣。嗚呼宜哉。其能全大節。而名称於天下也。豈徒然哉。而其所見之鄙陋麤俗。則姑置而無論可也。〉死時。年三十二。

以上十人。〈除附禄人。下効之。〉賜死隠岐守松山侯邸。

岡島常樹。号八十右衛門。原元辰弟。出嗣岡島氏。領会計。〈此云勘定頭。〉死時。年三十八。〈以下秩禄闕。〉

吉田兼貞。号沢右衛門。兼亮子。無職。死時。年二十九。

武林隆重。号唯七。近侍祇侯。隆重之先。朝鮮人也。不知何姓。其所居之里曰武林。文禄中。豊臣氏有事於朝鮮。隆重先世為我師所獲。其子孫遂為日東人。始以先世所出之地為氏云。赤穂義衆攻吉良氏。手刃義英。此人也。其囚於毛利氏有詩曰。三十年来一夢中。捨生取義幾人同。家郷臥病双親在。膝下奉歓恨不終。〈原詩弟二。弟四句。不成文理。今更裁要其意如此。〉自殺時。其相者。曰榊庄左衛門。〈毛利氏臣。〉一撃不殊。〈凡隕首以一撃為度。不然重苦其人。以為不勝其任。〉隆重儼前。顔色自若。乃起坐。顧謂庄左衛門曰。君徐之。庄左衛門曰。諾。声未尽。首已隕。見者感隆重臨死閑暇。又称庄左衛門雖失於前。能詳於後。相伝以為美談。死時。年三十二。

倉橋武幸。号伝助。近侍祇侯。死時。年三十四。

村松秀直。号喜兵衛。守庁。〈此云広間役。〉赤穂既亡之後。剃髪隠於医。自称曰隆円。以妻子来居東都下。衆方攻吉良氏。秀直慷慨赴之。乃作歌曰。命爾毛。〈〇命。音以乃知。〉不易〈二音加衛奴。〉壱遠。〈〇壱。音比禿都。〉忘奈波。〈〇忘。音倭須礼。〉逋〈音爾計。〉隠天毛。〈〇隠。音加倶礼。〉此遠〈〇此。音箇箇。〉逃無。〈〇逃。音乃加礼。〉死時。年六十二。〈神崎則休筆記中。載同盟士姓名。与此所載無異。但称秀直。曰入道隆円。和俗。既死用浮屠法。剃髪受法諱。亦有年老自髠命名者。称之。曰入道某名。近世業医者。多倣此以為常。今秀直剃髪改名。蓋亦以医自晦者也。〉

杉野治房。号十平次。近侍祇侯。死時。年二十八。

勝田武尭。号新左衛門。無職。死時。年二十四。

前原宗房。号為助。掌金銀出納。〈此云金奉行。〉初良雄在京師。

使宗房及神崎則休。先詣東都謀仇家。明年。良雄等相率而東。以二人為主人。及其撃仇前一月。則休令宗房略記国難本末。以貽故郷族人。至其分注逋逃臣姓名行事者。則休自為之。其志将明節義。正汚名。以愧後世為人臣失節者。亦豫譲之心也。而木村貞行又跋其巻後。以述二子之志。名曰赤穂同盟伝略。世或伝焉。死時。年四十。

間光風。号新六。光延次子。無職。死時。年二十四。〈按則休所記。光風亦与不破正種同以罪去国。及辛巳之難。来従父兄帰義。不知世所称良雄為正種告墓者。光風亦共之耶。〉

小野寺秀富。号幸右衛門。秀和養子。本姓大高氏。与其兄忠雄。皆秀和姉子也。秀和無子。以秀富為後。無職。死時。年二十八。

以上十人。賜死甲斐守長府侯邸。

間光興。号十二郎。光延長子。無職。死時。年二十六。

奥田行高。号貞右衛門。重盛子。無職。死時。年二十六。

矢頭教兼。号右衛門七。無職。教兼方成童。以父蔭挙為内豎。後一年。国難作。良雄方与衆盟。教兼同父長助赴之。良雄哀其幼父子就死。謂教兼曰。卿年弱。仕亦日浅。不与盟可也。教兼曰。家君徇難。僕縦不仕。義不可独免。況其仕国已一年。委質為臣。無以異於諸君也。公豈少僕。謂不足与盟耶。請先諸君死。乃引刀自殺。衆遽止之。良雄泣下与之盟。死時。年十八。○附。教兼父某。号長助。亦与衆同盟者也。去赤穂後。以疾死。

村松高直。号三太夫。秀直子。無職。死時。年二十七。

間瀬正辰。号孫九郎。正明子。無職。死時。年二十三。

茅野常成。号和助。監察。死時。年三十七。○附。茅野某。号三平。橋本某。号平左衛門。亦皆与衆同盟者也。二人独患復仇事難成。欲急以死徇国。其去赤穂之明年正月十四日。三平先衆自殺。平左衛門亦尋自殺。〈直清按。三平与常成同姓。豈其族人耶。常成去美作。来赤穂。亦疑依三平以為主也。今并平左衛門。附録于此。〉

横川宗利。号勘平。先駆士。〈此云歩行。〉宗利為人忼慨。常好勇。尚気節。其赴吉良氏前一月。与故人書有曰。平日自許以天下之健者。唯某等為然。今也忽念死与公等別。意気恋恋。不覚涕下。顧平生自視為何如人。乃傚児女子之態。然臨別而悲。人之常情。以抜山蓋世之雄。猶不能無帳中之泣。豈可以此議天下之勇士哉。若夫被堅執鋭。所当無敵。雖漢樊噲。筑紫八郎君。〈八郎君謂源為朝。〉吾未必遽出其下。況於吉良上杉之兵乎。願為公等能壮天下之耳目。不至辱四方之遠聴。又列叙忘義負盟者姓名。乃嘆曰。嗚呼狗鼠之輩。何足道哉。但恐吾徒既死之後。此輩更相壎篪。以鹿為馬。自掩己負国苟免之罪。而乃公然誣某等。以為匹夫匹婦之為諒。此吾所恨也。故且録于此。使公等知之。又曰。方今四国無鋒鏑之恐。上下相安。君臣相楽。而我内匠君独以一朝之故。棄捐百年之歓。身僵兵刃。禍及社稷。使人至死猶不能忘情於此。悲夫。某等事主於太平之日。方欲以奉觴献寿。而忽与禍会。相従泉下。雖不能無区区遺恨。然有生必死。縦某等以寿終於牖下。亦不過享三四十年煖飽之楽。孰与施勇烈之誉於天下。明忠義之道於後世。身死名存。庶幾古人而無愧。某之愚。窃謂猶以瓦石之賤。易金玉之貴也。尚何遺恨之有。故人幸有以察某等之意。〈此書原文。以国語為之。京師人或獲宗利親書者。甚珍異焉。直清嚮者従友人稲若水。借焉而観之。墨色淋漓。手沢尚新。与世所伝者。大同小異。蓋当日並裁二通。以与両家。而其文有小詳略耳。〉死時。年三十七。

神崎則休。号与五郎。監察。初則休与茅野常成。事伯耆守森長義。〈長義封於美作州内。属宗室津山侯。後有罪国除。〉為先駆士。有故去国。同至赤穂。赤穂侯聞之。嘉其有志介。不辱去就。召見二人。任用之。居無何。有国難。二人死之。衆謂。二人為知己死。不愧古人之義。〈直清謂。此一事。亦可見赤穂侯好士。又尚節義。其得衆死力。亦宜矣。〉死時。年三十八。

三村包常。号次郎左衛門。雑事掌務。〈此云小役人。〉死時。年三十七。

附。寺坂信行。号吉右衛門。以侯家歩卒。〈歩卒。此云足軽。〉属吉田兼亮部下。〈或曰。信行以弓手歩卒。属原元辰部下。大石良雄嘗使信行授子良金射。直清以信行筆記考之。信行実為属吉田兼亮部下者。其属原元辰者。矢野為助也。非信行也。〉十四年。赤穂之難。信行聞衆議復仇。謂兼亮曰。某卑賤。敢与謀焉。顧受明公恩厚。義不忍独負之去。願死生共之。兼亮感其誠意。請大石良雄。使信行与盟焉。十五年二月。従兼亮適東都。間関崎嶇。与之周旋一年。未嘗相離。十二月。従衆攻殺義英。又従至泉岳寺。既而良雄使信行奉使芸州。〈事見前。〉信行即道上茶肆。更為旅装。乃行。至芸州。大学頭長広留之不遣。至明年四月乃脱還。会赤穂義衆以二月賜死。信行詣伯耆守仙石久尚。自陳与衆同罪。願与帰死。朝廷以事既往不問。信行竟滅迹。不見於世云。信行自芸州還。為羽田某柘植某。以国語録十五年正月以後所履歴事為一巻。其於吉田兼亮事最致意焉。而旁及餘人。亦略録之。終無一語以及已事。但其末有曰。吉良氏之役。某亦執兵。趨走於其間。有故中道別衆而西。不能与之共死。至今思之。以為終身之恨爾。実十六年五月事也。〈直清按則休所記。同盟姓名。以信行列書。不異於衆。及吉田兼亮等告伯耆守仙石久尚云。同仇四十七人。亦并信行数之。故朝廷量員。分置四家。定以十七人属細川氏。使其餘三家。各受十人相当。而信行適在属水野氏衆中。会信行使芸州不在。其帰命仙石氏者少一人。当時監察官詣良雄。良雄曰。某命使事。非自逃去也。他日必至。吏遂依前令分配。以故属水野氏者。独九人而已。今以信行附其下。以見原数如此也。〉

以上九人。賜死監物岡崎侯邸。

是日。令猪子左太夫〈上杉氏通家。〉丹波守荒川某〈吉良義英族人。〉以左兵衛佐吉良義周至公庁。〈此云評定所。〉伯耆守仙石久尚宣命曰。義周見父見殺。不能殊死赴救。為子無状。以義周属安芸守諏訪忠虎。置諸其封邑信州高島城下。忠虎遣家臣以義周帰。居数日。送之信州。吉良氏至是家絶。六日。有命流大石良雄等子十九人〈皆以幼弱若仕他家。不与報仇事者。〉于伊豆海中。〈是曰大島。〉閣老但馬守秋元喬朝〈国城在甲斐谷村。〉伝命市井長越前守保田某。逮至司市局。〈此云町奉行所。〉吉田兼亮子曰伝内。〈年二十五。兼貞弟。〉間瀬正明子曰定八。〈年二十。間瀬正辰弟。〉皆仕中務大輔本多氏家。〈本多氏。名政武。国城在播磨姫路。〉中村正辰子曰忠三郎。〈年闕。〉仕大和守松平氏家。〈松平氏。名基矩。国城在陸奥白川。〉村松秀直子曰政右衛門。〈年二十三。高直弟。〉仕長門守小笠原氏家。〈小笠原氏。名某。供奉官長。此云扈従番頭。〉其餘幼弱者。大石良雄子曰吉千代。〈年十三。〉曰太郎三郎。〈年二。皆主税弟。〉片岡高房子曰新六。〈年十二。〉曰六之助。〈年九。〉原元辰子曰十二郎。〈年五。〉富森正因子曰長太郎。〈年二。〉不波正種子曰某。〈年六。〉中村正辰子曰勘次。〈年八。忠三郎弟。〉木村貞行子曰総十郎。〈年九。〉曰次郎四郎。〈年八。大岡藤右衛門養為子。〉茅野常成子曰猪之助。〈年四。〉奥田行高子曰清十郎。〈年二。〉岡島常樹子曰藤松。〈年十。〉曰五郎助。〈年闕。〉矢田助武子曰作十郎。〈年九。或曰。前二年。父助武以作十郎。託東都士人家。甚聡慧。主人夫婦愛之如子。及助武賜死。主人恐作十郎哀慕其父。戒家人。無以事告。作十郎略已聞之。疑信相半。会司市遣吏至其家令出之。主人夫婦。親為作十郎。結髮更衣。而告之曰。官命召汝。試視容儀。稠人広坐。必謹応対。毋軽遽無礼如平生。作十郎曰。自我聞父死。自知不免久矣。今乃使我飾身如此。意官命下令公殺我耶。公願明告我。何欺我為。主人夫婦聞之。相対流涕。乃相謂曰。悔吾為人養此子。嚮者不養此子。安見此事乎。遂扶載輿。令家人送之。至府既上堂。吏謂作十郎曰。汝雖幼亦脱佩刀如法。作十郎黙思久之。請吏曰。苟無害於法。願使我僕持之。可乎。吏曰可。作十郎又下階呼僕授刀。然後升進。衆感其挙動安詳。不類幼年人。司市宣命。已遣還之。自是作十郎。知父果死。日夜悲泣不已云。〉皆属其主人親族養視。無主人親族者。令比隣合力収養。待年至十五。乃放流之如命。〈或曰。中一人母抱育寓本庄。官令里人賑卹之。無何。其母先刺殺児。而後己亦自殺以死。未詳指為某人児耳。或以為原十二郎弟。未知是否。〉四月二十八日。遣吏監送吉田伝内等四人至伊豆。放之海島。乃還。

附。節母義僕事

赤穂之難。近松行重奉其母。以来東都。寘諸族人之家。而已僦舎其側。晨夕省視。及其攻吉良氏前一日。来告母曰。某等受国恩之深。大人所知也。義当死於赤穂。而尚不敢死者。欲且延生。以謀殺仇而報先君之怨耳。今仇家適有可乗之機。衆議以時不可失。欲以明夜決死一挙。以果其志。身死固不足惜也。顧念供養無主。以貽母憂。憂悸逼中。心神惘然。然使某偸生苟免。上負国恩。而辱父母之名。其於忠孝之道。両失之矣。願大人緩哀自愛。母曰。吾老矣。旦暮且死。幸聞我子死節。能与古人斉名。在我深以為喜。亦何悲。但恨子不早告我。使吾不知相見無何。而以平生待子。自今視之。不能無悔也。行重曰。嚮使大人聞之。恐哀憐不肖。以損朝夕之歓。故不敢告。母曰。子之言亦然。乃起入房。久之不出。

行重往視之。母已自刃以死。傍有遺言。告其子曰。吾恐子以老婦故。有所分慮。義気不振。故先子死。以壱子報国之志。子其勉之。毋敢後衆。行重覩書。大慟哭。乃謂主人曰。吾窮阨無以続養。適与母語及此。母聞之。有戚色。然吾不図其有異慮如此。豈自悲其以餘生煩我。乃自殺耶。今悔之無及。吾将趨告親友。請為助喪。待至明日。収葬之。子為我護尸。可也。遂留書託治葬事。并封金若干。置之尸傍。乃去。〈直清謂、此与王陵母事相類。然陵母以死勉其子。立身以従創業之主。孰若此母以死勉其子。捐生以報無後之主也。由是観之。其過陵母也遠矣。〉

片岡高房有僕。曰元助。自幼畜於高房家。執事甚謹。高房去赤穂。放遣婢僕。元助独留不去。従高房来東都。朝夕執薪水之労。出入奉事。不遺餘力。視之昔日有加焉。会撃仇之日迫。乃召元助謂曰。汝従我困阨之間久矣。吾求仕東都二年。爨桂炊玉。嚢金且竭。顧当今諸侯不聘士。列国不請客。仕路蔽塞。無人薦達。欲且遊歴四方。伝食親属故人家以終年。今遣汝去。亦自為治生之謀。可也。所恨者無以報汝旧日之労耳。元助曰。主何出言如此。某為主家所生育。主之不幸。某之不幸也。何忍棄主而去。為他家之僕乎。主所往。僕亦従。織席捆屨。尽力自効。高房曰。汝志吾固信之。然吾今餬口四方。身且不容。不可并汝仰食他人。汝忍従吾言。亦所以愛主也。元助曰。奴隷衣食易足。請自食其力。決不以身為主累。主在彼悪与某同居。当就其側異居。但不離於主為幸。三四強之不聴。観其詞色。曾無去意。高房不知所出。乃陽怒曰。吾以汝久事我。不欲遽失故意。故詐為好語遣汝。汝猶不寤。不得不以実告。自去年去赤穂。汝事我不如平生。吾亦自忌貧窶。処心不直。視汝所為。無一可吾意者。故深厭汝而逐之。汝速去。元助聞之。泣曰。某事主十餘年。未嘗一日聞主忿言。而今如此。是某命尽之時也。乃趨而出。高房従其後。而往視之。元助欲自殺。操刃自当其腹。高房走而止之。奪其刃。叱曰。奴不忠。何欲自生紛擾。元助曰。願聴某死。亦主之恵也。某既為主所棄。尚欲為誰生哉。高房令隣人守之。自往招同盟士数輩来。具語之故。皆嘆曰。彼志可哀。盍告以撃仇事。令彼釈然。彼豈洩人言。以負信者耶。高房召元助。与数輩同告之。且曰。此事当秘。不欲顕言。故託辞他事。以遺汝。亦有不得已者。汝不怨。元助曰。辱以密事告下賤。非愛某深。能如是乎。嗚呼君恩之大。尊卑同之。某不負主。猶主不負公家。願従主。生死共之。高房曰。大石君戒衆。皆単身赴会。不許以奴僕自随。吾如違衆。是吾以汝故負信。得罪於衆也。元助憮然曰。謹聴命矣。其所以請従者。尽忠於主也。潔己之名。而為主招譏。亦焉用之。顧事主無日。一刻千金。必待至期。送主之行而後去。及期元助待高房出。乃筐橘携之。行至吉良氏門外。以俟主久之。衆殺義英。呼譟而出。元助見高房曰。果得仇人否。高房曰。汝在此。仇人已授首矣。元助曰。幸甚。諸君良苦、得無渇。以橘与衆食之。高房趨之去。元助見高房赴泉岳寺。乃涕泣別去。不知所往。高房在細川氏邸。語及元助事泣下。肥後侯聞之。令人物色求之。不遇。

赤穂義人録 巻下終

復讐論（林鳳岡）

復*讐論

関西一*牧の士臣、大石ら四十有六人、亡君のために心を一にし党を結び、元禄十五冬十二月十四日、讐を報い囚と為る。公、有司に命じ、詳審密察せしめ、罪を*鞫して以て令を下し、彼の党をして自殺せしむ。或は問ふ、「三*綱五*常は、礼の大体、教化の本原にして、固より古今遠近を異にせず、しかも先王、法を立て律を詳かにし、以て天下に示し、後世に伝ふるなり。蓋し君臣父子は、三綱の要、五常の本、天理人倫の至にして、天*地の間に逃るる所なし。故に礼を記する者曰く、君*父の讐は、与に共に天を戴かずと。則ちみづから已むこと能はざるの固情に発して、専ら一己の私に出づるに非ざるなり。苟くも復讐を許さずんば、則ち先王の典に乖り、忠臣孝子の心を傷つく。復讐者を誅するが若きに至りては、典を壊り刑を黷すこと甚だし。これを以て人倫を正すの法と為して可ならんや」と。予これに応へて曰く、「復讐の義は、*礼記に見え、また周*官に見え、また春*秋伝に見え、また唐*宋の諸儒これを議す。丘*氏、大*学衍義補において、これを論ずること詳かなり。窃かに経伝の意を取りて以てこれを議せん。彼の心を以てこれを論ずれば、則ち天を同じうせざるの仇讐は、*苫に寝ね刃を枕にし以てこれを復して可なり。生を偸み恥を忍ぶは、士の道に非ざるなり。法律に拠りてこれを論ずれば、則ち法を讐とする者は必ず誅せらる。彼、亡君の遺志を継ぐと雖も、天下の法を讐とするを免れず。これ*悖驁にして上を凌ぐなり。


復讐論　筆者林鳳岡については次頁注参照。

一牧　ある諸侯(大名)。

罪を…　罪を究問する。

三綱　君臣・父子・夫婦の関係。

五常　父子・君臣・夫婦・長幼・朋友の間で常に守られるべき親・義・別・序・信。他の説もある。

天地の間…　荘子、人間世「子之愛レ親、命也。不レ可レ解ニ於心一。臣之事レ君、義也。無ニ適而非レ君也。無レ所レ逃ニ於天地之間一」。程氏遺書、第五「父子君臣、天下之定理。無レ所レ逃ニ於天地之間一」。

君父の讐…　礼記、曲礼上に「父の讐…」とあり、周礼、地官、調人に「君の讐は父になぞらふ」という。

礼記…　曲礼上・檀弓上などに見える。

周官…　周礼の別名。地官、調人・秋官、朝士などに見える。

春秋伝…　春秋公羊伝の隠公十一年、荘公四年、定公四年などに見える。

唐宋の諸儒…　唐の韓愈・柳宗元、宋の劉敞・王安石・華鎮・胡銓など。

丘氏　丘濬(しゅん)、明代の学者。

大学衍義補　宋の真徳秀の大学衍義の治国平天下の部分を主に補ったもの。

苫に寝ね…　礼記、檀弓上に、父母の讐を報いる心掛けとして「苫に寝ね干(たて)を枕にし仕へず」云々とある。苫は、むしろ。

執へてこれを誅し、天下後世に示すは、国家の典を明らかにする所以なり。二者同じからずと雖も、並び行はれて相悖らず。上に仁君賢臣ありて、以て法を明らかにし令を下す。下に忠臣義士ありて、以て憤りを攄べ志を遂ぐ。法のために誅に伏するは、彼の心においてあに悔あらんや。古人のいはゆる治世久しければ則ち民心怠る。幸にいま*唐虞の世に遇ひ、民、利を享け生を楽しむこと、未だこの時より盛んなるはあらざるなり。ここを以て天下の士、*膏沢に沐浴して、怠惰の心生ず。遊談聚議し、習ひて軟熟と為る。彼の一挙に及びて、奮発興起し、以て義に向ふの心起り、君は臣を信ずるを知り、臣は君に忠なるを知るなり。ああ*王蠋の一死、斉を復し、唐朝の中興、*顔真卿これが倡を為す者、ここにおいてこれを識る。彼もまた一世の人傑にして、世教に功あり、*予譲・*田横の徒と並び称せられて可なり」。

右、*林祭酒先生〈大学頭林信篤、字は直民、鳳岡と号す。諱は戇〉

また詩に

関門突入し*荆卿を蔑にす　*易水風寒し壮士の情
*炭唖形衰へ予譲を追ふ　*薤歌涙滴れ田横を挽く
精誠*日を貫く死すとも何ぞ悔いん　義気山を抜き生太だ軽し
四十六人斉しく刃に伏す　*上天意なし忠貞を佐くるに

悖驁　道理に背いて気まま。「悖驁…」は柳宗元の駁復讐議の語。

唐虞の世　尭舜の世と同様の太平の世。

膏沢…　恩恵を身に受け。

王蠋　戦国時代の斉の人。燕の将軍楽毅が斉を撃破したとき、王蠋の賢を聞き招いたが、「忠臣、二君につかえず」といい自殺してこばんだので、斉の人はこれを聞き奮起し、斉を復興した。史記、田単伝などに見える。

顔真卿　唐朝の臣。安禄山の乱のとき河北で最初に義兵を挙げた。

予譲　戦国時代の刺客。↓三三二頁

田横　漢楚抗争時代の斉の相。漢王が帝位についたとき(漢の高祖)、田横はさきに漢王の使者酈食其(れきいき)を殺した罪を恐れ、部下五百人を率いて海中の島に逃れて住んだ。高祖が強要して招いたので、田横は種々の理由を述べ、仕えることを拒絶して自殺した。島中の部下五百人も、田横の死んだことを聞いて自殺した。史記、田儋伝に見える。

林祭酒先生　祭酒は大学の長官。大学頭。鳳岡は鵞峰の子で、元禄四年湯島に聖堂が移って整備されたとき大学頭に任命された。正保元年(一六四四)―享保十七年(一七三二)。

荆卿を蔑にす　荆軻をしのぐ。荆軻は、秦に怨みをいだく燕の太子丹の依頼により、秦王政(のちの始皇帝)を殺そうとした人。史記、刺客伝に

見える。

易水… 荆軻が秦王を殺しに行く途中、易水という川のほとりで「風蕭蕭として易水寒し、壮士一たび去りてまた還らず」と歌ったこと。

炭唖… 甚だしい苦心をして予譲同様のことをする。三三二頁注「予譲」参照。

薤歌… 葬送歌を歌い涙を流し田横のひつぎを載せた車を引く。田横と同様に死を軽んじた行動をする意か。薤歌は薤露の歌、田横の門人が作ったとされる挽歌。

日を貫く 聶政（じょうせい）や荆軻が仇を打ちに行くとき、白い虹（にじ）が太陽を貫いたということが、戦国策、魏策や史記、鄒陽伝に見える。

上天 天の神。

命有司 京本「命百有司」。
記礼者 京本「礼記者」。
固情 京本「同情」。
不詳 京本「不許」により訂。
壊典 京本、上に「則」あり。
保讐 京本「深讐」。纂書活字本「仇讐」により訂。
非士之道 京本「非為士之道」。
遺志 京本「遺意」。
彼 京本「彼之」。
者 京本「有」。
右… 京本、以下二行なく、詩は「義士挽詩」と題して、二種を別の

復讐論

関西一牧士臣。大石等四十有六人。為亡君一心結党。元禄十五冬十二月十四日。報讐為囚。公*命有司。詳審密察。鞫罪以下令。使彼党自殺。或問。三綱五常。礼之大体。教化之本原。固不異古今遠近。而先王立法詳律。以示于天下。伝于後世也。蓋君臣父子。三綱之要。五常之本。天理人倫之至。無所逃於天地之間。故*記礼者曰。君父之讐。不与共戴天。則発不能自已之*固情。而非専出於一己之私也。苟*○不詳復讐。則乖先王之典。傷忠臣孝子之心。至若誅復讐者。*壊典黷刑甚矣。以是為正人倫之法可乎。予応之曰。復讐之義。見於礼記。又見於周官。又見春秋伝。又唐宋諸儒議之。丘氏於大学衍義補論之詳也。窃取経伝之意以議之。以彼心論之。則不同天之*○保讐。寝苫枕刃。以復之可也。偸生忍恥。*非士之道也。拠法律論之。則讐法者必誅。彼雖継亡君之*遺志。不免讐天下之法。是悖驁而凌上也。執而誅之。示天下後世。所以明国家之典也。二者雖不同。並行而不相悖。上有仁君賢臣。以明法下令。下有忠臣義士。以攄憤遂志。為法伏誅。於彼心豈有悔哉。古人所謂治世久。則民心怠。幸今遇唐虞之世。民享利楽生。未有盛於此時也。是以天下之士。沐浴膏沢。而怠惰之心生。遊談聚議。習為軟熟。及*彼一挙。奮発興起。以向義之心起。君知信臣。臣知忠君也。嗚乎王蠋之一死復斉。唐朝中興。顔真卿為之倡*者。於是識之焉。彼亦一世之人傑。有功於世教。与豫譲田横之徒。並称而可也。

*右林祭酒先生〈大学頭林信篤、字直民、号鳳岡、諱戇〉

又詩

*関門突入蔑荆卿　易水風寒壮士情
炭唖形衰追豫譲　薤歌涙滴挽田横

精誠貫日死何悔　義気抜山生太軽
四十六人斉伏刃　上天無意佐忠貞

箇所に収録。

関門突入… 鳳岡の詩文集(鳳岡林学士集巻二十五)には「聞浅野長矩旧臣報讐幷序」と題して、

曾聞壮士無還去　易水風寒連袂行
炭唖変形追豫譲　薤歌滴涙挽田横
精誠石砕死何悔　義気氷清生太軽
四十六人斉伏刃　上天猶未察忠情

という形で収録されている。詩文集所収のものが定稿か。なおこの詩は赤城士話など諸書に見える。序文に、「去歳季冬十五日…旧臣大石内蔵助等四十六人、異体同志報讐趨義、今茲仲春初四日官裁下令各処死刑」とあるので、元禄十六年の作である。

四十六士論

（佐藤直方ほか）

*佐藤直方四十六人之筆記

*元禄壬午ノ年*臘月十四日*丑ノ刻、浅野内匠頭家臣大石内蔵之助〔等〕四十六人、甲冑ヲ帯シ弓矢鑓ヲ持テ、吉良上野介ガ本所之宅ヲ襲テ、家臣多殺害シ、嫡子左兵衛疵ヲ蒙リ、*上野助ヲ討テ首ヲ取リ、十五日ノ朝、芝泉岳寺ニ退去、首ヲ主ノ墓前ニ供ヘ、爰ニ留ル。本所ヲ退ク途中ヨリ、吉田忠左衛門・富森助右衛門ヲ以テ、大目付仙石伯耆守之宅ヘ遣シ、其意趣ヲ訴ヘ一書ヲ捧ジ、上之令ヲ待ト云。上命ジテ四十六人ヲ細川越中守・松平隠岐守・水野監物・毛利甲斐守ニ預ケ給フ。同ク*癸未二月四日、下令シテ死刑ニ行ハル。其*令言曰、

*浅野内匠頭儀、勅使御馳走御用被二仰付置一、其上時節柄殿中ヲ不レ憚不届之仕形ニ付、御仕置被二仰付一、吉良上野助無二御構一被二差置一候〔*処、主人之讐報ト申立、内匠家来四十六人致二徒党一、上野宅ヱ押込、飛道具抔持参、上野ヲ討候〕始末、公儀不レ恐段重々不届ニ候。依レ之切腹申附者也。

此命令義理明白也。*大刑〔ニ〕不レ行、切腹之刑ニ被レ行事、上之慈ニシテ彼等幸ト可レ謂。然ルニ世俗雷同シテ、四十六人ヲ忠臣義士ト称ス。無学ノ人ハ義理不レ明、誤テカク云モ宜也。*林氏彼ガ死ヲ悼ンデ詩ヲ賦シ、予譲・田横ニ比シ、忠義ノ臣ト称シ、其死ヲ恨ミ、又*「報レ讐趨レ義」ト書ス。学者皆雷同シテ彼等ガ死ヲ惜ム者多シ。或ハ官裁ノ令モ理ニ当ル、彼等ガ志モ義ニ当ルト云者有。官裁之令理ニ当ラバ、彼等ガ不義ニアラズシテ何ゾ乎。何モ無稽之言、義理不レ明之過也。凡聖賢之書ヲ読モノ、*一言之理ヲ云事、世俗是ヲ以テ

佐藤直方　通称五郎左衛門。山崎闇斎の門に入り、三宅尚斎・浅見絅斎と共に崎門の三傑と称された。福山・前橋の各藩儒となり、純粋の朱子学の立場をとって、闇斎とも対立した。慶安三年(一六五〇)—享保四年(一七一九)。彼の著作を稲葉黙斎が編集したものが韞蔵録で、正編(宝暦二年(一七五二)の跋がある)は十六巻、その巻十五に直方の四十六士論十五編を収めている。佐藤直方四十六人之筆記はその第十四論で、義人纂書には復讐論の題で収録。宝永二年(一七〇五)以前の執筆か。

元禄壬午ノ年　元禄十五年(一七〇二)。

臘月　陰暦十二月。

丑ノ刻　午前二時頃。実際には十五日であるが、慣習的にこういう表現をとる。

上野助　無本「上野介」。以下同。

癸未　元禄十六年。

令言　無本「令書」。

浅野内匠頭儀…　江赤見聞記巻六などにみえる口上書にほぼ同じ。

処…討候　底本・無本なし。纂書により補。

大刑　死刑、重刑。ここは斬罪などをさす。

林氏…　林鳳岡の「関門突入…」の詩をさす(三七四頁)。

報讐趨義　右の鳳岡の詩の序にみえる語。

一言之理ヲ云事…　無本「一言之理

誤リ、衆人之心ヲ惑ス事ヲ述伝シ、*「君父之讐、弗ニ与共戴レ天」之語ヲ引ク、是大ニ非也。上野助ハ彼等ガ讐ニハ非ズ。上野介ガ内匠頭ヲ害シタラバ讐ト云ベシ。*内匠頭ハ死刑ニ行ハルヽコト、大法ヲ背キ上ヲ犯ス之罪人也。又士之志ヲ以テ考ルニ、怨怒之意不レ得ニ已(やむ)コトヲ一、*己レガ職終リ其場ニ考(かんがへ)可レ害事也。勅答大礼之節、大法ヲ背キ、其上ヘ上野介ヲ討コトモ、急迫未練ノ腰ヌケノ仕形也。上野介、梶川与惣兵衛ト立ナガラ事ヲ談ズル時、後ヨリ短刀ヲ*ヌキ、逃ル処ヲ切ト云ヘドモ、其疵少ニシテ死ニ不レ到、梶川氏ニ被レ捕。無レ勇無レ才、可レ笑之甚キ者也。死刑ニ行ハレ、城地ヲ取上ゲ給フコトハ事理ノ当然也。上野助、短刀モ抜ズ、駭(おどろ)キ倒(たおれ)、顔色変ジ、天下ノ士是〔ヲ〕笑フ。死タルニ劣リ、恥キコト也。上ヨリ何ノ咎メ有(あらん)ヤ。是(これ)君ノ讐ニ非ル事明白也。四十六人之者*大罪ヲ不レ悲、上之命ヲ背キ、兵具ヲ帯ビ、相言(あいことば)・相ジルシ、戦場ノ法ヲナシ討コト、是又大罪也。然レドモ亡主之憤ヲ想ヒ、心ノ昏惑スルヨリ一筋ニ討レ之、上之命ヲ背キタル罪ヲ省(かえりみ)テ、於ニ泉岳寺一自殺セバ、理ニ不レ中(あたらず)ト云ドモ其志可レ憐。然ルニ仙石〔氏〕ヘ訴ヘ、上之令ヲ待ツト云、捧ル処ノ一書ニモ上ヲ重ズル意ヲ述ベ、仙石氏之面前ニテモ上ヲ重ンズル意ヲ第一ニ述ブ。是(これ)人之感賞ヲ得テ死ヲ遁レ禄ヲ得ル之謀ニ非ズヤ。大法ヲ破リ上ヲ背ケバ、可レ訴コトナク、令〔ヲ〕可レ待コトナシ。死ヲ究メタル者ノスルコトニ非ズ。*彼等流浪ノ身トナル激意ヨリ起(たち)テ、*其処ニ置テ権謀ヲ以(もって)ス。忠義ヲ主トシ惻怛(そくだつ)之情ヨリ出ルニ非ズ。為レ士者、詳ニ考ヘ明ニ弁ジテ、世俗ノ惑ヲ発(ひら)クベキコト也。ツラ〳〵考ルニ、天下之人忠義ノ臣ト雷同スルコト、良(まこと)ニ有レ故。上野介*生質欲深(ふかく)、*驕者満心邪ニシテ天下ノ人ニ悪(にく)マルヽヨリ、内匠頭ガ罪ヲ不レ考、其死ヲ憐ミ、上野介ガ存命ナルヲ悪ミ、於レ是コレヲ討タト聞テ、一念発スル処、

ヲ云コト也、俗是ヲ以テ誤リ」。纂書「一言ノ理ヲ云事、世俗以レ是師トス。誤ヲ述伝ヘ衆人ノ心ヲ惑スコト悲シムベキコトナリ。夫四十六人ノ者上野介ヲ君ノ讎トシ君父ノ…」。纂書の方がわかりやすい。

君父之讐… 討入の際の浅野内匠頭家来口上書にみえる語。礼記、曲礼上の「父之讐、弗ニ与共戴レ天」に基づく。後代(朱子など)には、君父之讐として引かれている。堀部安兵衛がこの文を草するとき、友人の細井広沢(→二七〇頁)に君父としてよいかどうか問い合わせたという。

内匠頭ハ死刑ニ 纂書「内匠私ノ怨怒ニヨツテ上野介ヲ討、大法ヲ背クニ因テ内匠上ヨリ死刑ニ行ハル。何ノ讐ト云ベケンヤ。上ヨリ死刑ニ」。

己レガ職終リ… 纂書「其職終テ其場ヲ考ヘ…」。

ヌキ逃ル処ヲ切 纂書「抜テ二ケ所ヲ切」。

大罪ヲ 上に無本「吾主ノ」、纂書「吾主」。

彼等流浪ノ… 纂書にはこの前に、「内匠家素ヨリ山鹿氏ガ軍法ヲ尊ミ、大石ヲ始此教ヲ学ブ」の一文がある。

其処ニ置テ 纂書「其処置皆」。

生質 うまれつき、性質。

驕者満心 纂書「驕者ニシテ人ヲ瞞(タブ)カシ、心」。

皆是ヲ喜ブヨリ、四十六人〔ヲ〕忠義ノ臣ト称ス。嗚呼、上野介一人之*無道、多クノ人ヲ殺シ、*武江ヲ騒動ナシ、人心之惑ヲ生ズ事、可レ悪ハ其者也。

*右一*落索ハ直方先生、*跡部（あとべ）良賢ト議二論之一。而先生義理明決ニシテ、良賢書二写之一。世之昏惑ヲ明ニナシ玉フ。全ク古人ノ心術ト可レ謂而已矣。跡部良賢識。

*重固*問目〈先生*朱批〉

*朱子答二李敬子一書ニ云如ク〈批曰、此朱子ノ語ハ其元（そこもと）ノ様ニ心エタル人ヘ云ハレタモノ也。トクト文意ヲ御考候ハヾ、マギレアルマジク候。此語ノ埒ヲ明ケヌ内ハ請取レヌナリ。直ニ殺タデナケレドモ推シテユケバ殺シタヨウナモノト云フハ、朱説ニアワズ〉、「*人殺二我父一其人不レ死ハ是不二共戴一レ天」、常式ノ讐也〈批曰、コレデ論ハ一定シタ。敵討ニ権道（けんどう）ト云コトハナシ〉。四十六士ガ吉良ヲ討シハ常式ニ非ズ。*一間アルユヘニ、此ニ就テ異論アル也〈批曰、一間ト云ガワルイ。孟子ヲ附会シタモノ也。孟子ノ一間ハ同ジコトト云コトナリ。常式ニアラズト云テ又一間ト云ハ、埒ノナイ云分ナリ〉。四十六士有学ノ人ニモ非レバ〈批曰、学者ノ論ハ有学無学ノ別ハナシ。義理ヲツメネバナラヌ。*陳文子ノ集註ミルベシ〉、深（ふかく）其心術隠微ノ処迄ハ論ズルニ及ズ、*姑（しばら）ク先（まず）彼等ガ吉良ヲ討シハ当ルカ不レ当カ、程朱ノ為（なす）コトカト論ズルニ、常式ノ讐ニハ非ズ〈批曰、初ヨリコウスマシテヲカレタルヤ、我等論説ノ以後ニ此思付アルヤ。此上ニナニカト云ハ四十六士ニヒイキ

無道　纂書「不道ヨリ」。
武江ヲ…其者也　纂書「武江ノ騒動ヲナシ人心ヲ惑スコト悪ムベキノ甚シキ也」。
右…　纂書は「右佐藤直方著」とのみあり、以下の文なし。
落索　遺文。もと酒食の残り物の意。
跡部良賢　良顕とも。光海と号す。幕臣。神道家。儒学を佐藤直方らに学んだが、垂加神道を渋川春海らに学んで、それに傾倒し、宝永二年（一七〇五）には直方らと絶交した。山崎闇斎の詩文集『垂加文集』（正徳四年刊）を伴部安崇と編集、著書に『神代巻渾沌草』五巻などがある。万治二年（一六五九）―享保十四年（一七二九）。
重固問目　重固は三宅尚斎の名。通称は儀左衛門、丹治など。闇斎に学んで三傑の一人と称された。武蔵忍藩に仕えたが、直諫して、藩主の怒りを買い、宝永四年（一七〇七）より三年間城内に幽閉された。のち京都に出て塾を開いた。著書に『狼疐録』『黙識録』などがある。寛文二年（一六六二）―寛保元年（一七四一）。この重固問目は韞蔵録巻十五の第九論として収める。
問目　質問の箇条書。
朱批　朱書の批評。
朱子答李敬子書　朱文公文集巻六二。
人殺…　朱文公文集に「不三共戴二天、謂二父母見一レ殺、而其人不レ死者一耳」とあるのに基づく。韞蔵録巻十五の第一論・第七論にも引く。

ヲスル意アルヤフナリ〉。浅野公法ヲ犯シテ公朝ヨリ誅セラレ、吉良ガ殺タルニハ非レバ、吉良ヲ讐トシテ討シハ不レ当コトト云ベキニ似タリ〈批曰、似タ不レ似ト云コトニアラズ〉。*合下ニ大非義ナリ〉。サレドモ賄賂ヲ与ヘヌトテ顔*クセヲアシクシ、浅野ガ面前ニテアテツケテ恥ヲカ、セル様ナルコトヲ云、問合スルコトモシカ〳〵告ズ、不調法ニ陥ルヤウニセシコト、浅野ガ全所以ナキニ非ズ。浅野怒ニ堪ズ、公朝ニテ切カケ〈批曰、コ、ガ罪ノ根本。主君ヲ忘レ、ナイガシロニシタ処デ、コシヌケミレント云ベシ〉、吉良ト命ヲツリカ*ヘニシテト思ヒ込タレドモ、不幸ニシテ一太刀ニ本意ヲ遂ズ、アマツサヘ其事ニテハ公法ヲ犯ノ罪ニ陥リ、公朝ヨリ誅セラル。此トキ臣子タル者、賂ヲ人並ニ与ヘラレザルモ君父ノアヤマリ、サホド怒ルコトニモ非ルヲ大ニ怒ルモ君父ノアヤマリ、況ヤ吉良ヲバモハヤ存分ニ恥辱ヲアタヘ、*頬サキ切テ逐チラシタリ、君父ノ殺サレタルハ吉良ニハ非〔ズ〕、公朝ヨリ誅シ玉タルナレバ、是非モナキコトト思テヤムベキヤ〈批曰、道理ヲ知タ人ハサテ〳〵是非モナキコトヲナサレタト思ベシ。道理シラヌ無学ノ人ハ四十六士ノ様ニスル筈也。禹王*ハ父ヲ殺サレタルヲゼヒモナキコトト思ワレテ、上ヌリヲバシラレヌ〉。是ハ*目ノ子算用ニシテ云ヘバ如レ此モアルベキカ〈批曰、義理ヲ論ズルニ目ノ子算用ニセマイヨウハナイ。精義ノ二字ハ何ノ為ナルヤ。*「当レ理而無二私心一為レ仁」ヲ以見レバ、四十六士ガ*不レ忍ノ心ト云テ、義理ノ当ル処ヲ知ズシテ妄ヲスレバ不仁也。ソレナレバコソナニカノ論ハアレ、仕形ニカマ〔ワ〕ズ不レ忍ノ心コラヘラレヌヲ云ヘバ固ヨリ論ハ入ヌコト也。俗人ノ情ニシテ云ヘバ、コレハ吉良メ故ジヤ、ニクヒヤツジヤト思ハヨギモナイコト也。ナレドモ讐也トハ思ハヌ筈也。タトイ無分別デ讐也ト思ツメテモ、*公義ノ裁断シタヲアノ如クシタハ、至極ノ大罪人也。道理ニ於テハ甚シキ妄也。ツメテ云ヘバ公義ヲ討タトヲナジコトナリ〉。*管仲ガ、

一間 孟子、尽心下に「人の父を殺さば、人もまたその父を殺さん。人の兄を殺さば、人もまたその兄を殺さん。然れば則ち自ら之を殺すに非ざれども、一間のみ」とあり、朱子の注に「一間とは、我往き彼来り、一人を間(だ)つるのみ。その実、自らその親を害すると異なることなきなり」とある。重固は、「一人をへだて」て間接的に殺したとするのに対し、佐藤直方は「自らその親を殺すと異なることなし」とし、だから「同ジコトト云コトナリ」という。

陳文子… 論語、公冶長に、斉の大夫陳文子が、斉君が殺されたので斉を逃れて他国へ行ったが、他国でも乱れた国情であったので、また立ち去ったその態度を、孔子が、清いが仁とはいえぬといっている。その朱子の集注に、人の行為については、「理に当たりて私心なき」や否やを観察すべきことが説かれている。

姑ク 底本「如ク」。無本・纂書により訂。

合下ニ もともと。元来。

顔クセ 顔癖。顔つき。人相。

ツリカヘ 釣替。とりかえ。

頬サキ 頬前。

禹王ハ… 禹王の父鯀(こん)は洪水を治めて成功せず、また人物劣悪であったので、追放されて死に、そのあとを継いで禹が洪水を治めたことをいう。書経・史記などに見える。

目ノ子算用　目で見て概算すること。ここではむしろ逆に細かく計量・思惟する意か。

当理…　前述の論語、公冶長の集注では「当ㇾ理而無二私心一則仁矣」。

不忍ノ心…仕形ニカマワズ　纂書にはなし。

公義　公儀。

管仲…　三八三頁注「匹夫匹婦…」参照。

吉良ヲ　底本「吉良ハ」。

中庸ノ継志　中庸、章句本第十九章「それ孝なる者は、善く人の志を継ぎ、善く人の事を述ぶる者なり」を指す。

ソヽウ　粗相。粗忽。

糾ハ弟〔也〕、桓公ハ兄也、初メ弟ヲ助ケテ兄ト争シガアヤマリナリト、前非ヲ悔テ桓公ニツカヘシイキカタ也〈批曰、シカレバ四十六士カラミレバ、孔子ノ論モ義理ニアタラヌト云ハンカ。是ハ、非二言論之小一矣、莫二忌憚一ノ罪ニ陥リ、カノ湯武ハリツケ道具ノ類ニナルデアルマイカ〉。若(もし)初メ浅野ガ吉良ヲ公朝ニ害センコトヲ其臣ニ謀ラバ、夫ハ了簡チガヒ、サマデ怒リ玉フマジト諫テ留ムベシ。浅野ガ死後ニ〈批曰、死前〔死〕後ニテ義理ノ替リハナシ〉、目ノ子算用ニシテ是非モナキコトト思ステヽヤム、豈(あに)臣子タル者ノ本心ナラン〈批曰、禹王ハ臣子ノ本心ヲ失フタト云ンヤ〉。君父ノ不了簡ニモセヨ、浅野怒リテ切付タルモ一向ワケナキコトニモ非ズ〈批曰、ドコガワケアルコトゾ。一向ニ小児ノ妄怒ノ如シ。トカクヒイキヲシラル、〉。四十六士モ浅野ト同ク、吉良ガツラヲ切(きり)ワラヒデハト云シモ必定ナリ。浅野一命ヲステ、切カケシニ、不幸ニシテ本意ヲ達セズ、アマツサヘ其事ニテ公法ヲ犯(おかす)ニ因テ誅セラレヌ〈批曰、浅野ガ義理ト思テ一命ヲスツルノ意ハナシ。只メツタニ腹ヲタテタ也。*吉良ヲ切殺サヌハセメテモノ幸ト云ベシ。若(もし)切殺タラバ浅野ノ親族ヘ祟リアルベシ。コレラ〔ハ〕公義ヲ忘レタ妄論也。当時営中ヘ切込ヌハ幸也ト云論ハ、コレカラ出タルナラン。可ㇾ懼。公義ヱ対シテ不届ヲシテ、其アトデナンノイフベキコトアランヤ〉。何程〔カ〕君父ノ遺恨ニ思ヒ玉ワント、君父ノ志ヲ継デ討ツ、豈無ㇾ理トセンヤ〈批曰、*中庸ノ継志ト云ハ、君父ノ善志ヲ継グヲ云也。主君ノアシキ志ヲ継ハ不忠ト云ベシ。禹王ハ父ノ悪志ヲ継ギハシラレヌ〉。タトヘバ浅野怒テ私怨ニテ吉良ヲ切ツケ、吉良門外ヘ走リノガレバ、浅野ガ臣タル者、理非ヲ考ルニ暇ナク〈批云、*ソヽウト云ベシ。イカヨウナコトカモ不ㇾ知討(うち)ハシラレマイ。若シ浅野ヲ切害(きりころ)シタト見タラバ討チ留ムベシ。事ニヨリ抱ヘトムルコトモアルベシ。コレハトリアワヌヒキアワセナリ〉、追カケ討チトメン。浅野未ダ死セザレドモ如ㇾ此。

況ヤ切カケ、本意ヲ遂ズ討チ散シ、誅セラレタルアトニテハ、誅セラレタルモ吉良故也ト〈批曰、コレガ諸儒ノ論ノ由テ来処ナリ。アレユヘト云ヘルハ婦人女子ノ云ソウナコト也。我父ガ妻トロ論シテ其腹立ノアルニ朝庭ヘ出テ、同役ト云分争(いいぶん)ヲシテ、公法ヲ犯シテ殺レタトキ、其子ガ我父ノ讐ハ母也ト云テ討ベキヤ。*魚ウリノ説モ同ジ。*コレラハ*カヒシキノ合点也。我父ノ悪事ヲ目附ガ公儀ヘ云タユヘニ、我父仕置ニ成タラバ、其目附ハ父ノ讐ナリト云ベキヤ〉、思込タルモコトハリ也。於レ是目ノ子算用ニシテヤムベキノ理ナシ。又タトヘバ君父理モナキコトニ他人ノ頭ヲ扣(たた)クニ、其人怒テ我君父ヲ討ンニ、其臣子タルモノ、元来我君父ガ人ノ頭ヲハリタルガ無理ナリト差引スルニ暇アランヤ。不共戴天ノ讐トナシテ討ニ極レリ〈批曰、ソレナレバ常式ノ讐ナルニ、ナゼニ初ニ常式ノ讐デハナイトイハル丶ヤ。自語相違ト云ベシ。浅野ガノハ喧嘩ト云モノデナシ。タトヘガ合ヌト云ベシ。浅野ニ相手ハナシ。独(ひとり)モノグルイト云ベシ。四十六士ガ無理ムタイニ相手ヲトラントセバ、*公義ヲ相手ニスベキカ。塗方モナキコト也。吉良ヲ討タルガ公義ヲ相手ニシタ意ニナルニヨツテ、斬罪ニ仰付ラレタヲ見ルベシ〉。サレド夫レハ君父ヲ*向〔ノ〕人直ニ殺タリ、吉良ハ走テ殺ハセヌト云ベキニ似タリ。サレバコソ浅野本意ヲ遂ズ、*半分シカケテヲイテ、シカモ其事ニテ討セラレタレバ、目ノ子算用ナシニ吉良ヲ讐ト見、君父ノシカケヲ足シタモノナリ〈批云、コレ乃(すなわち)妄矣〉。*召忽ハ、管仲ガ様ニ、糾ハ弟也、桓公ハ兄也ト云目ノ子算用ハセヌ〈批云、ソレデ「*匹夫匹婦為レ諒云々」ト云ヘリ。*此様ニ云立タラバ、孔子・程子・朱子、皆非義ニナル様ナ。コレハ*アツカヒニシテ改メタイモノナリ〉。初メ糾ト謀ヲ同(おなじく)シタカラハ、其人ヲ殺シタ桓公ハ讐也ト、*総高デク丶リテ〈批云、コレハク丶リソコナイト云ベシ。召忽ト孔子ヲ比シテ、義理ハ召忽ガノガヨイ、孔子ハ讐ナル人ヲタスケラレタト云ベキヤ。其〔上〕四十六士ノ姦邪、

魚ウリノ説　韞蔵録巻十五の第七論「四十六士ノコト世俗ノ説ハ…」の段の中に「魚売ガ悪キ魚ヲ売、ソレデ食傷ヲシタルヲ肴売ハ父ノ讐也ト云ト同ジ」とあり、その他第一論・第二論・第五論(或人論浅野臣討吉良)にも見える。

コレラハ　纂書「コレデハ」。

カヒシキ　皆式。全て。

公義ヲ　底本「公義ノ」。

向ノ人直ニ　底本「向直ニ人」。

半分　底本「本分」。

召忽　斉の大夫。公子糾の傅となったが、桓公が糾を殺したとき殉死した(左伝、荘公九年・論語、憲問)。

匹夫匹婦…　つまらぬ人間が馬鹿正直なほど堅く義理立てをすること。論語、憲問に、「子貢曰く、管仲は仁者に非ざるか。桓公、公子糾を殺したるに死すること能はず、またこれに相たりと。子曰く、管仲は桓公に相たりて諸侯に覇たらしめ、天下を一匡し、民いまに至るまでその賜を受く。管仲なかりせば、吾それ髪を被り衽を左にせん。あに匹夫匹婦が諒を為すや、自ら溝瀆に経(くび)りてこれを知るなきがごとくならんや」とある。

此様ニ　重固の論のように。

アツカヒ　和解、仲裁の意。

総高　総額。

人ガ召忽ト同日ニ語（かたら）ンヤ。甚シキヒイキトイフベシ）、死レ之。コノイキカタニ似タリ。享*保戊戌九月二十一日、三宅重固識。

来諭ニ任セ批書如レ右。四十六士ノ姦悪、公儀ヲナイガシロニシタモノ也。何ノ不便ナルコトアランヤ。不レ忍ノ本心ナレバ一年ハマタヌ。不共戴天デハナイ。浅野大学ノ落着ヲ見テ後ノ仕形也。アノトキノ彼等ガ仕形ヲ知ヌ人ハ一筋ニ殊勝ニ思フハ徒*然草ノ犬也。扨其元ノ極論要帰ハ皆形而下ニテ、〔形*而〕上ノ義ニトンジヤクナシ。総ジテ人々ノ仕形ノ上ニカマワズ算用セズニ、心中ノ処バカリヲ云テハ事理ハスマヌ也。程*子迹断ノ説可レ見。讐デモナイヲ讐也ト思テ討タルヲ、心中如在ナキトテ許スコトハナシ。其元ハ目ノ子算用ニセヌト云ガ主也。此方ハ目ノ子算用ニスルガ主也。爰デ大ニ違テクル也。大学章句、「学*者於レ此尽ニ其精微之蘊ニ」、義理ハ細カニ目ノ子算用ニセネバ明白ニナシ。修身大方（のは）、小*学載レ之。義理精微（のは）、近*思録詳レ之。今四十六士ノコトヲ論ズルニナリテハ精微ニカヽル筈ナリ。目ノ子算用ニセヌト云ハヽ、大義ノカヽラヌ人事ノ上ヲ大方ニ見テヲケト云コトナリ。学者ノ心ニ目ノ子算用ヲ嫌タラバ、俗情功利ノ私ニ入ベシ。可レ恐之甚也。

（浅野*吉良非喧嘩論）

浅野吉良喧嘩にては無レ之候得共、喧嘩と無理に申立（もうしたつる）四十六人の仕形に候得ば、公儀

享保戊戌　享保三年（一七一八）。
徒然草ノ犬　第二三六段にみえる、出雲大社の獅子・狛犬が、童のいたずらで後向きに立っていたのを見て、聖海上人が殊勝の事と感涙を流した話をさすか。
形而　無本・纂書により補。
程子迹断ノ説　迹（行為）を見て事の善悪を断定すべしとする程伊川の説。程氏遺書第十五に見える。
学者…之蘊　大学、伝三章の章句に「学者於レ此究ニ其精微之蘊ニ」とある。
小学　↓七〇頁注
近思録　↓七〇頁注
浅野吉良非喧嘩論　同じく韞蔵録巻十五の第三論である。原文には標題はないが、義人纂書所収のものの題を借りた。

を犯たると同前に候。喧嘩両成敗なるに、偏の御仕置堪忍いたし難(がたし)とて、吉良を討候得ば、公儀を犯たるものにて候。浅野改易は公儀より被二仰付一也。吉良が仕たる事にあらず。吉良は反て殿中にて頭を切られ候。或人算用して言(イフ)、「吉良が浅野に対して*つらくせして浅野に腹を立させたるは、浅野が吝で金をやらぬ故なり。是で差引相済也。殿中にて吉良が頭を切たるは浅野が借金なり。吉良が方よりは此代金を取筈也。浅野忿怒のあまりに殿中にての仕形は、公儀の物を大分借たる也。改易被二仰付一は借金を公儀え御取返被レ成たるなり。是にて差引算用相済。其後吉良を討たるは、古借金を返済せぬ上に、又新借金をしたる也。公儀前は差引相済たるに、公儀の改易被二仰付一たるは無理の仕形、押領被レ成たると申立たる也。算用〔で〕いやといわれぬ四拾六人の仕形は至極の無理也。一向算用を知らぬ」云々。是は或人の戯言なれども、無算用なる人に合点さするには的実也。我主人のたわけを尽したるを、たわけに立(たて)まいと云は無理也。主人がたわけを尽さふとも、臣の身にしてはたわけをいたされた、是非に及ばぬといふては居られぬ。たわけをいたされた本を*たんだへて、それを打殺すが義理じや。*是が継志なりと云へば中庸に合ぬ。主人が無理をしかけて喧嘩をして打切られたる、主人のが無理なれば、其分と言ては済ぬ。それは向の人をうち切筈也。公儀が無理で我主人を殺した時に、主人の讐を討んと云事はなし。況や*主君のが理にあたらず、我主人のが不調法なるをや。古人の法明白なり。*魚売が人にころしてくれよとたのまれて、毒魚を売ると喩をとるは、人外なる事、是は喩のあわぬと云ものなり。畢竟*朱子答二李敬子一書にて明白なり。朱子の説でも*させぬと云へば最早論はなし。吉良を討てあとの仕形、何れが忠義の迹有や。

つらくせ　面くせ。顔つき。ここは面あての意か。

たんだへて　探題へて。「探題ふ」は探し求める、尋ねる意。纂書「考て」。

是が継志…　→三八二頁注「中庸ノ継志」

主君のが理にあたらず　無本「主君のが理にあたり」、纂書「公儀のが理にあたり」。纂書のが最も筋が通る。

魚売が人に…　→三八三頁注「魚ウリノ説」

朱子答李敬子書　→三八〇頁

させぬ　無本・内本「ませ(ぜ)ぬ」、纂書「げせぬ」。

（*四十六士非義士論）

或人*四拾六士ノ批書ヲ看テ曰、「学問ノ義理深キコトハ合点ナケレドモ、今日武士ノ平生ノ覚悟デ見（みれ）バ、*夫程（それほど）ト合点シカヌル事デハ〔ナ〕シ。浅野氏前後ノ仕形、〔*喧嘩ジヤ〕、喧嘩デナイ、敵打ジヤ、敵討デナイノ論ハ差置キ、吉良ハ浅野ノ讐トキワメテヲイテモ、主君ノ讐ヲ伐（うち）タルハ武士ノアタリマヘ也。伐コトノナラヌハ腰ヌケ也。倭漢トモニ主君ノカタキヲ伐タル人数多（あまた）アリ。賢人君子ト云人ニテモナシ。日本デモ君父ノ讐ヲムクヒタル人大勢アリ。コレガシニクヒコトト云ニ非ズ。町人ナドノ心カラハ、サテモ成ラヌ事ヲシタ、忠臣ジヤ、義士ジヤト云者モアルベシ。武士タル者ガサテ〳〵ナラヌコトヲシタト云テ大ニ感賞スルハ意得（こころえ）ヌコト也。ソレヲ詩文章ニ書テ称美シ、アヤカリモノジヤ、アノ様ナ忠義ノ武士ニナリタヒト思ハ、トボケタコト也。君父ノ敵ヲ伐（うつ）覚悟ナキ人ハ武士デハナシト、身ドモハ存ズル。ソレヲメツタニホメテ、マレナコトノヤウニ思フ御士（おさむらい）衆ハ、心元ナキ覚悟也。学者衆ノ彼是ト論ヲメサルヽモ一向心ヘヌコト也。敵デナイヲ敵ト云テ伐タルハ根カラタワケカ利欲ノ為也。慥ニ主君ノ敵ニシテ伐タルニシテモ、ソレガ何程*カタヒシニクイ事ナルヤ。ソレヲ武士ノアヤカリモノジヤト云テ、四十六士ノ刀鑓ナドヲ才覚シテ求メ、墓参リヲシテ拝スルハ、何トシタル合点ナルヤ、不審ナルコト也。身共（みども）ハ君父ノ敵ナレバ何時デモタシカニ伐ツ。*着込（きこみ）・飛道具ノ用心ニモ及ヌ也。唐（から）ハシラヌ、日本ニテハ古ヨリ近代迄、君父ノ敵ヲ伐タル人大勢アレドモ、賢人トモ君子トモ云人デナイ、只ノ俗人

四十六士非義士論　前論にすぐつづいて収めてある。義人纂書では前論に含めているが、韞蔵録の論文排列の仕方などからみて、切り離した。題は仮題。

四拾六士ノ批書　韞蔵録巻十五には、重固問目・奥氏問目の直方批書のほか、「或人論浅野臣討吉良、先生批書」（この或人は三宅重固をさすか）、「三宅先生問目、稲葉正義朱批」を収めている。

夫程ト　無本「夫程」、纂書「夫程ニ」。

喧嘩ジヤ　無本・纂書により補。

カタヒ　難い。

着込　着籠。鎖帷子などを護身用に衣服の下に着ること。また、そのもの。赤穂浪士は「肌に致二着込一…帯には鎖を入申候て縫候由」（江赤見聞記巻四）という。

也。町人共ハ論ズルニ不レ足事也。紛レモナイ武士ガ此マヨイアルハドウシタコトゾ。君父ノ敵ヲ伐コトヲ夫程(それほど)大義ニ思ワレテハ、今日*仕士(しし)トナツテ奉公ヲメサル、ハ無分別也。*ヤラ〳〵ヲカシキコト也。身ハ書物モ何モ知ヌ世間並ノ武士也。学者衆ノ上ニハ深キ吟味アルコトナルカ、承リタシ」ト云々。

無学ノ人ナレドモ、ヨク合点スレバ此様ニスラリト*聞ヘタコトヲ云出ス也。学問ヲシテナマケルトハ、カヨウナルコトニテアラン。恥シキ事也。昔ノ*田横・予譲ガ類、皆道ヲシラヌ俗士共ナレドモ、アノトヲリ也。扨モマドヘバ路ガ見ヘヌトハ、カヤウナルコトナルベシ。此間一武人ノ物語ヲ聞及候間、書付申候。御考可レ被レ成候。

(*一武人四十六士論)

一武人曰、「浅野四十六士ノ事、儒者衆ノ論説アツテ殊之外六ケ鋪(むつかしく)*アヤアルヨウニ承及候。アレハ何ノカノト云コトハヲイテ、敵打ナラバ敵打ニシテヤルベシ。無学ノ人デサヘ主君ノ敵ヲ討コトハアタリマヘノコト、イヤト云レヌコト、十人ガ十人マヅハスルコト也。若(もし)ヱセヌ人アツテ、*ヘコカキヅラニ成テヲレバ、ソレハ腰ヌケト云モノニテ、武士ノ中ヘハ入レヌ也。儒者衆ハ義理ヲ知テヲラル、人ナレバ、爰ニ惑ヒハナイ筈ナルニ、四十六士ヲ忠臣ジヤ、義士ジヤ、古今無類ジヤ、タレモナルマイ、サテ〳〵アタラ士ドモヲコロシタ、ヲシキコトジヤ、四十六士ノ刀・脇指・衣類等迄貰ヒイタゞキ、守リ本尊ノ様ニスル

仕士 仕官をする武士。
ヤラ〳〵 感嘆詞。中世の狂言(比丘貞など)にみえる。内本「ヤレ〳〵」、纂書「アラ〳〵」。
聞ヘタコト 理解できること。納得できること。
田横・予譲 →三七三頁

一武人四十六士論 韞蔵録巻十五の最後(第十五論)に収めてある。題は義人纂書より借りた。
アヤアル 文アル。模様・色彩がさまざまであること。表現・言いまわしが種々であること。
ヘコカキヅラ 間抜け面のことか。「へこにかく」は馬鹿にする、軽蔑する(全国方言辞典、山口県大島)。へこは褌(ふんどし)のこと。

ハイカナルコトゾヤ。*浅見安正ナドモ殊之外称美、*三宅九十郎ナドハ書物ニ作テ称美シラレタト承及ブ。右二人ハ京都ノ町人儒者ナレバ、刃傷ヲ大切ナルコトト思フテ感歎スルモ聞ヘタコト也。*三宅丹治ト云(いう)儒者ハ根本真(まこと)ノ武士ニテ、仕士ノ時モハキトシタル仕方ノ人ト承及タルニ、安正・九十郎ト同ク四十六士ヲ称美シラル、ト云ハ、サテ〱意得(こころえ)ヌコト也。何トゾワケノアルコトナルカ。主君ノ敵ヲウツコトヲ*イコウ苦労ニ思ハル、カ」。

一学者答曰、「四十六士ノコトハ直方ノ説アツテ埒ノ明(あ)ヒタコト也。ソチナドノ知ラル、コトデハナシ。俗士ノ上デハ、ソチノ論ノ通リニシテヲイテヨシ。儒者ノ吟味ニハ、四十六士ヲ敵デナイ、敵ジヤト云ノ論也。ソレハ朱子ト云唐(から)ノ大儒ノ論ニテ埒アイタコト也。世上ノ人フト見タガフ*所アリテ、ソレヲ改ルコトナラズ、無理ニ自己ノ見タガヒヲ立ントノ私意也。次第ニ義理明ニナツタラバスムデアルベシ。無用ノ論ヲヤメテ、タヾ四書ノ読書ヲシタルガヨシ」。〈*正信謂、此*荻野重祐所レ記乎。未詳。〉

浅見安正　浅見絅斎。後出(三九〇頁)。

三宅九十郎　三宅観瀾の通称。京都の人。浅見絅斎・木下順庵に学ぶ。元禄十二年(一六九九)水戸藩の史館編修となり、大日本史の編纂にあたり、正徳元年(一七一一)には鳩巣と共に幕府儒官となった。著書には『中興鑑言』などのほか、赤穂事件について『烈士報讐録』がある。延宝二年(一六七四)—享保三年(一七一八)。

三宅丹治　三宅尚斎(重固)の通称。

イコウ　ひどく。

所　底本「取」に「処カ」の傍書。無本・纂書による。

正信　韞蔵録の編者、稲葉黙斎の名。直方の弟子稲葉迂斎(正義)の子。唐津藩に仕え、のち総州に隠棲。享保十七年(一七三二)—寛政十一年(一七九九)。

荻野重祐　号は斃已斎。直方・絅斎に学ぶ。著書『担当雑志』(享保七年成る)など。生没年未詳。纂書では「正信謂…」の部分が、「此説未レ詳二誰著一、疑荻野重祐所レ述歟」となっている。

四十六士論（浅見絅斎）

絅斎先生四十六士論*

播州赤穂敵討ノ物語、世上ニカクレナキコト勿論ナリ。マヽコレニ疑アルモノ有レ之由ニテ、四十六人ノ者其主人ヘノハタラキハ無二余議一ヤウナレドモ、天下ヨリユルシヲカレタルヲ討ハ、天下ヘ対シテノ不義也ト云。其レヨリサマ〴〵ノ附会ノ説モ有レ之。彼方此方ヨリ此(この)是非得失如何、聞カマホシキ由ニテ書キ来ル。一覧スレバ皆大カネ*ノ立ザル議論ナリ。此イチマキ*ノ物語、介石記*・忠義記*ナドイヘルヤウナル記録、方々ヨリ集リ来ルコト大分ナリ。書生ニ命ジ全巻トシテ、其後ニ其弁ヲアラハサントスレド、未(いまだ)其暇ニ及ズ。所詮記録ノ詳略異同少々カハリアレドモ、畢竟四十六人ノ輩忠義ノ大要ハマギルヽコトナシ。今略(ほぼ)是ヲ弁ジテ其備トセントス。

夫レ上野介、大礼公儀ノ役人ノ主トシテ、私欲私意ヲ以、内匠頭不調法ニナルニモ心ヲ用ズ、晴ナル殿中人前ニテ恥辱ヲアタヘルヤウニシテ、内匠頭ヲ激怒セシメ、如レ此ノ事ニ及(およぶ)ハ、根本、上野介君(きみ)ヲ後ニシ己ヲ恣ニスル罪不レ容レ誅(ちゆうをいれず)。譬(たと)ヒ内匠頭初ヨリ不レ打トモ其罪不レ可レ逃。若(もし)誅ニ不レ及(およばざれば)、其位ヲ退テ可也。其禄ヲ褫(うばい)テ可也。然ドモ内匠頭ニ於テハ私忿ニ不レ堪、公庭大礼ノ節ヲ不レ憚、卒爾ノフルマヒ、是亦夥シキ越度(おちど)ナリ。然ドモ一点一毫公上ヘ対シテノ意ニアラズ。又公儀ハトモアレ、憚カルコトナキノ心有レ之ニアラズ。兼々ト云、其日ノ恥辱ト云、忿激心ヲモヤシ、前後顧ルニ不レ暇(いとまあらず)シテ是ヲ切テ、上野介タ

絅斎先生四十六士論　絅斎は、浅見安正の号、通称は重次郎。近江の人。延宝五年(一六七七)頃、山崎闇斎に入門、崎門三傑の一人とされたが、のち師説を批判して絶縁。京都に住んで門人若林強斎・山本復斎らを教えた。著書に『靖献遺言』『氏族弁証』などがある。承応元年(一六五二)―正徳元年(一七一一)。この四十六士論は甘雨亭叢書別集に収める忠士筆記(ひらかな交り)とほぼ同文である。宝永三年(一七〇六)十月、四十六士について忠士なる所以を説いている(年譜)ので、成立はそれ以後か。

大カネ　大矩。直角を測るための大型のかねじゃく。ここは基本、規矩の意。纂書「大ムネ」。

イチマキ　一巻。

介石記　著者未詳。義人纂書所収。標題の下に「此一書東武一向宗某寺住僧著作云」、青竜院本奥書に正徳三年、融山憲海が書写した旨、記されている。別名「大石良雄忠義物語」。事件を追って文書・書簡・俗説を混じえながら実録風に経過を物語っている。

忠義記　未詳。赤穂義人録、忠義実録(著者未詳、写本)、赤穂忠臣記(同、宝永五年以前成る)の類か。

チニゲ、且ツ取リヲサヘタル方有レ之ユヘ、俄（にわかの）コトニテ得（え）存分ヲ不レ遂。若（もし）存分ニ切リ得タラバ其マヽ自害スルニテアルベシ。自害ノ間ニ不レ及（およばざれば）、御誅罰ニアヅカルベキ合点、勿論ノコト也。然ラバ大法ヲ以云ヘバ、自分同士ノ喧嘩両成敗ノ法ナリ。若又内匠頭大礼ノ場ヲ乱リタルヲ科トセバ、只乱リタルニテ非ズ、皆上野介私意ニテカヤウニナルコトナレバ、内匠頭成敗ニアヅカレバ上野介モ成敗ニアヅカルベキ筈也。然ドモ只内匠頭ハ大礼ノ場ヲ乱ルノ罪ヲ以誅セラレテ、相手ノ上野介ハ其分ニテ少モ責罰ノ体モナケレバ、内匠頭死ハ上野介ガ為ニウタレタルニキハマレルトコロ、無ニ余議一コト也。然レバ内匠頭臣子タルモノ、内匠頭先太刀ノ刃ヲ遂テ上野介ヲ討ザレバ、大義イツマデモ不レ済。是タヾ我主ノ相手ヲ、主ノ討ント欲スル存念ノ通リニ討タルマデニテ、全ク上ヘ一点ノ怨、一毫ノ手サス存念無レ之コト明ナリ。上ヨリユルシヲカルレバ、其分ト云ハ大体ノコトナリ。我君タリ親タルモノ、敵ヲ、上ヨリユルシヲカル、ホドニト云テ、上ニ憚リ討ザルト云大義無レ之。世上所レ伝曾我兄弟、工藤祐経ヲ討タルハ、頼朝ハ祐経ヲユルシヲケドモ、我親ノ敵ナレバ狩場ノ屋敷ヘ忍ビ入テ是ヲ討。是全ク不忠ニ非ズ。然ドモ*頼朝ニ怨アルトテ其ヨリ直ニ切コミタル、是ハ大不義不忠也。ソレモアトノ頼朝ヘ対シテノシワザハ不義不忠、其前ノ親ノ敵討タルマデハ忠孝カクルトコロナシ。アトノアヤマチニテ前ヲヲホハザルハ、*功過不ニ相掩一（あいおおわず）ノ旨也。大石ガシワザハ始終本末全ク上ヘ対シテ手サスコトナシ。自害ニモ不レ及、メン〱ノ首ヲサシノベテ上ヘ任セ奉ルノ義、主人内匠頭平生上ヲ奉ズル忠義ノ心ヲ得タルモノト云ベシ。次第ニ此者共ノ始終明ニナリテ、上野介アトモ其不忠ノ体ニ処セラレ、四十六人ノ者ノアト〱モ大ヤウニテ、*族罪ニモ不レ及、墓所ヲモユルサレタル体、

頼朝ニ怨アル… 曾我物語巻十「頼朝をば、何とて敵と思ひけるぞ」(曾我五郎)「…我らながく奉公をたやすのみならず、子孫の敵にてはわたらせ給はずや」。吾妻鏡、建久四年五月二十八日条「五郎者、差ニ御前一奔参、将軍取ニ御剣一、欲レ令レ向レ之給」。

功過不相掩 功名と失敗、善事と悪事は、差し引きにはならぬ。

族罪 家族や親族が縁座する罪。

其忠義自然ト明ニ聞召ワケラレタルトミヘ、事ヲ執ル人モ聞ワケアルト見ヘタリ。タトヘ若（もし）左様ニナク、子々孫々マデ微塵ニ骨ヲ砕カル、トテモ、忠義ノ心別ニ恨ルコトナシ。方*正学ノ通リ也。如レ此コトハ別ニマギラワシキノ疑シキノ穿鑿ナシ。学ブモ不レ学モ天下一統明ナル義理*ト云モノ也。ナマジイニ学者ニ格別見処（けんしょ）高上ニ云タガルモノハ色々〳〵ノ意アリテ、異論ヲ説モノモヒロキ中ニハアルベシ。其論不レ足レ取。

或人云ヘルハ、「大石以下ノ者モ直ニ泉岳寺ニテ自害シタラバ、小学善行*ノ類ニモ入べキニ、其マ、死ザルユヘニ不義ナリ」ト云。是亦ナニトモアトサキワケノ立ザル云分ナリ。タトヘ泉岳寺ニテ死ザルハ義理ニアラズトモ、兎角主ノ敵討タルハ忠義也。其死スル死ザルハアトノ吟味、曾我兄弟ガ不忠不義ノ吟味ト同ジコト也。況ヤ自害セズ太刀刀（たちかたな）ヲ棄テ、急度（きっと）大目付ノ御方ヘ人ヲ以申上、公義ノマ、ニ身ヲサシアグル段、始終神妙従容タルコト也。無証*ニケナゲ手ギハ*ヲシテ、死後ノ美名ヲ求ムベキワケナシ。自害セズバ、一分モ其分ニテ赦シ置ルベキハヅ見ヘザルコト、愚人モ知タコト也。其レ程命ヲシクバ、是程ノ授*レ命ノ大義ヲ何シニ思ヒタツベキヤ。初（はじめ）連判ニ加リテ、次第〳〵ニ近ヅクホドニゲタル腰ヌケ共ニテ、証拠ミヘタルコトナリ。或人ノ云通リニ、泉岳寺ニテ自害スレバ善行ニ入トアレバ、前ノ上野介ヲ主ノ敵トシテ討タルハ不義ナルト云コト、又義理ニナルニヤ。是ホド前後ソロハザル云分ナシ。

又或人曰、「上野介*ヲ討タルハ内匠頭ガ打ソコナイタルコトニテ、上野介ガ討タルコトニテナシ。ソレヲ主ノ敵ト云ハ非ナリ」ト云。是別シテ春秋*ノ旨ヲ不レ知浅ハカナル論ナリ。直ニ切ラネバ其敵ニアラズト云ハヾ、事ノワケハチガヒタレドモ、趙盾*（ちょうとん）ガ姪ノ主ヲ弑

方正学　明の二代目の恵帝の侍講となった儒者方孝孺。正学はその号。恵帝の叔父燕王が位を奪い帝位につき、即位の詔を方孝孺に書かせようとしたとき、「燕賊、位をうばふ」と書いて反抗したので、親族・門人に至るまで数百人が殺された。

義理ト云モノ也　纂書は「義理ト云モノデ」とのみあり、「…意アリテ」までなし。甘雨亭叢書「忠士筆記」はほぼ底本に同じ。

小学善行　善行は小学の篇名。

無証　無上、無性。

ケナゲ手ギハ　健気手際。殊勝な風を装うこと。

授命　いのちを投げ出すこと。

上野介ヲ…　直方「上野助ハ彼等ガ讐ニハ非ズ。…」(三七九頁)。

春秋　孔子が編集したと伝えられる歴史書。五経の一。

趙盾…　春秋時代、晋の霊公は不徳で、家老の趙盾をけむたがりこれを殺そうとしたので、趙盾は逃げて国境まで行った。しかし趙穿(趙盾の従兄弟の子)が霊公を殺したので、趙盾は帰り、別の君主を立てた。この事件を、乱を起こした趙穿を趙盾が殺さないのは、趙盾が君主を殺したのと同じだとして、孔子が春秋(宣公二年)で「趙盾その君を弑す」と書いていることをいう。姪とは、もと兄弟の子をいう。

シタルヲ幸トスルヲ、趙盾ガ直ニ弑シタルト孔子ノ春秋ニカヽレタルハ誤リナルベシ。我主人人ヲ打損ジ、其為ニ主人殺サレタレバ、其人敵ニ非ズシテ誰ヲ敵トスベキヤ。此類甚ダ多キコトユヘ、挙ルニ不レ暇。

或人又云、「内匠頭剣術ニ昏シ。切リソコナイタルハアサマシキコトナリ。上ノ御用ニ立ベカラザル者」ト云。是又ヲカシキコト也。尤直ニキリコロシ剣術ヨクバ、ナニカアルベキ。然ドモ遽ナルコトニテ心セキ、且上野介ニゲアルケバ、其間無レ之コトハ不幸ナリ。一足モニゲタルヤウス見ヘズ。是ヲ用ニ立ザル者トテ御成敗アラバ、上野介ニゲタル臆病者ナニノ用ニ立ベキ。ツマル所、上ノ*執レ事(ことをとる)衆ノサバキニ瑕ヲツケズ、善キヤウニ云ナシタキ意ヨリ、カヤウニサマ〲付ラルヽホド付ニクキ理ヲトリ付云タルマデト見ヘテ、正味皆用ニタヽザルコト也。唐ノ*段秀実、又浅井ノ家臣*遠藤喜右衛門等、皆吾主ノ敵ヲ打損ジタルサヘ、忠義ノ明ナル疵ニナラズ。況ヤ場ト云、取ヲサヘタル方有レ之、加様ノ節相手ヲ得(え)打トメザル例甚多シ。事ノワケモ不レ正シテ、*軽卒ニ賤シメソシルコト、是マタ本末ヲワキマヘザル論ナリ。

只一ツ上ノユルシヲカルヽヲ背クト云ヲ愚俗ハ惑フ者アレドモ、ソレハサキ云ヤウニ、親ノ敵ヲ上ヨリユルシヲカルヽホドニト云テ、子タルモノ討ベカラザル理ナシ。是ハ上ニ背クニテハナシ。親ノ敵ハ他ヲ顧ルコトナキユヘ、上ニ背クヤウニアトハミユレドモ、*瞽(こ)叟(そう)人ヲコロサバ舜負テ逃ト同ジコト也。意アリテ上〔ニ〕背(そむく)ニアラズ。何ホド親謀叛ヲ起(おこす)ト云テモ、親ノ命ニ不レ従、*親ノ諫メテモ死シテモ謀叛ヲ起サセヌヤウニスル、是亦親ニ背ト云モノニ非ズ。君父同然之理、此則忠孝之至也。

執事衆　執政者。

段秀実　玄宗に仕え、のち徳宗のとき司農卿となった。朱泚(しゅせい)が反乱を起こしたので、段秀実はつばを吐きかけ大いにののしり、笏で打って朱泚を傷つけ、朱泚に殺された。乱ののち忠烈であったとして太尉を追贈された(唐書巻百五十三)。

遠藤喜右衛門　直経。浅井長政の家臣。元亀元年(一五七〇)姉川の戦の際、信長に近づいて討とうとしたが、竹中久作(重隆、半兵衛の弟)に発見されて討たれたという(浅井三代記巻十五ほか)。

軽卒　軽率。

瞽叟…　孟子、尽心上の「桃応問ひて曰く、舜天子となり、…瞽瞍(舜の父)人を殺さば則ちこれを如何んせんと。…(孟子曰く)舜は…窃かに負ひて逃れ、…終身訢然として楽しみて天下を忘れん」による。

親ノ諫メテモ死シテモ　纂書「親ヲ諫テ死ヌヲ」。

又或人ノ一説、別シテ卑狭ナル議論アリ。四十六人ノ者ドモ何方ヘモアリツキヤウナク、カヤウノ敵打ヲコシラヘ、*地行(ちぎょう)ニアリツク下地ニシタルトアル。サテ〳〵キタナキ云分ナリ。此者ドモノ始終ノシワザ、コレホド残ル所ナク、一命ヲ棄テ書置マデシタルモノニ、*古金買(ふるかねかい)ノ云ヤウナルキタナキコトヲ云ハ、皆此者ドモノコトヲ云消ス云草マデ也。況ヤカリソメナガラ大身ノ大屋敷ニ、家来大分ニテヒカヘ、其一門モ歴々アル方ヘ、四十六人ニテ忍込打ントス。一人モ命生テカヘラント云ノゾミアルベキヤ。其レヲ地行ノ望アルト云ハ甚不明ノ議論ナリ。且大石等大分ノ金銀アリ。又是非飢渇ニ及ブガ哀シクバ、カヤウノ命ヲステタル地行ノ求ヤウセズトモアルベシ。サテ〳〵サスガ士タルモノヲ評判スルニ似合ヌ誣言ナリ。

或人曰、「若(もし)内匠頭意趣、今度大礼ノワケニテ此ナク、*別ニ堪忍ナリガタキ一分ノ意趣アリテ如レ此シタル時ハ如何」。曰、「此畢竟同事也。一分ノ忿ニ*公筵ヲ不レ顧、其罪固ヨリ不レ可レ逃。然ドモ一点毛頭君上ヘ対シテ不敬ノ意アツテスルニアラザルハ同事也。サレバ四十六人書置ニモ、一言ノ上ヲウラムルノ心ナク、極テ道理ヲ尽シ礼儀ヲ弁ヘタル書ヤウナリ。然ドモ不義叛逆ノ外ハ、何ノワケニモセヨ、前言ル通リニ、*吾主、人ヲ打ソンジ、其故ニ死タレバ、吾主人ノ存念ヲトゲズ、共ニ天ヲ戴テ居テハ、*何ノ君臣ノ義理ノアルベキ。朱子平生所レ云、「*公法行二於上一、私義伸二於下一」ト云ハ此旨也。大抵君ニ仕ルモノ、家中ヒロク又骨肉ニテモナク、ワタリ奉公ノ風俗ナリニアルユヘ、其場スグレバ主ノ讐ハ*総ナミニナリテ、身ニ切ニ覚ヘザルハ、皆平生君臣ノ義ノ*講求不レ明ユヘナリ。総テ太平記以来、東西南北、乱世之間、ケナゲナル働モ大分アリ、知勇ノ人モ随分多ケレドモ、忠

地行　知行(纂書)。

古金買　底本「右金買」。古金買(古鉄買)は屑鉄を買い集める者。

別ニ　纂書、下に「上野介ニ」が入る。

公筵　おおやけの席。纂書「公廷」。

吾主、人ヲ　纂書「我主人」。

何ノ君臣ノ　纂書「何ゾ君父ノ」。

公法行於上…　出典未詳。

総ナミ　総並。一般的傾向。ここでは、全体の問題に平均化されて、自分だけの問題として痛切に感じないこと。

講求　講究。研究。

臣義士ト名ザシテ吟味スレバ如レ形マレナリ。皆何タルワケニテアルベキヤ、能々ワキマフベキコトナリ。サモナフテ、主ノ禄ヲ得テ奉公スルト計（ばかり）*意（こころう）ル分ハ、*心本（こころもと）ナキコトナリ。余*靖献遺言ヲ著シタルモ、何トゾ少モ其益アル*タトヘ存スル計（ばかり）ナリ」。

或曰、「若又内匠頭何ワケモ意趣モナク、只立タル柱ヲ切リタル様ニテ上野介ヲ打タラバ如何」。曰、「其レナレバ*乱気ト云モノナリ。乱気ノ者ニ切腹ノ法アルベカラズ。若ソレトモ相手ヲ切リ殺シタラバ、トカク両成敗ノ法ナレバ、乱気ト云トモ其身ハ死ニ伏スベキコト勿論ナリ」。

或曰、「四十六人ノ者大勢*兵具ヲ帯シ、相詞（あいことば）・相印（あいじるし）ヲナシ、戦場ノ法ヲナス、大罪也。如何」。曰、「是モ左様ニ云タテレバ、アナガチ此者ドモ上ヲハヾカラザルシワザ、只軍ノ如ナド、キコヘレドモ、小人衆ニテ大身ノ屋敷ヘ忍テ、何トゾ主ノ敵ヲ打モラサヾル心ヨリ、不レ得レ已之支度ナリ。全ク上ヘ憚ラズノ、又サハガスルノ心ナシ。親ノ敵ヲ打トモ、相手ニヨリ場ニヨリ夥シキ騒動ニナルコトモアルベケレドモ、其レハ期スル所ニアラズ。ソレジヤホドニトテ、只憚リノミヲ考テ、敵ヲ打モラスシワザヲセバ、君父ヲ後ニスルト云モノ也。況ヤ此者共ノ支度、隣ノ屋敷ヘモ一点*カマワヌ、本屋敷ニテモ、カマイニナラザルモノハ不レ殺様ニシテ、火マデアヤマチナキ様ニシテ出ルホドノ心ガケナレバ、軍ノ出立ヲ上ヲ欺クノト云ハ、此者ノ本心ヲ見立ヌ云分ナリ。大抵此程ノ大事ニ、タトヘ少々越度アルトモ、其本意ヲ弁（わきま）ヘ*恕（ゆる）シテ、忠義ニ疵ヲ付ザルガヨシ。夜中ノ事ナレバ、相詞ナクテハ*マギルベキ。若又壁ヲ越テ敵ニゲバ飛道具モ可レ入。手前疵ヲ蒙リテハ敵ウタレズ、襯甲（キコミ）等モスベキコト也。且タトヘ大石ハ父子バカリニテ、只常ノ如クノ体ニテ忍ビ入リ、飛道

意ル　纂書「心得ル」。
心本ナキ　纂書「心元ナキ」。
靖献遺言　絅斎の主著。忠臣烈士とされる屈原・諸葛亮・陶潜・顔真卿・文天祥・方孝孺ら八人の遺文・略伝を載せ、先人と自己の論評を付したもの。貞享四年(一六八七)成る。尊王討幕論者に愛読された。
タトヘ存スル　纂書「為ト存ズル」。
乱気　乱心。
兵具ヲ帯シ…　直方の論(三七九頁)。
カマワヌ　纂書「カマハズ」。
恕シテ　底本「怒シテ」。
マギルベキ　纂書「マギルベシ」。

具モ相印モナクトモ、上野介ヲ打殺シタラバ、上ヨリ不レ苦トテ其節免(ゆる)シヲカルベキヤ」。
又「此者共*山鹿流ノ軍法ヲ尊ビ、流浪ノ身トナルノ激意ヨリ起テ、皆権謀ヲ以*処置、忠義惻怛(そくだつ)之情ヨリ出ルニ非ズ」ト云。是亦一笑ノ説也。楠正成之軍法モ、漢ノ*張良、*諸葛孔明ノ軍術モ、権謀ヲ免レザルコト多シ。然ドモ有二儒者ノ気象一ノ、古今ノ忠義ノト云テ、今ニ照リ赫キテ疑論スルモノナキハ、本心大義ノ明ナル故ナリ。タトヘ本心ハトモアレ、本義サヘ立テバ、忠軍義戦ノ類ヲハヅレズ。*綱目ノ書法、吾国太平記ノ宮方(みやかた)ナド然リ。況ヤ此者ドモ、書置其外、始終主ヲナゲキタル一念、マギレナキコト明ナルニ、何ノカノト*吹レ毛求レ疵コト、皆非ナリ。「*欲レ加フルニ人ニ以セバ罪ヲ、何患レ無レ辞」ト古人ノ云ルハ此タメナリ。

又或人、「一*人忠義ト云ヘバ学者皆雷同ス」ト云。夫レ雷同ト云ハ、人ノ多少ニカギラ〔ズ〕上タル人カ権勢ノ人ノ云コトニモセヨ、其意ニヲモネリテ付テ合スヲ雷同ト云。スレバ佞諛ノ心ヨリ出レバ、一人デモ雷同ナリ。舜ノ孝ヲ称シ*文王ノ忠ヲ尊ブ如キハ、天下万世一同ニソロフテ云ヘドモ雷同ニアラズ。只実ノ義理ヲ知ガ専要ニテ、人ノ言フ様ニ吾モ言フノ言ヌノト云コトハ何ノ嫌フコトナシ。

或人又謂、「*余未三嘗テ見二関東ノ事体ヲ一、故ニ其ノ論如シレ此ノ」。曰、「余則チ未ダレ見二関東ヲ一。然ルニ天下熟ニ見ル二関東ノ事体ヲ一者、*率(おおむね)不レ聞カ二于吾ガ所一レ説クニ。且又京都ニ何事ニテモアラバ、東人未三嘗テ到ラ二京師ニ一者、雖モレ不ト惑ハ二于義理ノ是非ニ一、亦概シテ以テレ不ルヲレ知ラ二事体ヲ一、不レ得ルレ議スルコトヲレ之。如キハレ此ノ則チ学者論ジ二遠近ヲ一、覈シ二古今ヲ一明ラカニスルモ二当然之理ヲ一、亦為ル二無用之閑事ト一也。其可ナラン乎。畢竟吾ガ所ハレ論ズル、則チ何ノ曲折多端モナシ。吾(わが)君父人ヲ撃(うち)損ジ、其タメニ命ヲ害セラレ、相手ハヌケ〳〵ト生テ居ルヲ、

此者共…　直方の論(三七九頁)。
山鹿流ノ軍法　山鹿素行(元和八年—貞享二年)の兵学。素行は承応元年(一六五二)より万治三年(一六六〇)まで長矩の祖父長直に仕えて兵学を教え、また寛文六年(一六六六)より延宝三年(一六七五)まで赤穂に配流されていたこともあり、のち長矩らも入門したが、大石ら四十七士は直接学んだ事実はない。
処置　纂書「処置ス」。
張良　黄石公より兵書を授けられ、劉邦の軍師となり、漢の天下統一に貢献した。鴻門の会において謀をもって劉邦の危機を救ったことは有名。
諸葛孔明　諸葛亮。三国時代、蜀漢の劉備に迎えられて宰相となり、呉の孫権と結んで魏の曹操を赤壁に破って、天下を三分した。のち魏と対戦中、病死。
綱目　(資治)通鑑綱目。朱子撰。司馬光の資治通鑑を省約して綱目を作ったもの。朱子の手になる綱(大要)は褒貶の意を寓し、正統・非正統に分けて名分を正した。
吹毛求疵　強いてあらさがしをすること。
欲加人…　左伝、僖公十年「欲レ加二之罪一、其無レ辞乎」による。晋の恵公が、味方であった里克を殺そうとした時、里克の言ったことば。人に罪をきせようとするならば、何とでも口実はつくものの意。

臣子タルモノ、此方ノ君父ノ不調法ユヘトテ、ワキヨリナガメテ居ルヲ忠臣義士トテ、禄ヲアタヘ召シ仕フコト、何ノ用ニ立ベキヤラン。平生君臣之吟味ニ存ジヨラザルコト也。

其他則不レ可二悉挙一、要以レ此推而可也」。

浅見安正識

一人忠義…　直方の論(三七八頁)。

文王　周の武王の父。殷に仕えて西伯と称された。

余　纂書活字本「子」、纂書写本「余」。子(あなた)が正しいか。

率不間于　底本「率不間子」。纂書による。

四十七士論（荻生徂徠）

四*十七士の事を論ず

本集、「義*奴市兵衛の事を記す」の下に附す。いま刊行する所の者はこれを除く。

外*史氏曰く、辛巳の歳三月、天*使東下す。この日、赤穂侯浅野長矩、私*懟（したい）を以て佩刀を抜き、少*将吉良義英を殿廷に撃つ。義英創つけども死せず。その夕（ゆふべ）長矩死を賜はり、国除かる。義英は故（もと）の如し。壬午十有二月に迨（およ）びて、赤穂の遺臣大石□□ら四十有七人、夜義英の第を襲ひてこれを戕（そこな）ひ、然るのち手を束ねて擒に就く。越えて翌年二月みな死を賜はる。世みな謂（おも）へらく、四十有七人の者は、身命を主死するの後に捐（す）て、以て報いらるることなきの忠を効（いた）すと。翕*然（きふぜん）として義士を以てこれを称す。予を以てこれを観るに、これまた田*横海島五百人の倫（ともがら）なり。それ長矩、義英を殺さんと欲す。義英の長矩を殺せしには非ず。君の仇と謂ふべからざるなり。赤穂は義英を殺さんと欲したるに因りて国亡ぶ。義英の赤穂を滅ぼせしには非ず。君の仇と謂ふべけんや。長矩一朝の忿、その祖先を忘れて、匹夫の勇に従事し、義英を殺さんと欲して能くせず。不義と謂ふべきなり。四十有七人の者、能くその君の邪志を継ぐと謂ふべきなり。義と謂ふべけんや。然りと雖も、士や生きてはその君を不義より救ふこと能はずんば、寧ろ死して以てその君の不義の志を成さん。事勢のここに至るは、これその情を推すに、また大いに憫（あはれ）むべからざらんや。故に予以て田横海島五百人の倫と為すなり。いま佃*奴市兵衛の事を察するに、則ち大いに長矩の臣に勝（まさ）らずや。鞠*躬（きくきゆう）として力を竭（つ）くし、以てその主に忠たるの道を致し、能くことごとくその

四十七士の事を論ず　下の原注にある通り、本来は徂徠集巻十二の「記義奴市兵衛事」の付記になっていたもの。徂徠集刊行（元文五年）の際に削られ、写本の徂徠集拾遺に収められて残っている。荻生徂徠（寛文六年―享保十三年）は元禄九年（一六九六）より柳沢吉保に仕え、この事件についても意見を徴されたというが、市兵衛褒賞の事が宝永二年（一七〇五）なので、本論は、その頃に執筆されたものであろう。

義奴市兵衛　上総国市原郡姉崎村の名主次郎兵衛の傭僕。寛文三年（一六六三）―享保十九年（一七三四）。元禄八年の猪鹿狩りの際の誤射事件を内済にしたため、関係者が処罰され、次郎兵衛も大島へ遠島になった。そのため市兵衛は残された家族を養育するかたわら、毎月赦免を嘆願していたが、宝永二年二月―三月の頃、ついに聞き届けられた。徂徠のほか、林鳳岡・天野信景らが詩文で称えている。

外史氏　民間の歴史家。徂徠の自称。

天使　勅使。

私懟　個人的な恨み。

少将　上野介は延宝八年（一六八〇）左少将に任ぜられた。

翕然として　みなが口を揃えて。一斉に。

田横…　→三七三頁

佃奴　ここでは農家の下男。

為すを得る所の者を為して、久しく輟めず、誠志、*県官を感ぜしめ、以てその主の家を復して、身良民と為るを得。これまた大いに長矩の臣に勝らずや。嗚呼、遇ふ所の同じからずと雖も、然れどもその志を推すに、また義と謂ふべきのみ。

論四十七士事　本集附*紀義奴市兵衛事下、今所刊行者除之、

外史氏曰。辛巳歳三月。天使東下。是日赤穂侯浅野長矩。以私懟抜佩刀。撃少将吉良*義英于殿廷。義英創而不死。其夕長矩賜死。国除。義英如故。迨壬午十有二月。赤穂遺臣*大石□□等四十有七人。夜襲義英第而戕之。然後束手就擒。越翌年*二月。皆賜死。世皆謂四十*有七人者。捐身命于主死之後。以効無報之忠。翕然以義士称之。以予観之。是亦田横海島五百人之倫也。夫長矩欲殺義英。非義英之殺長矩。不可謂君仇也。*赤穂因欲殺義英而国亡。非義英之滅赤穂。可謂君仇乎。長矩一朝之*忿。忘其祖先。而従事匹夫之勇。欲殺義英而不能。可謂不義也。四十有七人者。可謂能継其君之邪志也。可謂義乎。雖然。士也生不能救其君於不義。寧死以成其君不義之志。事勢之至於此。是推其情。不亦大可*憫乎。故予以為田横海島五百人之倫也。今察佃奴市兵衛事。則不大勝於長矩之臣乎。鞠躬竭力。以致其忠主之道。能尽為其所得為者。而久弗輟。*誠志感県官。以復其主之家。而身得為良民。是不亦大勝於長矩之臣乎。嗚呼。雖所遇之不同。然推其志。亦可謂義也已。

鞠躬　つつしみかしこみ。
県官　もと天子のこと。ここでは幕府の意で、「公儀」にあたる語。

紀　徂徠集・纂書「記」により訂。
義英　纂書「義央」。以下同じ。纂書写本、欄外に「央作英下同」。
大石□□　底本、二字分空白。纂書「大石某」。
二月　纂書なし。
有　纂書なし。
赤穂　纂書、下に「侯」あり。
忿　纂書「怒」。
憫　纂書「憾(うら)」。
誠志　纂書「誠思」。

赤穂四十六士論（太宰春台）

*赤穂四十六士論

元禄十四年辛巳春、*山城天皇、人をして来聘せしむ。*憲廟、赤穂侯長矩・*南吉田侯村豊〈東海の*参、南海の*予、みな吉田城あり。ここに南と言ふは、以て参の者に別つ〉を以て*館伴と為し、吉良義央を*大行人と為す。凡そ皇使の来るや、*東朝の人、その礼を知るもの鮮し。ただ大行人のみこれを知る。ここを以て諸侯の館伴と為る者、辞を卑くし幣を重くし以て教を大行人に請はざるはなし。ここにおいて南吉田侯弱く、その臣陰かに南吉田侯の命を以て、吉良子に金帛を遺ること数に過ぐ。朝するに及びて吉良子特に南吉田侯を誉めて、その館伴の善を称す。赤穂侯これを怨む。*三月十五日、皇使朝す。赤穂侯刀を抽きて吉良子を撃ち、額を傷つく。人ありこれを*救ふ。死せず。憲廟大いに怒り、赤穂侯を*一関侯の邸に拘し、この日死を賜ふ。遂に使を遣し赤穂城を収めしむ。吉良義央は大行人を免ぜられ、都下に家居す。越えて明年壬午冬十二月十四日、故の赤穂の大夫大石良雄、及び諸士、共に四十六人、夜吉良氏を襲ひ、義央を殺し、首を斬りて以て行る。遂に泉岳寺の故の赤穂侯の墓所に詣りて*捷を献ず。事畢はり、みづから官に帰し以て死を待つ。事、聞す。憲廟乃ち有司に命じ、四十六人を分ち、四侯の邸に囚せしむ。十七人を*肥後侯の邸に、十人を*南松山侯の邸〈南海の予、山陽の*備、みな松山城あり。ここに南と云ふは、以て備中の者に別つ〉に、十人を*長府侯の邸に、九人を*岡崎侯の邸に囚す。明年癸未春二月四日、みな死を囚所に賜はる。長矩に*庶

赤穂四十六士論　紫芝園後稿の後印本では削除されている。執筆は享保十六—十八年(一七三一—三三)頃。

山城天皇　山城国に住む天皇。春台は徳川将軍を国家・県官と表現するのに対し、天皇をこのように表現する。

憲廟　五代将軍綱吉。常憲院の院号を中国風に用いる。

南吉田侯　伊達宗春、のち村豊に改む。→二七四頁

参　三河。参河とも書く。愛知県東部。

予　伊予。愛媛県。

館伴　接待役人。御馳走役。

大行人　接待役人の長。高家。

東朝　幕府。

三月十五日　正しくは十四日。

救ふ　止める。

一関侯　陸奥一ノ関城主、田村右京大夫建顕。→一六七頁

捷を献ず　戦勝の報告をする。

肥後侯　肥後熊本城主、細川越中守綱利。→三一〇頁

南松山侯　伊予松山城主、松平(久松)隠岐守定直。→三一〇頁

備　ここでは備中。岡山県西部。

長府侯　長門長府城主、毛利甲斐守綱元。→三一〇頁

岡崎侯　三河岡崎城主、水野監物忠之。→一八〇頁・三一〇頁

庶弟　浅野大学長広。

弟あり。長矩死して*芸に放たる。その宗国なり。論に曰く、

客、太宰子に問ひて曰く、「赤穂四十六士の者は、世のいはゆる義士なり。ここを以て学士・大夫・搢紳先生より、下は*輓夫・*駆子に至るまで、*髀を拊(う)ちてその義を嘆称せざるはなく、*今において三十年、なほ一日のごときなり。聞くに*吾子(ごし)独りこれを非とすと。信(まこと)なるか」と。太宰子曰く、「然り」と。曰く、「世を挙げてその義を称するに、しかも吾子独り以て義に非ずと為す。あに説あるか」と。曰く、「あり」と。曰く、「聞くを得べきか」と。曰く、「可なり。それ赤穂侯吉良子を*廷傷せしより、赤穂の士吉良子を殺して死を賜はるに至るまで、みな予都下に在りて聞見する所にして、ことごとくその実を得。予時に二十余歳、やや義理を知る。初めはまた*輿論(よろん)に従ひ、良雄らの行ふ所を義として、その死を哀(あは)れみたり。既にしてこれを思ひ、曰く、人生、*朝に夕を謀らず。誰か吉良子の死せざるを知りて、以て明年の冬を待たんや。郷(さき)に吉良子をして明年の冬に及ばずして死せしめば、則ち赤穂の士何ぞその功を成す所ぞや。それその時において、寧(むし)ろ薙髪(ていはつ)して僧と為りて、*海島に遯(のが)れんか、はた*墓を掘り尸(しかばね)に鞭うつこと、伍子胥の為(しわざ)の如くせんか。然れどもこれみな為すべからざるの事なり。彼もしこれを為さば、あに天下の笑と為らざらんや。いま吉良子先に病死せずして、赤穂人の*兵に死す。天誅と曰ふと雖も、実は赤穂人の幸なり。予ここにおいてか良雄らの行ふ所を殆(うたが)ふなり。また数歳、六経を読み、ほぼ大義に通ず。因りて試みに春秋の法を以て赤穂人の*獄を追折して曰く、*父の讐は、与(とも)に共に天を戴かず。礼経に文あり。*君の讐に至りては、明文なしと雖も、然れども*資事の道、敬は父に同じ。故にその讐に居るも、またなほ父の讐に居るがごときなり。これ古今の通義にして、人み

芸　安芸。広島県。→二八九頁
輓夫　車引き。
駆子　ここでは馬子(まご)。うまかた。
髀を…　股(もも)をたたく。喜び・感動の表現。
今において三十年　この論文は享保十七年(一七三二)頃に執筆したことになる。
吾子　あなた。
廷傷　江戸城中の御殿で傷害する。
輿論　世論。
朝に…　左伝、昭公元年の語。
海島…　→三七三頁注「田横」
墓を…　春秋時代、伍子胥は父が楚の平王に殺されたので、呉に亡命し、呉の助けを得て楚を攻め、平王の墓をあばいて屍に鞭うった。史記、伍子胥伝に見える。
兵　武器。
獄を追折　あとからさかのぼって裁判をする。
父の讐…　礼記、曲礼上の語。
君の讐…　周礼、地官、調人に「君の讐は父になぞらふ」、公羊伝、隠公十一年に「君弑せられ、臣、賊を討たざるは、臣に非ざるなり」という明文はある。
資事の道　孝経、士章「父に事ふるに資(と)りて以て君に事へて敬同じ」。

なこれを知る。乃者（さき）に良雄らの称する所はこれのみ。ただ赤穂侯の死は、吉良子これを殺すに非ざれば、則ち吉良子は赤穂侯の讐に非ざるなり。良雄ら何ぞこれを殺すを得ん。これをこれ*怨む所を知らずと謂ふ。予ここにおいてか良雄らの行ふ所を非とするなり。遂にこの論を持して以て人と争ふ。人多く説（よろこ）ばず。故にこれを胸臆に蔵して以て自珍すること、年数ありき。*徂来先生を見るに及び、その*余論を聞けば、則ち*純の持する所と、符節を合するが若（ごと）し。先生曰く、赤穂の士は義を知らず。その吉良子を殺すは、乃ち山鹿氏の兵法なるのみと。一言にして尽くすと謂ふべし。先生この事において、未だ論著する所あらず。嘗て*上総の民その主家に忠なるの事を紀するに因り、旁（かたは）ら良雄らの事に及ぶのみ。純既に見る所を以てこれを先生に質（ただ）すを得、而して先生の論、また予の持する所と合せり。これよりいよいよますますこの論を持し、少（すこ）しも変改せず。人に信ぜらるることを求めずして、ただみづから信ずるのみ。*いま先生既に没し、未だ一人この義を世に倡（とな）ふるものあるを聞かず。*鴻生鉅儒すら、なほこの義に昧（くら）し。況（いはん）や常人をや。この時に当たりてや、吾これを論著するに非ずんば、この義まさに終（つひ）に世に明らかならざらんとす。あに哀（かな）しからずや。いま客問ふにこの事を以てす。これ純の幸なり。敢へて答ふるに*蓄念を以てせざらんや。純聞く、*神祖の法、人を*朝に殺す者は*死なりと。赤穂侯の吉良子におけるは、これを傷つくるのみ。これその罪よろしく死ならざるべし。しかも*国家これに死を賜ふは、則ちこれその刑、当を過ぎたり。赤穂侯の臣たる者、まさにただこれをこれ怨むべし。いま良雄らその怨む所を怨まずして、吉良子を怨む。良雄らの怨む所の者は小なるかな。凡そ*侯国に仕ふる者、*県官その君に礼あるときは、則ち固（もと）よりまさにその君に従ひて県官を畏るべし。

怨む所　恨むべき相手。

徂来先生を見る　春台(延宝八年—延享四年)が徂徠に入門したのは、正徳元年(一七一一)といわれる。事件の約十年後である。徂徠は徂来とも書いた。

余論　ことのついでに付け加えた論説。

純　春台の名。

上総の民…　徂徠集巻十二の「記義奴市兵衛事」と、それに付論されていた四十七士論。→四〇〇頁

いま先生既に没し　徂徠の没したのは享保十三年(一七二八)。

鴻生鉅儒　大学者。

蓄念　ながく胸にたくわえていた考え。

神祖　家康。

朝　江戸城の殿中。

死　死刑。

国家　幕府。静本傍注「公義ヲ云」。

侯国　大名の国、すなわち藩。

県官　→四〇一頁注

もし不幸にして県官その君に礼なきときは、則ちまさに県官を怨むべし。蓋し諸侯の臣は、ただその君あるを知るのみ。あに県官あるを知らんや。かつわが東方の士、おのづから一道あり。その君長の死を見れば、立ちどころに即ち心乱れ狂を発し、踵を旋らさずしてその難に赴き、ただ死を以て義と為し、またその当否を問はず。仁者よりこれを観れば、或は徒死たるを免れずと雖も、しかも国家因りてこの道を存す。また以て士気を厲ますに足る。故に棄つべからざるなり。いま良雄らその怨む所を怨まずして、吉良子を怨み、*進退、県官を畏るるを以て辞と為す。ただに人臣の義を知らざるのみならず、またこの方の士の以て道と為す所を失ふ。あに哀れならずや」と。曰く、「然らば則ち赤穂の士はその君のためにまさに奈何んすべき」と。曰く、「赤穂城に死するに如かず。吾これを聞く。赤穂は富国なり。民その君を欣び戴くこと一世に非ず。良雄ら苟くも能く義を以てこれに先んぜば、誰か敢へてこれに叛かん。則ちその戦士何ぞただに四十六人のみならんや。誠に以て城を背にし使者と一戦すべく、然るのち城に登り火を縦ち、人びとおのおの自殺し、その尸をして城と倶に焚けしめば、赤穂人の*能事畢はれり。良雄らここに出づるを知らず、手を拱きて使者に城を授く。策を失すと謂ふべし。既に赤穂城に死すること能はざるときは、則ちまさに趣かに東都に往き、その部伍を率ゐて、以て吉良氏を攻むべし。これに克つもまた死し、克たざるもまた死す。これを均しくするに死するのみ。なほ以て責を塞ぐべきなり。良雄ら爾すること能はず、悠悠として時を待ち、徒らに陰謀秘計を用ひて、以て吉良子を殺さんことを求む。彼その志は事を済し功を成し以て名利を要むるに在り。鄙なるかな。この時に当たりて、吉良子の難に先んじて死せざりしは、赤穂の士の幸なり。良雄ら

進退 行動において。

能事… できうることは全部しつくした。易経、繋辞伝上「天下之能事畢矣」。

既に吉良子を殺し、捷をその君の墓に献ずれば、則ちその事済したり、その責塞がれたり。四夫、*朝士を攻殺すれば、その罪、死に当たる。ここにおいてか四十六士以て*自裁すべし。なほ何ぞ官命を待つことあらんや。乃ち自裁すること能はずして、みづから官に*帰する者は、彼その心にみづから以へらく、至難の事を済す、功これより大なるはなし、幸に死せざるべくんば、即ち死せず、禄位を得ること、*俛して地芥を拾ふが如し、不幸にして死せんか、法に死するのみ、死するも未だ晩からざるなり。何ぞ必ずしも自裁せんと。これあにわがいはゆる名利を要むる者に非ざるか。鄙なるかな。良雄らの若き者は、大義を仮りて以てその利慾を済す者なり。また何ぞ義をこれ責むるに足らんや。もし県官過ちて良雄らの罪を赦して、その*仕官を聴さば、則ち県官の粟と雖も、彼まさにこれを食まんとす。怨む所を知らざるが故なり。初め、山鹿子、兵法を談ずるを以て赤穂侯に事ふ。良雄らこれに従ひて学ぶ。吉良子を殺さんと謀るに及びて、ことごとくその法を用ふ。ここを以て計遺策なく、能くその事を済す。然れども怨む所を知らざるは、大義において闕くることあり。山鹿氏の教乃ち爾り。それ世の君に事ふる者は、その国家の無事を願はざるはなし。しかも時に非常の事あり。今の士大夫と雖も、あに義を知る者あることなからんや。ただその以て義と為す所、或は義に非ず。*孟子のいはゆる非義の義、往往にしてあり。赤穂の事の若きは、人の願ふ所に非ずと雖も、また能くその必ずなきことを保することなき者なれば、則ち人臣たる者、なんぞ大義を無事の日に論定せざるや。然らずんば、まさに恐らくは事に臨みて惑はんとす。それ事一たび失せば、*臍を噬むとも何ぞ及ばん。この故に、君子は義を明らかにすることを務めて果断を尚ぶ。ああ、世の義を知らざる者、何ぞそれ

朝士　ここでは将軍に直接仕える臣。
自裁　自殺。
帰する　帰順する。
俛して…　極めて容易なこと。俛は俯に同じ。地芥は地上のごみ。漢書、夏侯勝伝「其取二青紫一、猶三俛拾二地芥一耳」。
仕官　仕官。
孟子…　孟子、離婁下「非礼の礼、非義の義は、大人為さず」。
臍を噬む　左伝、荘公六年に見える語。へそをかもうとしても口が届かないことから、後悔しても間に合わないの意。

多きや」。

赤穂四十六士論

元禄十四年。辛巳。春。山城天皇使人来聘。憲廟命赤穂侯長矩。*南吉田侯村豊〈東海之参。南海之豫。皆有吉田城。此言南以別参者。〉為館伴。吉良*義央為大行人。凡皇使之来也。東朝之人鮮知其礼。唯大行人知之。是以諸侯之為館伴者。莫不卑辞重幣以請教於大行人。於是南吉田侯弱。其臣陰以*南吉田侯命。遺吉良子金帛過数。及朝。吉良子特誉南吉田侯。而称其館伴之善。赤穂侯怨之。三月。十五日。皇使朝。赤穂侯抽刀撃吉良子。傷額。有人救之。不死。憲廟大怒。拘赤穂侯於一関侯邸。是日賜死。遂遣使収赤穂城。吉良義央免大行人。而家居于都下。越明年。壬午。冬。十二月。十四日。故赤穂大夫大石良雄及諸士。共四十六人。夜襲吉良氏。殺義央。斬首以行。遂*詣泉岳寺故赤穂侯墓所而献捷焉。事畢。自帰于官以待死。事聞。憲廟乃命有司。分四十六人。囚于四侯邸。囚十七人于*肥後侯邸。十人于南松山侯邸。〈南海之豫。山陽之備。皆有松山城。此言南以別備中者。〉十人于長府侯邸。九人于岡崎侯邸。明年癸未。春二月。四日。皆賜死于四所。長矩有庶弟。長矩死而放于芸。其宗国也。論曰。

客問於太宰子曰。赤穂四十六士者。世所謂義士也。是以自学士大夫搢紳先生。下至輓夫駅子。莫不拊髀歎称其義。于今三十年。猶一日也。聞吾子*独非之。信乎。太宰子曰。然。曰。挙世称其義。而吾子独以為非義。豈有説与。曰。有。曰。可*得聞*与。曰。可。夫自赤穂侯廷傷吉良子。至於赤穂士殺吉良子而賜死。皆*予在都下所聞見。悉得其実。予時二十餘歳。稍知義理。初亦従輿

南吉田侯村豊　静本頭注「南吉田侯当時名宗春後改村豊」。纂書にも「山本々纂頭云」として同じ注がある。

義央　静本など「義英」。静本頭注「純按義英当作〔央、纂書により補〕武家補任作吉良義弥墓表作義央蓋初名義弥後改義央而世人誤作義央（ママ、英とあるべきところ）耳」。纂書にも同文の注がある。

南吉田侯　纂書頭注「一本下之南吉田侯四字作其君近是」。

詣　纂書「請」。

肥後侯邸　纂書「邸」なし。以下の南松山侯邸・長府侯邸・岡崎侯邸の邸も同じ。纂書頭注「一本四侯下皆有邸字近是」。

独　纂書は、下に「以為」あり。静本・日比谷本などはなし。

得　纂書、下に「而」あり。

与　纂書「子」。

予　纂書「子」。

論。義於良雄等所行。而哀其死焉。既而思之。曰。人生朝不謀夕。誰知吉良子之不死。以待明年之冬乎。郷使吉良子不及明年之冬而死。則赤穂士*何所成其功乎。夫於其時。寧薙髪為僧而遯于海島乎。将掘墓鞭尸。如伍子胥之為乎。然此皆不可為之事也。彼若為之。豈不為天下笑与。今吉良子不先病死。而死于赤穂人之兵。雖曰天誅。実赤穂人之幸也。予於是乎殆於良雄等所行也。又数歳。読六経。粗通大義。因試以春秋法追折赤穂*人獄。曰。父之讐。弗与共戴天。礼経有文。至於君之讐。雖無明文。然資事之道。敬同於父。故居其讐。亦猶居父之讐也。此古今之通義。而人皆知之。乃者良雄等所称是已。惟赤穂侯之死。非吉良子殺之。則吉良子非赤穂侯之讐也。良雄等何得殺之。斯之謂不知所怨。予於是乎非於良雄等所行也。*遂持此論以与人争。人多不説。故蔵諸胸臆以自珍。有年数矣。及見徂*来先生。聞其餘論。則与純所持。若合符節。先生曰。赤穂士不知義。*其殺吉良子。乃山鹿氏之兵法也已。可謂一言而尽矣。先生於此事。未有所論著。嘗因紀上総民忠其主家事。旁及良雄等事而已。純既得以所見質諸先生。而先生之論。又与予所持合矣。自是愈益持此論。不少変改。不求信於人。特自信耳。今先生既没。未聞有一人倡斯義於世。鴻生鉅儒。尚味于斯義。況常人乎。当此時也。非吾論著之。斯義将終不明于世。豈不哀哉。今客問以此事。是純幸也。敢不答以蓄念。純聞神祖之法。殺人於朝者死。赤穂侯之於吉良子。傷之而已。是其罪宜不死。而国家賜之死。則是其刑過当矣。為赤穂侯之臣者。当唯斯之怨。今良雄等不怨其所怨。而怨吉良子。良雄等所怨者小哉。凡仕於侯国者。県官有礼於其君。則固当従其君畏県官。若不幸県官無礼於其君。則当怨県官。蓋諸侯之臣。唯知有其君而已。豈知有県官乎。且我東方之士。自有一道。見其君長之死。立即心乱発狂。不旋踵赴其難。但以死為義。不復問其当否。自仁者観之。雖*或不免為徒死。而国家*因存是道。亦足以*厲士気。故不可棄也。今良雄等不怨其所怨。而怨吉良子。進退以畏県官為辞。不啻不知人臣之義。亦失此方之士所以為道。豈不哀哉。曰。然則赤穂士為其君当奈何。曰。不如死于赤穂城。吾聞之。赤穂。富国也。民欣戴其君非一世。良雄等苟能以

何所成其功乎　静本・日比谷本・翁本・野夫談所引のものも同じ。纂書「何得所成冀功乎」。五井蘭洲の駁論に引くものは「何成其功乎」。

人　纂書、下に「之」あり。

遂　纂書「逐」。

来　纂書「徠」。

其　纂書「共」。

或　纂書なし。

因　静本・纂書など「固」。

厲　纂書写本「厉」(厲の略字)、同活字本「励」。

義先之。誰敢叛之。則其戦士何止四十六人哉。誠可以背城与使者一戦焉。然後登城縦火。人各自殺。令其尸与城俱焚。赤穂人之能事畢矣。良雄等不知出此。拱手授使者城。可謂失策矣。既不能死于赤穂城。則当趣往東都。率其部伍以攻吉良氏。克之亦死。*不克亦死。均之死而已。尚可以塞責也。良雄等不能爾。悠悠待時。徒用陰謀秘計。以求殺吉良子。彼其志在済事成功以要名利。鄙哉。当是之時。吉良子之不先難死。赤穂士之幸也。良雄等既殺吉良子。献捷於其君之墓。則其事済矣。其責塞矣。匹夫攻殺*朝士。其罪当死。於是乎四十六士可*以自裁。尚何有待於官命乎。乃不能自裁。而自帰于官者。彼其心自以済至難之事。功莫大焉。幸可不死。即不死。得禄位如俛拾地芥。不幸死邪。死于法耳。死未晩也。何必自裁。是豈非吾所謂要名利者与。鄙哉。若良雄等者。仮大義以済其利慾者也。又何義之足責哉。設令県官過赦良雄等罪。而聴其仕宦。則雖県官之*粟。彼将食之。不知所怨故也。初。山鹿子以談兵法事赤穂侯。良雄従之学。及謀殺吉良子。悉用其法。是以計無遺策。能済其事。然不知所怨。於大義有闕。山鹿氏之教乃爾。夫世之事君者。莫不願其国家無事。而時有非常之事。雖今之士大夫。豈無有知義者哉。惟其所以為義或非義。孟子所謂非義之義。往往而有。若赤穂之事。雖非人之所願。而亦莫能保其必無者。則為人臣者。盍論定大義於無事之日乎。不然。将恐臨事而惑。夫事一失。噬臍何及。是故。君子務明義而尚果断。嗟乎。世之不知義者。何其多*也。

不克亦死　纂書なし。

朝士　纂書、下に「期士」の二字あり。

以　纂書なし。

粟　静本「禄」。

也　静本・纂書などは、この後に「太宰純草」あり。

読四十六士論（松宮観山）

読*四十六士論

太宰先生四十六士の論を著す。友人伝へて卒業す。*凡鴻儒碩師、大義をして世に明らかならしめんとす、其心を用る事至れり。豈欽慕せざらんや。但おしむらくは其論ずる所、是を疎漏に失はざれば是を刻薄に失す。*朱文公の綱目だに世に全人なきの*譏をまぬかれず、況や其他をや。今此論を読むに猶其弊あるに似たり。因てこゝろみに是を論ぜん。

*夫刃を人に加ふるものは刑あり。是則国家の典章なり。況や赤穂侯の刃を人に殿中に加ふるに於てをや。殊に非常の大礼を行ふ時也。其罪常律の論ずる所に非ず。何ぞ敢て私に其刑の当否を議する事を得んや。但し其本根は吉良子にあり。朝議其罪を論ぜず。是いまだ何の故と言事を知らず。夫既に罪有て、刑是にしたがふ。又何をか怨ん。良雄等只其君の怨る所を以て己が怨とす。是臣僕の情止事を得ざる処也。故にしば〳〵亡君の志を継といふを以て言とす。且論に所謂「*其君に礼なきを怨む」と言は吉良子にあり。今断じて「其怨る所を知らず」とするものは、其論*鑿に過てかへつて其情を察せざるなり。良雄等其事を急に発作せざるは、*官家にして恩を借して庶弟をして家の祀を奉ぜん事を願ひ望むが故也。然るに庶弟芸に放たるが故に即事を挙たる也。其事の遅延せしは、暫く其君の為に汚名を受たる者也。且はじめ赤穂侯の吉良子を傷たる、*倉卒にして事ならず。天下の人是を嘲る。良雄等大に憤激し一度其恥を雪んとす。故にしば〳〵*同志の勇を論じ速にせ

読四十六士論　同題のものを和文と漢文(後掲)とで書いている。筆者松宮観山については次頁注参照。

鴻儒碩師　大学者。

朱文公の綱目　朱子の資治通鑑綱目。史上の事実・人物に対して道徳上の厳しい批評をしている。

譏　底本「議」。漢文により訂。纂書写本は「譏」、同活字本は「議」。静本「議」。

夫刃を…亡君の志を継　春台の四〇六頁「純聞く…」の部分の反論。

君に礼なき…　同じく四〇六―七頁の部分の反論。

鑿に過て　重箱のすみをほじくるように余りにも細かく取り上げて。

官家　天子。政府。ここは幕府をさす。底本は「宦家」。漢文・纂書・静本に従う。

倉卒にして　とっさのことで。

同志の勇を論じ　漢文は「同志の勇往にして速やかにせんと欲する者を論して」とある。「論じ」は「諭し」の誤りか。

指画商計　指画は指で線を画くように丁寧に教示すること。商計はよく考えて計画すること。漢文・静本は「商訂」とあり、意味は同じ。いま底本・纂書のままとする。綿密に計画し指図して復仇をはかったことをいう。

営々たり　纂書活字本は「営々とし

んといふものをいさめて、曰、「此度事をあやまらば再び天下の笑を買ん」と。其指画商計営々たり、以て事の済せざる事を恐るゝは、是が故也。今論者其一を見ていまだ其二を見ず。豈疎漏に非ずや。其事既に終て自ら裁せず是を官裁にゆだぬるものは、蓋是義のやむべからざるに出たるを明らかにせし也。又ほしひまゝに暴逆の心をなせしにあらざる事をしめせしもの也。其君の敬する所、従て是を敬す。又其所なり。良雄必死の心始終移らざるものは、臨終の言を以て証とすべし。且其至難の事を起すもの、何ぞ僥倖にして其生をたもち富貴を後に覬はんや。「大義を仮て其利欲を要す」といへるは豈刻薄に非ずや。

夫おもんみるに、亡君の志を継を以て義とせんか、抑己が身を潔くするを以て義とせんか、立所に其難に赴き成敗顧みざるを以て智とせんか、深く慮り遠く慮りて能く其事を済するものを以て智とせんか、宜く時勢いかんと顧りみるべき事也。何ぞ一概に是を論ぜんや。世挙て其義を称する事今に三十年、此論ひとたび出て、世の人をして其義にあらざるかとうたがわしめば、四十六士のもの冤恨を泉下に懐かんはまた痛ましからずや。因て所見を述て、以て識者の訂正を竢といふ。

東都 松宮俊仍識

て」。写本・静本は底本に同じ。

其事既に終て自ら裁せず… 春台の四〇八頁の部分の反論。

蓋 底本・静本「益々」、纂書「益」。蓋を葢、盖と書くことからの誤り。

臨終の言 漢文には「良金臨終之言」とあり、これは赤穂義人録上にみえる大石良金の言(三一四頁)をさす。

大義を仮て… 春台の「大義を仮りて以てその利慾を済す」(四〇八頁)の部分をさす。

立所に… 春台の四〇七頁の文に対応する。

今に三十年 春台の文にも三十年とあり、春台の文を読んで直ちに反論したものとすれば、享保十七、八年(一七三二、三三)頃の文章か。

うたがわしめば 纂書「疑はしむるは」。

泉下 黄泉の下。あの世。

訂正 底本「計正」。

松宮俊仍 字は旧貫、観山と号す。北条流の兵学を学び、神儒仏に通じた。朱子学の立場で、仁斎・徂徠・春台らを批判、のち山県大弐の事件に連座して江戸を追放された。著書『分度余術』『士鑑用法直旨鈔』『学論』『三教要論』など。貞享三年(一六八六)―安永九年(一七八〇)。

有　翁本「間」。
也　翁本なし。
其　翁本「且」。和文も「且」。
乎　翁本「于」。
怨　翁本「所怨」。
不　翁本なし。
良雄　翁本、下に「等」あり。
巳　翁本「也」。
従　翁本、下に「而敬」あり。
赴　翁本、下に「于」あり。
如　翁本、下に「焉」あり。
何　翁本、下に「一」あり。

〔参　考〕

読四十六士論

太宰先生。著四十六士論。友人伝而卒業。凡鴻儒碩師。欲教大義明於世。其用心也亦至矣。豈不欽慕哉。但惜其所論。不失之疎漏。則失之刻薄。朱文公之綱目。尚不免有*世無全人之譏。況其他乎。今読此論。亦似有其弊。請嘗論之。夫加刃于人者。有刑。是国家典章也*。況赤穂侯加刃於人於朝。而有妨于非常之大礼乎。其罪非常律之所論也。何敢私議刑之当否。但其本根在于吉良子。而朝議不論其罪。是未知何謂也耳。其既已有罪。而刑従之。又何之怨。良雄等唯以其君之所怨。為已之怨。是臣僕之情。所不得已也。故数以継亡君之志為言。其*論所謂怨無礼於其君者。亦在乎*吉良子。而今断為不知其怨*者。得非所論過鑿。而反不*察其情乎。至于不急発作。則良雄*尚望官家小借恩。而使庶弟存家奉祀。其所請詳于史乗。迨庶弟放于芸。随即挙事。其遅延也。姑為其君忍受汚名者也。且初赤穂侯之挙。倉卒事不済。而一時嘲之。良雄憤激。欲一雪其恥。故数論同志之勇往欲速者。曰。吾慚塗々再買天下之笑。其指画商訂。営々以恐事之不済。為此也已。今論者見其一。未見其二。豈非疎漏乎。其事已畢。而不自裁。委諸官裁者。蓋是明出乎義之不可巳*。而非恣為暴逆之心也歟。其君之所敬。従*之。亦其所也。良雄必死之心。始終不移者。良金臨終之言。可以証焉。且其赴*至難之事者。焉有僥倖其生。而覬夫富貴於後哉。論曰。仮大義。以済其利慾者。豈非刻薄乎。夫以継亡君之志為義耶。抑以潔已身為義耶。立即赴其難。成敗不顧。以為智耶。深謀遠慮。能済其事。以為智邪。宜顧時勢何如*耳。何*概而論之乎。挙世称其美。于今三十年。此論一出。使世人疑其非義。而四十六士者。懐冤恨於地下。不亦痛哉。因述所見。以俟識者訂焉。

駁太宰純赤穂四十六士論（五井蘭洲）

駁*太宰純赤穂四十六士論

五*井純禎著

古*より忠臣節士の事を挙ぐるや、苟くもその勢を観て、猝かに成すべからずんば、乃ち潜蔵隠忍し、力を量りて動き、時を待つて興る。要はその事を済すに在るのみ。比*々としてみな然り。あにただ赤穂人のみならんや。彼*の命や期すべからざるを以てして、卒然として軽挙し、済否を度外に措く者の若きは、信に小丈夫齷齪たる者の為なり。かつや吾の生死もなほ保すべからざるなり。矧や彼においてをや。これ論ぜざる所に在るなり。これ命なるのみ。吾あに苟めにせんや。ただ己に在る者を尽くすのみなり。安んぞこれを以て良雄らを議すべけんや。不幸にして吉良子*牖下に死するを得ば、乃ち良雄らまさにこれを亡君の霊に告げ、慟哭して自殺し、以てみづから明らかにすべし。あ*に僧と為り世を遯れ、及び尸に鞭うつの為あらんや。*程嬰既にその事を済すも、なほ義として独り生くべからずと謂ひて死す。義を知る者は蓋しかくの如し。

赤*穂侯罪あり、法として死に当る。法はそれ讐とすべけんや。吉良子は固よりこれを殺す者に非ざれば、また讐とすべからざるなり。ここにおいて良雄ら倡ふるに復讐を以てせずして、ただ亡君のために遺志を継ぐと道ふ。蓋し謂へらく、亡君死に臨むとき、その心あに敢へて上を怨まんや。ただ義英刄より漏れて脱走し、即に死すこと能はず。これ至憾と為す。故に臣らこれに代りてこれを殺し、以て亡君の憤を地下に慰むるのみ。復讐の謂

駁太宰純赤穂四十六士論　底本・日比谷本では、春台の文を各条に分けて掲げ、次に各条の反論を掲げるという形式になっている（本書では、各条毎に改行し、春台の文は頭注に示した）。標題の下に「全文を挙げず、その〔義を〕害ふことなきを要とす」と注がある。

五井純禎　字は子祥、藤九郎と称し、蘭洲と号す。大坂の人。父持軒に学び、程朱の学を奉じた。懐徳書院の助教となり、のち江戸に出て津軽藩に仕え、元文四年（一七三九）再び大坂に帰って中井竹山らに教授した。著書『非物篇』『瑣語』『古今通』など。元禄十年（一六九七）―宝暦十二年（一七六二）。

古より…　底本では、この前に「太宰氏曰」として春台の「人生、朝に夕を謀らず。…実は赤穂人の幸なり」（四〇五頁、原漢文）を引き、この反論をはじめている。

比々として　おしなべて。

彼　吉良子。

牖下に…　→三三四頁

あに僧と…　春台の四〇五頁の論。

程嬰　春秋時代の晋の人。友人の趙朔が屠岸賈に殺されたので、程嬰は公孫杵臼と相談し、杵臼が他人の子を負って山に隠れ、程嬰はこれを趙朔の子だと偽って岸賈に密告し、杵臼はその子とともに殺された。こうして岸賈を油断させ、程嬰は趙朔の本当の子を守って山中に隠れ、のち

に非ざるなりと。然りと雖もその罪の由る所を迹(あと)づくるに、またただ吉良子にこれ起る。ここを以て世人称して復讐と為すも、また過(あやまち)と為さず。

*良雄、喪国の遺臣を以て、同盟を率ゐ、干戈を都城の内に動かし、権貴の人を殺すこと、孤豚を斃(たふ)すが如し。その罪大なり。春秋の法を以てこれを断ずるに、固よりこれを*盗む者なり。よろしくこれを厳誅し、市に*梟首し、*衆とこれを弃(す)つべし。然るに国家これを吏に付せず、これを諸侯に属す。諸侯もまた*已を厲(や)ましむと為さず、*顧待すること周至なり。これを久しうして特に自裁を賜ひ、収葬するを得しむ。蓋しその国除かれ後なく、良雄ら身を奮ひて顧みず、*間関崎嶇、克(よ)くその一念君に忠たるの心を済(な)す。ここにおいてその挙を義とし、その情を恕し、以て*寛典に従ひしなり。士君子論じてこれを与(ゆる)すも、またまたこれにこれ由るのみ。世に一種奇を好み衆に異にすること*佐直方の若(ごと)き者あり。論を立ててこれを非とす。*雷同勦説(さうせつ)もまたあり。いまその説を襲(つ)ぎ、かつ曰く、*吾これを論著するに非ずんば、この義明らかならずと。笑ふべきの甚だしきなり。

*赤穂侯は人を殺す者なり。幸にその人死するに至らざるのみ。かつその地は則ち殿廷なり。その時は則ち大礼を行ふなり。しかも吉良子は指導を受くる所なり。一旦その私忿を以てこれを殺さんと謀る。大不敬にして、その罪は細ならず。然れどもその刑の当否は、わが儕(ともがら)の敢へて議する所に非ざるなり。置きて論ぜずして可なり。それ赤穂侯の死は罪を以てなり。焉(いづく)んぞ敢へて国家を怨まん。君既に爾(しか)り。その臣もまた敢へてせざるなり。もしこれを怨まば、その私心なり。※室に怒り、市に色なせば、唯その罪は死なり。輒(すなは)ち吉良子邪慝(じやとく)の故、これ乃ち赤穂侯の仇視する所にして、良雄らのまさに怨むべき所なり。これ

にその子が成長したとき、ともに岸賈を滅ぼして仇を討ったが、さきに殺された杵臼に報いて自分も自殺した。史記、趙世家・説苑、復恩篇に見える。

赤穂侯罪あり… 春台の「父の讐は…良雄らの行ふ所を非とするなり」(四〇五―六頁)の反論。

良雄、喪国の… 春台の「未だ一人…あに哀しからずや」(四〇六頁)の反論。

盗む者 穀梁伝、哀公四年「微にして大夫を殺す、これを盗と謂ふ」。

梟首 さらし首。

衆と… 大衆とともに、その者を社会から葬り去る。礼記、王制「刑二人於市一、与レ衆弃レ之」。

已を厲ましむ 自分に迷惑をかける。

顧待… 世話することが至れり尽くせりである。

間関崎嶇 種々の困難な目に会う。

寛典 ゆるやかな法律的取り扱い。

佐直方 佐藤直方。

雷同勦説 みだりに他人の説に同調したり、他人の説を盗んで自説のようにみせかけて述べたりする。礼記、曲礼上「毋二勦説一、毋二雷同一」。

吾これを… 春台の四〇六頁の文。

赤穂侯は… 春台の「純聞く、神祖の法…小なるかな」(四〇六頁)の反論。

室…色なす 戦国策、韓策・左伝、昭公十九年の語。

を怨まば奈何んせん。必ずこれを殺しその首を以てこれを亡君の墓に奠きてしかるのち已むに在り。*設に良雄らの怨む所をして大ならしめば、我その何のためなるかを知らざるなり。謬妄と謂ふべし。

*敵国分争の時は、人おのおのその主のためにして宜しきなり。治世は*一統を大ぶ。*土の毛を食ふ、誰かその民に非ざる。しかも*県官あるを知らずして可ならんや。侯国の臣をして、たまたま県官少しくその君に礼なきとき、輒ち相集りてこれを怨ましめんか、禍の由つて生ずる所なり。むかし趙の*貫高・趙午、*漢高その主張敖に礼なきを視るや、漢高を怨怒し、潜かに*不軌を図る。事覚れ、張敖廃せられ、高ら誅せらる。以て殷鑑とすべきなり。またその君を舎てて、志を県官に通ずる者も、また固より叛人にして、*江充の趙を乱しし所以にして、王法の誅を加ふる所なり。*彼もと*告子の義外の説を喜ぶ。宜なりそのいはゆる義は、貫高・趙午の義にして、聖人の義に非ざることや。

*義なる者は、天下の同じうする所にして、その為す所や義に当らば、何ぞおのづから一道ありと為さん。苟くも義に当らずんば、則ちまた以て道と為すに足らず。*これみな武人俗吏の談にして、士君子の辞に非ず。

*県官を畏るるは、即ちその君を畏るる所以なり。県官を畏れざるは、乃ち殃その君に及ぶ者なり。これをこれその君を畏れずと謂ふなり。いまその君を畏れず、不義の義を行ふといふを以て、これを良雄に強ふるは、いはゆる悪を唆す者か、非か。

*その君罪ありて国除かるるとき、その大臣輒ちことごとく臣民を駆り、城に拠りて固守し、官命を拒み、使者を殺すは、これ悖乱の極のみ。かつたとひ城と与に倶に焚くと雖も、

良雄らの… 良雄らが公儀を怨んだとしたら。春台が、吉良義英を怨むことを「怨む所の者は小なるかな」といったのに対応する。

敵国分争の… 春台の「凡そ侯国に仕ふる者…あに県官あるを知らんや」(四〇六―七頁)の反論。

一統を大ぶ 公羊伝、隠公元年の語。

土の毛 土地の生産物。左伝、昭公七年「食二土之毛一、誰非二君臣一」。

県官 もと天子。ここでは将軍。

貫高… 史記、張耳陳余列伝に見える。貫高らは趙王張敖の大臣。春台の「読赤穂義人録」に「天下その義を称す」として引く。

漢高 漢の高祖。

不軌を図る 謀反をはかる。

江充 前漢時代、趙の人。趙の太子丹と個人的争いがあり、天子に太子の悪事を報告し、太子を失脚させた。漢書、江充伝に見える。

彼 太宰春台。たとえば聖学問答、上に「告子ガ仁ハ内ナリ、義ハ外ナリトイヘルハ、聖人ノ旨ニ叶テ、道ヲ知レル言ナリ」と述べている。

告子… 孟子の論敵。たとえば尊長を敬うのは敬う人の心の内部要因によるという孟子の義内説に対し、尊長であるという外部要因によるという義外説を説えた。

義なる者は… 春台の「かつわが東方の士…故に棄つべからざるなり」(四〇七頁)の反論。

怨解くべからずして、徒らに亡君の失を益し、遂に殃その宗に及ばん。また*左ならずや。これ乃ち不義の義なるに、彼以て義と為すかな。

*既に良雄ら吉良子を怨むべからずと曰ひ、また趣かに東都に往きて吉良氏を攻めよと曰ふ。一は以て県官を怨み、一は以て吉良子を怨めとす。何ぞその怨む所の多きや。定説なしと謂ふべし。それ良雄の志、必ずこれを殺して、しかるのちその責ここに塞がる。徒死を以てその責を塞ぐと為さず。故にそのこれに克つ所以の者は、深謀遠慮、用ひざるを得ざるなり。焉んぞ妄攻することこれあらん。これみな事情に切ならず。いはゆるただ死を以て義と為し、またその当否を問はざる者の為す所にして、良雄はこれを為さず。ああ、良雄はまさに吉良子の*第を攻むべきなり。悪んぞ敵の鋒刃に罹らざるを知らん、また悪んぞ吉良子を求めて終に獲べからざるを知らんや。求めて獲ずんば、なほ何の党に帰せん。必ずや相与に第中に自殺せん。これ児童の能く知る所なり。吉良子首を授け、軀もまた*宅なきに至りては、実に望外に出で、また天幸ある者なり。凡そ将士の闘に趨くや、みな必ず、死するの心ありて、生くるの気なし。然らずんば安んぞ能く*不測に入り、身*剣芒の質と為らんや。これ儒生文人の関知せざる所なり。良雄ここにおいてただ敵をのみこれ求め、身の死するを顧みず。あに名利を要むるに遑あらんや。いはゆる*小人の腹を以てして君子の心を度るなり。小人の、議論を好み、*人の美を成すを楽しまざること、かくの如きかな。

*この論、*余の先君子もまたこれに及べり。余もまたこれに同じ。然りと雖も良雄の謀や、始は衰へ終はみなこれを挙げてしかるのち起る。必ずや以て未だ遽に以て非と為すべからざるものあるなり。蓋し謂へらく、陪臣を以て権貴を殺すは、敢へてせざる所なり。然れ

これ　前注の春台の説。
県官を畏るる…　春台の「いま良雄ら…あに哀れならずや」(四〇七頁)の反論。
その君罪ありて…　春台の「曰く、然らば則ち赤穂の士…策を失すと謂ふべし」(四〇七頁)の反論。
左　邪道。
既に良雄ら…　春台の「既に赤穂城に…赤穂の士の幸なり」(四〇七頁)の反論。
第　邸。
宅なき　おり場所がない。
不測に入り　測りがたい、危険な場所に赴く。史記、刺客列伝「提㆓匕首㆒入㆓不測之彊秦㆒」。
剣芒の質　剣の切先の的。
小人の腹…　左伝、昭公二十八年「以㆓小人之腹㆒、為㆓君子之心㆒」。
人の美を成す　人を励ましてよいことを完成させる。論語、顔淵篇の語。
この論　春台の「良雄ら既に吉良子を殺し…なほ何ぞ官命を待つことあらんや」(四〇七―八頁)の論。
余の先君子　蘭洲の父、五井持軒(寛永十八年―享保六年)をさす。

どもその一念君に忠たるの心、彼を以て此に易へず。今や遂げたり。ただまさに身を束ね有司に帰し、*斧鉞に就くべきなり。これ、*以て死すべく以て死することなかるべきの時に在るか。国家万一或はその志を嘉(よみ)し、*刑章を屈してその死を赦さば、ここにおいてか再拝稽首して、継ぐに自殺を以てし、笑を含みて地下に入らん。決して生を偸(ぬす)まじと。*感慨身を殺すは易く、従容義に就くは難きは、良雄あり。

*この後数百言は、みな*強誣の辞にして、以て名利を要むるの説を敷衍す。論ずるに足らず。

*駁太宰純赤穂四十六士論

五井純禎著

自古忠臣節士之挙事也。苟観其勢。弗可猝成。乃潜蔵隠忍。量力而動。待時而興。要在済其事已。比々皆然。豈特赤穂人。若以彼之命也弗可期。而卒然軽挙。措済否*於度外者。信小丈夫齷齪者之為也。且也吾之生死。尚*弗可保也。矧於彼乎。此在所不論也。是命焉耳。吾豈苟乎哉。但尽在己者也。安可以此議良雄等耶。不幸吉良子得*死於牖下。乃良雄等当告之亡君之霊。慟哭自殺。以自明矣。豈有為僧遯世。及鞭尸之為也哉。程嬰既済其事。猶謂義弗可独生而死。知義者蓋如此。赤穂侯有罪。法当死。法其可讐乎。吉良子固非殺之者。亦弗可讐也。於是良雄等不倡以復讐。但道為亡君継遺志。蓋謂亡君臨死。其心豈敢怨上。唯義英漏刃脱走。不能即死。是為至憾。故臣等代之殺之。*以慰亡君之憤於地下云耳。非復讐之謂也。雖然迹其罪之所由。亦唯吉良子*之起。是

斧鉞に就く　極刑に処せられる。もと胴切りの刑を受けること。

以て死す…　孟子、離婁下「可二以死一、可二以無一レ死、死傷レ勇」。

刑章　刑法。

感慨…　近思録、政事に引く程明道の語（もとは程氏遺書第十一に見える）。

この後…　春台の「彼その心に…」（四〇八頁）以下をさす。

強誣の辞　ごり押しで事実を曲げたことば。

駁太宰純…論　底本・日比谷本は、標題の下に「不挙全文要無害其〔義、底本なし、日比谷本により補〕」と原注がある。「太宰」は二本とも「大宰」。

於　纂書なし。

弗　纂書「不」。

死　纂書なし。

以　纂書なし。

之　纂書なし。

以世人称為復讐。亦不為過。

良雄以喪国之遺臣。率同盟。動干戈於都城之内。殺権貴人。如斃孤豚。其罪大矣。以春秋之法断之。固盗之者也。宜厳誅之。梟首于市。与衆弃之。然国家不付之吏。属之諸侯。々亦不為厲己。顧待周至。久之特賜自裁。使得収葬。蓋其国除無後。良雄等奮身不顧。間関崎嶇。克済其一念忠君之心。於是義其挙。恕其情。以従寛典也。士君子論而与之。亦復斯之由耳。世有一種好奇異衆若佐直方者。立論非之。雷同勦説亦有焉。今襲其説。且曰。非吾論著之。斯義不明。可笑之甚。

赤穂侯殺人者也。幸其人不至死耳。且其地則殿庭也。其時則行大礼也。而吉良子所受指導也。一旦以其私忿謀殺之。大不敬。其罪不細。然其刑当否。非吾済之所敢議也。置而不論可。夫赤穂侯之死以罪也。焉敢怨国家。君既爾。其臣亦不敢也。如怨之其私心也。怒於室。色於市。唯其罪死也。輒吉良子邪慝之故。是乃赤穂侯之所仇視。而良雄等之所当怨焉。怨之奈何。在必殺之以其首奠諸亡君之墓而後已。設令良雄等所怨而大。我不知其何為也。可謂謬妄矣。

敵国分争之時。人各為其主宜也。治世大一統。食土之毛。誰非其民。而不知有県官可也乎。使侯国之臣。会県官少無礼其君。輒相集怨之也。禍之所由生。昔趙貫高趙午。視漢高無礼其主張敖也。怨怒漢高。潜図不軌。事覚。張敖廃。高等誅。可以殷鑑也。又舎其君。通志県官者。亦固叛人。江充之所以乱趙。而王法之所加誅焉。彼本喜告子義外之説。宜其所謂義。貫高趙午之義。非聖人之義也。

義者。天下之所同。其所為也当義。何為自有一道。苟不当義。則亦弗足以為道。是皆武人俗吏之談。非士君子之辞矣。

畏県官。即所以畏其君也。不畏県官。乃殃及其君者也。此之謂不畏其君也。今以不畏其君。行不義之義。強之良雄。所謂唆悪者。非耶。

亦　纂書なし。
厲　纂書活字本「励」に誤る。
佐　纂書、下に「藤」あり。
焉　纂書なし。
殿庭　纂書「廷」。「殿」なし。
則　纂書なし。
所　纂書、上に「其」あり。
夫　纂書「矣」。上句に属する。
如怨…唯其罪死也　纂書なし。日比谷本あり。
我　纂書、上に「則」あり。
志　纂書、下に「於」あり。
者　纂書なし。
也今以不畏其君　纂書なし。

其君有罪国除。其大臣輒尽駆臣民。拠城固守。拒官命。殺使者。是悖乱之極已。且縦雖与*城倶焚。而怨弗可解。而徒益*○凶君之失。遂殃及其宗。不亦左乎。是乃不義之義。彼以為義矣哉。

既曰。良雄等不可怨吉良子。又*曰。趣往東都。攻吉良氏。一以怨県官。一以怨吉良子。何其所怨之多也。可謂無定説矣。夫良雄之志。必殺之。而後其責*斯塞。不以徒死為塞其責。故其所以克之者。深謀遠慮。不得不用也。焉妄攻之有。是皆不切事情矣。所謂但以死為義。不復問其当否者之所為。良雄不為之。嗚呼。良雄当攻吉良子之第也。悪知不罹敵之鋒刃。又悪知求吉良子終弗*可獲也。求而不獲。尚帰於何党矣。必也相与自殺第中。是児童之所能知也。至吉良子授首。軀亦無*○它。実出望外。亦有天幸者也。凡将士之趨闘也。皆必有死之心。無生之気。不然安能入不測。身為剣芒之質*邪。是儒生文人之所不関知也。良雄於是唯敵是求。不顧身死。豈遑要名利哉。所謂以小人之腹。而度君子之心矣。小人之好議論。不楽成人之美。如斯夫。

此論*余先君子亦及焉。余亦同之。雖然良雄之謀也。始*○哀終皆挙之。而後起焉。必*也有以未可遽以為非也。蓋謂以陪臣殺権貴。所不敢矣。然*其一念忠君之心。不以彼易此。今也遂矣。唯当束身帰有司。就斧*○鉄也。是在可以死可以無死之時歟。国家万一或嘉其志。屈刑章赦其死。於是乎再拝稽首。継以自殺。含笑入地下。決不偸生。感慨殺身易。従容就義難。良雄有焉。

此*後数百言。皆強誣之辞。以敷衍要名利之説。不足論焉。

城　纂書なし。
凶君　纂書「亡君」により訂。
曰　纂書なし。
斯　纂書写本「斬」、活字本「可」。日比谷本「斯」。
可　纂書なし。
它　纂書「宅」により訂。
邪　纂書「耶」。
余先君子　纂書「先子」。
哀　纂書「衰」。日比谷本「衷」。
也　纂書なし。
其　纂書なし。
鉄　纂書「鉞」により訂。
後　纂書「他」。

野夫談（横井也有）

野*(や)夫(ふ)談(だん)

也(や)有(ゆう)著

世渡りの下手さ、何して見ても貧乏に追れ、*剃つからげつ分別も*浅倉残松(あさくらざんしよう)と名乗て、辛ひ浮世を過かねけるが、壱人の弟は末子なり、出家なりともしよふとて、親は捨たる*藪に香の物、*塩を踏たる修行に、今は学徳たけて尾張の国の*提昆(だいこん)和尚とて、一派の*賞翫、*大地の住持と成て、寺領も有(あり)檀家も多く豊(ゆたか)なる暮しなれば、兄一生は養ふべしとて、*二三人口(ぐち)の合力(ごうりき)をうけ、安楽なる*きやうがひなり。*大隠は市に隠るゝと子細らしき事いへども、*尋訪ふ人も*納屋橋(なやばし)裏に長屋かりて、おのづから浮世の事も*耳の遠き婆々壱人、飯焚(めしたく)ために仕ふ*計(ばかり)。麁食を喰ひ酒を飲み肱をまげて枕とし、日長の折からの淋しさに習はぬ発句抔(など)いふて見れど、長し短しろく／＼に揃ぬ*縄すだれ、押分入(はいる)小便取の*九作、「扨も久しう見へなんだ、まめにあつたか」と問へば、「私もふと江戸へ下りまして此比(このごろ)帰りました」。「夫(それ)はどふして何ゆへに」。「されば出入の旦那が、江戸見物に下るが何と荷物を担(かつい)で行ぬかとの事、私も老後の思ひ出幸ひの事、常々とても望みの事なれば、ちと荷は重くともお供して参るべしと、取あへず下りました。落着所は早稲田の*片陰、いかにも静なる*信夫野閑吟と哉(や)覧(らん)申医者の宅、よしみあるよしにて是に逗留。旦那は馬下りから足に*ねぶとが出来て、早速他行もならず、私も旅寝の台所に内の衆とも馴染(なじみ)、弟子衆が毎日来りて本を見らるゝにさし出て、何ぞおもしろい本もあらば読(よん)で*講尺(こうしやく)して聞せて給れと申たれば、

野夫談　宝暦十二年(一七六二)の執筆か。筆者横井也有は、名は時般(ときつら)、字は伯懐。尾張藩士。宝暦四年(一七五四)致仕。俳人として知られ、俳文集『鶉衣』が著名。句集『蘿葉集』。崎門学派の小出侗斎の門人でもあった。元禄十五年(一七〇二)—天明三年(一七八三)。
剃つからげつ…　剃ったりからげたりしても空穴(からけつ、無一物)になり、絡(からか)げ付く分別も浅い、の意か。
浅倉残松　朝倉山椒をもじり、上の「分別も浅」いに掛け、下の「辛ひ浮世」にきかせている。朝倉山椒は但馬国朝倉(兵庫県養父郡八鹿町朝倉)などより産する山椒。普通のより大きく、辛味強く、香気が烈しい。
藪に香の物　「藪」に「野夫」を掛けている。ことわざ。「藪に功の者」ともいう。藪医者、野夫(いなか者)など、ばかにしていた者の中にも功者、剛の者がいる意。
塩を踏　辛い目に会うこと。苦労をすること。塩は香の物の縁語。
提昆和尚　「香の物」「塩」の縁で、大根を出した。なお尾張は宮重大根(尾張大根)の産地として知られる。
賞翫　味わうこと。珍重すること。
大地　「大寺」を掛ける。
二三人口の合力　二、三人分の生計を支えるだけの施し。
きやうがひ　境涯。
大隠は市に隠るゝ　非凡な隠者は山林に隠れず、かえって市中に隠れる。

太宰春台先生といふ学者の書れし四十六士論といふ、四十七人の敵討の事書(かい)た物読(よん)で聞さふとて、合点の行(ゆく)様に説て聞されましたが、扨も〳〵肝の潰れた事、先づあの赤穂の敵討は古今稀なる忠義とて、*林大学頭殿には「*上天助二忠誠一」とて惜まれ、*浅見重次郎殿の筆記には*義臣伝の末に載て、是もいかふ称美、殊更*室新助殿は義人録をあまれ、何方の儒者達も〳〵も、皆残る所なき仕方とて感心して置れしとの事、夫に太宰殿一人、うつて替て大成訾(そし)りやう憎みやう、あれは先づどふした了簡か、あの様に学問の筋も違ふ物で御座りますか。若又(もしまた)太宰どのが赤穂家に仕へて居られたらば、中々敵討の相談にはのられますまひ。といふてたつた一人*籠城も成まひし、*本庄へ切込れも致されますまい。大かた敵討のあつた跡で理屈も人が請取まいから、大野九郎兵衛と*同じ物に、人が面へ唾はきませふに、仕合な事やと存(ぞんぜ)られます。余り不思議さに、ちよつと書抜て貰いました、御らうじませ」と出す。見れば、

「*人生朝不レ謀レ夕、誰知二吉良子之不一レ死、以待二明年之冬一乎、郷使下吉良子不レ及二明年冬一死上、則赤穂士何所レ成二其功一乎」云々。

「又此末に、「*冬までの内若(も)し敵が死(しん)だらば、四十六士は僧となるか屍に鞭か、それでは天下の笑ひ草じや」と言れました。是はどふした了簡か。人の命の頼まれぬは元より常で御座れども、常にして変也。それを万事の先へ*立てあんじては、人に金もかされず、縁組の約束も成ませぬ。*夫も五年七年過ての敵討ならば、延引の謗りも御座ろうけれども、僅(わずか)翌年の冬まで見合せられたは、何卒(どうぞ)して討損(うちそんじ)まひと、時節を伺ひ謀を定めたもの。*太宰どの丶了簡では、無二無三に切込で、勝てもまけてもその場で死んでのけよかしの了簡、

尋訪ふ　南本など、上に「元より」が入る。

納屋橋　名古屋の中心部にある橋、およびその辺りの地名(今の中村区内、広小路通り)。「尋訪ふ人も無い」と「納屋」とを掛けている。

耳の遠き　浮世の事に耳遠い(疎遠)と、耳が遠いを掛けている。

計　底本・纂書「事」。南本による。

縄すだれ　縄のれん。発句が縄すだれのようであるのと、その縄すだれを押分けて入るのと、掛けている。

九作　「臭く」を掛けるか。

明た口に餅　「棚からぼた餅」と同意のことわざ。南本「あひた口へ持物はちと重く」と掛詞になっている。

片陰　底本「片隠」。南本による。

信夫野閑吟　南本・全集本・翁本「信貴野閑唫」。

ねぶと　根太。腫れ物の一種。

講尺　講釈(南本)。

林大学頭　林鳳岡。→三七三頁

上天助忠誠　鳳岡の詩(三七五頁)では「上天無意佐忠貞」。全集本「上天無意助忠誠」。

浅見重次郎　浅見絅斎。筆記は忠士筆記(四十六士論の異称)。「筆記には」は南本「筆記は」。

義臣伝　片島武矩(深淵子)編著の赤城義臣伝(十五巻、享保三年自序)をさすか。その巻十四、大義論に絅斎の論を引いている。

室新助　室鳩巣。

是より末にも、其様に言れました。畢竟四十六士が本意を合点しそこなはれたかと存ます。もと*浅野殿が恨み怒りに堪かね、吉良殿を斬て我も死、本より家も潰そふと、他は不レ顧斬懸られたるを斬おゝせず、我計其事に死して家を亡し、敵は其儘生て居らるゝ事、是無念骨髄に通じ、泉下の恨み尤千万、忠信の心忍びられぬ故*、此敵討は致されたもの。夫を太宰どのゝ了簡の通、我一分計義計立、犬の嚙付様に働して、又こなた計死でのけば、吉良殿は弥*天下泰平の高枕、浅野殿は草葉の陰で猶々無念は重りませう。然れば是忠臣の本意とは申されますまい。縦ば朝敵追討の*討手を蒙りし大将が、若し病死してはわが功が立ぬとて、軍勢も整へず、備もふけず、取急ぎ一騎駈に敵国へ切入、討死してのけたらば、忠臣なりとて御誉で御座りませうか。それこそは天下の笑ひ草、*夫よりは聢と勢を揃へ、必勝の謀を定めて敵国へ攻入、あやまたず朝敵の首を取て、*しんきんを休め奉るが忠臣の様に被レ存ます。若し其内に敵が病死すれば、討手がやむまでの事、大将の恥には成ますまひ。勝負は不レ構切込で死ぬは、*身一分の義を立といふもの、あやまたず敵を討ふと、退て謀るは君の為。*忠臣国を去て其名をいさぎよふせずと*申も、我が名は捨て君の非を挙ぬ心、忠臣の誠はかう有さうなもの、身の為に仕ふると、君の為にするとはどちらで御座りますぞ。又」*呉子胥が屍に鞭打たは、親兄を殺した敵、恨に堪ざるゆへなり。*四十六士は吉良殿を恨む事は少しも御座りませぬ。主人の切腹は主人の短慮から也。吉良殿からは致されぬ事。只亡主の本意を遂られなんだ遺念を継で、泉下の恨みを休めう為の働き也。去程に泉岳寺で亡君に手向し後は、首を三方に載て寺僧に渡し、*主税が若気にて首に雑言をいひければ、*高貴の御首に無礼也と内蔵之助が叱りたり。是私の怒りなし。義を

籠城も…　四〇七頁にみえる春台の主張をあてこすったもの。春台の主張に対する反論が以下に展開される。

本庄　本所。吉良屋敷をさす。

物　全集本「志」。南本「者」。翁本「事」。

人生朝不謀夕…　春台の四〇五頁(原文四一〇頁)の論。吉良子(二個所)は底本「吉良士」。南本により訂。

冬までの内…　春台のすぐ次につづく論。

あんじ　案じ。

夫も五年七年…　南本・全集本では、この文の前に「梨子や柿の継木も成ませぬ」の文が入る。

太宰どの…合点しそこなはれた　少くとも急進派の考えは也有より太宰に近かった。

浅野殿が…忠信の心忍びられぬ　この点では也有と堀部武庸筆記と一致する。
故　底本「所也」。纂書「所也。故に」。南本により訂。
天下泰平の　南本・全集本「天下泰平恐敷ものなしの」。
討手を蒙りし　討手せよとの勅令を受けた。
夫よりは…　南本など、前に「御考なされて御らうじませ」が入る。
しんきん　宸襟(南本など)。
身一分の義　急進派の「一分」はまさにこれに近い。

立たる心入、どうして屍に鞭うつ物ぞ。元の心が呉子胥とは雲泥のちがひ、美名をそねんで身にもかゝらぬ人の悪口申(もうす)とは各別のちがひ、誠に恥かしい事、脇から汗が出ます。太宰殿の言れし通、若し冬迄の内に吉良殿が病死なれば、浅野殿も共に泉下の鬼也、恨は*さんじて仕廻まする。主の怒り散ずれば討べき敵もなし、夫からは殉死せうがどふせうが勝手次第、四十六士の胸のうち、誰がしつて笑ひませう。天下の笑ひをとろうとは太宰殿のあんじ過(すご)しと存(ぞんじ)られます。又、

「*赤穂〔侯〕之死、非二吉良子殺一レ之、則吉良〔子〕非二赤穂侯之讐一、良雄等何得レ殺レ之」。又、

「*神祖之法、殺二人於朝一者死、赤穂侯之於二吉良子一、傷レ之而已、是其罪宜レ不レ死、而国家賜二之死一、則其刑過レ当也」。

是が合点参りませぬ。*吉良殿は切懸られても手出しもせず、相手の切腹を願はれもせねば、吉良殿は元より殺さぬとは知れた事、夫ゆへ四十六士は主を殺した敵を討と言(いう)ではなく、主君の仕遂られぬ本望を遂て、泉下の恨みを散ずる為とは、前にも申た通り。此訳の合点の行ぬはどふした物ぞ。又主君の死も咎なきものをお殺被レ成たでもなく、殿中にて至極の大礼の日、高家の歴々を*切て、どふして活て居られませう。斬おゝせると直に*自めつの覚悟は元より知れた事、自分に死ぬと御意で死ぬとの違ひ計(ばかり)。それを家臣が、咎なきものを御殺被レ成たとて*恨むでは御座りますまい。又人を朝に殺したもの計(ばかり)が死刑にも限りはせず、咎が重ければ死刑のはづの事、上の御咎も、なぜ吉良殿へ疵付たとて其事計(ばかり)でもなく、至極の大礼の日、他の非常をも禁ずべき職を蒙りたる身で、同職の人を斬て、改(あらため)清むる殿中を血に汚したる御咎、いか程重々の不敬、左もあるべき事で御座ります。*是は

忠臣国を去て… 忠臣は国を去ったのちも、自分の身の潔白を明らかにしない。史記、楽毅列伝にみえる語。
申も…又 南本により補。全集本・翁本にもほぼ同文がある。纂書にはなし。
呉子胥 伍子胥。→四〇五頁。底本「呉子が胥」、南本「伍子胥」。
四十六士…御座りませぬ 事実に反する。すぐ後の「私の怒りなし」も同様。
主税 大石主税良金。→三〇九・三二〇頁
高貴の…叱りたり これは吉良の身分に対する配慮から出たもので、「私の怒り」の有無とは無関係であり、也有の解釈はいささか無理。
さんじて 散じて(南本など)。
赤穂侯之死… 春台の四〇六頁(原文四一〇頁)の論。補入は南本による。
神祖之法… 右に同じ箇所。
吉良殿は… 喧嘩両成敗法にあたらないとみていることに注意。解説参照。
切て 南本など、上に「白昼の人中で」が入る。
自めつ 自滅(南本など)。
恨むでは 南本「恨む所では」。
是は浅野家でも…ますまい 意不明。「ち貢」は「士貢」「士貢」にもみえる。「ちがい」の誤りか。南本など「一言の申訳も成ますまひ」。

浅野家でもち貢は御座りますまい。縦(たとえ)又少々御咎が重過*たとて、御恨申べき筈はなし。亡君の遺志じやとて天下へ弓を挽(ひい)ては、主迄逆臣にしてのけると申もの、浅野殿が草葉の陰にて悦ばれは致されまい。又*太宰殿の唐流を出して、日本の君は朝廷じや、公儀は諸侯の君ではないなどゝいはるゝ事も御座りませうが、しかし今日本では公儀と浅野殿とは君臣に紛れは御座りませぬ。浅野殿の最期に遺念を尋ねたらば、公儀へ弓をひけとは申されませうか。吉良殿を討て呉(くれ)と申されませうか。又*、

「既*不レ能レ死ニ于赤穂一、則当下趣ニ往東都一、率*ニ其部伍一以攻中吉良子上、克レ之亦死、不レ克亦死、均レ之死而已、可ニ以塞一レ責」云々。

前には吉良殿はたつて敵でない、うつ理はないといふて置て、又爰では吉良子を攻て死ねとは、一向寝言の様に思はれます。すべて敵を討ものは、何卒して仕損ぜず、うちおふせうと存るゆへ、予譲*は漆*(うるし)にて形をかへ、厠に隠(かくれ)、橋下に臥て、敵に近付ふと心を尽しました。四十六士が敵の油断を伺ひ時節を待たは、予譲が炭漆と同じ意、太宰どのゝ了簡には、是も趙襄子が病気*がはかられぬから、予譲も智伯*が亡(ほろん)だ時直に切込で死ぬがよいとの事と見へました。古今*に称する予譲も、太宰どのゝ手前では馬鹿ものと成て居るとは、きついもので御座ります。

「彼*其志在レ済レ事成レ功、以要ニ名利一、鄙哉」云々。

いやもふ是からはおは〔な〕しにもはづかしい位、無体千万なさけない、大下卑(おおげび)に下卑ぬいた事をやられました。可愛そうに義を立て大切なる命を捨、親にも妻子にも別れて死したる忠臣を、余りなさけない事ども被レ申ました。中には六十七十の人もあり、どふして

重過たとて　南本など「重過たとても臣以臣たらずば有べからず」。

太宰殿の…御座りませう　太宰自身はこういっていない。

又　南本・全集本には、この前に、「又、「不レ如レ死ニ于赤穂城一」、此事は今前の段に申ました通り。」という一文がある。

既不能…　春台の四〇七頁（原文四一一頁）の論。

率其部伍…　底本「牽其部伍以吉良子攻」。南本により訂。

予譲…　趙襄子に滅ぼされた主君智伯の敵討をしようと予譲が苦心した話。→三三二頁

漆にて　南本・全集本「炭漆にて」。

病気がはかられぬ　南本・全集本「病死が計られぬ」。

智伯　底本「知伯」。南本・全集本により訂。

古今に　南本などは下に、「義人と」が入る。

彼其志…　春台の四〇七頁（原文四一一頁）の論。

利欲の為で御座りませう。*高家の歴々を*陪身浪人の身として押込で首をとり、何として*何事なく済（すむ）べきや。死刑は勿論の事、獄門磔にもあはふもしれぬ、夫は四十六士*覚悟のまへ、去程に泉岳寺にて腹切事はいと心安けれど、御法を敗（やぶ）り本望を遂し上は、とんと我身を私せず、自（みずから）罪科を訴へ、上の御存分に御さいなみ被レ下よと刀を投出して、上を恐れ敬ひ御下知を待たる仕方、爰（ここ）が大なる出来やうと、何れの儒者衆も褒美致されしに、夫をさもしい評を付て、かう思たであらう、どふするであらうと、ない事まで作て悪口し、よい方への了簡一つも付ず恥しめらるゝ事、どうした根性か合点が参りませぬ。すべて上等の人は人の善を称し、下品の人卑劣な人は必（かならず）人の美名をねたみ*そねみたがるもの。是は博識学才によらず、根性の上下善悪によるもので、あゝさもしい恥しいもので御座ります。*太宰どのゝ根性は斯有ふとも、門人衆の内には笑止がつて紙屑籠へも入れられう物を、梓行して*世にひろめらるゝは銭を出（だし）て恥の披露、其気の付ぬとは、私が毎日小便とれば*伽羅（きやら）の匂ひも同じ様に思ふ様なもので、其道へはまつては善悪も分らぬと見へます。あゝいらざる口を敲きました。ほんにたゝきで思ひ出しましたが、是は小田原で調へて参りました。随分小便に汚さぬ様に致しました、酒の肴に被レ成ませ」と、袖から*曲物（まげもの）出して振あふのき、「南無三、長談義に日が暮、小便汲んでは居られませぬ、又重（かさね）てとり〔に〕参りませう」と、あはてゝ門へ出ると見へしが、こらへ〳〵た小便を自分の桶へ長々としこみ、けふ昼から宿を出て何の為ぞや、わが小べん計（ばかり）荷て、あたふたとしてぞ帰りける。

*此冊子は尾州の御家に仕られし横井氏の*孫右衛門著述なり。也有といふ。俳諧に名

高家の　南本など、上に「上から赦し置るゝ」が入る。
陪身浪人　全集本「陪臣牢人」。
何事なく済べきや　大石・原等はこう考えていたが、堀部等急進派は、むしろ浅野家再興にプラスになると考えていた時期がある。南本・全集本「上の御機嫌に入るものぞ」。
覚悟のまへ、去程に　南本「覚悟で致したは申に及ばぬ事、重刑の辱をいとはゞ」。全集本もほぼ同じ。

そねみ　南本など、下に「どふがなして鼻をひしぎ潰し」が入る。
太宰どの…とも　「とも」は底本「とふ」、纂書により訂。南本・全集本は「自分こそあろふとも字を習ふ」。
世に…其気の付ぬとは　南本など「世間へ出すとはどうした事」。
伽羅　香木の名。また香の一種。

曲物　杉・檜などを薄く削った板を曲げて作った円形の容器(梅干・わさび漬などを入れる)。

此冊子は…　南本には別の奥書がある(也有の紹介と、堤朝風書写本を文政十一年転写したことを記す)。
孫右衛門　也有の通称。

高し。其著作、*うづら衣、*うらの梅あり。此書は*板にもあらで知る人稀なり。*続崎人伝にて見、懇望久しかりし。*細井氏平洲先生の養子*主税の紹介にて、何某氏のうつし置けるを借得て写す。戯言もて記すといへども、其論正大光明、等閑に見るべからざるもの也。

うづら衣　鶉衣。俳文集。四編十二巻。天明七年―文政六年刊。
うらの梅　鏡裏梅。俳文集。
板　版本。
続崎人伝　続近世畸人伝。五巻。三熊花顛編。寛政十年刊。その巻三に横井也有の項があり、「又戯れにかゝれたる野夫談といふは、其趣向、家に出入する農夫が江戸に下りて、太宰氏が四十六士論を書生の読をきゝて其意(こころ)をとひ、ふしんに覚えし旨をかたりしに托して、彼の論の非を、条を追て例の滑稽にかけり。…確然たる義論、諸家の論にまさるとも劣べからず覚ゆ」とある。
細井氏平洲先生　儒者。名は徳民。尾張の人。江戸に出て門弟に教え、安永九年(一七八〇)尾張藩の侍講、天明三年(一七八三)藩校明倫堂の総裁となった。著書に『嚶鳴館遺稿』など。享保十三年(一七二八)―享和元年(一八〇一)。
主税　纂書に「後改㆓藤助㆒」。

浅野家忠臣（伊勢貞丈）

浅野家忠臣*

浅野内匠頭家臣四十六人、亡君之仇吉良上野介ヲ討殺シ、其首ヲ取テ亡君ノ墓前ニ手向テ、而テ吉良ヲ討タル由ヲ、使ヲ以テ公義大目付ヘ申シ達シケリ。其後四十六士*ハ大名ヘ御預ケニ成リ、切腹被二仰付一タリ。或儒士是ヲ評シテ、「吉良ガ首ヲ切タルマデハ実ニ忠義ノ心一筋ナル所為也。既ニ功成リテ後心ユルミテ、此忠義ヲ公義ヘ申上タラバ、御褒美有テ所領*ヲ賜ラント云（いう）心起リテ、大目付ヘ申シ達シタル者也」トイヘリ。○貞丈按（あんずるに）、此説可ナラズ。必シモ禄ヲ求ル意ニ非ズ。幕府ノ御麾下ノ吉良ヲ、陪臣ノ身トシテ討殺シタレバ、将軍家ヲ怒ラシメ奉ル事、其恐レアリ。自ラ首ヲ延（のべ）テ御刑罰ヲ蒙ルベシト云意ニテ、大目付ヘ其旨ヲ申シ達シタル也。功成テ後心ユルビテ、禄ヲ求ルガ如キ利欲ノ心アル者ドモナラバ、始メヨリ亡君ノ仇ヲ報ズル意ハナキ也。一旦其志アリ共、終ニ遂ル事ハナキ也。忠義ノ士ハ必ズ利欲ナキ人ニアリ、不忠不義ハ必利欲ニ依テ生ズル也。四十六士、吉良ガ首ヲ浅野ガ墓前ニ手向タラバ、其外ニハ余念ナク、皆々墓前ニテ切腹セバ、弥（いよいよ）潔キ事ナルベシ。其節ニ至テハ、公義ヲ恐レ奉ルニ及バザルコト也。然ルニ念ヲ入過テ大目付ヘ申達シタルハ贅也。スルニモ及バザルコトヲシタル故、自ラ思寄テ墓前ニ切腹セズ、公命ニ依テ他所ニテ切腹シタルハ本意無キコトナリ。大目付ヘ申達シタルハ四十六士ノ一失ナリ。大功ノ人々ナレバ、此細瑾ヲバ宥ムベシ。彼儒士ノ説ハ儒士ノ説トハ云ヒガタシ。

浅野家忠臣　義人纂書には「伊勢貞丈四十六士論評」（ひらかな交り）と題して収める。貞丈については↓八六頁

四十六士ハ　纂書・故実本「四十六人」。

所領　故実本「新領」。

又或儒士ノ説ニ、「浅野ニ切腹ヲ命ゼラレ所領ヲ没収セラレシハ、浅野ガ乱心シテ殿中ニテ吉良ヲ斬リカヽリシ故ナリ。公ヨリ其罪ヲ罰セラレシナレバ、四十六士吉良ヲ恨テ仇トスベキ理ナシ」ト云ヘリ。○貞丈按、是ハ表ヲ云テ裏ヲ顕サヾル説也。吉良賄賂ヲ貪ボレドモ、浅野ガ意ニハ、武士タル者、何ゾ人ノ*髭(ひげ)ノ塵ヲ取ルコトアランヤト云テ、賄賂ヲ投ゼズ。依テ吉良、事ヲ含ンデ浅野ニ度々恥ヲ蒙ラセタリ。依レ之浅野怒ニ堪ズシテ吉良ヲ撃ント*セシガ、斬リソコナヒテ切腹ヲ命ゼラレ、所領没収ニ及ビシナレバ、其家臣吉良ヲ恨ズシテ誰ヲ怨ンヤ。且カノ四十六士、主君ノ志ヲ達セズシテ徒ニ自滅セルコトヲ悲マザランヤ。是(これ)其裏ノコト也。此裏ノコト隠レナキコトナレバ、彼儒士モ知ルベシ。此裏ノコトヲ知リナガラ、知ラザルマネヲシテ、表ノコトノミヲ揚テ*評スル者ハ、表向ダニ善ケレバ夫ニテヨシト云テ、不忠不義ヲ人ニ勧ルニ似タリ。是亦儒士ノ説トハ云ヒガタシ。

○又按、浅野ガ足軽*寺坂吉右衛門モ四十六士ト共ニ吉良ガ門前マデ来リシヲ、大石*古郷ヘノ使ヲ申付テ返シタリト云。寺坂モ門前マデ来リタルナラバ、必死ト定メタル義夫ナルベシ。然ルニ大石古郷ヘノ使ニ事寄セテ返シタルハ、足軽ト党ヲ結ブコトヲ恥テノ事歟(か)。寺坂モ偏(ひとえ)ニ忠義ヲ思ハヾ、大石ガ命ヲ背テ吉良ガ門内ニ推入(おしいる)ベシ。然ルニ大石ガ命ニ随テ返リタル意、知リ難シ。足軽ハ*下臈(げろう)ナル故、大石其志ヲ疑フテ、試ミニ古郷*ノ使ヲ申付テ見タル歟。寺坂ハ享保ノ*年マデ存命ニテ在リシト云フ。

○又浅野内匠頭ガ弟*浅野大学ハ、延享寛延ノ比(ころ)マデ存命ニテ、予ガ相番ニテ御小姓組ヲ勤タリキ。其談ヲ聞シニ、内匠頭ハ性甚急ナル人ニテアリシトゾ。吉良ヘ賄賂ヲ贈ルベシト家臣勧メケレドモ、*浅野内匠頭不レ用レ之シテ、武士タル者追従(ついしょう)ヲ以テ賄賂ヲ贈リ、人ノ

髭ノ塵ヲ取ル　ことわざ。目上の人にこびへつらうこと。「髭(ひげ)の塵を払う」に同じ。宋史、寇準伝にみえる。
セシガ　底本「云シガ」。他本により訂。
評スル　底本「表スル」。故実本により訂。纂書「評ける書は」。
寺坂吉右衛門　→三三五頁
古郷　故郷。
下臈　下郎。
ノ　纂書・故実本「への」。
年　纂書・故実本「末」。寺坂は延享四年(一七四七)まで存命していた。
浅野大学　内匠頭の弟の大学長広は享保十九年(一七三四)没。寄合で、御小姓組をつとめたこともない。ここは長広の子、長純(同じく大学)の誤りであろう。長純は延享二年(一七四五)伊勢貞丈らと共に御小姓組に入番している。ただし、長純はのち小普請入りし、宝暦四年(一七五四)に没している。貞丈は天明四年(一七八四)まで御小姓組番士であった(徳川実紀・重修諸家譜)。
浅野　纂書・故実本なし。

蔭ヲ以テ公用ヲ勤ムベキ事ニアラズト云ケルトゾ。又大石ガ*自筆ノ其時ノ日記少（すこし）バカリアリシヲ、*見シコトモアリキ。

自筆ノ…アリシヲ　故実本「自筆の日記其の時の事を書きしを少しばかり有しを」。纂書は底本にほぼ同じ。なお大石の、討入りのことなどを記した、寺井玄渓あての書簡は伝えられているが、日記については未詳。『大石良雄復讐日記』というものはある（岩瀬文庫蔵、未見）。

見シコト　纂書・故実本、上に「予」あり。

四十六士論（伊奈忠賢）

伊奈忠賢　通称五郎助。旗本。明和元年（一七六四）より天明四年（一七八四）まで御書院番をつとむ。享保十一年（一七二六）―寛政七年（一七九五）。

仄陋…　身のほどもかえりみず。仄陋は身分・境遇がいやしいこと。ここでは学識のせまいこと。

その主…　自分の主人が義に背いたことを知り。

繾綣惻怛　心にまつわって離れず、痛み悲しむ。

生を偸み死を幸とす　自分はおめおめと生きながらえ、吉良子が早く死んでくれたらよいがと思う、の意か。

四十六士論

伊奈忠賢*

太宰子、赤穂四十六士論を著し、その行ふ所を以て義に非ずと為す。実に公論なり。松宮子これを読みて、また書を為(つく)り、能くその旨趣を察して鑿(うが)たず。二子、後学のために事を弁ずること、勤むと謂ふべし。予並びにこれを得(え)、反復熟読す。然れどもまた私疑する所なきに非ず。敢へて仄陋*を顧みずして、試みにこれを論ぜん。

それ赤穂侯一旦の怒、その躬を忘れて人を朝(てう)に刃し、大礼を聞くに与(あづか)りて果さず、罪これより大なるはなし。故に朝議これに死を賜ふなり。良雄ら既に*その主の義に非ざるを知り、朝議を疑はざれども、還つてその志を継ぎ、遂に吉良子を以て讎と為す者は、蓋し過(あやまち)なり。もしさきに吉良子をして死せしめば、則ち吉良子の子弟臣僕なる者、よろしく赤穂侯を以て讎と為すべし。これ当然の理なり。ここを以て知る、赤穂侯の子弟臣僕なる者、まさに吉良子を以て讎と為すべからざるべきことを。然れども良雄ら単(ひとへ)にその主を思ふの至情、*繾綣惻怛(けんけんそくだつ)、みづから已(や)むこと能はず、心力を一にして変ぜず、艱険を歴て功を成す。これいはゆるわが東方の士風を失はざる者なるのみ。人情を以て姑(しばら)くこれを恕せば、則ちこれを忠士と謂ひて可なり。ただ忠に過(あやま)つ者なり。固より*生を偸(ぬす)み死を幸とする者に勝(まさ)るや遠し。良雄らを論ずる者は、ただまさにその能くする所を論ずべくして、必ず賢者の規矩に合せんことを責めずして可なり。良雄らの吉良子におけるは、蓋しこれを避けて可ならんや。
太宰子以為へらく、*良雄ら事を挙ぐること遅緩なりと。松宮子これを解くにその故を以てすること詳かなり。いま窃かにその余を論ぜん。凡そ大事は晩成す。速かにせんことを欲せざるに非ず。勢これをして然らしむるなり。それ亡国の士を以て、上に在るの人を犯すは、また大事ならずや。もし倉卒にして事済らずんば、則ち徒死せんのみ。これあに謀士の為ならんや。もし不幸にして吉良子先に死せば、則ち止めんのみ。既に人事を尽くして成らずんば、命なり。また*これを如何んともすることなきのみ。
太宰子以為へらく、*赤穂侯の吉良子におけるは、これを傷つくるのみ。しかもこれに死を賜ふは、則ちこれその刑、当を過ぐと。松宮子これを論ずるにその時宜を以てすることもまた備れり。いままた窃かにこれを詳かにせん。赤穂侯の吉良子におけるは、意これを殺すに在りて、しかも果さざるのみ。その迹を以てこれを論ずれば、則ち傷と殺とは、軽重あるに似たりと雖も、その本意を捜れば、則ちその非たるや、これを殺すと同じ。これを以てこれを観れば、その刑は固より当れるかな。
太宰氏以為へらく、*良雄ら泉岳寺に自殺して可なりと。この説これを得たり。松宮子これを論ずるにその意を以てす。良雄らの意或は然らん。然れども良雄らその主のためにするや、固よりそのみづから明らかにするを待たずして顕らかなり。かつ我苟くもみづから以て是と為して果行せば、何ぞかの人をして明らかに知らしむるをこれ為さんや。然れば彼已に義に精しからずしてその始を過つも、また未だこれを以てこれを責むるに足らず。況んや亡国の士、義に非ずして朝廷の人を殺すは、また安んぞ有司を犯干せざる者と謂ふ

良雄ら… 春台の「良雄ら爾すること…」(四〇七頁)の部分。松宮の論は「良雄等其事を急に…」(四一四頁)の部分。

これを如何ん… 論語、子罕および衛霊公「吾末㆓如㆑之何㆒也已矣」。「末」は「なし」と読む。

赤穂侯の… 春台の「純聞く、神祖の法…」(四〇六頁)の部分。松宮の反論は「夫刃を人に…」(四一四頁)の部分。

良雄ら泉岳寺に… 春台の四〇八頁の部分。松宮の反論は「其事既に…」(四一五頁)の部分。

を得んや。然れどもたとひ朝議誤りてその罪を宥めて、仕官を聴すとも、良雄らあに専伐して*禄を干むる者ならんや。

松宮子以為へらく、*その本根は吉良子に在り、しかも朝議その罪を論ぜざるは、これ未だ何の謂なるかを知らざるのみと。予窃かにこれを思ふに、それ吉良子の赤穂侯におけるは、礼に非ざるは固より論なし。赤穂侯己を修めてこれを待せば、則ち遂に事なかりしならん。事なければ則ち朝議何ぞ措く所あらんや。いま先に動く者は赤穂侯なり。これを以てその責最も重し。況んや吉良子はその職を免ぜらる。これこれをその罪を論ぜずと謂ふべけんや。蓋し義にして人を殺すと、義にして讎を復するとは、みな罪なきなり。朝議、死を良雄らに賜ふ者は、その義に非ざるを以てなり。もし良雄らの行ふ所を以て義と為さば、則ちこれ朝議を以て当を過ぐと為すに似たるなり。固よりこの理なし。朝議公正にして、その義に非ざることは、みな分明なり。鄙意浅見かくの如し。未だ敢へてみづから是とせず。二三の同学或はこれを択ばば、則ち予の幸なり。

伊奈子の説く所、「吉良子はその職を免ぜらる。これこれをその罪を論ぜずと謂ふべけんや」とは、則ち朝議死を*彼に賜ひ、職をこれに免ずるが如きなり。その意少しく異なり。吉良子の職を免ぜらるるは、未だ嘗て上裁あらず、吉良子みづから願ふ所なり。然れば則ちその罪と謂はざるなり。また曰く、「朝議公正にして、その義に非ざることは、みな分明なり」と。この言を以てこの人を視るは、その時勢を知らざるなり。その時の諺に曰く、「*雀の千声を援かんと欲するも、終に鶴の一声に啼止す」と。この和歌を以て須くその朝議の出づる所を識るべし。

禄を干む　論語、為政「子張学レ干レ禄」。
その本根は…　四一四頁にみえる。

彼　赤穂侯。下の「これ」は吉良子。

雀の千声…　「雀の千声（せん）鶴の一声（ひとこえ）」。つまらぬ者の千言よりも、すぐれた人の一言でぴたりとおさまること。毛吹草などにみえる。

或るひと太宰生の四十六士論を読む。曰く、愚惑謬妄、蓋しみづから售らんと欲して、恥づるを知らず。悲しいかなと。

*藤君卿曰く、松宮子の弁ずる所は、疎漏刻薄なりと。予未だその当否を知らず。良雄の難に処するや、また三十年来、一定の公論にして、奚ぞ多言を費すを為さんや。已むことなくんば則ち或るひとの言の若くして可なるなり。

四十六士論

伊奈忠賢

太宰子著赤穂四十六士論。以其所行為非義。実公論也。松宮子読之。而亦為書。能察其旨趣而不鑿。二子為後学辨事。可謂勤矣。予並得之。反復熟読。然亦非無所私疑。*不敢顧仄陋。試論之。夫赤穂侯一旦之怒。忘其躬刃人于朝。与聞大礼而不果。罪莫大焉。故朝議賜之死也。良雄等既知其主之非義。不疑朝議。而還継其志。遂以吉良*氏為讎者。蓋過也。若向使吉良子死。則吉良氏之子弟臣僕者。宜以赤穂侯為讎。是当然之理也。是以知赤穂侯之子弟臣僕者。当不可以吉良子為讎也。然良雄等単思其主之至情。繾綣惻怛。不能自已。一心力而不変。歴艱険而成功。是不失所謂我東方之士風者也已。以人情姑恕之。則謂之忠士可也。唯過於忠者也。固勝於偸生幸死者也遠矣。論良雄等者。唯当論其所能。而不責必合乎賢者之規矩而可也。良雄等之於吉良子。蓋避之而可也歟。

太宰子以為良雄等挙事遅緩也。松宮子解之以其故詳矣。今窃論其餘。凡大事晩成。非不欲速。

藤君卿　未詳。

不敢　翁本「敢不」。

氏　翁本「子」により訂。下の「氏」も同じ。

勢使之然也。夫以亡国之士。犯在上之人。不亦大事乎。若倉卒事不済。則徒死而已。是豈謀士之為乎。若不幸吉良子先死。則止而已。既尽人事而不成。命也。亦*未之如何也已矣。

太宰子以為赤穂侯之於吉良子。傷之而已。而賜之死。則是其刑過当矣。松宮子論之以其時宜亦備矣。今亦窃詳之。赤穂侯之於吉良子。意在於殺之。而不果耳。以其迹論之。則傷与殺。雖似有軽重。而捜其本意。則*為其非也。与殺之同。以此観之。其刑固当矣哉。

太宰子以為良雄等自殺于泉岳寺而可也。此説得之。松宮子論之以其意。良雄等之意或然。然良雄等為其主也。固不待其自明而顕矣。且我苟自以為是而果行。何使夫人明知之為。然彼已不精於義。而過其始。亦未足以此責之。況亡国之士。非義而殺朝廷之人。亦安得謂不犯干有司者哉。然設令朝議誤宥其罪。而聴仕官。良雄等豈専伐而于禄者哉。

松宮子以為其本根在於吉良子。而朝議不論其罪。是未知何謂也耳。予窃思之。夫吉良子之於赤穂侯。非礼固無論矣。赤穂侯修己而待之。則遂無事。無事則朝議何有所措。今先動者赤穂侯也。以此其責最重。況吉良子免其職。是可謂之不論其罪乎。蓋義而殺人。与義而復讎。皆無罪也。朝議賜死於良雄等者。以其非義也。*若以良雄等所行為義。則是似以朝議為過当也。固無此理。朝議公正。而其非義。皆分明矣。鄙意浅見如此。未敢自是。二三同学或択之。則予幸也。

伊奈子所説。吉良子免其職。是可謂之不論其罪乎。則如朝議賜死於彼。免職於此也。其意少異焉。吉良子之免職。未嘗有上裁。吉良子所自願也。然則不謂其罪也。又曰。朝議公正。而其非義。皆分明矣。以此言而視此人。不知其時勢也。其時諺曰。欲援雀之千声。終啼止鶴一声。以此和歌。須識其朝議所出。

或読太宰生四十六士論。曰。愚惑謬妄。蓋欲自售。而不知恥矣。悲也夫。

藤君卿曰。松宮子所辨。疎漏刻薄。予未知其当否矣。良雄之処〔難*〕也。亦三十年来。一定公論。奚費多言為哉。無已則若或言而可也。

未之如何也已矣　底本欄外注「一本如在之上」。翁本「未如何也已矣」。いずれも「未如之何也已矣」の誤り。↓四三九頁注

為其非也　「其為非也」の誤り。

若以…過当也　翁本なし。

難　翁本により補。

赤穂義士報讐論

（平山兵原）

*赤穂義士報讐論

昔日赤穂の臣子、吉良義央を殺し、以てその君の讐を報ゆ。諸儒これを論じ、以て忠義に非ずと為すなり。その説或は曰く、怨む所はまさに怨むべき所に非ずと。或は曰く、義とする所はその義に非ずと。穿鑿の論、紛然として競い起る。ただ*室直清・浅安正、目（もく）して義士と為すなり。その他は太率（おほむね）先説の範囲より出でず。余この説を以て窃（ひそ）かにこれを経典に求むるに、未だその義を得ざるなり。請ふ*麟経を以てこれを断ぜん、可ならんか。いにしへ*斉襄、*紀を滅ぼし、以て九世の仇を報ゆ。孔聖これがために諱（い）みて曰く、「*紀侯大いにその国を去る」と。公羊子（くやうし）曰く、「*大いに去るとは何ぞ。滅ぶるなり。孰（たれ）かこれを滅ぼす。斉これを滅ぼす。曷為（なんす）れぞ斉これを滅ぼすと言はざる。襄公のために諱むなり。春秋は賢者のために諱む。何ぞ襄公を賢とする。仇を復すればなり。何の仇ぞ。遠祖なり。哀公の周に*烹（に）らるるは、紀侯これを*譖（しん）すればなり。以（おも）へらく襄公のここに為す者は、*祖禰（そでい）に事（つか）ふるの心尽くせりと。尽くすとは何ぞ。襄公まさに仇を紀に復せんとし、これを卜す。曰く、*師分（なかば）を喪（うしな）はんも、寡人これに死せば、吉ならずと為さざるなりと。遠祖なる者は幾世か。九世なり。九世なほ以て仇を復すべきか。百世と雖も可なり」と。それ哀公を烹し者は誰ぞや。周の懿王（いわう）なり。紀侯に非ざるなり。紀侯の罪は人を譖するに在りて、人を烹るに在らず。然るに公羊子、怨み怨む所に非ずといふを以て説を為さずして、讐を紀に復

赤穂義士報讐論　義人纂書には「赤穂義士復仇論」の題で収める。筆者平山兵原については四四八頁注参照。

室直清・浅安正　室鳩巣と浅見絅斎。

麟経　春秋。魯の哀公の十四年に、狩猟で麟が捕えられたことで、孔子が春秋の記事を終えたことによる。

斉襄　斉(今の山東省にあった国)の襄公。

紀　今の山東省にあった国。

紀侯…　春秋、荘公四年の経の文。

大いに去る…　以下、公羊伝、荘公四年の文。

烹らる　かまゆでの刑を受ける。

譖す　つげぐちをする。

祖禰　祖先。禰は廟に祭られた父。

師　軍隊。

するの賢たるを称するなり。蓋し*受くる所に在り。然れば則ち良雄らの事も、また怨み怨む所に非ずと謂ふべからざるなり。而して忠義を以てこれに与(ゆる)すも、以て害なかるべきなり。しかるのち諸儒の駁難も、また一払して去るべし。公羊の説は、後世の諸儒これを疑ひ、*劉氏・*李氏尤(もっと)もこれを排す。然れども余この論を持して疑はず、以て聖人の秘奥を得と為せり。然る所以の者は何ぞや。窃(ひそ)かにこれを文王に証せん。

いにしへ*商紂の不道なるや、ただ崇侯(すうこう)をのみ寵せり。崇侯、*西伯を紂に譖す。紂、西伯を*羑里(いうり)に囚す。西伯の臣、美女奇物善馬を求め以て紂に献ず。紂乃ち西伯を赦し、これに弓矢鈇鉞(ふえつ)を賜ひ、征伐を専らにするを得しめ、曰く、「西伯を譖せし者は崇侯虎なり」と。西伯帰りて三年、崇侯虎を伐つ。*その詩に曰く、「*帝、文王に謂ふ。*爾(なんぢ)の仇方を詢(はか)り、*爾の兄弟に同し、爾の*鉤援と、爾の*臨衝とを以て、以て崇の墉(しろ)を伐て」と。それ西伯を囚せし者は誰ぞや。殷の紂王なり。崇侯に非ざるなり。崇侯の罪は人を譖するに在りて、人を囚するに在らず。然るに文王兵を興し、首(はじめ)に以て崇を伐つ。*詩にこれを称して曰く、「帝の則(のり)に順ふ」と。則ちその公義に出でて、私伐に非ざることを知るなり。これに由りてこれを推せば、斉襄の仇を紀に復するの賢たるを見るべし。而して公羊の言も、また撥正する所あるなり。これ余の公羊の説を持して疑はず、以て聖人の秘奥を得たりと為す所以なり。

或は曰く、「もし不幸にして紂、文王を殺さば、則ち武王においてまさにこれを如何せんとするか」と。いま文王崇を伐ち、詩に仇方と称するの心思を推すに、武王あに商紂これを殺すなりと謂ひて、伐ちて崇国を滅さざるべけんや。これ以て聖人の行事に因りて聖

受くる所に在り　害を受けたもと、つまり害を与えた張本人を対象にしているの意か。
劉氏　春秋劉氏伝などを著し、復讐議(公是集、巻四十)を書いた宋の劉敞と思われる。
李氏　未詳。
商紂　商(殷)の紂王。
西伯　周の文王。
羑里　今の河南省湯陰県の北。
その詩　詩経、大雅、皇矣の詩。
帝　天帝。
爾の仇方…　なんじのかたきの国に対し討伐のはかりごとを立て。
爾の兄弟…　なんじの味方の国と力を合わせ。
鉤援　敵城に攻めのぼるかぎばしご。
臨衝　敵城を見おろすやぐら車と、城壁を突き破るぶつかり車。
詩に…　前出と同じ詩。

人の情志を知るに足るなり。或はまた曰く、「紀侯、哀侯を譖し、崇侯、文王を譖するは、同じくこれを殺さんと欲するなり。義央は則ち然らず。ただ賄賂を以ての故に、職掌を明解しこれを長矩に伝へざりしのみ。紀・崇と同じからざるに似たり」と。余曰く、否(いな)。もしこれに因りて大礼闕くることあり、朝儀整はずんば、則ち長矩安(いづく)んぞ*自若たらんや。必ず一の*自尽あるのみ。蓋し長矩の意に謂(おも)へらく、その後日に自尽せんよりは、今日に*相(あひ)殺(ころ)すに若(し)かざるなりと。ここにおいてか朝堂を憚らず、妄りに禁典を犯して、その私憤を逞(たくま)しくするなり。これ庸人偏狭の量、情急にして勢迫り、已むを得ずしてここに出づるなり。あに神智通明、思慮周徧なる者の為(しわざ)ならんや。而してこれを以ての故に、義央の罪を*末減するを得んや。何となれば、この獄の由る所は、義央実にこれを致すことあればなり。それ律典に*意を誅するの論あり。これを以てこれを推すに、義央は譖して殺さずと雖も、しかも*一間なるのみ。これ余の紀・崇の事を引きて、この獄を断ずる所以なり。ああ余の論は鄙なりと雖も、窃かにこれを典経に徴し、これを聖王に董(ただ)し、敢へて*その臆に取らず。あにただに腐儒の謬論を一洗して、烈士の忠義を証明するのみならんや、庶幾(こひねが)はくは治術の一端において、*翼亮の功あらん。具眼の君子、請ふこれを択ばんことを。

余嘗て*野公台なる者の著す所の復讐論を見るに、その末に云へることあり、「*世の道学先生の知る所に非ざるなり」と。余や不佞、道学を尊信す。その中より*崛起して、彼の輩の陋説を破る。彼あに後世に*平子竜あるを知らんや。ああ。

東漢の*蘇不韋、父の仇を復す。その論は*郭有道に定る。今世の赤穂義士の論は余の一言に定る。また偉なるかな。室氏、目して忠義と為す。しかも未だその由る所を分釈せず。

自若　今までどおり。

自尽　自殺。切腹。

相殺す　相手を殺す。

末減　軽くする。左伝、昭公十四年の杜預注「末、薄也。減、軽也」。

意を誅す　行為を罰するのでなく、意図そのものにより人を罰する。公羊伝、襄公三十年何休注・後漢書、霍諝伝「春秋の義、情を原(たず)ねて罪を定め、事を赦して意を誅す」。

一間　→三八一頁注

その臆…　自分の推量で判断しない。

翼亮の功　手助けの功績。

野公台　野村公台。字は子賤、東皐と号する。彦根藩の儒官。享保二年(一七一七)―天明四年(一七八四)。義人纂書に「大石良雄君讐論」(延享二年執筆)を収める。

世の…　右の「君讐論」に「是豈世之道学先生之所二能知一哉」とある。

崛起　群を抜いて現れる。

平子竜　→四四八頁注

蘇不韋　父の蘇謙が李暠に怨まれて捕えられ、獄死したので、その讐を報いようとして狙ったが果さず、その父の墓を掘って首をとり自分の父の墓に供えて讐を復した(後漢書、蘇不韋伝)。

郭有道　郭泰、字は林宗。後漢末の人。有道は官吏登用の場合の推薦名称の一つ。蘇不韋の復讐に対する郭泰の賛美は後漢書、蘇不韋伝に見える。

これまた俗論に殆し。

諸儒の論紛然たり。一々これを弁ぜんと欲せば、甚だ論談を費す。それ太陽出でて衆陰伏し、正論発して邪説息む。悪んぞ一々弁釈するを待ちて、しかるのち確論と為さんや。

佐藤直方、良雄を以て上を凌ぐ者と為すや、固より然り。然れどもこれを以ての故に、忠義に非ずと謂ふや、則ち吾知らざるなり。それ忠臣孝子、君父の仇を報ゆる者は、安んぞ上を凌ぐの罪なきを得んや。しかも先聖のこれを与す所以の者は、蓋し臣子の忠孝を伸ばさんと欲するのみ。その事すでに典経に見えたり。直方深く思はざるの誤なり。*経に曰く、「子夏、孔子に問ひて曰く、父母の仇に居るは、これを如何せんと。夫子曰く、苫に寝ね干を枕にし、仕へず。与に天下を共にせざるなり。これに市朝に遇へば、*兵に反らずして闘ふ」と。それ周礼に「*司虣は*憲市の禁令を掌り、その*闘囂する者と、その*虣乱する者、*出入相陵犯する者、*属遊を以て市に飲食する者とを禁ず。もし禁ずべからずんば、則ち*搏してこれを戮す」と。朝は公門の内に在り。凡そ公事あるの処、みなこれを朝と謂ふ。「*閽人は、王宮の中門の禁を守るを掌る。*潜服*賊器は宮に入らず」と。それ市朝なる者は、禁制の在る所にして、その厳なることかくの如し。しかるに夫子曰く、「これに市朝に遇へば、兵に反らずして闘ふ」と。則ち上を凌ぐの罪を以てして復讐の義を害せざるを見るべきなり。これに由つてこれを推すに、良雄の上を凌ぐの罪を以てして義士に非ずと曰ふ者は、先王の道を知らざる者なり。それ*父子相隠すは、天理の公にして、人欲の私に非ざるなり。もし小人刻薄の心を以てこれを論ぜば、*隠蔵欺瞞の私あるに似たり。しかも律令に*父子容隠の制、*親戚自首の法ある者は、蓋し天倫を存養し、人紀を維持する所以なり。

経　礼記、檀弓上。
兵に…　武器を取りに家に帰るようなことをせず、つねに身に帯びていてたたかう。
司虣…　地官に見える。虣は暴の古字。
憲市の　市場に掲示した。
闘囂　喧嘩をしたり、騒がしくしたりする。
虣乱　暴力を振るう。
出入…　市場に出入りして弱い者いじめをする者。
属遊　なかまを組んでぶらぶらする。
搏して…　捕縛して刑罰を施す。
閽人…　周礼、天官に見える。
潜服　よろいを隠して着ている。
賊器　殺傷用の道具。凶器。
父子相隠す　論語、子路「父は子のために隠し、子は父のために隠す」。
隠蔵　犯罪を隠したり犯人をかくまったりする。
父子容隠の制　父子の間では犯罪を隠し犯人をかくまってもよいという制度。実際は父子だけでなく一定範囲の親族に適用される。
親戚自首の法　一定範囲の親族が犯罪を官に申し出るときは、犯人が自首したのと同じ扱いで刑を減免する規定。

司寇　司法官。
金科　法律。
擅殺　ほしいままに殺す。

これらの事、まさに比べ挙げて以て仇を報ゆると上を凌ぐとの軽重を断ずべし。ただ法はまさに上より行ふべく、下に操るべからず。故に復讐の臣子は、*司寇に非ずして人を専殺するの罪あり。ここにおいてか*金科は*擅殺を論ず。それ忠臣孝子は、上を凌ぎ擅殺するの罪を以てして、*義為の勇を害し、*共にせざるの天を戴かざるなり。これその忠臣孝子たる所以なり。直方、讐を復して上を凌がざるを以て忠臣孝子と為すか。甚だわが聞く所に異なり。もしその説に従はば、孔夫子の言も、また以て是に非ずと為すか。ああ、*予あに弁を好まんや。予已むを得ざるなり。

諸儒、*適実の論なき者は、大抵、専殺の字義を解せざるに坐す。それ人能く*無象の刑書を読み、*威用の麟経を講じ、然るのち初めて天下の大疑を断ずべし。

*蘐老、復讐の義を知らず、故に明律を解して以て復讐の事なしと為すは、則ち律の*闕典なり。然れども復讐の事は*父祖殴たるるの条に粲然たり。粗漏かくの如し。悪んぞ妄りにこの獄を断ぜんや。知らず未だ律令の深意を得ざりしか、そもそも*沈天易先生の論を聞きしか。

*寛政二年、歳庚戌に次す夏五月二十有二日、毫を興雲洞南窓下に揮ふ。東野の遺民*平子竜述。

義為の勇　論語、為政「見レ義不レ為、無レ勇也」に基づく。
共にせざる…　礼記、曲礼上「父之讐弗ニ与共戴レ天」に基づく。
予あに…　孟子、滕文公下「予豈好レ辯哉。予不レ得レ已也」。
適実　適切確実。
無象の刑書　形のない刑書。内面に含まれた刑書の精神の意か。
威用の麟経　権威をもたせて実際に適用すべき春秋の意か。
蘐老　荻生徂徠。茅場町に住み蘐園と号したのによる。
闕典　条文を欠いていること。
父祖殴たるる…　闘殴律「凡そ祖父母父母、人に殴たるるに、子孫即時に救護して還(か)つて殴つは、折傷に非ざれば論ずるなかれ。折傷以上に至れば、凡闘(普通一般の闘殴罪)より三等を減ず。死に至る者は常律に依る。もし祖父母父母、人に殺さるるに、子孫ほしいままに行兇人を殺す者は杖六十。その即時に殺死する者は論ずるなかれ」。
沈天易　未詳。
寛政二年　一七九〇年。
平子竜　平山兵原は、名は潜、字は子竜、通称は行蔵。兵原はその号。江戸の人。武芸十八般に通じ、また儒学・農政にも造詣深く、海防論者でもあった。著書は『剣説』『鈴林卮言』『海防問答』など。宝暦九年(一七五九)—文政十一年(一八二八)。

赤穂義士報讐論

昔日赤穂臣子殺吉良義央*。以報其君之讐*。諸儒論之。以為非忠義也。其説或曰。所怨非所*当怨。或曰。所義非其義。穿鑿之論。紛然競起。惟室直清。浅安正。目為義士也。其佗太宰不出于*先説之範囲焉。余以此説窃求之経典。未得其義也。請以麟経断之。可乎。古者斉襄滅紀。以報九世之仇。孔聖為之諱曰。紀侯大去其国。公羊子曰。大去者何。滅也。孰滅之。斉滅之。曷為不言斉滅之。為襄公諱也。春秋為賢者諱。何賢乎襄公。復仇也。何仇爾。遠祖也。哀公亨乎周。紀侯譖*之。以襄公之為於此焉者。事祖禰之心尽矣。尽者何。襄公将復仇乎紀。卜之曰。師喪分焉。寡人死之。不為不告*○也。遠祖者幾世乎。九世矣。九世猶可以復仇乎。雖百世可也。夫亨哀公者誰也。周懿王也。非紀侯也。紀侯之罪。在譖人。不在亨人。然而公羊子不以怨非所怨為説。而称復讐于紀之為賢也。蓋在所受焉。然則良雄等事。亦不可謂怨非所怨也*。而以忠義与之。可以無害也。而*後諸儒駁難。亦可一払而去焉。公羊之説。後世諸儒疑之。劉氏李氏*尤排之。然余持此論不疑。以為得聖人之秘奥*矣。所以然者何也。窃疑*○之於文王焉。古者商紂之不道也。特寵崇侯。崇侯*譖西伯於紂。々囚西伯於姜○里。西伯之臣。求美女奇物善馬以献紂。々乃赦西伯。賜之弓矢鈇鉞。得専征伐。曰。譖西伯者崇侯虎也。西伯帰三年。伐崇侯虎。其詩曰。帝謂文王。詢爾仇方。同爾*兄弟。以爾鉤援。与爾臨衝。以伐崇墉。夫囚西伯者誰也。殷紂王也。非崇侯也*。崇侯之罪。在譖人。不在囚人。然而文王*興兵。首以伐崇。詩称之曰。順帝之則*。則知其*出公義。而非私伐也。由此推之。可見斉襄復仇于紀之為賢。而公羊之言。亦有所拠正也。是余所以特*○公羊之説不疑。以為得聖人之秘奥*也。或曰。若不幸而紂殺文王。則於武王将如之何乎。今推文王伐崇。詩称仇方之心思。武王豈謂商紂殺之也。而可不伐滅崇国乎哉。是足以*因聖人之行事而知聖人之情志也。或*又曰。紀侯譖哀侯。崇

義央　纂書「義英」。以下同じ。
讐　纂書「仇」。
所　纂書なし。
于　纂書なし。
譖　纂書写本「讃」に誤る。次の譖も同じ。
告　公羊伝・纂書「吉」により訂。
也　纂書なし。
而後　纂書「而復」。
李氏　纂書「季氏」。
秘奥　纂書「深意」。
所以然…文王焉　纂書「有説于以窃証之於文王焉」。「以」は「此」の誤りで「ここに説あり」の意。
疑　纂書「証」により訂。
崇侯　纂書写本「之」(々の誤写であろう)。活字本「侯」。
爾　纂書写本なし。活字本はあり。
崇侯也　纂書写本なし。活字本「崇侯」。
文王…伐崇　纂書「文王興以伐崇」。
則　纂書、下に「夫子在之以裨教化」(夫子これに在りて、以て教化をおぎなひたれば)とある。
知其…私伐也　纂書「知其事出公義。而非決私伐也」(その事公義に出でて私伐に決するに非ざることを知るなり)に作る。
特　纂書「持」により訂。
秘奥　纂書「深意」。
是足以…情志也　纂書「是以足因(活字本、見)聖人之情志也」に誤る。
或　纂書「或人」。

侯譖文王。同欲殺之也。義央則不然。但以賄賂之故。不明解職掌。伝之長矩而已。似不与紀崇同焉。余曰。否。若因之大礼有闕。朝儀不整。則長矩安自若乎。必有一自尽而已。蓋長矩之意。謂与其自尽於後日。不若相殺於今日也。於是乎不憚朝堂。妄犯禁典。而逞其私憤也。是庸人偏狭之量。情急勢迫。不得已而出于此也。豈神智通明。思慮周偏者之為乎。而以之々故。得末減義央之罪乎。何者。此獄之所由。義央実有致之也。夫律典有誅意之論。以此推之。義央雖譖而不殺。而一間而已。是余所以引紀崇之事。而断此獄也。嗚呼。余論雖鄙乎。窃徴之於典経。董之於聖王。不敢取其臆。豈惟一洗腐儒謬論。而証明烈士之忠義乎。庶幾於治術之一端。有翼亮之功。具眼君子。請択諸。

余嘗見野公台者所著之復讐論。其末有云。世之道学先生非所知也。余也不佞。尊信道学。崛起其中。而破彼輩陋説。彼豈安知後世有平子竜乎。吁。

東漢蘇尹章。復父之仇。其論定郭有道。今世赤穂義士論。定余一言。亦偉哉。室氏目為忠義。而未分釈其所由。是亦殆乎俗論。

諸儒之論紛然。欲一々辨之。甚費誦読。夫大陽出而衆陰伏。正論発而邪説息。悪待一一辨釈。而后為確論乎。

佐藤直方。以良雄為凌上者也。固然矣。然以是之故。謂非忠義也。則吾不知也。夫忠臣孝子。報君父之仇者。安得無凌上之罪乎。而先聖所以与之者。蓋欲伸臣子之忠孝而已。其事已見典経矣。直方不深思之誤也。経曰。子夏問於孔子曰。居父母之仇。如之何。夫子曰。寝苫枕干。不仕。弗与共天下也。遇諸市朝。不反兵而闘。夫周礼司虣。掌憲市之禁令。禁其闘囂者。与其虣乱者。出入相陵犯者。以属遊飲食于市者。若不可禁。則搏而戮之。朝在公門之内。凡有公事之処。皆謂之朝。閽人掌守王宮之中門之禁。潜服賊器不入宮。夫市朝者。禁制所在。其厳如此。而夫子曰。遇諸市朝。不反兵而闘。則可見不以凌上之罪而害復讐之義也。由之推之。以良雄凌上之罪而曰非義

与其　纂書「其与」に誤る。
之為　纂書なし。
末　纂書「未」に誤る。
嗚呼　纂書も「嗚乎」に誤る。下も同じ。「嗚呼」「烏乎」あるいは「嗚乎」がよい。
之　纂書なし。

世之道学　纂書「也道学」に誤る。
輩　纂書なし。
彼豈安知　纂書「豈知」。
尹章　後漢書・纂書「不韋」により訂。
今世…一言　纂書「今也赤穂義士定余一言」。
目　纂書「曰」に誤る。
乎　纂書「于」。
誦読　纂書「論談」により訂。
也　纂書なし。
欲　纂書なし。

干　纂書「于」。
陵　纂書「凌」。
遊飲食　纂書写本「飲遊食」に誤る。
凡有…之朝　纂書では「潜服賊器不入宮」の下にある。
朝　纂書、下に「者」あり。
之　纂書「此」。

士者。不知先王之道者也。夫父子相隠。天理之公。而〔非〕人欲之私也。若以小人刻薄之心論之。似有隠朧欺瞞之私。而律令有父子容隠之制。親戚自首之法者。蓋所以存養天倫。維持人紀也。此等之事。当比挙以断報仇凌上之軽重焉。但法当行乎上。不可操乎下。故復讐之臣子。有非司寇而専殺人之罪。於是乎金科論擅殺矣。夫忠臣孝子。不以凌上擅殺之罪。而害義為之勇。戴弗共之天也。是其所以為忠臣孝子也。直方以不〔復〕讐而凌上為忠臣孝子歟。甚異乎吾所聞。若従其説。孔夫子之言。亦以為非是乎。嗚呼。吾豈好辨哉。吾不得已也。

諸儒無適実之論者。大抵坐於不解専殺之字義焉。夫人能読無象之刑書。講威用之麟経。然後初可断天下之大疑矣。

〔蘐老不知復讐之義。故解明律以為無復讐之事。則律之闕典也。然復讐之事。粲然于父祖被殴条。粗漏如此。悪妄断此獄乎。不知未得律令之深意乎。抑聞沈天易先生之論也。〕

寛政二年歳次庚戌夏五月二十有二日。揮毫於興雲洞南窓下。　東野遺民〔平子竜述〕

曰　纂書なし。
非　纂書により補。
隠朧　纂書「隠蔵」により訂。
比　纂書「此」に誤る。
戴　纂書「載」に誤る。
復　纂書により補。
従　纂書写本なし（一字空白）。活字本「如」。
以　纂書なし。
吾　纂書なし。→四四八頁注
辨　「辯」の誤り。→四四八頁注
吾　孟子・纂書「予」により訂。
蘐老不知…之論也　この一段、底本になし。纂書により補。
二十有二日　纂書「廿二日」。
毫　纂書写本「亮」に誤る。
東野　纂書「東武」。
平子竜述　底本なし。纂書により補。

〔参　考〕

武家諸法度

諸士法度

徳川成憲百箇条

武家諸法度

〈按ニ、武家ノ法式ヲ確定スルハ慶長二十年ヲ以テ始トス。爾来幕府ノ嗣職宣下以後大小名ヲ登城セシメテ法令ヲ従聴セシム。是歴世ノ定規タリ。〉

慶長二十乙卯年七月
武家諸法度　台徳院

1 一、文武弓馬之道、専可二相嗜一事。

左文右武、古之法也。不レ可レ不二兼備一矣。弓馬者是武家之要枢也。号レ兵為二凶器一、不レ得レ已而用レ之。治不レ忘レ乱、何不レ励二修錬一乎。

2 一、可レ制二群飲佚游一事。〈宝永ノ諸法度第八条中ニ此趣再出ス。其他此条ナシ。〉

令条所レ載、厳制殊重。耽二好色一、業二博奕一、是亡国之基也。

3 一、背二法度一輩、不レ可レ隠二置於国々一事。〈寛永十二年ヨリ此条ナシ。〉

法是礼節之本也。以レ法破レ理、以レ理不レ破レ法。背レ法之類、其科不レ軽矣。

4 一、国々大名、小名并諸給人、各相抱士卒有下為二叛逆殺害人一告上者、速可二追出一事。〈天和ノ諸法度ヨリ叛逆殺害等ノ文ナシ。〉

夫挟二野心一之者、為下覆二国家一之利器、絶二人民一之鋒剣上。豈足二允容一乎。

5 一、自今以後、国人之外、不レ可レ交二置他国者一事。〈寛永以後此条ナシ。〉

凡因レ国其風是異。或以二自国之密事一告二他国一、或以二他国之密事一告二自国一、佞媚之萌也。

6 一、諸国居城雖レ為二修補一、必可二言上一。況新儀之搆営堅令二停止一事。

城過二百雉一、国之害也。峻塁浚隍、大乱之本也。

7 一、於二隣国一企二新儀一結二徒党一者有レ之者、早可レ致二言上一事。

人皆有レ党、亦少二達者一。是以或不レ順二君父一、乍違二于隣里一。不レ守二旧制一、何企二新儀一乎。

8 一、私不レ可レ締二婚姻一事。〈以上三条代々ノ諸法度ニ此趣アリ。〉

夫婚合者陰陽和同之道也。不レ可二容易一。睽曰、匪レ寇婚媾、志将レ通、寇則失レ時。桃夭曰、男女以レ正、婚姻以レ時、国無二鰥民一也。以レ縁成レ党、是姦謀之本也。

9 一、諸大名参勤作法之事。〈寛永六年ノ諸法度此条ナシ。寛永十二年以後ハ並ニ掲載アリ。〉

続日本紀制曰、不レ預二公事一、恣不レ得レ集二己族一、京裡二十

騎以上不レ得二集行一云々。然則不レ可レ引二卒多勢一。百万石以下二拾万石以上不レ可レ過二二十騎一。十万石以下可レ為二其相応一。蓋公役之時者可レ随二其分限一矣。

10 一、衣裳之品不レ可二混雑一事。

君臣上下可レ為二格別一。白綾、白小袖、紫袷、紫裏、練、無紋小袖、無二御免一衆猥不レ可レ有二着用一。近代郎従諸卒、綾羅錦繡等之飾服、非二古法一、甚制焉。

11 一、雑人恣不レ可二乗輿一事。

古来依二其人一無二御免一乗家有レ之。御免以後乗家有レ之。然近来及二家郎諸卒一乗輿、誠濫吹之至也。於二向後一者、国大名以下一門之歴々者、不レ及二御免一可レ乗。其外昵近之衆并医陰両道、或六十以上之人、或病人等、御免以後可レ乗。家郎従卒恣令レ乗者、其主人可レ為二越度一。但、公家、門跡并諸出世之衆者非二制限一。

12 一、諸国諸侍可レ被レ用二倹約一事。〈以上三条代々ノ諸法度ニ此趣アリ。〉

富者弥誇、貧者耻レ不レ及。俗之凋弊無レ甚二於此一。所レ令二厳制一也。

13 一、国主可レ撰二政務之器用一事。〈寛永十二年ヨリ此条ナシ。〉

凡治国道、在レ得レ人。明察二功過一、賞罰必当。国有二善人一、則其国弥殷。国無二善人一、則其国必亡。是先哲之明誡也。

右、可三相二守此旨一者也。

慶長廿年七月

(引書　大成令・厳制録・教令類纂)

〈按ニ、是ヨリ前慶長十六年四月十二日二条城ニ於テ諸大名誓詞ノ条目三箇条アリ。此ニ追録シテ時体ヲ存ス。〉

条々

1 一、如二右大将家以後代々公方之法式一可レ奉レ仰レ之。被レ考二損益一而、自二江戸一於レ被レ出二御条目一者、弥堅可レ守二其旨一事。

2 一、或背二御法度一、或違二上意一之輩、各国々不レ可レ被二隠置一事。

3 一、各抱置之諸侍以下、若為二叛逆殺害人一之由、於レ有二其届一者、互不レ可レ被二相抱一事。

右条々、若於二相背一者、被レ遂二御糺明一、速可レ被レ処二厳重之法度一者也。

慶長十六年四月十二日

右国主領主在京在国共連判各一通

(引書　令条記・御制法・諸法度・御触書)

〔参考〕武家諸法度

寛永六己巳年九月六日
武家諸法度　大猷院

一、雑人恣不レ可二乗輿一事。

古来依二其人一無二御免一乗家有レ之。御免以後乗家有レ之。而近来及二家郎諸卒一乗輿、誠濫吹之至也。於二向後一者、国大名、同子息、一門之歴々幷一城被二仰付一衆、附五万石以上或五十以上之人、医陰両道、或病人等者不レ及二御免一可レ乗。其外之輩者御免以後可レ乗。至二国々諸大名之家中一者、於二其国一其主人撰二仁体一、遂二吟味一、可レ免レ之。叨令レ乗者、可レ為二越度一也。但、公家、門跡、諸出世之衆者非二制限一。

〈右之一条ヲ除キ、余ハ慶長廿年ノ諸法度ニ同ジ。但、他国人雑居大名参勤作法ノ二条ヲ删去ス。〉

（引書　諸法度）

寛永十二乙亥年六月二十二日
武家諸法度　大猷院

1 一、文武弓馬之道専可二相嗜一事。

2 一、大名、小名在江戸交替所二相定一也。毎歳夏四月中可レ致二参勤一。従者之員数近来甚多、且国郡之費且人民之労也。向後以二其相応一、可三減二少之一。但、上洛之節者、任二教令一、公役者可レ随二分限一事。

3 一、新規之城郭構営堅禁二止之一。居城之隍塁石壁以下敗壊之時、達二奉行所一、可レ受二其旨一也。櫓塀門等之分者、如二先規一可二修補一事。

4 一、於二江戸幷何国一、仮令何篇之事雖レ有レ之、在国之輩者守二其所一、可三相二待下知一事。〈創定〉

5 一、雖下於二何所一而行中刑罰上、役者之外不レ可二出向一。但、可レ任二撿使之左右一事。〈創定〉

6 一、企二新儀一、結二徒党一、成二誓約一之儀、制禁之事。

7 一、諸国主幷領主等不レ可レ致二私之諍論一。平日須レ加二謹慎一也。若有下可レ及二遅滞一之儀上者、達二奉行所一、可レ受二其旨一事。〈創定〉

8 一、国主、城主、壱万石以上幷近習、物頭者、私不レ可レ結二婚姻一事。

9 一、音信贈答嫁娶儀式、或饗応、或家宅営作等、当時甚至二華麗一。自今以後、可レ為二簡略一。其外万事可レ用二倹約一事。

10 一、衣裳之品不レ可二混乱一。白綾公卿以上、白小袖諸大夫以上聴レ之。紫袷、紫裏、練、無紋之小袖、猥不レ可レ着レ之。至二于諸家中郎従諸卒一、綾羅錦繍之飾服、非二古法一、令二制禁一事。

11 一、乗輿者、一門之歴々、国主、城主、壱万石以上幷国大名之息、城主暨侍従以上嫡子、或年五十以上、或医陰之両道、病人免レ之。其外禁二濫吹一。但、免許之輩者各別也。至二于諸家中一者、於二其国一撰二其人一、可レ載レ之。公家、門跡、諸出世之衆者制外之事。

12 一、本主之障有レ之者不レ可二相抱一。若有二叛逆殺害人之告一者、可レ返レ之。向背之族者或返レ之、或可レ追二出之一事。

13 一、陪臣質人所献之者、可レ及二追放死刑一時者、達二奉行所一可レ受二其旨一。若於二当座一有二難レ遁儀一而、斬二戮之一者、其子細可二言上一之事。〈此条及次ノ七条並創定〉

14 一、知行所務清廉沙二汰之一、不レ致二非法一、国郡不レ可レ令二衰弊一事。

15 一、道路駅馬舟梁等無二断絶一、不レ可レ令レ致二往還之停滞一事。

16 一、私之関所、新法之津留、制禁之事。

17 一、五百石以上之船停止之事。

18 一、諸国散在寺社領、自レ古至レ今所二附来一者、向後不レ可二取放一事。

19 一、耶蘇宗門之儀、於二国々所々一弥堅可レ禁二止之一事。〈天和ノ諸法度此条ナシ。宝永ノ諸法度ニハ第十七条中ニ此旨ヲ含蓄ス。享保以後ノ諸法度並ニ此条ナシ。然レドモ耶蘇厳禁ハ当時ノ士民並ニ恪守スル所ナリ。則嘉永六年ノ達書ニ其旨アリ、後ニ収載ス。〉

20 一、不孝之輩於レ有レ之者、可レ処二罪科一事。〈天和以後此条ナシ。〉〔一般に、19・20は寛文三年の武家諸法度に規定されたとされている。御触書寛保集成五号参照。〕

21 一、万事如二江戸之法度一、於二国々所々一可レ遵二行之一事。〈此条ハ慶長十六年ノ条目第一条ノ意ナリ。此ヨリ代々ノ諸法度末条ニ必ズ此旨ヲ挙グ。但、宝永ノ諸法度此条ナシ。〉

右条々、准二当家先制之旨一、今度潤色而定レ之訖。堅可二相守一者也。

寛永十二年六月廿一日

（引書　大成令・厳制録・教令類纂）

寛文三癸卯年五月廿三日
武家諸法度　厳有院

〈按ニ、此諸法度ハ前ニ記スル寛永十二年ノ全章ニ拠テ損益沿革スル者トス。因テ其増減アル条ヲ左ニ録シ余ハ之ヲ略ス。〉

第二条　交替之儀毎歳守下所二相定一之時節上、可レ致二参勤一。〈以下仍レ旧〉

第八条ニ附書ヲ加フ。

附、与二公家一於レ結二縁辺一者、向後達二奉行所一、可レ受二差図一事。

第十条　至于諸家中郎従等ノ二十三字ヲ刪除ス。

第十一条　公家門跡等ノ十四字ヲ刪除ス。

第十七条ニ但書ヲ加フ。

但、荷船者制外之事。

右条々、准二当家先例之旨一、今度潤色定レ之訖。堅可三相二守之一者也。

寛文三年五月廿三日

〈右同日殉死禁制ノ趣左記ノ通リ口達アリ。天和三年以後ハ武家諸法度ニ之ヲ掲載ス。〉

殉死は古より不義無益の事なりといましめ置といへども、被二仰出一無レ之故、近年追腹之者余多有レ之。向後左様之存念可レ有レ之者には、常々其主人より殉死不レ仕様に堅可三申二含之一。若以来於レ有レ之者、亡主不覚悟越度たるべし。跡目之息も不レ令二抑留一儀、不届可レ被二思召一者也。

（引書　御当家令条・厳制録）

天和三癸亥年七月廿五日
武家諸法度　常憲院

〈按ニ、此諸法度ハ第七条幷第十条ノ附書及第十二条ヲ創定ス。其余諸条ハ従前ノ法令ニ依テ之ヲ潤色シ条辞分合ノ差アルノミ。大異同ナシ。宜シク省イテ重畳セザル可シ。然ルニ享保以後ノ諸法度悉皆此成文ヲ用ユ。故ニ之ヲ此ニ全録シ、由テ以テ後来ニ照徴ス。〉

1 一、文武忠孝を励し、可レ正二礼義一事。〈従前法令ノ文武弓馬ヲ分ツテ此条及第三条トス。〉

2 一、参勤交替之儀、毎歳可レ守二所レ定之時節一。従者之員数不レ可レ及二繁多一事。

3 一、人馬兵具等、分限に応じ可二相嗜一事。

4 一、新規之城郭搆営堅禁二止之一。居城之隍塁石壁等破壊之時者、達二奉行所一、可レ受二差図一也。櫓塀門以下者如二先規一可二修補一事。

5 一、企二新儀一、結二徒党一、成二誓約一幷私之関所、新法之津留、制禁之事。〈寛永十二年ノ諸法度第六条第十六条合成。〉

6 一、江戸幷何国にても、不慮之儀有レ之といふとも、猥不レ可二懸集一、在国之輩は其所を守り、下知を可二相待一也。何国にて雖レ行二刑罰一、役者之外不レ可二出向一、可レ任二撿使左右一之事。〈同上第四条第五条合成。〉

7 一、喧嘩口論可レ加二謹慎一。私之諍論制二禁之一。若無レ拠子細有レ之者、達二奉行所一、可レ受二其旨一。不レ依二何事一令二荷担一者、其咎本人よりおもかるべし。幷本主之障有レ之者不レ可二相抱一事。〈創定〉

附、頭有レ之輩之百姓訴論者、其支配え令二談合一、可三相二済之一。有二滞儀一者、評定所え差二出之一、可レ受レ捌事。

8 一、国主、城主、壱万石以上、近習幷諸奉行、諸物頭私不レ可レ結二婚姻一。総而公家と於レ結二縁辺一者、達二奉行所一、可レ受二差図一事。

9 一、音信贈答嫁娶之規式、或は饗応、或は家宅営作等、其外万事可レ用二倹約一。総而無益之道具を好、不レ可レ致二私之奢一事。

10 一、衣裳之品不レ可二混乱一。白綾公卿以上、白小袖諸大夫以上免許之事。

附、徒、若党之衣類は羽二重絹紬布木綿、弓鉄炮之者は紬布木綿、其下に至ては、万に布木綿可レ用レ之事。〈創定〉

11 一、乗輿者、一門之歴々、国主、城主、壱万石以上并国大名之息、城主及侍従以上之嫡子、或年五十以上許レ之。儒医諸出家制外之事。

12 一、養子者同姓相応之者を撰び、若無レ之においては、由緒を正し、存生之内可レ致ニ言上一。五十以上十七歳以下之輩及ニ末期一雖レ致ニ養子一、吟味之上可レ定レ之。縦雖ニ実子一、筋目違たる儀、不レ可レ立レ之事。

附、殉死之儀、弥令ニ制禁一事。

13 一、知行之所務清廉沙ニ汰之一、国郡不レ可レ令ニ衰弊一、道路駅馬橋舟等無ニ断絶一、可レ令ニ往還一事。

但、荷舟之外、大船は如ニ先規一停止之事。〈寛永十二年ノ諸法度第十四、十五及十七条合成。〉

14 一、諸国散在之寺社領、自レ古至ニ于今一所ニ附来一者不レ可ニ取ニ放之一。勿論新地之寺社建立弥令ニ停ニ止之一。若無レ拠子細有レ之者、達ニ奉行所一、可レ受ニ差図一事。

15 一、万事応ニ江戸之法度一、於ニ国々所々一可ニ遵行一事。

右条々、今度定レ之訖。堅可ニ相守一者也。

天和三年七月廿五日　（引書　大成令・慶禄記・教令類纂）

宝永七庚寅年四月十五日
武家諸法度　文照院

〈此諸法度ハ第六条第七条創定ニ係ル。余ハ従前ノ法令ト其趣ヲ同フス。惟文辞大ニ潤良アルヲ以テ全章ヲ録ス。〉

1 一、文武之道を修め、人倫を明かにし、風俗を正しくすべき事。

2 一、国郡家中の政務、各其心力を尽し、士民の怨苦を致すべからざる事。

3 一、軍役の兵馬を整備へ、公役の支料を儲蓄ふべき事。

4 一、参勤の交替者定期を違ふべからず。従者の員数其分限に過べからざる事。

附、江戸城下召連供の者、貴賤大小各其分限を守るべき事。

5 一、新築の城郭私に経営する事を聴さず。其修築に至ては、堀土居石垣等は上裁を仰ぐべし。矢倉門塀等は制限にあらざる事。

附、道駅橋渡人馬等はいふに及ばず、私の関所、津留等、往来の煩をなす事を聴さず。荷船の外、五百斛以上の大船を造るべからざる事。

6 一、大小の諸役、諸番の頭人等、権勢に依りて人を凌ぎ、公儀を仮りて私を営むべからず。同列相和ぎて衆議を会し、上聞を壅がずして下情を通じ、偏頗なく贔屓あらず、各其職事に練習して公務を精勤すべき事。〈創定〉

7 一、貨賂を納れて権勢の力を仮り、秘計を廻らして内縁の助を求む、皆邪路を開きて正道を害す。政事のよりて傷るゝ所也。一切に禁絶すべき事。〈創定〉

附、上裁を仰ぐべき事あるにおいては、或は奉行或は頭人各其支配に就て申上べし。事若内奏秘計に渉らば、たとひ理運の申条たりといふとも、ことさらに恩許あるべからざる事。

8 一、群飲佚游の禁、旧制既に明白なり。凡奢靡を競ひて礼制によらず、財利を貪りて廉恥をかへりみず、妄に人才の長短を論じ、窃に時事の得失を議し、風を傷り、俗を敗る事、是より甚しきはなし。厳に禁止を加ふべき事。

9 一、私領百姓の訴論は其領主の裁断たるべし。事若他領に係るにおいては、或は両地の領主互に相通じ、或は支配の頭人各相会して議定すべし。事尚一決し難きにおいては、評定所に就て裁決を請しむべき事。

10 一、越境の違乱犯罪の追捕等、其余何事に限らず、私に争論に及ぶべからず。事若相和らぎ難きに至りては、各其趣を以て奉行頭人等に申べき事。

附、本主其仕途を禁ずるの輩は、召仕ふべからざる事。

11 一、若非常の変有レ之時は、其所在に随ひて、或は宅地或は領地、各其所を守りて妄に動かず、速に其事を注進すべし。若刑罪の事有レ之時者、使たる者の外、私に出会ふ事をゆるさず。凡使として差遣はすもの、其人の高下其事の大小を論ぜず、敢て対捍あるべからざる事。

附、殿中に於て急変出来せば、同席之輩是をとりはかるべし。其余は各其所を守りて妄に動くべからず。若其同席に人なきに至ては、其所に近き者ども取はからふべきは制限にあらざる事。

12 一、衣服居室の制并宴饗の供贈遺之物、或は奢侈に及び、或は節倹に過ぐ。皆是礼文の節にあらず。貴賤各其名分を守りて、大過不及に至るべからざる事。

附、衣服の制、公卿以上は白綾、五位以上は白小袖を用ゆる事をゆるす。紫袷、紫裏、練、無紋等の小袖を用ゆる事をゆるさず。軽き者共の衣服等、各其分限を踰べからず。其他皆宜敷旧制に准ずべき事。

13 一、乗輿之制、凡万石以上より、国主の嫡子、衆子〔マヽ〕、城主并侍従以上の嫡子に至り、其余年五十以上之輩の外、みだりに是をゆるさゞる事。

附、医師僧家は制外之事。

14 一、婚姻は凡万石以上、布衣以上之役人幷近習の輩等私に相約する事をゆるさず。若くは公家の人々と相議するにおいては、まづ上裁を蒙りて後に、其約を定むべし。嫁娶の儀式すべて旧制を守りて、各其分限に相随ふべき事。

附、近世の俗、婚を議するに、或は聘財の多少を論じ、或は資装の厚薄を論じ、甚しくしては貴賤相当らざる者と、婚をなすに至る。此等の弊俗一切に禁絶すべき事。

15 一、継嗣は其子孫相承すべき事論ずるに及ばず。子なからんものは、同姓の中其後たるべき者を撰ぶべし。凡十七歳より以上は其後たるべきものを撰び、現在〈現一作存〉の日に及びて望請ふ事をゆるす。或は実子たりといふとも、立べき者之外を撰び、或は子なくして其後たるべき者を撰ぶのごときは、親族家人等議定の上を以て、上裁を仰ぐべし。若其望請ふ所理において相合はず、幷其病危急の時に臨て望請ふ所のごときは、其濫望をゆるすべからず。しかりといへども、或は父祖の功蹟或は其身の勤労、他に異なるの輩においては、たとひ望請ふ所なしといふとも、別議を以て恩裁の次第有べき事。

附、同姓の中継嗣たるべき者なきにおいては、旧例〈例一作制〉に准じて、異姓の外族を撰びて言上すべし。近世の俗、継嗣を定る事、或は我族類を問ずして、其貨財を論ずるに至る。人の道たるかくのごとくなるべからず。自今以後厳に禁絶すべき事。

16 一、殉死の禁、更に厳制を加ふる所也。或は徒党を殖て、或は誓約を結ぶのごとき、妄に非義を行ひて敢て憲法を犯すの類、一切に厳禁すべき事。

17 一、諸国散在の寺社領古より寄附の地、これを没却することをゆるさず。新建の寺社に至ては、停止既に訖りぬといへども、若故ありて望請ふべき事有においては、上裁を仰ぐ事を許す。且は耶蘇の厳禁はいふに及ばず、たとひ古より流布の諸宗たりといふとも、或は新異の法をたて、或は妖妄の説を作りて、愚俗を欺き惑はすの類、是亦厳禁すべき事。

右条々、旧章に由りてこれを修飾す。すべて教令の及ぶ所、遠近一ツによろしく遵行すべき者也。

宝永七年四月十五日

（引書　新令句解・令条記・文廟令）

正徳三癸丑年
武家諸法度闕　有章院

〈按ニ、柳営日次記、徳川実紀其他ノ諸記有章公ノ武家法度ヲ載セズ。思フニ公継職ノ初尚ホ幼稚故ニ未ダ其事ヲ挙ゲザル歟。嘗テ四代厳有公ノ例ヲ考フルニ、公亦幼稚ニシテ職ヲ継グ。其初政未ダ武家法度ヲ頒布セズ。在職十三年ノ後始テ其事ヲ挙行ス。之ニ因テ之ヲ視レバ、有章公ノ如キ在職僅ニ四年ニシテ薨ズ、其法令ノ挙行有ラザルヤ必セリ。〉

享保二丁酉年三月十四日
武家諸法度　有徳院
延享三丙寅年三月廿一日
同　惇信院
宝暦十一辛巳年正月十一日
同　浚明院
天明七丁未年九月廿一日
同　文恭院
天保九戊戌年二月廿一日
同　慎徳院

〈右五代ノ諸法度、並ニ天和ノ法令ヲ用ヒテ改正スル所ナシ。〉

〈参考　大成令・御書付留・憲法類集・享保撰要類集・憲法部類〉

嘉永七甲寅年九月廿九日
武家諸法度　温恭院
安政六己未年九月廿五日
同　昭徳院

〈右二代ノ諸法度、亦天和ノ法令ヲ用ユ。但、天和ノ法令第十一条ノ儒医諸出家ヲ改メテ医師僧家ニ作リ、第十三条ノ但書ヲ删去シテ、更ニ左ノ一条ヲ増加ス。〉

一、大船製造可レ有二言上一事。

〈按ニ、造船ノ制ハ嘉永六年九月十五日万石以上ノ面々エ別紙布達ノ旨アリ。此ニ附記シテ其改正ノ旨趣ヲ示ス。〉

荷船の外大船停止之御法令に候処、当今之時勢大船必用之儀に付、自今諸大名製作いたし候儀御免被レ成候間、作用方并船数共委細相伺可レ受二差図一旨被二仰出一。尤右様御制度御変通被レ遊候も畢竟御祖宗之御遺志御継述之思召より被二仰出一候事に候。邪宗門御制禁之儀は、弥以如二先規一相守取締向別而厳重可レ被二相心得一候。

（引書　御書付留）

〈以上専ラ大名ニ係ル者トス。以下諸士法度ヲ記ス。〉

諸士法度

寛永九壬申年九月廿九日
諸士法度

〈按ニ、此章及次ノ二章諸記掲載スル所ノ標目各異同アリ。或ハ雑事条目トシ或ハ旗本法度トシ或ハ諸士法度トス。要スルニ万石以下麾下ノ士ニ関スル者ナリ。然ルニ其大旨ハ武家諸法度ニ同ジキヲ以テ、天和三年以後ハ別ニ諸士法度ヲ挙ゲズ。法令ノ式アル時ハ惟武家諸法度ヲ以テ、大名旗本日ヲ異ニシテ従聴セシムト云。〉

条々

1 一、侍之道無二油断一、軍役等可二相嗜一事。

2 一、何事によらず、其身の分限にしたがふべし。私のおごり仕間敷事。

3 一、死罪におこなはるゝ者有レ之時、被二仰遣一者之外、一切不レ可二懸集一。違背之輩は可レ為二曲事一事。
附、喧嘩火事之時も同前。但、火事には内々之者并親類縁者は非二制限一。

4 一、徒党を結び、或荷担或妨をなす儀、停止之事。

5 一、構有レ之奉公人、不レ可二抱置一事。

6 一、跡目之儀、養子は存生之内に可レ得二御意一。末期におよび忘却之刻雖レ申レ之、御もちいあるべからず。勿論筋目なきもの御許容有間敷也。たとひ実子たりといふとも、筋目ちがいたる遺言御立被レ成間敷事。

7 一、物頭、諸奉行人依怙於レ有レ之は、急度曲事可レ被二仰付一事。

8 一、諸奉行人并代官已下、買置あきなひいたすにおいては、可レ為二曲事一事。

9 一、諸役人其役之品々常に可レ致二吟味一。油断有レ之者、可レ為二曲事一事。

右条々、可三相二守此旨一者也。

寛永九年九月廿九日　（引書　厳制録）

寛永十二乙亥年十二月十二日
諸士法度

条々

1 一、忠孝をはげまし、礼法をたゞし、常に文道武芸を心がけ、義理を専にし、風俗をみだるべからざる事。

2 一、軍役如レ定、旗弓鉄炮鑓甲冑馬皆具諸色兵具并人数積、無二相違一可二相嗜一事。

3 一、兵具之外、不レ入道具を好み、私之奢いたすべからず。万倹約を用べし。知行水損旱損風損虫つき或舟破損或火事、此外人も存たる大成失墜は各別、件之子細なくして、進退不レ成、奉公難レ勤輩は、可レ為二曲事一事。

4 一、屋作小身之族にいたるまで、近年分に過美麗に及ぶ。自今以後、進退に応じ、其例を承合、かろくいたすべき事。

5 一、嫁娶之規式近年小身の輩にいたるまで甚及二華麗一。向後諸道具以下分に過たる結構いたさず、可レ用二倹約一。譬大身たりといふとも、ながえつりごし三十挺、長持五十棹に過べからず。総而応二分限一可二沙汰一事。

6 一、振廻之膳木具并盃台金銀彩色停二止之一。但し、高貴人珍客には木具不レ苦。或は晴之会合或は嫁娶之時は金銀之土器亀足可レ為二其意次第一。総而振舞之儀軽くいたし、酒不レ可レ及二乱酔一事。

7 一、音信之礼儀、太刀馬代黄金壱枚或銀十枚、随二分限一、以二此内一可三減二少之一。或銀壱枚青銅二百匹礼物百匹にいたるまで可レ用レ之并小袖十如レ右可三減二少之一。雖レ為二大身一、不レ可レ過レ之。総而諸色此積を以可三用二遣之一。国持大名之礼儀とりかはしの時も、此上之美麗いたすべからず。勿論酒肴等も可レ為二軽少一事。

8 一、被レ行二死罪一者有レ之時、被二仰付一輩之外、一切其場へ不レ可二懸集一事。

9 一、喧嘩口論堅停二止之一畢。若有レ之時、令二荷担一ば、其咎可レ重二於本人一。総而喧嘩口論之刻、一切不レ可二懸集一事。

10 一、於二殿中一、万一口論有レ之節は、番切に可三相二計之一。猥に自二他番一不レ可二寄集一。番無レ之座ならば、其所へ近き輩可レ計レ之。事にも成間敷を見ながら、不レ可レ令レ致二悪事一事。

11 一、火事若令二出来一ば、役人并免許之輩之外不レ可二掛集一。但、役人差図之者は可二罷出一事。

12 一、本主之障あるもの不レ可三相二抱之一。叛逆殺害盗賊人之届あらば、急度可レ返レ之。其外かろき咎之者に至ては、侍は届次第可三追二払之一、小者、中間は可レ返レ之。於二難渋一は、番頭、組頭令二相談一、可レ済レ之。無二番頭一者は、其なみの輩可レ致二談合一。若有二滞所一ば、達二役者一、可レ請二差図一事。

13 一、於二諸家中一、有二大犯人一ば、譬雖レ為二親類一、直参之輩取持、相拘はるべからざる事。

14 一、知行所務諸色、相定年貢所当之外作二非法一、領知不レ可レ致二亡所一事。

15 一、知行境野山水論并屋敷境、於二何事一も不レ可レ致二私之諍論一。若申分あらば、番頭、組頭可レ令二相談一。無二番頭一者は、其なみの輩に及二相談一、可レ済レ之。有二滞儀一ば、達二役者一、可レ受二其旨一事。

16 一、組中并与力、同心、他之組と申合在レ之時、不レ致二其組之荷担一、番頭、組頭互及二相談一、可レ済レ之。若有二滞儀一ば、違二役者一、可レ受二差図一事。

17 一、百姓公事双方自分之知行たるにおいては、其地頭可レ計レ之。相地頭之百姓と公事いたさば、其類之番頭、組頭以二相談一可レ捌レ之。無二番頭一者は其なみの輩寄合可レ済レ之。総而有二滞儀一ば、違二役者一、可レ請レ捌事。

18 一、跡目之儀、養子は存生之内可レ致二言上一。末期におよび忘却之刻申といふとも、不レ可レ用レ之。勿論無二筋目一もの不レ可二許容一。たとひ雖レ為二実子一、筋目違ひたる遺言立間敷事。

19 一、結二徒党一、致二荷担一、或妨をなし、或落書張文博奕不行儀之好色、其外侍に不二似合一事業不レ可レ仕事。

20 一、大身小身共に、自分用所之外、買置商売利潤之かまへ致すべからざる事。

21 一、徒、若党之衣類、さあやちりめん平島羽二重絹紬布木綿之外停止之事。

附、弓鉄炮之者、絹紬布木綿之外不レ可レ着レ之。小者、中間衣類、万に布木綿可レ用レ之事。

22 一、物頭、諸役人万事に付而不レ可レ致二依怙一、并諸役者其役之品々常に致二吟味一、不レ可二油断一事。

23 一、上意之趣、譬如何様之者雖二申渡一、不レ可二違背一事。

右、可二相守此旨一。若於二違犯之族一者、糺二其咎之軽重一、急度可レ被レ処二罪科一者也。

寛永十二年十二月十二日

（引書　厳制録）

諸士法度

寛文三癸卯年八月五日

条々

1 一、忠孝をはげまし、礼法をたゞし、常に文道武芸を心懸、義理を専に、風俗をみだるべからざる事。

2 一、軍役如レ定、旗弓鉄炮鑓甲冑馬皆具諸色兵具并人数積、無二相違一可二相嗜一事。

3 一、兵具之外、不レ入道具を好み、私之奢いたすべからず。万倹約を用べし。知行損亡或舟破損或火事、此外人も存たる大成失墜は各別、件之子細なくして、進退不レ成、奉公難レ勤輩は、曲事たるべき事。

4 一、屋作之節不レ可二美麗一。向後弥分限に応じ可レ為二簡略一事。

5 一、嫁娶之儀式不レ可レ及二美麗一。自今以後、弥其分限に応じ可二省略一。仮令大身たりといふとも、長柄つり輿三十挺、長持五十棹に過べからず。総じて以二此数量一、分限に応じ可二沙汰一事。

6 一、振舞之膳、七五三等の饗応の外は、木具幷盃之台金銀之彩色糸のつくり花停二止之一。但、晴之会合嫁娶之時は、木具盃之台は用捨すべし。総じて振廻之儀かろくいたし、酒乱酔に及ぶべからざる事。

7 一、音信之礼儀、太刀馬代黄金壱枚銀十枚、分限にしたがひ、以二此内一可レ減二少之一。或銀壱枚青銅三百匹礼物百匹にいたるまで可レ用也。幷小袖十、如レ右可レ減二少之一。雖レ為二大身一、不レ可レ過レ之。総而諸色以二此積一、可レ用二遣之一。国持大名と礼儀とりかはしの時も、此上之美麗いたすべからず。勿論酒肴等も軽少たるべき事。

8 一、行二死罪一者有レ之時は、役人之外一切其場へ不レ可二掛集一事。

9 一、喧嘩口論堅制禁也。若有レ之時、令二荷担一ば、其咎可レ重二於本人一。総じて喧嘩口論之刻、一切不レ可二馳集一事。

10 一、於二城中一、万一喧嘩口論有レ之節は、其相番中可レ計レ之。猥に他番より不レ可二寄集一。番無レ之席は、其所へ近き輩可三取二扱之一。

11 一、火事若令二出来一ば、役人幷免許之輩之外不レ可二掛集一。但、役人差図之者は可二罷出一事。令二油断一ば、越度たるべき事。

12 一、本主之障有レ之者不レ可二相抱一。叛逆殺害盗賊人之届あらば、急度可レ返レ之。其外軽き咎之者にいたりては、侍は届次第可三追二払之一、小者、中間は可レ返レ之。於二難渋一は、番頭、組頭令二相談一可レ済レ之。頭なき者は其並の輩可レ致二談合一。若有二滞所一ば、達二役者一、可レ受二差図一事。

13 一、於二諸家中一、大犯人あらば、仮令雖レ為二親類縁者一、直参之輩取持、相拘はるべからざる事。

14 一、何事においても不レ可レ致二私之諍論一。若申旨あらば、番頭、組頭可レ令二相談一也。頭なきものは其並之輩に及二談合一、可レ済レ之。滞儀あらば、達二役者一、可レ受二其旨一事。

15 一、百姓訴論之事、双方之番頭、組頭遂二穿鑿一、其組之荷担不レ致レ之、相互に令二談合一、可レ捌レ之。頭なき者は、其並之輩寄合可レ済也。滞儀あらば、達二役者一、可レ請二其捌一。然上は地頭は勿論、番頭、組頭幷其列之輩不レ及レ出二於評定所一事。

16 一、知行所務諸色、相定年貢所当之外、非法をなし、領地亡所にいたすべからざる事。

17 一、新地之寺社建立弥可レ令三停二止之一。若無レ拠子細有レ之ば、達二奉行所一、可レ受二差図一事。

18 一、跡目之儀、養子は存生之内言上いたすべし。及二末期一雖レ申レ之、不レ可レ用レ之。雖レ然其父五十以下之輩は、雖レ為二末期一、依二其品一可レ立レ之。十七歳以下之者於レ致二養子一は、吟味之上許容すべし。向後は同姓之弟同甥同従弟同また甥〔ママ〕幷従弟、此内を以て、相応之者を撰べし。若同姓於レ無レ之は、入聟娘方之孫姉妹之子種替之弟、此等は其父之人がらにより可レ立レ之。自然右之内にても、可レ致ニ養子一者於レ無レ之は、達ニ奉行所一、可レ請ニ差図一也。仮令雖レ為ニ実子一、筋目違たる遺言立べからざる事。

19 一、嫁娶并養子之儀に付而、貪たる作法不レ可レ仕事。

20 一、結ニ徒党一、致ニ荷担一、或妨をなし、或落書張文博奕不行儀之好色、其外侍に不ニ似合一事業仕間敷事。

21 一、徒、若党衣類さあやちりめん平縞羽二重紬布木綿之外停止之事。

附、弓鉄炮之者、紬紬布木綿之外不レ可レ着レ之。小者、中間衣類、万布木綿用べきの事。

22 一、物頭、諸役人万事に付而、不レ可レ致ニ依怙一、并諸役人其役之品々常に致ニ吟味一、不レ可ニ油断一事。

23 一、家業無ニ油断一可ニ相勤一事。

右之条々、依ニ先例之旨一損益、今度定レ之畢。堅可ニ相守之一。若於レ有ニ違犯之族一は、糺ニ科之軽重一、急度可レ処ニ罪科一者也。

寛文三年八月五日

（引書　厳制録）

徳川成憲百箇条

〈徳川氏百箇条世間ニ波伝スルコト久シ。但、諸家ノ謄本遥ニ異同有テ、未ダ孰レカ是ナルヲ知ラズ。独リ浅草文庫ニ蔵スル者ハ、幕府ノ内庫ヨリ出ヅル者ト云。乃チ流伝ノ諸本ヨリ優レルコトヲ信ズ。因テ他本ヲ舎テ此ヲ采録ス。然レドモ今按ニ此条目未ダ尽ク初世ノ政ニ彰ハレズ。二世三世ノ時ニ秩然ト行ハル。顧フニ政体ハ祖先ニ建テ、其子其孫此遺志ヲ述ベ実用ニ施シ、尋テ其目ヲ取テ百箇条ト呼ブ乎。抑徳川氏能ク列藩ヲ制馭シ、兆民ヲ撫字シテ二百余年ノ治ヲ致セシハ、此条則ニ準拠セザルハナシ。故ニ之ヲ幕府ノ首ニ置キ、以テ其統紀ヲ概知セシムルナリ。又按ニ、今録スル所他本ニ視レバ一条ヲ多クス。即チ百一条アリ。亦孰レカ是ナルヲ知ラズ。〉

1 一、避二己可レ好、専可レ務レ所二己嫌一事。

2 一、覼二布衆僧一可レ尊二崇神徳一、国家豊饒除レ災来レ祥基たる也。

3 一、世無二世続一、則井伊、本多、榊原、酒井等之老臣、委相評相議可二相定一事。

4 一、摂州川口落城以後、国司領主及士大夫、属レ我もの大小八拾八人、若レ載二記録一、是を外様之賓伏とす。各隔年令二交代述職一、為二巡撿之代一、可レ撿二民家安否一事。

5 一、譜代諸士凡八千弐拾三騎、同所レ載二記録一也。右之内拾八騎我在二三州一日より古家書二于此一、大久保、金森、板倉、土井、大島、阿部、安藤、堀田、永井、小笠原、朽木、土屋、太田、山本、長崎、京極、岡崎、中根、此等の門葉之内、器量を撰而可レ当二執権職一事。

6 一、城廓縄張は自二左旋竜一至二右転鶉一迄、東西城内幕番所弐拾八ケ所廿八宿を象と知るべし。先手三拾三組は三拾三天宮、大番十二組は十二明神、院十組は十干星、持筒七組は七曜星たるべし。是我心より出古例之外也。此等之頭人は、精撰二其器一可レ当レ之。此近臣役割之品者皆鎌倉殿の例に随、別に記す。

7 一、諸士列之高下不レ可レ令二相争一。役附之大小により可レ令二甄二別座席一。縦同役同席たりといふ共、不レ可レ令二高下争一。先以二官禄多少一、又先役付を上とし、或年老を以て上とし、互主二謙退一しむべし。老二我老一所也。

8 一、武家諸法度は右大将家例に任せ別に記す。然共於二損益一は任二時之風儀一宜レ補レ之。

9 一、先二六芸一後二五常一すべからざる事。

10 一、若二古式一建二決断所一、照二我差出条目一而、不レ憚二貴戚一不レ凌二鄙陋一、可レ令二万民理非明白一事。任二此職一輩者天下政道之大綱たり。詳鑑二其人性質一与二老臣一議レ之左右択而可レ任二其職一。必も容易なるべからず。

11 一、奉行、頭人、憑二賄賂一曲レ法者乃国賊たり。厥罪等二謀叛一。不レ可レ許二死刑一事。

12 一、古賢語養レ人者治レ人、治レ人者養レ人、天下之通義なりと云。凡四民之内、士は農を治、農は士を養。此二は居二工商之上一。我熟々考二歴世之乱流一、此二物を不レ弁故に、天子は位を失ひ、将軍は背レ武、諸士は家を亡す。仁を其間に挟而一日も不レ可レ懈事。

13 一、縦錯事雖レ有レ之、五十年来誤来候事は相改間敷事。

14 一、遠国在々農家一様たりといへども、其村々其所々に古来由緒有の長たる者あり。平百姓と同して同からず。古来の者を択而可レ宛二守役一。居二下位一上を凌しむべからず。天下の大規也。外様譜代に不レ限、国司領主及代官之者へ此旨可二申渡一事。

15 一、国境村境山川境領分境田畑家屋敷境森林付之田畑或穀干等之場蔭伐(コサヤリ)之条目は、決断所へ差出通、是又不レ可レ忽事。

16 一、懲悪之五刑法、梟首、磔罪、火罪、斬罪、自レ古異域本朝其品不レ均。準二右大将家記録一可二執行一。大辟之刑は不二王位一不レ許事。

17 一、宣下将軍之勅答、六十六ケ国総高弐千八百拾九万石之内、弐千万石令レ配二当忠勤之諸士一、八百拾九万石之所領レ之、可レ備二上禁庭営衛之条々一。全く鎌倉殿以来将軍之古式たり。

18 一、勅許以後将軍は別二三品一べし。今我所レ建井伊に金幣を許すを以て上とす。本多に銀幣を与へ中とす。村上に紙幣を授て下とす。其式如レ所レ載二記録一。

19 一、倣二武威一蔑二帝位一不レ可レ濫二天地君臣之礼一。凡有レ国職分は令二民安祥一にあり。先祖を輝し子孫を栄せしむるに非ず。湯武の聖徳も此旨を主とすと知べし。

20 一、国司領主大禄たりといふとも有二安民之理違背一、削二官職一可レ令下貶二居僻地一懲中創之上。是武の仁なる者也。

21 一、征夷大将軍家、内外当役附位階之定式、大抵鎌倉殿に倣と雖、国風時宜を交て補叙し、具に記置者、令三諸士志不レ懈励二忠勤一処也。写為二亀鑑一掛二門衛一、是を顕すべし。故記レ之。

大老職　大留守居　大老中
側用人　少老中　京諸司代
大阪城代　駿府城代　久能城代
奏者　高家　寺社奉行

奥留守居　西丸留守居　大目付
小姓組　書院組　寝番組
大奥詰番　中奥詰衆　大奥小姓組
中奥扈従　大番組　伏見諸司代
町奉行　勘定奉行　芙蓉間役人
雁間詰番　桐間詰番　躑躅間役掛
大小納戸　居間詰番　記録所掛
持筒頭　弓頭　旗手頭
先手組　幕奉行　長柄頭
書物奉行　道傍頭　儒者
外科本道　天守頭　吟味役
勘定平役　表目付　外側目付
使番　徒目付　黒鍬者
丁子者　厩奉行　賄頭
伊賀組　小人組

右之外、不足之所は宜レ補二闕之一事。

22 一、不レ可下陥二妻妾之縁一微（ナミス）中志士之功上者、天下之格言也、於二将軍家一尤痛可レ慎事。

23 一、文武皆仁より出、雖二千経万機一其断同。治国平天下之法、在二于茲一と知るべし。

24 一、兵書皆言懐レ士にしくはなしと。懐るに品あり。謀を以て懐にあらず、仁に懐なり。上好レ仁下不レ好レ義者あらざる事。

25 一、天下は天下の天下にあらず。又一人の天下に非ず。唯帰レ仁事、深可二研究一事。

26 一、仁在レ己、四経九経自備、此旨一日も離るべからざる事。

27 一、我所レ立条目に相背ば、雖二嫡子実子一、不レ可レ令二家督相続一。大老臣及老臣と相評、家門之内其器に当者撰而可レ立事。

28 一、国司領主内外士大夫家相続之品は又将軍家と同からず。実子たらば雖二異母一申付べし。其実子拾五歳に足らずして相果ば、其弟相続せしむべし。弟無レ之者逓〈逓恐遞字〉養子願候共許容不レ可レ致。十六歳以上は養子相続可二申付一。是当家大炊介以来古格たる事。

29 一、於二賞刑之二法一、以二壱人眼力一不レ可レ賞不レ可レ刑。衆士相賞而賞レ之、衆士相刑而可レ刑事。

30 一、国司領主軍役公務大法、千石五騎、万石五十騎、拾万石五百騎、弐拾万石千騎、是を一軍と定、令レ帥二三軍一為二上将軍一、帥二五百騎一為二中将軍一、帥二一百五拾騎一為二下将軍一。諸役以二其積一可二申付一事。

31 一、総而万般可レ準二古法一、新規之事可二停止一事。

32 一、新田開発願出輩あらば令二吟味一、於二故障無レ之は可レ容レ之。

概〈概一作槩〉の式は右大将殿より始、此旨役人共に可二申付一事。

33 一、喧嘩口論双方制敗。但、依レ物仕除たるべし。去レ場後者相改不レ及。被レ討者之子葉ども敵討願ば簿に記し、願に任可レ申。然共重敵は可二停止一事。

34 一、殺二親師一、殺二主人一、依二法外暴悪一亦可レ当二法外之刑一。勿論十類に至迄可レ没事。

35 一、治世不レ忘二乱世一言を以、譜代士に策(ハカリ)、武術不レ可レ懈。於二其身一可レ慎事。

36 一、剣は武士之霊、失却之人において不レ許事。

37 一、諫〈諫一作陳〉皷蘇滑之語は、異朝太平之祝辞にして然る事有にあらず。武具尤可二改嗜一事。

38 一、守如レ教則賊徒不レ能レ窺。然共異域本朝察レ被レ破レ所二其守一、皆嗜レ酒耽レ色之間より出ざるはなし。不レ能レ止レ溺レ之、自殺可レ譲レ職事。

39 一、凡欲レ成レ業、挙二我条目一、与二老臣一ともに相議、君臣合体而可レ行レ之。暫も不レ可レ恣二私意一事。

40 一、君臣父子夫婦兄弟朋友、五物不レ乱を以為二人之大倫一、凡為レ士自然適レ之者十に八九有レ之。其中乱二夫婦倫一者、不レ限二貴賤高下一時而不レ能レ無レ之。或は私通或は密懐及二其罪露顕一、双方刑レ之、古今之常轍也。至二侍士侍女朋友之間一其科其刑同断。於二匹夫下賤族一は刑を許は可レ任二其夫心一。陰陽合体之人民、可レ悪科にあらず。刑罪するに可レ有二斟酌一事。

41 一、阿二附権臣一納二讒言一者を佞臣と心得、全無二諂容一言行直正なる者を可レ知二忠臣一事。

42 一、忠二我先祖一之臣、其子孫行跡雖レ不レ正、叛逆之外其家没収するに不レ及事。

43 一、近臣之内我意に準ずる者ありとも、不レ可レ令レ奪二老臣威一事。

44 一、倍臣たとひ雖二高禄一、対二将軍之直臣一儀式、家門に同然たるべからざる事。

45 一、下賤之輩対二諸士一踰レ等、或は諸士之内倍臣、亦対二直臣一有二寛怠一、於二討捨一不レ妨事。

46 一、為レ人殺レ人之罪を侵し、其人匿、則殺たる者〈一本殺されたるものに作る〉一族の願にまかせ、下手人、或は科料可レ申二付之一。士は農工商と不レ同事。

47 一、儒と神道と釈と其品区別すれども、善に導、悪を罰するに不レ過、随二其所見一宗レ之旨レ之所レ不レ妨也。然共於二議論一者堅可二停止一。我見二往昔一天下之不吉也。

48 一、我辱も雖レ為二清和之苗裔一、受二生於乱世一、為二賊徒一被レ困久矣。動二義兵一七十三度、烈戦欲レ就二死地一十八度、憑二浄土門勧示一免二羝羊逼レ藩之危一。今蒙二総追補使両院別当一所、如レ所レ記。

基二其例一、於二譜代之国一鼎二建檀林十八院一。是以子孫累世可レ為二浄土宗門一事。

49 一、移二叡山一転二在城一非下学二王城一立二東百官一倣中平氏驕固上。征夷将軍之在城は則王城之警衛也。皇子天台親王家を奉レ請、所レ冀二伏レ悪挫レ暴之鎮護一なり。

50 一、政雖下準二当家古例一不上レ可レ用二他家之古例一、然共一度任二将軍一人之致置事は不易たるべき事。

51 一、他家之法不レ用或は用レ之、内府小松殿志廃すべからざる事。

52 一、諸国諸役年貢之外運上之事、人民之冥加金将軍家納レ之、宛二行諸士一、知行之外差与へ、役料之資と知べし。是又鎌倉殿の権輿たる事。

53 一、大小国司領主可レ令レ為二其官禄位次相応之行跡一。有二過分之事一、大禄国司又は雖二高官家門一可レ戒レ之。於二其身一尚更可レ守二将軍職分一事。

54 一、狩猟放鷹等は勝遊にあらず。異域本朝上古以来武官之者甑也。有レ獲則奉二禁庭一、専令レ馴二弓馬一ものなり。唯可レ知レ限レ士事。

55 一、政道忽則乱統起、厲則人民疲る。不レ忽不レ厲之間に中立するを、可レ謂レ知二将法一事。

56 一、剣輝二筐中一伏二従夷狄一為二剣徳一。離レ鞘則不レ足レ称二剣徳一。武は潜二腠胞一屈二伏敵軍一為二武徳一。出レ陣則不レ足レ武。将軍之任たる者尤可レ明二此理一事。

57 一、弓鉄炮鎗長刀剣術之類等ハ皆芸能にして一騎具也。凡為レ士之法、如レ斯小技にあらず。況将レ兵者乎。未レ能レ及レ之といへども、伊尹呂望之質に倣慕べき事。

58 一、不レ弁二武之為レ武道一、不レ明二士之為レ士理一、則愚将鄙将にして良将といはず。韜略知計雖レ勝レ人、不レ足レ当二征夷将軍一を知るべし。

59 一、月朔望廿八日定式日也。年首、歳末、五節、佳牒、猪子等之会に臨は、潔斎而述二職皇帝一、亦従而可レ対二群臣之賀一。其式如レ所レ載二記録一。若有二不予一ば、令二大老臣及老臣一代レ之。不レ可レ敗二礼法一事。

60 一、先祖宗廟祭礼、如二記録一不レ可レ廃事。

61 一、大老社稷臣及二年衰一、可レ以下武王対二周公一礼上事。

62 一、江府居城は縄張自然と運機に応じ、附庸列而囲レ之、山海有レ便、土地豊饒也。仍而為二子孫本城一、附庸は小田原、川越、岩附、高崎、忍、前橋、関宿、佐倉、古河、宇都宮、下館、笠間、烏山、結城、小見川等也。此等之城主は可レ附二与譜代股肱之臣一。不レ可レ附二与外臣一事。

63 一、二条、大阪、駿府三ケ所城地者、令下二譜代士一在番上。験二西海之安否一者也。及レ有二大変一附二与上中下三将軍一、可レ為二天兵三城之戍一事。

64 一、用レ人挙レ才法、閣二譜代之士一登二外様之士一、則内憾外悔、忠臣自喪、毎レ人非二聖賢一必然之理也。此趣尤可二思慮一事。

65 一、尋常勤如二我条目一。不レ背則雖レ遠二賢才地一可三以無二大過一事。

66 一、不レ限二外様譜代一、数年之間令レ引二替領地一は、久有レ馴二其地一、則領主之志柔弱にして自恣二私欲一、竟至レ苦二其民一故也。易レ地しむる事は可〔可一作不〕レ依二其行跡一事。

67 一、外科本道之医師、巫術多技之族、其術験ある時、可レ与二当座之褒美一不レ可二高禄一。厚禄則其子孫必懈二其業一也。最雖二仁術一不レ可レ同二諸士之忠信一事。

68 一、本朝は神武顕明之地なれども、文学劣二異域一。宜設二学黌一可レ令三依レ之鳴二国家之盛一事。

69 一、毎月一点二撿決断所之奏状一、於レ有二不審一は、尋二問当役之人一、可レ相二改奉行賢否一事。

70 一、已敬レ君則臣又傚レ之。敬至二士大夫下賤一、次第不レ濫乃天の道たる事。

71 一、天理之公已に知といへども、其行不レ正、其罪不レ知よりも重、家を亡国を乱、災必起。知レ過不レ改をあやまちとしるべき事。

72 一、寺社山伏等は雖レ為二優民一、往古以来四海之内不レ可レ無者也。或継席或位階等において相争有レ及二嗷訴一者、是又天下不吉例也。仍立二規条一決断所へ指二出之一、令レ評二定之一。然共於二勅願所一者、不レ可レ任二私意一。

73 一、我見二本朝異域祖一皆命レ天之人也。然共其遠孫亦久不レ保二其位一者、不レ用二其祖之遺訓一故なり。其過記レ左。

74 一、清和源姓は至二為義一亡二貞純之家訓一。嵯峨源氏は至二義憲一失二惟基之嘉牒一。宇多源氏は至二秀包一盛吉之庭訓を忘。清原統、中臣、橘、菅原、在原、江家、豊原之孫皆不レ久廃、遠孫忘二開祖之教一たり。

75 一、三代之失二天下一者、夏は至レ桀忘二禹王制教一、殷は至レ紂乱二湯王聖典一、周は至二幽厲一懈二文武之政事一。秦漢以来歴代莫レ不二皆然一。我子孫も亦相二違我規条一則又無レ殊レ之。此旨皆然。可レ為二将軍代々亀鑑一事。

76 一、君は不レ知二民之憂一、民は不レ知二君之患一ば、悪政なしといふとも、暴行自出。国君好レ仁天下無レ敵とは此理たるべき事。

77 一、大禄外様之国司は家風祖訓於二当家一所レ不レ与也。然共破二士之道大綱一有レ損二生民一輩、雖レ非二叛逆一可三没収為二亡国之鑑一。

78 一、肥州長崎は外域より着船之津也。令三股肱之臣官二領之一、撰二譜代之諸士一附レ之、命二隣国大家一為二警衛一、可レ振二本朝神武于万国一。崎陽之外、船之着津堅可二禁止一事。

79 一、異国来聘之饗応は如二古格一礼聘不レ可二麁末一。可レ照二本朝聖徳神武一事。

80 一、家督相紹将軍宣賜之席諸侯述賀之日、如二前連牒一令下血印不上レ背二君臣之礼簿一。其身においても為下不レ背二我遺状一誓辞上、互会盟不レ可二忘失一事。

81 一、万国之辜〈辜一作菑〉咸帰二帝位不徳一、天下之不平皆帰二将軍不肖一。徳は共在二一心一、貴賤不レ隔之地也。為レ上者暫不レ可二遺失一事。

82 一、我少年より不レ宝二金銀珠玉一、唯善以為レ宝、今自然至二此職分一。学則禄在二其中一、金言を感戴不レ廃、可レ続二我志一事。

83 一、武家仕付方行跡之準縄、本朝之礼式として後小松院御宇、勅二細川、一色、小笠原等之三家一令二製成一、尤又不レ可レ敗事。

84 一、勅使、院使、仙洞使、内院使、新院使、副使、皇后使、東宮使、親王家、摂家、清花、八座九卿至迄対顔之作法、如二古記一不レ可二不礼一事。

85 一、四民之外穢多哺啜（ホイトウ）瞽男盲女無レ告族、古来憐レ之与レ活。是仁政之始成ると知べき事。

86 一、遊妓、白拍子、冶童、夜発之輩、一国城都及繁栄之地必有来者也。人之行跡依レ之破る事多と雖、堅禁二止之一則不義之大失日々起。博奕酒狂淫奔の類は可レ為二大法一事。

87 一、人稟二生質一不レ同。諸役申付之時、試二其質一観二其志一量二其才一、可レ補二其職一。鋸は不レ成二錐用一、錬鎚は小刀の代をなさず。人も如レ斯利と鈍と用に有レ時。不レ明二其理一君臣離。可二心得一一条たる事。

88 一、謡歌は音曲之本故、始二上古聖人一五行之変化不レ能レ無レ響。聖人採レ之楽器を作り人民を和す。楽は依二中古盛行一武門翫レ之、展二鬱情一祝二延太平一、可レ和二万民一事。

89 一、舞楽之品一様ならず。有二天子之楽一、有二諸侯之楽一、至二士大夫及下位一、各不レ同レ品。附二心過不及之間一、可二相行一事。

90 一、凡有二悪質一者必有二善質一、有二善質一者必有二悪質一。採二其善一不レ可レ用二其悪一、又挙二其悪一不レ可レ捨二其善一。弁レ無二聖朝棄物一、濫不レ可レ捨事。

91 一、三公九卿諸之面々蒙二勅勘左遷之罪一給ふ時、命二大禄国司一可レ令レ処二遠流一、不レ可二不礼一。匡レ罪法四民と不レ同事。

92 一、総而刑戮之多、則上天子之不徳、下将軍之恥辱なりと知て、深可二思慮一事。

93 一、縦他家外様国司たりとも、志伏二当家一者あらば、熟鑑二其行跡一、衆議於レ摂二譜代一不レ妨事。

94 一、当家風儀祖二右大将殿一於二他家一不二相関一、於二譜代士一至二小禄小吏一者、老臣共より伝二其組々之頭人一、次第而可二申渡一旨、可二申付一事。

95 一、世に被ㇾ称二大丈夫一者能二忍一字一。忍則制二私欲一也。喜怒憂思悲恐驚之七種皆出二于此一。不ㇾ溺ㇾ之則忍也。我雖ㇾ未二大丈夫一、持二忍字一久。我子孫有ㇾ慕二我為ㇾ人、五典九経之外可ㇾ守ㇾ忍事。

96 一、医は過二三世一謂二医師一、士は経二三代一称二古臣一。君臣之間経二三代一譜代と称す、一朝にして言に非ず。天蓋地載君臣也。於二譜代士一は軽々敷思慮すべからず。

97 一、吉凶禍福は可ㇾ任二天理自然一。必しも知計を廻らし、願求て不ㇾ可ㇾ致事。

98 一、仁及二天下一則無ㇾ隔二内外尊鄙一、日月所ㇾ照如ㇾ不ㇾ阻二浄穢一。聖人依ㇾ之立ㇾ法。親疎之次第階級三綱八条確乎不ㇾ可ㇾ抜之規たり。一人将二天下一則諸士皆為ㇾ臣。四海を臣とするに非ず。他家、当家、外様、旗本之差有。他家は皆依二時之権柄一者也。譜代之士は由緒在二当家一、其先祖一々忠勤之士也。所ㇾ載二記録一明に可ㇾ見。其親愛越二他家一。他家不ㇾ憤者由ㇾ本二其本一也。乃天理也。将之法也。士之道也。仁之術也。志懈ㇾ之者非二我子孫一事。

99 一、四海征伐之権は勅二許将軍家一、謂二総追捕使一、将軍所ㇾ令天下之大法也。然共其国其郡有二国風一。関東之風儀難ㇾ用二阪西一、南北も皆然。任二上古之例一相改間敷事。

100 一、法者有ㇾ敗ㇾ理、理は無ㇾ敗ㇾ法故、聖人極二衆理一立二大法一。決二断政道一、告所ㇾ無ㇾ之時は迷、事有則破ㇾ理可ㇾ以ㇾ法。必法を破るに理を以すべからざる事。

101 一、我所ㇾ建之条々は、治国平天下之大綱、則将軍之職分也。具至ㇾ遺二訓我子孫一、山筆海墨不ㇾ能ㇾ尽ㇾ之。唯我志をうつして為二一巻一付属。雖二我百年之後一、照二此条目一観ㇾ志、子孫違二背之一者有ㇾ之、不ㇾ当二将軍之器一、非二我子孫一。

右之条々、我子孫及老臣之外不ㇾ許二披見一。叨令二他見一量二我胸次一、勿ㇾ令ㇾ牽二我老婆之嘲一。至嘱至嘱。

解説

目次

近世の国制における「武家」と「武士」

一　はじめに——本書の構成をめぐって——

「抑古ノ武士ハ、皆郷民也。兵革アル時ハ、公卿牧守ノ催促ニ従フテ、斬馘ノ功ヲ以テ荘園ノ賞ニ予レドモ、常ハ郷民ナレバ、何ノ職掌モナキモノナリ。公上ノ務ハ武事バカリナル故、吾ハ弓馬ノ家也、武士也ト覚ヘ伝ヘタルナリ。然ルニ世移リ時替リテ、世官ノ弊ヨリ公卿ニ愚庸多ク、武士ニ豪傑生レ出テ、天下遂ニ武家ノ世トナル。種姓ハ武士ナリトモ、天下国家ヲタモチテハ人君ナリ。奉行諸役人トナリタランハ、卿大夫ナリ」と荻生徂徠が『太平策』でいみじくも指摘しているように、近世武士はそれ自身のうちに異なった性格を併せ持つ存在であった。もちろん今日の歴史学の水準からみて、こうした徂徠の分析なり、事実認識なりがそのまま妥当するわけではないが、「種姓ハ武士ナリトモ……」という徂徠の指摘が、近世武士をめぐる本質的な問題を衝いていることにかわりはない。本書の対象である「近世武家思想」の学問的な面白さも困難さも、まさにこのような点にかかわっているといって過言ではない。すでに徂徠が右の引用文のなかで、社会的存在としての「武士」と「天下国家」の統治にたずさわる者としての「武家」とを使いわけていることからもわかるように、われわれは「武士」という言葉と「武家」という言葉との間の微妙なニュアンスに注意する必要がある。たとえば「士道」論を体系づけたといわれる山鹿素行をとってみても、『山鹿語類』において統治者=「君」を補佐する存在として「士」を措定し、その「道」、「職分」を説いたことはむろんだが、それと同時に彼が、特殊・日本における統治を論ずる著作では「謹んで皇統と武家の実事を紀さんと欲す……」(『中朝事実』自序)と述べ、さらに『武家事紀』を執筆していることを忘れてはならない。もちろん近世になってはじめて「武家」という言葉ができたものでもないし、「武士」が「天下国家」の統治にかかわりはじめたわけでもない。室町幕府—守護体制は実質的に日本全国を覆う支配体制であったし、鎌倉幕府でさえ少なくとも承久の乱以後は「天下」の統治を担当する立場にあった。しかしながら第一に、近世の「武家」は「天下国家」の統治をほとんど完全に独占したこと、裏からいえば「天下国家」の統治の責を一身に負うに至ったことにおいて、前代のそれとは少なくとも量的に異なっている。すでに当時から理論的に朝廷と「武家」との関係が論ぜられ、近世人の意識においても「武家」が完全に自立した政権を握るものではないと考えられていたにしても、現実の統治のあり方については、幕末を除いて完全に「武家」によって決せられるべきものであった。第二に、前代においては、武士相互の主従関係と「天下」の統治に関する指揮命令系統とは原則として分けられていた。室町期においても、守護とその領国内の国人とは必ずしも主従関係にあったわけではない。むしろしばしば国人層が一揆して守護と対立関係にあったことは周知の通りである。しかし守護は制度的にその領国に対し、従って国人達に対して、「公法」的権限を行使して統治する職責をもつ者であった。むろん守護は自己の権力強化のために、国人層の切りくずしをはかり、個別的な被官化、すなわち国人との主従関係を設定していった。こうして主従関係と統治の指揮命令系統とは癒着の途を歩んでいくわけであるが、それにしてはそれはまだ端緒の域を出ていない。これに対して近世の国制はこの癒着が完成した段階を示している。第三に、前代における在地領主のヘルシャフトは自立性の強いものであり、鎌倉・室町幕府の統治はこの意味で限定的なものであった。在地領主達は、主従関係における従者としても、統治のラインに属する者としても、自己の自立的なヘルシャフトを以て、幕府に対峙していたのである。これに対して、近世はもはやこうした自立的ヘルシャフトをもつ在地領主を知らない。兵農分離と検地によって、自立的ヘルシャフトは完全に解体され、権力は上位に集中された。大名でさえ幕府に対して自立的でないことは、後に述べる通りである。ある意味では武士全体が「官僚化」したことによって、武士と「天下国家」の統治とのかかわりが前代に比べて飛躍的に深刻化したといってよかろう。

「武士道」とはいうが「武家道」とは決していわない。これと反対に庶民が武士に対する尊称として用いるのは「お武家様」であって、決して「お武士様」ではない。これはおそらく単なる慣用の問題ではなかろう。「武士」と「武家」というそれぞれの言葉にまつわるニュアンスは、それぞれのあり方、意識の微妙なちがいを反映しているのではないだろうか。しかし同時に両者は、互いにからみ合い、癒着している。また近世武士のすべてがこのことを必ずしも自覚していないことによって、問題は一層複雑化する。『太平策』は先の引用文に続けて、「〔武士が〕王侯卿大夫ノ職ニ供リテ、吾身ノ君子ナルコトヲバシラズ、賤シキ昔ノ武士ノ名ニ拘ハリ、学問ヲ以テ才智ヲ広メ、文ヲ以テ国家ヲ治ムルコトヲバシラズ、眼ヲイラヽゲ、臂ヲ張リ、刑罰ノ威ヲ以テ人ヲ恐シ、世界ヲタヽキツケテ、是ニテ国ヲ治ムルト思ヘルハ、愚カナルコトノ頂上ナリ」と述べている。もとより問題は徂徠のいう文治と武断のズレだけではない。主従関係という、本来「国ヲ治ムル」こととは容易に相容れないものが、変質を蒙ってはいるにせよ、幕藩体制を支える一つの要素として存在し、体制は後述の如くそれをある側面では利用してさえいる。「武士道」なるものは、これを無視して理解できないであろう。徂徠は政策論の立場から、「賤シキ昔ノ武士ノ名ニ拘ハリ」、「大形ハ戦国ノ風俗」に他ならぬ「武士道」を称揚することの愚を指摘するが、現実問題として「武士道」を除去してしまったならば、おそらく幕藩体制はその一つの支柱を失ない、全く異なる体制になったであろうし、日本の「近代化」もちがうものになった筈である。「武家」として「天下国家」の統治を担当しながら、「武士」の主従関係とそのエートスをもち続けているという二重構造が幕藩体制を特徴づけているのである。

「近世武家思想」という本書の標題は、著者にとって所与のものであった。しかし、「武家」という用語が、右に述べたような問題を意識して編集委員諸氏によって採られたかどうかは知らない。むしろ単に「武士の思想」というほどのインプリケイションであって、「武家」にこだわるのは、多分著者の思い過しであろう。だがもし「武士の思想」一般だとすれば本書で扱いうる対象はほとんど無限に近い広がりをもつことになる。一口に「思想」といっても、政治についてのものか、法についてのものか、経済についてのものか、それとも個人道徳についてのものか、数えあげればキリがないであろう。もちろん前近代において、政治・法・道徳・経済等々を峻別して取り扱うことは近代主義の誇りを免れないであろう。ことに朱子学においては、「修身斉家治国平天下」という標語に端的に示される如く、右の諸領域はいわば一直線上に位置づけられていることは著者とても知らないわけではない。だが朱子学的思考――単なる朱子学的用語・修辞法でなく――が果してどこまで現実に生きた武士達の行動を規定していたかは、それ自体一つの問題であることはいうまでもないし、さらに丸山真男氏によって夙に指摘されているような、「古学」における政治の契機の発見という特徴的現象を考える時、前近代に属するとはいえ、わが近世の思想をとり扱うのに、少なくとも政治と個人道徳を一括することはできない相談であろう。さらにこの「修身」と「治国平天下」の分離という問題の次元とは別に、人間関係を律する社会規範とその強制(内面的・外面的たるを問わず)をめぐる諸問題についての「思想」もまた、一応独立に論じられるべき事柄であろう。こうして「法思想」も「政治思想」や「道徳思想」とならぶジャンルたりうる。またわが近世の国制が「家経済」の集合体たることを脱却して「国民経済」を成立させたというわけではないにしても、少なくとも諸藩の経済が江戸・大坂という中央市場への強い依存関係にあり、貨幣政策をふくめて、この中央市場に対してとられた幕府の処置が良かれ悪しかれ全国の経済に影響を与えたという限りにおいても、「経済思想」が右の諸思想にまさるとも劣らぬ重要な領域であることは否定できないであろう。さらにつけ加えるならば、近世武士が「御家」における主従関係という閉された社会をどう把えていたかは、しばしば「武士道」の中核的問題として論ぜられて来たが、これも本来いわゆる「政治思想」や「道徳思想」に包摂し切れない問題を含んでいるし、もっと狭く「武道」、「兵法」なるものについても、立派に一つの「思想」と名付けうるだけの思索がしばしば行なわれたことは周知の通りである。また下級武士の「役」勤めの心得や、処世訓等も「思想」から除外すべき理由はないであろう。

「近世武家思想」という一冊の本を、「日本思想大系」というシリーズの中で編集することを委ねられた著者は、こうした無限の広がりをもつ対象をどのように限定すべきか、汗牛充棟もただならぬ近世武士の著作のなかから何を本書に収載すべきか、正直のところ大いに迷わざるをえなかった。その著者にとって、「溺れる者の藁」となったのが、「武家」という用語であった。その際の問題意識はすでに述べた通りである。つまり「治国平天下」の担い手としての「武家」と、中世以来の「武士」とのからみ合い、癒着の問題に少しでも迫ろうというのが、本書の基本的な編集方針に他ならない。これは基本的には、前述したような「政治思想」、「法思想」等々の、本来近代的な「分離思考(Trennungsgedanke)」(O・ブルンナー、石井他訳『ヨーロッパ——その歴史と精神』参照)にもとづく諸ジャンルのどれか一つ、ないしいくつかに対象を絞るのではない、ということを意味する。むしろこれらを縦断して、近世の武士達が、幕藩制という制度のなかでそれぞれの身分、立場に応じて——意識するとしないとにかかわらず——「治国平天下」の責めを担っているという、国制そのものをどう把握し、その中で自己や自己を直接包含する人間関係をこの国制にどう関係づけていたか、という問題に光をあてようというものである。

国制という言葉は、この解説でも、本文の注釈のなかでもしばしば用いられるので、ここで若干説明を加えておこう。それは国家制度ないし国家的制度を意味するのではない。最も広い意味での Verfassung、すなわち「政治的秩序・統一の総体」あるいは「政治的基本構造」とでもいいかえられるべきもので、必ずしも人為的な制度や事物に限られない。Verfassung が生物に関して用いられるときには「体質」という訳語があてられることを考えあわせていただきたい。この意味で、国制は人間の政治的行動を無意識のうちに規定している慣習なり、精神的態度までも包含する概念である。従って国制という概念は本来いわゆる国家だけでなく、家・村・藩というような、「非国家的」諸団体についても用いることのできるものであるが、国制という漢字の語感を考慮して、本書ではもっぱら幕藩制のレベルに限定して用い、それ以下のレベルには構造、意識などという、ニュートラルな言葉をその場に応じて使いわけているが、Verfassung を念頭に置いているという点で意味内容は同じである。要するに本書は近世武士のすべての政治的行為の基礎を理解するのに不可欠な、近世という時代の内的構造と精神的態度、比喩的にいえば近世の「体質」に関する著作を収めるものである。

わが近世の国制については、これまで封建制という概念を以て把えようとするのが一般的であった。後述するように、特殊西欧的な封建制概念が果してどこまで日本の歴史的社会の分析に有効かは問題であるが、それにしてももし西欧のレーン制なり、領主―農民関係なりにみられる、精神的態度に少しでも着目すれば、つまり国制史的に考察すれば、少なくとも近世日本におけるこれらの対応物との差異は明らかになった筈である。だが一般には、封主が封臣に封を与え、封臣が忠誠義務を負うとか、(近代的)自由を享受しない農民が領主に貢納義務を負うとかいう、外面的・制度的な事柄に限って比較がなされていた傾向がみられる。もちろん和辻―家永論争を頂点とする「主従道徳」の諸研究は、単なる外面的・制度的考察の域を越えて、内的構造に迫るものではあったが、やはり西欧的レーン制との比較から出発したことの故に、近世国制全体からみればその一斑を攻めたにすぎぬ憾みをなしとしない。主従関係に限らず、近世国制そのものについて、同時代人の精神的態度の分析を通じて、その内的構造を探る作業を必要とする所以がここにある。

こうした問題意識に立って本書の構成を考えたのであるが、いうまでもなくこれだけで自動的に収載すべきものが決まるわけのものでもない。正直にいって、結局のところ著者自身かねてから関心を抱きつつも、これまで本格的に取り組むことができなかった対象を、この機会にやってみようという、いわば個人的な動機によって決するほかはなかった。こうして、武士家訓類と赤穂浪士事件関係の諸著作が本書の二大骨子となったのであるが、ただこのような選択が前述の問題意識からみて――最善であるとは断言しないにしても――以下述べるように、それなりの合理的根拠をもっていることはいうまでもない。

第一部の武士家訓類には主として大名のそれを収めた。近世の武士は、その政治的役割に即してみれば、将軍・幕閣、大名、家臣の三つに大別することができるが、国制史的観点からはこのうち大名がもっとも興味深い存在だと考えられるからである。前述のような問題意識からすれば、「武士」と「武家」とのからみ合い、癒着が右の三つのグループの中間に位する大名に、いわば凝集されたかたちで顕在化している。もちろん幕府にしても、朝廷との関係に端的に現われるように、武士相互の争覇戦の勝者になったということと、日本全体に対する統治の責を負うこととをどう結びつけるか、という問題や、各大名の家臣つまり陪臣をどう観るか、いいかえれば各大名の家内部における主従関係をどう取り扱うかという問題をはじめ、「武士」と「武家」との問題は決して簡単ではない。ただこうしたことは日常的にはそれほど深刻に問われるわけではなく、幕末にみられたような極限的状況ではじめて深刻化するものである。実は赤穂浪士事件も、幕末とは異なった意味においてであるが、一つの極限的状況を現出したわけであり、むしろこの点後述する第二部の角度から観るのが適当である。ただむろん日常的にも全く問題にならなかったわけでもないし、幕府にとって近世国制が日常如何なるものであったかを知ることは、逆に極限状況を照射するのにも有益であるので、「参考」として『武家諸法度』『諸士法度』と『徳川成憲百箇条』を収載した。

これに対して大名こそは日常的に、一方では幕府との関係において、他方では家臣との関係および領民との関係において、その地位のもつ意味が問われる存在であった。詳細は後節に譲るが、参勤交代で江戸と領国とを一年毎に往復するという、可視的な状態そのものがすでに、大名というものが一義的な性格のものでないことを象徴しているといってよい。第一部に大名の家訓を主として収録した所以はここにある。諸藩の法令類もこうした問題にとって好個の素材であるが、「日本思想大系」シリーズの編集の基本方針として、抜粋をしないということがあり、これによる限り本書のねらいにそれほど関連性をもたない煩瑣な条文まで併載することになりかねないこと、また年来すぐれた藩法集の刊行が続けられているという外在的な理由もあって、家訓に的を絞ることとした。

ところで第一部を一覧すればすぐわかることだが、そこには大名自身の手によらないものが含まれている。何故こうしたものを収載したかは、実は近世武士の家訓というもの――中世のそれと比較して――の特徴、より根本的には近世の国制そのものの特徴に関連して説明しなければならないので次節に譲り、ここでは室鳩巣の『明君家訓』について、それが江戸時代において徳川光圀のものとして流布していたこと及びいくつかの藩の家訓に採用されていることだけを指摘しておこう。なお伊勢貞丈のものについては、彼は旗本であるが、家訓と赤穂事件の論評との双方に著作を残している、きわめて数少ない武士の一人であり、第一部と第二部とを結びつける意味から収めた。

本書に収められた家訓には、子孫に対する教訓であるもの、家臣に対する教訓であるもの、両者が混在するもの等区々であるが、個人に対する「道徳思想」を直接の関心対象とせず、近世の国制を探ることを目的とする本書にとっては、この相違は——考察を豊かにするものでこそあれ——本質的なものではないはずである。むしろ親藩、譜代、外様という国制の考察にとって第一次的に問題となる区別、あるいは徂徠のいわゆる「戦国ノ風俗」が残っている時期とその後という時代的相違を考慮して、収載作品にバライエティーをもたせる方針をとった。このためそのものとしては興味深いものも、紙幅の関係で割愛せざるをえなかった場合がある。

次に大名と家臣を比べてみるとき、後に詳論するように家臣の「官僚化」が著しいにしても、それと主従関係におけるパーソナルな忠誠原理とは——互いに異質ではあるにせよ——藩という小宇宙内部における日常的状況においては必ずしも両立しないものでもない。また幕藩制そのものが、さきにも触れたように大名家中の主従関係を利用している面も否定できないから、この点でも家臣のレベルにおいて「武家」と「武士」との問題が、日常的に問われることはあまりない。もちろん客観的にみれば日常においてもそれが深刻であることは、例えば『葉隠』を一読すれば明瞭にみてとることができる。しかし『葉隠』の著述者自身は——われわれとちがって——右のアンチノミーについて、主観的には「武士」に自分をひきよせることによって、それなりの解決を与えてしまっていることもまた『葉隠』を見れば明らかである。同時代人、とくに大名の家臣達自身がこのアンチノミーを意識したのは、やはりほとんど極限状況においてであった。そしてこうした状況としては、江戸期を通じて幕末を除くなら、赤穂浪士事件が最も深刻なものであったことはいうまでもなかろう。

このように第二部は何よりも家臣のレベルに即して「武家」と「武士」の問題を解明することを目的としている。しかし同時にこの事件は前に述べたように、幕府にとっても基本的には同一の問題を提起したし、さらに近世日本の指導層全体にとって深刻な問いをつきつけたものであった。一大名の家臣達がとった行動が、全国制を揺がす結果をひき起し、やがては劇化を通じて近世はおろか近代までも日本人全体を巻き込むに至ったことは多言を要しまい。この事件に対して幕府のとった対応は周知の通りであるが、その決定過程については、『徳川実紀』のような二次的なしかもわずかな史料しか残されていない。そこで第二部には、事件関係者の記録とこの事件に対する論評を収めることとした。「近世武家思想」という標題に即するには、論評も武士のものに限るべきかも知れないが、その種のもので抜粋でなく全録に適するだけのまとまりをもったものの数は多くないという消極的理由から、他方武士達の論議もほとんどは知識人達の論評を前提とし、それに対する賛否という形をとっているし、何よりもこの事件が前述のように全国制的意味をもったという積極的理由から、知識人達のものも収めることにした。

第一部と第二部との関係についてもう一つつけ加えておくなら、家訓はいうまでもなく上から自覚し、整理した上で与えられた規範であるから、その性質上、法令と同様に、国制の für sich な規範的側面を知るのに便利であるが、この反面ドロドロした an sich な事実的側面からやや遊離している。これに対して第二部所収の文献には、後者の側面が噴出しているといってよい。もちろん家訓のなかにも客観的にみればその制作者の無意識的な精神的態度という an sich なものを見出すことはできるし、赤穂浪士事件関係文献も多かれ少なかれ規範を引照しているわけであるから、右のちがいは程度の差にすぎないが、こうした性格のちがう史料をつき合わせてみることは、考察を豊かなものにするはずである。

「参考」の部に関する著者の意図についてはすでに一言したが、ここで技術的なことに触れておくなら、『武家諸法度』は周知の通り、時代によって内容がかわっており、その比較・対照をすることは興味深いことだが、必ずしも容易な作業ではない。さいわい『徳川禁令考』のなかで要領よく整理されているので、これをそのまま転載して、読者の便を図った。

『徳川成憲百箇条』が偽書であることはほとんど疑いのないところであるが、それをあえて収載したのは、まず第一に偽書であるが故にかえって、少なくともそれの成立当時の国制をよく整理した形で反映していること、第二におびただしい写本の数(『国書総目録』によれば少なくとも六十余を数える)からみて、近世人の多くはこれの真正性を疑っていなかったように思われること、によるものである。ヨーロッパ中世の「金印勅書」の例をひくまでもなく、偽書が歴史的に無視できぬ役割を果すことは稀ではなく、ことに個人の思想でなく、国制史的観点から近世人の精神的態度に焦点をあてる本書のような性格のものから、偽書を排除する理由はないであろう。

以下第一部、第二部という構成に従って「解説」を試みるが、それは前述したような著者の問題意識に対応したものにすぎない。いうまでもなく史料をみる角度、扱い方にはほとんど無限の可能性があり、そもそも史料の全面的な「解説」などというもののありえようはずもないが、念のためおことわりしておく。

二　武士の家訓と近世の国制

1　問題の所在

前節でも触れたように、幕藩体制社会を封建制社会として理解するのがこれまでの一般的な考え方である。もちろんこの場合の封建制とは、近世人が用いたそれ、つまり上代中国に存在し、原始儒教の教説の背景となった天子―諸侯―士大夫という政治形態ではなく、元来西ヨーロッパ中世にみられたものを典型としている。すなわち第一次的にそれはライン、ロワール両河にはさまれた地域に発生したレーン制を――意識すると否とにかかわらず――基準概念とするものであり、これと同様な制度がどれだけ典型的に、また一般的にみられるかが、ある社会の封建的性格を判断するメルクマールとされる。しかしながら封建制概念は第二次的には――こうした貴族＝支配者内部の関係だけでなく――領主と農民との関係にまで拡大されるのが通例である。すでにヨーロッパの学界でも、著名なドイツの法制史家ハインリッヒ・ミッタイス(1)はグルントヘルシャフト(荘園・土地領主制)を封建制概念の一つの柱にしているし、マックス・ウェーバーの弟子で封建制の綜合的研究を行なった学者として知られるオットー・ヒンツェ(2)は、政治的、軍事的封建制とならんで、経済的封建制なるものを問題にしているが、これはいうまでもなく領主による領地の経営形態つまり領主と農民間の支配・服従関係のあり方を意味している。フランスではマルク・ブロックの『封建社会』(3)がこうした概念を用いている代表的なものである。こうして封建制概念はヨーロッパの歴史学者達によっても多かれ少なかれ拡張されているのであるが、ただ忘れてならないのは、そうはいっても彼等は右の第一次的な封建制概念、つまりレーン制を基準とする概念を捨てていないということ、より正確にいえばあくまでもこれを出発点としながら、考察の対象を第二次的なものへ拡大しているということである。

これに対してわが国の一般の歴史学界では若干事情が異なっている。もちろんそれぞれの学者によってちがいはあるにせよ、多かれ少なかれ右の第一次的概念は軽視され、もっぱら第二次的概念によって幕藩体制社会の分析が行なわれている。このような状況は、戦後の日本における「科学的歴史学」の展開に主導的な役割を果したマルクス主義的歴史学の発想に負うものである。すなわち第一に、それは本来「世界史の一般法則」に対する信仰を基礎にもっているから、基本的には世界のどこの国でも奴隷制→封建制(農奴制)という「発展段階」を経過したはずだと考えるわけであるが、こうなるとたとえば中国のように少なくとも古代奴隷制のあとの時代にレーン制に類似したものを遂にもたなかったところで、封建制の存在を論ずるにはその第一次的概念を視野の外に置かざるをえないという消極的理由が存在する。第二にそれは本来、近代の資本主義的生産様式に対応するものを歴史的社会に求める、という基本的態度で歴史にわけ入っていくものであるから、むろん経済一元論ではないにせよ、経済構造の分析が第一義的にならざるをえない。こうして積極的に封建制の第二次的概念によってもっぱら歴史の分析が行なわれるわけである。そしてこの傾向が極端化し、領主と農民の関係はおろか、農民の経営形態あるいは家族形態によって封建制か否かを決する考え方まで出現したのであるが、近時はさすがにこれに対する反省として、「国家論」が脚光をあびるようになった(4)。こうして、兵農分離、検地、石高制というような、わが国の近世に特有の諸問題が「国家論」の次元で扱われるようになり、注目すべき業績が少なからず発表されている。ただ問題はこのような「国家論」的分析からこれまでの「封建社会」という性格規定に対してフィードバックがかならずしも行なわれていないということである。封建制の第一次的概念と第二次的概念とはこのように本来切りはなして考えることのできるものであろうか。ヨーロッパのレーン制という制度なりそこでの封主と封臣の間の関係は、はたしてグルントヘルシャフトにおける領主と農民の関係と無縁のものであろうか。実は、そもそもレーン制だけが支配者相互間の関係の形式ではなかったし、またグルントヘルシャフトなるものがヨーロッパ中世にどれほど一般的にみられたか疑問のあるところであって、レーン制とグルントヘルシャフトだけでヨーロッパ中世の国制を把握することは難しい、という根本的な問題があるのだが、それはさて措き、この両者に視野を限定するとしても、これらの間に一貫する、ある構成原理のようなものが見出されるのではないか、と問うてみる必要があろう。西洋史の専門家でない著者がこの問題を云々することはできないが、ただ一つ、西ヨーロッパ中世後期の農民は、領主との関係でヴァイステューマー(Weistümer)と称ばれる判告集の形で慣習的な権利の集積体をもっていたし、有名なドイツ農民戦争が「良き古き法＝権利」の回復を旗印にしていたことを指摘しておこう。O・ブルンナーによれば、西ヨーロッパの領主と農民は、封主と封臣がそうであったのと基本的には同じく、「相互的誠実義務」関係、つまり「一種の双務関係」にあったのであるが[5]、この場合の「誠実」とは「法的・道徳的に信頼できるもの」相互に成り立ちうるもので、もし法が破られるならば、すなわち両当事者の一方が――それが領主であっても――そこから生ずる義務を履行しないならば、誠実関係、したがって支配・服従関係も消滅する、と考えられたのである。こうした事実をみれば、西ヨーロッパの領主が「封建的土地所有者」とされ[6]、農民が「農奴」とされるのに対応して、わが国近世について同様の規定をすることは、実質的にそれほど意味のあることとも思えない。そしてさらにこのことは、封建制の第一次的概念を用いて幕藩体制を分析する方法についても妥当することではあるまいか。封を受けた者が授与者に対して忠誠義務を負う、という形式的な側面だけでなく、それにまつわる精神的態度にまで考察の目をむける必要がある、という前節の指摘にはこうした背景が考えられるのである。

2　近世主従制とレーン制　まずレーン制という人間関係にまつわる精神的態度とはいったいどういうものか、簡単に整理してみるとおよそ次の通りである。[7] すなわち、レーン制は自生的な諸領主をとにかく一つの権力秩序に組織しようとするものであったから、彼等つまり封臣達の自由と自立性を広汎にみとめるものであった。したがって封主と封臣は双務的な誠実関係によって結ばれており、しかも封臣の義務は数量的に範囲が確定されていた。封臣はこの定量的な義務の不履行ないしは反逆という重大な誠実義務違反の場合を除いて、封(レーン)を没収されることはない。しかもこうした違反の有無は封主の一方的判断に委ねられていたのでなく、封臣仲間が「判決発見人」をつとめるレーン裁判所の判決によるべきものであった。他方封主の誠実義務違反も当然封臣の側から問われたところであって、ここに反抗権の観念が生じた一つの所以がある。封臣は、封主に誠実義務違反があると信ずる場合には、裁判所に訴える途のほか、自己の正当な(「良き古き」)権利を回復するための実力行使を封主にむかって行なうことができた。この実力行使をフェーデ(Fehde)と称んでいるが、これは今日われわれが考える復讐のような、どこか後めたい、不法な行為ではなく、合法的な、といわんよりは法の実現を目的とする正当な行為であった。要するにレーン関係は、レーン法(Lehnrecht)によって律せられる、一つの法関係であった。

この法関係ということについては若干説明が必要であろう。とかくわれわれは法という言葉で、「法度」、「御触書」のように、高権力によって制定され、その命令意思を内容とするものを想像するが、西ヨーロッパ中世(少なくとも中世中期以降)の人々はそうは考えなかったからである。[8] 彼等によれば、そもそも法は支配者の個人的な意思によって左右することのできない客観的なものであった。けだしそれは当該社会の各構成員が有する権利の集積ないし総体そのものであったからである(Recht や droit が権利と法の両義をもつのは決して偶然でない)。したがって支配者といえどもこうした法に服さねばならない、同じことだが被支配者の権利を侵すことはできない、と考えられたのである。前述したレーン法上の反抗権、フェーデ行使権はまさにこのような法観念のレーン制における制度的表現にほかならない。このような法はひとりレーン法だけでなく、ラントという、より領域的な場にも見出され、このラント法には後に領邦君主に成長するヘルも従わねばならぬ、とされた。中世後期から近世初頭に入っても、君主に対するフェーデ行使が決して稀ではなかったのは、ラント法上の反抗権の存在を示している。さらに前項で紹介したように、O・ブルンナーはこうした法観念は荘園法という形で、領主と農民の間の関係にも貫流していた、と指摘しているのである。ところでこうした法観念は、絶対主義の時代にいたっても生きつづけ、国王は命令・勅令の形で一方的に法を造ることはできない、権利関係をめぐる争訟は裁判所の判例の形で存在する慣習的な法によって裁かれねばならぬ、という原則が行なわれた(この点、幕藩体制を絶対主義に比定することにも大きな問題があるわけである)。貴族や臣民達は国王の支配に属しているけれども、彼等の権利は国王に対する関係でもやはり権利にはちがいがないから、この限りで国王と貴族・臣民とは裁判所の下で対等の当事者であった。絶対王政の典型といわれ、強大な権力を国王がふるったフランスにおいてさえ、高等法院(parlements)に伝統的な土地貴族や新しい法服貴族が蟠踞して、法=権利を防禦し、フロンドの乱にみられるような抵抗も辞さなかったのである。[9]

レーン制における人間関係はこうした法関係にほかならなかったのであるが、それには次のような現実の状況の裏打ちがあった。それは西ヨーロッパ中世の土地のすべてがレーンによって埋めつくされていたのではないということ、つまりレーンの他に、アロッド(Allod)と称ばれる自由な私有地がそこには多く存在したということである。封臣は封主から授与されたレーンだけでなく、アロッドをも併せもっていたのが通常であった。しかもこのアロッドは上級権力者の承認ないし保障を得ることなしに、すでにそれ自体他人に対抗しうる権利であって、わが中世の「私領」ないし「本領」が「安堵」の対象となり、「安堵」が「御恩」と観ぜられたのとはっきり異なっている。一般に封臣は、こうしたアロッドという、制度的には封主と全く関係をもたない独自の所領を彼の権力の基盤としていたからこそ、いいかえれば封臣は、彼の所領の一部分についてのみ封主に依存していたにすぎないからこそ、レーン関係についても前述のような自立性の強い地位を維持できたのである。それればかりでなく、一方にこのようなアロッドをもっているということは、レーン裁判所の判決によって封臣の誠実義務違反が確認された場合でも、当該レーンをアロッドだと称することによって没収を免れる可能性を彼に与えたのであり、またそれは現実にしばしばみられたことであった。ワルター・シュレージンガーという著名な歴史家によれば、ドイツ中世の歴史は、（レーンの）「アロッド化」(Allodialisierung)の過程だったといっても過言ではないという。このような状況を考えるとき、「私ノ封臣ノ封臣ハ、私ノ封臣デハナイ」という法格言に端的に示されるように、封臣の誠実義務は全くパーソナルなもので、彼のヘルシャフト内部の問題に封主が一切関知しない、正確にいえば干渉できなかったことは何らあやしむに足りないであろう。

そこでこうした事柄を念頭において、わが国近世の幕府―大名の関係をみてみよう。まず幕府は周知の通り、大名の転封（国替）、改易をほとんど意のままに行なったが、ここでの問題はそれを行ないえたという力関係にあるのではなく、国替、改易の理由にある。この理由はもちろんさまざまであり、不忠、不法行為などパーソナルな忠誠義務違反に属する場合も少なからずみられるにせよ、それとならんでいわば国政的な見地からのものがしばしば見出されることに注意しなければならない。これを大別すれば二つの型に分けることができる。第一は、当該大名の「家中領内の政教宜しからざる」(10)こと、あるいは「治る事あたはざる」(11)ことが結果として明らかになった場合である。たとえば島原の乱の後、天草と島原の大名が各々減封、改易に処せられたが、その理由は「封地の政道宜からず土民困窮に及び、一揆蜂起せしむる旨鎮西の目代言上により、糺明を遂(12)」げ、それが確認されたということであった。また「封内の政事正からず、非分の課役を申付、土民困窮せしむるの由……土民等数多愁訴し、其事明白」となり、「衆民を苦しめ、剰へ家中の指揮宜しからず(13)」という理由で改易された例がある。検見、つまりある年の年貢賦課率をきめるための作柄調査が、しばしば領主と農民の対立、紛争の原因となったことは周知の通りであるが、それが農民の直訴によって幕府に知れ、藩側の「非法(14)」が明らかとなって改易された例もある。これらが農民の直訴が契機となっての改易であることにはとくに留意する必要があろう。大名支配について幕府に直訴することは禁止されていたといわれるが、にもかかわらずそれは右の限りにおいて効果をもっていたのである。この点にも幕府と大名との関係のもつ矛盾ないしは二面性を見出すことができるのだが、それは後述に譲るとして、ここでは少なくとも実質的には、レーン制の封主が封臣のヘルシャフト内部の問題には関知しなかったこととの明白な差異に注意をうながしたい。大名は形式的には領民に対する立法、徴税、裁判をふくむ一切の統治を委ねられ、家臣に対しても専断的な支配を認められているが、少なくともその結果に対してはいわば一種の政治責任を負っている。

国政的見地からする国替の第二のカテゴリーは、右の第一のカテゴリーがある結果に対する処罰の性質をもつものであったのに対し、「御咎有テ」[15]のものでなく、いわば予防的な措置ともいうべきものである。[16]荻生徂徠が『政談』巻之一のなかで論じている、「御老中ニナレバ関八州ノ地へ所替ヲスル」、あるいは「姫路、兵庫、淀、郡山等、要所ノ地也トテ、幼少ニテ代ル[17](当主が幼少ならば他へ移す――著者注)」幕府の国替政策がこれである。前者は老中職の執行に差支えないように、封地を江戸の近辺に移すという、狭義における幕政の観点から、後者は、当該「要所ノ地」そのものの治政を万全ならしめるという観点から採られたものであることはいうまでもあるまい。ただこれらはいずれも幕府の利益のためのもの(「要所ノ地」も幕府にとってのものである)であるが、これに対して『明訓一斑抄』(本書一五五頁)にも指摘されているように、幕府が、「非常の備等其方手限難ニ行届一」という理由で文化四年松前藩を移し、松前奉行の下に蝦夷を直轄地としたのは、一幕府のためでなく、国際情勢緊迫化に伴なう、全国家的な立場から採られたものであって、若干性質を異にするにせよ、予防的措置という意味で第二のカテゴリーにふくめてよいであろう。

ところでこうした国替、改易政策は、単に de facto に行なわれていたわけではなく、慶長二十年の『武家諸法度』をはじめとする幕府側の史料をみれば、幕府の大名観、ないし大名統制の大原則に即したものであることが明白である。すなわち右『諸法度』の第十三条は「国主可レ撰ニ政務之器用一」(本書四五五頁)と、各大名家に対して、「政務之器用」を当主に据えることを命じているが、これはいうまでもなく、「政務」つまりさきの表現を用いれば「家中領内の政教宜し」くすることが、大名の義務であることを前提にしている。この条文は寛永十二年家光の時の『諸法度』からは姿を消すが、これに代ってより具体的に「知行所務清廉沙二汰之一、不レ致二非法一、国郡不レ可レ令二衰弊一事」(本書四五七頁)が登場し、以後代々の『諸法度』にひきつがれていく(本書四五四〜四六二頁参照)のである。これに対して『徳川成憲百箇条』は一層露骨に、「国司領主大禄たりといふとも有二安民之理違背一、削二官職一可レ令下貶二居僻地一懲中創之上。是武の仁なる者也」(本書四六九頁)、「大禄外様之国司は家風祖訓於二当家一所レ不レ与也。然共破二士之道大綱一有レ損二生民一輩、雖レ非二叛逆一可三没収為二亡国之鑑一。……[18]」(本書四七三頁)としている。前者については説明するまでもあるまい。後者の前段については後述に譲るとして、後段はパーソナルな忠誠義務違反でなくとも、国政的見地から国替、改易処分が行なわれる点で幕府—大名関係はレーン制と異なるとした、さきの指摘を見事に裏書きしているではないか。

このような幕府—大名関係の前提には、「士には直臣陪臣之差別あれども、農民以下其隔なく天下之民たるべき事」という『成憲百箇条』の一異本[19]に示された考え方、つまり幕府直轄領の領民も各大名領のそれも均しく、「一般的臣民」(allgemeine Untertanen)であるという観念があったのである。まさにこれに対応するのが、「東照公を佐けて開国成治する所以の道」を説く『本佐録』——著者は本多正信自身とも、藤原惺窩ともいわれるが——の「国主の国を預る事は、天子の天道より天下を預ると同じ。是又万民安穏にして、天下の為めに忠をおもふべし」という言葉である。この文章だけからは、国主が誰から国を「預」ったのか必ずしも明らかではないが、他の箇所での「国主おごらずして公儀を恐」れるべしとか、「百姓つかるゝ時は、……民の恨天に通じ、つみ天子(この文脈では将軍を指す——著者注)一人の身にせまる」とかいう表現からみて、国主は天道から直接にでなく、幕府ないし将軍から、従って天道との関係では間接的に「預」っているとみている側面も否定できない。

さて大名の領国支配を幕府からの「預」りものとする考え方は、単に幕府側からの一方的なものではなく、大名の側にもみられた。本書所収の家訓でいえば、内藤義泰が「居城者、其国其境、目為二要害一所二預被一レ下也。全非二私屋室一」(本書三八頁)がそれであるが、その他にも『藤堂高虎遺書』に「大事の御国を預り在レ之事に候間、万事油断有間敷事」[20]とある。また池田光政は次のように述べる。

まづ上様之御本意御願は何も無レ之、一天下之民一人も飢寒候人無レ之、国富栄候様にとの御願之外は無二他事一候。然共御一人にては不レ成故に国々を御預け、又は小給人も其通に候を、国を一所に仕、一国之人民歎候様仕、其一国の民の歎みな上様御一人に御蒙被レ成候得ば、上様の御冥加減候様に仕候事、第一の不忠無二申計一候。……我等国の仕置無沙汰に仕、一国之民飢寒亡所に成様に仕置候はゞ、上様より御改易被二仰付一候はでは不レ叶事に候。[21]

このように光政には「預」りものという意識に対応して、「預」の本旨に反する行為があれば、改易されても当然だという考え方がみられるわけであるが、これと実質的に同旨の家訓は枚挙にいとまがない。黒田長政は「国之仕置正シク身ヲ慎ミ候得バ、従二公儀一御トガメ可レ有様モナシ。関ケ原ノ御奉公振リヲ仕置候得バトテ、身ノ覚悟悪敷、仕置不レ宜シテハ、御用捨ニテ国被二下置一候トテモ、国主トハ言難キ事」(本書一九頁)と遺言している。この文章の後半はいささか屈折しているが、これは一三頁の「若後代我等ガ子孫、何ゾ不慮[之]無調法悪事有レ之、黒田家之一大事此節ナリト存事アラバ……」と関連しているのであって、要するに関ケ原の合戦の折、黒田父子は家康に貸しがあるから、多少の「無調法悪事」が子孫にあっても、貸しに免じて「用捨」してもらえるだろう、という期待を前提にしているものである。この点さきの池田光政ほどの切迫感はみられないが、しかしその反面、仮りに「用捨」してもらえても、それでは真の「国主トハ言難」い、というように、「御トガメ」をおそれて「国之仕置正シク身ヲ慎」むのでなく、いわば純粋に自己規律的な態度がみてとれるといえよう。そしてこれと結びついて「子孫ニ至リ、不義放逸ヲ専トシテ、諫ヲ聞入ズ、自由ヲ働キ掟ヲ守ラズ、ミダリニ財宝ヲ費スモノアラバ、家老中申合セ、其者ヲ退ケ、子孫ノ内ヨリ人柄ヲ撰ビテ主君トシ、国家ヲ相続セシムベシ」(本書三二頁)という、さきに引用した『武家諸法度』の「国主可レ撰二政務之器用一」にピタリと符合する教訓が出てくるのである。要するに大名の幕府・将軍に対する「御奉公」・「忠誠」(本書三八頁)は、レーン制の場合のような単なるパーソナ

ルな忠誠ではなく、井伊直孝の教訓が端的に表現しているように、「治世の御奉公」なのである。(22)

ところでこうした意識からは、一つの当然の帰結として、大名の家臣達を、大名が負う「治世」の義務遂行の補助者として位置づける考え方が導き出されてくる。さきに引用した池田光政の「〔上様〕御一人にては不ㇾ成故に国々を御預け、又は小給人も其通に候」という言葉、また細川重賢の「国政之儀は我等存念計にても不ニ相行一候、貴賤一和をもつて治国に至り候(23)」という言葉はこれを示している。このような位置づけによる限り、家臣の忠誠は――直接には大名に対して向けられるものであるが――その内容に即してみれば、そのまま幕府に対するものでもある。こうして「大君之儀、一心大切可ㇾ存ニ忠勤一……若懐ニ二心一、則非ニ我子孫一、面々決而不ㇾ可ㇾ従(24)」という教戒が家臣に対して与えられることになる。いうまでもなくこれは、「私ノ封臣ノ封臣ハ私ノ封臣デハナイ」というレーン制的発想と全く対蹠的な考え方に他ならない(25)。

3 「職分」の体系 その一 前項に述べたような側面つまり「治世の御奉公」の側面に関するかぎり、大名の地位と家臣のそれも質的な差異はないということになる。このことは単にわれわれの分析の結果はじめて認識されたというのでなく、当時の人々の「職」ないし「職分」という言葉使いのなかに、すでにうかがうことができるのである。「職」は抽象的にはある地位を指す場合もあり、その地位＝「職」に付着する義務を意味する「職分」とは、正確には区別すべきものである。しかし「職」も本来それ自身義務として観念されるものであり、現実にも「職分」とほとんど区別しないで用いられていることは、たとえば「為ㇾ士之職、励ㇾ義守ㇾ礼……専務ニ職分一」(本書五二頁)にみられる通りであるから、ここでは「職分」という言葉で代表させよう。

さて「職分」という言葉が武士にどのような形で適用されたかが、ここで問題になるわけだが、それはいうまでもなく一様ではない。大別して武士全体をひとまとめにして、その「職分」が説かれる場合と、武士内部のそれぞれの地位に応じて異なる「職分」が説かれる場合とがある。まず前者においては平和な時代における武士の存在理由を説明するために「職分」が用いられる。すなわち、山鹿素行の表現を借りれば、「人、或ハ耕シテ食ヲイトナミ、或ハタクミテ器物ヲ造リ、或ハ互ニ交易利潤セシメテ天下ノ用ヲタラシム、……而シテ士ハ不レ耕シテクライ、不レ造シテ用イ、不ニ売買一シテ利タル、ソノ故何事ゾヤ」[26]という疑問に答えるべく、「士トシテ其職分ナクンバ不レ可レ有、職分アラズシテ食用足シメンコトハ遊民ト可レ云」[26]という文脈で「職分」が用いられる。このように「遊民」でないとすれば《何らかの職分がなければならない、あるはずである》という消極的ないし防禦的な姿勢を前提にして、素行は「士ノ職ト云ハ、其身ヲ顧ニ、主人ヲ得テ奉公ノ忠ヲ尽シ、朋輩ニ交テ信ヲ厚クシ、身ノ独リヲ慎デ義ヲ専ラトスルニアリ」[26]という答をひき出してくる。この答自身はもちろん儒教的色彩に強く彩られている。しかし中国儒教の場合「人之所三以異二禽獣一者幾希、庶民去レ之、君子存レ之」[27]というように、道徳から疎外された「禽獣」的存在たる「庶民」と道徳を独占する「君子」とが区別され、その上で「君子」の「徳教」に関する義務付けが説かれるのであって、「君子」が道徳的存在であることが自明の前提になっているのに対し、素行の場合には農工商がそれぞれ人間社会に貢献していることが自明であるのとの対比で、「シカレバ士何ゾ職業ナカラント、自省テ士ノ職分ヲ究明イタサンニハ、士ノ職業初メテアラハルベキナリ」[26]と、いわば無理して「士ノ職分」を「究明」しているのであって、武士が道徳的存在であることは自明の理ではない。だからこそ「士若ツトメズシテ一生ヲ全ク可レ終バ、天ノ賊民ト云ベ[26]」きであり、「此ワキマエアラザラン輩ハ、速ニ三民ニ入テ、或ハ耕シテクライ、或ハ工シテ世ヲワタリ、或ハ商買シテ身ヲ過テ可レ然、是天ノトガメ可レ少」というように、「職分」を果さねば、「三民」にも劣ることにならざるをえない。『酒井家教令』の「為レ士之職、励レ義守レ礼。故農工商之上たり。是二を離ば、……不レ可レ語ニ士之道一」(本書五二頁)もこうした文脈の中で理解されるべきであろう。近世武士は中国の士大夫とちがって、生得・固有の正当性をもっていない。

　こうした考え方は、他方で「三民」に対する一定の評価を前提としている。中国の場合は前述の如く、道徳性を規準として「庶民」と「君子」を分けたが故に、前者は「禽獣」に等しいものとしかみなされなかった。この点「庶民」は全く受働的存在である。これに対して近世日本の場合すでに素行においても「天下ノ用ヲタラシム」という有用性の見地から

「三民」が積極的に評価されている。前述のような「士ノ職分ヲ究明」する態度は、まさにこのような「三民」の有用性に匹敵する「士」の有用性を求めるところから出たものに他ならない。すでに引用した「士ノ職分」の「ワキマエアラザラン輩ハ、速ニ三民ニ入」って、農工商を営め、という言葉は、有用性が第一次的な評価規準であることをよく示している。伊勢貞丈や徳川斉昭が、武芸を知らぬ武士は鼠をとらない猫に等しいとする(本書九四、一一一頁)のも、これと共通している。そしてまたこのことは、中国的な「君子」と「庶民」との(道徳性の見地からする)峻別を相対化することになる。君も民も「其の品に高下前後あるが如しといへども、本一致にして更に不レ別也」[28]であって、「天下ノ万民各ナクンバ不レ可レ有ノ人倫ナリトイヘドモ、農工商ハ其職業ニ暇アラザルヲ以テ、常住相従テ其道ヲ不レ得レ尽」[26]と、「三民」と道徳との無縁性はもっぱら「暇」のないことに帰せしめられ、決して本質的なものではない。そして「士ハ農工商ノ業ヲサシ置テ此道ヲ専ツトメ」るというように、「三民」と「士」とはいわば一種の分業関係としてとらえられるのである。

　こうした考え方は、決して素行一人のものではなく、むしろ近世日本人に多かれ少かれ抱かれていたものである。田安宗武の家訓『誨蒙近言』は、「夫、人として其職あらざる事なし。……商は物をあきなふを職とし、工は物をいとなみつくるを職とす。……農は食物をうゑとゝのふ事を職とす。……士はもつぱら人の道を修するを以て職とし心も労して人を治むるなり。……されば士たるもの学問せずして其職をなす事あたはず、その職をなす事あたはざるものは天の命に違ふものにして、誠に天地の間の一罪人也」[29]と、「職」という言葉を「士農工商」のいずれにも適用して、素行より一層これらの基本的な等質性を前面に出しつつ分業関係について論じている。[30]『明君家訓』の「古より、四民とて、天下の人を士農工商の四色にわかちをき、それ〴〵に主どる所の職をつけ申事にて候。……三民にて天下の用をたし申候。扨、義理と申もの一つをば、士の職と定申事にて候」(本書八一頁)も、こうした文脈で把えられるべきであろう。いかにも朱子学者室鳩巣らしく中国古典に忠実に書き出してはいるが、その分業論的発想において明らかに素行や宗武に近いとみて差支えあるまい。とくに「百姓町人……〔が士を〕おそれうやまひ申事は、士は職とする所のたかきゆへに候」(同上)と、士という生得の身分でなく「職」に名誉の根拠を求めている点、前述した近世武士における生得・固有の正当性の欠如に対応する考え方を示している。ただ彼等の場合武士の「職分」に他の「職分」より優越的な価値を与えていることは否めないが、それにしても「君子」と「庶民」との中国的峻別から程遠いものであることは明らかであり、さらに次のような例においては中国儒教との差異は一層顕著となる。西鶴の『武家義理物語』の序文は「それ人間の一心万人ともに替れる事なし。長剣させば武士、烏帽子をかづけば神主、……鍬を握れば百姓、手斧つかひて職人、十露盤をきて商人をあらはせり。其家業面々一大事をしるべし。弓馬は侍の役目たり、自然のために知行をあたへ置れし……」として、万人の根底的な等質性を明言し、「弓馬」＝「侍の役目」を諸々の「家業」の一つにしてしまっている。さらに荻生徂徠は、「農は田を耕して世界の人を養ひ、工は家器を作りて世界の人につかはせ、商は有無をかよはして世界の人の手伝をなし、士は是を治めて乱れぬやうにいたし候。各其自の役をのみいたし候へ共、相互に助けあひて、一色かけ候ても国土は立不レ申候。……満世界の人こと〴〵く、人君の民の父母となり給ふを助け候役人に候(31)」と喝破する。また石田梅岩は「四民ヲ治メ玉フハ君ノ職ナリ。君ヲ相ルハ四民ノ職分(32)」とし、「商人ノ買利モ天下御免シノ禄」、「農人ニ作間ヲ下サル、コトハ、是モ士ノ禄ニ同ジ」とする。これらにおいては、「士」と「三民」との区別さえ相対化され、「四民」ともに「君」の補助者(「役人」)として全く同一視されてしまっている。そしてこのような考え方はその論理的帰結として「士農商銘々の職分有レ之候。……商人の利は武士の知行、百姓の作徳なり、皆義にて利にあらず候。只高利を貪るを以て利とす(33)」と、素行にはまだ見られた、「士」に「義」をあて、「庶人」に「利」をあてる考え方(34)まで否定することになる。

4　「職分」の体系　その二

このように、社会にとっての有用性の見地からする「四民」の基本的同質性の観念と裏腹をなしつつ、「職分」概念は武士以下の者にも下降的に一般化されていったのであるが、他面この概念は武士の内部において内容を細別化して用いられたのである。そもそも右に見た山鹿素行の「士ノ職分」論は、「三民」との対比で論じられているものだから、そこでの「士」は第一次的には武士全体を意味している。しかしながら武士全体のうちで、大名をはじめ家老、諸奉行等役付きのものは、日常現実に統治の業務にたずさわっているから、決して「遊民」のイメージを生じない。「遊民」視されやすく、その「職分」をことさら「究明」する必要があるのは、いうまでもなく、徂徠のいわゆる「武官」系のもの、とくに「平士之類」(『答問書』下)であった。こうした現実を反映して、『山鹿語類』巻第二十一の「士道」篇は前述の如く「士ノ職分」を「義ヲ専ラトスル」点に求めているが、次の巻の「知己職分」にあげられている実例は、「武」的なものばかりである。もちろん素行は「軍学者」でもあるから、「士ノ職分」に「武」的要素が登場することは不思議でないが、ここでもっぱら「武」について語られているのは明らかに「士道」篇との間に首尾一貫性を欠いている。しかし「士道」篇での「士ノ職分」論が実質的には「遊民」視されやすい「平士之類」を念頭においていることを考えあわせれば、そこで説かれた「文武之徳」のうち「武」が次巻で前面にあらわれているのは理解しうるところであり、「文」はむしろ「君徳」篇や「民政」篇など、統治に関する部分で「君」と一括した形で、実質的には「士」についても論ぜられているといえよう。[35]「民政」上(巻第五)で、「民」と「君」との関係について論じて来た後で、とつぜん「人君は天下万民のために立二其極一たるゆゑんにして、人君己が私する所にあらざる也。是れ士農工商の起る所、天下の制用全き所と可レ謂」と「士」が登場するのは、まさに形の上では「君」について語りつつ、その補助者としての「士」もその中に包含されていることを示している。要するに「士道」篇、「士談」篇「知己職分」での「士ノ職分」は実質的には「平士之類」についてのものとみてよかろう。伊勢貞丈の家訓で「武士は武芸を家業とする」(本書九四頁)と述べられているのもこれと同じ趣旨といってよい。

これが徂徠になると明瞭に、「官職にも掌り別に候故、文官武官有レ之候。物頭・侍大将之類は武官にて候故武徳ある人尤に候。家老職・奉行抔は文官なれば文徳なくて難レ叶候。平士之類は其職掌軍伍に編るゝ士卒にて、平生之時も侍衛・宿衛の官にて候得ば、古之書に申候士君子と申類にては無レ之候」とし、彼等がみずからを「士君子也と覚え……〔るのは〕取違へ」(『答問書』下)であると割り切ってしまう。素行においてはともかくも形の上では「士」として一括されていた武士は、徂徠になると「文官」と「武官」に分けられ、それぞれの「職掌」が説かれるに至っているのである。

ところで徂徠のいわゆる「文官」はその性質からいって当然細分化して論じられる。さきにその遺書を引いた池田光政が家臣に与えた「誡」は「老臣」、「勘定奉行」、「郡奉行」等に分けて「其職を可㆓相勤㆒」心得を説いているが、これに類する教説は近世に数多くみられるものである。[36] ただこれらの地位は各藩内での官僚制的体系のなかに位置づけられた官職に他ならないから、その「職分」が説かれるのは、その意味で当然といえよう。もちろん家格という生得の地位とつきうる官職の高低とは全く無関係ではなかった。とくに家老職の場合には多くの場合家格と密接な対応関係があったことはよく知られている通りである。しかし『黒田長政遺言』が一方で「我一人ノ目利ヲ以、小身無礼ノ者共ヨリ、ムザト大身ニ申付ル事、大ナルヒガ事ナリ」(本書二三頁)としつつ、他方で「役儀ヲ申付ル時ハ、諸士一統ノ入札ヲ以テ、其人柄ヲ極メ」(同上)ることを説き、板倉重矩が「筋目ある者の子とて、其身に応ぜぬ奉公させ」(本書三四頁)ることを戒め、『明訓一斑抄』に「忠臣は大小、上下、近習外様、古参新参に寄ざるものぞ」(本書一一二頁)とみえるのは、生得の家格がある官職につくための十分条件でないことを示している。また生得の家格そのものさえ、「親之勤子之勤、心懸により遺跡申付候之品可㆑有㆑之」(本書六一頁)とあるように安定したものではなかった。さらに『明訓一斑抄』にしばしば名前が登場する土井大炊頭利勝に、「仕置役可㆑被㆓申付㆒には、家老中老先祖の功有者に限るべからず。当代の器量に寄べきなり。……縦へ軽き者たりといふ共、其器に当りたるものあらば取㆓立之㆒、可㆑被㆓申付㆒」[37]という遺訓が残っているように、場合によって家格は必要条件でもない。荻生徂徠はもっと極端に「仮令百姓・町人ナリトモ、才智アラン者ヲバ新ニ被㆓召出㆒テ御家人ニナシ玉ハンモ、上ノ御威光ニテ、国家ヲ治ル道ニハ何ノ憚カ可㆑有。兎角ニ家筋ヲ立ル方ト、賢才ヲ挙ル方トハ裏腹ナルコトニテ、国家治乱ノ別ル、事ハ茲ニ有事也」(『政談』巻之三)と、武士たることも必要条件としない。[38]「人こと〴〵く……役人に候」と喝破する徂徠の面目躍如たるものがある。もとより一般にはさきの黒田長政の如く、また「我気に入働も器量も備へたるといふ共、筋目の者を凌ぎ揚用る事なかるべき事」(『成憲百箇条』異本)とある如く、世襲的地位を完全に破壊することを好まなかった。そこで徂徠自身もこうした現実に対応して「勲階」制を復活して官職に対応させれば、家格の低い者が高い者より上位の官職についても「勲階」のプリスティージが背景となって、指揮命令が家格の体系に妨げられずに行なわれると提案している。一般的にいって、近世日本にはいわゆる業績主義・能力主義と身分（「筋目」）主義とが並存し、微妙にバランスをとっている。後者から前者へ、あるいはその逆に前者から後者へ、とこの両者の関係について歴史学上いろいろ論議があるが、どちらにせよこうした推移をはっきりと跡づけることは困難であって、事実として存在する後者の大枠を前提にしつつ、そのなかで前者のもつ利点が説かれ、現実にも相当程度それが実行されている、というのが近世を通じての実体であったように思われる。このことはまさに近世の国制にみられる二面性そのものに対応した構造的現象だと考えられるが、のちの項に譲ろう。ここでは藩内で生得の家格がある官職につくための十分条件でなく、場合によって必要条件でもなかったことを確認すればよい。このように生得の家格から独立的な官職について「職分」が云々されることは、その性質上いわば当然のことであって、このこと自体は何らあやしむに足りない。これと、事実として生得の地位たる武士に前述の如く「職分」概念が適用されるのとでは、それぞれにおける実体と概念との距離が客観的にみてちがっているのである。しかしながら、それにもかかわらず同一の概念が両者に適用されたということは、近世日本における生得の地位すなわち身分というものの比重について大きな問題を提起しているのであって、後にヨーロッパとの比較をしながら論ずるつもりであるが、ここでは問題があるということだけを指摘しておく。

ところで、右において藩内のさまざまな官職的地位に「職分」概念が適用されたことをみて来たが、実は藩の頂点に位する大名についてもこの概念が適用されていたのである。さきに「治世の御奉公」という言葉をひいた井伊直孝は、「我等之身は、公儀之御為に命限りに粉骨さへ尽し候得ば職分は尽申様に有レ之候得ば（ママ）、左様にては無レ之……さ細之小事は大名の御奉公に足り不レ申事に候」(39)とし、「軽き役々等之公儀え之御奉公と申者は其役々之上の勤」にすぎないが、「大名にも成候者之御奉公と申物は左様之軽き儀には無レ之候、只下々へ愛憐深き事肝要に候、是は人君たる者之常々之事に候」としている。一言でいえば「治世の御奉公」が大名の「職分」とされている。『明訓一斑抄』に「諸大名初め家職に心を用ひ……」(本書一三六頁)とあるのもその一例である。このような大名の側の「職分」論に対応して、『徳川成憲百箇条』に「凡有レ国職分は令二民安祥一にあり」、「国司領主大禄たりといふとも有二安民之理違背一、削二官職一可レ令下貶二居僻地一懲中創之上」(本書四六九頁)とみえるのである。いうまでもなく前項にのべたような、大名の領国支配を幕府からの「預りもの」とする考え方が、こうした大名「職分」論の背景にあることは、山鹿素行が「天下の大なるを上一人として支配せしめんこと大憂なれば、乃ち親戚重臣の賢徳あるを封建して分憂の職たらし」(『謫居童問』巻五)むと、さきの池田光政と同一の論理を用いて「職」論を導き出しているのをみれば明白である。

しかしながら「職分」論と「預りもの」論のセットは大名をもって上限とするのではなく、将軍についてもみられることに注意しなければならない。『徳川禁令考』前集第一や『南紀徳川史』第一に家康の発したものと称する『公武法制応勅十八箇条』という、偽書が収められているが、それには「政務関東江預リ奉ル……」、「覇王ノ政務相勤申候ハ、源二位頼朝公ヨリ日本支配、武家相勤申所也、武家ノ預リ奉ルモノハ、公家国政ユルクシテ、国鎮スルコト叶ガタシ、今上皇帝無レ拠、往昔政道可レ致旨家康蒙二勅命一……」とあり、「武家」支配を天皇からの「預りもの」としている。『徳川成憲百箇条』でさえ「四海征伐之権ハ勅二許将軍家一、謂二総追捕使一」(本書四七五頁)としているように、江戸時代の間でも幕府支配の正当性の根拠を天皇にもとめるのはめずらしくない。熊沢蕃山は武家政治を「後白河院、頼朝に天下をあづけ給ひ」(『集義和書』巻之一)しことに起源を求めているが、さらに四代尾張藩主吉通の遺誡に「三家之者は全く公方の家来にてなし。……保元・平治・承久・元弘のごとき事出来て官兵を催される事ある時は、いつとても官軍に属すべし。一門の好みを思ふて、かりにも朝廷にむかふて弓を引事あるべからず」というのがあったといわれているが[40]、本書所収のものとしては『明訓一斑抄』が、天皇を将軍の「御主人」としている(一四七頁)。そして新井白石が天皇を「皇帝」に、将軍を「王」に比したことはよく知られている。徂徠もこの点では白石とほぼ同様であり、「天下ノ諸大名皆々〔将軍の〕御家来ナレドモ、官位ハ上方ヨリ綸旨・位記ヲ被レ下コトナル故、下心ニハ禁裏ヲ誠ノ君ト存ズル輩モ可レ有」(『政談』巻之三)と述べている。

ただここで忘れてならないのは、「預りもの」論がことごとく天皇に結びつけるものであったのでなく、「天」もしくは「天下」に結びつけるものもみられたということである。徂徠は右に述べたように天皇を将軍の上位に置きつつも、他方で「総ジテ御政務ノ筋ハ上(将軍)ノ私事ニ非ズ。天ヨリ被ニ仰附一玉ヘル御職分也」(同上)と述べているし、酒井忠進の家訓に「天下は天下の天下にして一人の天下にあらずと申候得ば、乍レ恐将軍様にて被レ為レ在候ても御預物也」[41]とみえている。『本佐録』にもすでに引いたように「国主の国を預る事は、天子の天道より天下を預ると同じ。是又万民安穏にして、天下の為めに忠をおもふべし」(前出四九五頁)としており、「天下は天下の天下にして一人の天下に非ずといふは古賢の語也。此言葉平生無ニ油断一可ニ心懸一事」という『成憲百箇条』の一異本[42]にみえる考え方を背景として、「天下」からの「預りもの」論は幕府の側にも存在したのである。もちろんこれと同時に「将軍所レ令天下之大法」(本書四七五頁)、「破レ理可レ以レ法。必法を破るに理を以すべからざる事」(同上)という命題も並存しており、両者を総合して「非理法権天」(本書九九頁)という格言に定式化されている。このように法を理の上位におくのは、中世法が「道理」によって貫かれていたのと異なっているが、くわしくは別稿[43]に譲り、ここではこの格言に対する貞丈のような解釈が近世においても必ずしも一般的なものでなかったことを指摘しておく。寛永期の版本『尤雙紙』では、「ひはもとより理におさる。理は法度におさるゝ。法度も時のけんにおさる。けんは天道におさるゝ」とし、その説明に、雉(非)を呑んだ蛇(理)を猪(法)が食べたのをみて猟人(権)が「ゆみとやをつがひはなたんとしけるが、まてしばし、此しゝをころさん事はいとやすし。われをまたいかなる物かかくころさん」と猟をやめた。これを見て「もししゝをころさば、なんぢを又けころさんと、てんぐ(天)いへると也」と、「天」の前に「権」が自己抑制すべきことを説いている。

話は若干もとへもどることになるが、この種の「預りもの」論は実は大名についてもみられたものである。さきの酒井忠進の家訓は、右の引用部分にすぐ続けて「況や其余諸侯をや」としている。また『本佐録』にしても「国主の国を預る」相手に「天道」を考えている面を否定すべくもない。このように大名についての「預りもの」論にも「幕府」からとするものと、「天」からとするものとが並存しているのであるが、注意しなければならないのは、この両者が相互排他的でないということである。一見「天」からの「預りもの」論は、幕府からのそれに比して、大名の地位の独自性を大きくみとめるかの如くであるが、むしろ前者は理念論的定式、後者は制度論的定式であって次元を異にしており、前者によって、大名の幕府に対する地位が強化されるわけではない。むしろ前者に照らして幕府が大名の治世の良否を判断するという形で前者は後者に奉仕するものとなっている。だからこそ『本佐録』において、「国主郡主の心を知る事」という将軍の大名に対する監督の心得を説く章に、前掲の「国主の国を預る事は、天子の天道より天下を預ると同じ」という文章が登場し、すぐそのあとに「おごらずして、公儀を恐れ」るのが良い大名だと説かれるのである。もちろんこうした現象は幕府の大名に対する圧倒的優位という現実を背景としたものであって、ただちに同じことが幕府についての「預りもの」論にもみられたわけではない。すなわち周知のような朝廷と幕府との力関係からして幕府についても理念論的「預りもの」論と制度論的なそれが癒着し、前者に後者が奉仕するという事態は現実にはみられなかったといってよい。しかしいうまでもなく幕末に至って事態が一変し、「大政奉還」という形でこれが現実化したことを考えれば、幕府について二種類の「預りもの」論が並存していたことの意味は決して小さくない。「皆其代其代之開祖之君の料簡にて世界全体之組立に替り有レ之」(『答問書』下)という制度観を基礎に、将軍を政治的「作為」の主体たる「聖人」に準じさせ[44]、「聖人ハ天子也」(『太平策』)と規定しつつ、将軍の「天ヨリ被二仰附一玉ヘル御職分」を強調し、制度論的「預りもの」論の側面をほとんどみせていない徂徠においても、前述のように天皇を将軍の上位に置き、「武家ノ世」の出現を「公卿ニ愚庸多ク、武士ニ豪傑生レ出テ」(『太平策』)たことによる「公卿」と「武士」との交替劇とみているのであって、制度論的「預りもの」論を排した上で「天子ノ天下ヲ我役介ニシ、諸侯ノ一国ヲ我役介ニスル」(同上)としているわけではない。幕府に関しても二つの「預りもの」論が相互排他的ではなく、大名の場合のように、癒着する可能性が潜在的には存在したといってよかろう。

そしてこのような潜在的可能性は、実は「職分」概念との結びつきにおいて定式化されていた。

「預りもの」論を背景として、将軍にも「職分」概念が適用されていたことはもはや詳論するまでもあるまい。すでに何度も引用した徂徠の「総ジテ御政務ノ筋ハ上ノ私事ニアラズ。天ヨリ被二仰附一玉ヘル御職分也」はこれを示している。具体的には「天下国家ハワレ一人ニテ治メラレヌモノナリ。……故ニ人君ノ智ハ、我智ヲ智トセズ、ヨキ人ヲ知リテ、委任スルヲ、人君ノ大智トス」という根拠から「人君ノ職分、タヾ人ヲ知ル一ツニ帰」(『太平策』)するというのである。これを『徳川成憲百箇条』は裏側から、しかもより具体的に「大禄外様之国司は……破二士之道大綱一有レ損二生民一輩、雖レ非二叛逆一可三没収為二亡国之鑑一。是将軍家之職たる事」(本書四七三頁)と述べている。[45] また積極的に「我所レ建之条々は、治国平天下之大綱、則将軍之職分也」(本書四七五頁)という形でも「職分」論が説かれている。こうした考え方に対応して、「天下之不平皆帰二将軍不肖一」(本書四七四頁)、「四海鎮致シガタキ時ハ、其罪将軍ニ有ベシ」[46] という責任論が出てくるのであるが、注意しなければならないのは、こうした責任論が単に抽象的なものではないということである。『徳川成憲百箇条』には「照二此条目一観レ志、子孫違二背之一者有レ之、不レ当三将軍之器一、非二我子孫一」(本書四七五頁)、あるいは「……志僻レ之者非二我子孫一」(同上)という条文があり、さらには「我所レ立条目に相背ば、雖二嫡子実子一、不レ可レ令二家督相続一。大老臣及老臣と相評、家門之内其器に当者撰而可レ立事」(本書四七〇頁)とある。前掲『公武法制応勅十八箇条』は右の最後の条文と同じことを「尾張大納言義直、紀伊大納言頼宣、両人将軍ト三家ニ可二相定一、是将軍万一傍若無人ノ振舞ヲ致、国中之民可レ及レ愁時ハ、右両家ヨリ相代リ可レ申」[47] と、より具体的に表現している。「実子嫡子」という生得の地位が将軍職につくための十分条件でないばかりか、尾張、紀伊の分家にとって代られることがありうるという点で嫡流たることが必要条件でもない。もちろん右の限りでは「家門」という家康の血統をひく者に「相代」る者が限定されている点で、大名以下武士一般の場合と異なっている。だが頼山陽『日本外史』には家康が死の直前おもだった諸大名にむかって、「吾死して将軍或は政を失はば、則ち侯伯の其の器に当る者、宜しく代りて天下の柄を執るべし」(巻之二十二)と遺言したとある。ここではもはや血統はいかなる意味においても必要条件とされていないのである。もちろん『日本外史』の記事の真偽のほどは全く不明である。むしろ真実ではないとみた方が自然であろう。しかしそれは『徳川成憲百箇条』や『公武法制応勅十八箇条』が偽書であっても、江戸時代人の一般的な精神的態度を知るために利用するには何の妨げもないのと同様である。またむろんこうした精神的態度があったからといって、それを実行しようとした大名が幕末に至るまではあったわけでもないし、世人もそれを是認したわけでもない。『日本外史』の伝える家康の言も、『成憲百箇条』などにみられるような、子孫に対する自己抑制の要求が形をかえたものともいえるのであって、直ちに「危険思想」といえるほどのものでもない。しかしながら将軍職というものについてその「職」にふさわしい「器」たることを生得の地位に優先させる考え方があったこと自体、ヨーロッパの場合と比較してみるとき決して軽視できないのであって、幕府ないし将軍について制度論的「預りもの」論と理念論的「預りもの」論の癒着の潜在的可能性が「職分」という概念で定式化されていたという所以もここにある。

5　ヨーロッパの官職売買　周知のようにヨーロッパにおいては、いわゆる絶対主義的王権が中央集権的体制をきずくための手段として官僚制を整備していったのであるが、その際わが近世の場合と際立って異なる様相がみられたのである。まずこの官僚制は、あくまでも「良き古き法」に根ざす生得の特権をもった、いわば自生的な諸貴族を掣肘するためのものであって、本来これとは別の性質のものとして作られたものである。貴族の生得の特権はあくまで特権であって、わが近世の場合のようにそれ自身が「職分」概念の適用をうけるものではなかった。近世武士はこれに対し、ヨーロッパでは区別された貴族と官僚制及び常備軍の三者をいわば一身に兼ねるもので、しかもそれが「職分」論によって統一的に把えられていたのである。もちろん伝統的な貴族が官職につく場合がしばしばみられたが、その場合でも本来彼等が有する生得の特権的な地位にまで官職概念がかぶっていくことはなかった。これは中世においてレーンとアロッドとが概念上峻別されたのと同じ現象である。しかも前述のようにレーンのアロッド化が中世にみられたのと同様に、本来生得の特権的地位と性質を異にしたはずの官職そのものが私有財産化していくという現象がみられたのである。たとえば絶対王政が典型的な形で行なわれ、身分制の空洞化が西ヨーロッパ諸国のうちでもっとも早くから進行したといわれるフランスにおいても、官職売買がさかんに行なわれたのもこの一例である。[48] 十四世紀以来買手のために売手が「好意の辞任」をするという形で事実上官職売買が行なわれていたフランスでは、十五世紀になると下はしがない収税吏から上は高等法院の評定官までおよそありとあらゆる官職が売買の対象となっていたといわれるが、重要なことは——右の事実でなく——それが単に事実上のものでなく、王権自身によって認められるに至ったということである。それは王権が自己の財政のために官職を創設し、それへの任命とひきかえに——しかもしばしば競売の形をとって——対価をとるという事態に至って最高潮に達したといえる。このように私人相互間のみならず、任命権者である国王自身も官職売買の当事者であったことは注目されてよい。このような事態の下では、国王はもはや官職を買い戻す以外に、罷免権を行使できないことはいうまでもない。こうして本来特権を掣肘するはずの官僚制機構そのものが特権の巣窟化していったのであるが、これに対する王権自身もまた実は特権的色彩を強くもっていた。そもそも官職を売りつけるということ自体、特権的思考を抜きにしては理解しにくいのだが、それよりも国王自身がしばしば法的にみとめられた特権の束の所有者であった。ルイ十四世は一六六一年当時フランス国王であると同時に、プロヴァンス伯、ブルターニュ公、ナヴァル王などという、いくつかの特権を併せもつ者の資格で、かろうじてフランス全土を統合しうる存在であった。そして国王の地位もまた特権的性格を払拭し切っていない。ルイ十四世の后はスペインの王女であるが、結婚の時彼女(実質的にはルイ十四世)は、持参金とひきかえにスペイン王位継承権を放棄したが、これはいうまでもなく、スペインがルイ十四世から自国の王位継承権を買い戻したことを意味している。[49] このような王位、従って王国の私法的処分(売買、交換、相続等々)はめずらしいことではなく、プロイセンのフリードリッヒ大王の家訓には、自国の領土拡大の手段として隣接諸領邦君主権の私法的方法による獲得が具体的に論じられている。

このような現実を前にして、フランスにおける国王主権論者として名高いシャルル・ロワゾーでさえ、官職に「公的職務を伴う品位(dignité)」であるという定義を与え、身分制社会における一種の権威的な地位として理解し、「公的職務」はそれに「伴う」ものとしか位置づけていないのである。[50] もちろんロワゾーは官職と特権的支配権(seigneurie)との性質のちがいを主張するが、それも後者は公権力の所有権であるのに対し、前者は単にその機能もしくは行使しか意味しない、という原理上の差異にすぎず、これさえも「今日では官職は官吏の所有に属する」という形で解消されてしまう。ただロワゾーは官職の世襲可能性だけは何とかして理論的に——現実には家産になっているにしても——否定したいと考えた。しかしそこで採られた論理構成は、官職が官吏「その人自体(la personne meme)に固着しており、彼から引き離すことができないという形で彼に属している」ことを本質とする、というものであった。世襲可能性を理論的に否定するための論拠は、皮肉にも官吏の人格と官職との不可分離性という、近代的な官職概念から遠いものであった。まさにこの点に彼が「好意の辞任」に付せられた条件、つまり実質的な買手に官職を授与することと及び売手が辞任するということを国王は拒否できない、と述べて官職売買を理論的に承認してしまった所以があるといえよう。

要するにヨーロッパにおいては生得の地位と官職との二元性を前提にしつつも、現実において、de facto にも de jure にも、後者が前者にひきよせられていったのであり、これはわが近世において右の両者が「職分」概念の下に一元的にとらえられ、しかも前者が後者にひきよせられていったのと、まさに逆のヴェクトルを示している。ただ、このような主張に対して、わが国でも「御家人株」の売買があったではないか、という反論が当然出されるであろう。しかし「御家人」という「お目見え」以下の地位が売買されたとしても、それは全国制にとってほとんど問題にならない小さな現象であり、フランスで高等法院の評定官の地位が売買されたのとは大きなちがいであることはいうまでもない。また「御家人株」の売買は通常養子という形、つまり買手が売手の家を継ぐという形をとったことを忘れてはならない。この点でさきのロワゾーが少なくとも官職の世襲性だけは理論上否認しようとしたこととの対比で問題が生じてくる。

6　「家」と「家職」　わが国の場合、ある地位の世襲性がことさら論じられ、否認されることはきわめて稀であった。能力主義を強調し、孟子に拠って「聖人ノ道ニハ……世官トテ大役ヲ家筋ニテ代々スルコトヲ深ク戒ト仕玉フ」(『政談』巻之三)という徂徠のような例はむしろ例外に属するのであるが、この徂徠でさえ、「古キ功アル人ノ家ヲバ随分ニ介抱シテ、成タケ家ノ続ク程ハ続ク様ニ……〔考えるのは〕人情ノ常也。去共天地ノ道理ト人情ノ常トハ違フ物ニテ、何程カ、ヘ置度思トモ、兎角古キ物ハ消失ルコト也。去バトテ、古キ物ハ早ク無ナレト云ハ悟リ過タルコトニテ、聖人ノ道ニ不レ叶」(同上)と、世襲性を「人情ノ常」として肯定し、「聖人ノ道」の枠内に置いた上で、「総ジテ天地ノ道理、古キモノハ次第ニ消失セ、新キ物生ズルコト、道理ノ常也」(同上)とし、「何迄モ上ハ上ミ、下ハ下ト家筋ヲ定テ愚癡ニ抱置ントスル」(同上)ことが「天地ノ道理ニ背」くのだとするにすぎない。つまり彼は「上タル者ノ実子ナクテ滅亡スベキト、悪事有テ滅亡スベキハ、天心ニ任セテ是ヲ亡ス」(同上)と、いわば自然陶汰に委ねるべきだというのであって、「人情ノ常」に反してまで世襲性を否認しようというのではない。しかも彼は他の箇所で「上ノ御取立ニテ立身シタル者ノ、子ナク、同姓ノ親類モナキニハ、先祖ニ対スル筋ニモ非レバ、上ノ思召ニテ、他名ヲ養子ニ下サル、コトモ苦シカルマジ」(『政談』巻之四)と、さきの「滅亡」の二つのケースのうち「実子ナクテ滅亡スベキ」場合を「天心ニ任セ」ることから除外している。しかもこの場合彼が「他苗ノ相続ヲ免サヌコトハ聖人ノ法」たる中国的な異姓不養の原則を、「苗字計リ養父ノ苗字ヲ名乗ラセ、姓ハ其者ノ本姓タルベシ」という苦肉の策でくぐりぬけてまで異姓養子をみとめようとしていることは注目すべきである。能力主義を強調し、「世官ノ弊」(『太平策』)を説く徂徠においてさえこのように世襲性は肯定されていた。一般には世襲性はむしろ当然のこととして前提されていたし、養子も(異姓養子も含めて)さまざまな制限が設けられていたにせよ、制度的に公認されていたことは『武家諸法度』にみえる通りである(本書四五九、四六一頁。なお六〇頁参照)。わが国においては世襲性の有無が――ヨーロッパとちがって――ある地位の性格をきめる決定的な論点ではなかったといってよい。この点異姓養子がみとめられていたことが一つの鍵であって、世襲性は「家」の存続という観点からすれば、むしろ不可欠の前提であって、徂徠が世襲性を「人情ノ常」として「聖人ノ道」に合致するとみたのもこうした背景があったためだと考えられる。総じて「職分」論をはじめとするわが国近世の国制的諸地位に関する論議も、世襲性を当然に前提にした「家」の観念と結びついて展開されることが多かった。「家職」という言葉がしばしば用いられたのはこのことと関連している。『明訓一斑抄』に「公辺は勿論諸大名初め家職に心を用ひ……」（本書一三六頁）とあるのはすでに引用したが、一般的に「武家武道に達するを、家職を知るといふ」（本書一五〇頁）という形でも用いられている。[51] また『葉隠』には「面々家職を勤る外無レ之事に候。……家職勤の能手本は、日峰様・泰盛院様にて候。其時代の御被官は、皆家職を勤申候」とある。武士以外についても「村民の家職」[52]、「下民の家職」[53]、「出家・町人……我家職を非に見る者を侈者といふ」[54]などという用法がみられる。「家業」という表現もしばしばみられるが、これも『明訓一斑抄』（本書一三三頁）では「家職」と全く同意義に用いられている。

ところでこのような「家職」ないし「家業」を継ぐことこそは、わが国では中世以来「家」相続の中心的観念であったと指摘されているところであり、[55]「家職」・「家業」は「家」の本質をなすものであった。武士の場合「家業」は「主君に対する奉公」[56]を媒介とせざるをえぬことはいうまでもなく、「奉公」との関連において「家」が観念されたのである。なお「家」相続については「家名」の相続がその中心観念であるとする学説があるが、[57]これは「家業」相続と必ずしも矛盾するものではない。「家名」も「奉公」と結びついて観念されたことは、内藤義泰の家訓に「懐二別心一而莫レ辱二家名一、弥可レ抽二忠誠一」（本書三八頁）とあるのをみれば明らかであって、むしろ「家業」が「家」の実体的側面、「家名」が抽象的側面を表わすという意味で、両者はメダルの両面をなす関係にあったと考えることができよう。ただ中世の段階においては「奉公ハ他人ニトリテノ事、子トシテ奉公ハ至孝ノツトメナリ」（『沙石集』巻第三）とされて、「奉公」と「家」の利益とが完全に一致していたわけではない。というよりはむしろ「奉公」の相手の選択、態様、程度などについて、「奉公」提供者の側の自立性が高かったといった方が正確かも知れないが、[58]いずれにせよ「忠ならんと欲すれば孝ならず、孝ならんと欲すれば忠ならず」という「忠」と「孝」との矛盾相克が中世には存在しえたのである。これに対して近世においては、「奉公」

の提供者は中世におけるそれのような自立性を失なってしまい、「家中侍並領内之町人百姓等に至迄、静謐に仕置致候事、則上へ之忠信にて候。先祖へ対し可レ為二孝行一」[59]という教訓のように「忠」と「孝」とが癒着してしまっているのである。

わが近世の「家」はヨーロッパの(そしてある程度まではわが中世の「家」もそうであったと考えられるが)私的・自立的なHausとちがって、上位者への奉仕から切り離しては観念されなかった。いいかえれば近世の「家」は「家職」＝「奉公」という目的のための一種の目的団体に他ならない。すでに平安末期の法律書『法曹至要抄』に、「養子之法、……為レ継二家業一所二収養一也。然者其養子可レ総二領養父之遺財一也」と、家産を「家業」という目的のための手段とみる考え方がでているが、ただここでは必ずしも「家業」を「奉公」に直結し、家産を「奉公」のためのものとしているわけではない。これに対して近世の家訓をみれば、「無用之物を貯置候は忠勤を尽す伝への為」[60]であり、「某家持伝財宝別冊目録附与之条、非レ為二人民一、勿二叨失レ之」(本書四〇頁)であるというように、家産を「奉公」＝「安民」・「治世の御奉公」の手段にしている。『明訓一斑抄』の「家業を廃る時は、家を亡す者なり」(本書一三三頁)は、このように目的団体として客観化された「家」の観念を示すものといえよう。「武家」のように非血縁的な集団に「家」が用いられたり、「国家」というように今日我々が「藩」という呼称でしか置きかえられない、いわば機構的な団体に「家」が用いられたのも、いわゆる家族国家観によって説明されるものでなく、右の如き「家」の観念を背景にしているのである。

ところでこのような「家」のもとでは当然能力主義的思考が支配的である。「家業」・「家職」[61]を十分に果しうる者に限って相続がみとめられ、実子にその能力のある者が見あたらない時は、能力ある者を(異姓でも)養子にすることによって目的を遂行する。前述のように将軍をはじめ武士一般について生得の地位が「職」につくための必要条件でも十分条件でもないことと、世襲性がほとんど疑いをもたれていないこととは、「家」内部での能力主義的思考を前提にすれば矛盾しあわないのである。目的団体としての「家」が継承されても、その「当主」の選定は能力主義的規準によって行なわれた(例えば本書三二、四七五頁参照)からである。「家」が「奉公」という目的に奉仕する目的団体として観念される近世社会では、ある地位の世襲性は——ヨーロッパの場合とちがって——その私有財産的性格、さらに権力の拡散を意味するものではなく、むしろ権力の統合を安定的にするものであった。またこうした状況の下では通常、「天下は天下の天下にして一人の天下にあらず」という中国的観念を媒介として、君主個人＝「私」と、「家」さらに「国家」＝「公」との分離が一般化するわけであるが、これについては三宅正彦氏の論考[62]があるので、ここでは立入らず、ただ『明訓一斑抄』が「日本の内にては御当家御亡び、他人天下を取ても、是は御一分の御恥計也。異国へ日本の地一寸たりとも遣しては、日本の恥也」（本書一五二頁）という家光の言葉を引用していることを指摘するにとどめる。

さらにいえば、前述のような「家」の観念が近世の家訓類にいくつかの特徴を与えているのである。そもそも近世におびただしい数の武士の家訓が残されたこと自体、目的団体としての「家」の安泰ないし発展を願うという共通の精神的態度の産物に他ならない。家訓の形式についてみると、本来家訓は家父長から子孫へという形をとるもののはずであり、現に中世の家訓類はそうである。ところが近世のそれは、家父長からのものであっても、名宛人は子孫とはかぎらず、家臣である場合、一族のうちの主だった者である場合（例えば島津綱貴のものは次男宛）などがある。名宛人が家臣である場合にも、自分自身の家臣に対するもの（例えば『酒井家教令』）と、子孫の家臣たるべき者（『黒田長政遺言』『東照宮御遺訓』の一部はこの例である）に対するものとがあり、この両者の中間に侍傅に対するもの（『明訓一斑抄』にしばしば引かれる『東照宮御遺訓』）が位置している。このように名宛人がさまざまであるのは、とりもなおさず「家」が目的団体であり、その目的遂行にかかわりをもつあらゆる人間が家訓の対象になりうることを反映している。従って一つの家訓が実質的に多種類のものに対するものであることも稀ではない（例えば『黒田長政遺言』『内藤義泰家訓』）。家訓の内容は「家」の目的遂行にかかわりをもつ者ならば誰にでも妥当するものであるからである。さらに、「家」の目的が「治世の御奉公」に他ならないとすれば、家訓に盛られる教戒の内容は「家」毎にそれほど異なるものではない。中世の家訓類がいわば父から子へという形式で、しかもそれぞれ個性的な内容をもっているのに比べれば、近世の家訓は多かれ少なかれみな没個性的であるといってよい。またフリードリッヒ大王の家訓が前述のようにまさにプロイセンにしか妥当しない領土拡大の具体的方法をはじめとし、軍事、内政、財政などについて積極的な方策を子に指示しているのと比べても、わが近世の家訓の内容は没個性的であり、しかも消極的、防禦的である。これも「治世の御奉公」という、型にはまったともいうべき目的に奉仕する家訓の性質に由来するものといえよう。この点本書所収のものにかぎっていえば、戦国の余燼さめやらぬ頃の『黒田長政遺言』にのみ若干個性がみられるのは偶然でない。こうしてみると近世の武士家訓は、誰が書いてもそれほど支障のないものだということがいえよう。家訓を一括して「解説」が書けるのも、偽書であってもその史料として用いることができるのも、右の点にもとづいている。さらにこうした背景の故に、たとえ形式的に家父長が差出人になっていても実際には他人が書いている場合が生まれてくるのである。『保科正之家訓』が山崎闇斎の筆になるといわれているのは有名だが、本書所収のものとしては『酒井家教令』がそれである(本書六一頁参照)。また写本が流布する現象がみられたのも、家訓が特定の「家」をこえて一般的に妥当する内容のものであるからで、こうした傾向は刊本の出現(『明君家訓』『貞丈家訓』)に至って極まるわけである。そして逆にこうして流布した他人の著作を家訓に採用するという例も現われる。『明君家訓』が多少の変容を蒙りながらも『細川家訓』、『酒井忠進家訓』に採用されているのはその例であり、『明訓一斑抄』が家康・吉宗等「名君」の「明訓」の解説という形をとっているのもこの類型に入れてよかろう。このような一連の現象の裏側に、仮託という現象が生じた。『明君家訓』の前半が「楠諸士教」となっているのも、またしばしば徳川光圀作のものとして流布したのもその一つであるが、近世にはこのほか新田義貞、足利尊氏、菅原道真などの家訓と称するものが現われている。これは一見家訓の没個性的性格にもとづく前述の現象と――個人の権威を仮りるという意味で――矛盾するようだが、特定人でなく、なるべく多くの人間に読ませようとして仮託というものが行なわれることを考えれば、むしろ共通の現象といってよいのである。[63]

7 「職分」と「名分」

ところで前述した「職分」の体系は右のような「家職」の体系に他ならぬことはいうまでもない。そしてこのことから「職分」論と中国儒教的「名分」論との間にある微妙な差異について光をあてることができるように思われる。たしかに尾藤正英氏も指摘しておられる如く(64)、四書五経という原始儒教の古典には「名分」という言葉は登場せず、「必ずや名を正さんか」(『論語』子路)で有名な「名」が論ぜられているにすぎない。当時「名分」はむしろ「道家」、「法家」、「諸子百家」の用語であった。だが宋代に至って儒教的道徳論に照らして歴史を描いた司馬光の『資治通鑑』、さらにこれにあきたらずとして朱子が書いた『資治通鑑綱目』には「名分」があらわれており、また原始儒教にしても実質的に「名分」論ないしそのプロトタイプを展開しているのであるから、ここでは「名分」という言葉を用いておく。ところで「名分」論とは何かという問いに答えるのは思ったほど簡単ではない。そもそも「名」という言葉自体一義的ではない。だがここでは「職分」論との対比という目的に照らして、君臣父子、上下長幼という地位に附着する義務を果せ、という教説と理解しておこう。この場合でも、君主は君主らしく、臣下は臣下らしく、というように上下ともに超越的な道徳規範に従い行動せよという積極的な要素と、上下の別を乱すなという消極的な要素とがある。およそ古今東西、身分に関する論議が多かれ少なかれそうであるように、中国の「名分」論にはたいてい両方の要素が混在しているが、水戸学の「大義名分」論では後者の要素が圧倒的に支配している。しかも中国儒教は君臣のみならず、父子その他多くの人間関係についての教説であるが、「大義名分」(そもそもこの言葉自体日本製である)論は君臣、それも天皇と日本国民の関係に限定されたものである。さらに「父子天合」に対して「君臣義合」といわれるように、中国ではふつう君臣は後天的結合と考えられているが、「大義名分」論では論理的につきつめていうと日本人は生まれながらに天皇の臣であるとされる。少なくとも幕末には藩士を——実際に臣従契約が結ばれていないのに——「天子の臣」とする者が多かった(例えば吉田松陰)。臣と民とは中国では全く異なるカテゴリーなのに、近代日本で両者を結びつけた「臣民」が subject, Untertan の訳語となったのも偶然ではない。こうした「大義名分」論でもっぱら「名分」論の消極的要素が説かれたのはむしろ当然であろう。「名分」論の積極的要素の方はわが近世では「職分」論の中に見出されるのである。くり返しになるが「職分」論では、「天」・「天下」に対してであれ、制度的な任命権者に対してであれ、上への「御奉公」が説かれたが、上下の別の動かし難いこと、乱すべからざることはあまり説かれないのである。もちろんこうした現象は、現実に上下の別が乱されるおそれがほとんど全くないという近世社会の実態があってのことであるが、これを思想的にみれば「家職」論の前提があったことと無関係ではない。前述のように世襲性を当然にみとめられた永続的な「家」とその「家職」の体系は権力の統合の安定化に役立ったからである。しかもその体系はいわば人格から遊離したポジションの体系であって、生得身分の体系でなく、能力主義的思考によって貫かれていたから、「名分」論の両要素が実質的に保障されていたといってよかろう。

　さらに、中国儒教では「孝は徳の本なり」(『孝経』)という命題に端的に表現されているように、孝に人倫の基本ないし根源的な地位が与えられていることはしばしば指摘されている通りである。君に対する忠を重視した朱子でさえ、「子たる者、但父有ることを知りて、天下の大なることを知らず」(『孟子集注』)という。まことに「天下を以てその親に倹せず」(『孟子』公孫丑下)である。もちろん儒教で忠が無視されるわけではなく、『呂氏春秋』などでは「忠孝」という対句さえ登場しているが、「親に事ふるや孝、故に忠、君に移すべし」(『孝経』)というように、「孝が(忠を含めてあらゆる)徳の出発点[65]」であり、またその反面「身を立て道を行ひ、名を後世に揚げ、以て父母を顕はすは、孝の終りなり。夫れ、孝は親に事ふるに始まり、君に事ふるに中し、身を立つるに終る」(同上)とあるように、「すべての徳行は、畢竟、孝のためであり、孝が徳の帰着点である[66]」、つまり忠も孝の手段とみる考え方がみられたのである。こういうところでは「忠順失はず、以てその上に事ふ。然して後、能くその禄位を保ち、而してその祭祀を守る。蓋し士の孝なり」(『孝経』)とあるように「禄位」という君恩も孝の手段視される。これに対してわが国近世の場合をみると、もちろん忠と孝とは密接不可分にとらえられ、忠におとらず孝の重要性が説かれるが、この点「是程の事(父母の恩愛の深さ)にさへあはれをしらずしては、君の恩人のなさけ思ふべしとも不ㇾ存候。何程気づよにして、武士の法にかなひたると、おのれこそ可ㇾ存候へども、一向にたのもしからぬ士に候。……平生真実ならぬ心の程も知られ候」(本書七七頁)とか、「大抵孝弟者、本立、故必忠ㇾ上。須二賞美召仕一。在ㇾ家不ㇾ順者、雖下阿二権勢一而一旦似上ㇾ善、終必不忠」(同三九頁)とかいう論理に注目しなければならない。ここでは孝・不孝はあくまでも忠・不忠の認識手段以上の地位を占めておらず、論理の重点は前者でなく後者におかれているのである。この点『山鹿語類』巻第十三は、「父母の恩を本とす」るのに対し、君臣関係を「一時の約束一旦の思入」と、「君臣義合」に似たとらえ方をして孝に重点をおいているかに見える。だが素行は「人倫の大綱を以て云ふときは……父母の恩を本とす。然れども……」と論旨を展開していくのであって、右の対比の目的は「君臣の間は他人と他人の出合にして」――父母が子を養うのはいわば当りまえなのに対し――君は「其の本に愛恵すべきゆゑんあらざれども、一時の約束一旦の思入を以て、其の禄をあたへ其の養を全からしむ」のであり、しかも「これに因つて父母を養ひ……すること、併せて君恩にあらずと云ふ事な」い、だから「日々奉公恪勤の思入不レ可レ怠也」という教説を引き出すためのものである。中国の場合忠が孝の手段視されたのに対し――むろん忠によって孝が可能になるというザッハリッヒな問題のレベルまで下りてしまえば共通だが――ここでは君恩あってはじめて孝が可能になる、しかも本来君は禄をあたえる「ゆゑん」はないのだから一層有難いのだ、と明らかに忠に傾斜しているのである。これが『葉隠』になると、「主をさへ大切に仕候はゞ、親も悦、仏神も納受可レ有と存候」、「孝は忠に付也」と、忠であることが孝であるという論理で、孝は忠のなかに解消されてしまう。

こうした彼我の差は忠と孝とが具体的状況において矛盾をきたす場合の二者択一に関して、一層顕著となる。中国の場合「父は子の為に隠し、子は父の為に隠す」（『論語』子路）べきであり、「父羊を攘みて、子これを証」（同上）することは批難される。この点は君臣関係を重視する朱子に至っても同様である（『論語集注』参照）。これに対し、わが国の武士は「主人に逆く罪科露顕、不忠有レ之者に、己が失二忠義一令二荷担一事は、本朝之武士之賤む所也。忠義清操之士、親子兄弟に離れ、忠心相立候事、古今の善士勉る所に候」（本書五九頁）と、忠を優先させるのである。儒教に忠実たらんとする室鳩巣はこの点「忠孝は偏闕しがたき事」（本書七八頁）とし、「其事の品により時の首尾により、子たるものゝ了簡有べき儀に候。一筋に申がたく候」（同上）と一般論を展開するのをあきらめつつも、やはり「国法を背不忠のものを、しゐて隠置、才覚を以て、罪をのがれ候様にいたし候はゞ、様子承りとゞけ罪に可二申付一候」（同上）とし、重大な犯罪に関する場合はそれとなく密告をうながしているのは、興味深い。だがそれにしても一義的に忠を孝に優先させていない点が不満であった故であろう、この『明君家訓』を下敷きにした『細川家訓』からはこの項目が完全に脱け落ちている。堀部安兵衛の手紙に「主之仰にては親之首をも取申」(本書二〇五頁)とあるのはこうした忠の孝に対する優越性の極致を示している。

このような忠と孝との関係をめぐる彼我の差は、やはり中国の家が自己目的的であるのに対し、近世日本の「家」が「家職」=「治世の御奉公」のための目的団体であったという差異に照応するものといえよう。中国では家自体の繁栄が目的として追求され、具体的には自己ひいては父母の「名を顕はす」ことに力点がおかれるから、「禄位」もそのための手段視された。近世日本ではさきの山鹿素行の場合のように君恩があってはじめて孝が可能になるという考え方から、報恩=「御奉公」への自己投入が強調されたが、さらに進んで「職分」遂行の手段として「禄」を規定する考え方が出てくる。前掲『公武法制応勅十八箇条』では「今上皇帝無レ拠、往昔政道可レ致旨家康蒙二勅命一」ったことについて「小禄ニシテ国政難二相成一、民ノ撫育致シガタ」いと、「禄」を「国政」・「民ノ撫育」の手段視している。また西鶴の『武家義理物語』に「主人自然の役に立ちぬべきためにその身相応の知行をあたへ置れし……」(巻三)とある。松平定信はより直截に「君臣の義とは、君は臣を使ふに無礼なく、ゆたかに禄を与へ、其才を尽させ給ふは君の義なり。臣は君の禄をはみ、身を養ひ、妻子を扶助すれば、其職分にうちはまり、忠節を尽し、諫むべきは諫め、死すべきに死するは臣の義なり」(67)と述べている。ここでは「禄」は孝の方向でなく、「職分」の方向を指しているのである。こうした考え方の下では、中国儒教によって絶対的な地位を与えられた父の権威も、「職分」の体系からはみ出た場合には削りとられてしまう。隠居した父の地位は、子たる「当主」の支配に服する。つまり「当主」権が家父権に優先するのが近世の国制下での「家」であった。

ところで右の文章で定信は「諫」を「職分」に結びつけて論じているが、この「諫」についても中国と日本近世との間に微妙な差異がみられるのである。むろん彼我ともに「諫」が重要視された点では共通であるが、中国儒教では親に対して「三たび諫めて」も容れられなければ「号泣」して従うとされ、ここでの孝の重みは「道」にも優る。これにひきかえ君に対しては「之れを去る」とまことに恬淡たるものがある。一方わが国の場合、主君が諫言を「御受不レ被レ成時は不レ及レ力儀と存果し、弥隠密して、色々工夫を以、又申上〳〵仕候へば、一度は御受被レ成事に候。御受不レ被レ成……弥々御味方仕」(『葉隠』)るべきで、「其身、気味よく思ひ候て、可レ云ことをいひて腹切りても……何の益にも立ぬこと」(同上)であり、「御心入を直し候事は、命を捨ても不レ成、一生骨を折事」(同上)と考えて、諫言を続行しなければいけないといわれる。もちろん山鹿素行のように「諫むることしば〳〵し、……君の開悟をまつといへども、時勢ともに然るときは、君子ここに不レ留也」(『山鹿語類』巻第十四)という中国に似た考え方がないではないが、この場合にも、譜代のものは「不レ留」ることを許されていない。近世の現実において新たに召し抱えられたものが例外的存在であり、譜代が一般的であったこと、そして新規召抱えも「家」の世襲性を媒介にして譜代化していくことを考えれば、右の素行の教説もこれを現実に適用してみた場合、中国儒教から実質的に遠く離れたものというべきである。

　このような「去る」ことを否定する日本的な考え方は、松平定信にみられたように「職分」にこれを結びつけていることと無関係ではあるまい。その場合定信の如く「諫」を家臣の「職分」とするものと、君がその「職分」にふさわしくあるべく、つまり君に「善政を行はせ」(本書一〇八頁)るべく「諫」をあらかじめ依頼しておくもの(なお本書三九、六九頁)と、形式的には二種類あるが、家臣が大名の「治世の御奉公」の補助者である以上、両者は実質的に同じものである。しかし君が臣に対して「諫」を依頼しておくということは、このように「職分」論を前提すると何の不思議でもないようであるが、実は中国の場合と比べると決してあたりまえではない。中国でも「諫」は「道」の実現のためという理念があったことは否定できないにしても、それと同時にそれは自己の名のためでもあった。[68] 隋の文帝や唐の徳宗が臣下の「諫」をすべて「名を求めるもの」として拒否したことは有名である。唐の蔡廷玉が主君を諫めて殺されようとしたとき、「私を殺さなければあなたは名を得る。私を殺せば私が名を得る」(『唐書』巻一九三)と脅迫めいた言辞を弄したというが、このようなことをいわれては君たるもの「諫」を嫌うはずである。江戸時代の主君達にももちろん「諫」が嫌いなものが沢山いたはずである。だがそれを公然と口にすることはできなかった。むしろ逆に『明訓一斑抄』では「諫言……は、戦場にて一番鎗を突よりも、遙に増たる心ばせ」（本書一二二頁）であるから諫臣を大切にせよ、何故なら後者は「たとへ討死しても、末代迄誉名は子孫に残」るが、前者は「十が九ツまであぶなき勝負」であるからだという。さきの蔡廷玉の場合との間にまことに大きな距りがあるといわねばならない。ところでこのような主君側の「諫」尊重論と表裏をなして、家臣の側には「諫と云詞、早私也。諫は無きもの也」（『葉隠』）という態度がある。その意とするところは「諫」そのものの否定ではなく、「我忠節にて主君の悪名を顕し申」す結果のみ残るような「我ばかり忠節者と諸人に知られ」（同上）たいと思う、「私」の名に対する執着の否定である。従って「諫」は、「潜に申上……御悪事有レ之時……何とぞ世上に知れ不レ申様に可レ仕」であり、「悪事は我身にかぶり申こそ、当介（あてがい）」（同上）なのである。『明訓一斑抄』でも「泰平の世にて候はゞ、ひそかに可二申上一儀に候」（本書一二二頁）としている。しかも「理詰にて申上」げず、「潜に御納得被レ成候様に申上」（『葉隠』）げる、つまり第三者が居合わせず一対一でも、さりげなくいうのが礼儀とされる。

むろん中国にも「忠臣は国を去るも其の名を潔くせず」（『史記』楽毅列伝）という考え方がないではない。だがそれは「悪事は我身にかぶり申」すという積極的な態度ではなく、「名を潔く」するためにあえて主君の「悪事」を云いたてることまではしない、という消極的なものである。『葉隠』は、「三たび諫めて」容れられなければ「之れを去る」ということ自体悪主たることを天下に暴す効果をもつのをおそれるのである。また「去る」のを肯定する儒教の教説自身――悪主の下では「道」の実現が不可能だから、という理念によるとしても、この「道」でさえ「身を立て道を行ひ、名を後世に揚げ……」という文脈で説かれているのをみれば――やはり臣の名が一般に「諫」の動機付けとして強くはたらいていたことの反映とみて大過あるまい。これに対して江戸時代の「諫」が「職分」の体系に組み込まれていたことは、「諫」の態様にみられる次のような特徴からも知りうる。それは家臣一般が直接主君に「諫」するのは作法でなく、それは家老の任務とされたということである。『葉隠』では「年寄・家老役に成たる上にてなければ、諫申事不二相叶一」といい、「惣て、其位に至らずして諫言するは、却て不忠也」という。『黒田長政遺言』でも「家老中兼テ其旨ヲ相心得、……キビシク諫言スベシ」(本書二二頁)とあるし、『明訓一斑抄』では「主人の悪事を見て、諫言をいるゝ家老は、戦場にて一番鎗を突よりも、遙に増たる心ばせなるべし」(同一二二頁。なお四一頁も)とあるのも、こうした現実をはからずも反映したものであろう。

このような「諫」の作法を理解するためにわが近世の藩の構造について若干知っておくことがある。われわれはややもすると藩について大名一人の下に家老以下の家臣団が従っているという構造を考えやすい。むろんこうした側面が全くないわけでなく、制度的には大名だけが主君であり、その意味で家老・重役も家臣団の一員である。しかしながら藩政の現実においては、むしろ大名と家老・重役が一体となって指導者集団を形成し、他の一般家臣団と向きあっているのである。たとえば『内藤義泰家訓』に「恩賞刑罰、兼士之進退用捨、政之大体也。家老用人之外、絶而不レ可二聞知一」(本書三九頁)とあり、「家老用人近習之者、……有三子孫戻二此訓一、可二委レ身諫争一」(同四一頁)とあるし、藩政の良否は家老次第だという考え方が一般的である(同二二、一一〇頁)。また家訓がしばしば子孫と家老宛になっているのも、こうした事情を反映しているものである(本書三二、四一、四七五頁参照)。ことに『明訓一斑抄』に「総じて主人家老の前にて、少々は無礼に見ゆる程なる者が、多分陰ほど上を大事に思ふ物」(同一一二頁)とあるのは、事情を端的に示している。また紀州藩祖徳川頼宣[69]が、「老職」を「御仕置の御手つだひ仕り、御名代を勤る職分」とし、「御家之おもりなれば、御前にてこそ右之通(「殊の外軽き事をも仕」を指す)なれ、表向微細なる事を手づからはせぬ職分」としているのも同じである。荻生徂徠も「執政ノ職ハ己ガ才智ヲ不レ働、下ノ才智ヲ取用テ、下ヲ育テ、御用ニ立者ノ多ク出ル様ニスルコト、職分ノ第一」(『政談』巻之三)であって、「瑣細ナル事ニ才智ヲ出スハ有司(小役人のこと)ノ職ニテ、大臣ノ職ニ非ズ」(同上)というが、これは「人君ノ職分、タヾ人ヲ知ル一ツニ帰シテ」(『太平策』)、「自身ニ細ナルコトヲ聞キ、何事ヲモ一事モ残サジト、手サバキニスル……(は)大ナル僻事」(同上)という「人君」の性格規定と全く同じである。『政談』でも現に「人ヲ知ル事、老中・番頭以上ノ職分第一ノ重キ事」(巻之三)としている。こうしてみると『葉隠』がひそかなる、しかし無限の「諫争」を情熱こめて説く反面、具体的には家老に「諫」を限ったという一見矛盾する現象も統一的に理解できる。他人をまじえず、ひそかに「諫争」できるのは、現実には大名のブレーンである家老・重役だけだったのである。もちろん大名の側からは家老・重役に「諫」の主体を限定するわけではない。一般家臣に「諫めてくれ」としばしば云っているし、黒田藩のように実際にも「異見会」が廃藩まで続いたところもある。だが家臣の側の作法としてはそうではなかった。このような作法のあるところでは一般家臣は「我其位に非ずば、其位の人に云せて御誤り直る様にする」(『葉隠』)か、書面によるか、いずれにしても対面での諫言は遠慮すべきであり、さもなくば自分自身が家老・重役に昇進するしかなかった。『葉隠』はいう、「家老の座に直りて諫言し、国を可レ治とおもふべし」と。この点で注目すべきは、「家老に成が奉公の至極」であり、従って「名利を思ふは奉公人に非ず。名利を不レ思も奉公人にあらず」といわれていることである。自己の出世も「治世の御奉公」を十分に尽しうる地位に昇るという観点からは是認されている。「名利」も「奉公」の手段としては正当化されているのであり、「身を立て道を行ひ、後世に名を揚げ、以て父母を顕はすは、孝の終り」という儒教の考えとは対蹠的であるといわねばならない。このように「諫」もわが近世では、「職分」の体系の中に位置づけられていたのである。ただ武士の「諫争」はこの側面だけで片付けられるものではない。さきにも引いた『明訓一斑抄』所収のエピソードで、鈴木久三郎という家康の家臣が「泰平の世にて候はゞ、ひそかに可二申上一儀に候へども、今乱国にて御座候故、如レ斯(公然と)申上候」(本書一二二頁)と述べている。実はこの点が次に述べる「職分」の体系と武士の主従制との間に横たわる微妙なズレに関係しているように思われる。

8 「職分」の体系と主従制　近世日本人のなかでは、前述のようにもっとも徹底した「職分」論を展開した荻生徂徠は、『政談』巻之四のなかで「総ジテ無罪ニテ潰タラン大名有ントキ、其家中ノ士、百石以上ノ分ハ、仮令幾千石ニ至ル共地方ニテ知行五十石宛被レ下レ之、ヤハリ其国ニ差置レ、郷士トスベキ也。……其城ヲ別人ニ被レ下時モ、其郷士ヲバ城附トシテ……元来ヨリノ家中ニカハリナク、心次第ニセヨト御定可レ有。如レ此ナルトキハ、大名ノ家中ノ諸士、永ク主人ノ悪道ニ組スルコト有マジ。其子孫永々迄モ謀叛ニ組スル気遣ヒ有間ジ」と提案し、その理由を、「日本国中ハ皆〔将軍の〕御国也」(同巻之三)という考えを前提に、「日本国中ハ上ノ御心ノ儘成様ニナサレ置レザルトキハ、時ニ取テハ政道ノ指支ユル所アル事故」(同巻之四)と説明している。こうした「政道」を「職分」とする将軍が「御心ノ儘成様ニナサレ置」くことの必要性という観点からは、大名と家臣の結合も相対化されてしまう。将軍の「職分」遂行の補助が大名の「職分」であり、その補助が家臣の「職分」であるという「職分」論を徹底すれば、こういう結論に達するのは自然である。前にも引いた『徳川成憲百箇条』の一異本には「士には直臣陪臣之差別あれども、農民以下其隔なく天下之民たるべき事(71)」とあったが、改易された大名の遺臣は郷士にしてしまえ、という徂徠の提案は、いうなれば士も「天下之民」としてしまう方向を指している。もちろんここでは「直臣陪臣之差別」を撤廃しているわけでなく、郷士となったものは新たに入国した大名の「元来ヨリノ家中」に混入させられるわけで、依然として制度的には陪臣にかわりない。だが彼等はあたかも現地採用社員の上に支店長が中央から派遣されて来た場合のように、新大名に当然に臣従することになるのであるから、大名と家臣の主従関係というパティキュラーな絆を前提にする本来の意味での陪臣ではもはやない。彼等は鉄砲のように「城附」として、個性なき存在であり、彼等と大名の関係はパティキュラーのものと考えられていない。「職分」の体系に組み入れられた人間達の関係には個性は必要がないからである。

ところが「直臣陪臣之差別」を肯定する『徳川成憲百箇条』の世界、つまり幕藩体制の現実の世界は「大禄外様之国司は家風祖訓於二当家一所レ不レ与也」(本書四七三頁)とも、「当家風儀……於二他家一不二相関一」(同四七四頁)ともいうように、大名の「家風」つまり各藩のパティキュラーな世界を容認したまま、包み込んだものであった。藩パティキュラリズムの思想の典型はいうまでもなく『葉隠』である。冒頭の書き出しに「御家来としては、国学可二心懸一事也。……大意は、御家の根元を落着、御先祖様方の御苦労・御慈悲を以、御長久の事を本付申為に候。……余所の仏を尊ぶこと、我等は一円落着不レ申候。釈迦も、孔子も、楠も、信玄も、終に竜造寺・鍋嶋に被官被レ懸候儀無レ之候えば、当家の風儀に叶ひ不レ申事に候」とあるのはあまりにも有名である。「能々了簡仕候えば、国学にて不足の事、一事も無レ之候」という、「当家の風儀」を知る「国学」への絶対的帰依がここにある。そして『葉隠』はまた「恋の部の至極は忍恋也。……主従の間など、此心にて澄なり」と、「忍恋」にたとえて情宜的な主従関係を説く。家臣一人一人と主君とが情宜的に固く結ばれた主従関係を骨格とする小宇宙の規範が「当家の風儀」であり、徂徠の提案しているように、「他家」の遺臣が「城附」の「郷士」として制度上当然に「当家」に混じり合うことも、自分が「城附」として「他家」に当然に組み入れられることも、『葉隠』武士には我慢がならなかったはずである。藩はそれぞれ固有の「風儀」をもった個性ある集団であり、没個性的な「職分」の体系に解消しようとしてもしきれない存在であった。『酒井家教令』(本書四四頁以下)に、「他家」とのトラブルを起さないための、おどろくべく細心の注意が「覚」として附されているのも、藩と藩とが国際関係にも近い緊張した関係に立っていたことを反映している。

ところでこのような藩パティキュラリズムは、その内部の下位集団のパティキュラリズムの集合体である。『葉隠』に、馬渡源太夫なる人物が「器量の者」として「御馬廻御使番」を命じられた時、その親市之允は早速「寄親」の許へ行き、自分はかね〲悴に「寄親の用に罷立候様に」いいきかせて来た、ところがあなたは人選の議の際、源太夫は「組内に寄合申者に候えば、差出候儀不二罷成一」というべきであるのに、転属を承諾してしまったのは心外である、「御組内より源太夫御選除候義、面目次第も無レ之。……無二面目一候に付て、父子共に覚悟を仕極候」と談じ込んだというエピソードが収められている。そしてこういわれた「寄親」は登城して家老達に「私義、今朝既にふて腹を突れ申候。……源太夫義は御免被レ成候様に」ともとめ、この人事は撤回されたという。「職分」の体系からみれば「器量の者」が適材適所の原則に従って配置転換されることは当然である。だが馬渡市之允は(そして彼に「ふて腹を突れ」た「寄親」も家老も)藩の論理よりも「組」の論理を優先させ、悴の配置転換を「組」からの「選除」と把えて拒否したのであり、山本常朝も「寄親・組子無二他事一心入」と称揚している。もちろんここでは「組」の利益を以て藩のそれを真向から否定するという考え方がみられるわけではない。だが藩への帰属意識より「組」へのそれが強いことを示すのは否み難いところである。これに対して「寄親・組子」関係は戦国時代の遺風ではないかという疑問が出てくるかも知れない。たしかにこれは元来戦国諸大名が権力集中のためにとった組織であるが、まだ大名が在地を十分直接に把握しきっていない段階つまり「寄親」の自立的ヘルシャフトを完全に破壊しきっていない段階で、逆にそれをある程度利用しながら組織化を一歩進めようというものであった。[72]だから「寄親・組子無二他事一心入」は、大名の直接支配が貫徹した近世では、もはや遺風以上のものではない、という反論はこの限りで根拠がないわけではない。しかしこの組織が、江戸期に至っても諸藩で止揚されることなく、「組頭」に率いられた「組」という軍事組織として存続せしめられ、平時も上意下達の単位として機能していたことを忘れてはならない。遺風は遺風であるとしても、それは右のような制度的な背景の下で維持・再生産されているものであった。『明君家訓』が親族、親友の「国法を背き罪科有レ之」を密告するのを「士の法とは存まじく候」(本書七七頁)と説いているのも右のことと無関係ではあるまい。むろん前述したように室鳩巣は他方で「叛逆の巧いたし候か、何とぞ国のさはぎにも……成程の儀は……見のがしをかるゝ儀は不レ可レ然候」といい、「忠孝は偏闕しがたき事」と一義的な判断を停止しており、彼が儒教と現実との二律背反に苦しんだことは事実である。だが父母だけでなく、「一門」や「平生別てはなし申友だち」についても密告しないのが「士の風儀」としているのは、孝の問題のみならず、藩内部の下位集団のパティキュラリズムがここに反映しているとみてよいであろう。密告を卑怯とする風潮が武士の間にしばしばみられたことは『政談』巻之四が指摘している通りであり、下位集団の「みうち」意識の存在は否定しがたいところである。

さて右のような下位集団のパティキュラリズムの延長線上には、個人のパティキュラリズムが存在する。後述する「武士の一分」という意識、「御家を一人にて荷申志出来申迄に候。同じ人間に誰に劣可レ申哉。惣て、修行は大高慢にてなければ、益に不レ立候」(『葉隠』)という、個人の意地がみられるのである。いうまでもなく、これは、「近代的自我」といわれるものからは程遠く、「御家」=藩の利益を志向している。だが集団や組織の中に埋没しない個人の姿を否定することはできない。ところでこうした個人パティキュラリズムはおそらく武士の戦闘者としての側面に対応するものであろう。『葉隠』が有名な「四誓願」の筆頭に「於二武道一おくれ取申間敷事」を掲げ、「聞書」二で「殿の一人被官は我也。武勇は我一人也」と述べている。また武士の「家職」を「武」とする考え方が一般的にみられたことはすでに述べた通りである。たしかにそれは主として「平士之類」を念頭に置いたものであったが、「家老職・奉行抔」徂徠のいう「文官」といえども根底において戦闘者であることにかわりはなかった。だからこそ徂徠は「賤シキ昔ノ武士ノ名ニ拘ハリ、学問ヲ以テ才智ヲ広メ、文ヲ以テ国家ヲ治ムルコトヲバシラズ、眼ヲイラヽゲ、臂ヲ張リ……世界ヲタヽキツケテ、是ニテ国ヲ治ムルト思ヘル」（『太平策』）現実を批難したのである。武士の主従関係というものも、こうした戦闘者相互間の関係に他ならない。およそ戦闘と名のつくものにおいては戦闘者一人一人の士気が重要な意味をもつが、戦国末期から近世初頭の戦闘は――鉄砲の導入とともに著しい戦闘形態の変化があったとはいえ――あいかわらず個人対個人の格闘によって決着がつけられるものであったから、とくに士気の重要性は決定的であった。ここでの士気はいうまでもなく主従関係の堅い絆が前提となっているし、また逆に生死を共にすることによって主従関係そのものが一層強いものになった。そしてそれは決して主君と家臣団との没個性的な関係ではなく、個人と個人との感情を媒介とする個別的関係であり、この点での「御家」はこのような個別的主従関係の束であったといってよい。前述の『明訓一斑抄』にみえる鈴木久三郎の諫言に対する考え方もこのような文脈において把えられるべきであろう。彼は「泰平の世」には「ひそかに」、「乱国」では公然と、というように諫言の態様がちがう、と述べたと書かれているが、この対比は「職分」の体系に組み入れられたものと戦闘者の諫言のやり方の対比におきかえてもよいであろう。『葉隠』の諫言が前述のような意味で「職分」の体系に位置づけられながら、しかも「自分の任務ではない」と無責任をきめこむのでなく、「其位の人に云せ」るか、出来れば「家老の座に直りて」まで諫言しようというパトスが失なわれていないのも、戦闘者的な「一人にて」行動する「大高慢」が根底にあったからだといってよかろう。

さてこのような戦闘者間の主従関係の絆を支えるものは何であろうか。「約束の宛行は全からずんば有べからず。君の一命に替る者は士なり。常々恩を与へて情けを加へずんば、士の心を得べからず。士の心を得ずんば、争か大節に臨て慥に頼むべき」という『昇平夜話』を引くまでもなく、「恩」すなわち「禄」がそれであることは自明の理である。ところが、周知のように江戸時代に入って以後戦闘の機会がほとんどなくなったために、幕府諸藩で軍事的な組織の面での合理化は行なわれなかった。「治国」のための組織も本来軍事的組織の転用から出発したものであり、徂徠に「制度不レ立」(『政談』巻之一)と批判されたように、この点での合理化もそれほど進行したわけではないが、必要にせまられて――根本的なものではないにせよ――さまざまな制度的改革が行なわれた。これに反して軍事組織は幕末までほとんど手つかずのまま、戦国期の形が「凍結」された形となっていた。これは大名が軍事的側面では旧来の主従関係に頼る他ないということを意味する。こうして大名は「自然のために」(『武家義理物語』)、「常々恩を与へて」置かなければならない。しかもこの面での「奉公」のチャンスは全くないから、「恩」と「奉公」との量的対応関係を補正することがなく、「恩」は固定せざるをえない。罪もないのに「禄」の削減を――藩財政の窮乏などの理由で家臣全体一律に削ることはあっても――個別的にすることは困難である。「役料」、「足高」などという「文官」向けの制度があったこと自体、右のことを裏から示している。そしてこのような「禄」の固定がしばしば家格の固定と結びつくことはまた周知の通りであり、たとえ自分の「禄」なり家格なりが切り下げられなくても、他人の上昇を、自分の相対的な格下げとして意識する傾向を生み出すのである。前述のように能力主義的思考が強い反面、「小身無礼ノ者共ヨリ、ムザト大身ニ申付ル事、大ナルヒガ事」(本書二三頁)という「筋目」主義の大枠が厳然として存在したのも、こうした背景があったからであろう。だが固定化し、伝統化した「恩」は主従関係を支える必要条件ではあっても、「君の一命に替る」忠節を維持するには十分ではない。「人皆新恩に浴するときは、必ず其の事を重く思ひ入るといへども、年月押移りては初の心改まつて、志に懈怠あるもの」と『山鹿語類』(巻第十三)が指摘する通りである。素行は、だからこそ「君臣の間は他人と他人の出合にして、其の本に愛恵すべきゆゑんあらざれども、一時の約束一旦の思入を以て、其の禄をあたへ」る「君恩を昼夜心に」思え、という教戒を家臣に対して説くわけであるが、こうした心がまえ論だけで問題が解決するわけでないことはいうまでもない。諺に「恩の腹は切らねど、情の腹は切る」とも、「恩の主より情の主」ともいうように、主人の「情」の重要性がここに浮かび上ってくる。「知行御加増、金銀過分に拝領など、難レ有事はなく候え共、夫よりは只御一言が忝く、腹を切志は発るもの」という『葉隠』(聞書二)の言はこの間の事情をよく示している。こうした「情」の結合はいうまでもなく、一対一のパティキュラーな「主従の契」であり、従って「一人被官は我也」の裏側には「追腹」をも辞さないような、主人も一人という考え方があった。『葉隠』の山本常朝が本来殉死を肯定し、自分自身も殉死するはずのところ、禁止令のあるために出家にとどまったことはよく知られているが、主人も一人という考え方は常朝だけの特殊現象であったのでなく、後述するように赤穂浪士の一部も「亡君を主君と奉レ仰候上は、いつ迄も亡君へ御奉公可レ仕」(本書一九五頁)といっている。むろん「職分」論の立場からは、「国家に助あらん器は、留まりて政を任じ身をこれにゆだねて、殉死の事聊かあるべからず」(『山鹿語類』巻第十三)と一対一の「主従の契」を越えた「奉公」を説いている。だが殉死も辞さぬくらいのパーソナルな結合こそが、戦場で「君の一命に替る者」を得るための不可欠な前提である、という認識は近世に一般的であった。『明訓一斑抄』が「治に乱を忘るべからざる事」の項で、「鷹野猪狩」の効用として「第一旗本の士をなつけ、武功を我前にてあらはす事〔を〕賞美し、外様に居候もの其外も、我を見知る事也。殊に両番の者共は……近習へは遠し、紋付の衣服抔貰ふ事尤少し。ケ様の時とらすれば、其者骨髄に徹し有がたく存べき也。然ば手足にもなるべき儀なり」(本書一三五頁)ということをあげているのは注目される。伝統化し、個人が組織に埋没していく現実に対して、狩の機会にパーソナルな結合を掘り起こして「手足にもなる」心情を維持せんとする主君の努力が痛いほどうかがわれるではないか。真偽のほどを詳かにしないが、赤穂浅野家では「火消」の訓練をやはり同じ目的に利用していたという。いずれにせよ「武」的側面での体制維持にとって不可欠でありながら、日常的な「職分」生活のなかでともすれば薄れていくパーソナルな結合を、「武」的ないしそれに類似する行事によって再生させようとしていたことは興味深い。

大名—家臣関係は、一方で近世国家の「職分」体系の一部を形成しながら、他方ではこのように生ぐさい人間関係であった。その限りで大名—家臣関係も近世社会を構成するさまざまな人間関係一般を覆う「義理」規範の妥当する世界であった。くわしくは別の機会に論じたことがあるので(73)、それに譲るとして、ここでは簡単に述べよう。およそ人間関係たる以上、相互的なものであり、「一方的献身」だけで維持されるものがありようはずもない。しかしだからといってそれが「双務契約」的であるかどうかは別の問題である。西ヨーロッパのレーン制や領主—農民関係が「双務契約」的といわれる場合の実体については前述した通りであるが、問題はこれと同じような規範構造がわが国の近世にも存在したか、ということである。相互に義務を負う者相互の、いわゆる西ヨーロッパ的「双務契約」関係においては、一方当事者(A)は相手方(B)の義務の履行を自力もしくは裁判という手段に訴えてでも要求する権利をもっていた。そしてその権利が実現しないときは、誠実関係すなわち支配・服従関係が消滅すると考えられたことは前述した。ここではAの権利とBの義務とは全く一致し、反対にBの権利はAの義務と一致する。しかもAは自分の義務履行とひきかえにBの義務の履行を要求しうるし、Bが履行しない場合にはAは自分の義務の履行を拒絶しうるのである。これに対してわが近世の場合、たとえば二宮尊徳は貝原益軒の『女大学』について、これを「婦道の至宝」としつつ、「若男子にして女大学を読み、婦道はかゝる物と思ふは以の外の過なり。女大学は女子の教訓にして……男子の読べき物にあらず」(『二宮翁夜話』巻之四)と述べている。ここでは明らかに女の義務に対応する男の権利は否定され、「婦道はかゝる物と思ふ」て男が『女大学』に述べられている義務を女に要求するのは「以の外の過」である。こうした考え方は主従関係についても存在したのであって、本居宣長が孟子の悪主放伐説について、「これは君たる人に教へたる」もので、「臣たらむものの見べき書にあらず」(『玉勝間』巻の十四)と述べているのがその例である。また「主人は扶持米給金をくれるを恩にかけず、家来のほね折て奉公するを、恩に受て悦ぶは、主人の義理也。家来はほねを折て奉公するを恩にかけず、主人より給はる扶持米給金を、恩にうけてかたじけなく、主人の為には一命をもすつべしと思ふは、家来の義理也」(本書九一頁)という『貞丈家訓』は、相手の義務履行と自分の義務の履行とをひきかえの関係として結びつけてはいけない、という立場に立っている。だから主君たるべき者に対する教訓として「君臣と申事は〔熟語として〕定り事に候へども、君たるものは臣君と心得申事専一……臣有ての大名な」(本書一〇八頁)りといわれるのである。もちろん両方の義務履行を綜合して客観的にみれば、この主従関係も相互的である。だがそれは一方的行為が、相互に結びつけられることなく、交互にゆきかうという構造をもっているのである。「我主さへ悪き主に付がたし」(本書一二九頁)という大名宛の教訓と「悪主に尽してこそ真の忠」という家臣宛の教訓が併存しているのも、前述のような「諫言」の作法があったのも、このことを示している。もちろん主君から家臣へ向かって忠節を要求する場合がないわけではない。しかしそれは「天下」に対してであれ、「公儀」へ対してであれ、「職分」を尽す主君の補助者としての家臣に対するものであって、「恩」をかさに着てのものではない。またたしかに「恩」と「奉公」とがひきかえの関係に立っていることを述べたものは少なくない。前掲の『昇平夜話』もその一例であるし、「身を立ん為斗にこそ主と頼たれ」という『本佐録』もここにひいてよかろう。だがそれは主君の側に対する前述のような教訓をひき出すための前提となる事実認識なのであって、ここから逆に家臣に対して「恩」の薄い主君には忠節を尽さなくてもよい、ということがひき出されるわけではない。家臣に向かっては悪主放伐が否認される代りに、その事実認識を根拠に主君の自己抑制と「主人の慈悲」(本書九一頁)、「惻隠」(同一一〇頁)が説かれるのである。

　さてこのように一対一のパーソナルな主従＝人間関係を軸とする藩パティキュラリズムは前述の如き「職分」の体系とは本来異質のもののはずである。だが藩内部の日常的状況においては、少なくとも両者が衝突しあうことはない。この点『葉隠』の冒頭で前掲のように「御家来としては、国学可㆓心懸㆒事也」と書き出し、「当家の風儀」の観点から「釈迦も、孔子も」切り捨ててしまったすぐあとで、「偖亦、面々家職を勤る外無ㇾ之事に候」と続けているのが象徴的である。ここでの「家職」の内容は「弓箭の御働、御家中の御支配、御国の御政道、所々の要害・雑務方の御仕組等」に関する「御用に立」つことであって、既に述べた一般の「家職」・「職分」と異なるものではない。ここでは藩パティキュラリズムと「職分」の体系は「七生迄も鍋嶋侍に生立、国を治め可レ申覚悟」という心がけ論によって統合されているのである。この意味で両者は衝突しあうどころか、前者が後者を強化する作用さえもちうる。主従関係における本来パティキュラーな「忠」の意味内容が拡大され、「主君の御用に可レ立事」(『葉隠』「四誓願」)というように「職分」をつくすことが「忠」という形で一般化されるからである。このことは大名の立場については「家中侍並領内之町人百姓等に至迄、静謐に仕置致候事、則上へ之忠信にて候」[74]というように、家臣以下に対する監督義務の遂行を「職分」=「忠」の内容とする形にあらわれている。主従関係が緊密であればあるほど、「家中」は「静謐」となり、「職分」の体系は効果的に機能する。裏からいえば「職分」=監督義務をつくすには家臣一人一人を大名がしっかり把握することが効果的である。このような監督義務という思考はわが近世を特徴づける大きな特色の一つといってよい。パティキュラーな下位集団を、上位集団の利益に反しないように保ち、さらに積極的にそれに奉仕させるために、下位集団の長に監督義務を課す、というやり方は右の大名の場合にかぎらず、近世のさまざまなレベルで採られていたものである。『公武法制応勅十八箇条』には「四海鎮致シガタキ時ハ、其罪将軍ニ有ベシ」と将軍の監督義務が書かれている。家臣のレベルについては次のような例がまことに象徴的である。すなわち不行跡極まりない孫を祖父(「当主」)が殺害した事件で、この祖父は殺人の罪でなく、「家内にをいてかくのごときをこないあるは常に教示よろしからず、家政のみだれたるをも顧ざるによれり」[75]という理由で、父(「部屋住」)は「一家のうちといひ、かつ子たるものゝかゝる行状あるをも等閑にすてをきし条、越度なり」という理由で処罰されている。もしこれが殺人の罪で裁かれていたなら、そこには家というパティキュラーな集団は認められていないことになる。しかしこの家が真に自立的であるなら、家父長の懲戒権の行使に対して上位権力が容喙するべくもない。右の判決はこのどちらでもなく、形式的に家パティキュラリズムを認めつつ、家父長に監督義務を課して上位集団の秩序維持に奉仕させているのである。さらに監督義務は武士内部にとどまらず、『太平策』に「公事訴訟一切ノ治メモ、皆町ノ名主ノ職分トスベシ」、

「田舎ハ名主ノ治メニテ、村々ハ皆治ルナリ」とあるように、庶民の内部で「名主」に監督義務が課せられ、それによって社会秩序が維持されるような仕組となっている。しかも注意すべきは、この際「何者ニテモ其ナカマニテ、〔犯罪者を〕殺サンコト、非法ノ刑ニアラザルナリ」とされ、「公事訴訟一切ノ治メ」も当該町村のパティキュラリスティックな解決に委ねられている、ということである。近世において、一方で「法度」、「触書」という高権力の制定法規が法源のなかで圧倒的に優越する地位を占めながら、他方で「内済」が奨励されたという、西ヨーロッパ法的常識では矛盾する現象も、こうした下位集団のパティキュラリズムを監督義務を媒介にして上位集団の秩序維持の手段にしていた構造に照応するものである。[76] この点を徂徠は、「訴人ヲスルヲ大ナル臆病トス」る「風俗」に関連して、これを「私ノ義理」としつつ、「総ジテ私ノ義理ト公ノ義理・忠節トハ食違者也。国ノ治ニハ私ノ義理ヲ立ル筋モ有ドモ、公ノ筋ニ大ニ違テ有レ害事ニ至テハ、私ノ義理ヲ不レ立事也」(『政談』巻之四)と見事に整理している。近世のうちで、幕末を除けば、「公ノ筋ニ大ニ違テ有レ害事」の最大のものが赤穂事件であったことはいうまでもないが、日常的状況においては「有レ害事」は稀であり、「私ノ義理」が「国ノ治ニ」利用されるという形で、主従制は「職分」の体系に組み込まれていた。そして「職分」の体系のなかで主従制はとかく形骸化しつつあった。赤穂事件が世間に強いショックを与えたのもその故である。主従制の生き生きとした絆は、もっぱら側近と当代召抱えの武士達との間に限定されていたといって過言ではない。側近が常に主君と個人的に接触するために、パーソナルな主従意識を強く持つことはいうまでもないが、当代召抱えも、まさに彼自身が現在の主君から「恩」を受けたという意識によって、その主君へのパーソナルな主従意識をもちえたのである。『葉隠』はこれを譜代に対して「他国者」と嫌うが、事実は皮肉にも素行のいう通り、「人皆新恩に浴するときは、必ず其の事を重く思ひ入るといへども、年月押移りては初の心改まつて、志に懈怠」(前掲五二八頁)がでるのが一般的であった。

本節の最後に指摘しておきたいのは、「職分」ないし「家職」の体系は、少なくとも幕末期には天皇にまで拡大されているということである。『明訓一斑抄』が「天子の御家職」を関白、将軍以下「出家町人」に至る迄の「家職」とならべて述べている(本書一一三頁)のはその例である。ここで天皇と将軍の関係を、将軍と大名の関係のアナロジーでとらえ、天皇を将軍の「御主人家」としている(同一四七頁)のも、このように「家職」という等質的な体系のなかに天皇をはめこんだことと無関係ではあるまい。むろんここでの「天子の御家職」は水戸学を学んだ斉昭らしく祭祀的なものにかぎられているし、また「家職」概念が天皇に適用されたからといって、将軍以下の場合のように能力主義にもとづく廃絶論が出てくるわけのものでもない。しかし憲法を「皇祖伝来の御家法」の近代的発現形態としてとらえ、天皇は「国民を愛護する」「天職」をもつ、という思想をもって井上毅が明治憲法を起草したことを考えるとき、ここに近世の「家職」論との連続性を否定することはできない。このような意味で近世国家は「職分」(「家職」)国家であった。[77][78]

三　赤穂事件と近世の国制

1　「公の義理」と「私の義理」

浅野内匠頭長矩の刃傷事件とそれに対する幕府の裁定は、いうまでもなくその家臣達にさまざまな反応をよびおこした。江戸屋敷では側近達のなかに早速「落髪」するものも出た(本書一八〇頁)が、それを越えて、すぐにも「上野介宅へ切込」(同一八六頁)む相談をするものもあった。しかしこうした側近、当代召抱えの急進派は極く少数であって、同志を糾合することはできず、舞台は赤穂に移った。ただ急進派の何が何でも「切込」むという心情主義はその後も失なわれることなく、浪士の一派をひきずっていくことを忘れてはならない。さて赤穂で城引渡しにせまられた遺臣達の間では、「追腹」(同一八一頁)、「籠城」(同一八七頁)と議論がわかれた。しかし「追腹」は幕府の禁止令の手前、また「籠城」は浅野家ないし長矩の弟浅野大学への難をおそれて(同上)、いずれも採られなかった。こうして一応無事開城されたわけであるが、開城前の議論の最中からすでに離散する遺臣が多く(例えば本書一八一頁)、周知の如く「敵討」に参加した者は家臣の四分の一に満たなかったことは主従制の形骸化を如実に示している。

　ところで開城をめぐる議論のなかですでに二つの対立する考え方が現われている。一つは一対一のパーソナルな主従関係を前提とするもの、他は家の連続性に重点をおくものであることはいうまでもない。「追腹」、「籠城」、「切込」は前者から、開城は後者から出てくる結論であった。そして開城以後の浪士の意識のなかにも、この二つが併存し、さまざまな対立、葛藤を生んでいくことは『堀部武庸筆記』に明らかである。ただ注意しなければいけないのは、この両者は、前者が急進派、後者が慎重派によって主張されたことは間違いないとしても、慎重派も前者と無縁であったわけではないということである。急進派がより強くパーソナルな主従意識をもっていたことはうかがえるにしても、慎重派も家の意識とならんで主従意識をもち、ただ再興の望みがある間は、慎重論を唱えていた、というちがいがあるにすぎない。また急進派も家の意識を一理あるものと認めたからこそ、慎重派に一応従った（同二〇三頁および二〇六頁の頭注参照）わけである。この意味で右の二つの意識は両派がそれぞれを専有していたというよりは、両派ともに両面をもち、ただその強弱がちがっていたために主張の対立が生じたというべきである。

さてパーソナルな主従意識の中核にあったものは「亡君之御〔憤〕をも休申度而已存念」（同一九三頁）という、感情移入にも似たものであった。「亡君之御祖父之家を御大切に思召候はゞ、此欝憤は被レ散間敷候。……上野介が首をさへ御覧被レ遊候はゞ御心に叶可レ申」（同一九四頁）と断言してしまう。いいかえれば「亡君御憤之通に、御家来之者共所存」（同二〇五頁）すべしという主従の一体化がここにある。そしてここからは「亡君を主君と奉レ仰候上は、いつ迄も亡君へ御奉公可レ仕儀と奉レ存候。大学殿御家を立て主人之敵を見遁し可ニ指置一儀なし。亡君之仰に候はゞ、大学殿にも手向可レ申我々にて御座候」（同一九五頁）という、パーソナルな主従意識の極致ともいうべきものが生まれてくる。「御主人之敵を見ながら何方へ面を向可レ申様無レ之」（同一八八頁）という「家中之一分」も、「御欝憤」より「大学様を大切と申事」（同二〇七頁）を批難するパーソナルな主従意識を裏打ちとしている。そして「亡君御憤之通に、御家来之者共所存」（同二〇五頁）することが「武之道」（同二〇六頁）であるとされているところから明らかなように、主従の一体化は戦闘者たる武士の心情に基礎をおいている。このようなところでは、『堀部武庸筆記』にみられるように、事の成否にそれほど重点をおかず、「なまにへ」（同二三一頁)を排し、とにかく敵討の決行を図る態度がみられる。『葉隠』が「敵を討こと延々」にしたのを批判するのと符節を合わせているのは興味深い。

このような主従の一体化は、幕藩制という制度とのかかわり合いにおいて、「大学儀は公儀へ之礼儀も有レ之候間、欝憤を不レ被レ遂品も可レ有レ之候。家来之者共(は)其通に見遁に仕間敷」(本書二〇四頁)という論理となって現われる。直臣たる大学とちがって、陪臣たる家臣には「公儀へ之礼儀」を考慮する必要がない、というわけである。『葉隠』にみられた藩パティキュラリズムがここでは右のような形をとっているのである。ただ『葉隠』は「浅野殿浪人夜討も泉岳寺にて腹切ぬが落度」と、この敵討が一種の犯罪行為であることを前提にしているのに対し、浪士のなかには敵討後当然に自殺するものとは考えていない(本書二五七頁頭注参照)者がいた、[79]という差異に注意しなければならない。『葉隠』にパーソナルな主従意識、藩パティキュラリズムだけでなく、「職分」論的思考もみられたことは前述の如くであるが、御家断絶によって「職分」の体系から投げ出された浪士には前者だけが残ったとみることができよう。むろんこれには幕府が「片落」の処分をしたという意識も作用していたと思われる(次項参照)。いずれにせよ前者に埋没した彼等には「徒党」を組んだことを理由に処罰されることは予想しないところであった(本書二五一頁)。

これに対して家の連続性を重視する考え方においては、長矩は上野介に「欝憤」をはらそうとした個人的感情の主体でなく、家の再興を願う筈の「当主」である。「〔大学が〕人前罷成候首尾に成行候はゞ、亡君にも御快方には参間敷候哉」(同二〇九頁)とされ、従って「一筋に大学様御為宜様にと、朝暮存念之外無レ之」(同二〇〇頁)ことになる。そして反対に急進派の主張は「我意を以名跡迄断絶申〔候〕様に引倒」(同二〇九頁)す、贔屓の引倒しとして批難されるのである。そしてここでの家は前述のように体制に組み込まれているものだから、「公儀へ之礼儀」が当然考慮される。このことは右の贔屓の引倒し論の前提になっているし、明示的に幕府にむかって「奉レ対レ上毛頭御恨ケ間敷所存無二御座一候」(同一八三頁)と述べている点に現われている。

だが周知のように浅野家再興は成らなかった。家の意識は事実によって否定され、パーソナルな主従意識だけが残ったわけである。こうして慎重派も敵討に踏み切ることになったのであるが、討入りの時吉良家の玄関前に掲げられた「浅野内匠家来口上書」には、「内匠末期残念之心底、家来共難レ忍仕合に御座候。……偏に継二亡主之意趣一之志迄に御座候」と、主従の情における一体化が如実に現われている。

さて彼等の「敵討」は周知のように世間に強烈なショックを与えた。幕府がこれに如何なる処分をするか、を含めてさまざまな論議をひき起した。これについては源了圓氏の手ぎわよく整理された論考があるので[80]、以下簡単に述べよう。

この事件に対する幕議では「其義を賞して助命せん」(『徳川実紀』)とする者もあったが、結局周知のような結論が出た。それには徂徠の答申(「擬律書」[81])の影響があったようである。ここでの彼の所説は本書所収の「四十七士の事を論ず」と若干異なり、敵討＝「己を潔くするの道」＝「義」であるが、それは「長矩殿中を不レ憚其罪に処せられしを、又候吉良氏を以て為レ仇」すのは「法に於て許さゞる所」であり、「其党に限る事なれば、畢竟は私の論」に過ぎず、「若私論を以て公論を害せば、此以後天下の法は立べからず」というものである。まさに『政談』での一般論通り「公ノ筋ニ大ニ違テ有レ害」るパティキュラーな(「其党に限る」！)「私ノ義理」が切り捨てられているのである。ただ本書所収の所論では徂徠は浪士の行為を「君の邪志を継ぐ」「不義」(本書四〇〇頁)ときめつけており、佐藤直方の説に非常に近づいている。おそらく徂徠は本来これを「不義」と看做すが、仮に「義」としたところで「畢竟は私の論」に過ぎぬ、と考えた、とみれば右の両書は統一的に理解されよう。いずれにせよ浪士に対する否認論に共通する根拠は、長矩が「大法ヲ背キ上ヲ犯ス之罪人」(本書三七九頁)であるという点にあった。

これに対して是認論は、まさに浪士達の「継二亡主之意趣一」いだ点をもって「義」とするのであり、パティキュラリズムを承認する立場に立っている。この点前述の如く『明君家訓』で「士の風儀」＝パティキュラリズムをある程度承認した室鳩巣が強烈な「義人」論者であったことは偶然ではない。むろんこの立場が成立するためには、「亡主之意趣」が徂徠のいうように「邪志」であってはならない。こうして長矩の怒りの原因となった吉良上野介に対する批難がなされる。吉良が悪いのだから長矩が怒ったのは無理もない、その「意趣」を継いだのは「義」に他ならない、というわけである。後年芝居で吉良がいかにも憎々しい人物に仕立て上げられていくのはこのことと無関係ではない。

ところで注目しなければならないのは、是認論はおおむね右の域を出ていないということである。前述のように浪士達自身は自分達の行為についてさして罪の意識をもっていなかったが、是認論の多くはこれを犯罪行為とみることを否定していない。林鳳岡は、「心を以てこれを論ずれば」(本書三七二頁)是認されるが、「法律に拠りてこれを論ずれば……亡君の遺志を継ぐと雖も、天下の法を讐とするを免れず」(同上)と、論理構造としては徂徠とほとんど同じであるし、松宮俊仍等にしても有罪性を当然のこととしている。徂徠の言葉を使えば、「公ノ義理」によって切り捨てられるべき「私ノ義理」にあえて殉じた、いわば健気な心情に同情を注ぐ、というものであって、浪士自身の意識とは若干ずれているのを否定できない。「忠臣蔵」の世界はこうして醸成されていったのである。むしろ皮肉にも否認論者たる太宰春台の所説のなかに、パーソナルな主従意識に徹した場合の論理的帰結として採るべき途が示されているのは興味深い。また是認論のなかにあって、「一武人四十六士論」が、儒者ならぬ一般の武士(「俗士」)の考えとして「何ノカノト云コトハヲイテ、敵打ナラバ敵打ニシテヤルベシ。無学ノ人デサヘ主君ノ敵ヲ討コトハアタリマヘノコト、イヤト云レヌコト、十人ガ十人マヅハスルコト也」(本書三八七頁)と、パティキュラリズムに居直っているのが浪士に近いといえよう。

2　残された問題　もはやゆるされた時間と紙幅が尽きた。前項で述べた点についてもより具体的な形で論じたいが、大筋にとどめる他なかった。さらに、残された問題も少なくないが、以下一つだけ指摘しておこう。それは喧嘩両成敗法と赤穂事件とのからみ合いの問題である。浅野だけが処罰され、吉良に何の咎もなかったのを「片落」とするのは一般的にみられたことである。浪士がそうみた(本書一八一頁)だけでなく、『多門伝八郎覚書』も同様(同一六八頁)である。そればかりか、浪士の行動を是とする論者達はほとんどそうである。前述のように長矩の怒りの原因として上野介の悪い事が強調されるのも、喧嘩両成敗法が念頭に置かれているからであるが、浅見絅斎ははっきりと幕府が両成敗の裁定を下すべきであったと書いている(同三九一頁)。浪士の行動が正当化され、同情される場合には、多かれ少なかれ幕府の裁定が「片落」であったことへの抗議が動機づけとして作用していたといって過言ではない。この点を除いてしまうと、是認論の論拠がまことに頼りないものであることは前に見た通りであるが、それにもかかわらず論旨が激烈で、しかも世人にこれがアピールしたのは、こうした背景があったからである。そして幕府自身が赤穂浪士に切腹を言い渡したその日に、吉良の嫡子義周を、襲撃された時の処置が不適当であったという、とってつけたような理由で知行地没収、諏訪藩に御預けに処しているのは、喧嘩両成敗のいわばやり直しをしたものと見ざるをえない。だが果して浅野の刃傷事件が理論的にみて「喧嘩」にあたるのだろうか。少なくとも戦国時代から近世初頭にかけての「喧嘩」は、物理的な闘争であり、一方が手出しをしなかった場合には「喧嘩」といわず、いわんや「両成敗」でもなかった。これに照らせばこの刃傷事件に対する幕府の処置は明らかに正しいのである。にもかかわらず世人がこれを「喧嘩」と見(本書一六四頁)て、「片落之御仕置」といい、(82)幕府も右のように敵討事件に関して実質的な両成敗をしたのは何故であろうか。それは「喧嘩」の概念が一世紀たらずの間に拡張されていたことによる、と考えざるをえない。ここでの「喧嘩」はもはや表面にあらわれた物理的な闘争だけを指すのでなく、その背景の原因をも含めたものとなっている。浅野の怒りの原因として吉良の悪事が問題になるのはこのためである。こうなると喧嘩両成敗法そのものの意味も、前代のそれとは全くかわってくる。戦国期・近世初頭の両成敗法は、およそ喧嘩の背景・原因がどうあろうと、「理非を論ぜず」両成敗に処する、というものであった。だが元禄期のそれはまさに背景・原因まで含めての喧嘩を対象とするものであった。それでいて何故両成敗なのか、戦国期の両成敗法を基準にしてみれば、不可解といわざるをえない。この問題は、近世日本人の紛争観、さらには人間関係というものに対する見方にかかわってくるものであり、前節で述べた主従＝人間関係をめぐる規範構造とも共通の問題を指し示しているのであるが、これについては別稿を予定しつつ、本稿をここで閉じざるをえない。

注

(1) Heinrich Mitteis, Der Staat des hohen Mittelalters.
(2) Otto Hintze, Wesen und Verbreitung des Feudalismus.
(3) Marc Bloch, La société féodale.
(4) さしあたり『史学雑誌』第八三編第五号の特集「一九七三年の歴史学界――回顧と展望――」参照。
(5) O・ブルンナー(石井他訳)『ヨーロッパ――その歴史と精神』、とくに三一五頁以下参照。
(6) 実は西ヨーロッパのグルントヘルを「土地所有者」と規定すること自体にもすでに問題がある(拙著『日本国制史研究』I、二〇七頁以下参照)。
(7) くわしくは世良晃志郎『封建制社会の法的構造』、H・ミッタイス(世良訳)『ドイツ法制史概説』などを参照。
(8) くわしくはフリッツ・ケルン(世良訳)『中世の法と国制』および前掲O・ブルンナー訳書参照。
(9) フロンドの乱は二つの段階に分けられるが、そもそもはパリ高等法院と国王との対立に端を発するもので、第一段階で主導的役割をはたしたのは高等法院の貴族達であった。
(10) 『廃絶録』中巻(『改訂史籍集覧』第十一冊所収)六九頁。
(11) 同右八一頁。
(12) 同右四六頁。
(13) 同右六二頁。
(14) 同右八六頁。
(15) 『政談』巻之一。
(16) 従ってこのカテゴリーには論理的に改易はふくまれない。何故なら、これは処罰ではないのだから。
(17) たとえば、姫路については、松平直矩八歳で越後村上へ所替(慶安二年)、淀については、石川総慶八歳で備中松山へ所替(正徳元年)、郡山については、本多忠国十四歳で陸奥福島へ所替(延宝七年)などがある。
(18) 『徳川禁令考』(前集第一、一五〇頁)に収められている諸異本の一つには「国司領主城主、外様譜代にかぎらず、令法を破り民をそこなふ者あらば、大禄又は貴戚といふとも、速に国城を払ひ、可レ厳二武威一、是将軍家の職分也」となっている。
(19) 『徳川禁令考』前集第一、一六五頁。
(20) 黒川真道編『日本教育文庫・家訓篇』三九九頁。
(21) 『藩法集』巻一、岡山藩上、二六五頁。
(22) 有馬祐政・秋山梧庵編『武士道家訓集』一八五頁。
(23) 同右二六六頁。
(24) 『保科正之家訓』(同右二三一頁)。
(25) ヨーロッパにおいてもイギリスでは国王に対する忠誠義務留保が陪臣に課せられたが、これは征服王朝の統治するイギリスのみの例外的現象にすぎず、しかもそれは国王(日本の場合の将軍に相当する)の側から要求したものである。これに対してわが国では中間封主たる大名の側からこれがいわれているのであって、イギリスと比べても差異は顕著である。
(26) 『山鹿語類』巻第二十一。
(27) 『孟子』離婁下。

(28)『山鹿語類』巻第五。

(29)『武士道家訓集』二六八―九頁。

(30)素行も「民は我が家職をつとむるに暇なく……我が徳を正すべき間なし」(『山鹿語類』巻第一)と、民にも「職」概念を用いているが、それはどちらかといえば「徳を正す」のを妨げるものというネガティヴなニュアンスをもっており、田安宗武のように「職」を「四民」に並列的に適用するのと若干異なる。

(31)『答問書』上。

(32)『都鄙問答』巻二。

(33)『中井竹山教訓』(『武士道家訓集』二九〇頁)。

(34)「三民ともに起るといへども、己れが欲を専らにして、……己れが欲をほしいままにして其の節を不レ知、盗賊争論やむことなく、其の気質のままにして人倫の大礼を失するがゆゑ、人君を立てて其の命を受くる」(『山鹿語類』巻第五)とあるのを参照。

(35)もちろん「武士者民を育ん守護」としてその「職」を説く(『武士道家訓集』二三六頁)という形のものが他面存するが、実質的な趣旨は同じである。

(36)家訓としてはさしあたり徳川頼宣(『武士道家訓集』所収)、著作としては徂徠の『政談』巻之三、蟹養斎の『事君提綱』(『日本経済大典』第十六巻所収)などがある。

(37)『武士道家訓集』一八七頁。

(38)同時にこれは「生レナガラノ上人ニテ、何ノ難儀ヲモセネバ、才智ノ可レ生様ナ」(『政談』巻之三)く、反対に下の者に優秀な人材が多いという彼の事実認識を前提にしている。

(39)『武士道家訓集』一八三―四頁。

(40)日本思想大系『荻生徂徠』三一九頁頭注参照。

(41)『武士道家訓集』三〇九頁。

(42)『徳川禁令考』前集第一、一六四頁。

(43)川島武宜編『法社会学講座』九、二六四頁以下参照。

(44)丸山真男『日本政治思想史研究』二一九頁参照。

(45)前注(18)所引史料参照。

(46)『公武法制応勅十八箇条』(『徳川禁令考』前集第一、四頁)。

(47)同右六頁。

(48)以下の叙述は成瀬治『朕は国家なり』による。

(49)実際にはこの持参金が支払われず、ルイ十四世はそれを根拠にスペイン王位を要求し、スペイン継承戦争が起こった。

(50)成瀬治「絶対王政成立期の官職概念」(『西洋史学』八七号所収)参照。以下の叙述もこの論文による。

(51)なお本書一一三頁にもみえる。この点については後述する。

(52)『武士道家訓集』二一二頁。

(53)同右二三五頁。

(54)本書一一三頁。

(55)石井良助『長子相続制』六三頁以下。

(56)同右六六頁。

(57)中田薫『法制史論集』第一巻、二五一頁以下参照。

(58)拙著『日本国制史研究』I、四七頁参照。

(59)『武士道家訓集』一九〇頁。

(60)同右一八五頁。

(61) 異姓養子を禁ずる家訓がないわけではない。本書四〇頁がその一例であるが、これは中国的異姓不養の原則に忠実であるということより、「不レ可三雖レ近然立二他姓一」とあるように、女系の近親者を立てることによる弊害を慮ったものといえよう。

(62) 「幕藩主従制の思想的原理――公私分離の発展――」(『日本史研究』一二七号所収)。

(63) こうしてみると家訓と『葉隠』『武道初心集』『士論』『山鹿語類』など、本来特定の「家」を対象としない著作類とそれほど性質がちがわないことになる。

(64) 日本思想大系『水戸学』解説参照。

(65) 津田左右吉「儒教の実践道徳」(『津田左右吉全集』第十八巻二三頁)。

(66) 同右。

(67) 『武士道家訓集』三〇一頁。

(68) 森三樹三郎『「名」と「恥」の文化』六〇頁参照。

(69) 『武士道家訓集』一九三頁以下。

(70) 本書六九頁、および『武士道家訓集』三一〇頁などに書面による「諫」のことがみえる。

(71) 『徳川禁令考』前集第一、一六五頁。

(72) 拙著『日本国制史研究』I、五六頁参照。

(73) 拙編著『日本近代法史講義』一四頁。

(74) 『武士道家訓集』一九〇頁。

(75) 『寛政重修諸家譜』(巻八七八)第五輯六〇一―二頁。

(76) この監督義務はパティキュラリズムを前提とするから、具体的な方策について上から指示が与えられることは稀である。「大禄外様之国司は家風祖訓於二当家一所レ不レ与也。然共破二士道之大綱一、有レ損二生民一輩……」(本書四七三頁)とあるように「大綱」が指示されるのみで、あとは結果責任が問われるにとどまる。

(77) 『徳川成憲百箇条』ではこの二つの関係は同じものでない。

(78) 『井上毅伝』史料篇第三所収「言霊」参照。なお『憲法義解』第一条の項にも「祖宗其ノ天職ヲ重ンジ君主ノ徳ハ八洲臣民ヲ統治スルニ在テ一人一家ニ享奉スルノ私事ニ非ザルコト……」とある。

(79) 「浅野内匠家来口上書」に「私共死後、若御見分之御方御座候者、奉レ願二御披見一」とあるのは、戦闘による死を指しており、成功の暁における切腹ではない。

(80) 『歴史と人物』昭和四十六年十二月号および日本思想大系『往生伝・法華験記』月報43所収論文。

(81) 『赤穂義人纂書』補遺所収。

(82) 本書所収「浅野吉良非喧嘩論」も注意深く読めば、論拠を異にしていることは明瞭である。

日本思想大系 27
近世武家思想

1974年11月25日　第1刷発行
1985年10月5日　第5刷発行
1995年11月13日　新装版第1刷発行
2017年9月12日　オンデマンド版発行

校注者　石井紫郎（いしい しろう）

発行者　岡本　厚

発行所　株式会社 岩波書店
〒101-8002 東京都千代田区一ツ橋2-5-5
電話案内 03-5210-4000
http://www.iwanami.co.jp/

印刷／製本・法令印刷

ISBN 978-4-00-730669-3　　Printed in Japan